行政法研究双書 21

職権訴訟参加の法理

新 山 一 雄 著

弘 文 堂

「行政法研究双書」刊行の辞

日本国憲法のもとで、行政法学が新たな出発をしてから、四〇有余年になるが、その間の理論的研究の展開は極めて多彩なものがある。しかし、ときに指摘されるように、理論と実務の間に一定の乖離があることも認めなければならない。その意味で、現段階においては、蓄積された研究の成果をより一層実務に反映させることが重要であると思われる。そのことはまた、行政の現実を直視した研究がますます必要となることを意味するのである。

「行政法研究双書」は、行政法学をめぐるこのような状況にかんがみ、理論と実務の懸け橋となることを企図し、理論的水準の高い、しかも、実務的見地からみても通用しうる著作の刊行を志すものである。もとより、そのことは、本双書の内容を当面の実用に役立つものに限定する趣旨ではない。むしろ、当座の実務上の要請には直接応えるものでなくとも、わが国の行政法の解釈上または立法上の基本的素材を提供する基礎的研究にも積極的に門戸を開いていくこととしたい。

塩野　宏
園部逸夫
原田尚彦

はしがき

一　本書は、行政事件訴訟法二二条（第三者の訴訟参加）および三四条（第三者の再審の訴え）の解釈論を、展開したものである。

原告と被告のあいだの法律関係について、原告と被告のあいだでのみ推移する（二当事者システムを基本とする）民事訴訟において、「訴訟の結果に利害関係を有する」第三者を、訴訟に参加させ、主張・証明の機会を与えるという手法は、くふうにくふうを重ねて発展させられてきた。行政訴訟においても認められている「第三者の訴訟参加」は、民事訴訟における「補助参加」が、もっぱら、第三者の申出によるものであるのに対して、裁判所が、職権で、「訴訟の結果により権利を害される」第三者を訴訟参加させるということを、基調とするものである――そのことを背面から保障するものが、同法三四条の手続であるはずである――。

しかし、そのような職権を、裁判所が行使したことは、これまでに、ほとんどない。そこで問題となるのは、つぎのようなことである。（取消訴訟における）第三者に権利・利益を与える行政処分の取消しを求める訴えを、他の者が提起する場合は、国（行政庁）が相手方となり、処分を取り消す判決により法的地位が覆滅されることになる第三者は、訴訟からはずれる。そのけっか、第三者にとって深刻な訴訟も、（裁判所がそれを告げてくれないので）第三者の不知のあいだに進行するということである。

二　その端的な例が、本書の冒頭でとり上げる東京地裁平成一〇年七月一六日判決である。本件は、第三者からの再審の訴えであるが、このような訴えが提起されたのは、じつに二件めという、きわめてめずらしいものであった。それは、合資会社で、社員の退社の決議があったのち、会社からの申請により、その旨の登記処分が行われたところ、退社決議をうけた社員から当該登記処分の取消訴訟が提起され、会社の不知のあいだに、取消判決が下され、確定してしまったので、会社から「第三者の再審の訴え」が提起されたというものであった。

筆者が、これを、行政判例研究会において担当することになり、それが、本書を書くきっかけとなった。ひとわたり評釈を終えると、いきなり、太田匡彦助教授から、「新山先生、（原告は）どうして民民（民事訴訟）でいかなかったんでしょうね？」と質問をうけた。あまりにも事件の核心をついた問いであったため、思わず、「たしかに、これは、社員対会社の地位確認訴訟（民事訴訟）として争われるべきものだと思いますが、たまたま、登記処分の取消訴訟という訴えかたをしたために、第三者の再審の訴えのきちょうな事例がでてきたのだと思います」という、答えにもならないような答えをしてしまった。しかし、いいわけではないが、いまになって考えてみると、筆者のこの返答も、太田助教授の指摘とはすこしずれたところで、おなじく、事件の本質をついていたといえる。

この事件の根は、社員としての地位をめぐる会社と社員の紛争にあった。それが、社員の退社の登記処分が行われていたために、その取消訴訟という形態をとったのである。しかし、碓井光明教授が、「だけど、これ（当該取消訴訟）は、形式的に登記を取り消してしまえば、それでいいんでしょう？」と、首をかしげておられたように、退社の登記を取り消したとしても、それにより社員の地位が回復されるわけではない。その意味で、この取消訴訟は、「みのりのない」訴訟といえた。そこで考えられるのは、この取消訴訟のそとにいるが、じっさいの紛争の当事者である当該会社を、訴訟参加人として、訴訟に引き込むことで、なんとか、訴訟を、会社と社員のあいだの紛争の抜本的解決にとって、意味のあるものにできないかということである。そのような「たぐいのこと」を、筆者はつねづね考えていたので、（かような第三者の訴訟参加があることを前提に）登記処分の取消訴訟が提起されたことにも、それなりの意義が認められるので、当該会社が訴訟参加する機会を失ったことに対して、「第三者の再審の訴え」が提起されたのも、とうぜんだと思い、右に記したような答えを、思わず、してしまったのである。

かように、処分を取り消す判決により、（処分による既得の）権利・利益を侵害され、その法的地位を覆滅される関係にある訴訟外の第三者を、訴訟参加という手法で訴訟に引き込み、じっさいの紛争相手である原告と対峙させることは、行政上の争い――筆者は、これを「行政事件」と観念する――の解決にとって、きわめて重要であると、筆者は考えている。

そのように重要な第三者の訴訟参加がひろく活用されることを、いかに行政事件訴訟法二二条の解釈から導きだしていくかは、とうぜん、筆者が担当した事件においても、問題となった。研究会の最後で、小早川光郎教授から、「訴訟告知を使えば、なんとかなるよ」と、まさに、本書の結論に相当する示唆を与えていただいた。しかし、その「なんとかなる」ということの解明と、その論証がたいへんな作業であったことは、本書が示すとおりである。

三　筆者が、考察のとっかかりとしたのは、ドイツの「必要的訴訟参加」の理論である。行政処分を取り消す判決により権利を侵害される第三者を、訴訟参加させることは、（行政処分の取消しに関わる）法律関係の「合一的確定」において必要的であるという理論が、ドイツにあることは、ドイツ行政裁判所法（VwGO）制定（一九六〇年）以前から、筆者の恩師雄川一郎博士の『行政争訟法』（一九五七年）のなかに簡潔にしるされていた。筆者は、この、第三者を訴訟参加させることが「必要的」ということ、すなわち、第三者をふくめた「合一的確定」の必要性ということのうちに、問題解決のてがかりがあるのではないかと考えたのである。しかし、その内容の本格的な研究は、わが国ではされていなかったので、じぶんで、それを調べることにした。

調べ始めてすぐに、ドイツの「必要的訴訟参加」の理論が、判決の効力と密接に関連していることを知ったが、その場合の効力とは、既判力の拡張であって、形成効ではなかった。同法（VwGO）では、わが国の行政事件訴訟法のような取消判決の第三者効の規定はなく、そのかわり、取消判決の既判力は、訴訟関係人にのみおよぶということが明記されているが、その関係人には、訴訟当事者のみならず、訴訟参加人もふくまれるとされているので、訴訟外にある第三者を訴訟参加「させる」ことで、この者にも、既判力をおよぼすことができるという「しくみ」になっているようであった。そして、学説・判例では、訴訟参加させることが必要的な第三者を、訴訟参加させないままに下された判決は、そもそも、効力をもたないという理論が確立しており、そのかぎりで、かかる第三者に対しては、完璧な権利保護システムであるという印象をもった。

しかし、取消判決には第三者効があるという規定をもった行政事件訴訟法の制定以後に、行政訴訟の研究を始めた筆者には、それでは、ドイツの必要的訴訟参加の理論においては、取消判決の形成効は、まったく考慮されないのであろうかという、素朴な疑問が残った。〔おそらくは、そのことに関連しているのであろうが、とちゅうで、ベッターマンの「第三者の訴訟参加がなくても、第三者に判決の効力がおよぶという場合に、第三者の訴訟参加は必要的となる」、「必要的訴訟参加においては、訴訟参加人への判決の効力の拡張は、必要的であることの効果ではなく、その要件である」という、なんとも意味深長なテーゼに出会った。いかにも、民事裁判官の経験があり、民事訴訟にもつうじたベッターマンらしい「いいまわし」であったが、ドイツの必要的訴訟参加の理論を理解するにあたっては、このテーゼの意味の解明を、最終目標とした。〕

また、第三者の訴訟参加が必要的であることの根拠は、（その第三者をふくめた）「合一的確定」の要請だが、この基礎には、どうも、民事訴訟の共同訴訟の理論があるようであった。しかし、行政訴訟理論は、その関係についてまでは、論じていなかった。

そこで、それらの疑問を解消するために、ドイツの民事訴訟理論にまでさかのぼって、調べてみようと決意した。

四　ドイツの理論を、行政訴訟から民事訴訟にまでわたって調べるということは、日本にいては、なかなかしんどい作業である。さいわい、成城大学法学部の短期研修費をいただけ、また、パピア教授（Hans Jürgen Papier）のご好意により、本論執筆のあいだ、毎夏休み、ミュンヘン大学の書庫をあさることができた。もちろん、いまでは、日本にいても、ドイツの本はたいてい入手できる。しかし、ドイツの大学の図書館で、必要な本をずらりと並べて、関連させながら調べていくと、仕事もはかどるし、思わぬ発見もするものである。ローゼンベルクの教科書の第八版（一九六〇年）の共同訴訟の本質の説明が、あきらかに、弟子のシュヴァープの論文（一九五七年）に感化されて、第七版（一九五六年）のそれと、がらりとかわっているのを発見したときは、思わず、「うーん」とうなって、周囲のドイツ人学生たちの視線をあびてしまった。

それから、パピア教授には、直接、「規範統制訴訟への私人の訴訟参加」の事例について、熱っぽく、ご教示いただいた。これは、たいへん参考になった。また、教授の助手のドゥルナー博士（Wolfgang Durner）（のちに講師に昇格）には、行政裁判所法（VwGO）のあたらしいコンメンタールなどを、ご教示いただいた。おふたりには、伏してお礼を申しあげたい。

五　ドイツの学説・判例の理論分析を終えると、もうれつに、日本の理論はどうなっていたか、「おさらい」をしたくなった。とくに知りたかったのは、田中二郎博士がどのように考えられていたかであったが、とりあえず、行政裁判法、行政事件訴訟特例法、行政事件訴訟法の立法趣旨をふくめ、明治いらいの主要な学説理論を、徹底的に分析することにした。そのけっか、これまで盲目的に信奉してきた「形成効」に対して、根本的な疑いをいだくようになってしまった。

わが国で、取消訴訟に「形成効」の観念がもちこまれようとするころ、民事訴訟法学者の兼子一博士により、「行政處分を取消又は變更する判決が確定した後は、當事者以外の第三者もすべてその効力を受け、その處分がなお有効であることを主張することができない」とすることが、はたして妥当であろうか、という疑問が提示された。その主旨は、形成判決の名のもとに、訴訟に参加しなかった第三者も、その効力に服させることは妥当ではないというものであった。この兼子博士の見解は、行政訴訟理論においても、いちじ、支配的になった。その影響もあってか（?）、田中博士も、形成効については、態度をきめかねておられたような「ふし」があった。

この、兼子博士の取消判決の第三者効に対する疑問は、じつは、本書の目的である、なぜ、かかる第三者を訴訟参加させることに、必要性が認められるのか、そして、いかなる（訴訟上の）手続保障を、かかる第三者に与えるべきか、ということの解明に、ふかく関わっているのである。そのため、けっきょく、この兼子博士の疑問を解くことが、本書の最終目標になってしまったと、いえなくもない。

ただ、筆者が形成効に対して疑いをもったのは、兼子博士とは、ことなった視点からである。それは、現行行政事件訴訟法のたてまえどおり、処分の取消判決に第三者効があることを前提とするかぎり、はたして、第三者が訴訟参加する必要性があるのだろうか、ということである。たしかに、いずれ取消判決により自己の法的地位を覆滅されることになる第三者に、それを訴訟において防衛する機会を、手続保障として与えるという必要性は、すぐに考えられるところである。しかし、これもよく考えてみると、もっぱら処分の適法性審査に終始する取消訴訟においては、第三者が、被告国（行政庁）のがわに訴訟参加したとしても、被告国（行政庁）がなす以上の主張・証明は、ほとんどできない。ならば、ほんとうに、第三者が訴訟参加する必要性があるのだろうか。筆者は、このような懐疑感にとらわれたのである。

そのとき、それをうち破るヒントを、芝池義一教授からいただいた。芝池教授は、筆者が、第三者の訴訟参加から、判決の効力にまたがる考察をつづけているのを知られて、「第三者への授益的処分が取り消された場合、第三者が判決に従わないことがある。そのときは、さらに、原告は第三者に訴訟を提起しなければならない。これでは、取消判決に第三者効を規定した意味がないのではないか」という疑問を、寄せられた。

これは、神の啓示にもまさるものであった。それだからこそ、形成効がそのようなものにすぎないからこそ、ぎゃくに、第三者を訴訟参加させる必要性があるのだと気づいた。その必要性とは、（勝訴判決を勝ち得た）原告と、

（取消判決の趣旨を貫徹させる責任のある）裁判所について認められる必要性である。取消判決に第三者を服させるという、ただ、そのためにこそ、第三者を訴訟参加させ、訴訟において主張・証明を行わせることで、（じぶんは十分に争ったと）第三者を納得させ、判決の効力――おそらく、既判力――に服する心境にさせることが必要ではないのか。このような考えが、その瞬間に、頭のなかでひらめいた――おおいなるイリュージョンにすぎないかもしれないが、それは、読者諸氏にご検討いただきたい――。

問題は、これをどう論証するかであったが、それには、民事訴訟の理論にたよるしかないと思った。必死で、民事訴訟の理論をあさった。そのけっか、井上治典教授、新堂幸司教授のあたらしい手続保障理論に行きあたった。それらを、行政訴訟の理論に援用させていただくことで、なんとか、じぶんなりの理論はたてられたと思う。

芝池教授には、心からお礼を申しあげたい。

六　もうひとり、どうしてもお礼をいわなければならないのは、伊藤洋一教授である。民事訴訟の形成効の理論を調べるにあたって、民事訴訟の理論状況を、同僚の安達栄司教授にたずねたところ、いま、わが国の形成効の最先端の研究は、（行政法の）伊藤教授のもので、民事訴訟のほうからも、注目されているといわれて、赤面した。伊藤教授の研究については、もちろん、知っていたが、内容がフランス行政法のものであったので、敬遠していたのである。あわてて、読み始めた。もじどおりスミからスミまで精読した。そして、フランスでは、「第三者再審」の制度が、訴訟参加できなかった（ほとんど）すべての第三者に開かれ、（ほぼ完全な意味での）「事後的な訴訟参加」として機能していると知って、驚嘆した。このような解決策は、わが国の行政訴訟理論においてはもちろん、ドイツの理論においても、まったく考えられていなかった。

筆者は、このようなフランスの解決策につよくひかれた。そこで、本書では、伊藤教授の研究内容を、できるだけ正確にくわしく紹介し、そして、その解決策の、わが国への援用可能性を、わが国の制度にてらして、徹底的に検討した。

伊藤教授からは、直接、フランス行政法研究会の席上で、あるいは、電子メイルで、いろいろご教示いただいた。伏してお礼を申しあげたい。

七　最後に、筆者の、取消訴訟と、取消訴訟における第三者の訴訟参加の意義についての考えを、すこし、述べておきたい。

筆者は、取消判決により、処分による既得の法的地位を覆滅されることになる第三者を、訴訟参加させることで、原告と第三者のあいだの根源的な紛争を解決させるような、訴訟の実質化がはかられるのではないかと考えている。ただ、私人と私人、あるいは、私人と行政のあいだに、紛争があり、なんらかのかたちで行政に関与が求められる「行政事件」というものを考えた場合、(紛争解決というイメージでの)「行政事件の解決」ということでは、取消訴訟によってはたされる割合は、さほどおおきくはないと思われる。むしろ、行政決定、あるいは、行政指導、行政計画などが、じっさいにはたしている紛争解決(行政事件の解決)の機能に、着目すべきであると、いま、考えている。おそらく、「手続に参加させ、主体的な主張・証明をつくさせることで、最終決定に服することを納得させる」という論理が、ほんとうに重要な意味をもつのは、行政手続における「参加」についてであろう。

取消訴訟における第三者の訴訟参加は、これらの行政作用による「行政事件の解決」のさきにあるものであるが、それなりの重要性はもつものであって、筆者が、このあと、あきらかにしようと思っている「行政事件の解決の理論」のなかでは、最後の章で、そのことについて論証しようと思っている。

八　本書は、同名で、大学紀要(成城法学)に、あしかけ五年間、一〇回にわたり掲載した論文によるものである。年間二、三回しか刊行されず、枚数制限もなかったので、じっくり研究し、論考を重ね、さらに研究し、論考を重ね、それをぜんぶ書くことができた。連載を始めたころは、正直にいって、これほどながくなるとは思わなかったし、本にするつもりもなかった。とちゅうから、本にしようかとも思い始めたが、さらに連載がつづき、分量がかなりのものになった段階で、それは断念した。しかし、小早川教授のご尽力により、また、塩野宏教授のご推薦もいただけ、弘文堂の行政法研究双書にくわえていただけることになった。望外のしあわせである。

ただ、やむなく、ドイツの「必要的訴訟参加」の理論（第二章）のうちの、行政庁の訴訟参加の判例分析の部分は、バッサリおとしてしまった。ドイツでは、行政庁についても、第三者とおなじレベルで権利性を認め、合一的確定の要請があると考えられているのである。これに、研究対象として興味をもたれる方は、成城法学六七号八四頁以下（「職権訴訟参加の法理（下II）」）を参照していただきたい。

今回の出版にさいしては、成城大学法学部から、多額の出版助成金をいただいた。今野裕之学部長をはじめ、同僚諸氏には、感謝のことばもない。とくに、本書の考察が、民事訴訟法、憲法、民法にまでおよんだことで、民事訴訟法の野村秀敏教授、安達栄司教授、憲法の棟居快行教授、民法の原田剛教授には、いろいろ質問させていただき、ご指導いただいた。伏してお礼を申しあげたい。

それから、弘文堂の清水千香さんには、ほんとうに、おせわになった。本の構成において、いろいろアイディアをだしていただき、こまかい点までチェックしていただいた。

ほんらいならば、本書は、右に名前を上げさせていただいた方々に捧げるべきであるが、これまで物心ともに筆者を支えてくれた、母、妻希代子、そして、ろくに遊んでやれなかった息子剛史に、本書を捧げることを、おゆるしいただきたい。

二〇〇六年一月

新山一雄

目　次

第一章　問題の所在と本書の目的

第一節　問題の所在

一　わが国の行政事件訴訟法——以下、「行訴法」——は、訴訟の結果により権利を害されることのある第三者の訴訟参加の規定（二二条）をおいている。これには、第三者の申立てによる場合と裁判所の職権による場合が、規定されているが、訴訟参加人の個人的利益から認められる第三者の訴訟参加には、いわゆる処分権主義が妥当すべきものであって、本質的に職権による訴訟参加という概念になじまず、ゆえに、第三者の訴訟参加については、取消訴訟においても参加人の申立てによることが基調となっている。(1) じじつ、わが国の取消訴訟では、裁判所が職権で訴訟参加を命ずることは、ほとんどない。それを示す顕著な例が、つぎのとおりである。

すなわち、行訴法三四条の第三者の再審の訴えが提起された、きわめてまれな事件(2)で、根本的な問題として伏在していたのは、取消判決によって権利を害される再審原告に原取消訴訟の係属の通知が裁判所よりなされず、ために、再審原告が原取消訴訟に訴訟参加できないままに、取消判決が確定してしまったことにあった。その訴訟係属の通知がされなかったことが原判決の無効原因となる(3)という再審原告の主張に対して、東京地裁はつぎのように判示した。

「法二二条一項は、裁判所は、訴訟の結果により権利を害される第三者があるときは、当事者若しくはその第三者の申立てにより又は職権で、決定をもって、その第三者を訴訟に参加させるか否かについて裁判所の裁量を認めているのであって、かかる第三者に対して、訴訟係属を通知すべき義務を明文で定めている規定は存在しない。また、法三四条一項は、取消判決により権利を害された第三者で、自己の責めに帰することができない理由により訴訟に参加することができなかったため判決に影響を及ぼすべき攻撃又は防御の方法を提出することができなかったものは、これを理由として、再審の訴えを提起することができる旨を定めているのであって、自己の責めに帰すべき事由もなくして訴訟に関与する機会を持たなかった者については救済の途が開かれているのである。

右のような法の仕組みに照らせば、裁判所において、訴訟の結果により権利を害される第三者に対し、訴訟係属を通知する義務がないことは明らかというべきであり、このように解しても憲法三二条に反するものではない。」

二　ところで、行訴法三四条所定の第三者の再審の訴えというのは、行政訴訟に特有の制度で、(4) 同法二二条の第三者の訴訟参加と密接な関連性を有しているものであることは、周知のとおりである。そもそも、第三者の再審の訴えという制度が創設された主旨は、判決は訴訟当事者間でのみ効力を及ぼすという民事訴訟の原則を破り、行訴法で取消判決に第三者効（三二条一項）が付与されたということであり、(5) これが制度の出発点になっている。そこ――取消判決の効力が訴訟当事者以外の第三者にも及ぶということ――から、「訴訟の結果により権利を害される」第三者に不測の損害を与えないために、あらかじめ訴訟に参加させ主張立証の機会を与えるという意味で二二条の第三者の訴訟参加が規定され、それとの関連で、自己の責めに帰することのできない理由により訴訟に参加できなかったときに、「処分又は裁決を取り消す判決により権利を害された」第三者に、あらためて、判決に影響をおよぼすべき攻撃または防御の方法を提出する機会を保障するという意味で、三四条の第三者の再審の訴えが規定されたわけである。(6)

しかし、右のような説明は、ややもすると、おおきな誤解を生じやすい。それは、まさに右東京地裁判決も陥っている、あたかも第三者の訴訟参加と第三者の再審の訴えが二段階の制度保障であるかのごとき錯覚である。たしかに、第三者の訴訟参加と第三者の再審の訴えは密接に関連してはいるが、あらためて強調するまでもなく、第三者の再審の訴えは、ほんらい行われるはずのないところで、特別の場合にのみ認められる非常救済方法であり、原訴訟に訴訟参加できなかった第三者が、つねに期待できる救済の途ではないのである。法的安定性の要請からは、できるだけ第三者の再審の訴えが提起される「てまえ」で、第三者の訴訟参加が行われ、紛争が終焉してしまうことが、のぞましい。

三　しかし、本書でとり上げたいのは、その背後にある問題で、訴訟の結果により権利を害されることのある第三者に、訴訟手続上の権利保障としてきわめて重要なものである訴訟参加が行われるように、しかるべき便宜がはかられていないということである。

ほんらい、当事者のあいだで推移する訴訟に、利害関係を有する第三者を引き込むという、民事訴訟において発展してきた訴訟参加の制度は、それなりの意義と機能を有するものであり、それをいかに訴訟の場で有効に活用するかについて、民事訴訟でくふうにくふうを重ねて精緻に構築されてきたものである。その訴訟参加の手法を、行政訴訟、とりわけ取消訴訟に取り込むにあたっては、そのベースとなる行政法上の法律関係が、おおくの場合に公益に関わり、多数の利害関係人が生じ、たんに当事者のあいだの問題にとどまらないという特殊性も、とうぜんに考慮された。

その顕著なあらわれが、当事者の申立てによるだけではなく、裁判所の職権により訴訟の結果により権利を害される第三者を訴訟に参加させることができるという、民事訴訟には例をみない独特の手続が盛り込まれたことにあった(7)。この制定の趣旨には、公益実現のため利害関係人をできるだけその訴訟に引き込むということがあったと思われるが、実際の運用においては、ほとんどこの職権が発動されていないことは、すでに述べたとおりである。

これは、ひとつには、第三者の再審の訴えがまったくといってよいほど提起されていないことに、ふかく関わっているように思われる。第三者の訴訟参加と第三者の再審の訴えは、さきほども述べたように、けっして二段構えの制度保障ではないが、相互に密接な関連を有し、つねに、たがいを意識し向かいあって立っている制度であるといってよい。したがって、第三者の再審の訴えが提起される可能性がうすいということは、第三者を訴訟に参加させなくても、その者から再審の訴えが提起され、法的安定が覆されるおそれがまずないということを意味する。ぎゃくに、第三者を訴訟に参加させておかないとその者から再審の訴えが提起される可能性がおおいにあるということになると、法的安定性を担うことが期待される裁判所は、その職責上、たびたび、再審の訴えを提起する適格を有すると予測される第三者を、訴訟に参加させる職権を行使することになるであろう。

しかし、このふたつの制度の相互促進を図る装置は、行訴法のなかには存在していない。それは、二二条のなかに規定されている職権による訴訟参加が、裁量的訴訟参加で、必要的訴訟参加ではないことにも問題があるのかもしれない。

そこで、わが国の行訴法二二条に規定された「職権による訴訟参加」の内容は、どのようなものであるのかを、すこし見ておくことにしよう。

(1)　参照、新山「訴訟参加と行政事件の解決」『成城大学法学部20周年記念・21世紀を展望する法学と政治学』(一九九九年) 一三四頁以下。

(2)　東京地判平成一〇年七月一六日判例時報一六五四号四一頁。本件の評釈として、新山・自治研究第七六巻(二〇〇〇年) 一号一一七頁がある。

(3)　これは、厳密な意味での行政事件訴訟法三四条の要件となる再審事由にはあたらない。くわしくは、新山・前掲判例評釈 (本章注(2)) 一一八頁。

(4)　学説の多数は、本条の再審の訴えは、民事訴訟法上の再審とは性格を異にし、特殊の訴訟であるとしている。杉本良吉『行政事件訴訟法の解説』(一九六三年) 一一五頁、南博方編『注釈行政事件訴訟法』(一九七二年) 三一九頁 〔上原洋允執筆〕、山村恒年＝阿部泰隆編『判例コンメンタール行政事件訴訟法』(一九八四年) 三五三頁以下 〔細川俊彦執筆〕。渡部吉隆＝園部逸夫編『行政事件訴訟法体系』(一九八五年) 四一五頁 〔竹田穣執筆〕、南編『条解行政事件訴訟法 (初版)』(一九八七年) 七八一頁 〔小高剛執筆〕、園部逸夫編『注解行政事件訴訟法』(一九八九年)

四三四頁以下〔太田幸夫執筆〕。

しかし、筆者は、行訴法三四条の第三者の再審の訴えも、やはり民事訴訟法の枠内にあるものであって、その基本は民事訴訟とおなじで、再審は、あくまで、当事者が確定判決の取消しと事件の再審理を求める非常不服申立方法であるという認識にたつべきであるという考えをもっている。そのことはすなわち、よういには再審は許されないものであって、きびしい再審事由の審査があってはじめて認められるということを意味する。それが、いちど確定した判決を再審理して、場合によっては判決を取り消すこともあるという、いわば、法的安定性を犠牲にしてとくに創設された非常救済制度であることに合致する解釈であると思われる。

（5）　杉本・前掲（本章注(4)）一一四頁以下。

（6）　そこから、学説のおおくは、二二条の「訴訟の結果により権利を害される」第三者と三四条の「処分又は裁決を取り消す判決により権利を害された」第三者を同一にみている。杉本・前掲（本章注(4)）一一五頁、渡部＝園部編・前掲（本章注(4)）四一五頁〔竹田〕、園部編・前掲（本章注(4)）四三五頁〔太田〕、南編『条解行政事件訴訟法』（本章注(4)）七八二頁〔小高〕、山村＝阿部編・前掲（本章注(4)）三五四頁〔細川〕。

しかし、なかには、第三者の再審の訴えの要件を、第三者の訴訟参加の要件のようにひろく解することは、法的安定の要請に反するとする見解――高林克巳「訴訟参加」『実務民事訴訟講座8』（一九七〇年）二〇九頁――や、取消判決の形成力によって直接に権利を害される第三者のみが三四条にいう権利を害された第三者に該当し、取消判決の拘束力だけをうけ形成力をうけない第三者は該当しないとする見解――南編『注釈行政事件訴訟法』（本章注(4)）三一九頁以下〔上原〕――のような限定説もある。

筆者の考えは、第三者の再審の訴えについては、三四条の要件において、そもそも、判決に影響をおよぼすべき攻撃または防御の方法を提出することができない者には、最初から再審が認められないので、訴訟参加させる時点で、そういうハードルが設けられていない二二条よりはきびしく「しぼり」がかけられているわけで、最終的には、三四条にいう権利を害された第三者は、二二条にいう権利を害される第三者よりはせまくなるはずである、というものである。参照、新山「訴訟参加と行政事件の解決」（本章注(1)）一四五頁。

（7）　わが国の行政裁判法――明治二三年六月三〇日法四八――いらいの職権による訴訟参加の簡単な概観については、新山「訴訟参加と行政事件の解決」（本章注(1)）一二五頁。

第二節　職権による訴訟参加

一　現行行訴法二二条が申立てによる訴訟参加を基調とするものであることは、すでに述べたとおりであるが、同法制定以前は、わが国の行政訴訟においては、職権による訴訟参加が基調であった。すなわち行政事件訴訟特例法——以下、「特例法」——八条一項は、「裁判所は、必要と認めるときは、職権で決定を以て、訴訟の結果について利害関係のある行政庁その他の第三者を訴訟に参加させることができる」とだけ規定し、申立てによる訴訟参加は規定していなかった。

この趣旨について、この時代の代表的体系書であった雄川一郎『行政争訟法』では、つぎのように述べられている。(8)

「行政事件訴訟においては一般に利害関係をもつ者が民事訴訟よりも多く、特に抗告訴訟においては、訴訟の結果が直接に自己の権利に影響する者が必ずしも訴訟手続上の当事者とならないことが多い……。このような場合には、それらの利害関係者を訴訟に参加せしめ、また、その者に対して判決の効力を及ぼさせることが、適正な審理裁判をなす上にも、その者の利益を保護する上にも適当である。また訴願の裁決に対する抗告訴訟の場合裁決庁のみが当事者となっているときは、原処分庁を参加せしめることが適当な場合もある。職権訴訟参加の制度は右のような考慮に基づくものである。」

しかし、この説明のなかには、特例法以前の行政裁判法三一条一項で職権訴訟参加とならんで第三者の申立てによる訴訟参加も認められていたのを、(9) 特例法では、職権訴訟参加のみとされた理由や、いかなる場合に裁判所の職権が発動されるのかについては、書かれていない。

むしろ、雄川博士は、特例法八条一項の職権訴訟参加については、「客観的に参加の要件を充している者がある場合にも必ず参加させなければならない趣旨ではない」とし、参加の決定に対して当事者の不服の申立てが許されるという立場(10)に対して、「参加の可否は裁判所の裁量に委ねられているものと解すべきではないか」とされていた。(11)

二　現行行訴法が制定されても、基本的にこの立場はかわったわけではない。同法二二条には、職権で第三者を訴訟に参加させることができるとは規定されたが、いかなる場合にいかなる程度で訴訟参加させるか、あるいは、させなければならないかということについては規定されておらず、理論も、二二条の規定は、裁判所の職権による訴訟参加が基調であって、当事者の申立ては、たんに、この職権発動を求める意味をもつにすぎないとするだけで(12)、やはり、いかなる場合に、この職権が発動されるのかについては、なにも述べていない。

判例も、第三者再審の訴えの事例をとおして見たように、そもそも、わが国では、職権を行使して第三者を訴訟に参加させた例にとぼしく、また、そのことについて、国民のがわからその不当を申し立てた事例というものは、きわめてまれである。したがって、職権による訴訟参加の理論を、わが国の学説や判例を「てがかり」に構築していくことは、現状では、ほとんど不可能にちかいといってもよいであろう。

(8)　雄川一郎『行政争訟法（法律学全集9）』（一九五七年）一七八頁以下。
(9)　行政裁判法三一条一項では、「第三者ノ願ニ依リ訴訟ニ加ハルコトヲ許可スルヲ得」と規定されていた。
(10)　東京高判昭和二九年三月二七日東京高裁民事時報五巻三号七五頁。
(11)　雄川・前掲（本章注(8)）一八〇頁。
(12)　杉本・前掲（本章注(4)）八〇頁。

第三節　本書の目的

一　本書の目的をあきらかにするまえに、筆者の基本的問題関心を述べておきたい。

民事訴訟において普遍的にみられる訴訟参加の制度は、他人のあいだの訴訟の結果が第三者の法律上の地位に直接・間接に影響を及ぼすことに備えて、第三者が、当事者としてまたは当事者に準ずる地位で、係属中の訴訟にくわわるというもので、その根底には、第三者がなにもしないで拱手傍観していると不測の損害を被るおそれがあるという配慮がある。(13)その意味で、訴訟当事者以外の第三者に訴訟上の能動的地位を与える重要な制度として、民事訴訟のなかに確固たる地位を占めているものである。

しかし、行訴法における訴訟参加については、それ以上に、必要不可欠の制度である。なぜならば、行政法上の法律関係は、行政庁の行為規範としての公法法規によって規定される関係であり、おおくの場合公益に関わり、多数の利害関係人が生じ、たんに当事者間の問題にとどまらないのが一般である。これを、行政訴訟の基本となる取消訴訟に即していうと、とくに、ある者に授益的な行政処分が与えられる場合においては、処分の相手方と法的利害の対抗関係にたつ第三者が、かならずといってよいほど生じるので、取消訴訟における第三者の訴訟参加は、訴訟の対象となっている行政処分と内在的関連性をもつものとして、取消訴訟に重要な制度となるものである。(14)

また、取消訴訟においては、ほんらい実質的な当事者であるはずの者が、訴訟外の第三者とされることによる「ふつごう」も考えておく必要がある。たとえば、AとBとの間に実体的紛争が存在し、ほんらいAとBとの民事訴訟もしくは当事者訴訟で解決すべき事件が、その間に行政庁からBに対して行われた行政処分が介在したため、Bがその行政処分の取消しを求める訴えを提起したという場合を考えてみよう。形式的には行政処分の取消しが求められているわけだが、その前提にはAとBの紛争が存在しているわけで、とうぜん、行政処分の適法性審査においては、実質的にその紛争にまで踏み込んで審理される。そうであるならば、そこに、Aを訴訟参加させる必要性が認められるのではなかろうか。

以上のような理由から、筆者は、「第三者の訴訟参加」は、行政訴訟、とりわけ、取消訴訟でもっと活用されるべき制度である考えている。(15) それは、第三者からの訴訟参加の申立てをひろく認めるということはもちろんであるが、さらにすすんで、訴訟の結果により権利を害される第三者の存在が確認され、訴訟の審理の実質化のために、その者を訴訟に引き込むことが有益であると考えられ、よって、行政処分の基礎にひろがる行政事件の抜本的解決が期待できる場合には、裁判所が職権により第三者を訴訟参加させることを積極的に行うべきであるというレベルにおいてである。

二　本書は、そのような考慮のもとに、裁判所が職権により第三者を訴訟参加させるという規定を、どのように解釈すれば、判決により法的地位が覆滅される第三者にとって、真の手続保障となるかを、あきらかにすることを、めざすものである。

そのための論拠として参考になるのは、やはり、訴訟の結果が、当該争訟に関わりある第三者についても合一にのみ確定すべき場合には、その者を訴訟参加させなければならないとドイツ行政裁判所法に規定されている「必要的訴訟参加」の制度であろう。ただ、これはつねに問題となるわけであるが、他国の制度を参照し、自国の解釈論の論拠とする場合には、とうぜんながら、彼我の制度の相違は、まず、はっきりと確認しておかなければならない。ドイツの訴訟参加で問題となるのは、わが国で認められている取消判決の第三者効の規定が、存在しないことである。わが国でも、訴訟参加については、取消判決に第三者効があることを出発点にして、その結果の問題として論議されているのが、一般であり、(16) 制度の前提が、これだけことなっていれば、とうぜん、そのことじたいを、解釈論を展開する場合の出発点とすべきであろうし、また、比較の意味においても、解釈の重要なてがかりとするという意味においても、第三者効をふくめたわが国の取消判決の効力の性質を、もういちど、「あらいなおす」ことが必要であろう。

(13) 斎藤秀夫編著『注解民事訴訟(1)』(一九六八年)三六二頁。

(14) 並木茂「参加」(雄川=塩野宏=園部編『現代行政法大系5』(一九八四年))一六五頁以下。

(15) 取消訴訟を、原告の権利保護のための制度という見地から考えるならば、その有効活用のためには、原告適格の問題が第一次的に重要であろうが、その対象となっている行政処分に関わる行政事件全体の抜本的解決という見地から考えるならば、その実現のためには、訴訟の結果により権利を害される第三者を訴訟に引き込む第三者の訴訟参加も、第一次的に重要である。

(16) 参照、新山「訴訟参加と行政事件の解決」(本章注(1))一三四頁。

第二章　ドイツ行政訴訟の必要的訴訟参加

第一節　行政裁判所法（VwGO）の規定

一　ドイツ行政裁判所法（VwGO）[(1)]は、訴訟参加について二か条の規定をおいている。すなわち、訴訟参加（Beiladung）の一般原則を定めた六五条と訴訟参加人の訴訟上の権利を定めた六六条である。

六五条一項は、「裁判所は、訴訟がいまだ確定判決によって終結していない場合、もしくは、訴訟が上級審に係属している場合は、訴訟の結果により法律上の利益を害される第三者があるときは、その者の申立てにより、または、職権で、訴訟に参加させることができる。」としている。これが、通常訴訟参加（einfache Beiladung）といわれるもので、二項の必要的訴訟参加（notwendige Beiladung）の要件をみたさないが、訴訟の結果により法律上の利益を害される者がある場合をカバーする。

同条二項は、「訴訟の結果が、当該争訟に関わりある第三者についても合一的にのみ確定すべき場合には、その者を参加させなければならない。」としている。これが、必要的訴訟参加といわれるものである。

同条三項は、「前項の規定により訴訟に参加するものが五〇人以上見込まれるときは、裁判所は、決定により、一定の期間内に申立てをした者のみが訴訟に参加する旨を命ずることができる。この決定には、不服を申し立てることができない。決定は、連邦官報に公示される。それ以外に、決定は、判決が効力をおよぼすと考えられる地域に配布される日刊紙に掲載されなければならない。その期間は、連邦官報に公示されたのち三か月以上でなければならない。日刊紙に掲載する場合には、期間が満了する日時を明記しなければならない。期間を徒過した場合の原状回復については、六〇条が準用される。裁判所は、判決にあきらかに重大な関わりをもつ者については、申立てがなくても訴訟に参加させるものとする」としている。これは、いわゆる大量手続（Massenverfahren）についての特別規定である。

同条四項は、「参加の決定は、関係人全員に通知しなければならない。参加の決定には、事案の内容および参加の理由を示さなければならない。参加には、不服を申し立てることはできない」としている。

六六条は、「訴訟参加人は、関係人の申立ての範囲内で、独立に、攻撃または防御の方法を提出し、すべての訴訟行為を有効に行うことができる。訴訟参加人は、必要的訴訟参加の場合にかぎり、ことなる主張（abweichende Sachanträge）をすることができる」としている。これは、訴訟参加人の訴訟上の地位を規定したものである。

二　そのほか、同法（VwGO）では、訴訟参加に関わりのある規定としては、当事者能力（Parteifähigkeit）を定めた六一条の規定、訴訟能力（Prozeßfähigkeit）を定めた六二条の規定、訴訟参加人を手続関係人（Beteiligter）とする六三条の規定がある。

六一条は、「以下に掲げる者は手続に関与する（beteiligen）ことができる。(一)自然人および法人、(二)権利能力なき団体、(三)行政庁、ただし、ラント法がこれについて定める場合にかぎる」としている。これは、手続関係人（Beteiligter）に訴訟参加人が含まれる（六三条）ことから、とうぜん訴訟参加人にも当事者能力が要求される。

六二条一項は、「以下に掲げる者は、訴訟行為をすることができる。(一)民法による行為能力者、(二)民法により行為能力を制限された者。ただし、民法または公法の規定により、手続の対象につき行為能力があると認められた者にかぎる」としている。

同条二項は、「団体および行政庁については、その法定代理人、理事または特別の委任を受けた者が、訴訟行為を行う」としている。

同条三項は、民事訴訟法（ZPO）[2]五三条ないし五八条[3]が準用されることを、規定している。

六三条には、訴訟参加した第三者には訴訟関係人としての地位が与えられることが規定されている。このことは、訴訟物に対して下された判決の効力が、訴訟参加人にもおよぶということを意味するものであるが[4]、これについては、のちに、くわしく検討する。

また、これ以外に、取消訴訟および義務づけ訴訟は、「他の法律で特別の定めのある場合を除いて、原告が、行政行為またはその拒否もしくはその不作為により、その者の権利を侵害されたと主張する場合にのみ許される」という四二条の規定も、訴訟参加の利益のベースになるものである[5]。

なお、同法（VwGO）六四条に、共同訴訟（Streitgenossenschaft）に関する民事訴訟法（ZPO）五九条ないし六三条[6]が準用される旨が規定されていることも、六五条の訴訟参加との対比もしくは関連において、問題となるところである。

三　六五条の訴訟参加は、規範統制（四七条）の手続を除いて[7]、原則として行政裁判所法（VwGO）のすべての訴訟手続に適用される。ただし、執行停止（八〇条五項）および仮処分（一二三条一項）の手続への訴訟参加については、決定の緊急性の要請からの特別の制約がある[8]。

また、事前手続（行政裁判所法六八条）および行政手続（行政手続法一三条）に、六五条の訴訟参加は類推適用される[9]。

（1）Verwaltungsgerichtsordnung (VwGO) vom 21. 1. 1960, BGBl. (Bundesgesetzblatt) I S. 17.

（2）Zivilprozeßordnung (ZPO) vom 30. 1. 1877, RGBl. (Reichsgesetzblatt) S. 83, in der Fassung vom 12. 9. 1950, BGBl. 533.

（3）民事訴訟法（ZPO）五三条は、訴訟能力ある者が保護者により代理された場合を規定し、五三条aは、後見人による代理を規定し、五四条は、訴訟行為の特別の授権を規定し、五五条は、外国人の訴訟能力を規定し、五六条は、訴訟要件に欠缺のある場合を規定し、五七条は、特別代理人を規定し、五八条は、無主の土地の特別代理人を規定している。

（4）　Würtenberger, Thomas, Verwaltungsprozeßrecht, 1998, Rdn. 222.

（5）　Kopp, Ferdinand=Schenke, Wolf-Rüdiger, Verwaltungsgerichtsordnung, 13. Aufl., 2003, Rdn. 2 zu Art. 65.

（6）　民事訴訟法（ZPO）五九条は、共同訴訟の要件を規定し、六〇条は、主観的併合を規定し、六一条は共同訴訟人の地位を規定し、六二条は、必要的共同訴訟の要件を規定し、六三条は、共同訴訟人の訴訟手続追行権を規定している。

（7）　ドイツでは、取消訴訟における訴訟参加については、行政裁判所法（VwGO）一二一条に規定された判決の効力を訴訟参加する者にも及ぼすことを目的とするものと考えられており、このような個人への判決の効力の拡張に無縁の規範統制訴訟には、訴訟参加を認める余地はないとされている。Urteil des BVerwG (Bundesverwaltungsgericht) vom 12. 3. 1982, E. (Entscheidungen), Bd. 65 S. 131ff. Bettermann, Karl August, Anmerkung zu diesem Urteil, DVBl. (Deutsches Verwaltungsblatt) 1982 S. 954ff.

ただ、規範統制訴訟の手続を定めた同法（VwGO）四七条の二項三文は、「高等行政裁判所は、法規によって権限を害されるおそれのあるラントおよび他の公法人に対して、相当の期間内に意見を述べる機会を与えることができる」として、訴訟参加に準ずる聴聞権が規定されている。

（8）　執行停止の申立てと同時に、本案訴訟が係属していても、本案訴訟に訴訟参加している者が、自動的に執行停止の審理手続に訴訟参加できるわけではない。そのための特別の訴訟参加を要する。vgl., Kopp=Schenke, a. a. O.（Anm.（5）), Rdn. 140 zu Art. 80.

また、仮処分は略式の独立の手続ではあるが、原則として、行政裁判所法（VwGO）の通常の手続に妥当する規定および法原則は、仮処分にも適用され、六五条の訴訟参加も準用される。ただ、即決略式の手続であることからの制約がある。vgl., Kopp=Schenke, a. a. O.（Anm.（5）), Rdn. 1 zu Art. 123.

（9）　行政裁判所法（VwGO）六八条以下に規定される前置手続については、裁判手続に関する同法の規定が、そのまま類推適用される。vgl., Kopp=Schenke, a. a. O.（Anm.（5）), Rdn. 16 zu Art. 68.

行政手続法――Verwaltungsverfahrensgesetz（VwVfG）vom 25. 5. 1976 BGBl. I S. 1253.――一三条は、手続関係人（Beteiligte）について規定しているが、その二項で、「行政庁は、職権または申立てにより、手続の結果により法律上の利益が影響をうける者を、関係人として手続に関与させる（hinzuziehen）ことができる。手続の結果が、第三者に対して形成力を有する場合は、申立てにより、その者を手続に関与させなければならない。行政庁は、その者を認知している場合には、その者に手続の開始を通知しなければならない」と規定している。これは、あきらかに、行政裁判所法六三条（訴訟関係人の範囲を定めたものであるが、訴訟参加人もこのなかにふくまれている）および六五条を念頭においたものである。その趣旨については、すでに同法の模範草案の理由書のなかで述べられている。すなわち、「行政庁は、行政裁判所法六五条による訴訟参加と同様の理由で、法律上の利益が手続の結果によって影響をうける者を、関係人として手続に関与させなければならないのである」というものである。Musterentwurf eines Verwaltungsverfahrensgesetzes, 2 Aufl., 1968, S. 104. なお、ドイツ行政手続法上の関係人の範囲については、海老沢俊郎『行政手続法の研究』（一九九二年）一三五頁以下にくわしい。

第二節　通常訴訟参加と必要的訴訟参加

一　六五条一項に規定された通常訴訟参加は、ようするに、判決によりその者の法的利益が害されることを要件として、認められるものである。

その要件の解釈論として展開されているところを見てみると、「法律上の利益」については、まず、経済的利益や社会的利益や文化的利益はこれにあたらないということが上げられている。(10)さらに、その法律上の利益は、原告もしくは被告の敗訴によって、訴訟参加しようとする者の法律状態（法律上の地位）が、改善もしくは悪化するという関係にある場合に、「害される」といえるとされている。(11)わかりやすくいうと、原告もしくは被告が敗訴した場合、こんどは、訴訟参加しようとした者に対して、原告もしくは被告から何らかの請求を求める訴訟が提起される可能性がある場合ということである。(12)

つぎに、必要的訴訟参加との対比でみた、通常訴訟参加の意義というか、通常訴訟参加の目的としていわれているのは、必要的訴訟参加の要件をみたさないが、裁判所の判決との関係で保護すべき法的利益を有する第三者を、その者の利益を防御する機会を与えるために、また、判決の効力をその者におよぼし、もって、別訴を妨げるために、訴訟に関与させることにあるということである。(13)

通常訴訟参加については、裁判所が、「職権または申立てにより、訴訟に参加させることができる」とされているので、訴訟参加させるかどうかは、裁判所の裁量と考えられており、訴訟参加させなかったからといって訴訟手続の瑕疵を構成するわけではなく、判決の無効へとつながるわけではないとされている。(14)

二　これに対して、必要的訴訟参加の要件について規定している六五条二項の「訴訟の結果が、当該争訟に関わりある第三者についても合一的にのみ確定すべき場合」の趣旨は、一般には、同時に、直接的に、訴訟参加申立人の権利を形成、確認、確定、変更、取り消されることなしには、原告が求める判決が有効には下されないという場合である。[15] それは、いいかえれば、訴訟参加申立人の権利に直接、強制的に関わることなしには判決を下しえない場合には、当該利害関係人を訴訟参加させなければ、判決の効力との関係で、合一的には判決を下しえないということである。

この必要的訴訟参加の理論の基礎にある問題は、ドイツ行政裁判所法（VwGO）では、取消判決の拘束力の範囲が、わが国とはことなっているという事情である。すなわち、同法（VwGO）一二一条では、「判決の確定力は、訴訟物について判断された範囲で、以下の者を拘束する。(一)関係人およびその承継人、ならびに、(二)六五条三項に掲げられた者で、訴訟参加の申立てをしなかったか、もしくは、期間内に申立てをしなかった者」と規定されている。

ドイツの民事訴訟で、いわゆる「実質的確定力（materielle Rechtskraft）」と呼ばれるものの内容は、裁判所は、前訴と同一の対象に対しては、前訴の当事者のあいだでは前訴の判決に拘束され、[16] 拘束力の範囲は、原則として、訴訟当事者のあいだにだけ及ぶというもので、ドイツの行政訴訟理論では、これが、そのまま踏襲されている。[17] しかし、行政法上の法律関係は、行政庁の行為規範としての公法法規によって規定される関係であり、おおくの場合公益に関わり、多数の利害関係人が生じ、たんに当事者のあいだの問題にとどまらないという複雑さがある。

これを、もうすこしくわしく説明すると、二重効果的行政行為（Verwaltungsakt mit Doppelwirkung）[18] の取消訴訟を考えた場合、係争行政行為が取り消されると、取消判決により不可避的に直接、第三者の権利が侵害——その者の権利を確認し、変更し、消滅させる——されることになる。そのため、二重効果的行政行為は、必要的訴訟参加の典型的な場合[19]だとされているが、職権により訴訟参加させなければ、理論的には、当事者以外の者に判決の効力をおよぼすことはできないので、裁判所が、職権で訴訟参加させるべきであるのに、訴訟参加させなかったということは、ドイツの行政訴訟理論では、裁判所の判決手続の本質的瑕疵を構成し、したがって、その判決は効力がないと評価されるのである。[20]

これは、けっきょく、いってみれば、行政法の現実において、当事者間に限定されている判決の効力を、第三者に拡張させざるをえないため、それを理論的に説明づけるためのものである。つまり、それは、訴訟のなかに、その判決の効力がおよぶ第三者をあらかじめ引き込んでおき、その第三者を手続関係人として当事者に準ずる地位を認める（同法（VwGO）六三条）ことによって、理論的に、第三者を、当事者間に限定されている判決の効力のうちに取り込むという、理論と現実の整合化にほかならないといえよう。

そうすると、ドイツで認められている必要的訴訟参加は、判決の効力を当事者以外の第三者におよぼすための便法ではないかという気もしてくる。このことは、制度的にはじめから取消判決に第三者効が認められているわが国で、訴訟参加の理論を検討する場合に、本質的な制度の違いとして十分に認識しておかなければならない問題である。

(10)　Redeker, Konrad=von Oertzen, Hans-Joachim, Verwaltungsordnung, 13. Aufl., 2000, Rdn. 5 zu Art. 65.

(11)　ノルトライン=ヴェストファーレン高等行政裁判所一九八〇年一〇月三一日判決では、「参加申立人の権利が害されるというのは、訴訟当事者のいっぽうまたは双方とのあいだで、あるいは、場合によっては、ただ訴えの対象とのあいだで、原告および被告の敗訴により参加申立人の法律状態が向上するか、もしくは、悪化する場合である。いいかえれば、たしかに当事者間の事案に対する判決の効力は第三者には及ばない（行政裁判所法一二一条）が、同時に、参加申立人の法律上の地位が、事情によっては、事実上、もしくは、判決の実際上の先決効によって、すでに損なわれているかもしれないということである」と判示されている。Beschluß des OVG (Oberverwaltungsgericht) Nordrhein-Westfalen vom 31. 10. 1980, DöV (Die öffentliche Verwaltung) 1981 S. 385ff. Ähnliche Urteile : Beschluß des OVG Münster vom 8. 11. 1949, OVGE (Entscheidungen des OVG), Bd. 1 S. 21ff. Urteil des BVerwG vom 16. 9. 1981, E., Bd. 64 S. 67ff. vgl., Kopp=Schenke, a. a. O. (Anm. (5)), S. 867, Redeker=von Oertzen, a. a. O. (Anm. (10)), Rdn. 4 zu Art. 65. Eyermann, Erich=Fröhler, Ludwig=Schmidt, Jörg, Verwaltungsgerichtsordnung 11. Aufl., 2000, Rdn. 11 zu Art. 65.

(12)　この関係については、ヴュルテンベルガーの上げる以下の例が分かりやすい。
「建築主Bは、ビルの設計と構造力学計算を、設計者Aに委任した。Bの建築許可の申請は、Aの設計が、建築計画および構造力学命令に適合しないという理由で、却下された。そこで、Bは、建築許可の給付を求めて訴訟を提起した。この関係においては、Aはその訴訟に参加しうる。なぜなら、労働契約が請求の基礎となりうるかは、建築申請を、通常は、Aのがわにおいてするものであるかどうかによるからである。もし、Bが敗訴した場合、Bは、Aに対して、設計の瑕疵を理由に、労働契約にもとづく損害賠償請求をする可能性がある。したがって、設計者Aは、訴訟参加する私法上の利益があるといえる。この利益は、行政裁判所法（VwGO）六五条一項にいう法的利益に該当する。なぜなら、同項にいう法的利益は、私法上の利益と公法上の利益の両方をふくむ概念であるからである。」Würtenberger, a. a. O.（Anm.（4）), Rdn. 225. vgl., Mußgung, Reinhard, Die Beiladung zum Rechtsstreit um janusköpfige und privatrechtsrelevante Verwaltungsakte, NVwZ (Neue Zeitschrift für Verwaltungsrecht) 1988 S. 33ff.

(13)　Kopp=Schenke, a. a. O.（Anm.（5）), Rdn. 7 zu Art. 65.

(14)　Kopp=Schenke, a. a. O.（Anm.（5）), Rdn. 42 zu Art. 65. Würtenberger, a. a. O.（Anm.（4）), Rdn. 230.

(15)　Urteil des BVerwG vom 4. 11. 1976, E., Bd. 51 S. 268ff. Ähnliche Urteile : Urteil des BVerwG vom 25. 10. 1977, E., Bd. 55 S. 8ff. Urteil des BVerwG vom 26. 10. 1978, E., Bd. 57 S. 31ff. Beschluß des BVerwG vom 4. 3. 1988, NVwZ 1988 S. 730. vgl., Kopp, a. a. O.（Anm.（5）), Rdn. 14 zu Art. 65. Redeker=von Oertzen, a. a. O.（Anm.（10）), Rdn. 8 zu Art. 65. Eyermann=Fröhler=Schmidt, a. a. O.（Anm.（11）), Rdn. 17 zu Art. 65.

(16)　判決の実質的確定力については、基本的に、民事訴訟法（ZPO）三二二条（「判決は、訴えまたは反訴によって提示された請求に対して判断した範囲で、確定力を有する。」）の理論を踏襲する。Rosenberg, Leo=Schwab, Karl Heinz=Gottwald, Peter, Zivilprozeßrecht, 16. Aufl., 2004, S. 1061f. Baumbach, Adolf=Lauterbach, Wolfgang=Albers, Jan=Hartmann, Peter, Zivilprozeßordnung 60 Aufl., 2002, Rdn. 18 zu Art. 322. Thomas, Heinz=Putzo, Hans=Reichhold, Klaus=Hüßtege, Rainer, Zivilprozeßordnung 23 Aufl., 2001, Rdn. 5, 6, 7 zu Art. 322.
ドイツ民事訴訟法学において、判決の実質的確定力については、ながらく、いわゆる「訴訟法理論」——判決はなにが法であるかを述べるが、形成判決以外は判決みずからが法を創造するわけではない。実質的確定力の本質は、後訴で裁判所および当事者が、判決の確定力に拘束されるということにある——が、「実体法理論」——正しい判決は、これまでの法律関係を確認し、あらたに権利を得さしめ、権利を消滅させるが、不当な判決は、認定した実体的権利を成立させ、認定しなかった実体的権利を消滅させる——を排し、支配的であったが、シュヴァープ、ライポルト、シューマンらによって、「実体法理論」の復権がはかられ、判決の確定力には、実体法の領域にもおよぶ効力が認められるという「訴訟法理論」と「実体法理論」を融合する立場が優勢になったという事情がある。So : Schwab, Karl Heinz, Gegenwartsprobleme der deuts-

chen Zivilprozeßrechtswissenschaft, JuS (Juristische Schulung) 1976, S. 73.
ところで、それ以前に、行政法学者のオッセンビュールが行政実体法の問題に、民事訴訟の「実体法理論」を応用し、確認的行政行為の実質的確定力の本質の説明を試みている例がある。Ossenbühl, Fritz, Die Rücknahme von Wohngeldbescheiden und die Rückforderung gezahlter Wohngelder, DöV 1967 S. 248.

(17) Eyermann=Eröhler=Rennert, Klaus, a. a. O. (Anm. (11)), Rdn. 4 zu Art. 121.

(18) ドイツ行政法学でいわれている二重効果的行政行為については、いちおう、「ひとつの行政行為が、複数の関係人をもち、そのうち少なくとも一人以上に利益を得さしめ、いっぽうで、一人以上に不利益を与えるような行政行為」と定義されている。Laubinger, Hans-Werner, Der Verwaltungsakt mit Doppelwirkung, 1967, S. 29. Stelkens, Paul=Bonk, Heinz Joachim=Sachs, Michael, Verwaltungsverfahrensgesetz, 6. Aufl., 2001, Rdn. 11 zu Art. 50.
なお、ドイツの二重効果的行政行為については、以下の詳細な研究がある。石崎誠也「二重効果的行政行為の概念」(兼子仁編著『西ドイツの行政行為論』(一九八七年) 所収) 二二一頁以下。

(19) この関係については、ヴュルテンベルガーの上げる以下の例が、わかりやすい。
「建築主Bが住居の建築許可を得ており、隣人Nが、相隣関係保護の規定に違反すると主張して、取消訴訟を提起した場合は、Bを訴訟に参加させなければならない(必要的訴訟参加)。というのは、この場合、二重効果的行政行為に関わっているからである。建築許可の存続に関しては、判決は、合一的にでなければ、下すことはできない。」Würtenberger, a. a. O. (Anm. (4)), Rdn. 226.

(20) Kopp=Schenke, a. a. O. (Anm. (5)), Rdn. 42 zu Art. 65. Würtenberger, a. a. O. (Anm. (4)), Rdn. 231.

第三節　必要的訴訟参加の目的論的分析

第一項　行政裁判所法(VwGO)制定前後の議論

一　一九六〇年の行政裁判所法(VwGO)制定以前には、とくに、民事訴訟の訴訟参加の諸形態とことなる行政訴訟の訴訟参加の特殊性が、強調されていた(21)。

たとえば、バウエルは、その根拠を、当事者主義（Dispositionsmaxime）と職権主義（Offizialmaxime）という、それぞれの訴訟手続の基本原則に求める論証を試みた。(22) すなわち、当事者主義が支配する民事訴訟においては、訴訟参加人の私的利益が、私人のイニシアティヴで主張される。したがって、民事訴訟法（ZPO）六六条の補助参加では、当事者の異議があったときのみ、裁判所が、訴訟参加について決定し、異議がなければそのまま訴訟参加が認められる。それに対して、行政訴訟においては、公益上の理由から、職権主義により、第三者を訴訟参加させるかどうかの決定が、裁判所に委ねられるというものである。

また、メンガーも、裁判所の判決によって、自己の法的利益が害される者の訴訟参加が認められるという制度は、民事裁判所の訴訟手続においてはみられない、行政訴訟特有のものであるとしていた。(23) メンガーは、その論証の根拠を、当時の錯綜した行政裁判所法の条文の解釈と、プロイセン行政裁判所の判例の理論に求めている。(24) それは、必要的訴訟参加の理論の発展であり、そこに行政訴訟の訴訟参加の特殊性をみいだしていた。そして、メンガーは、必要的訴訟参加の概念規定として、必要的訴訟参加は、行政訴訟では規定されていない民事訴訟法（ZPO）六二条の必要的共同訴訟（notwendige Streitgenossenschaft）の補充であるともしている。(25)

なお、このあたりの民事訴訟の訴訟参加の諸形態と行政訴訟の訴訟参加の比較については、ひろく民事訴訟法の補助参加の準用が認められているわが国の行政訴訟の現状にとって、重要な示唆となると思われるので、項をあらためて、くわしく検討する。

二　一九六〇年に行政裁判所法（VwGO）が制定されたあとも、訴訟参加について問題となったのは、ひとつは、大量手続（Massenverfahren）による行政処分に対する訴訟への訴訟参加である。多数の利害関係人を有する行政処分に対する訴訟で、ほんらい、それらの者をすべて必要的に訴訟参加させなければならないケースで、どう訴訟参加させるかという、きわめて現実的なきめ細かな問題が、ドイツにおける行政手続法の議論の進展と平行して、提

起された。(27)

そして、各種行政裁判手続の統一をめざす行政訴訟法草案(28)のなかに、大量手続に対する訴訟参加の規定がもりこまれたという事情もあったのち、(29)ついに、現行行政裁判所法（VwGO）六五条に、第三項として、大量手続に関する訴訟参加の手続規定が追加挿入されることになった。(30)同項は、「訴訟に参加するものが五〇人以上みこまれるときは、裁判所は、決定により、一定の期間内に申立てをした者のみが訴訟に参加する旨を命ずることができる」と規定された。これは、一定期間を定めて、利害関係を有する者の訴訟参加の申立てを許す旨を公示し、それにより、大量手続における必要的訴訟参加を擬制するものであるが、しかし、これは、ある意味で必要的訴訟参加を回避しながら、同法一二一条二項をうまく経由して判決の効力の拡張をねつ造するものであるという批判もある。(31)

三　行政裁判所法（VwGO）制定のあと、もうひとつ、訴訟参加の限界として議論されたのは、規範統制訴訟における訴訟参加の問題であった。この問題は、目的論的に、第三者の訴訟参加により、訴訟というフィールドのなかで、なにを保護するものであるのかという本質にせまるもので、つぎの判例が議論の端緒となった。この判例は、私人の規範統制訴訟への訴訟参加の申立てが却下された事例であるが、ドイツの行政訴訟理論のなかでしばしば引用されるので、すこしくわしく見ておこう。

〔連邦行政裁判所一九八二年三月一二日決定(32)〕

「行政裁判所法（VwGO）六五条の訴訟参加は、その本質と訴訟上の機能において、具体的法律関係にかぎり認められる。同条の訴訟参加は、裁判所が、判決に対して法的利害関係を有する第三者を、原告と被告のあいだに係属する争訟に引き込むことを認める規定である。それは、たしかに、第三者が、他人の争訟に関与することにより、訴訟物の範囲内でみずから攻撃または防御の手段をつくし、また、訴訟行為を行うことにより、自己の法的利益を主張することができる（同法六六条）というかぎりで、第三者の利益になる。しかし、それは、訴訟参加そのものを正当化する理由にはならない。訴訟制度としての訴訟参加で、いかなる場合に訴訟参加が認められるかということについて問題となるのは、むしろ、手続経済および法的安定性といった公的理由であり、そして、それのみが、第三者を必要的に訴訟参加させる義務をおわせることの正当化理由となりうるのである。(33)

訴訟参加によって、第三者は訴訟関係人としての地位を得（同法六三条三号）、その結果、訴訟物に対して下された判決の実質的確定力が拡張されて第三者にまでおよぶことになる（同法一二一条）。それによって、当事者のみならず訴訟参加した第三者に対しても、法律状態が拘束的に解明されることになる。実質的確定力のおよぶ範囲で、係争事件について、あらためて、訴訟が提起されることや、それに付随して同一の訴訟物について相反する判決が生ずることが回避される。

同法四七条の規範統制訴訟では、そのような訴訟的意味をもった第三者の手続参加は、排除される。抽象的規範統制は客観訴訟であり、したがって、規範統制手続を開始した原告と被告のあいだに第三者が訴訟参加してくるような法律関係は存在しないということはいうまでもなく、同法一二一条の意味における実質的確定力、および、訴訟参加にとって本質的な第三者への確定力の拡張は、規範統制には無関係である。」

「同法四七条二項三文に、意見陳述の機会を与える者をラントおよびその他の公法人に限定することが明記されていることから(34)、他の者に裁判所による聴聞の機会が与えられることが排斥されるわけではない。ところで、連邦憲法裁判所は、法律にそのような裁判所の義務が規定されていない場合でも、すでに、さまざまなケースで聴聞義務を肯定している(35)。しかしながら、これらの者を聴聞する高等裁判所の権利に、意見陳述を申し立てる者の一般的主観的請求権が対応するわけではない。」

この連邦行政裁判所の見解に対して、ベッターマンは、私人の規範統制訴訟への訴訟参加を退ける結論には賛成しつつも、その理由づけに若干の疑問を提示している。すなわち、同法（VwGO）四七条二項三文の意見陳述もしくは聴聞の機会と訴訟参加は、あいことなるものである。連邦行政裁判所は、同文の類推適用により、高等行政裁判所は、規範統制訴訟の判決により、権利もしくは法的利益が害される者を聴聞することができるとし、そのうえ、裁判所の事実解明義務から、おおくの場合、そのような意見陳述を命ずることもできるとしている。しかし、職権探知原則を定めた同法（VwGO）八六条と四七条二項三文には、なんの関連性もない。ようするに、聴聞もしくは意見陳述の機会を与えるということは、けっして、訴訟参加の補充とされるものではないというものである。[36]

また、ベッターマンは、連邦行政裁判所が、判決の効力の第三者への拡張が訴訟参加にとって本質的なものであり、このようなものは規範統制訴訟には認められないとしていることに対して、四七条六項二文によれば、法規が無効であると宣言する判決には、一般的拘束力があり、この拘束力は実質的確定力にほかならず、同法（VwGO）一二一条の確定力とおなじものであると非難している。[37]

しかし、いずれにせよ、四七条六項二文に規定された対世的第三者効の性質をもつ特殊な判決の効力の存在により、規範統制訴訟では、一二一条の実質的確定力を拡張する意味はないと、一般に考えられているようである。[38]

第二項　判決の効力の拡張、訴訟経済

一　それでは、行政裁判所法（VwGO）の下での目的論を検討していくが、まず、必要的訴訟参加のみならず、通常訴訟参加をふくめた訴訟参加一般についての目的論から見ていこう。ドイツ行政訴訟理論において、訴訟参加の目的については、いくつかのものが上げられている。

そのうち、第一に上げられる絶対的な目的が、訴訟参加人の利益保護であろう。すなわち、訴訟当事者以外の第三者は、訴訟参加することにより、みずからの法的地位に不利な判決が下されるのを阻止することができるようにするというものである。[39] 阻止することができるようにするということの内容については、訴訟の場でみずから法律・事実状態について立証し、自己の権利を主張するということである。[40]

つぎに、訴訟参加によって、訴訟の基礎となる事実関係の包括的解明が可能になり、ひいては、訴訟の事実上の促進が約束されるということが上げられている。(41) このことは、じつは、ドイツの行政訴訟で支配的な職権探知原則に関連する。つまり、一般に、原告の訴えによって裁判所に持ち込まれた事実関係は、原則として、裁判所が職権で全面的に解明しなければならない義務があると考えられており、(42) 第三者が訴訟参加することが、裁判所の事実関係解明に役立つということなのである。(43)

つぎに、訴訟参加によって、よりひろい争訟のひろがりを、ひとつの判決で解決することができるという訴訟経済の要請に応えることができるということが上げられている。(44) その場合の訴訟経済とは、訴訟当事者を超えて第三者までひろがる行政事件を一気に解決するということであるが、ようするに、そこでは手続の集中と手続の促進が行われるということである。しかし、その背後にあるのは、いうまでもなく、判決の効力の拡張の問題であり、ある意味で、判決の効力の拡張により、結果的に、訴訟経済の要請がみたされているといってもよいであろう。つまり、訴訟経済と判決の効力の拡張は密接不可分の関係にあるのである。(45)

これが、一般にいわれている訴訟参加の主たる目的であるが、それ以外に、ベッターマンは、訴訟参加は法的聴聞の実現のひとつの制度とみている。(46) つまり、法的聴聞は、手続に関係する者に一般的に認められる制度保障であるからであるというものである。ただ、法的聴聞の名の下に保障されることは、右に上げた訴訟参加の目的のうちの最初のもの、すなわち、訴訟参加人の利益保護目的のうちに包括され、とくにべつの独立の目的として上げる実益にとぼしい。(47) また、行政裁判所法（VwGO）も、訴訟参加の手続を規定するに際して、その要件のたて方からみて、とくに法的聴聞の機会を保障するという考慮はしていない。

二　右に上げたいくつかの訴訟参加の目的のうち、職権探知原則に由来する事実解明目的は、訴訟参加の主たる目的たりえないという指摘がある。レーデカー＝フォン・オェルツェンは、訴訟参加の目的として、判決の効力の拡張という目的と「同時に、訴訟参加によって第三者に、みずから事実・法律関係を主張し、自己の権利を主張し、事実関係の解明に寄与するという機会を与えるということがある。ただ、その場合、訴訟参加人は、もっぱら自己の利益において行動する」としている。(48)

そして、シュトーバーは、このレーデカー=フォン・オェルツェンの見解は、ようするに、事実解明目的を訴訟参加人の法的利益に従属せしめるものであり、正当であると評価した上で、事実解明目的は、訴訟参加人の利益保護や判決の効力の拡張を理由に訴訟参加が認められた場合にはじめて、問題となるのであって、訴訟参加人が自己の利益の防衛に努めるなかで、その反面として、事実関係の包括的解明が行われることがあるにすぎないとしている。(49)たしかに、シュトーバーの指摘するごとく、かならずしも、訴訟参加によって事実関係の包括的解明がつねに保障されるわけではなく、また、職権探知原則から直接に、訴訟参加の根拠をひきだすことは困難であると思われる。

残されたふたつの目的、すなわち、訴訟参加人の利益保護目的と判決の効力の拡張目的では、後者を訴訟参加の最終目的とみる立場が、一般的である。その代表的見解として、ウレは、訴訟当事者のあいだに生じる判決の確定力を、自己の法的利益が判決によって害される第三者におよぼすことが、訴訟参加の最終目的（Endzweck）であるとしている。(50)

しかし、これに対して、ベッターマンは、判決の効力を拡張することについてのみ、訴訟参加が認められるわけではないとしている。この理由については、どの範囲で訴訟参加を認めるかは、決して判決の効力がおよぶ範囲から決まるわけではなく、第三者を判決の効力に服せしめることと、判決によって法的利益が害されることとは、おなじ意味ではないということを上げている。(51)

たしかに、ほんらい当事者のあいだにおよぶとしか規定されていない判決の効力を、どの範囲で拡張していくかということは、同法（VwGO）一二一条の解釈から、ただちに、でてくるわけではない。そのあいだの関係については、シュトーバーが明快に説明している。すなわち、第三者への判決の効力の拡張は、利益保護に対応した範囲に効力がおよぶ可能性からの結果であるとし、そのかぎりで、判決の効力の拡張が、訴訟参加の最終目的であることは認めるが、いっぽうで、利益保護目的は、訴訟参加の第一次的目的（Anfangszweck）であるというものである。(52)

三　さて、これまでの目的論的考察は、通常訴訟参加を含む訴訟参加一般についてのものであった。しかし、本稿の主要な問題関心は必要的訴訟参加にあり、ここから、あらためて、必要的訴訟参加の目的は、なにであるのかを見ていこう。

シュテットナーによれば、利益保護目的は、必要的訴訟参加の主たる目的たりえないとしている。なぜなら、必要的訴訟参加の場合は、第三者が、訴訟が係属していることを知らなくとも、あるいは、訴訟参加に価値をみいださなくても、裁判所はその者を訴訟参加させなければならない。つまり、その者の訴訟参加の申立てがなくても、訴訟参加は行われるということであり、訴訟参加の申立ては、第三者の利益のためにのみ認められるものではなく、権利救済制度の制度としての利益のためにも認められるものだからということである。(53)連邦行政裁判所の判決(54)でも、同法（VwGO）六五条二項の意義・内容は、必要的訴訟参加人に確定力をおよぼすことであり、それによって、その者に、参加手続において主張する機会を与え、その者の利益を保護する機会を与えることにあるとされている。つまり、必要的訴訟参加では、判決の効力の拡張を第一の目的とし、利益保護目的は判決の効力の拡張目的との関連において考えられるということなのである。

けっきょく、必要的訴訟参加の主たる目的は、判決の効力を拡張することにあるようであるが、ドイツ行政訴訟理論では、この問題については、訴訟物との関係で緻密な分析がなされているので、それを検討してみよう。

通常訴訟参加と必要的訴訟参加とでは、訴訟物の範囲がことなることを、最初に指摘したのは、メンガーであった。すなわち、通常訴訟参加人の訴訟上の権利について述べているところによると、通常訴訟参加人は、「訴訟物について固有の権利をもつわけではない。それをもつのは必要的訴訟参加人である。通常訴訟参加人は、当該訴訟においては、べつの固有の権利を主張してはならない。というのは、それは訴訟の対象ではないからである」[55]という指摘である。

メンガーのこの主張は、すこし抽象的でわかりにくいが、この立場をうけて、べつの言葉で表現したのが、マルテンスである。すなわち、通常訴訟参加は、限定された判決の確定力を、訴訟物に属しないべつの法律関係に拡張することを、めざすものであるというものである。[56]マルテンスは、また、必要的訴訟参加と訴訟物との関係について、つぎのように説明する。いわく、必要的訴訟参加における判決の効力の拡張目的と訴訟経済目的というのは、裁判所の判決の対象となる訴訟物の終局的解決についてのものである。それは、同一の事実・法律関係についてあらたな評価をくわえることにより、べつの行動を義務づけることが適法かどうかという問題を、しょうらい、二度と提起できないという効果をもつ。[57]

このマルテンスの主張を、さらに「かみくだいて」理解すると、必要的訴訟参加では、訴訟物が拡張されるわけではなく、あくまで同一の訴訟物の範囲で、第三者を訴訟参加させることにより、しょうらい、べつの判決が下され競合することを避けるという意味で、判決の効力が拡張され、そのかぎりで、訴訟経済の要請に合致するということであろう。[58]

四　そこで、いまいちど、そもそも訴訟当事者のあいだでのみ生ずるとされる判決の効力の解釈論を、必要的訴訟参加に関する範囲で見ておこう。

行政訴訟においても、判決の実質的確定力とされるものは、民事訴訟の一般理論をそのままうけて、裁判所は、前訴と同一の対象に対しては、前訴の当事者のあいだでは前訴の判決に拘束され、拘束力の範囲は、原則として、訴訟当事者のあいだに限られるということを内容としている。[59] これは、行政訴訟において、係争行政行為の適法性審査が行われたということによっても、変更されるわけではない。その場合も、ただ、訴訟当事者のあいだでのみ、行政行為が違法もしくは適法であるという認定が行われたというにすぎず、そのかぎりでのみ、他の裁判所、とりわけ、民事裁判所は、判決に拘束されると解されている。[60] ようするに、ドイツの行政訴訟では、判決の第三者効を認める規定がない、というより、同法（VwGO）一二一条の規定内容が、判決の第三者効を排除する趣旨であるといえよう。

そのように解されている判決の確定力と、さきほどとり上げた訴訟物との関係を、あらためて見てみると、必要的訴訟参加人は、原告と被告のあいだで争われた訴訟物の範囲でのみ判決の効力をうける。それに対して、通常訴訟参加人は、審理に関わったことにより、別訴で当該判決をもはや争うことができなくなる、というかぎりでのみ、判決の効力をうけるにすぎないと解されている。[61]

このことは、よくよく考えてみると、必要的訴訟参加というのは、必要的訴訟参加人を訴訟当事者とおなじ立場にたたしめ、おなじ判決に服せしめるということを究極の目的とし、いいかえれば、そこに必要的訴訟参加の存在意義があるということではないかと思われる。そのあいだの事情は、つぎのような問題設定によると、もうすこしわかりやすい。それは、訴訟参加することが必要的であった者を訴訟参加させなかった場合、判決の効力はどうなるのかということである。これについては、一般に、判決は、当事者以外の者には実質的確定力をもたない、[62] あるいは、二重効果的行政行為のようなものでは、行政行為の効力がおよぶ第三者を訴訟参加させ、その者にも判決の効力をおよぼすということは不可欠の前提であるので、そのような手続を怠って下された判決は、そもそも効力をもたないとまでいわれている[63]のである。

五　必要的訴訟参加の訴訟手続上の目的論的考察の最後に、判決の効力の拡張目的に付随する（？）、あるいは、それと密接に関連する、訴訟経済目的について見ておこう。判決の効力の拡張の問題と切り離して、純粋に訴訟経済についてだけ考えると、訴訟参加との関係での訴訟経済とは、別訴を避け、矛盾する判決が生じることを防止するということに帰着するであろう。

連邦行政裁判所の判例で、訴訟参加にとって、訴訟経済が固有の目的となりうるものであることを指摘するものがある。(64) すなわち、訴訟参加という訴訟制度にとって重要なのは、訴訟経済および法的安定性という公益上の理由であり、それのみが、第三者が訴訟参加することにより訴訟当事者に強いる負担を正当化するものであるというものである。

右の事例は、通常訴訟参加に関するものであったが、シュトーバーによれば、訴訟経済が固有の目的となりうるものであることは、通常訴訟参加についてのみ、つねに認められるとしている。その根拠は、通常訴訟参加では、訴訟参加を認めるかどうかは、同法（VwGO）六五条一項の解釈から、裁判所の判断に委ねられており、裁判所は、裁量の枠内で、第三者を訴訟参加させることによる手続負担を、訴訟経済の見地から考慮するもので、もし、裁判所が、訴訟経済の見地から、訴訟参加の申立てを却下すれば、判決の効力の拡張の問題はおきない、ということがひとつ。それから、そもそも、六五条一項は、訴訟が不必要に拡大することを避けるため、手続を制限しうる裁判所の裁量権限を保障すべきであるという意味において、訴訟経済の要請に応えようとするものであり、そのように解釈しなければならない、ということである。(65)

たしかに、シュトーバーの指摘するように、訴訟経済が目的となりうるのは、通常訴訟参加の場合だけで、必要的訴訟参加では問題にならない。なぜなら、必要的訴訟参加では、当該争訟に関わりある第三者についても合一的にのみ確定するために、どうしてもその者を訴訟参加させなければならないという絶対的要請があり、そのためにのみ行われるからである。つまり、この場合、訴訟経済上の考慮というものが行われる余地はなく、したがって、必要的訴訟参加の目的は、もっぱら判決の効力の拡張にあると断言できよう。

第三項　基本法上の要請

一　ドイツでは、行政訴訟、行政手続等の問題においては、どのようなものであっても、かならずといってよいほど、まず、基本法（GG）[66]の条文のなかに、その根拠を求める考察が行われる。訴訟参加の目的についても、その例外ではなく、これまでみてきた手続法上の目的以外に、基本法上の要請との関連がさかんに議論されているので、いちおう、それについても確認しておく必要があるであろう。

二　基本法（GG）の条文のなかで、訴訟参加との関連が、まず、問題とされているのは、「なにびとも、裁判所に対して、法的聴聞（rechtliches Gehör）を請求する権利を有する」と規定する一〇三条一項である。これは、いわば、訴訟制度全般についての基本原理の憲法的表現であり[67]、法治国原理の制度の側面と国民の主観的権利の側面を表象するものである[68]。そして、その内容は、裁判所の判決に関わりうる者に対しては、判決が下されるまでのあいだに、争訟にとって重要な事実や判決の基礎となる法律問題について陳述する権利の保障であり[69]、裁判所に対しては、その者の陳述を知覚し、これを考慮しなければならないという義務づけである[70]。

コップによれば、このようなすべての裁判手続に対する同項の保障は、法的聴聞の最低限の保障であるとしており、したがって、法律の規定によって、この権利保障の範囲を、制限したり侵害したりすることはできないとしている[71]。また、判例によれば、事件に関わる手続規定が、憲法によって保障された法的聴聞の最低限度に足りないときは、同法（GG）一〇三条一項から、直接、裁判所の聴聞義務が導きだされるとされている[72]。

三　このように理解されている聴聞請求権の保障を、行政訴訟における訴訟参加と結びつける連結点として参考になるのは、おそらく、一〇三条一項の保障は、形式的関係人、すなわち、すでに訴訟に関与している訴訟当事者のみにおよぶのか、それとも、実質的関係人にまでおよぶのかという議論であろう。

一〇三条一項が、第三者を訴訟参加させることの憲法上の根拠となりうるとする者として、シュテットナーがある。ただ、シュテットナーは、その論拠をバウアーの同項の解釈に求めている。

そのバウアーの解釈とは、同項の趣旨は、他人もしくは行政庁からの権利侵害に対する保護のために必要なかぎりにおいて、裁判所による個人の遺漏なき包括的な権利保護が要求されるということにあり、また、同項の文言からいうと、同項が、すでに係属している手続において当事者の双方から聴聞することだけを保障しているとは解されず、ただ、法的聴聞請求権について述べていると解されるので、この請求権とは、裁判をうける権利（Recht auf Anrufung des Gerichtes）をも包括する、というものである。(73)

そして、シュテットナーは、このようにバウアーが、法的聴聞請求権の発生を、訴訟が係属しているかどうかによらしめていないことから、さらに、類推して、バウアーは、第三者の訴訟参加についても、とうぜん、同項の保障が及ぶことを認めているのであろうとしている。(74)

このように、我田引水的で、やや強引なシュテットナーの論理を、底辺から理論づけたのが、ベッターマンである。ベッターマンは、そもそも、訴訟における当事者（Partei）の概念は、形式的意味だけではなく、実質的意味においても理解しなければならないとしている。すなわち、争われている法律関係に実質的に利害関係を有する者は、聴聞されるべきであり、そのことから、とうぜんに、訴訟に参加すべき――すくなくとも、訴訟参加の可能性を開くべき――であるという結論につながってくるというものである。(75)

これらの見解は、いずれも、法的聴聞請求権の主体を、実質的訴訟当事者である訴訟参加人にまで拡張することを試みるものであったが、そもそも、制度論的に、訴訟参加は、法的聴聞の要請の発露であるとするシュトーバーのごとき見解もある。

すなわち、一〇三条一項は、実体権の防御という意味の保障を行うものであり、これは、訴訟当事者だけでなく、ともにその法的地位が危機にさらされている者すべてに対するものである。したがって、裁判所は、争訟に関与していないが判決に影響をうける者を、手続に関与させることにより、法的聴聞の機会を与えなければならない。これは、行政訴訟においては、法的聴聞の要請の発露としての訴訟参加によって実現されるというものである。(76)

シュトーバーは、さらに、必要的訴訟参加との関係に敷衍し、このような同条の理念は、通常訴訟参加とは無縁のもので、必要的訴訟参加によってのみ実現されるとし、ほんらい、手続法が追加的救済を予定していないところで、あえて請求規範として必要的訴訟参加の制度を設けることは、同項の要請にこたえるものであるとしている。(77)

四　ドイツの訴訟理論において、基本法（GG）の条文のなかでもうひとつ、訴訟参加との関連が議論されているのは、「公権力により権利を侵害された場合は、なにびとに対しても、出訴の途が開かれている」と規定する一九条四項である。この規定は、いうまでもなく、法治国原理の憲法的表明であるが、それはまた、訴訟制度のなかで実現されるものでもある。(78)レルヒェによれば、同項の司法保障請求権を、法律レベルでどう実現するかは、基本的には立法者に委ねられており、同項の枠内で第三者の訴訟参加を認めるかどうかも、立法者の裁量であるとしている。(79)訴訟法のなかで訴訟参加をどう扱うかは、立法上の問題であるとしても、訴訟参加の基本法上の根拠を同項に求めることができるかどうかということは、また、べつの問題である。

これについて、シュテットナーは、第三者の訴訟参加は、直接、一九条四項から導きだされるとしている。すなわち、第三者の権利が公権力により侵害されたにもかかわらず、法律に、第三者に固有の手続が規定されていないが、なおかつ、第三者が、他人のあいだの争訟に参加しさえすれば、自己の権利を防御しうると考えられるときは、憲法上、どの範囲で第三者に手続に参加させるべきかという問題は、もっぱら、同項により解決されるというものである。(80)

そして、シュテットナーは、同項と必要的訴訟参加の密接な関係についても、論証している。すなわち、必要的訴訟参加が認められる典型的な場合に、訴訟参加が行われないときは、その判決は効力を有しないとされているが、そのことは、いいかえれば、当事者のあいだにのみ下された判決の効力を、訴訟上、事後的に除去しうるという意味で、第三者は、当該訴訟に影響力をおよぼしうるということができるが、この影響力は、一九条四項によって直接保障されており、したがって、必要的訴訟参加が行われないということは、憲法違反になるというものである。[81]

シュテットナーのかかる見解に対しては、ベッターマンが異をとなえている。すなわち、すでに救済の途が開かれ、決定が下されようとしているところでは、一九条四項は適用されない。同項で問題となるのは、どのような国家行為に対して、だれが出訴しうるのかということである。訴訟参加で問題となるのは、どのような裁判手続にいかなる第三者を関与させなければならないか、もしくは、関与しうるかということであり、これについては、もっぱら、一〇三条一項によって解決されるというものである。[82]

しかし、学説のおおくは、一九条四項が、訴訟参加の根拠となりうることを認めている。[83] シュトーバーは、同項は、効果的な権利保護を保障するもので、第三者に、自己の関与しなかった判決の取消しを求めさせることが、時間的理由により、効果的な権利保護にならないときは、同項は、可能なかぎり訴訟参加を要求するとしている。[84]

五　いずれにせよ、訴訟参加の制度が、法治国原理のひとつの発現形態であることは、一般の承認するところである。アイエルマン=フレーラーは、訴訟参加が、争訟の終局的・一体的解決に資し、同一の対象について、あい矛盾する判決を阻止することにもなるので、法的安定性および訴訟経済の要請にこたえるものであるとし、[85] また、コップ=シェンケは、必要的訴訟参加については、同法（GG）二条一項、[86] その他、事案に関わる個々の基本権、[87] 一〇三条一項、ならびに、法治国原理から導きだされる必然的帰結であるとしている。[88]

（21）　バウエルによれば、一八七七年に制定された民事訴訟法（ZPO）では、訴訟当事者以外の者が訴訟に関与する方法（Beteiligung）として、同法六四条の主参加（独立当事者参加）、六六条の補助参加、七二条の訴訟告知、七六条の占有者の指名があるが、これらは、行政訴訟の訴訟参加（Beiladung）とは、ことなるとしている。そして、行政訴訟の訴訟参加の考察においては、民事訴訟法から何も導き出せないが、民事訴訟法のそれらの法制度との比較により、行政訴訟の訴訟参加の概念の限界づけをすることができるとしている。Bauer, Wilhelm, Die Beiladung nach dem Gesetz über die Verwaltungsgerichtsbarkeit der amerikanisch besetzten Zone Deutschlands, DöV 1949 S. 189.

バウエルのこの見解が、当時の議論の風潮を代弁するものであったと思われる。参照、バウエルの右の論文に対するふたつの論評。Bettermann, Karl August, über die Beiladung im Verwaltungsstreitverfahren oder vom Nutzen der Prozeßvergleichung und einer allgemeinen Prozeßrechtslehre, DVBl. 1951 S. 39ff. Bachof, Otto, Die Beiladung nach dem Gesetz über die Verwaltungsgerichtsbarkeit der amerikanisch besetzten Zone Deutschlands (Eine Ergänzung zu dem Aufsatz von Wilhelm Bauer in Heft 10 und 12), DöV 1949 S. 364ff.

(22)　Bauer, a. a. O. (Anm. (21)), S. 189.

バウエルのこの論証に対して、ベッターマンは、そもそも、当事者主義と職権主義をそれぞれの訴訟手続の原理とすることには誤りがあるとしている。訴訟の当事者進行は、しばしば職権進行の修正をうけることがあり（たとえば、召喚や送達）、職権探知原則は家族法の裁判でかなりの程度妥当している。要するに、バウエルは、職権主義と職権進行を混同しているとしている。Bettermann, a. a. O. (Anm. (21)), S. 39.

(23)　Menger, Christian-Friedrich, Fortgeltung verfahrensrechtlicher Grundsätze des Preußischen Oberverwaltungsgerichts, DVBl. 1950 S. 699.

(24)　プロイセン一般ラント行政法——das Preußische Gesetz über die allgemeine Landesverwaltung vom 30. 7. 1883, GS (Preußische Gesetzsammlung) S. 195——七〇条は、訴訟参加の要件として、ただ、「訴訟参加申立人の利益が判決により害される」ことと規定しており、とくに、必要的訴訟参加については、なにも規定していなかったが、この規定を超えて、プロイセン高等行政裁判所は必要的訴訟参加の理論を発展させ、当事者間の争いの対象となっている訴訟物の範囲にとどまる判決の効力を拡張して、第三者にまでおよぼすときは、必要的訴訟参加となり、職権による訴訟参加を、裁判所が怠れば、本質的な裁判手続の瑕疵を構成するとされていた。vgl., Menger, a. a. O. (Anm. (23)), S. 700.

(25)　Menger, a. a. O. (Anm. (23)), S. 700.

(26)　行政手続法（VwVfG）制定過程における大量処分に対する審議については、vgl., Stelkens=Bonk=Sachs, a. a. O. (Anm. (18)), Rdn. 46f. zur Einleitung. Stelkens, Das Gesetz zur Neuregelung des Verwaltungsgerichtlichen Verfahrens (4. VwGO ÄndG)——das Ende einer Reform?, NVwZ 1991 S. 213.

同法（VwVfG）一七条は、五〇名を超える者が、同一形式で署名してきたときの代理人について、一八条は、同一の利益を有する五〇人を超える者が、手続に関与しようとするときの共同代理人について規定している。

(27) Kopp, Gesetzliche Regelungen zur Bewältigung von Massenverfahren, DVBl. 1980 S. 325. Schmidt-Aßmann, Eberhard, VVDStRL (Veröffentlichungen der Vereinigung der Deutschen Staatsrechtslehrer) Bd. 34 S. 249.

(28) Gesetzentwurf einer Verwaltungsprozeßordnung vom 31. 5. 1985, BT-Drs. (Bundestagsdrucksache) 10/3437.

(29) 六〇条五項に規定されている。

(30) geändert durch Gesetze zur Änderung der Verwaltungsgerichtsordnung (VwGO) vom 17. 12. 1990, BGBl. I S. 2809.

(31) Redeker=von Oertzen, a. a. O. (Anm. (10)), Rdn. 27 zu Art. 65.

(32) Beschluß des BVerwG vom 12. 3. 1982, DVBl. 1982 S. 951ff.

(33) Ähnliche Urteile : Urteil des BVerwG vom 31. 1. 1969, E., Bd. 31 S. 233ff. Urteil des BVerwG vom 10. 12. 1970, E., Bd. 37 S. 43ff.

(34) 行政裁判所法（VwGO）四七条二項三文の内容については、注(7)参照。

(35) vgl., Urteil des BVerfG (Bundesverfassungsgericht) vom 26. 4. 1955, E., Bd. 9 S. 89ff. Urteil des BVerfG vom 22. 4. 1964, E., Bd. 17 S. 356ff. Urteil des BVerfG vom 1. 2. 1967, E., Bd. 21 S. 132ff. Beschluß des BVerfG vom 9. 2. 1982, JZ (Juristenzeitung) 1982 S. 330.

(36) Bettermann, Anmerkung zum Beschluß des BVerwG vom 12. 3. 1982, DVBl. 1982 S. 957.

(37) Bettermann, Anmerkung, DVBl. 1982 (Anm. (36)) S. 956.

(38) Stober, Rolf, Beiladung im Verwaltungsprozeß, in Festschrift für Christian-Friedrich Menger "System des verwaltungsgerichtlichen Rechtsschutzes" S. 415f. Dienes, Karsten, Beiladung im Normenkontrollverfahren gemäß Art. 47 VwGO, DVBl. 1980 S. 676f.

(39) Ule, Carl Hermann, Verwaltungsprozeßrecht 9 Aufl., 1986, S. 111. Kopp=Schenke, a. a. O. (Anm. (5)), Rdn. 1 zu Art. 65. Eyermann=Fröhler=Schmidt, a. a. O. (Anm. (11)), Rdn. 1 zu Art. 65.

(40) Redeker=von Oertzen, a. a. O. (Anm. (10)), Rdn. 1 zu 65.
なお、シュトーバーは、訴訟参加は、個人の権利を保護するもので、権利の実効的実現であるとし、よって、民衆訴訟参加（Popular-beiladung）のようなものは排斥されるとしている。Stober, a. a. O. (Anm. (38)), S. 407.

(41) Schunck, Egon=de Clerk, Hans, Verwaltungsgerichtsordnung, 3 Aufl., 1977, Erl. (Erläuterung) 1 a. zu Art. 65.

(42) 行政裁判所法（VwGO）八六条の職権探知原則の意義については、新山「西ドイツにおける職権探知原則」（雄川一郎先生献呈論集『行政法の諸問題下』（一九九〇年）所収）二五一頁以下参照、また、ドイツの税務訴訟との関連において職権探知原則が分析されているものとして、木村弘之亮『租税証拠法の研究』（一九八七年）一〇二頁以下がある。

(43) ベッターマンは、訴訟参加は、その限りにおいて、裁判所を補助するものであり、国家の利益に奉仕するものであるとしている。Bettermann, über die Beiladung im Verwaltungsstreitverfahren oder vom Nutzen der Prozeßvergleichung und einer allgemeinen Prozeßrechtslehre, DVBl. 1951 S. 74.

(44) このことは、行政裁判所法（VwGO）の政府草案のなかでも強調されていた。すなわち、「訴訟参加は、非訴訟当事者を訴訟に引き込むことが可能な場合にその者を訴訟に関与させる、行政訴訟、とりわけ取消訴訟（義務づけ訴訟）に特有の手段である。同時に、訴訟参加は、裁判所に、争いの対象となっている事実関係の包括的審理を可能にする。しかし、訴訟参加においては訴訟経済の利益が重要である。それは、よりひろい争訟のひろがりがひとつの判決で解決され、相反する判決が回避されるという意味である」というものである。Die Regierungsbegründung zur Verwaltungsgerichtsordnung, BT-Drs. 3/55, S. 37.

(45) Stober, a. a. O.（Anm. (38)), S. 407.

(46) Bettermann, DVBl. 1951（Anm. (43)）S. 74. Ders., Streitgenossenschaft, Beiladung, Nebenintervention und Streitverkündung Bemerkung zu Joachim Stettner, Das Verhältnis der notwendigen Beiladung zur notwendigen Streitgenossenschaft im Verwaltungsprozeß, ZZP（Zeitschrift für Zivilprozeß）1977 S. 124. Ebenso: Schlosser, Peter, Urteilswirkungen und rechtliches Gehör（Zum Beschluß des Bundesverfassungsgerichtes 1. 2. 1967), JZ 1967 S. 434.

(47) Stober, a. a. O.（Anm. (38)), S. 408.

(48) Redeker=von Oertzen, a. a. O.（Anm. (10)), Rdn. 1 zu Art. 65.

ディーネスは、裁判所の事実解明および法発見に寄与することは、訴訟参加の副次効果（Nebeneffekt）であるとしている。Dienes, a. a. O.（Anm. (38)), S. 675.

(49) Stober, a. a. O.（Anm. (38)), S. 409.

(50) Ule, a. a. O.（Anm. (39)), S. 111.

(51) Bettermann, DVBl. 1951（Anm. (43)）S. 74.

(52) Stober, a. a. O.（Anm. (38)), S. 409.

(53) Stettner, Joachim, Das Verhältnis der notwendigen Beiladung zur notwendigen Streitgenossenschaft im Verwaltungsprozeß, 1974, S. 86.

(54) Urteil des BVerwG vom 2. 9. 1983, NVwZ 1984 S. 507ff.

(55) Menger, a. a. O.（Anm. (23)), S. 701.

(56) Martens, Joachim, Die Praxis des Verwaltungsprozesses, 1975, S. 62.
レーデカー=フォン・オェルツェンの説明によれば、行政裁判所法（VwGO）六五条一項の目的は、第三者が自己の法的利益を、判決によってのみ、もしくは、判決によってはじめて、害される場合でなければならないということに表現されている。Redeker=von Oertzen, a. a. O. (Anm. (10)), Rdn. 4 zu Art. 65.

(57) Martens, a. a. O. (Anm. (56)), S. 58ff.

(58) レーデカー=フォン・オェルツェンのべつの説明によれば、判決の効力の拡張によって、同時に、訴訟参加した第三者の権利が形成され、確認され、変更され、消滅せしめられ、その結果、もはや二度と第三者の権利が訴訟の対象とされることはなくなるとされている。Redeker=von Oertzen, a. a. O. (Anm. (10)), Rdn. 8 zu Art. 65.

(59) 本章注(16)参照。

(60) Eyermann=Fröhler=Schmidt, a. a. O. (Anm. (11)), Rdn. 11 zu Art. 121. Urteil des BayVGH (Bayerischer Verwaltungsgerichtshof) vom 9. 4. 1981 BayVBl. (Bayerische Verwaltungsblätter) Bd. 81. S. 755.

(61) Kopp=Schenke, a. a. O. (Anm. (5)), Rdn. 25 zu Art. 65.

(62) Kopp=Schenke, a. a. O. (Anm. (5)), Rdn. 25 zu Art. 65.

(63) 本章注(20)参照。

(64) Beschluß des BVerwG vom 12. 3. 1982, E., Bd. 65 S. 131ff. 本件は、規範統制訴訟について、通常訴訟参加が申し立てられたものである。

(65) Stober, a. a. O. (Anm. (38)), S. 414.

(66) Grundgesetz für die Bundesrepublik Deutschland vom 23. 5. 1949, BGBl. I S. 1.

(67) Maunz, Theodor=Dürig, Günter=Schmidt-Aßmann, Eberhard, Grundgesetz, Rdn. 1 zu Art. 103.

(68) Maunz=Dürig=Schmidt-Aßmann, a. a. O. (Anm. (67)), Rdn. 2 zu Art. 103.
また、判例においても、Beschluß des BVerfG (Bundesverfassungsgericht) vom 8. 1. 1959, E., Bd. 9 S. 89. は、「具体的生活事実について終局判決を下すという裁判所の任務は、通常は、関係人のいいぶんを聞かないかぎり、果たしえない。したがって、このような聴聞は、ただちに正当な判決の要件となりうるものである。さらに、人間の尊厳の保障から、その者の権利について公権的に即決されないということが要求される。個人は、裁判官の判決の客体であるというにとどまらず、その者の権利に関わる裁判において、手続およびその結果に影響を与えるような陳述をすることができるのである」ということが確認されている。Ähliche Urteile : Beschluß des BVerfG vom 11. 3. 1975 E., Bd. 39, S. 156. Beschluß des BVerfG vom 9. 3. 1983, E., Bd. 63 S. 332. Beschluß des BVerfG vom 18. 6. 1985, E., Bd. 70 S. 180.

(69) Schmidt-Bleibtreu, Bruno=Klein, Franz, Kommentar zum Grundgesetz, 9. Aufl., 1999, Rdn. 1 zu Art. 103. Sachs, Michael=Degenhart, Christoph, Grundgesetz, 3. Aufl., 2003, Rdn. 8 zu Art. 103. Beschluß des BVerfG vom 29. 11. 1989, E., Bd. 81 S. 123. Beschluß des BVerfG vom 29. 5. 1991 E., Bd. 84 S. 188. Beschluß des BVerfG vom 19. 5. 1992, E., Bd. 86 S. 133.

また、このような陳述権について、シュミット・アスマンは、手続の進行に影響を与えるような能動的権利と把握し、それは基本法（GG）一〇三条一項で保障されているとしている。そして、それは、権利であって、けっして義務ではないという、示唆にとむ指摘もしている。Maunz=Dürig=Schmidt-Aßmann, a. a. O.（Anm.（67））, Rdn. 80ff. zu Art. 103.

(70) デゲンハルトは、さらに、判決に関わる者の陳述権の前提として、その者が、手続の基礎となる事実について、裁判所から十分に知らされていなければならないとしている。Sachs=Degenhart, a. a. O.（Anm.（69））, Rdn. 8 zu Art. 103.

このような、裁判所の通知ないし情報提供義務について、シュミット・アスマンは、召喚、期日の通知、判決の送達が、もっとも重要であるとしている。Maunz=Dürig=Schmidt-Aßmann, a. a. O.（Anm.（67））, Rdn. 70ff. zu Art. 103. にくわしい。vgl., Beschluß des BVerfG vom 29. 5. 1991, E., Bd. 84, S. 188. Beschluß des BVerfG vom 19. 5. 1992 E., Bd. 86, S. 133. Beschluß des BVerfG vom 8. 6. 1993 E., Bd. 89 S. 28.

(71) Kopp, Das Rechtliche Gehör in der Rechtsprechung des Bundesverfassungsgerichts, AöR（Archiv des öffentlichen Rechts）Bd. 106, S. 629.

(72) Beschluß des BVerfG vom 1. 2. 1967 E., Bd. 21, S. 132. なお、この判決については、参照、Kopp, a. a. O., AöR Bd. 106（Anm.（71））, S. 613ff. Schlosser, Peter, a. a. O.（Anm.（46））, S. 431ff.

(73) Baur, Fritz, Der Anspruch auf rechtliches Gehör, AcP（Archiv für civilistische Praxis）. Bd. 153, S. 398. バウアーのこの見解は、司法保障請求権とでもいうべきものであるが、これに真っ向から反対したのは、レルヒェである。すなわち、公権力の行使に対する裁判所の救済については、もっぱら基本法（GG）一九条四項により保障されている。また、民事訴訟にはこの規定は適用されないので、そのかぎりで、司法救済の保障の遺漏はたしかに存在するが、この部分について、同法（GG）一〇三条一項が、司法救済を保障する役割を担うものではないとしている。Lerche, Peter, Zum "Anspruch auf rechtliches Gehör", ZZP. Bd. 78 S. 7f.

しかし、ツォイナーのように、公権力の行使に対する救済に限定される一九条四項とはことなり、一〇三条一項は、すべての法律上の争訟において国の裁判をうける権利を憲法上保障したものであるとする者もある。Zeuner, Albrecht, Der Anspruch auf rechtliches Gehör, Festschrift für H. C. Nipperdey, S. 1017.

(74) Stettner, a. a. O.（Anm.（53））, S. 90.

(75) Bettermann, Karl August, Anmerkung zum Urteil des Bayerischen VerfGH（Verfassungsgerichtshof）vom 2. 2. 1962, JZ. 1962, S. 676f.

ベッターマンは、この見解の論拠を、Beschluß des BVerfG vom 8. 1. 1959（注(68)参照）においている。ベッターマンの分析によれば、この問題の根底にあるのは、だれが、裁判所によって、手続に関与させられるべきか、もしくは、関与することが許されるかということと、どの範囲でどのような利害関係人が手続に属するのかという、ふたつのことがらである。もし、正当な当事者を定めるために重要なこれらのファクターを、法的聴聞の保障と無関係のものであるとするならば、立法者が、恣意的に当事者の範囲を定めることができることになる。しかし、同連邦憲法裁判所判決によれば、個人は、その者の権利に関わる判決について、手続およびその結果に影響を与えるような陳述をすることができるとされているのである、というものである。

（76） Stober, a. a. O.（Anm.（38））, S. 417.

（77） Stober, a. a. O.（Anm.（38））, S. 417f. シュトーバーのこの見解の前提には、基本法（GG）一〇三条一項の法的聴聞の保障じたいが、必要的であるという認識がある。

（78） Maunz=Dürig=Schmidt-Aßmann, a. a. O.（Anm.（67））, Rdn. 15 zu Art. 19 Abs. 4.

（79） Lerche, a. a. O.（Anm.（73））, S. 23f.

（80） これについてのシュテットナーの論証は、以下のとおりである。公権力により権利を侵害された者があるときは、まず、法律において、第三者が、みずからの請求権の実現のために、その固有の手続を遂行することができるようになっているかが、検討されなければならない。もし、そうなっていなければ、つぎに、法律において、第三者に、他人間の争訟に参加するという、奪うことのできない請求権が与えられているかが、検討されなければならない。しかし、この参加が十分に認められているといえるのは、第三者に、当事者に匹敵する権利が規定されているときのみである。そして、この意味での訴訟参加が、法律で規定されていないときは、直接、同項にもとづく訴訟参加の請求が認められるというものである。Stettner, a. a. O.（Anm.（53））, S. 94.

（81） Stettner, a. a. O.（Anm.（53））, S. 95f.

（82） Bettermann, a. a. O., ZZP. Bd. 90（Anm.（46））, S. 126. ベッターマンは、けっきょく、シュテットナーは、必要的訴訟参加によって同項の要請がみたされるとすることにより、同項の趣旨を不当に低減して適用しようとするものであると、非難している。

（83） Stober, a. a. O.（Anm.（38））, S. 418f. Konrad, Horst, Die Notwendigkeit der Beiladung im Verwaltungsprozeß, BayVBl.（Bayerische Verwaltungsblätter）1982, S. 481f. コンラットは、裁判手続への参加によってはじめて、第三者の実体的基本権の内容が完全に実現され、基本法（GG）一九条四項一文および一〇三条一項の保障が、第三者に対して行われるとしている。

（84） Stober, a. a. O.（Anm.（38））, S. 419f.

（85） Eyermann=Fröhler=Schmidt, a. a. O.（Anm.（11））, Rdn. 1 zu Art. 65.

（86）基本法（GG）二条一項は、「すべての者は、他人の権利を侵害せず、憲法的秩序または道徳に反しないかぎり、自己の人格を、自由に発展させる権利を有する」と規定している。
（87）コンラットによれば、「所有権および相続権は、これを保障する。ただし、その内容および限度は、法律の定めるところによる」という基本法（GG）一四条一項のような規定も、訴訟参加の根拠になるとされる。Konrad, a. a. O.（Anm.（83））, S. 481.
（88）Kopp=Schenke, a. a. O.（Anm.（5））, Rdn. 1 zu Art. 65. Ebenso : Wolf, Manfred, Rechtliches Gehör und die Beiladung Dritter am Rechtsstreit, JZ. 1979, S. 406.

第四節　民事訴訟の制度との比較論的分析

第一項　民事訴訟法（ZPO）の規定

一　ドイツ民事訴訟法（ZPO）で、第三者が他人間の訴訟に参加する訴訟形態については、「第三章・第三者の訴訟参加（Beteiligung Dritter am Rechtsstreit）」として、六四条以下の規定がおかれている。

六四条は、主参加（Hauptintervention）[89]について規定し、「他人のあいだに係属する訴訟の対象もしくは権利の全部または一部が、自己のための請求となる者は、当該訴訟の確定判決が下されるまで、当該訴訟が第一審として係属する裁判所に対して、当事者双方を被告とする訴えを提起し、自己の請求を主張する権利を有する」としている。[90]ただ、これは、第三者が他人のあいだの訴訟に「参加する」訴訟形態とはいえない。ドイツ民事訴訟においても、第三者の通常の訴訟参加の形態は、補助参加（Nebenintervention, Streithilfe）」である。

六六条は、補助参加の要件について規定し、一項は、「他人のあいだに係属する訴訟において、当事者のいっぽうが勝訴した場合に法律上の利益を有する者は、その当事者を補助するため、訴訟に参加することができる」とし、二項は、「補助参加は、確定判決が下されるまでの、訴訟のいかなる程度においても、することができ、また、上訴の提起と併合しても、することができる」としている。それは、補助参加人は、当事者のいっぽうを補助するために訴訟に参加し、当事者とならんで、もしくは、当事者の代わりに、自己の名において訴訟行為を行うことができるというものである。[91] 参加の方式については、七〇条に規定されている。[92]

補助参加の申立てがあったときは、相手方から異議がだされなければ、そのまま認められるが、異議があれば、これについての裁判が行われる。七一条は、補助参加についての中間の争い（Zwischenstreit）について規定し、一項は、「補助参加の却下の申立てに関しては、当事者および補助参加申立人のあいだで、口頭弁論を経て、決定を行う。補助参加申立人が、自己の利益を疎明した場合は、補助参加を認めなければならない」とし、二項は、「中間判決に対しては、即時抗告をなすことができる」とし、三項は、「補助参加の申立てを却下する判決が確定するまでは、補助参加申立人は、本手続に関与することができる」としている。

六七条は、補助参加人の地位と権能について規定し、「補助参加人は、参加のときにおける訴訟の程度に、従わなければならない。補助参加人は、攻撃と防御の方法を主張し、また、すべての訴訟行為を有効に行うことができる。ただし、その陳述および行為が、主たる当事者の陳述および行為に反しない場合にかぎられる」としている。

六八条は、補助参加の効果、すなわち、判決の参加的効力について規定し、「補助参加人は、みずからが訴訟において主張・証明をつくした場合は、主たる当事者との関係において、判決が不当であると主張することはできない。ただし、補助参加人は、参加のときの訴訟の程度により、もしくは、主たる当事者の陳述および行為により、攻撃または防御の方法を主張することを妨げられたとき、または、不知の攻撃または防御の方法を、主たる当事者が、故意または重過失により主張しなかったときにかぎり、主たる当事者が、訴訟を十分に追行しなかったと主張することができる」としている。

これは、条文からは、すこしわかりにくいが、補助参加人が参加した訴訟の判決が下された場合は、補助参加人は、主たる当事者との関係（後訴）において、主たる当事者敗訴の判決が不当であると主張することができないという効力、すなわち、いわゆる「参加的効力（Interventionswirkung）」が生ずるというもので、いうまでもなく、補助参加人は、その補助する主たる当事者と協力して訴訟を追行した以上、その結果である判決に対しても責任を分担すべきであるという理念にもとづくものである。(93)

六九条は、共同訴訟的補助参加（streitgenössische Nebenintervention）について規定し、「主訴訟の判決の確定力が、補助参加人と相手方のあいだの法律関係に、民法の規定（Vorschriften des bürgerlichen Rechts）(94)により有効におよぶ場合は、補助参加人は、六一条の意味において、主たる当事者の共同訴訟人とみなされる」としている。この訴訟形態は、基本は補助参加であるが、通常の補助参加人よりも強い訴訟上の地位と権能を認めるものである。(95)これには、民法その他の規定から、(96)補助参加人と相手方のあいだにある法律関係が存在し、本訴訟の判決がこの法律関係にも及ぶという関係が、前提としてなければならない。(97)

二　補助参加と密接な関連性を有するのが、訴訟告知（Streitverkündung）の制度である。実務においては、訴訟告知の結果として補助参加が申し立てられるのが、通常であるという指摘もある。(98)

七二条は、訴訟告知の要件について規定し、一項は、「当事者が、訴訟の結果が自己に不利益となる場合は、第三者に、担保または賠償請求をなすことができると信じ、あるいは、第三者からの請求のおそれがあると信ずるときは、当該争訟の確定判決があるまでは、第三者に、裁判上の訴訟の告知をすることができる」とし、二項は、「第三者は、くわしい訴訟告知を受ける権利を有する」(99)としている。これは、もちろん、第三者を当該訴訟に参加するよう誘発する手続である。(100)ただ、訴訟告知がされたことにより、七四条に規定されるような一定の効果が発生する。

七四条は、訴訟告知の効果について規定し、一項は、「第三者が、訴訟告知をした者のがわに参加した場合は、第三者と当事者の関係は、補助参加に関する原則により定められる」とし、二項は、「第三者が、参加を拒否し、あるいは、参加の申立てをしない場合は、訴訟は、第三者の立場を考慮することなく、進行する」とし、三項は、「本条のすべての場合において、第三者に対して、六八条の規定を、以下のごとく変更して適用する。すなわち、参加のときを、訴訟告知により参加が可能になったときに変更する」としている。訴訟告知をうけた第三者は、基本的に、訴訟参加するかどうかは、まったく自由であるが、[101]訴訟告知がなされた場合は、訴訟参加しなかったとしても、六八条の規定により、訴訟告知者敗訴の判決の参加的効力をうけるのである。[102]

三　そのほか、第三者が他人間の訴訟に参加する訴訟形態とはいえないが、理論的に、訴訟参加と密接に関連するものとして、共同訴訟（Streitgenossenschaft）の制度があるので、これに関する規定も見ておこう。

五九条は、共同訴訟の要件について規定し、「数人が、訴訟物について、共通の権利を有するか、もしくは、同一の事実および法律上の理由にもとづいて権利を有し、あるいは、義務をおう場合は、共同訴訟人（Streitgenossen）として、共同して当事者となりうる」としている。六〇条も、おなじく、共同訴訟の要件について規定し、「性質上、同種の事実および法律上の理由にもとづく同種の請求権または義務が、訴訟の目的となる場合も、数人が、共同訴訟人として、共同して当事者となることができる」としている。

六一条は、共同訴訟の効果について規定し、「共同訴訟人は、民法またはこの法律にべつの定めのないかぎり、個別に相手方に対し訴訟行為を行い、共同訴訟人の一人の行為は、他の共同訴訟人に、いっさい影響を与えない」としている。共同訴訟においては、いわゆる「共同訴訟人独立の原則」というものがあり、共同訴訟人の訴訟法律関係は相互に独立であるとされている。[103]そのことは、六三条で、訴訟手続進行および呼出しについて規定されているところからもあきらかで、「訴訟手続を進行する権利は、各共同訴訟人に属する。すべての期日につき、共同訴訟人全員を呼び出さなければならない」としている。

六二条は、必要的共同訴訟について規定し、一項は、「係争法律関係が、共同訴訟人全員につき合一的にしか確定されえない場合、あるいは、共同訴訟が、他の理由により、必要的である場合は、期日または期間を怠った共同訴訟人は、怠らなかった共同訴訟人により、代理されたものとみなす」とし、二項は、「怠った共同訴訟人は、そのあとの手続には、くわわることができる」としているが、これが、必要的共同訴訟について定めた一般規定である。

必要的共同訴訟は、通常共同訴訟よりも、共同訴訟人がつよく結合していると観念されており、それは、実体法および訴訟法の観点から、訴訟物に対する判決が、いずれにせよ合一的に下されなければならないという、絶対的な要請によるものである。(104)したがって、手続に関わらない共同訴訟人がいても、その者に対しても判決の効力がおよぶということなのである。

四　最後に、判決の効力に関する民事訴訟法の規定も見ておく必要があると思われる。なぜならば、前節の考察において、訴訟参加が必要的となる根底には、判決の効力の拡張の問題があるということがわかったので、これから、判決の効力の拡張について論ずる前提として、とうぜん、それに関わる条文を見ておくべきだと考えられるからである。

判決の効力についての基本条文は、実質的確定力（materielle Rechtskraft）について規定した三二二条一項であり、「判決は、訴えまたは反訴によって提示された請求に対して判断した範囲で、確定力を有する」と規定されている。

判決の確定力の本質については、ながらく、ドイツで争いがあることは、すでに述べたとおりである。(105)

判決の効力の拡張に関する根拠条文は、三二五条以下の規定と考えられている。(106)

三二五条一項は、確定力と権利の包括承継人について規定しており、「確定判決は、当事者、裁判の係属後に当事者の承継人となった者、当事者またはその承継人の間接占有者となることによって、係争物件の占有を取得した者に対して、効力を有する」としている。

三二六条は、後順位相続人への判決の効力の拡張について規定しており、一項では、「先順位相続人に対する請求または後順位相続の目的となるべき物件に関して、先順位相続人と第三者のあいだに下された判決は、後順位相続が開始するまえに判決が確定した場合に限り、後順位相続人に効力を有する」とし、二項では、「後順位相続の目的となるべき物件に関して、先順位相続人と第三者のあいだに下された判決は、先順位相続人が、後順位相続人の同意を要せず当該物件を処分しうる場合に限り、後順位相続人にも効力を有する」としている。

三二七条は、遺言執行への判決の効力の拡張について規定しており、一項では、「遺言執行者の管理に属する権利に関して、遺言執行者と第三者のあいだに下された判決は、相続人に効力を有する」とし、二項では、「遺産に対する請求に関して、遺言執行者と第三者のあいだに下された判決は、遺言執行者が訴訟追行の権限を有する場合に、おなじく、相続人に効力を有する」としている。

第二項　比較論的類型分析

さて、これまで見てきたドイツ民事訴訟の諸制度のうち、本稿の考察対象であるドイツ行政訴訟の必要的訴訟参加にとって参考になると思われるのは、必要的共同訴訟の理論と共同訴訟的補助参加の理論である。(107)なぜなら、これらの制度の基礎となっているのは、合一的確定の要請であり、これは判決の効力の拡張の理論と密接な関連を有するものと考えられるからである。そして、これらの制度については、ドイツ民事訴訟法学においてながい年月をかけて、さまざまな角度から理論的解明が行われてきており、(108)本稿の考察に重要なてがかりを与えるものと考えられるからである。

(a) 必要的共同訴訟（ZPO）

一　必要的共同訴訟の要件を定めている民事訴訟法（ZPO）六二条では、文言から、「係争法律関係が、共同訴訟人全員につき合一的にしか確定されえない場合」と、「共同訴訟が、他の理由により、必要的である場合」の、ふたつの類型の必要的共同訴訟が規定されていることが、うかがえる。これについて、民事訴訟の支配的な見解によれば、一番めの類型は、訴訟法上の理由による必要的共同訴訟で、二番めの類型は、実体法上の理由による必要的共同訴訟であるとされている。(109)

ローゼンベルク＝シュヴァープ＝ゴットヴァルトによれば、訴訟法上の理由による必要的共同訴訟とは、一連の訴訟にひとつの判決の効力がおよぶときに必要的共同訴訟が認められるものである。(110) そして、実体法上の理由による必要的共同訴訟とは、多数の者が共同で原告または被告とならなければならない場合である。(111)

ただ、シュタイン＝ヨナス＝ボルクによれば、一番めの類型、すなわち、訴訟法上の理由による必要的共同訴訟は、ほとんど「必要的」の名前に値しないものであるとされる。なぜなら、それらの訴訟は、個々の者の個別の訴訟も許されるもので、共同訴訟とする必要性がないからである。(112) したがって、一番めの類型で、必要的共同訴訟としてわずかに認められるのは、合一的確定の要請があるということはもちろんだが、その合一的確定の要請が、別個の訴訟について、ひとつの訴訟で下された判決が他の訴訟にも効力がおよぶとしなければ、同一の法律関係に対する統一的な決定が保障されないという、限定された要請である場合についてのみである。(113)

また、二番めの類型、すなわち実体法上の理由による必要的共同訴訟について、シュタイン＝ヨナス＝ボルクは、個々の者の個別の訴訟が許されないはずの訴訟であるとしている。(114) 形成訴訟にあっては、判決のみによって形成が可能であり、多数が原告になり、あるいは、多数が被告になるときにのみ形成が認められる場合に、共同訴訟が必要的となる。(115) 給付訴訟にあっては、たとえば、共同所有の原則によって多数の者の共同体じたいが権利を有するものでは、共同体の給付訴訟が必要的となる。(116) 確認訴訟にあっては、ある法律関係の確認を求める場合には、その法律関係についての給付訴訟や個人による確認訴訟も可能な場合は、共同訴訟は必要的ではないし、ある法律関係の確認を求められる場合には、いかなる場合も、共同訴訟は必要的ではないとされている。(117)

二　共同訴訟の理論によれば、多数の者が、訴訟手続において、共同の弁論、証拠採用、決定に拘束されるということが基礎になっている。したがって、すべての共同訴訟人について訴訟要件が検証されなければならないし、すべての共同訴訟人に訴訟継続の通知がなされなければならない。(118) ぎゃくに、相手方は、つねに共同訴訟人全員に対して訴訟行為を行わなければならない。これも、共同訴訟の理論に特有のものである。(119)

さらに、共同訴訟の理論から、訴訟資料の同一性が求められる。あい矛盾する事実の主張がある場合は、裁判所は、証拠採用や証拠評価においては、そのうち真実と思われるものを根拠に決定を下す。また、共同訴訟人のひとりが自白をしたり、請求の放棄・認諾をなし、訴えの変更の申請・認諾をするときは、その者が、他の共同訴訟人の実体法的地位を自由に処分することができる場合にのみ、これらの行為は効力をもつ。(120)

共同訴訟の理論は、共同訴訟人のある者が期日に欠席した（Terminsversäumnis）場合、あるいは、期間を怠った（Fristversäumung）場合にも関係する。むしろ、同法（ZPO）六二条は、条文の文言からは、このようなケースについて規定したものである。(121) 同条の文言からでてくる結論は、共同訴訟人のうち期日に欠席する者があるときも、欠席判決や審理の現状にもとづく判決が行われることはないし、共同訴訟人のうち、だれかひとりでも期日をまもる者があるときは、訴訟は有効に係属するというものである。

もちろん、その根底にあるのは、共同訴訟人全員に対する合一的確定の要請であり、熱心に訴訟を追行する共同訴訟人の訴訟行為にもとづく判決は、共同訴訟の理論からも、いちおう、他のすべての共同訴訟人にもおよぶと考

えられるが、同条に規定された代理の擬制という手法を経由することによって、その関係が明確化されているのである。(122)

三　以上のように理解されている共同訴訟の本質については、以前には、訴訟物の同一性からの帰結であると考えられていたこともあった。たとえば、ローゼンベルクも、いちじは、「あい連続する共同訴訟における請求が同一であるということに、必要的共同訴訟の本質があり、民事訴訟法（ZPO）が明確に規定していない問題を解くかぎがある。そして、複数の共同訴訟人が存在しても、訴訟物が同一である場合にのみ、六二条の意味において、合一的確定が必要となりうるのである」としていた。(123)

しかし、現在のドイツの民事訴訟理論では、このような立場はすでに否定されており、必要的共同訴訟のすべての類型は、合一的確定の要請を基礎とすると考えられている。(124)この立場を最初に理論的に解明したのは、シュヴァープである。

すなわち、必要的共同訴訟の二番めの類型（実体法上の理由によるもの）については、すべての原告もしくは被告に共通の権利が主張されているということが問題なのであって、この場合は、個々の原告もしくは被告の固有の権利は問題にならず、とうぜん、合一的に確定する。したがって、あい連続するべつの訴訟が提起されても、それぞれで、ことなった判決が下されることが、法的理由により考えられない場合は、合一的に確定されなければならない。その意味で、この類型は、法的理由により、合一的に確定されなければならないケースであるとしている。(125)

そして、その関連で、その「合一的に確定される」ということの意義については、あい連続する訴訟において、前訴の判決の効力が後訴に及ぶ（拡張される）ことであるとして、(126)合一的確定と判決の効力の拡張は、おなじ概念であることを示唆している。

また、シュヴァープは、二番めの類型について確認された論理が、一番めの類型（訴訟法上の理由によるもの）にも妥当するかという分析を行い、一番めの類型のように偶然に必要的共同訴訟になったもの[127]についても、前訴の判決の効力が後訴に及ぶ（拡張される）という関係にたつものがあるとしている。たとえば、民法（BGB）一四九六条二文[128]による継続的共有関係の取消しの訴え、同法二三四二条[129]の相続欠格の宣告を目的とする取消しの訴え、株式法（AktG）二〇〇条[130]、二〇一条[131]、二一六条[132]による株主総会決議および株式会社[133]の設立の無効確認の訴え、民事訴訟法（ZPO）六六四条二項[134]、六六六条三項[135]、六七九条二項[136]による禁治産宣告の取消しもしくは禁治産宣告に対する不服申立ての訴えなどがそれである。

シュヴァープの説明によれば、これらの訴訟においては、共同訴訟人たりうる者が個別に訴訟を提起することも可能であるし、あい反する判決が生ずることも、理論的に可能である。しかし、あい反する判決が生ずることが許されるのは、前訴において原告の請求が棄却された場合だけである。前訴において原告が勝訴していれば、その判決の効力をうけ、そもそも、後訴というものが存在しえないのであり[137]、ひとりの共同訴訟人たりうる者が訴訟を提起し、取消判決もしくは無効確認判決を得れば、その効力は、他のすべての共同訴訟人たりうる者の利益において、その者らにおよぶとされている[138]。

このような説明を総合すると、ようするに、シュヴァープにあっては、合一的確定の要請と、判決の効力の拡張と、同一の内容をもつものであると観念されていることが、うかがえるのである。

ただ、ここで注意しておかなければならないのは、シュヴァープが、一番めの類型の基礎にも合一的確定の要請もしくは判決の効力の拡張があるとする事例のほとんどが、形成訴訟の例であり、そうすると、形成効との関係が、とうぜん、問題にされなければならないであろうが、この問題については、項をあらためて、判決の効力の拡張について論じるさいに、あわせて検討する。

(b) 共同訴訟的補助参加（ZPO）

一　民事訴訟法（ZPO）六九条は、主訴訟の判決の効力が、補助参加人と相手方のあいだにも及ぶような法律関係が存在する場合[139]に、共同訴訟的補助参加が認められると規定している。[140]したがって、同条の要件としては、（補助参加するがわの主たる当事者ではなく）相手方と補助参加人に法的関連性があることと、主訴訟における判決の効力がこの法的関連性にもおよぶことの、[141]ふたつである。

共同訴訟的補助参加人には、すでに見たように、共同訴訟人に匹敵するような、通常の補助参加人よりもつよい訴訟上の地位と権能が認められる[142]ものであるので、とうぜん、共同訴訟的補助参加人たりうるための要件は、通常の補助参加人たるための要件よりは、しぼりがかけられている。ぎゃくにいえば、同法（ZPO）六六条で通常の補助参加人と認められる、「当事者のいっぽうが勝訴した場合に法律上の利益を有する」とするだけの者には、共同訴訟的補助参加人のつよい訴訟上の地位を認める必要性が存在しないのである。[143]

二　以上のことを確認したうえで、本稿の考察において問題となるのは、主訴訟における判決の効力が相手方と補助参加人との法的関連性に及ぶことの基礎はなにかということである。これについては、ふるく、ヴァルスマンによって、かなりのていど、解明されている。

ヴァルスマンは、先位相続人の訴訟に、後位相続人が共同訴訟的補助参加人として訴訟参加した場合について、後位相続人に認められる訴訟上の地位は、その者の実体法上の状態に対応するものであって、それ以上の地位が訴訟において認められる理由はなにもないと分析している。[144]

そのことについて、ヴァルスマンは、さらに、わかりやすく、主たる当事者である先位相続人のよりひろい訴訟上の地位との比較において論じている。すなわち、先位相続人は、相手方の利益において、かつ、後位相続人の不利益において、つねに訴訟外の和解をなしうる地位にあり、これにより、共同訴訟的補助参加人である後位相続人の地位は空洞化してしまう(145)——もちろん、この場合、後位相続人は、和解の効力が自己におよばない旨の確認や、訴訟外の和解をなしうる実体的権利を有しないことの確認を求めて訴訟を提起することはできる(146)——というものである。

ヴァルスマンのこの分析は、共同訴訟的補助参加人の地位というのは、補助参加するがわの主たる当事者が、主たる当事者に認められている実体的処分権を踰越することから保護される地位にほかならないということを、あきらかにするもので、たしかに、一面的真理ではある。

三　また、主訴訟における判決の効力が、相手方と補助参加人との法的関連性に及ぶことの基礎はなにかということについては、通常補助参加と共同訴訟的補助参加の相違にたちかえって考察することも可能である。

通常補助参加では、主たる当事者——補助参加するがわの当事者——の訴訟行為や弁明に反しないかぎりで、補助参加人は、訴訟において攻撃・防御の手段をつくすことができるにすぎない。しかし、共同訴訟的補助参加では、共同訴訟的補助参加人は、主たる当事者の意思に反して、独立の訴訟行為を行うことができる。

そこから、必要的共同訴訟人とおなじ訴訟上の地位が認められるとするグルンスキーの見解(147)のようなものも生じてくる。それは、通常補助参加人が、主たる当事者の勝訴についてのみ利益を有し、主たる当事者を勝訴させるために、主たる当事者の補助人として訴訟参加してくるのに対して、共同訴訟的補助参加人は、判決の形成効から自己の固有の権利を防衛するため、訴訟参加するものであるとみることによるものである(148)。

このことは、ヴァルスマンが、通常補助参加では、後訴において、補助参加人には、自己の権利を防御する機会が与えられるが、共同訴訟的補助参加では、共同訴訟的補助参加人の自己の権利の防御の機会は、主訴訟においてのみ与えられると指摘していること(149)に、つうずるものがある。

四　けっきょく、これらの見解を総合すると、共同訴訟的補助参加の基礎には、必要的共同訴訟に近似するものがあることがわかるが、さらに、それが、必要的共同訴訟と同一のものであるのか、かりに同一のものであるとして、その場合は、これらふたつの制度の利用の関係はどうなるのかが、つぎの問題となってくる。

なんといっても、共同訴訟的補助参加も、基本的に補助参加の一形態であるので、その目的とするところは、必要的共同訴訟とは、おのずと、ことなるはずで、共同訴訟的補助参加でも、判決の結果に利害関係を有する第三者に、防御の機会を与えるということに、ひとつの目的があることは、まちがいない。いっぽう、必要的共同訴訟は、すでに見たとおり、あい矛盾する判決が生ずることを避けることを目的としている。そうすると、これら目的のことなるふたつの制度のあいだの関連性を、いちおう、あきらかにしておくことは、必要的訴訟参加（VwGO）とこれらふたつの制度の比較論的分析を行うまえのステップとして、有益であると思われる。

(c)　必要的共同訴訟（ZPO）と共同訴訟的補助参加（ZPO）

一　民事訴訟法（ZPO）六二条の必要的共同訴訟と六九条の共同訴訟的補助参加の関係を分析するにあたっては、シュテットナーが、必要的訴訟参加（VwGO）の理論の解明の基礎研究として、この問題についてするどい考察を行っている[150]ので、それを参考にしよう。

シュテットナーによれば、六二条の一番めの類型――訴訟上の理由によるもの[151]――の要件と六九条の要件だけを見くらべた場合、六九条の要件がみたされているときは、六二条の一番めの類型の要件もみたされる。ただ、共同訴訟的補助参加人も補助参加人であることにかわりはないので、当事者としての共同訴訟人に代置しうるものというわけにはいかない。現実にも、六二条の一番めの類型の要件をみたすにもかかわらず、共同訴訟人となることはできず、共同訴訟的補助参加人にとどまる者は、多々あるとされている。[152]

それに対して、訴訟を提起した者のほかにも、原告適格を有し訴訟を提起しうる者があるときは、必要的共同訴訟と共同訴訟的補助参加が、競合的に認められうる。[153] すなわち、それぞれ原告適格を有する者が、共同で訴訟を提起し、共同で判決の効力をうけるような場合には、必要的共同訴訟が認められうるが、もし、この関係において、ひとりの者のみが、訴訟を提起した場合は、他の者は、共同訴訟的補助参加人として、訴訟参加することになるのである。

けっきょく、右のように競合的に認められうるケースでは、必要的共同訴訟とするか、共同訴訟的補助参加とするかは、それらの者の意思によることになるが、ぎゃくに、必要的共同訴訟および共同訴訟的補助参加が認められる要件が、被告のがわに存する場合は、その者を必要的共同訴訟人とするか、共同訴訟的補助参加人とするかは、原告の意思によることになる。

これに対して、六二条の二番めの類型――実体法上の理由によるもの――は、シュテットナーによれば、多数の者が、本質的に、ひとつの共同体をなすこと以外に、訴訟行為を行うことができないとされるもので[154]、したがって、六二条の二番めの類型が認められる場合には、必要的共同訴訟によってのみ目的が達せられ、共同訴訟的補助参加によっては目的が達せられないことになる。なぜなら、補助参加人には、この場合に必要な当事者の地位が認められないからである。[155]

二　ところで、共同訴訟的補助参加人の法的地位についての議論ではないが、補助参加人の法的地位を側面から論じた、おもしろい論文を、たまたま目にしたので、ここに上げておこう。

それは、裁判費用をみずから支払うことができない者に対する「(訴訟費用) 救助権 (Armenrecht)」が、補助参加人にも適用されるかということを、ハープシャイトが論じたものである。[156] 民事訴訟法 (ZPO) 一一四条一項では、いちおう、当事者に、救助権は付与されることが規定されているが、それによって、ただちに、補助参加人には救助権は付与されないと結論づけることはできないと、ハープシャイトはしている。[157] その論理は以下のとおりである。すなわち、補助参加人は、たしかに、当事者を補助する者にすぎないが、その当事者の勝訴に自己の法的利益がかかっており、その当事者の敗訴のおりには、同法（ZPO）六八条の参加的効力をうけ、補助参加人とその敗訴した当事者のあいだで争われる後訴では、前訴の判決の基礎となった法的・事実的事情に拘束され、それについてのあらたな主張や証拠方法の提出はできないという立場にたつ者でもある。また、補助参加人は、参加のときの訴訟の程度により、もしくは、主たる当事者の陳述および行為により、攻撃または防御の方法を主張することを妨げられたという主張をしなければならないし、主たる当事者が、補助参加人の不知の攻撃または防御の方法を、故意または重過失により主張しなかったということを、場合によっては、証明しなければならない。このような大幅に制限された補助参加人の権利防衛にかんがみ、同法（ZPO）一一四条の救助権を、補助参加人に準用することは、まことに「とうを得た」ものである、というものである。[158]

ただ、ハープシャイトは、この場合、同規定の直接適用は認められないとしている。その理由は、補助参加人は、当事者ではないからということである。あくまで、補助参加人の法的地位にてらして、ひとつの擬制が行われるにすぎないとしている。[159]

このようなハープシャイトの論理は、間接的にではあるが、共同訴訟的補助参加人を含めた補助参加人の法的地位の「ありさま」を、的確に示唆するものであって、補助参加人の地位は、共同訴訟人の地位と対比されるよりも、補助参加人が補助するがわの主たる当事者とのあいだの訴訟上の拮抗した法律関係において問題なのであるということを教えている。なお、この問題については、あらためて、共同訴訟的補助参加と必要的訴訟参加の関係の分析のなかで検討される。

(d)　必要的共同訴訟（ZPO）と必要的訴訟参加（VwGO）

一　これまでの考察からあきらかなように、すべての必要的共同訴訟について、合一的確定の必要性が基礎となっているが、行政裁判所法（VwGO）六五条二項の必要的訴訟参加においても、合一的確定の必要性が、基礎となっている。[160] そのことから、ドイツでは、行政訴訟理論においても、必要的共同訴訟と必要的訴訟参加の関連が、さかんに論じられてきた。その場合の究極の命題は、必要的訴訟参加が、行政訴訟では認められていない必要的共同訴訟――民事訴訟法（ZPO）六二条の二番めの類型（実体法上の理由によるもの）――の「かわり」になりうるものであるのかということである。そして、この問題を解くかぎは、必要的訴訟参加人に当事者の地位、もしくは、それに匹敵するものが認められるかということにあった。

バウエルは、行政裁判所法（VwGO）制定以前の規定[161]において、訴訟参加人が、訴訟関係人（Beteiligter）となると規定されていたこととの関連において、同条で、原告と被告も、おなじく、手続関係人となるとされていたことから、訴訟参加人には、原告や被告と同等の法的地位が認められると結論づけている。そして、それにより、必要的訴訟参加は、行政訴訟において欠けている必要的共同訴訟を補充するものであるとしている。[162] その論拠は、必要的訴訟参加人を原告とわかつものは、ただ、原告は、訴訟を提起して請求をなし、任意に訴えを取り下げることにより訴訟を終了させることができ、訴訟参加人が、そのかぎりで、みずからの主張を制限されるということだけであるというものである。[163]

このバウエルの論理には、必要的訴訟参加のかなり本質的な論点が含まれているが、バウエルが論拠としていることは、じつは、現在では、ぎゃくの結論への論証の論拠とされているのである。

まず、訴訟参加人が訴訟（手続）関係人となることは、現行行政裁判所法（VwGO）六三条でも認められているが、これは、すでにみたように、当事者のあいだに下される判決の効力を、第三者である訴訟参加人にまで及ぼそうとする、ひとつの便法にすぎない。さらに、バウエルの論理の基礎には、主たる当事者が訴訟物に対する処分権を行使することにより、必要的訴訟参加人の主張の範囲へ影響が及ぶことの意味を重視していないことがあるが、このことは、次項で述べるように、むしろ、必要的訴訟参加人の主たる当事者への「補助性」を根拠づける論拠とされているのである。

訴訟における訴訟行為という観点から、訴訟参加人に当事者とおなじ法的地位が認められることを論証したのが、マルテンスである。すなわち、同法（VwGO）六六条二文により、訴訟参加人には、当事者とことなる主張（abweichende Sachanträge）をする権利が、あきらかに認められていること、そして、訴えじたいが、ひとつの主張であると考えられることから、訴訟参加人も、当事者と認められるべきである、とするものである。(164)

その関連で、再び想起されなければならないのは、必要的訴訟参加は、行政裁判所法（VwGO）では規定されていない民事訴訟法（ZPO）六二条の必要的共同訴訟の補充であるとするメンガーのテーゼ(165)である。メンガーの論理は、必要的訴訟参加の場合は、当事者のあいだで争われている法律関係、すなわち訴訟物を超えて、判決の法的効力が、第三者に及び、それは、当事者のあいだに下された判決が、第三者の利益に関わるというにとどまらず、その者の法的地位まで侵害しているといってよいので、必要的訴訟参加は、必要的共同訴訟の補充であるというものである。(166)この論理の基礎にあるのは、必要的訴訟参加人にも、必要的共同訴訟人と同等の当事者たる訴訟上の地位が認められているという考えである。

二　しかし、これらの見解に対して、ベッターマンは、はっきりした論拠を上げることは保留したまま、必要的訴訟参加が必要的共同訴訟の補充には、けっしてならないとしている。すなわち、共同訴訟が必要的である場合に、共同訴訟人とならなかった者があるときは、訴訟参加という形式では補充できない。このときは、追加的に、原告がわ、もしくは、被告がわに、共同訴訟人としてくわわることによってのみ、補充されうるというものである。[167]また、シュテットナーも、訴訟参加人に当事者とおなじ法的地位を認めることに、疑問を表明している。すなわち、もし、訴訟参加人に、原告および被告と同等の訴訟法上の地位が認められるのであれば、訴訟における二当事者システムが崩れることになる。訴訟参加の制度を行政訴訟に導入するさいに、二当事者システムを放棄することまで考えられていたとは思えないし、行政訴訟の基本は、二当事者システムであるというものである。[168]

三　しかし、いうまでもなく、これらの議論は、すでに、行政裁判所法（VwGO）の条文をつうじて見たように、同法（VwGO）六四条により、民事訴訟法（ZPO）五九条ないし六三条の規定が、行政訴訟にも準用されるようになっていらい、あまり意味をもたなくなったのである。

行政訴訟においても、共同訴訟の例——とくに能動訴訟——は数おおく見られ、[169]このような事例には、民事訴訟法（ZPO）の規定が、そのまま適用されている。行政訴訟における必要的共同訴訟の典型的な例として上げられているのは、労働組合に加入していない者が、労働協約の一般拘束宣言の取消しを求める訴え、夫婦が共同で称する姓の変更の義務づけを、夫が求める訴えである。これらは、ひとりの者が訴え、または、訴えられたときに、判決の効力がすべての共同訴訟人に及ぶ場合である。[170]

また、それ以外にも必要的共同訴訟の典型的な例として上げられているのは、土地の共同所有者、または、土地の所有者および賃借人が、土地に対する行政行為の取消しを求める訴えである。これは、訴訟物が完全に同一であるところに、必要的共同訴訟の根拠があるとされている。[171]

いずれにせよ、これらの訴訟では、共同訴訟人は、主たる当事者——原告または被告——となるものであって、第三者が他人の訴訟に参加する訴訟参加とは区別して、運用されているようである。[172]

(e) 共同訴訟的補助参加（ZPO）と必要的訴訟参加（VwGO）

一　最後に、共同訴訟的補助参加と必要的訴訟参加の比較論的分析を試みるが、ここでの目的は、必要的訴訟参加の「補助性」について、あきらかにすることにある。行政訴訟における必要的訴訟参加については、当事者の訴訟追行から独立した、固有の訴訟追行をなしうる地位を有するものであることは、これまでの考察からあきらかにされているが、必要的訴訟参加についても、なお、補助参加にみられるような、その地位を一定の範囲で制限する特質としての「補助性」があるかどうかは、条文のうえからも、理論のうえからも、不明である。(174)(173)

ドイツ民事訴訟法（ZPO）で明文で認められている共同訴訟的補助参加では、共同訴訟的補助参加人は、通常補助参加人とおなじく、当事者を補助する目的で訴訟参加するわけであるが、当事者の訴訟追行から独立した、固有の訴訟追行をなしうる者と認められている。(175)しかし、その地位は、補助参加としての補助性のゆえに制限されるのである。(176)行政訴訟における必要的訴訟参加も、他人のあいだに係属する訴訟に、あとから追加的に参加するものであるからには、かなりのていど、共同訴訟的補助参加に共通する原理があるはずで、むしろ、まったくパラレルに両制度をみたほうがいいのか、ここで確認しておく必要がある。

二　必要的訴訟参加人と共同訴訟的補助参加人の法的地位については、まず、訴訟物に対する処分権の考察から行うべきであろう。

共同訴訟的補助参加人の訴訟物に対する処分権は、ヴァルスマンによれば、訴訟を終了させる訴訟行為につながるので、否定される。なぜなら、そのようなことを認めれば、主たる当事者の意に反する補助参加人の行為によって、主たる当事者の勝訴が不可能になることもあるからであるとされる。(177)この基礎にある考えは、共同訴訟的補助参加人といえども、その補助性のゆえに、主たる当事者の訴えを撤回したり、制限することはできないということ

である。(178)

行政訴訟において、必要的訴訟参加人が訴訟物の処分権をもつかどうかについては、ドイツの理論でも、十分には解明されていないようである。そもその議論の前提として、行政裁判所法（VwGO）でそれに関連するような条文は、六六条二文しかなく、そこでは、「訴訟参加人は、必要的訴訟参加の場合にかぎり、ことなる主張をすることができる」とされているだけで、この主張のなかに、訴訟物を処分する行為まで含まれるかどうかが、解釈上の問題として残されているのである。

ところで、この条文の原文で「主張」として使われている単語は、Sachanträge であり、これは、民事訴訟でいう「判決をうけるべき事項の申立て（Sachantrag）」と、いちおう同義と考えられ、民事訴訟の一般理論によれば、それは、訴えの変更、本案の終了の申立て、訴えの取下げの申立ても含むとされている。(179)ただ、それをうけて、ただちに、行政訴訟の理論として、必要的訴訟参加人は訴訟物を処分する権利を有するという結論にむすびつけることには、全体的に積極的ではないようである。(180)

むしろ、現在の行政訴訟理論としては、第三者である必要的訴訟参加人の訴訟上の権限は、当事者の権限に比べて、相対的に制限されるということを出発点にしているようである。

たとえば、アイエルマン＝フレェラー＝シュミットは、必要的訴訟参加人も、主たる当事者が、訴えの取下げや本案の終了の申立てによって、訴訟を終了させようとすることを甘受しなければならないとしているが、その論拠は、必要的訴訟参加人は、訴訟が係属することについて影響を及ぼしうる立場にはないし、また、したがって、その存続についてなんらかの請求をなしうる立場にもないというものである。(181)ただ、当事者どうしの訴訟上の和解については、基本的に、必要的訴訟参加人も、これを甘受しなければならないが、必要的訴訟参加人の法的地位を危うくしない範囲でのみ、当事者は和解をなしうるとしている。(182)

それでは、ぎゃくに、必要的訴訟参加人が、単独で、訴訟を終了させるような、訴訟物に対する処分権をもつのかということについては、アイエルマン＝フレェラー＝シュミットは、直接には論じていない。しかし、基本的に、通常訴訟参加も必要的訴訟参加もふくめた、訴訟参加一般についての規定である六六条の一般的な解説として、訴訟参加人は、訴訟物に対する処分権はないとしている。(183) そのうえで、「訴訟参加人は、必要的訴訟参加の場合にかぎり、ことなる主張をすることができる」とする同条二文の解説として、必要的訴訟参加人について、右記のようなことを、とくに述べているだけである。そうすると、それ以外のことについては、六六条の基本的確認事項である、訴訟参加人には訴訟を終了させる権限はないということが、アイエルマン＝フレェラー＝シュミットの論理として、必要的訴訟参加人にも通用するのではないかと推測されるのである。

三　つぎに、共同訴訟的補助参加人と必要的訴訟参加人は、訴訟において、自己の固有の権利を主張しうるかという角度から、これらの者の法的地位の分析をしてみよう。

共同訴訟的補助参加人については、自己に判決の効力が及ぶといっても、その性格は、他人の訴訟において訴訟追行をするにすぎないものであるので、自己の固有の権利を主張する攻撃・防御の方法を提出することはできないというのが、一般の理解である。(184)

いっぽう、必要的訴訟参加ということではなく、訴訟参加一般については、以前から、共同訴訟的補助参加とおなじようなことがいわれており、ベッターマンは、訴訟参加人は、他人の権利または法律関係を争うものであるので、たしかに自己の利益は主張するが、自己の権利を主張するものではないとし、(185) バッホフは、訴訟参加人については、自己の固有の権利は、その後の反訴で主張されるべきで、主訴訟においては主張できないとしている。(186) しかし、ベッターマンもバッホフも、それ以上に、必要的訴訟参加人も、主訴訟において自己の固有の権利を主張することはできないのかということについては、なにも述べていない。また、そのあとのドイツの行政訴訟理論においても、この問題は、ほとんど論じられていない[187]。

この問題を解くかぎは、おそらくは、必要的訴訟参加人の固有の権利と主訴訟の訴訟物の関係であると思われる。もし、必要的訴訟参加人の固有の権利と主訴訟の訴訟物が一致していれば、とうぜん、必要的訴訟参加人は、自己の固有の権利を主張することができるが、もし、必要的訴訟参加人の固有の権利と主訴訟の訴訟物が一致していないときは、両者のあいだに、なお、なんらかの関係があれば、必要的訴訟参加人は、自己の固有の権利を主張することができるのか、といったことが、その場合に問題となる。これらの問題については、やはり、具体的な事例のなかで検討されるべきであると思われるので、次節において、くわしく検討する。

四　ところで、共同訴訟的補助参加をふくめ、補助参加には、一般に参加的効力（Interventionswirkung）が働くとされている。判決の効力の関係でいうと、われわれの考察の主たる対象である必要的訴訟参加では、当事者のあいだに下される判決の効力の拡張が問題とされているが、次節でこの問題の分析を行うまえに、いちおう、ここで、参加的効力の性質について確認しておこう。

民事訴訟法（ZPO）六八条に規定された補助参加の「参加的効力」については、民事訴訟理論では、一般に、補助参加人が参加した訴訟において下された判決は、補助参加人と補助参加したがわの当事者――主たる当事者――とのあいだの関係において参加的効力をもつとされ、その内容は、補助参加人は、前訴の判決で主たる当事者について認められたことがらを、後訴で争う――不当であると主張する――ことはできないし、主たる当事者の訴訟追行の瑕疵は、限られた範囲でしか主張できない[188]というものであると説明されている[189]。

このような参加的効力の性質については、シュヴァープが、第三者効と比較しつつ行っている興味ぶかい分析がある[190]ので、それを参考にしよう。シュヴァープは、第三者効と参加的効力は、その内容において相違があるとしている。すなわち、参加的効力は、ようするに、主たる当事者に対して異議をとなえることを禁ずるものであって[191]、したがって、同法（ZPO）三二一条[192]にいう請求に関して下された決定の範囲に限定されず、判決における事実的・法的考慮、すなわち、判決理由にも関連する。[193]それに反して、第三者効は、当事者のあいだに下された判決の権威性を、第三者が争うことを禁ずるものであり、また、前訴の当事者に、前訴の判決を第三者に対しても援用しうる権利を与えるものであるというものである。[194]

この説明のポイントは、参加的効力は、補助参加人と当事者のいっぽう、すなわち、補助参加人が補助参加したがわの主たる当事者とのあいだにのみ、生ずるのであって、相手方の当事者とのあいだには、生じないということ、第三者効は、当事者双方と第三者のあいだに生ずるということである。

このことは、シュヴァープが上げるつぎの例から、理解しやすい。すなわち、債権者が、主たる債務者に対して訴訟を提起し、保証人が債務者がわに補助参加したというケースでは、債権者の保証人に対する後訴においては、参加的効力は及ばないというものである。[195]しかし、この場合も、前訴の判決に第三者効は生ずるのであるが、この問題については、判決の効力の拡張の問題とあわせて、次項で検討する。

五　最後に、訴訟告知（Streitverkündung）との関係を、すこし見ておこう。訴訟告知については、すでに民事訴訟法（ZPO）の条文のところでみたように、補助参加と密接に関連する制度である。それじたいは、当事者のいっぽうから第三者に対して、訴訟が係属した旨を伝える形式的な通告である。[196]ただ、この場合、義務的ではない訴訟告知を、当事者のいっぽうが、第三者に対してあえて行うのは、つぎのような事情があるからである。それは、その当事者に、（みずからが敗訴した場合には、）補助参加する第三者とのあいだで、訴訟において争わざるをえないという意識が、つねにあるということである。

そのことは、同法（ZPO）七二条一項に、当事者のいっぽうが敗訴した場合、第三者に対して担保または損害賠償の請求をすることができるか、あるいは、ぎゃくに、第三者から請求をうける関係にある場合に、その第三者に訴訟告知をすることができると規定されていることからも、あきらかである。また、訴訟告知をしたことによる効果も、すでにみたように、密接に参加的効力と結びつけられているのである。

かような、民事訴訟法（ZPO）において、補助参加と密接に関連して規定された訴訟告知のごとき制度は、行政裁判所法（VwGO）には存在していない。そのあたりの関連について、コップ＝シェンケは、同法（VwGO）六五条の訴訟参加の制度の内容が、民事訴訟法（ZPO）の主参加、補助参加、訴訟告知を補充するものであって、したがって、これらの民事訴訟の制度は、行政訴訟には準用されないと説明している。(197)

この、訴訟参加が補助参加や訴訟告知を補充するということについて、さらにくわしく論じたものとして、ベッターマンの見解がある。すなわち、行政訴訟における訴訟参加は、第三者に、行政訴訟に参加することを可能にするだけではなく、参加することを余儀なくさせる――たしかに、第三者は積極的に訴訟に参加する必要はないが、参加しなくても、参加した場合とおなじていどに、判決に拘束されるということによって――。訴訟参加は、訴訟に参加する、または、訴訟の結果に法的に利害関係を有する第三者に、法的聴聞の機会を保障する手段であるというだけではなく、告知された訴訟における判決に、第三者を従属させる手段でもあるというものである。(198)

この見解で念頭におかれているのは、いうまでもなく、必要的訴訟参加ではなく、通常訴訟参加で、訴訟の結果を合一的に確定する必要はないが、訴訟の結果が第三者の法律上の利益を害するおそれのある場合である。ベッターマンのいっているのは、訴訟参加のなかに、訴訟告知の機能がすでに内包されており、第三者に、なんらかのかたちで、(199)訴訟参加の機会が与えられるということが、あきらかにされることにより、第三者が、じっさいに訴訟参加しようがしまいが、判決の効力がその第三者にも及ぶという、民事訴訟における訴訟告知の効果のような効果が発生するということであろうと思われる。そのことは、ベッターマンが、民事訴訟の訴訟告知を参照しつつ行っている、以下の論述からもあきらかである。(200)

「民事訴訟法の訴訟告知が、『被告知者』に訴訟参加を可能にしているだけではなく、同法六八条の範囲で、告知者に対する判決に、被告知者が拘束されるようにしているように、訴訟参加も、第三者を、訴訟に関与させるというだけではなく、訴訟の結果に関与させようとするものである。」

しかし、必要的訴訟参加についていえば、訴訟告知は、まったく問題にならない。当事者のいっぽうが、紛争のしょうらいの展望をにらみつつ政策的に用いる訴訟告知は、合一的確定の要請があるという客観的状況のもとでは、裁判所の命令で参加が求められる必要的訴訟参加においては、行われる余地がないからである。ただ、わが国のように必要的訴訟参加が認められていないところでは、訴訟参加と訴訟告知の関係については、さらに検討していくことが、必要的であると思われる。

第三項　「必要的」──判決の効力の拡張──の理論

一　つぎに、これまでの目的論的分析、民事訴訟の類似類型との比較論的分析によって得た成果をふまえて、本稿の中心的関心事である、ドイツ行政裁判所法（VwGO）の必要的訴訟参加の「必要的」の問題の理論的解明──いかなる場合に第三者の訴訟参加が必要的であるのか、また、必要的であることの基礎はなにか──に、とりくむことにしよう。

その出発点としては、いちおう、「第三者の訴訟参加がなくても、第三者に判決の効力がおよぶという場合に、第三者の訴訟参加は必要的となる」[201]というベッターマンのテーゼを分析対象としよう。その場合に、もうひとつの、ベッターマンの、「必要的訴訟参加においては、訴訟参加人への判決の効力の拡張は、必要的であることの効果ではなく、その要件である」[202]という補助的なテーゼも、あわせて分析対象とする。必要的訴訟参加の主要な目的が、判決の効力を第三者にまで拡張することにあったことは、すでに見たとおりである。[203]しかし、その判決の効力の拡張が、訴訟理論として、訴訟参加とどのような関係にあるのかは、本稿では、まだ論じられていないが、その場合に、これらのベッターマンのテーゼが、きわめて暗示的であるように思われるのである。

しかし、そのような分析を行うまえに、いちおう、民事訴訟における判決の効力の拡張の理論を見ておくことが、有益であると思われる。なぜなら、そもそも、この判決の効力の拡張の理論は、民事訴訟のなかで、ながらく論じられてきた問題だからである。われわれの考察においても、どのような法律関係について判決の効力の拡張が認められるのか、そもそも判決の効力の拡張の本質とはなにか、また、判決の効力が第三者に拡張されるとして、わが国の取消判決が有するとされている第三者効とどう違うのか、という問題をあきらかにするためには、やはり、民事訴訟における判決の効力の拡張の理論にまで立ち返って考えなおすべきであろう。

そのうえで、なお、最終的な問題として、判決の効力の拡張が認められる、もしくは、要求されるとして、それにより、なぜ訴訟参加が必要的となるのかについて、あらためて検討することにする。[204]

二　ドイツ民事訴訟理論で、判決の効力の拡張の問題を論ずる論文のおおくは、ブロマイヤーの提唱した、判決の効力の拡張の問題を、「訴訟上の理由による判決の効力の拡張」の類型と、「民事法上の従属関係を理由とする判決の効力の拡張」の類型にわけて論ずる立場[205]を出発点としているので、本稿の判決の効力の拡張の理論分析も、この理論の分析を出発点としよう。

ブロマイヤーのいう「訴訟上の理由による判決の効力の拡張」とは、訴訟当事者が、第三者の法律関係について、当事者たりうる地位（Prozeßstandschaft）[206]において、訴訟を提起し争った場合は、その第三者に判決の効力が直接に及ぶというものである。[207]

そして、「民事法上の従属関係を理由とする判決の効力の拡張」とは、第三者と当事者のいっぽうとのあいだの法律関係が、当事者のあいだに存在する法律関係に従属する関係にある場合に、第三者の提起する後訴では、裁判所は、第三者と当事者のいっぽうとのあいだの法律関係については、前訴の判決内容を尊重して判断しなければならないというものである。(208)これが認められるのは、ブロマイヤーによれば、ある特定の関係にある場合で、(209)前訴が後訴に対して「先決性（Präjudizialität）」を有する場合だけであるとされている。(210)

このブロマイヤーの類型に対して、訴訟物の同一性という観点から分析を試みたのが、シュヴァープである。その理論は、民事訴訟法（ZPO）における判決の効力の拡張は、訴訟物が客観的に同一のまま、当事者が変更しただけの場合(211)を基本とするということを、出発点とするものであるが、その理由は、訴訟物については、すでに判断が下されているので、判決の効力は、係争法律関係のほんらいの主体に及ぶというものである。(212)

いうまでもなく、ブロマイヤーの一番めの類型（「訴訟上の理由による判決の効力の拡張の場合」）では、訴訟物は同一であるが、二番めの類型（「民事法上の従属関係を理由とする判決の効力の拡張の場合」）では、前訴の訴訟物と後訴の訴訟物は、ことなる。(213)したがって、シュヴァープによれば、一番めの類型における判決の効力の拡張は、じつは、民事訴訟法（ZPO）三二五条の当事者間の判決の確定力の範囲内の問題にすぎない。それが、変更した当事者に、そのまま自動的に及ぶというだけのことである。

しかし、二番めの類型においては、訴訟物がことなる部分について、判決の確定力とべつの効力が生ずることになるとされるのである。(214)このべつの効力の部分が、シュヴァープによれば、判決の効力の拡張ということになるが、(215)その内容は、前訴の判決が先決的意味をもつので、後訴の裁判所を拘束するというものである。(216)

三　それでは、このような内容をもつ判決の効力の拡張の性格について、さらに分析してみよう。その場合の方向として、問題になるのは、われわれの関心事である、いわゆる判決の第三者効との関係である。第三者効、すなわち、判決の効力が第三者にも及ぶということが、判決の効力のひとつであることは、ドイツの民事訴訟法学のなかで、一般に説明されている。(217)いうまでもなく、判決の第三者効は、判決の確定力の本質と密接に関連するものである。

ただ、判決に付随する、第三者に関連する効力とされているものは、第三者効以外にも、構成要件効（Tatbestandswirkung）[218]、形成効（Gestaltungswirkung）があり、これらが、判決ほんらいの効力である確定力（Rechtskraft）の拡張とどう区別されるのかは、ドイツの民事訴訟の議論のなかで、かならずしも明確にされているわけではないと、シュヴァープは指摘している。[219]

もともと、このあたりの議論は、判決の確定力の本質論争のなかから派生的に生まれてきたものである。同法（ZPO）三二二条に規定された判決の確定力については、判決は、実体的権利を成立・消滅させるとする「実体法的確定力理論」と、判決は、なにが法であるかを述べるが、形成判決以外は、判決みずからが法を創造するわけではなく、ただ、後訴が前訴の判決に拘束されるのみであるとする「訴訟的確定力理論」が、ながらく対立してきた。[220]

訴訟法的確定力理論においては、判決の効力（確定力）の第三者への拡張は、いっさい否定される。[221]しかし、その訴訟法的確定力理論においても、なんらかの判決の効力が第三者に及んでいることは認め、それを、判決の確定力とはべつの副次的効力として、「構成要件効」もしくは「反射効」としているのである。[222]

実体法的確定力理論においては、論理のとうぜんの帰結として、第三者にも絶対的確定力が及ぶことがある。[223]もちろんこれは、実体的効力としてである。

四　しかし、ベティヒァー、シュヴァープらは、第三者効の本質を、民事判決の他の訴訟への拘束力のなかに、みいだそうとしている。[224]

ベティヒァーは、判決には、他の裁判所や行政庁に対する訴訟法上の拘束力があることを認め、この効力の性質については、あきらかに、判決の効力の拡張とはことなるもので、第三者効であるとしている。[225]ただ、ベティヒァーは、民事判決の効力が他の裁判所や行政庁に及ぶことについては、民事判決の効力に本質的ではないとみている。

いわく、民事判決の確定力は、もっぱら、民事訴訟にのみ関わるもので、他の訴訟手続はまったく眼中にない。したがって、確定力を当事者に限定することは、以下のような意味をもつものである。それは、判決の当事者と同一の当事者のあいだで、ふたたび争いが蒸しかえされないために、確定力が働くというものである。(226)

しかし、そのいっぽうで、ベティヒァーは、判決の第三者効も、まさに、この「おなじものはふたたび争われることはない（ne bis in idem）」という原則に由来するものであるとして、「おなじもの（idem）」にもとづく論証を行っている。すなわち、判決の確定力により、民事法廷においてすでに判決が下された問題について、くりかえし決定することが妨げられるということは、「おなじもの」についてであることを前提としているわけであって、そうすると、民事判決においてすでに判断されたのと「おなじもの」が、行政争訟手続や他の訴訟手続で問題となった場合、その訴訟手続の当事者が民事判決の当事者とことなっているとしても、対象が「おなじもの」であるからには、行政庁や他の法廷も、民事判決の確定力に拘束されるとしている。(227) そして、それについて、ベティヒァーは、さらに、民事判決が他の裁判手続を拘束するのは、それが、国民にとって、国の決定――さまざまな裁判所や行政庁を代表する決定――であるからであるという論理で、(228) 論証の補強を行っている。

シュヴァープは、高等ラント通常裁判所の判決の評釈(229)のなかで、被告について、すでに、民事法廷で、扶養義務がないという判決を下しているにもかかわらず、刑事法廷の裁判官が、被告を扶養義務違背の罪(230)で裁くことは、民事判決の確定力を侵害するものであると、つよく批判している。いわく、刑事判決が、民事判決により確定した法律関係に依存する関係にある場合は、刑事法廷の裁判官は、世の中のすべての者に対する効力を備えた民事判決に拘束されるというものである。(231)

このことを、もうすこしわかりやすいシュヴァープのべつの言葉で示すと、刑事法廷の裁判官が、確定した民事判決とことなる判決を下すことにより、民事判決の確定力が侵害されるということのなかに、判決の第三者効の意義があるとしている。[232]

シュヴァープは、また、第三者効と判決の効力の拡張は、厳格に区別されるべきであるとして、その区別が典型的であるのは、以下のような例であるとしている。すなわち、AとBが、ある物件の所有権を争い、Aが所有者であることを確認する判決が、確定した。しかし、第三者であるCが、なお、自己に当該物件の所有権があることを主張して、Aに対して当該物件の所有権確認の訴えを提起することは妨げない。ただ、Cは、AとBの関係について、AとBのあいだに下された判決が意味をもたないということを、主張することはできないのであるというものである。[233]

これに、すこし解説をくわえると、AとBのあいだで確定した判決の効力は、AとBのあいだの争い（もしくは法律関係）と自己の法律関係が、なんら依存関係にないCに、拡張されることはないが、AとBのあいだで確定した判決については、第三者であるCも、これを尊重しなければならない（もしくは、これを否定することはできない）という効力はある、ということであろうと思われる。この最後の部分に第三者効の本質があると、シュヴァープが考えていたであろうことは、シュヴァープが、さらに、判決の確定力を外部から保護するためには、確定判決に第三者効をもたせることが不可欠であると述べていることからも、あきらかである。[234]

ただ、ベティヒァーやシュヴァープらが、他の法廷、なかんずく刑事法廷も、民事判決の確定力に拘束されると考えているとして、そもそも、完全な意味での当事者主義が妥当し、訴訟物について処分権主義も認められており、刑事訴訟よりもかなり低い程度の証明度であっても、場合によってはよしとされる民事訴訟における判断が、「おなじもの」について、はるかに厳格な判断が要求されるはずの刑事裁判官を、そのまま拘束するかという、素朴な疑問は残される。

しかし、ベティヒァーもシュヴァープも、このような疑問に対して、民事訴訟における審理のあり方は、ながい年月の不断の努力によって改善されてきたもので、当事者主義を基調とする民事訴訟手続は、けっして真実の探究に不適なものではないとして、その判決には、たかい信頼がおかれるべきものであるとしている。[235]

五　以上みたような性格を有する第三者効と、判決の効力の拡張の区別については、やはり、シュヴァープが、さらに明確な分析を行っている。その分析のなかでは、三つの事例が上げられているので[236]、われわれも、それらをつうじて検討しよう。

〔事例①〕　債権者が、債務者に対して勝訴判決を勝ち取り、判決が確定した場合は、保証人は、もはや主たる債務について争うことはできない。債務者に対する債権者の請求については、すでに判断が下されているのである。しかし、保証人は、みずからの保証契約が無効で、債権者に対する支払義務はないということは、もちろん主張できる。

〔事例②〕　Aは、Bに対して、不動産登記の抹消を求める訴訟を提起した。しかし、Bは、訴訟係属後、不動産をCに譲渡した。この場合、もし、Cが、訴訟係属の事実を知っていれば、Bに対する判決の効力は、Cにまで拡張する。Aは、不動産の名義がCに改められたのち、Cに対して判決を執行しうる。[237]　また、AからCに対してあらたな訴訟が提起された場合は、Cは、登記の抹消に同意する義務はないと抗弁することはできない。

〔事例③〕　Aは、自動車の引渡しを求める訴えを提起したが、Aは、訴訟係属後に、自動車を、民法九三一条[238]にもとづいて、Cに譲渡した。この場合、Cは、Aに対する訴え棄却の判決に従わなければならない。また、Cが、あらたに、引渡請求訴訟を提起しても、却下されるだけである。

いうまでもなく、〔事例①〕は、判決の第三者効の例であるが、〔事例②〕と〔事例③〕は、判決の効力の拡張の例である。第三者効がはたらくのは、シュヴァープの解説によれば、〔事例①〕からもわかるように、当事者のあいだに下された判決が、第三者に対して先決的な意味をもつ場合を前提とするもので、このとき、第三者は、当事者のあいだに下された判決を甘受しなければならない関係にたっている。[239]

また、判決の効力が拡張されることの意味は、シュヴァープの解説によれば、〔事例②〕や〔事例③〕からもわかるように、第三者が、判決により確定した請求と同一の請求を、原告として主張することは、もはやできないということ、もしくは、第三者が、被告として、そのような請求を、もはや、うけることがないということである。[240]けっきょく、判決の第三者効と判決の効力の拡張の違いについては、シュヴァープによれば、判決の効力の拡張の基礎として要求される、訴訟物の客観的同一性が存在するかどうか、にかかっているとされる。[241]このことは、じつは、再審の訴えについても重要な意味をもつわけで、ほんらい当事者の変更にすぎない場合を前提とする判決の効力の拡張ではなく、判決の第三者効のみがはたらくときには、第三者は、他の当事者のあいだに下された判決について、再審の訴えを提起することはできないのである。[242]

六　以上のように発展してきた民事訴訟の判決の効力の拡張の理論をふまえて、行政訴訟の必要的訴訟参加において、なぜ、第三者を訴訟に参加させることが必要的なのかを、あらためて、問いなおしてみよう。

まえにも述べたように、行政訴訟理論においては、必要的訴訟参加の主要な目的は、判決の効力を第三者に及ぼすためであるとされている。このテーゼだけから考えると、結論として、それは、第三者の訴訟参加があってはじめて、第三者に判決の効力が及ぶということ、ぎゃくにいえば、第三者の訴訟参加がなければ、第三者に判決の効力がおよぶことはないということに、帰着することになろう。しかし、民事訴訟理論の分析をとおして得られたものを総合してみると、ことがらは、さほど単純ではない。

そこで、さきほどの、「第三者の訴訟参加がなくても、第三者に判決の効力がおよぶという場合に、第三者の訴訟参加は必要的となる」というベッターマンのテーゼにもどって、すこし考えなおしてみよう。

このときの判決の効力というのは、行政処分の取消訴訟についていえば、判決の効力の拡張というまえに、われわれの理解では、形成効でもある——ただ、ドイツの行政訴訟理論では、ふしぎなことに、このことは、あまり、おもてにでてこない——。ところで、行政処分の取消判決の形成効は、いうまでもなく、第三者の訴訟参加がなくとも、いいかえれば、第三者の訴訟参加とは無関係に、第三者にもおよぶものである。

このことを、もうすこし具体的に、必要的訴訟参加の典型的な例とされる二重効果的行政処分についてみてみよう。建築主が、建築監督行政庁から建築許可をうけたところ、隣人が、その建築許可処分の取消しを求めて取消訴訟を提起したという事例では、ドイツの行政訴訟理論・判例においては、建築主の訴訟参加は必要的であると考えられている。その内容について、すこし分析してみると、建築主は、形式的には、隣人と建築監督行政庁とのあいだの法律関係についての争いに参加するわけであるが、実質的には、みずからの法律関係に関する争いに、とうぜんのごとく、くわわるわけである。そのとき、建築主の訴訟参加を必要的とする理由が、合一的確定の要請である。

ところで、すでにみたように、この合一的確定の要請は、民事訴訟の理論では、判決の効力の拡張と同じ概念と考えられているが[243]、訴訟当事者が、第三者の法律関係について、当事者たりうる地位（Prozeßstandschaft）において、訴訟を提起し争った場合は、その第三者に判決の効力が、直接におよぶ——訴訟上の理由による判決の効力の拡張——と解明されている。[244]この場合も、もちろん、第三者の訴訟参加があろうがなかろうが、判決の効力は第三者に及ぶのである。

また、いっぽうで、行政処分を取り消す判決には、形成効がはたらき、第三者の既得の法律関係は消滅するのである。[245]したがって、隣人の提起した取消訴訟において、建築許可処分を取り消す判決が下された場合は、第三者である建築主の訴訟参加がなくとも、取消判決の効力が第三者である建築主にまで拡張されると同時に、取消判決の形成効により、第三者である建築主に与えられていた建築許可処分が、建築主に対しても効力を失うのである。

つまり、二重効果的行政処分の取消判決については、二重の判決の効力が処分の名あて人におよぶことになるが、それらは、けっして、処分の名あて人が訴訟参加したことの結果ではない。[246]そうすると、必要的訴訟参加の主要な目的は、判決の効力を第三者におよぼすためであるということの前提じたいが、あやしくなってくる。むしろ、この場合、「必要的」というのは、じつは、判決の効力の拡張とは無関係のところからでてくるものではないか、と考えたほうがわかりやすいようである。

それは、ベッターマンのテーゼにもあるように、とにかく、第三者に判決の効力がおよぶ場合が、必要的訴訟参加の基礎となる場合である——その意味で、判決の効力の拡張は、訴訟参加が必要的であることの要件である——ことはまちがいないようだが、そのときに、なぜ、第三者の訴訟参加が必要的となるのか、という問題がのこる。それについては、判決の効力の拡張に関連した、訴訟の結果に利害関係を有する第三者を、訴訟参加させることが「必要的」であると考慮させる、べつの訴訟政策的要請——利益保護目的など——から説明されるべきではないのかと考えられるのである。

しかし、なぜか、ドイツの行政訴訟理論では、この「必要的」であることのほんらいの直接的な理由をふせたまま、「必要的」であることのひとつの要件にすぎない判決の効力の拡張のみによって、「必要的」であることの説明——それが、「必要的」であることの絶対的要件であり、絶対的効果であるかのごとき——がされているようである。

なお、このような筆者の推測については、やはり、次節で、具体的な事例を分析することによって実証すべきであろう。

(89)　以下の条文の標題は、Thomas=Putzo=Reichold=Hüßtege, a. a. O.（Anm.（16））. による。

(90)　同法（ZPO）六五条により、主参加の申立てがあるときは、主訴訟（Hauptprozeß）のほうは、当事者の申立てにより、主参加に関する確定判決が下されるまで、中止されうる。なお、わが国の民事訴訟では、「独立当事者参加」といわれている。

(91)　Thomas=Putzo=Reichold=Hüßtege, a. a. O.（Anm.（16））, Rdn. 1 zu Art. 66.

(92)　七〇条一項は、「補助参加人の参加は、書面を裁判所に提出することによりなされ、すでに上訴されている場合は、上訴裁判所に書面を提出することによりなされる。書面は、当事者双方に送達し、以下の事項が記載されていなければならない。(一)当事者および訴訟の表示、(二)補助参加人が有する利益の一定の表示、(三)参加の趣旨」と規定し、同二項は、「その他の事項については、準備書面に関する一般規定を適用する」と規定している。

(93) Thomas=Putzo=Reichold=Hüßtege, a. a. O. (Anm. (16)), Rdn. 1 zu Art. 68.

(94) bürgerliches Recht という字句は、ドイツ民法典(Bürgerliches Gesetzbuch vom 18. 8. 1896, RGBl. 195)制定以前から、民事訴訟法典(Zivilprozeßordnung (ZPO) vom 30. 1. 1877, RGBl. 83)のなかで使われていたものであるが、現在の解釈では、このなかに、民法以外の私法法規も読みこまれている。後掲注(96)参照。

(95) 共同訴訟的補助参加人は、訴訟追行上、主たる当事者の訴訟行為に反する訴訟行為も有効に行いうるような、強い権能を有するが、基本は、他人の訴訟の補助者であるので、訴えを取り下げたり、変更するようなことまではできない。Thomas=Putzo=Reichold=Hüßtege, a. a. O. (Anm. (16)), Rdn. 5, 6 zu Art. 69.

(96) 条文には民法とされているが、現在の解釈では、このなかに、民法以外の私法法規も読みこまれている。それらの規定は以下のとおりである。

民法(BGB)四〇七条一項では、「債権が譲渡されたのち、債務者が、譲渡前の債権者に対してした給付、および、債権が譲渡されたのち、債務者と譲渡前の債権者とのあいだで、当該債権に関してなされたすべての法律行為については、譲渡後の債権者は、これを自己に対する有効な給付または法律行為としなければならない。ただし、債務者が、給付または法律行為をなすときに、譲渡があったことを知っていた場合は、このかぎりではない」とされている。

同四〇八条一項では、「債権者が、すでに譲渡した債権を、さらに第三者に譲渡した場合に、債務者が第三者に給付を行い、または、債務者と第三者のあいだに法律行為が行われ、もしくは、訴訟が係属したときは、債務者の利益のために、第一取得者に対して、四〇七条を準用する」とされている。

同四七八条一項では、「解除または減額請求権が時効にかかるまえに、買主が、売主に対して瑕疵を通知し、もしくは、通知を発送した場合は、時効完成後も、解除または減額にもとづく限度において、買主は、支払いを拒絶することができる。買主が、時効完成前に、証拠保全のために裁判所の証拠調べを申請したとき、または、買主と、目的物のその後の取得者とのあいだで、瑕疵にもとづいて提起された訴訟において、売主に訴訟を告知したときも、おなじとする」とされている。

同一〇一一条では、「各共有者は、共有物の全部に関する、所有権にもとづく請求権を、第三者に対して行うことができる」とされている。

同一〇七四条では、「債権者の解約により弁済期となるときは、債権の用益権者は、債権の取立て、および、解約の権限を有する。用益権者は、正常なる取立てをするよう、注意しなければならない。債権に関するその他の処分は、することができない」とされている。

同一二八五条一項では、「質権者と債権者の双方に、給付が行われるべき場合に、債権が弁済期になったときは、双方は、取立てにつき、協力する義務をおう」とされている。

同一九九一条三項では、「債権者への弁済について、相続人が得た勝訴判決が確定した場合は、他の債権者に対して、弁済とおなじ効果が生ずる」とされている。

同二〇三九条では、「遺産に属する請求権については、義務者は、相続人の全員に対してのみ給付を行うことができ、また、共同相続人は、相続人の全員に対する給付のみを、請求することができる。……」とされている。

同二三四二条一項では、「取消しは、取消しの訴えの提起によって行われる。この訴えは、相続人が、相続欠格者であることを宣言することを、目的とするものでなければならない」とされ、同条二項では、「取消しの効力は、判決の確定力とともに生ずる」とされている。

商法（Handelsgesetzbuch vom 10. 5. 1897, RGBl. 219）一一七条では、「裁判所は、重大な事由がある場合は、他の社員の申立てにより、判決により、社員の代表権を剝奪することができる。とくに、いちじるしい義務違反があるとき、または、通常の会社代表の能力を欠くときは、その事由があるものとする」とされている。

同一三三条一項では、「裁判所は、重大な事由がある場合は、社員の申立てにより、会社の存続期間の満了前において、または、存続期間の定めのない会社にあっては、告知を要せずに、判決により、その解散を宣告することができる」とされている。そのほか、民事訴訟法（ZPO）三二五条、三二六条、三二七条などが、これにあたる。

(97)　Stein, Friedrich=Jonas, Martin=Bork, Reinhard, *Kommentar zur Zivilprozeßordnung*, 21. Aufl., 1993, Rdn. 2 zu Art. 69.

(98)　Thomas=Putzo=Reichold=Hüßtege, a. a. O.（Anm. (16)）, Rdn. 1 zu Art. 66.

(99)　七三条は、「当事者は、訴訟告知のために、訴訟告知の理由と訴訟の程度を記載した書面を提出することができる。書面は第三者に送達し、訴訟の相手方には、書面でその旨を通知しなければならない。訴訟告知は、第三者への送達により効力を生ずる」と規定している。

(100)　Thomas=Putzo=Reichold=Hüßtege, a. a. O.（Anm. (16)）, Rdn. 2 zu Art. 72.

(101)　Thomas=Putzo=Reichold=Hüßtege, a. a. O.（Anm. (16)）, Rdn. 1 zu Art. 74.

(102)　Thomas=Putzo=Reichold=Hüßtege, a. a. O.（Anm. (16)）, Rdn. 4 zu Art. 74.

(103)　Thomas=Putzo=Reichold=Hüßtege, a. a. O.（Anm. (16)）, Rdn. 1 zu Art. 61.

(104)　Thomas=Putzo=Reichold=Hüßtege, a. a. O.（Anm. (16)）, Rdn. 1 zu Art. 62.

(105)　参照、本章注(16)。

(106) Thomas=Putzo=Reichold=Hüßtege, a. a. O. (Anm. (16)), Rdn. 5 zu Art. 325.

(107) すでにふれたように、メンガーは、必要的共同訴訟は必要的訴訟参加の概念モデルであるとし、必要的訴訟参加は、行政訴訟には規定されていない「必要的共同訴訟」の補充であるとしている。Menger, a. a. O. (Anm. (23)), S. 700.

(108) 本項および次項で考察の対象とした民事訴訟の理論は、以下のとおりである。Schwab, Karl Heinz, Die Voraussetzungen der notwendigen Streitgenossenschaft, Festschrift für Friedrich Lent —— Zum 75. Geburtstag ——, 1957, S. 271ff. Ders., Rechtskrafterstreckung auf Dritte und Drittwirkung der Rechtskraft, ZZP. Bd. 77 S. 124ff. Ders., Bindung des Strafrichters an rechtskräftige Zivilurteile ? —— Bemerkungen zum Urteil des OLG Stuttgart vom 11. 3. 1960——, NJW. (Neue Juristische Wochenschrift) 1960 S. 2169ff. Schumann, Ekkehart, Das Versäumen von Rechtsbehelfsfristen durch einzelne notwendige Streitgenossen, ZZP. Bd. 76 S. 381ff. Bötticher, Eduard, Die Bindung der Gerichte an Entscheidungen anderer Gerichte, Festschrift zum hundertjährigen Bestehen des Juristentages, Bd. 1, 1960 S. 511ff. Pohle, Rudolf, Der Bürger vor der Vielzahl der Gerichte, Festschrift für Willibalt Apelt, 1958 S. 171ff. Habscheid, Walther, Nebenintervention und Armenrecht, ZZP. Bd. 65 S. 47ff. Seuffert, Lothar, Civilprozeßordnung, Bd. 1, 8Aufl., 1902. Hellwig, Konrad, System des deutschen Zivilprozeßrechts, 1. Teil, 1912. Nikisch, Arthur, Zivilprozeßrecht, 2. (ergänzte) Aufl., 1952. Goldschmidt, James, Der Prozeß als Rechtslage, 1962. Schönke, Adolf=Kuchinke, Kurt, Zivilprozeßrecht, 9 Aufl., 1969. Lent=Jauernig, Othmar, Zivilprozeßrecht, 17 Aufl., 1974. Grunsky, Wolfgang, Grundlagen des Verfahrensrechts, 2 Aufl., 1974. Blomeyer, Arwed, Zivilprozeßrecht, 2. Aufl., 1985. Rosenberg=Schwab=Gottwald, a. a. O. (Anm. (16)). (なお、ローゼンベルクじしんの所説については、以下の版からとった。Rosenberg, Zivilprozeßrecht, 9 Aufl., 1961.) Stein=Jonas=Bork, a. a. O. (Anm. (97)). Thomas=Putzo=Reichold=Hüßtege, a. a. O. (Anm. (16)). Baumbach=Lauterbach=Albers=Hartmann, a. a. O. (Anm. (16)). Walsmann, Hans, Die Streitgenössische Nebenintervention, 1905.
　また、行政法学者が、必要的訴訟参加との関連で民事訴訟の類似の制度の比較分析を行ったものも、とうぜんのことながら、重要なてがかりとして考察の対象とした。Stettner, a. a. O. (Anm. (53)). Bettermann, a. a. O., DVBl. 1951 (Anm. (43)) S. 39ff. u. S. 72ff. Ders., a. a. O., ZZP. Bd. 90 (Anm. (46)) S. 121ff. Martens, Joachim, Streitgenossenschaft und Beiladung, VerwArch. (Verwaltungsarchiv) Bd. 60 S. 197 ff. u. S. 356ff. Menger, a. a. O., DVBl. 1950 (Anm. (23)) S. 696ff. Konrad, a. a. O., BayVBl. 1982 (Anm. (83)) S. 48. Schoch, Friedrich=Schmidt-Aßmann, Eberhard=Pietzner, Rainer=Bier, Wolfgang, Verwaltungsgerichtsordnung (VwGO), 2002.

(109) Grunsky, a. a. O. (Anm. (108)) S. 24. Rosenberg=Schwab=Gottwald, a. a. O. (Anm. (16)), S. 293.

(110) この類型は、さらに、「各方面に判決の効力が及ぶ場合」と「一方面的に判決の効力が及ぶ場合」に分類される。前者は、民事訴訟法 (ZPO) 三二七条（遺産訴訟）や八五六条（執行債権者の第三者に対する訴訟）のような訴訟法上の規定によって、一定の範囲の者すべてに判決の効力が及ぶことが規定されている場合である。後者は、さらに、ふたつの類型にわかれ、ひとつは、認容判決に判決の効力の拡張が生ずる場合で、そのようなケースで、多数の共同訴訟人が訴えを提起しているのであれば、必要的共同訴訟となるとされ、もうひとつは、棄却判決に判決の効力の拡張が生ずる場合で、第三者に判決の効力が及ぶとされている。Rosenberg=Schwab=Gottwald, a. a. O. (Anm. (16)), S. 293ff.

(111)　共同所有訴訟（Gesamthandklage）が、その代表的な例で、これについては、共同所有者が原告となる「能動訴訟（Aktivprozesse）」と、共同所有者が被告となる「受動訴訟（Passivprozesse）」にわけて論じられる。

能動訴訟について上げられている例は、民法（BGB）二〇三九条の相続財産に属する請求権の行使に関する訴訟であり、同規定の趣旨は、迅速な権利の実現の保障であり、ひとりの共同相続人の非協力的な行動によって、この趣旨が損なわれるので、共同訴訟となることが必要的であるとされている。

受動訴訟について上げられている例は、共同所有財産によって共同所有者がおう債務の履行が求められる訴訟で、この場合は、共同所有者全員によってのみ債務の履行が可能であるので、共同訴訟となることが必要的であるとされている。Rosenberg=Schwab=Gottwald, a. a. O. (Anm. (16)), S. 294ff.

(112)　ただ、このような場合も、いずれにせよ、基本法（GG）一〇三条一項により、訴訟に関与していない共同訴訟人をも聴聞する裁判所の義務があるとしている。Stein=Jonas=Bork, a. a. O. (Anm. (97)), Rdn. 4 zu Art. 62.

(113)　したがって、第一の訴訟の判決が、第二の訴訟の先決問題――たとえば、保証人についてや、合名会社と社員の関係人について――に関連して、拘束力をもつというだけでは、不十分であり、必要的共同訴訟とは認められない。Stein=Jonas=Bork, a. a. O. (Anm. (97)), Rdn. 5 zu Art. 62.

(114)　Stein=Jonas=Bork, a. a. O. (Anm. (97)), Rdn. 14 zu Art. 62.

(115)　Stein=Jonas=Bork, a. a. O. (Anm. (97)), Rdn. 15 zu Art. 62.

(116)　Stein=Jonas=Bork, a. a. O. (Anm. (97)), Rdn. 17 zu Art. 62.

(117)　ぎゃくに、確認訴訟において、必要的共同訴訟が認められるのは、個別の確認の利益がなく、個別の訴訟追行が許されない場合であるとされている。その例として上げられているのは、共有財産に属する権利について、単独では処分することができず、したがって、単独では訴訟追行もできない夫が、確認訴訟を提起する場合であり、このときは、共同訴訟が必要的となる。Stein=Jonas=Bork, a. a. O. (Anm. (97)), Rdn. 22f. zu Art. 62.

(118)　Rosenberg=Schwab=Gottwald, a. a. O. (Anm. (16)), S. 297.

(119)　Rosenberg=Schwab=Gottwald, a. a. O. (Anm. (16)), S. 298.

(120) Rosenberg=Schwab=Gottwald, a. a. O. (Anm. (16)), S. 299.

(121) シューマンによれば、六二条の規定は、基本的には、必要的共同訴訟人のうち期日に欠席したり、期日を怠る者がある場合についての規定であり、その場合の解決の方式が、明義的に示されているところに、意義があるとしている。Schumann, a. a. O. (Anm. (108)), S. 381.

(122) 同条一項の「代理されたものとみなす」ということじたいが、フィクションであることはいうまでもない。なぜなら、熱心な共同訴訟人は、怠った共同訴訟人の名前で、訴訟を追行するわけではなく、自らの名前で自らの訴訟を追行するからである。Rosenberg=Schwab=Gottwald, a. a. O. (Anm. (16)), S. 299f.

(123) Rosenberg, a. a. O., 7. Aufl. (Anm. (108)), S. 450f. ローゼンベルクのその後の改説については、後掲注(124)参照。

(124) Rosenberg=Schwab=Gottwald, a. a. O. (Anm. (16)), S. 293. Stein=Jonas=Bork, a. a. O. (Anm. (97)), Rdn. 1 zu Art. 62. Thomas=Putzo=Reichold=Hüßtege, a. a. O. (Anm. (16)), Rdn. 1 zu Art. 62. Baumbach=Lauterbach=Albers=Hartmann, a. a. O. (Anm. (16)), Rdn. 1 zu Art. 62.

ローゼンベルクも、あきらかに、シュヴァープの論文――Schwab, a. a. O., Festschrift für Lent (Anm. (108)), 1957, S. 271ff.――に感化され、八版以降は、訴訟物の同一性というメルクマールをすて、ただ、合一的確定の要請に、必要的共同訴訟の本質があると、書きあらためている。Rosenberg, a. a. O. (Anm. (108)), 8. Aufl., 1960, S. 467f. 9. Aufl., 1961, S. 467f.

(125) Schwab, a. a. O., Festschrift für Lent (Anm. (108)), S. 274ff.

(126) Schwab, a. a. O., Festschrift für Lent (Anm. (108)), S. 276f.

(127) シュヴァープのこの概念使用は、かつて、ローゼンベルクが、必要的共同訴訟の一番めの類型を「偶然的必要的共同訴訟 (zufällig notwendige Streitgenossenschaft)」、二番めの類型を「固有必要的共同訴訟 (eigentlich notwendige Streitgenossenschaft)」と命名したことにならっている。vgl., Rosenberg, a. a. O., 7 Aufl. (Anm. (108)), S. 449.

(128) 民法 (BGB) 一四九六条では、「継続的共有財産関係の取消しは、一四九五条の場合においては、判決の確定と同時に、その効力を生ずる。取消しの判決が、直系卑属のひとりの訴えに対して下された場合も、判決は、すべての直系卑属に対して効力を生ずる」と規定されている。なお、同法一四九五条は、持分権を有する直系卑属の継続的共有財産関係の取消しの訴えに関する規定である。

(129) 民法 (BGB) 二三四二条では、「取消しは、取消しの訴えを提起して、これを行うことを要する。この訴えは、相続人が欠格者であることを宣言することを目的とするものでなければならない。取消しの効力は、判決の確定力とともに生ずる」と規定されている。

(130) Aktiengesetz vom 6. 9. 1965, BGBl. I 219.

(131) 株式法 (AktG) 二〇〇条一項では、「確定力ある判決により、決議の無効の宣告があった場合は、判決は、当事者のみならず、すべての株主、取締役、および監査役に対し、有利にも不利にも効力を有する」と規定されている。

(132)　株式法（AktG）二〇一条一項では、「株主、取締役または監査役が、会社に対して、株主総会の決議の無効確認の訴えを提起した場合は、一九九条二項、三項一文、四項および六項、二〇〇条の規定を準用する」と規定され、同条二項では、「数個の無効確認訴訟は、同時に弁論を行い、判決は併合しなければならない。無効確認訴訟および取消訴訟は、併合することができる」と規定されている。

(133)　株式法（AktG）二一六条一項では、「定款に、一六条三項に定められた重要な規定をおかず、または、その規定のひとつが無効であるときは、各株主、各取締役および監査役は、会社の無効の宣言を求める訴えを提起することができる。この訴えは、他の理由にもとづいて提起することはできない」と規定され、同条四項では、「訴えに関しては、一九九条二項ないし六項、二〇〇条一項一文、同条二項、二〇一条二項を準用する」と規定されている。

(134)　民事訴訟法（ZPO）六六四条は、禁治産宣告に対する不服の訴えに関する規定で、その二項では、「禁治産者本人、禁治産者の監護権を有する法定代理人、および、六四六条に上げられたその他の者は、当該訴えを提起することができる」と規定されている。

(135)　民事訴訟法（ZPO）六六六条三項では、禁治産宣告に対する不服の訴えにおける禁治産の申立てをした者の扱いが規定されており、「六四六条に上げられた者のひとりが、禁治産の申立てをした場合は、訴状を通知して、その者を、口頭弁論の期日に呼び出さなければならない。その者が訴訟に参加した場合は、その者は、六二条の意味における主たる当事者の共同訴訟人とみなされる」とされている。

(136)　民事訴訟法（ZPO）六七九条は、禁治産宣告の取消しの申立てを却下する決定に対する取消しの訴えを規定しているが、その二項では、「禁治産者の監護権を有する法定代理人、および、検事は、当該訴えを提起することができる」とされている。

(137)　たとえば、相続欠格を宣言する判決があれば、その判決の効力は、相続の取消しを求める権限を有するすべての者に及ぶ。また、株主総会の決議の無効を確認する判決があれば、その判決の効力は、すべての株主、取締役、監査役に及ぶ。

(138)　Schwab, a. a. O., Festschrift für Lent（Anm.（108））, S. 278.

(139)　たとえば、株式会社の株主の株主総会決議の無効の確認を求める訴訟では、他の株主も、訴訟に参加することができるが、判決の効力が、参加する株主と会社との法律関係にも及ぶので、その場合は、共同訴訟的補助参加人となる。Rosenberg=Schwab=Gottwald, a. a. O.（Anm.（16））, S. 313f.

(140)　ヴァルスマンによれば、共同訴訟的補助参加人につよい訴訟上の地位が認められるのは、通常補助参加人より、よりつよい判決の効力をうけるからであり、その場合、確定力は、強制力を伴って第三者に及び、避けがたい災難として、その者の法律関係に関わってくるとされている。Walsmann, a. a. O.（Anm.（108））, S. 142f.

(141)　その場合、間接的に効力が及ぶだけでは不十分であるとされている。Rosenberg=Schwab=Gottwald, a. a. O.（Anm.（16））, S. 313f.

(142) 共同訴訟的補助参加人には、補助参加人としての限界——訴訟を取り下げたり、変更したりすることはできない——はあるが、かなりのていど、共同訴訟人にちかい訴訟上の地位が認められる。

具体的には、共同訴訟的補助参加人は、当事者の訴訟行為に反する行為をすることもできるし、当事者が欠席するときや意思を表示しないときは、請求を認諾・放棄することもできる。判決は、共同訴訟的補助参加人にも下され、判決があったときから、個別に、共同訴訟的補助参加人についても上訴期間が計算される。とうぜん、当事者とは独立に、上訴し、異議を申し立てることや、相手方の上訴・異議の却下の申立てもできる。

民事訴訟法（ZPO）一四一条は、事実関係解明のため、裁判所が当事者じしんの出頭を命ずることがあることを規定しているが、共同訴訟的補助参加人にも適用される。

同法（ZPO）四四五条以下の当事者尋問に関する規定は、共同訴訟的補助参加人にも適用される。すなわち、共同訴訟的補助参加人は、この場合、たんなる証人として扱われるわけではない。Rosenberg=Schwab=Gottwald, a. a. O.（Anm.（16））, S. 314.

(143) Rosenberg=Schwab=Gottwald, a. a. O.（Anm.（16））, S. 313f.

(144) Walsmann, a. a. O.（Anm.（108））, S. 166.

(145) 訴訟外の和解以外に、請求の放棄・認諾も、これにあたる。

(146) Walsmann, a. a. O.（Anm.（108））, S. 166f.

(147) Grunsky, a. a. O.（Anm.（108））, S. 302.

(148) Grunsky, a. a. O.（Anm.（108））, S. 302f.

(149) Walsmann, a. a. O.（Anm.（108））, S. 142f.

(150) Stettner, a. a. O.（Anm.（53））, S. 20ff. ベッターマンは、当事者主義が支配する民事訴訟では、補助参加が訴訟参加（Beiladung）の役割を担っているので、訴訟参加の理論の解明の基礎研究として、シュテットナーが、必要的共同訴訟と共同訴訟的補助参加の関係を、まず、分析の対象としているのは、正当な認識であると評価している。Bettermann, a. a. O., ZZP. Bd. 90（Anm.（46））, S. 122f.

(151) シュテットナーは、この類型を、係争法律関係が合一的にしか確定されえない場合のものであるが、じっさいは、共同訴訟が必要的とはいえないもので、「任意的（fakultativ）必要的共同訴訟」というべきものであるとしている。Stettner, a. a. O.（Anm.（53））, S. 16.

しかし、ベッターマンは、シュテットナーのこの命名を、形容矛盾であると非難し、「不真正（unecht）必要的共同訴訟」とするのが正しいとしている。Bettermann, a. a. O., ZZP. Bd. 90（Anm.（46））, S. 121.

(152) シュテットナーがその例とするのは、つぎのようなものである。

Aの財産を、Bが単独で相続した。Bは、相続財産に対する債権者全員に対して無限責任をおっていたところ、民法（BGB）二三四一条（相続欠格者が相続権を失うことによって利益をうける者の取消権を定めた規定）により取消権をもつCが、Bに対して相続欠格の訴えを提起した。ところで、相続財産に対する債権者のひとりであるGは、無限責任をおっているBの法的地位がくつがえされることに、法的利益を有している。相続判決は、形成効をもつと考えられているので、欠格の認容の判決の効力は、Gにもおよぶ。しかし、Gじしんは、その訴訟で、当事者となることはできない。なぜなら、その訴訟は相続のみを対象としているので、相続人でないGは、被告の立場にたつことができないからである。したがって、Gは、共同訴訟的補助参加人として訴訟参加することになる。Stettner, a. a. O.（Anm. (53)), S. 21.

(153)　この場合、第三の選択肢として、独立当事者参加（Parteibeitritt）という途もある。Stettner, a. a. O.（Anm. (53)), S. 22.

(154)　シュテットナーによれば、この類型の場合は、それらの者すべてに同時に平等に合一的判決が下されるべきで、個々の者の事情により判決を変更することができないという意味において、共同訴訟が必要的になるのであるとして、この場合は、「事実上の（tatsächlich）必要的共同訴訟」というべきものであるとしている。Stettner, a. a. O.（Anm. (53)), S. 16.

ベッターマンは、この類型のみが必要的共同訴訟として認められるべきもので、「真正（echt）必要的共同訴訟」というべきものであるとしている。Bettermann, a. a. O., ZZP. Bd. 90（Anm. (46)), S. 121.

(155)　Stettner, a. a. O.（Anm. (53)), S. 22.

(156)　民事訴訟法（ZPO）一一四条一項では、「自己および家族の最低限の生活を犠牲にしなければ、訴訟費用を支払うことができない当事者には、その目的である権利追求または権利防衛が、結果をうる十分な見込みがあり、かつ、軽挙な（mutwillig）ものでないとみえる場合は、申立てにより、救助権が与えられなければならない」とされている。

(157)　Habscheid, a. a. O., ZZP. Bd. 65（Anm. (108)), S. 478.

(158)　Habscheid, a. a. O., ZZP. Bd. 65（Anm. (108)), S. 479f.

(159)　Habscheid, a. a. O., ZZP. Bd. 65（Anm. (108)), S. 480.

(160)　そもそも、行政裁判所法（VwGO）六五条二項の要件は、民事訴訟法（ZPO）六二条一項の一番めの類型にならって、定められたものである。

(161)　旧行政裁判所法（VGG）――Gesetz über die Verwaltungsgerichtsbarkeit-Bayern, Gesetz Nr. 39, vom 25. 9. 1946, GVBl.（Gesetz und Verordnungsblatt）S. 281――六〇条四項一文では、「決定により、参加人は、関係人の地位を得る」と規定されていた。

(162)　Bauer, a. a. O., DöV 1949（Anm. (21)), S. 227.

(163)　Bauer, a. a. O., DöV 1949（Anm. (21)), S. 230.

(164) Martens, a. a. O., VerwArch. Bd. 60 (Anm. (108)), S. 367f. なお、行政裁判所法（VwGO）六六条二文の「主張（Sachantrag）」の意義と、この角度からの分析は、次項において、くわしく行われる。

(165) Menger, a. a. O., DVBl. 1950 (Anm. (23)), S. 700.

(166) Menger, a. a. O., DVBl. 1950 (Anm. (23)), S. 700. メンガーは、さらに、必要的共同訴訟を行政訴訟に持ち込むさいに、必要的訴訟参加というあやまった名称が付されてしまったもので、ほんらい、必要的共同訴訟という名称にすべきであったとまで述べている。Ibid., S. 701.

(167) Bettermann, a. a. O., DVBl. 1951 (Anm. (21)), S. 75.

(168) Stettner, a. a. O. (Anm. (53)), S. 22.

(169) たとえば、ウレの上げる例によれば、土地の共同所有者が土地に関する行政行為の取消しを求める訴え、多数の者が共同して締結した行政法上の契約に関する訴え、一般処分に対する取消訴訟、計画確定決定に対する取消訴訟などである。Ule, Carl Hermann, Verwaltungsprozeßrecht, 9 Aufl., 1987, S. 109.

(170) Ule, a. a. O. (Anm. (169)), S. 109f.

(171) Ule, a. a. O. (Anm. (169)), S. 110. しかし、一般処分に対する取消訴訟では、ウレは、必要的共同訴訟の成立を認めない。たしかに、事実関係や法律関係は、すべての原告について同一で、同一の判決も期待できることもありえようが、一般処分の本質から、さまざまな対象に対して包括的な内容の処分が行われるのであるから、ひとりの名あて人について、処分が適法で、他の名あて人について、処分が違法であるということもありうるとしている。

(172) Kopp=Schenke, a. a. O. (Anm. (5)), Rdn. 2 zu Art. 64.

(173) これは、行政裁判所法（VwGO）六六条の「訴訟参加人は、関係人の申立ての範囲内で、独立に、攻撃または防御の方法を提出し、すべての訴訟行為を有効に行うことができる」という文言からも、あきらかである。

(174) 行政訴訟における訴訟参加について規定した、行政裁判所法（VwGO）六五条および六六条の規定からは、（必要的）訴訟参加の「補助性」は、あきらかではない。ただ、理論的に、前項で見た、民事訴訟の必要的共同訴訟と必要的訴訟参加を同視する立場を否定する見解のなかに、（必要的）訴訟参加の補助性が肯定されていることが、うかがえる。

(175) 民事訴訟法（ZPO）六九条の規定により、共同訴訟的補助参加には、共同訴訟人の訴訟法律関係は相互に独立であるという「共同訴訟人独立の原則」を定めた、同法（ZPO）六一条の規定が準用される。

(176) 共同訴訟的補助参加の「補助性」は、基本的には、民事訴訟法（ZPO）六六条一項の「その当事者を補助するために（zum Zweck ihrer Unterstützung）、訴訟に参加することができる」ということによる。しかし、それによる制限については、同法（ZPO）六七条によるものと考えられる。また、共同訴訟的補助参加の補助性をとくに強調するものとして、ヴァルスマンの見解があり、そこでは、共同訴訟的補助参加にあっても、係属中の手続に依存するという関係があることが、根拠とされている。Walsmann, a. a. O. (Anm. (108)), S. 210.

(177) Walsmann, a. a. O. (Anm. (108)), S. 211.

(178) しかし、認諾（Anerkennen）、放棄（Verzichten）については、争いがある。認諾、放棄を、たんなる訴訟行為とみる立場——Lent=Jauernig, a. a. O. (Anm. (108)), S. 152f.——からは、訴訟において相手方の請求を認諾し、自己の請求を放棄する行為は、それに対する裁判所の判決を求めるだけのものであって、実体法上の権限を要するものではなく、したがって、それにより訴訟を終了させるものではないということになる。認諾、放棄を実体法上の法律行為とみる立場——Walsmann, a. a. O. (Anm. (108)), S. 218.——からは、それにより、ただちに訴訟を終了させる効果をもつことになる。

(179) Thomas=Putzo=Reichold=Hüßtege, a. a. O. (Anm. (16)), Rdn. 1 zu Art. 297.

(180) 前項でみたように、必要的訴訟参加人に当事者としての法的地位を認める見解においては、とうぜん、必要的訴訟参加人には訴訟物を処分する権利は認められる——Bauer, a. a. O. (Anm. (21)), DöV 1949, S. 230. Menger, a. a. O. (Anm. (23)), DVBl. 1950, S. 701.——が、このような見解は、現在では一般に支持されていない。

(181) Eyemann=Fröhler=Schmidt, a. a. O. (Anm. (11)), Rdn. 11 zu Art. 66. Ebenso : Redeker=von Oertzen, a. a. O. (Anm. (10)), Rdn. 9 zu Art. 66.

(182) Eyemann=Fröhler=Schmidt, a. a. O. (Anm. (11)), Rdn. 11 zu Art. 66.
また、レーデカー＝フォン・オエルツェンは、必要的訴訟参加人も訴訟物に拘束されるので、当事者が訴訟物に対して処分権を行使しようとすることに対して、必要的訴訟参加人が影響力を及ぼすことができるとし、したがって、当事者は、必要的訴訟参加人の同意なく、訴訟上の和解をすることはできないとしている。Redeker=von Oertzen, a. a. O. (Anm. (10)), Rdn. 10 zu Art. 66.

(183) Eyemann=Fröhler=Schmidt, a. a. O. (Anm. (11)), Rdn. 5 zu Art. 66.

(184) Rosenberg=Schwab=Gottwald, a. a. O. (Anm. (16)), S. 271.

(185) Bettermann, a. a. O. (Anm. (43)), DVBl. 1951, S. 40.

(186) Bachof, a. a. O. (Anm. (21)), DöV. 1949, S. 364.

(187) この問題については、若干、シュタールの、通常訴訟参加人は、訴訟参加するがわの当事者のために訴訟行為を行うことをとおして、間接的に自己の固有の権利を主張し、必要的訴訟参加人は、直接的に自己の固有の権利を主張するという相違がありうるという指摘に興味がひかれる。しかし、シュタールは、結論として、通常訴訟参加の場合は、つねにそういうことがいえるが、必要的訴訟参加の場合は、つねに直接的に自己の固有の権利が主張できるとはかぎらないとするだけで、それ以上のことはなにも述べていない。Stahl, Walter E., Beiladung und Nebenintervention, 1972――Schriften zum Prozessrecht Bd. 27――, S. 101f.

(188) これは、民事訴訟法（ZPO）六八条但書のことをいっている。本文四一頁以下に記載した同条の文言を、参照されたい。

(189) Rosenberg=Schwab=Gottwald, a. a. O. (Anm. (16)), S. 310.

(190) 第三者効と判決の効力の第三者への拡張は、次項で検討するように、ことなる概念である。ただ、いずれも、訴訟当事者以外の第三者にむかっておよぶ効力であり、主たる当事者に対してのみ問題となる参加的効力と、そのおよぶ方向性についての分析であるかぎりにおいては、第三者効と参加的効力の比較論的分析は、判決の効力の拡張と参加的効力の相違の問題を考えるうえで、おおいに参考になるものと思われる。

(191) シュヴァープは、これについて、つぎのような例を上げて説明している。

凍結防止のための塩まきがしてなかったため、Bの家のまえにはった氷で、Aが滑って倒れた。Bは、訴訟において、自分には塩をまく義務はなく、地方公共団体Cにその義務があると抗弁した。Aは、Cに訴訟告知し、敗訴した。Cに対する訴訟において、Cは、家の所有者に塩をまく義務があると抗弁した。このようなCの抗弁は、それによって、AとBとのあいだに下された判決が不当であると述べていることになるので、六八条本文により、認められない。Schwab, a. a. O., ZZP. Bd. 77 (Anm. (108)), S. 144.

(192) 民事訴訟法（ZPO）三二二条一項は、「判決は、訴えまたは反訴によって提示された請求に対して判断した範囲で、確定力を有する」と規定している。

(193) この理由は、シュヴァープによれば、補助参加じたいが、主たる当事者のがわにたって、ふかく訴訟に関わるものであるので、補助参加人は、主たる当事者との関係で、判決の理由に拘束されなければならないということにある。Schwab, a. a. O., ZZP. Bd. 77 (Anm. (108)), S. 145.

(194) Schwab, a. a. O., ZZP. Bd. 77 (Anm. (108)), S. 144.

(195) Schwab, a. a. O., ZZP. Bd. 77 (Anm. (108)), S. 145.

(196) Rosenberg=Schwab=Gottwald, a. a. O. (Anm. (16)), S. 314.

(197) Kopp=Schenke, a. a. O. (Anm. (5)), Rdn. 2 zu Art. 65.

(198) Bettermann, a. a. O., ZZP. Bd. 90 (Anm. (46)) S. 129.

(199) 行政訴訟の通常訴訟参加において、訴訟の結果に利害関係を有するが、いまだ訴訟に関与していない者に対して、どのような手続によって、訴訟係属の事実が告知されるのか、ベッターマンは、あきらかにしていない。また、ドイツの行政訴訟理論のなかで、このことについて論じたものはみあたらない。

(200) Bettermann, a. a. O., ZZP. Bd. 90 (Anm. (46)) S. 130.

(201) Bettermann, a. a. O., DVBl. 1951 (Anm. (43)) S. 74. vgl., Konrad, a. a. O. (Anm. (83)), S. 481. Schoch=Schmidt-Aßmann=Pietzner=Bier, a. a. O. (Anm. (108)), Rdn. 16 zu Art. 65.

(202) Bettermann, Zur Frage der einheitlichen Schadensfeststellung und der Notwendigkeit, die daran Beteiligten beizuladen——Anmerkung zum Urteil des BVerwG vom 22. 9. 1966., MDR. (Monatsschrift für Deutsches Recht) 1967, S. 952.

(203) 参照、本文二五頁以下。

(204) Zum Beispiel : Schwab, a. a. O., ZZP. Bd. 77 (Anm. (108)), S. 124ff.

(205) Blomeyer, Rechtskrafterstreckung infolge zivilrechtlicher Abhängigkeit, ZZP. Bd. 75, S. 1ff. Ders., Zivilprozeßrecht (Anm. (108)), S. 503ff.

ブロマイヤーの理論は、かつてヘルヴィヒの唱えたところに依存している。判決の効力の拡張をふたつの類型にわけて論ずる立場は、ヘルヴィヒがはじめて行ったものであり、ひとつは、「訴訟上の考慮のみにもとづく判決の効力の拡張の場合」で——これは、ヘルヴィヒによれば、特異なケースであるとされているが——、ブロマイヤーの「訴訟上の理由による判決の効力の拡張」の類型に受け継がれている。もうひとつは、「第三者の民事法上の法律関係が当事者の法律関係に従属することにもとづく、判決の効力の拡張の場合」で、これは、ブロマイヤーの「民事法上の従属関係を理由とする判決の効力の拡張」の類型に受け継がれている。vgl., Hellwig, a. a. O. (Anm. (108)), S. 814ff.

また、おなじく、ヘルヴィヒの理論を出発点とし、(ブロマイヤーの理論を参考にしつつ) これを発展させたものとして、Bettermann, Die Vollstreckung des Zivilurteils in den Grenzen seiner Rechtskraft, 1949. があるようであるが、これを参照することはできなかった。

(206) 他人の権利について、自己の名で訴訟を追行しうる地位をいう。So : Thomas=Putzo=Reichold=Hüßtege (Anm. (16)), Rdn. 24 zu Art. 51.

(207) Blomeyer, Zivilprozeßrecht (Anm. (108)), S. 503.

(208) Blomeyer, Zivilprozeßrecht (Anm. (108)), S. 504.

(209) この事例については、シュヴァープの上げる例が、端的でわかりやすい。すなわち、債権者と主たる債務者のあいだで下された判決内容は、債権者が保証人に対して提起した後訴を、拘束するというものである。Schwab, a. a. O., ZZP Bd. 77 (Anm. (108)), S. 127.

(210) Blomeyer, a. a. O., ZZP. Bd. 75 (Anm. (205)), S. 9.

(211) このようなケースについて、シュヴァープが上げる例は、当事者のいっぽうの訴訟上の地位を、その権利の包括承継人が受け継ぐ場合である。Schwab, a. a. O., ZZP Bd. 77 (Anm. (108)), S. 128.

(212) Schwab, a. a. O., ZZP. Bd. 77 (Anm. (108)), S. 128.

(213) ブロマイヤーも、この場合、訴訟物がことなることは認識していたようだが、前訴の先決性が重要なのであるとして、それ以上、訴訟物の同一性という見地からの考察は行っていない。Blomeyer, a. a. O., ZZP. Bd. 75 (Anm. (205)) S. 9.

(214) Schwab, a. a. O., ZZP. Bd. 77 (Anm. (108)), S. 128f.

(215) ニキシュは、このべつの効力を、判決の効力の拡張とせず、「反射効（Reflexwirkung）」と考えていたようである。Nikisch, a. a. O. (Anm. (108)), S. 433. なお、これについては、のちに詳述する。

(216) Schwab, a. a. O., ZZP. Bd. 77 (Anm. (108)), S. 129. なお、そこにおいて、シュヴァープが上げる具体例は、Aが、Bに対して、自己の土地所有権を確認する判決を勝ちとったときに、Aの包括承継人であるCが、それにもとづき、登記の抹消と土地の明渡しを求める訴訟を提起する場合である。この場合、前訴の判決は、C対Bの訴訟において、先決的な意味を有するとしている。

(217) たとえば、ローゼンベルク=シュヴァープ=ゴットヴァルトのテキストでは、判決の効力（Urteilswirkungen）として、①形式的確定力（formelle Rechtskraft）、②実質的確定力（materielle Rechtskraft）、③執行性（Vollstreckbarkeit）、④形成効（Gestaltungswirkung）、⑤構成要件効（Tatbestandswirkung）、⑥参加的効力（Interventionswirkung）、⑦先決的効力（Präjudizienwirkung）が、上げられている。Rosenberg=Schwab=Gottwald, a. a. O. (Anm. (16)), S. 908ff.

(218) ドイツ民事訴訟において、クットナーにより発展されたとされる「構成要件効」という難解な概念については、レント=ヤウエルニッヒの説明が、もっともわかりやすい。すなわち、とりわけ民法は、判決の存在に、さまざまな実体法上の効果を結びつけている。つまり、判決が、権利の生成、変更、消滅の構成要件要素となっているのである。このような場合の判決の効力を、「構成要件効」あるいは「反射効」もしくは「実体法上の副次効（Nebenwirkung）」とよぶというものである。Lent=Jauernig, a. a. O. (Anm. (108)), S. 193.

　シュヴァープは、このような構成要件効は、訴訟上の概念ではなく、実体法上の概念であるとして、訴訟上の概念である判決の第三者効とは、あきらかにことなるとしている。その例証として、主たる債務者が敗訴した場合、保証人は、その判決に拘束されることになるが、その場合は、第三者に対する判決の効力が問題なのであって、判決の存在を構成要件要素とする実体法規範の実効性が、問題となるわけではないということを上げている。Schwab, a. a. O., ZZP. Bd. 77 (Anm. (108)), S. 130f.

(219) Schwab, a. a. O., ZZP. Bd. 77 (Anm. (108)), S. 135. シュヴァープは、その例として、判決の効力の拡張と第三者効の関係について述べたゾイフェルトの説明を、とり上げている。その、シュヴァープが引用するゾイフェルトの見解とは、以下のとおりである。「三二五条一項は、判決は当事者のみに効力をもつことを、原則とするとはいっていない。むしろ、この規定は、実体法により、第三者の権利または義務もしくは責任が、当事者の権利・義務の存在、あるいは、不存在に関わっている場合には、判決によって定立された当事者の法律関係規範は、当事者のみならず第三者にとっても重要であるということを前提としているのである」というものである。vgl., Seuffert, a. a. O. (Anm. (108)), S. 504. (zu Art. 325)〔ゾイフェルトのコンメンタールは、一一版までゾイフェルトじしんが書き、一二版以降は、ヴァルスマンによって書きあらためられている。したがって、ゾイフェルトの最終の見解を知るには、一一版によるべきであるが、筆者は八版しか入手できなかったので、やむなく、これによっている。しかし、シュヴァープが一一版から引用している箇所は、八版の記述と、まったくおなじである。〕

シュヴァープは、ゾイフェルトのかかる見解では、判決の効力の拡張と判決の第三者効の区別が、はっきりとされているかは疑問であるとするだけで、それ以上の説明はしていない。筆者がこれを分析すると、のちに述べるように、ドイツ民事訴訟の理論では、三二五条以下の規定は、判決の効力の拡張の根拠条文と考えられており、それを第三者効の根拠としようとすることは、たしかに両者の混同があるとみられてもしかたがないと思われる。

(220) 参照、本章注(16)。

(221) Goldschmidt, a. a. O. (Anm. (108)), S. 178f. Rosenberg, a. a. O., 9 Aufl. (Anm. (108)), S. 667. Lent=Jauernig, a. a. O. (Anm. (108)), S. 182. usw.

(222) 訴訟的確定力理論の主唱者のひとりであるヘルヴィヒは、このような効力を「反射効」とよんでいる。ヘルヴィヒの説明によれば、当事者のあいだに、判決が定立した法律関係は、直接的あるいは間接的に、構成要件となり、それにより第三者の法律関係が影響をうけるとされている。Hellwig, a. a. O. (Anm. (108)), S. 803. この効力が、実体法上の効力であることはいうまでもない。

また、もうひとりの訴訟的確定力理論の主唱者であるニキシュも、これを、「反射効」としている。ニキシュの説明によれば、第三者にある種の判決の効力が及ぶのは、当事者間の法律関係に、第三者と当事者のいっぽうとの法律関係が、従属しているからであるとされている。Nikisch, a. a. O. (Anm. (108)), S. 432.

(223) この立場を厳しく批判するのは、ゴールドシュミット、ブロマイヤーである。すなわち、判決一般にこのような絶対的効力を認めるならば、形成判決のような効力を、給付判決や確認判決にも認めることになるし、また、民事訴訟法の判決の効力の拡張に関する規定が、意味を失うことになるというものである。Goldschmidt, a. a. O. (Anm. (108)), S. 179., Blomeyer, a. a. O., ZZP. Bd. 75 (Anm. (205)) S. 5.

シュヴァープは、このように、当事者間のみに生ずる判決の確定力を第三者に絶対的に及ぼすことを、「相対的判決の効力の絶対的妥当」と表現している。Schwab, a. a. O., ZZP. Bd. 77 (Anm. (108)) S. 133.

(224) ポーレは、民事判決の確定力が刑事法廷を拘束することはないとして、否定的な立場をとっている。Pohle, a. a. O. (Anm. (108)), S. 198.

(225) Bötticher, a. a. O. (Anm. (108)), S. 535f.

(226) Bötticher, a. a. O. (Anm. (108)), S. 537.

(227) Bötticher, a. a. O. (Anm. (108)), S. 537.

(228) Bötticher, a. a. O. (Anm. (108)), S. 538. このような、民事判決を、国を代表する決定とみる見かたも、「おなじものは、ふたたび争われることはない」という原則から、導きだされるものである。Ibid., S. 512.

(229) Urteil des OLG (Oberlandesgericht) Stuttgart vom 11. 3. 1960, NJW. 1960, S. 2204ff. 本件は、一子の母親が、その子の懐胎時に性的交渉のあった男性に対して、扶養費の支払いを求める民事訴訟を提起したところ、区裁判所（Amtsgericht）は、当時、母親は複数の男性と関係があったことを理由に、請求を棄却する判決を下し、原告側が、控訴期間を徒過したので、判決は確定した。しかし、その後、この男性に対して、その子についての父性の確認を求める訴えが提起され、ラント裁判所は、この男性がその子のとうぜんの父親であるという判決を下した。このラント裁判所の判決をうけて、父親であることが確認されたにもかかわらず、その子に対する扶養義務を怠ることについて、その男性は刑事訴追され、区裁判所は、刑法一七〇条b違反の有罪判決を下した。

そこで、被告側から、この有罪判決は、扶養義務を否定した民事判決の確定力を無視するものであるとして、控訴されたが、シュットガルト高等ラント裁判所は、扶養請求を棄却する判決の確定力は、刑事法廷の裁判官が、扶養義務を肯定し、それにより刑事責任を認めることを妨げないと判示した。

(230) 刑法（Strafgesetzbuch vom 15. 5. 1871, BGBl. I 945, S. 1160）一七〇条bでは、「法律上の扶養義務を怠り、扶養を受ける権利を有する者の生計を危うくさせ、または、他人の扶助がなければ危うくなるようにした者は、三年以下の自由刑もしくは罰金に処する」と規定されている。

(231) Schwab, a. a. O., NJW. 1960 (Anm. (108)), S. 2173.

(232) Schwab, a. a. O., ZZP. Bd. 77 (Anm. (108)), S. 137.

(233) Schwab, a. a. O., NJW. 1960 (Anm. (108)), S. 2171.

(234) Schwab, a. a. O., NJW. 1960 (Anm. (108)), S. 2171.

(235) Bötticher, a. a. O. (Anm. (108)), S. 536. Schwab, a. a. O., ZZP. Bd. 77 (Anm. (108)), S. 141.

(236) Schwab, a. a. O., ZZP. Bd. 77 (Anm. (108)), S. 143.

(237) 民事訴訟法（ZPO）三二五条、七二七条による。同七二七条一項は、「執行力ある正本は、判決に表示された債務者の承継人、および、三二五条により判決の効力をうける係争物件の占有者に対して、付与することができる。ただし、承継関係、または、占有関係が裁判所に顕著な場合、もしくは、公の証書、または、公の認証ある証書による証明がある場合にかぎられる」と規定している。

(238) 民法（BGB）九三一条は、「第三者が現に占有する物については、所有者が、その物を取得した者に、その物についての引渡請求権を譲渡することにより、所有者から取得者への引渡しがあったものとみなす」と規定している。

(239) Schwab, a. a. O., ZZP. Bd. 77 (Anm. (108)), S. 142f.

(240) Schwab, a. a. O., ZZP. Bd. 77 (Anm. (108)), S. 143.

(241) Schwab, a. a. O., ZZP. Bd. 77 (Anm. (108)), S. 143. シュヴァープは、さらに、両者の区別をより鮮明にさせるものとして、以下のような例を上げている。Aは、Bに対して、ある土地の所有権の確認を求める訴えを提起し勝訴した。第三者であるCが、当該土地の所有権は自分にあることの請求をすることは、妨げられない。なぜならば、この場合、判決の効力の拡張は存在しないからである。いっぽう、Cは、Aが所有者ではなく、Bが所有者であるという主張をすることはできない。というのは、Cも、前訴の当事者のあいだに下された判決の権威性を、尊重しなければならないからである。

(242) Schwab, a. a. O., ZZP. Bd. 77 (Anm. (108)), S. 142.

(243) すでにみたように、民事訴訟において、判決の効力の拡張は、当事者の法的地位を承継する者にもおよぶという関係を基本とするもの――民事訴訟法（ZPO）三二五条以下――であるが、行政裁判所法（VwGO）では、一二一条一号が、これについて規定しており、「関係人および権利の承継人」を、判決は、訴訟物について判断した範囲で拘束するとしている。

(244) 参照、本章注(206)。

(245) したがって、ビールは、この場合、第三者が必然的に裁判所の判決の名あて人になるとしている。Schoch=Schmidt-Aßmann=Pietzner=Bier, a. a. O. (Anm. (108)), Rdn. 19 zu Art. 65.

(246) ドイツの行政訴訟理論のなかで、このことを鋭く指摘するものとして、ビールの見解がある。すなわち、判決の効力の拡張は、訴訟参加の結果としてはじめて生ずるものではなく、立法者意思においても、訴訟参加とは無関係に生ずるとされていたものである。六五条二項（必要的訴訟参加）は、本質的に、訴訟において、第三者に、自己の利益を保障するという目的を実現するためのものである、というものである。Schoch=Schmidt-Aßmann=Pietzner=Bier, a. a. O. (Anm. (108)), Rdn. 27 zu Art. 65.

第五節　必要的訴訟参加の事例分析と判例理論

それでは、これまで検討してきた訴訟理論を、具体的事例のなかで、さらに、分析してみよう。その場合の分析の視点が、まず、問題となるが、これまでの本稿の考察でもふれてきたように、必要的訴訟参加が認められる基本的な関係として上げられていたのは、二重効果的行政処分によって形成された法律関係をベースにするものであった。したがって、なによりも、まず、この二重効果的行政処分に関する判例を検討すべきであろうが、その前提として、ドイツの行政法理論において発展してきた二重効果的行政行為の理論を、いちおう、確認しておこう。そのうえで、つぎに、二重効果的行政処分によって形成される法律関係とは、具体的にどのようなものであるのかを、判例の事例をとおして見ていこう。そして、そこに展開される判例理論を、こまかく分析してみよう。

それから、もうひとつ、筆者が関心をもっているのは、ドイツの必要的訴訟参加の理論のもとで、行政処分の取消しを求める原告のがわへも、訴訟参加することがありうるのか、という問題である――わが国の行政訴訟理論では、第三者の訴訟参加は、つねに、被告行政庁のがわにおいてのみ認められている[247]――。これについても、判例をつうじて、確かめてみよう。[248]

第一項　二重効果的行政処分と必要的訴訟参加

(a)　「二重効果的行政行為」の理論

一　第二次世界大戦後にドイツにおいて発展してきた「二重効果的行政行為」の理論は、ラウビンガーが、それまでの二重効果的行政行為に関する判例や議論を体系的に整理することによって、その本質とこれをめぐる法律関係を解明したとされているので[249]、ここでは、そのラウビンガーの理論[250]を土台にして、分析をすすめていくことにしよう。

ラウビンガーの定義によれば、二重効果的行政行為とは、「ひとつの行政行為が、ふたり以上の利害関係人をもち、いっぽうのがわには利益を与え、他方のがわには不利益を与えるようなもの」とされている[251]。そして、これについては、さらに、本質的な説明がくわえられており、この場合の利益は、他人に不利益を与えることなしには、考えられないものであり、また、この場合の不利益は、他人に利益が与えられることなしには、考えられないものであるとされている。[252]

二　ドイツにおいて、まず、訴訟のレベルで二重効果的行政行為が問題となったのは、「公法上の隣人訴訟（öffentliche Nachbarklage)」というかたちにおいてであり、建築法の分野における事例についてであった。[253] この場合の基本となる事例は、建築主に対して与えられた建築許可処分を、近隣者が争うケースである。[254]

このような隣人訴訟の構造――単純な三角関係であるが――を、いちおう分析しておくと、つぎのようになる。建築許可処分をめぐる法律関係については、建築許可行政庁、建築主、隣人の三主体が考えられるが、実質的な紛争の根は、建築主と隣人のあいだにある。しかし、建築主と隣人によって争われる訴訟は、民事訴訟であり、その限りでは、行政訴訟の視野に入ってこない。建築許可行政庁のした処分を争うという契機が加わってはじめて、それは、行政訴訟のレベルで争われることになるのである。いってみれば、実質的紛争のいっぽうの当事者である隣人が、紛争の形式的な当事者である行政庁を相手に争うことにより、訴訟外にある建築主との実質的紛争の解決を図るということが、この隣人訴訟という形式により、行われるのである。

しかし、この場合には、実質的紛争のいっぽうの当事者である建築主が、訴訟からはずれるというところに、このような訴訟形式をとることとの、紛争解決上の問題点――手続上の問題点――があるのであり、そして、そこに、その者の訴訟参加が必要的とされる理論がうまれる下地があるともいえよう。

三　そこで、以下、ラウビンガーによって整理された二重効果的行政行為のいくつかの類型――①建築法における、②競願関係における、③私法形成関係における二重効果的行政行為――のそれぞれについて、必要的訴訟参加が問題とされた判例をひろって、理論的にくわしく分析していこう。

ただ、個々の類型ごとの分析に入るまえに、二重効果的行政処分の取消訴訟における必要的訴訟参加の一般論をといたものとして、連邦行政裁判所一九六四年三月一〇日判決の論理を見ておこう。この判例が、判例理論において、二重効果的行政処分の取消訴訟で、行政処分に利害関係を有する者の訴訟参加が必要的となる論理を一般的にといたものとして、先例的地位を築いている。この判決は、それ以前に下級審を中心に形成されつつあった、第三者に直接に判決の効力が及ぶ場合は、第三者の訴訟参加が必要的となるという立場(255)を認め、これを論理的に解明したという意味あいをもっている。この判決のなかで展開されている論理は、その後の判例理論を支配するものであり、われわれの考察にとっても、きわめて示唆にとむものであり、出発点にもなるものであるので、判決文を段落に区切って、ひとつずつ、くわしく分析してみよう。

(b)　連邦行政裁判所一九六四年三月一〇日判決

一　〔事例①〕　連邦行政裁判所一九六四年三月一〇日判決(256)

（本件は、行政裁判所所長にK博士を任命する辞令の取消しを求めて、それまで裁判所所長であった原告が提起した訴訟に、K博士を訴訟参加させることが必要的かどうかが、争われたものである(257)）

「行政裁判手続では、……第三者が訴訟参加することにより、判決が、第三者に対しても、合一的に確定しうる場合にのみ、第三者を訴訟参加させることが必要的となる（行政裁判所法（VwGO）六五条二項）。裁判所の判決が、訴訟当事者および第三者に対して、合一的にのみ確定しうるかどうかは、個々の場合に、適用される実体法によって定まる。」

判決は、出だしにおいて、論理的大前提として、必要的訴訟参加の基礎となる「合一的確定」については、実体法によって定まるということを確認している。しかし、この場合、「適用される実体法」というのは、訴訟の対象たる行政処分そのもののうちに具現されているといってよい(258)。そのことは、この段落が、二重効果的行政処分において「合一的確定」が要請されることについて述べているつぎの段落の前提となっていることからも、あきらかである。

「個人と行政庁のあいだで、当事者に利益を与えると同時に、第三者に不利益を与えるような行政処分、あるいは、そのぎゃくに、当事者に不利益を与えると同時に、第三者に利益を与えるような行政処分に関する争いが存するようなケースが、必要的訴訟参加の典型的なものである。第三者が関係する法律関係の確認が求められる場合も、同様である。実体法上の理由から、判決が、合一的にのみ確定しうるように、複数の者が、共同して、原告のがわ、もしくは、被告のがわに立つ場合も、訴訟参加が必要的となりうる。」

この段落では、二重効果的行政処分を、端的に定義したうえで、それが、必要的訴訟参加が認められる典型的な場合であるとしている。(259)「実体法上の理由から、判決が、合一的にのみ確定しうるように、複数の者が、共同して」という概念は、これまでのドイツの訴訟理論の考察においてみたごとく、必要的共同訴訟の理論につながるものであり、必要的訴訟参加の基礎に必要的共同訴訟の理論があるということ、もしくは、必要的共同訴訟と必要的訴訟参加をパラレルにみるということを前提にしているようである。

ただ、ここで、すこし注意しておきたいのは、「複数の者が、共同して、原告のがわ……に立つ場合も、訴訟参加が必要的となりうる」としている部分である。これによれば、取消訴訟の必要的訴訟参加においても、原告のがわに訴訟参加することが可能であるということを述べたようなニュアンスにも読みとれる。

なお、この関連で述べられている「第三者が関係する法律関係の確認が求められる場合」については、のちに考察する。

二　「そのような場合に要求される必要的訴訟参加の措置が怠られる場合は、さまざまな法律効果が生じうる。たとえば、原告が、自己に不利益を与え、第三者に利益を与える行政行為を争い、裁判所が、訴えどおり、行政行為を取り消す場合は、一般的見解によれば、手続に関係しない第三者には、判決の効力はおよばないし、そのけっか、必然的に、当事者のあいだにもおよばないことになる。なぜならば、同一の行政行為が、訴訟当事者との関係では取り消され、第三者との関係では、取り消されずに残るということはありえないからである。この場合、第三者を手続に関係させることが必要的であるということの根拠は、まさに、取消判決の形成効にあるのである。」

この段落でいわれている「一般的見解によれば、手続に関係しない第三者には、判決の効力はおよばない」というのは、いうまでもなく、民事訴訟法（ZPO）三二二条および行政裁判所法（VwGO）一二一条の、判決の効力は訴訟当事者のみにおよぶという一般原則である。問題は、この段落の後半部分である。一見、ことばたらずで、わかりにくい説明であるが、うしろから逆行して読むとわかりやすい。すなわち、取消判決には、とにかく、形成効があるので、訴訟手続には関与しないが、行政行為に利害関係を有する第三者にも、取消しの効力はおよぶ。しかし、このことは、右の一般原則にあきらかに反するわけで、そのようなことを認めることはできず、したがって、「そのけっか、必然的に、当事者のあいだにも（判決の効力は）およばない」とせざるをえないという論理である。

しかし、この論理は、意識的にか、あるいは、無意識にか、判決の効力の拡張と必要的訴訟参加の関係について、本質的な鋭い指摘――ドイツ行政訴訟理論の、「第三者に判決の効力をおよぼすために、第三者の訴訟参加が必要的となる」という、なんとか、行政裁判所法（VwGO）一二一条に整合させようと試みる説明の論理矛盾の指摘――をするものである。ここで指摘されたところが、この判例以後の判例のなかで、どのように解明されていくのかも、このあとの判例分析で、注意ぶかくみていこう。

「裁判所が、被告行政庁に、原告に利益を与えると同時に、第三者に不利益を与えるような行政処分を行うことを義務づける場合に、もし、第三者が手続に参加させられず、のちに、みずからのがわにおいて、自己に不利益を与える行政行為を争うというのであれば、原判決に従って、行政庁は、いずれにせよ、原訴訟の原告に利益を与える行政行為を行うように義務づけられるので、それによって生ずる困難な法律効果に、第三者は直面しなければならないのである。

そのことからも、事情によっては――個々の事件の法律関係により――、必要的訴訟参加人の訴訟参加なしには、判決は効力をもたないはずであるという見解も生じうるであろう――手続に参加していない第三者に法的不利益をもたらすような法律関係の存在を、裁判所が確認するような場合にも、同様のことがいえる――。」

この段落では、義務づけ訴訟および確認訴訟と必要的訴訟参加の関係が論じられている。義務づけ訴訟については、たしかに、ここで述べられているように、二重効果的行政処分を行うことを行政庁に義務づける訴えが認容された場合は、その処分により不利益をうける第三者は、あらためて、当該処分の取消訴訟を提起しなければならないという不利益はうけることになるであろう。しかし、それによって、「訴訟の結果により、法律上の利益を害される」という通常訴訟参加の要件はみたされても、訴訟の結果が、「合一的にのみ確定すべき場合」となるのかは、この説明では十分でない。

義務づけ訴訟と必要的訴訟参加の関係については、べつの事例のなかで検討する。また、第三者に不利益をもたらすような法律関係の存在の確認訴訟についての説明も、これだけでは、なお不十分である。これについても、べつの事例のなかで検討する。

三　「要求される必要的訴訟参加がなされないまま下された判決が、効力をもつかもたないかという問題については、そのつど、さまざまな答えがなされうるであろうが、必要的訴訟参加人を訴訟参加させないのであれば、いかなる場合においても、判決は、訴訟参加しない第三者には、形式的確定力も実質的確定力も及ぼせないのである。なぜなら、それらは、争訟手続に関係する者にのみ結びつけられているからである（同法（VwGO）一二一条）。そうであるならば、第三者は、それまでの訴訟関係人のあいだで、すでに確定した問題について、あらためて裁判所の審査を求め、ことなった決定を得ることもできることになる。しかし、そのような解決は、早期に法的安定性を確保しようとする訴訟経済の原則やすべての争訟手続の意味に反するであろう。そのような解決は、係争法律関係に関わる関係人の利益にも、公益にもこたえていない。」

この段落では、あらためて、必要的訴訟参加が認められる場合に、訴訟参加させられなかった第三者にも判決の効力がおよぶかどうかが、行政裁判所法（VwGO）一二一条までさかのぼって論じられており、同条は、いわゆる第三者効を否定する趣旨であることが、ここで確認されているようである。そのけっか、第三者は、当事者間の争いの対象となったのと同一の訴訟物について、確定した裁判所の判断とはべつの判断を求めて、あらためて出訴することができることになる。ただ、それでは、法的安定性や訴訟経済の要請に反することになるというのが、判決の理屈である。

ただ、ここで、ひとつ、注意しておかなければならないのは、この段落における論理には、まえの段落で、裁判所じしんが認めた、取消判決には形成効もあるということが、忘れさられているということである。

「以上検討した理由から、行政裁判所法（VwGO）六五条二項により、ここで述べたような場合には、裁判所は、第三者に訴訟参加をさせざるをえない。そして、それは、手続のあいだに、すなわち、判決が通常はまだ確定しておらず、手続の帰すうがなおはっきりしないときまでに、しなければならないのである。したがって、第三者を訴訟参加させることが必要的であるのかどうかという問題は——最初から、訴えが棄却されることがあきらかな場合はべつにして——、その手続の終局判決がどのような内容をもつのか、この（具体的な）判決が、第三者に対しても合一的にのみ確定しうるのかということとは、無関係である。訴訟参加が必要的であるということは、むしろ、訴えの趣旨——理由があるものと仮定して——からみて、判決が第三者に対しても合一的にのみ確定しうるという場合において、すでに存在しているのである。ただ、ここで重要なのは、訴えの趣旨の実体法的内容であって、訴えの形式は、問題にならない。」

この段落では、結論として、本件では必要的訴訟参加が認められるとされているのであるが、その要件が充足されているかどうかは、（六五条二項で、「訴訟の結果が、……第三者についても合一的にのみ確定すべき場合」とされているにもかかわらず）訴えの趣旨の実体的内容によって決せられるという、興味ぶかい指摘がなされていることである。たしかに、訴訟参加は、訴訟の途中の段階で行われるわけで、ふつうに考えれば、訴訟の結果は予測がつかないわけである。したがって、現実的にも、理論的にも、訴訟参加の可否は、その事件をめぐる基本的法律関係と、訴えの趣旨から判断するしかないわけである。つまり、当該処分に関わる実体的法律関係から、訴訟参加が必要的であるかどうかが決まるという、まことに妥当な論理が展開されているといえよう。

なお、最後に、「訴えの形式は、問題にならない」といっているのは、義務づけ訴訟や第三者に不利益をもたらすような法律関係の存在の確認訴訟についても、同様のことがいえるというのであろうが、これについては、べつの事例で検討する。

四　「（いま述べた）必要的訴訟参加の規制の基礎となる考慮は、事実審におけると同様に、上告審においても妥当する。したがって、必要的訴訟参加人の訴訟参加がなければ裁判をつづけることができないという要請は、上告審にもむけられる（行政裁判所法（VwGO）一四一条[260]、および、一二五条一項[261]、六五条二項）。しかし、上告審みずからが、控訴審で必要的訴訟参加の措置が怠られたことを、追完することはできない（同法（VwGO）一四二条[262]）。そこで、控訴審の判決を取り消して、控訴審に追完させるために事案を差し戻すことにする。このことは、上告理由として、必要的訴訟参加の措置が怠られたことを主張していなくても、あるいは、（本件のごとく）上告趣意書提出期間経過後にはじめて、そのことが主張された場合も同様である。ゆえに、上告審は、法的に異論の余地なく上告のための手続要件がみたされているかを、職権で審査する権限を有しているといえるのである。そのなかに、必要的訴訟参加人が訴訟参加しているかどうかということがふくまれるのである。そのかぎりで、控訴審の判決の争点に、必要的訴訟参加の措置が怠られたということが含まれていたかどうかは、問題にならない。」

この段落で問題にされているのは、純粋に手続上の問題であって、上告のなかに、必要的訴訟参加が、争点としてとり上げられていない場合も、上告審は、職権で、控訴審の手続違背として、必要的訴訟参加に対する措置がとられなかったことを理由に、判決を破棄し事案を控訴審に差し戻すことができるかということである。これについては、連邦行政裁判所の以前の判例[263]で、すでに、肯定する方向で決着している。

五　以上の一般論をふまえて、最後の段落では、本件の具体的事実関係にそくした検討が行われている。

「本件において、行政裁判所所長K博士の訴訟参加が必要的であるということは、諸般の事情を考慮して認められる。訴えを認容する判決は、K博士、原告、および被告に対して、合一的にのみ下されうるというかぎりで、K博士は、訴訟に参加するのである。なぜなら、T裁判所支部長であるK博士を、K行政裁判所所長に任命した、被告の任命辞令が取り消されることになれば、行政裁判所所長としてのK博士の法的地位は、くつがえされることになるからである。……法的にいえば、認容判決が下されれば、同時に、K博士の地位が侵害されるのである。K博士が、一九五七年一一月七日の辞令で、特別の要件のもとでのみ認められる法的地位を獲得しており、（被告主張のごとく）原告の請求を完全に認めることができるかどうかは、判決にとって重要な実体法上の問題であるが、それは、必要的訴訟参加にとっては、なんの意味ももたない。というのは、（前述のごとく）必要的訴訟参加は、手続法上の問題であるからである。」

けっきょく、本件では、K博士を行政裁判所所長に任命する辞令が争われているわけであるが、この辞令（処分）は、いっぽうで、それまで行政裁判所所長であった原告の地位を奪うという効果をもつので、二重効果的行政処分であると認定されている[264]。その二重効果的行政処分の取消訴訟においては、処分によって利益をうける者の訴訟参加が問題となる。なぜなら、その処分の取消しの訴えが認容される判決によって、法的地位がくつがえされるからである。本判決の論理では、そのことと判決が合一的にのみ下されるということが一体となっている。つまり、ようするに、原告がここで争っているのは、まさにK博士の法的地位なのであって、だとすれば、とうぜん、「訴えを認容する判決は、K博士、原告、および被告に対して、合一的にのみ確定し」なければならないという論理であり、これが、そののちの二重効果的行政処分に関する判例の基本論理となっているのである。

最後に、この判決では、けっきょく、被告行政庁のがわに必要的訴訟参加が認められたということに、注意しておこう。

六　なお、この判決でなんどか指摘されていた、義務づけ訴訟という訴訟形式のなかでの必要的訴訟参加の考え方については、つぎの判決のなかに、基本的な判例理論がつくされている。

〔事例②〕　連邦行政裁判所一九七六年五月二一日判決(265)

（道路の建設にさいして、被告ラント行政庁に、道路建設主体として防音施設を設置せしめることを義務づけることを求める訴訟に、道路建設主体を訴訟参加させることが、必要的かどうかが争われた事例(266)）

「原告は、義務づけ訴訟によって、被告に、同市の沿道の地所に侵入する騒音を削減する施設の設置を命ずることを義務づける判決を求めるものである。ところで、そのような防音施設の設置は、原告の請求に実体的に理由がある場合は、連邦遠距離道路法（FStrG）一七条四項(267)により、計画確定決定のなかで、道路建設主体に義務づけることが明記されなければならないものである。当該計画道路の建設主体は、同法（GG）五条一項(268)によれば、連邦であるが、いっぽう、計画確定行政庁は、同法（FStrG）二二条四項(269)、基本法（GG）九〇条二項(270)、道路建設行政庁に関するヘッセン州経済交通大臣令一九六八年五月一五日によれば、被告ラントの行政庁である。したがって、防音施設の設置をめぐる行政法上の争いには、計画確定行政庁の主体として、被告ラントが、道路建設主体（および潜在的な負担義務者）として、連邦が、ならびに、原告が（潜在的な負担受益者として）、くわわるのである。その場合、原告が負担を勝ちとることによって得られる利益は、連邦の負担に対応する。というのは、原告の請求を認め、そのような措置をとるよう命ずることを義務づける判決は、直接、道路建設主体の法的地位に負担的に働く効果をもつからである。そのかぎりで、それは、行政裁判所法（VwGO）六五条二項の必要的訴訟参加の典型的な場合となる。連邦が、当事者間で争われている権利関係に、第三者として訴訟参加することにより、判決は、連邦に対しても、合一的にのみ確定しうる。したがって、連邦が訴訟参加することは、必要的である。連邦の訴訟参加がなければ、連邦に直接に関わる訴訟物について、判決を下すことは許されないのである。」

この判決の基礎となっている法律関係は、それを行うことの義務づけが求められている防音装置の設置を命ずる決定をめぐるものであり、設置を命じられる者（負担義務者）の必要的訴訟参加が問題となっている。かりに、義務づけが認容されれば、設置を命ずる決定がただちに下されることになり、その者は、直接に負担をおうことになる。この関係は、名あて人に利益を与えた行政処分の取消しが、とつぜん第三者により求められ、それが認容されれば、処分の名あて人が利益を失うというものと、裏表ではあるが、相等しいといえよう。[271]なぜならば、連邦行政裁判所の論理でいえば、訴訟参加しない者には形式的確定力も実質的確定力もおよばないので、これらの者を訴訟参加させなければ、そのような取消判決も、義務づけ判決も、意味をもたなく――効力をもたなく――なるということでは、共通するからである。その意味では、連邦行政裁判所の判例理論で、必要的訴訟参加について、取消訴訟にも義務づけ訴訟にも、まったくおなじ論理が通用すると考えられていることは、いちおう是認できる。[272]

ただ、おなじ義務づけ訴訟であっても、原告のがわに利益を与えるような行政処分の義務づけを求める場合――本件では、被告のがわに不利益を与える行政処分の義務づけが求められた――では、べつの論理が妥当するようであるが、この事例は、あとで検討する――〔事例⑤〕および〔事例⑥〕――。

なお、本事例では、けっきょく、被告行政庁のがわに必要的訴訟参加が認められたということに、注意しておこう。

七　また、おなじく、判決でなんどか指摘されていた、法律関係を確認する訴訟という訴訟形式のなかでの必要的訴訟参加の考え方については、つぎの判例に、基本的判例理論がつくされている。

〔事例③〕　連邦行政裁判所一九八八年三月一五日判決[273]

（原告が、地区煙突掃除マイスターとしての地位の確認を求める訴訟で、そのことに利害関係を有する者の承継人（息子）の必要的訴訟参加が問題とされた事例[274]）

「行政裁判所法（VwGO）六五条二項によれば、第三者が訴訟参加することにより、判決が、第三者に対しても、合一的に確定しうる場合にのみ、第三者を訴訟参加させることが必要的となるとされている。O郡で『煙突掃除実施権を有する者』は、この意味において、原告が求めている確定の対象となる法律関係に、関与するのである。本件では、原告に対して、いわゆる『煙突掃除実施権』を、他の掃除区域におけると同様に扱うという被告ラントの義務、いいかえれば、名目上の掃除実施権は、存在しないものとみなさなければならない被告の義務が確認されるのであるから、確認訴訟の対象は、そのまま、『煙突掃除実施権を有する者』の法律関係でもある。上告審の審理において提出された土地台帳抄本から、訴訟参加人第三三号については、当初、第一審行政裁判所も『煙突掃除実施権を有する者』として訴訟参加を認めていたが、一九八六年四月九日より、ただの用益者となり、その息子のみが『煙突掃除実施権を有する者』となったことが認められる。この権利の譲渡を、第一審行政裁判所は把握しておらず、そのため、あたらしい『煙突掃除実施権を有する者』に対する必要的訴訟参加の措置をとらなかった。息子Jは、訴訟参加人第三三号の権利の承継人（同法（VwGO）一二一条、民事訴訟法（ZPO）三二五条一項）として、訴訟参加しなくても、判決の確定力に服するという関係にあることを考えると、息子Jの訴訟参加は、必要的であるといえる。必要的訴訟参加は、判決の効力の拡張のみを目的とするものではなく、むしろ、第三者に、裁判手続において陳述し、みずからの利益を防御する機会を与えることを目的とする[275]。かかる見解は、当法廷の一九八四年九月七日の判決[276]と一致する。当該判決では、以下のことが示唆されている。すなわち、権利の承継人の訴訟参加は、判決が下されると同時に、直接にその者の権利ないし法律関係が侵害される場合に、必要的となるということである。」

本判決では、第三者が利害関係を有する法律関係の確認においても、基本的に、二重効果的行政処分の取消訴訟における必要的訴訟参加の論理が、そのまま妥当することが言明されている。その論理によれば、法律関係の確認訴訟においても、対象となる法律関係から、訴訟参加していなくても判決の確定力に服する関係にある者は、訴訟参加させることが必要的であるということである。(277)

この論理の基礎にある、あるいは、延長線上にある考え方として、「必要的訴訟参加は、判決の効力の拡張のみを目的とするものではなく、むしろ、第三者に、裁判手続において陳述し、みずからの利益を防御する機会を与えることを目的とする」と述べられていることが注目される。これは、本稿で、前節までに達した推測――「訴訟参加が必要的となるのは、判決の効力の拡張に関連するのではなく、利益防御機会の供与といったべつの訴訟政策的要請によるのではないか」――の裏づけになるものであるが、これについては、本節の最後の判例理論の分析のなかで、あらためて、くわしく論ずる。

なお、本事例では、けっきょく、被告行政庁のがわに必要的訴訟参加が認められたということに、注意しておこう。

(c) 建築法、公害防止法上の隣人訴訟と必要的訴訟参加

一　これまで、なんども指摘したように、ドイツの行政法理論で、二重効果的行政処分の典型的事例とされるのは、ある者に対する建築許可処分で、建築により隣人が不利益をうけるケースである。(278)

この場合には、隣人が、建築許可処分の取消訴訟を提起し――このような隣人訴訟は、ドイツではひろく認められている(279)――、建築許可処分の名あて人が、必要的訴訟参加人となるという関係にたつが、このような、いわば基本型で訴訟参加が必要的であることについては、ドイツでは、以前から、なんの疑問ももたれていない。

二　その隣人訴訟における必要的訴訟参加の判例を見ていくまえに、ここで、すこし、その基礎となっている建築法上の二重効果的行政処分をめぐる法律関係についての、ラウビンガーの分析を見ておこう。この、ひとつの行

政処分が、いっぽうのがわの者に利益を与え、同時に、他方のがわの者に不利益を与えるということが、二重効果的行政処分であるための要件であることは、すでに述べたとおりであるが、ラウビンガーは、それぞれの側面からの分析を行っている。

すなわち、建築主のがわに利益を与えるという建築許可処分の側面の分析では、概念的に、建築許可とは、意図された建築が現行法に違反していないということを、公権的に宣言するものであって、建築主に、建築しうる権利のようなものを与えるものではないということが、まず、強調されている[280]。そして、ただ、行政は、建築許可をすることにより、建築主に、事実上どこまで建築権を行使することができるか、その限界を画するのであり、そのかぎりで、行政は、建築主に、法的な意味における利益を与えるのであるとしている[281]。

また、隣人のがわに不利益を与えるという建築許可処分の側面の分析では、ラウビンガーは、場合をわけて論じている。すなわち、それは、①一般的な建築禁止状態の解除（Dispens）という内容をともなうものでも、例外（Ausnahme）として認められるものでもなく、たんに建築主に建築しうるという権利を与える処分による場合、②一般的な建築禁止状態の解除という内容をともなう処分による場合、③例外として認められる処分による場合、の三つである[282]。

①の処分[283]については、隣人に不利益を与える処分とはいえないので、二重効果的行政処分ではないとしている。なぜなら、この場合、隣人の保護規範が存在していないので、隣人の権利を侵害するということはありえないからである[284]。

②の処分[285]については、隣人の権利を侵害する処分であるので、二重効果的行政処分といえるとしている。この場合の一般的な禁止状態の解除（Dispens）というのは、ラウビンガーによれば、つぎのように説明されている。すなわち、それは、特定の法規を遵守する義務から、国民を解放するものであり、その特定の法規とは、隣人の個人的

利益の保護を目的とするものにほかならないというものである。[286]

③の処分[287]については、ふたつの角度からの考察が必要であるとしている。ひとつは、例外を認めている根拠規定が、強行規定であるのかということであり、もうひとつは、その根拠規定が、隣人の個人的利益を保護しているのかということである。このふたつのことが肯定されるときに、その例外として認められた建築許可処分は、とうぜん、隣人の権利を侵害する処分であるので、二重効果的行政処分といえるということになる。その最初の問題に対しては、例外として認められることについて特別の要件が規定されているときに、その根拠規定は、強行規定といえるとしている。また、二番めの問題に対しては、根拠規定の目的とするところが、なにであるのかを、個々の場合に慎重に検討する必要があるとしている。[288]

ラウビンガーの右の考察の基礎となっている法律関係は、いずれにしても、建築主のがわに利益を与えるような建築許可処分をもとにしている。ただ、そのような、建築主に利益を与え、いっぽうで、隣人に不利益を与える行政処分の取消しを、隣人が求め、それに建築主が訴訟参加を申し立てるという、いわば基本型の判例は、ドイツで、とくに見あたらないようである。これは、察するに、〔事例①〕でみたように、ドイツでは、そのように典型的な二重効果的行政処分の取消訴訟に、処分により利益をうける者の訴訟参加が必要的であることは、ひさしい以前から、一般的に認められてきており、とくに、このことについて争う事例もないのであろうと思われる。

三　ただ、ぎゃくの二重効果的行政行為——建築をする者に負担を課し、隣人に利益を与えるような行政処分——の取消訴訟における必要的訴訟参加の判例は、存在しているので、これを基本としよう。つぎの判例は、その代表的なもので、学説・判例で、しばしば引用されている。

〔事例④〕　連邦行政裁判所一九七三年一一月三〇日判決[289]

（河川航路拡張工事の計画確定決定のなかの、川岸地所有者に補償すべきことを、事業者に義務づける規定の取消し

を、事業者が求めた事例[290]

「原告が争う負担は、いっぽうで、計画確定決定において確定された拡張工事の事業者としての原告に、義務づけられるもので、他方で、この決定のなかで『ライン川岸地所有者』と総称される者らに、利益を与えるものである。したがって、そのかぎりで、行政裁判所法（VwGO）六五条二項の必要的訴訟参加が認められる典型的な例である。原告の不利益に、土地所有者らの利益が対応するので、この負担に対する判決が、土地所有者らについても合一的にのみ確定しうるように、土地所有者らを、当事者のあいだで争われている法律関係に、第三者として、関与させなければならないのである。つまり、それは、これらの者の訴訟参加が必要的であるということであり、これらの者の関与がなければ、訴訟物に対して決定を下すことができないのである。」

ここでの論理は、あきらかに、〔事例①〕の論理が、そのまま踏襲されているが、これを、もうすこし、事実・法律関係にそくして分析してみよう。この計画のなかの規定によれば、建築主が建築予定施設の隣人に補償を与えるということが、隣人の利益となり、建築主の不利益となるわけで、ひとつの行為が、いっぽうのがわの者に利益を与え、同時に、他方のがわの者に不利益を与える——実体的には、補償請求権と補償義務という表裏の関係——という二重効果的行政処分であるための要件は、たしかに、みたされている。そして、その行為により不利益をうけるがわの者が、その行為の取消しを求める訴えを提起し、その行為により利益をうけるがわの者が、訴訟参加するという関係は、〔事例①〕のとおりである。すなわち、それは、原告の請求が認容され、補償規定が取り消されれば、ただちに補償請求権が失われるというものであって、とうぜん、原告と隣人とのあいだの関係では、合一的にのみ確定しなければならないものである。[291]

その意味で、本判決でいわれているように、これらの者の訴訟参加が必要的であるという結論は是認しうる。

なお、この事例では、けっきょく、被告行政庁のがわに必要的訴訟参加が認められたということに、注意しておこう。

四　建築法上の二重効果的行政行為をめぐるべつのシチュエーションでは、必要的訴訟参加は否定されている。ひとつには、建築主が、自己に利益を与える行政処分が行われることを義務づけることを求める訴訟を提起した場合に、その行政処分により不利益をうける隣人が、訴訟参加を申し立てたケースがある。

〔事例⑤〕マンハイム高等行政裁判所一九七六年一一月八日判決[292]

〈砕石事業者が、砂利工場の建設等の許可の義務づけ訴訟を提起したところ、その建設および操業によって被害をうける近隣者が、訴訟参加を申し立てた事例[293]〉

「本件では、必要的訴訟参加の要件はみたされていない。なぜならば、必要的訴訟参加については、第三者が、係争法律関係に関与しているということ、および、判決が、当事者と——この関与のゆえに——第三者に対して、合一的にのみ確定されうるということが前提となるが、原告が許可を請求しうる基礎となる、原告と被告のあいだの法律関係に、訴訟参加申立人は関与していない——連邦行政裁判所一九七三年六月二一日判決[294]——からである。原告が求める判決は、ただ、連邦インミッシオン防止法（BImSchG）にもとづいて許可を与えることを、被告に義務づけることを判示するだけで、許可そのものの給付を内容とするものではない。それは、第三者——隣人のような者——の法的地位を、直接、形成するものではなく、ただ侵害するというにすぎない。なぜならば、それは、判決が下されたのちに、被告行政庁が、判決に従い、行政行為によって、訴えにおいて請求されていた許可を行うということを、近隣者は覚悟しておかなければならないということを意味するにすぎないからである。したがって、かかる事例においては、裁判所の決定は、当事者および第三者について、合一的に確定すべきではないのである。」

この事例のように、二重効果的行政行為の義務づけ訴訟は、そのような処分の取消しを隣人が求め、その訴訟に事業者が訴訟参加することを申し立てるという関係と、正反対になっている——けっきょく、被告行政庁のがわへの必要的訴訟参加が否定された——。しかし、取消訴訟の場合とはことなり、義務づけ訴訟の場合には、訴訟参加は必要的ではないとされているのである。

その論拠は、右の判決では、「原告と被告のあいだの法律関係に、訴訟参加申立人は関与していない」ということにおかれている。ただ、その不関与性の内容であるが、この判決のなかでは、それ以上のことはなにも述べられておらず、いまひとつ明瞭ではない。そこで、右の判決のなかでも引用されている、不関与性の問題について、べつの角度からふれている連邦行政裁判所の判決——ここでも（やはり、義務づけ訴訟において）、被告行政庁のがわへの必要的訴訟参加が否定された——を見てみよう。

〔事例⑥〕　連邦行政裁判所一九七三年六月二二日判決(295)

（建築主である原告が、被告行政庁に、みずからに建築許可をするよう義務づけることを求める訴訟に、隣人が訴訟参加することを申し立てた事例）

「本件では、第三者の訴訟参加が必要的であることの要件は、みたされていない。……必要的訴訟参加は、第一に、第三者が係争法律関係に関与することを要件とし、第二に、合一的判決が必要的であることを要件としている。本件では、これらの要件のうち、最初のものがみたされていない。建築禁止によって保護された第三者が、そのことによって、係争法律関係に関与しているとは、いかなる場合においても認められない。許可が与えられることにより、第三者の権利が侵害される場合には、第三者を訴訟に参加させ、第三者を判決の効力に服せしめることにより、紛争が一回的に解決されるという論理は、それなりに正当である。しかし、本件で認められるのは、通常訴訟参加の要件がみたされているということのみである。」

この判決でも、おおくは語られていないが、〔事例⑤〕でふれられていなかったことが、若干、提示されている。それは、「建築禁止によって保護された第三者が、そのことによって、係争法律関係に関与しているとは」いえないという論理である。これは、一般的禁止状態の解除を求める原告の法律関係と、その一般的禁止状態の存在によって保護されている第三者の法律関係は、直接に表裏一体とはなっていないという論理であろう。そこから、行政庁と原告、第三者のあいだの関係について、かならずしも合一的には確定する必要はないと結論づけられている。

ただ、ドイツにおける隣人訴訟の理論の発展状況からみて、この論理には、疑問がある。それは、このような、建築法上の禁止規定により第三者が利益をうける場合は、その規定に隣人保護性を認めることは、ひさしい以前から確立しており[296]、それにより、その禁止状態を解除する許可に対して取消訴訟を提起しうる第三者の原告適格も承認されてきたこととの整合性への疑問である。

さきほど見たラウビンガーの分析によれば、たんに建築主に建築しうるという権利を与える行政処分ではなくて、隣人保護のための建築禁止規範からの解除をともなう行政処分は、二重効果的行政処分であるので、むしろ、隣人保護規範からの解除という性格をもつ許可をめぐる法律関係については、隣人は、密接に関与しているとみるほうが、しぜんのような気がする。それとも、必要的訴訟参加については、それ以上のものが必要なのか、なお、綿密な考察を必要とするようである。

五　この問題については、もうすこし、べつの角度から論じている判例理論も見てみよう。

〔事例⑦〕　ヘッセン州高等行政裁判所一九八六年八月二九日判決[297]
（ディスコティークの経営者が、係争地所をディスコとして使用することを禁止する即時執行命令の執行停止を申し立てる手続に、隣人が、訴訟参加することを申し立てたが、訴訟参加の申立てを不許可とした第一審の決定に対して、即時抗告された事例[298]）
「即時抗告人が、本件では、必要的訴訟参加の要件がみたされていないことを前提としていることは、正当である。同法（VwGO）六五条二項により、訴訟参加が必要的となるのは、第一に、第三者が係争法律関係に関与し、第二に、この関与により合一的確定が必要的となるという要件がみたされる場合である。ここでいう合一的確定とは、判決が、直接、第三者の権利または法律関係を形成するが、第三者が、訴訟参加の方法により、手続に関与しなければ、判決が効力をもたないということを意味するのである。[299] このような第三者の典型的な例が、二重効果的行政処分の名あて人である。連邦行政裁判所の判例[300]によれば、水法上の計画確定手続において他の者に負担が課されることにより利益をうける者は、必要的訴訟参加人とみなされている。訴えの対象が建築法上の処分である行政争訟手続においても、この処分が、公の安寧秩序に対する危険を除去するためだけのものではなく、例外的に、同時に、その者に法的請求権を付与する意図のもとに行われたものである場合は、隣人の訴訟参加は必要的となるであろう。[301] しかし、本件は、そのような場合に該当しない。処分は、たんに、ディスコの経営者を名あて人とするだけで、右に述べたような意味で、即時抗告人の利益において、行われたわけではない。訴訟参加申出人および同人によって代表される市民団体が、建築監督署に異議を申し出たということによっては、同法（VwGO）六五条二項の要件は、充足されない。」

ここで問題なのは、「この処分が、公の安寧秩序に対する危険を除去するためだけのものではなく、例外的に、同時に、その者に法的請求権を付与する意図のもとに行われたものである場合は、隣人の訴訟参加は必要的となる」という論理である。これは、建築禁止によって保護された第三者は、係争法律関係に関与しているとはいえず、その訴訟参加は必要的ではないという〔事例⑥〕の判例理論に、さらに、もうひとつ、べつのてがかりを、つけくわえたものである。これについて参考となるのは、〔事例④〕であろう。

〔事例④〕は、原告たる建築主に負担（補償義務）を与えるものの取消しを求める訴えに、その負担により利益（補償請求権）をうける者の訴訟参加が必要的であるとされた事例であるが、ここでは、たしかに、負担の裏返しとして隣人がうける利益は、法的請求権として認められるものである。このような場合には、原告が、みずからに対する負担の取消しを求めるということは、隣人からみると、自己に認められた法的地位の喪失が求められていることを意味し、この関係が、たぶん、判例でいわれている「法律関係関与性」であろう。

それに対して、〔事例⑦〕は、法律関係関与性が否定されたわけであるが、たまたま、即時執行命令の執行停止の申立ての事例であったので、ことがらが、より鮮明化しており、たしかに、即時執行付きの使用禁止命令は、事案の緊急性からいっても、その時点で、そのまま営業を続けさせることが公益上――たしかに、このうち、近隣への影響ということも、かなりの部分を占めようが――妥当かどうかを、疎明により、とり急ぎ審理するわけであるので、そこへ隣人を訴訟参加させ、合一的に確定させることが必要的であるということにはならないであろう。そこまでは納得できるが、なお、どれだけの法的請求権があれば、合一的確定の要請を根拠づけられるとされているのかについては、じゅうぶんに解明されたとはいいがたい。このことを、さらに検証する意味で、もうひとつ、べつの判例を見てみよう。

なお、本事例では、けっきょく、被告行政庁のがわへの必要的訴訟参加が認められなかったということに、注意しておこう。

六　〔事例⑧〕　連邦行政裁判所一九九二年五月二〇日判決[302]

（旅館営業許可をすることを行政庁に義務づけることを求める訴えに、その隣人の訴訟参加が必要的であるかが、争われた事例）

「本件の場合は、必要的訴訟参加の例にはあたらない。なぜなら、義務づけ訴訟の基礎となる、旅館営業許可を求めうる原告の請求権を発生させる法律関係に、隣人は関与していないからである[303]。そのことに、旅館営業許可の義務づけを求める原告の訴えが認容され、行政庁が、そのとおりに、許可を与えた場合は、隣人の権利が侵害されることもありうるということは、矛盾するものではない。そのような場合は、隣人は、許可をうけた者が必要的に訴訟参加すべき取消訴訟において、旅館営業許可の取消しを勝ちとることができるのである。」

この判決の最初でいわれている、「旅館営業許可を求めうる原告の請求権を発生させる法律関係に、隣人は関与していない」ということのなかに、ほとんど、「法律関係関与性」の意味が解明されているといえよう。

たしかに、旅館営業許可の要件については、旅館業法（GaststG）では、隣人を保護する趣旨のものは、なにも規定されていない。[304]そうすると、すくなくとも、旅館営業許可を求めうる原告の請求権が発生するかどうかという問題については、隣人は関与していないといえよう。このように考えると、けっきょく、必要的訴訟参加の基礎となる法律関係への第三者の関与性とは、その法律関係を規定する行政処分の要件を定める実体法の解釈によって判断しうるのではないかという結論へ、必然的に導かれていくのである。

また、最後の部分で、隣人が、訴訟手続に関与しうるのは、みずからが原告となる取消訴訟においてだけであるとされているが、これは、〔事例⑤〕のマンハイム高等行政裁判所判決の論理につながるものであって、このような法律関係にあっては、かかる義務づけ訴訟の段階では、隣人は合一的確定をうける地位になく、その訴訟で義務づけ判決が下された場合に、それをうけて行政処分が行われて、はじめて、（原告として）その行政処分を争いうる地位にたてるということをいっているのである。この関係については、なお、訴訟論的に吟味していく必要があるように思われる。

また、本事例のごとき、義務づけ訴訟では、けっきょく、被告行政庁のがわへの必要的訴訟参加が認められなかったということに、注意しておこう。

七　以上の判例から、あらためて、これまでもち越しになっている「法律関係関与性」の問題を再検討してみると、〔事例⑦〕のケースでは、原告の申立てが認められ、執行が停止されると、係争建物がディスコとして使用されることになるが、隣人には、それにより喪失される法的請求権のようなものが、あらかじめ与えられているわけではない。その意味で、このケースでは、隣人は法律関係に関与しているとはいえない。「法律関係関与性」は、問題となっている請求権の発生に関わっているかどうかによるということが、〔事例⑧〕によってあきらかにされているのである。

〔事例⑤〕と〔事例⑥〕は、いずれも義務づけ訴訟の事例であるが、法律関係関与性を欠くという理由で、訴訟参加が必要的でないとされている。〔事例⑤〕は、義務づけの対象となる処分は、連邦インミッシオン防止法（BImSchG）にてらして認められる建築許可であり、〔事例⑥〕は、義務づけの対象となる処分は、建築禁止を解除する性質のものであり、それらは、いちおうは、その法規の目的として隣人保護ということがあるが、それによって喪失される法的請求権のようなものが、あらかじめ隣人に与えられているわけではなく、その意味で、これらのケースについても、法律関係関与性が否定されるとされているのである。

けっきょく、〔事例⑤〕も〔事例⑥〕も、義務づけ訴訟であって、原告は、処分により自己に利益が与えられるがわの者であり、それに、処分により不利益をうける者が訴訟参加するわけだが、二重効果的行政処分の基本型は、建築主に利益を与える行政処分の取消しを、隣人が求める場合であって、このときは、建築主が訴訟参加することになり、このときは、もんくなく、訴訟参加は必要的であるとされる。そのポイントは、その取消訴訟においては、建築主の法的地位そのものが問題となっているということにある。それに対して、〔事例⑤〕や〔事例⑥〕の義務づけ訴訟では、訴訟参加する隣人の法的地位は問題とされていないのである。

八　ところで、これらの事例の基礎になっている二重効果的行政処分だが、そもそも、ドイツにおいて発展した二重効果的行政行為の理論は、機能的には、取消訴訟における原告適格拡大のためのものであったといえよう。[305] さきほど見たラウビンガーの理論も、いうまでもなく、二重効果的行政処分を対象とする取消訴訟の原告適格を隣人に認めることの論証であって、それをそのまま、必要的訴訟参加を認めさせる論拠とすることには、やはり限界があったようである。

ということは、必要的訴訟参加が認められる基礎となる訴訟参加申立人の法的地位というのは、原告適格が認められるための法的地位より、かなり厳格なものが要求されているということであろうと思われる。すなわち、それを〔建築法の範囲で〕要約すれば、建築禁止を命ずる法規が隣人保護も内容とするものであれば、それを解除する建築許可処分の取消しを求める訴えについての隣人の原告適格は根拠づけるが、それだけでは、〔事例⑤〕や〔事例⑥〕のケースでの〕隣人の訴訟参加を必要的ならしめるものではないということである。

その意味で、〔事例⑧〕でいわれているように、隣人は、義務づけ訴訟においては、その訴訟参加は必要的であるとはされないが、〔義務づけ訴訟に後続する〕取消訴訟における原告適格は肯定されるので、こちらのほうで争うのが本筋であるというかぎりでは、理論的に整合しているといえる。

九　隣人訴訟で、もうひとつ、問題とされているのは、建築許可処分を争う訴訟が、ひとりの隣人から提起された場合に、当該処分についておなじ利害関係にたつ他の隣人も、〔原告のがわに〕訴訟参加することが必要的かということである。そして、ここでも、原告が処分の取消しを求める基礎となる法律関係に、訴訟参加を申し立てている他の隣人も関与しているかということが問題とされている。それについては、つぎの判例が代表的なものである。この判例は、二重効果的行政行為に関わる隣人相互のあいだの基本的関係について解明したものとして、ドイツの学説・判例で、しばしば引用されている。

〔事例⑨〕　連邦行政裁判所一九七四年七月五日判決(306)

〔工場建設許可処分の取消しを、工場建設予定地の近隣に居住する者が、求めた訴えに、他の隣人が訴訟参加を申し立てた事例(307)〕

「当裁判手続において取消しを求められている許可が、計画区域の他の住人ないし利用者に、原告の状況と同程度に関わるかどうかは、問題である。これらの潜在的原告に、べつのW通りの住民もふくまれることは確かであるし、さらに、原告とほぼ同時に訴えを提起し、第一審では、原告とおなじように取消判決をうけたが、第二審では、手続の分離により、べつべつに敗訴した者もふくまれる。おなじように、なお若干の者についても、許可処分に関わることがありうる。そのことから、すくなくとも、数次にわたって要望書を提出してきた公園をまもる会のメンバーの潜在的原告適格性は、否定できないであろう。したがって、行政裁判所法（VwGO）六五条一項の要件はみたされているので、公園をまもる会のメンバーの訴訟参加は認められるべきであろう。当法廷の見解では、そのような（通常）訴訟参加は、並行する訴訟手続の原告については、やはり認めなければならないであろう。というのは、この原告らは、つぎつぎに、みずからの利益や推定される権利をつよく主張しているので、手続が分離されたのちに、彼らが訴訟参加することは、いったん成立した状況に適合すると思われるからである。隣人訴訟においては、第三者の地位が、あきらかに潜在的原告とみなされる場合は、一般に、通常訴訟参加が行われることが望ましいが、それが、行われなかったからといって、裁判手続の瑕疵として、上告審で問題とされるわけではない。上告審で問題とされるのは、必要的訴訟参加に対する措置が怠られた場合である。そのことは、他の潜在的（隣人の）原告が無視された場合には、あてはまらない。同法（VwGO）六五条二項により、訴訟参加が必要的となるのは、第一に、第三者が係争法律関係に関与し、第二に、この関与により合一的決定が必要的となるという要件がみたされる場合である。隣人訴訟においては、この最初の要件が、原告とその他の（潜在的）原告とのあいだの法律関係では、みたされない。隣人訴訟で争われる法律関係というのは、当該許可処分の取消しを求める原告の請求である。この法律関係に、この許可によって、たぶん、おなじように権利を侵害される他の者は、関与していないのである。その者は、みずからのがわにおいて、おなじ請求をなしうるというだけなのである。しかし、そのことによって、他人の裁判手続において『争われている法律関係に』、同項の意味において、訴訟参加することが必要的になるわけではない。」

同一の事業者による同一の原因によって、複数の者が、事業者に対して、同種の請求をなしうるという状況は、公害訴訟などでひろくみられる。かかる関係において、それら同種の請求をなしうる者すべてについて、合一的に確定することが要求されるかが、ここで問われている問題で、連邦行政裁判所は、これを否定している。つまり、ひとりの者が提起した訴訟に、他の同種の請求をなしうる者が訴訟参加することは、必要的ではないということである。しかし、通常訴訟参加は、認められるということである。

その論理は、（本判決では、「潜在的原告」ということばで表現されている）同種の請求をなしうる者が、それぞれ、事業者に対して請求しうる法律関係は、個別のものであって、したがって、それらの者は、ほんらい個別の判決をうける立場にあるので、合一的に確定されるものではないということである。

ところで、そもそも、このようなシチュエーションの基本となる関係は、共同訴訟と共通するものであると考えられるので、この問題は、前節で考察した、必要的訴訟参加とその基礎において密接な関連を有するとされている「必要的共同訴訟」の理論にまでさかのぼって考えなおす必要があろう。

シュヴァープによれば、ドイツ民事訴訟法（ZPO）六二条の「必要的共同訴訟の二番めの類型（実体法上の理由によるもの）については、すべての原告もしくは被告に共通の権利が、主張されているということが問題なのであって、この場合は、個々の権利もしくは被告の固有の権利は問題にならず、とうぜん、合一的に確定する。したがって、相連続するべつの訴訟が提起されても、それぞれでことなった判決が下されることが、法的理由により考えられない場合は、合一的に確定されなければならない」とされている。[308] これを援用すると、本件の原告が主張する権利と、原告でない隣人が主張する権利の内容が問題となる。工場建設許可処分によって侵害される近隣居住者の権利は、同種のものであっても、たしかに個別である。したがって、それらは、同一対象――同一処分の取消し――に対するものであっても、個別に請求しうるものであり、合一的確定の要請を欠くことになる。[309]

なお、本事例では、けっきょく、原告のがわへの必要的訴訟参加が認められなかったということに、注意しておこう。

(d) 競願関係における必要的訴訟参加

一　営業上の包括的権利を設定する行政処分の競願関係のような場合の基礎となる行政処分も、ラウビンガーによれば、二重効果的行政処分である。したがって、競願関係をふくめた、ひとつの営業許可をめぐる競願関係でも、必要的訴訟参加の問題は生ずるわけで、じっさいにも、おおくの判例が存在している。ただ、必要的訴訟参加の判例を検討していくまえに、とうぜんのことではあるが、訴訟における基本的なシチュエーションをあきらかにしておく意味で、競願関係での二重効果的行政処分の内容を、ラウビンガーの理論をつうじて確認しておこう。

ラウビンガーによれば、ひとことで競願関係といっても、ふたつの場合があるとしている(310)。それは、特定の営業においてすでに許可をうけている既存の業者があるときに、同種の営業をしようとするべつの業者が参入する場合と、ひとつの営業許可を複数の志願者が求める場合である。前者の場合では、べつの業者に許可を与える行政処分は、既存の業者に、そのかぎりで不利益を与えることになるので、二重効果的行政処分である。また、後者の場合では、競願者のひとりに許可が与えられるということは、他の競願者の許可申請は拒否されるわけで、そのことが、それらの者の権利侵害にあたるときに(311)、二重効果的行政処分となるとしている。

これを前提にして考えると、競願関係における必要的訴訟参加の基本的な関係は、処分を得た者と、得られてしまった者もしくは得られなかった者との関係は、処分により利益をうける者と、不利益をうける者とに表象される。したがって、処分を得られてしまった者もしくは得られなかった者が、その処分の取消しを求める訴訟を提起し、それに対して、処分を得た者が、訴訟参加を申し立てるという関係になると考えられる。

二　このような関係を示す典型的事例が、つぎのものである。

〔事例⑩〕　連邦行政裁判所一九八三年九月二日判決(312)

（運送業を営む原告が、被告行政庁が、他の運送業者に与えた一般遠距離運送許可の取消しと、自己に対して当該運送事業の許可をすることの義務づけを求めて出訴した訴訟に、許可を受けた運送業者の訴訟参加が必要的であるとされた事例）

「行政裁判所法（VwGO）六五条二項によれば、第三者が、当該法律関係の争訟に関与することにより、判決が、第三者に対しても、合一的に確定しうる場合にのみ、第三者を訴訟参加させることが、必要的となる。この要件は、本件では、みたされている。原告は、被告行政庁が、自動車貨物運送法（GüKG）一一条および一五条[313]により、一九七八年一月に他の運送業者に与えた一般遠距離運送許可の取消しと、自己に対して当該運送事業の許可をすることを求めている。もし、原告の請求どおり、許可が取り消されれば、そのことは、直接、他の業者の不利益となるのである。したがって、判決は、原告に対しても、利害関係を有する他の業者に対しても、合一的にのみ確定しなければならないのである。行政裁判所法（VwGO）六五条二項に従った、必要的訴訟参加の措置が怠られた原判決は、そのことにより、本質的な手続上の瑕疵が構成され――同法（VwGO）一四二条により瑕疵は治癒されない[314]――、これについては、上告手続において職権により考慮され、とうぜん、控訴審の判決は取り消され、事案は控訴審に差し戻される。同項の意味・内容は、判決の効力を必要的訴訟参加人にまで拡張し（同法（VwGO）一二一条）、それゆえ、裁判手続において、その者に、攻撃・防御の機会が与えられなければならないということにある。」

本判決では、運送許可が二重効果的行政処分であることを認めたうえで、二重効果的行政処分の取消訴訟における必要的訴訟参加の基本的論理が述べられている〔事例①〕と、ほぼおなじ内容のことが、論じられている。

本判決で、注意すべき事項は、控訴審の手続において訴訟参加が必要的であるのに、訴訟参加させる措置がとられず、しかも、そのことが、当事者からの上告理由とされていない場合も、上告審は、職権で、訴訟参加が必要的であったということを認定することができ、そして、そのように認定された場合は、それが、控訴審判決の本質的瑕疵を構成するということである[315]。たしかに、このようにされなければ、訴訟参加が必要的であるということの論理を、判決手続のなかで、じっさいに貫徹することは困難となるわけで、職権訴訟参加の法理を考えていくうえでの、重要な論点である。

なお、本事例では、けっきょく、被告行政庁のがわへの必要的訴訟参加が認められたということに、注意しておこう。

三　ただ、競願関係における判例としては、つぎのもののほうに基本的論理がつくされており、これは、しばしば学説・判例に引用されているので、判旨を段落に区切って、くわしく検討してみよう。

〔事例⑪〕　連邦行政裁判所一九八一年八月一二日判決(316)

（大学評議会の評議員により、大学を相手に、評議会での選挙の無効の確認を求める訴えが提起されたが、これに、大学評議会じたい、および、その個々の評議員の訴訟参加が、必要的であるかが争われた事例(317)）

「控訴審は、評議会の訴訟参加も、個々の評議員の訴訟参加も、必要的とすべきであったとする、即時抗告人の主張は認められない。行政裁判所法（VwGO）六五条二項によれば、第三者が訴訟参加することにより、判決が、第三者に対しても、合一的に確定しうる場合にのみ、第三者を訴訟参加させることが、必要的になる。第三者が、訴訟に関与したとしても、たんに、内容的に同一の決定がなされるだけでたりる場合は、第三者の訴訟参加は、必要的とはいえない。むしろ、判決により、直接に、第三者の権利もしくは法律関係が形成される関係にあるときに、（同法（VwGO）一二一条により）第三者が手続に関与しなければ、その権利もしくは法律関係の形成が有効になされえない場合に、それは必要的となるのである。(318)」

ここで、注目すべき論理は、「第三者が、訴訟に関与したとしても、たんに、内容的に同一の決定がなされるだけでたりる場合」というのを、訴訟参加が必要的とされる、「第三者が手続に関与しなければ、その権利もしくは法律関係の形成が有効になされえない場合」という一般的定式とは、べつに想定していることである。それが、どのようなものであるのか、もうすこし、判旨をおってみよう。

「この原則にてらして、選挙の取消訴訟では、基本的に、選出された者のみが訴訟参加しうると、控訴審が判断したことは、正当である。(319)それに反して、選挙を行う評議会、もしくは、選挙権を有する個々の者の訴訟参加は、これまでのところ、必要的であるとはされていない。この論理は、選挙の無効確認においても、おなじである。」

これをみると、ようするに、「たんに、内容的に同一の決定がなされるだけでたりる場合」というのは、選挙によって選出された者――選挙により利益をうける者――以外の、たんに選挙権を有するだけの他の評議員についてのもので、判決により、直接に自己の権利・利益が侵害されるわけではないので、合一的に確定するまでもないものである。けっきょく、この場合、「手続に関与しなければ、その権利もしくは法律関係の形成が有効になされえない」者というのは、選挙に当選した者のみということになり、その者の訴訟参加だけが、必要的とされるのである。なお、この手続関与性と合一的確定の関連について、さらにくわしく論じた判例があるので、それも見ることにしよう。

四　しかし、そのまえに、本判決では、以上の論理をふまえて、このあと、無効確認訴訟の原告適格の問題と関連させて、興味ぶかい論述が行われているので、つぎの判例の検討に移るまえに、さらに判旨をおってみよう。

「この論理は、評議会の評議員についても、評議会じしんについても、そのまま妥当する。たしかに、控訴審が、原告に、選挙の無効確認訴訟の原告適格を認めたということは、評議会の他の評議員にも、同様に、選挙が有効であることの確認訴訟の原告適格を、認めることにつながるかもしれない。しかし、このような解釈も、訴訟参加が必要的であることを肯定させる論拠とはならない。必要的訴訟参加が認められる要件は、なべて、第三者が、係争法律関係に関与しているということである。ここで問題となっている法律関係とは、被告大学の副学長の選挙の無効確認であり、その法律関係に関与する者は、原告と、求められている確認の対象となっている者――副学長に選出された者――のみである。評議会のその他の評議員は、この法律関係に関与する者とはいえないのである。特定の法律関係に関与しているという要件を欠くときは、判決が、その者に対しても合一的にのみ確定すべき場合も、必要的訴訟参加は認められないのである。……本件のごとき場合には、第三者を判決の確定力に服せしめるという要請には、任意的（通常）訴訟参加によって、じゅうぶん、こたえうるのである。[320]」

〔事例⑧〕についての考察のなかで、取消訴訟の原告適格が認められる場合と、それへの必要的訴訟参加が認められる場合の関係について分析したが、ここでは、無効確認訴訟の原告適格が認められるからといって、それによって、その者の訴訟参加が必要的であるとすることも根拠づけられるわけではないとされている。これについては、取消訴訟の原告適格との関連の問題とあわせて、あらためて検討する必要があろう。

また、もうひとつ、ここで興味をひかれるのは、無効確認訴訟の原告適格が認められる場合は、そのことにより、すくなくとも、通常訴訟参加は認められるという最後の部分である。このことも、右の問題とあわせて、あらためて検討する必要があろう。

なお、本事例では、けっきょく、被告行政庁のがわへの必要的訴訟参加が認められなかったということに、注意しておこう。

五　それでは、さきほどもち越しになっていた、この手続関与性と合一的確定の関連についてくわしく論じた判例を、見ることにしよう。

〔事例⑫〕　ミュンスター高等行政裁判所一九九一年四月三〇日判決[321]

（原告は、被告B市議会を相手に、地方選挙の無効を主張し、ふたつの選挙区での選挙のやりなおしを求め、出訴した。控訴審において、高等行政裁判所が、そのふたつの選挙区で当選していた者を、訴訟に参加させた事例）

「当裁判所の一九九一年二月二二日判決[322]により、選挙の取消訴訟においては、選挙で直接選ばれた者の訴訟参加が必要的であるということが、原則的に確認されており、そこから、本件で係争二選挙区において当選した者の訴訟参加も、必要的である。第三者の権利を直接に侵害することなく、原告の請求が、裁判において実現されえない場合は、行政裁判所法（VwGO）六五条二項でいう、合一的確定の要請は、みたされているといえる。第三者の訴訟参加は、この場合、第三者に判決の効力を拡張するという目的をもっている。ここでは、必要的訴訟参加は、ふたつの理由により、必要的である。

ひとつは、第三者が、当事者のあいだで決せられた問題を、あらためて、裁判所の審査に付し、べつの決定が下されうる事態を、なんとしても避けなければならないということである。もうひとつは、第三者の権利を侵害することを被告に義務づけながら、それを、第三者との関係で、効力をもたないままにしておくという、ほんらい不可能な内容の給付を、被告に命じてはならないということである。

選挙の取消訴訟においては、選挙により直接に選ばれた者は、つぎに述べるようなかたちで、係争法律関係に関与するのである。すなわち、被告が、選挙が無効であることを宣言するように義務づけられたならば、それは、直接、必然的に、選出された者の法的地位を侵害することにつながる。そこで、無効宣言という形態をとる侵害行為に対しては、選出された者は、訴えを提起することができ、無効宣言が判決により取り消されることもありうるのである。このような事態を避けうるのは、直接に選ばれた者の訴訟参加によってのみである。なぜなら、それにより、当事者のあいだに下された判決の拘束力を第三者にまで、拡張することができるからである。」

判決の前半では、第三者の権利を侵害することなく、原告の請求を認容する判決を下すことができないときは、第三者を訴訟参加させ、その者に判決の効力を拡張するために、第三者の訴訟参加が必要的となるという、いわば、行政裁判所法（VwGO）六五条二項の教科書的な説明のなかで、判決の効力を拡張しなければならない意味について、若干つっこんだ論理の展開が行われている。最初に上げられている理由は、矛盾する判決の現出を阻止するという、民事訴訟理論で合一的確定の要請について述べられていることであり、二番めに上げられている理由は、かりに判決の効力の拡張が認められなければ、確定判決の内容に論理矛盾がおこるということである。これらの点については、これまでいくつか見た判決のなかでも、ふれられていることであるが、ここでは、それ以上の論理展開はされていない。

むしろ、本判決で注目すべきは、その後半部分にある。無効確認判決に、第三者――選挙により選出された者――への効力の拡張が、認められないのなら、無効確認判決が下されたのちに、判決をうけて行われる無効宣言の取消しを、さらに、その者が求めるというむし返しがおこりえて、それが、判決が指摘する、避けなければならないふたつの事態へとつながるので、それを避ける意味で、訴訟参加が必要的となる、とされる論理である。なお、本事例では、けっきょく、被告行政庁のがわへの必要的訴訟参加が認められたということに、注意しておこう。

六　最後に、もうひとつ、比較の意味で、競願者であっても必要的訴訟参加が認められない事例を見ておこう。

〔事例⑬〕　連邦行政裁判所一九八〇年二月八日判決(323)

（被告大学の医学部へ入学を志願する原告らが、被告に、自分たちを医学部に入学させることを義務づけることを求める訴訟に、その他のすべての志願者の訴訟参加が必要的であるかが争われた事例(324)）

「控訴審の手続では、被告により、被告大学への学籍の割当てがもっか行われている志願者のすべてを訴訟参加させることが申し立てられたが、上告手続では、そのようなことは、なにも申し立てられていない。判例によれば、上告審は、職権により、訴訟参加が必要的であるかどうかを審査できるとされている(325)ので、それにより審査すると、控訴裁判所が、本件については、訴訟参加は必要的ではないと判断したのは、正当である。その場合に重要な観点は、つぎのとおりである。すなわち、これらの志願者は、被告大学の、おなじ空いている定員を争っているという事実においてのみ、相互に関係しあっているにすぎないということである。どの志願者も、他の志願者が主張している請求権の基礎となる法律関係には、関与していないのである。個々の志願者の、同種の請求権は、相互に独立しているといったほうがよい。ある志願者に、ひとつの定員を与えることは、他の志願者に同一の定員を与えることを、法的にではなく、事実上、排斥するということなのである。判例によれば、同種の請求権が並立しているという事情も、なんら、訴訟参加が必要的であることを根拠づけるものではないのである。」[326]

この判例には、すくなからず興味をひかれる。それは、〔事例⑫〕との比較においてである。〔事例⑫〕では、「被告が、選挙が無効であることを宣言するように義務づけられたならば、それは、直接、必然的に、選出された者の法的地位を侵害することにつながる」という意味で、選出された者は、係争法律関係に関与するとされている――したがって、判決の合一的確定の要請がある――が、おなじ競願者的地位にありながら、本件では、他の志願者の法律関係関与性が否定されているのである。

その相違は、けっきょくのところ、つぎのことにあると思われる。〔事例⑫〕で争いの基礎となっているのは、特定の議席であるが、本件でのそれは、一定の――それが、はたして所定の定数であったのかも、争いの余地があった――定員である。したがって、〔事例⑫〕では、当選者以外の者を当選者とすることが、義務づけられれば、とうぜん、当選者の当選者としての地位は、自動的に失われることになるが、本件では、一の志願者の入学を認めることが義務づけられても、それにより、他の志願者の特定の者の入学が、ただちに、自動的に認められなくなるものではない。本件で、他の志願者の法律関係関与性が否定されたのは、このことが論拠となっているものと思われる。

なお、本事例では、けっきょく、被告行政庁のがわへの必要的訴訟参加が認められなかったということに、注意しておこう。

(e)　私法上の法律関係を形成する行為と必要的訴訟参加

一　ラウビンガーが上げる、もうひとつの二重効果的行政行為の類型は、「私法上の法律関係を形成する二重効果的行政行為」とするもので、私法上の地位、法律関係、権利関係を、直接的な拘束力をもって、形成し、変更し、取り消す、行政庁の高権的行為と定義している。[327]ただ、ラウビンガーは、私法上の法律関係を形成する行政庁の行為が、つねに二重効果的行政処分とされるわけではないともしている。[328]二重効果的行政処分とされるためには、すくなくとも、処分に関わる二当事者が必要で、いっぽうが利益をえて、いっぽうが不利益をこうむるという関係がなければならない。したがって、私法上の法律関係を形成する行政庁の行為が、二重効果的行政処分とされるかは、個々の事例ごとに検証していくしかないとして、それまでの判例を綿密に分析して、広範囲にわたる類型化を行っている。[329]これは、とうぜん、必要的訴訟参加が認められる場合の基礎となるもので、われわれの考察にとっても、重要な関心事であるので、ここに引用しておこう。

「(A)　家賃の値上げの認可は、賃借人の不利益になるので、二重効果的行政処分である。[330]

(B)　病院に対する保険の支給基準額を上げることの認可は、保険者の不利益になるので、二重効果的行政処分である。[331]

(C)　公共交通機関の料金の値上げの認可は、一般利用者の法的利益を侵害するものではないので、二重効果的行政処分とはいえない。[332]

(D)　重度身体障害者の解雇の認可は、その者の不利益になるので、二重効果的行政処分である。[333]

(E)　牛乳法――Milchgesetz――により、牛乳製造者に対して牛乳配達義務を免除することは、乳製品製造業者の不利益になるので、二重効果的行政処分である。[334]

(F)　住居管理法――Wohnraumbewirtschaftungsgesetz――により、住居をさがしている者の割当てをすることは、住居をさがしている者のだれと契約するかという選択権は、家主に留保させるものの、家主に契約締結を強制することになるので、二重効果的行政処分である。[335]

(G)　起業者に対して土地収用権を認定することは、土地所有者に不利益になるので、二重効果的行政処分である。[336]

(H)　人種的および政治的に迫害された者の自由な婚姻の承認に関する法律――Gesetz über die Anerkennung freier Ehen rassisch und politisch Verfolgte――による承認は、婚姻を承認された男の親族の不利益になるものではないので、二重効果的行政処分ではない。[337]

(I)　子供の氏名の変更は、父親の不利益になるので、二重効果的行政処分である。[338]」

二

判例で、この私法上の法律関係を形成する二重効果的行政処分の取消訴訟について、必要的訴訟参加が問題とされたのは、つぎの事例である。

〔事例⑭〕　連邦行政裁判所一九六四年三月二〇日判決[339]

（いったんなされた嫡出宣言の取消しを、母親が求める訴えに、その娘が訴訟参加することが必要的であるかが、争われた事例[340]）

「嫡出宣告が、子の家族法上の地位に影響を与えることについては、疑問の余地はない。子が、その適法性の事後審査に訴訟参加することにより、判決が、子に対しても、合一的に確定しうる場合にのみ、子を訴訟参加させることが必要的となる。したがって、原告の娘は、自己に関する嫡出宣言が問題になっているからには、行政裁判所法（VwGO）六五条二項により、訴訟参加させられなければならない。控訴審が、この規定に従った措置をとらなかったことは、手続上の瑕疵を構成するので、原判決を破棄し、事案を原審に差し戻すことにする。」

この判決では、二重効果的行政処分という概念については、明確にされていないが、嫡出宣告が、家族法上の地位という私法上の法律関係を形成するもので、子の利益に関わるものであることを確認したうえで、そのことのみを根拠に、子の訴訟参加が必要的であることを認めている――判示内容だけからは、子がいずれのがわに訴訟参加したか、あきらかでないが、論理的には、被告がわだと思われる――。ただ、この判決では、それ以上の論理展開はされていないので、もうすこしくわしく、私法上の法律関係を形成する二重効果的行政処分をめぐる必要的訴訟参加の論理を、ほり下げた事例をみてみよう。

三　ラウビンガーの二重効果的行政処分とされる(I)のケースに関連するものとして、氏名確認行為の取消訴訟の事例がある。ただ、この事例は、私法上の法律関係を形成する二重効果的行政処分の基本型である〔事例⑭〕よりも、すこし複雑であるので、これも、段落に区切って検討してみよう。なお、本事例では、原告のがわへの必要的訴訟参加が否定されている。

〔事例⑮〕　連邦行政裁判所一九八〇年一〇月一日判決[341]

（氏名確認行為の取消訴訟に、原告の妻や子も訴訟参加することが、必要的であるかが、争われた事例[342]）

「本件においては、原告の妻や子の訴訟参加は、必要的ではない。行政裁判所法（VwGO）六五条二項によれば、第三者が訴訟参加することにより、判決が、第三者に対しても、合一的に下しうる場合にのみ、第三者を訴訟参加させることが必要的となる。妻も子も、この意味において、訴訟参加するわけではない。

同項の理解として、訴訟参加の基礎となる係争法律関係とは、原告の正しい姓の確認である。訴訟参加を申し立てている者にとって問題なのは、夫にして父の姓である。妻や子の姓は、原告から由来したものである。妻は、結婚により、夫の姓を名のり、子は、出生のときから、父の姓を名のっている。それにもかかわらず、このようにして獲得された氏名権は、氏名を使用する個々の者の、固有の個人的権利である。」

本件では、結論として、妻や子の訴訟参加は必要的ではないとされているが、その根拠は、（ここでは、はっきりとはいわれていないが）法律関係関与性を欠いているということであろう。ただ、その論旨は、かならずしも明快ではない。妻や子が、夫・父の姓を名のるのは、夫にして父である者との密接な関係に由来し、夫にして父である者がその姓を名のっているかぎりにおいて、いわば、その反射として、夫・父の姓を名のりうると考えるのが自然である。しかし、判決のいう固有の使用権の論理は、妻や子が、いったん、その姓を名のった――判決では、氏名が獲得されたとされている――からには、夫にして父である者から独立して、夫・父の姓を名のりつづけることができる、というものである。[343]

「妻や子が原告の姓を名のっているということや、他の理由によって、行政庁による氏名の確認をめぐる争いに、同項のレベルの訴訟参加を認めうることを、根拠づけることはできない。というのは、氏名の確認は、原告のみに関わり、それは、原告から姓をさずかった者とは無関係に、原告に対して効力をもつからである。民法（BGB）の氏名の獲得に関する規定[344]から、行政庁による氏名の確認の効力が、妻や子にも及ぶという結論は生じない。たしかに、これらの規定は、妻と子の姓は、原告の姓と一致しなければならないということを命じており、したがって、当該氏名確認行為から氏名権的効果が派生することを認めているといえる。しかし、この確認的行政行為の効力が、これら民法（BGB）の規定によって、妻や子にまで拡張されるわけではない。それらの者の氏名は、それらの者に関わるあらたな行政庁の手続によって確認されるべきであろう。」

この段落では、行政庁の氏名確認行為をめぐる法律関係について、述べられている。たしかに、本事例では、行政庁が原告に対してした確認の取消しが求められているのであり、これは、さきほどの、ラウビンガーの上げる二重効果的行政処分とされる(I)のケースについて、必要的訴訟参加が認められるのとは、その基本的関係がことなっている。つまり、原告の氏名について不利益に確認する行政処分が、妻や子の利益になるという関係でもなければ、それは、二重効果的行政処分とはいえないということである。したがって、そのかぎりでは、妻や子の訴訟参加は必要的とはいえない。これまでの事例分析で見てきたとおり、原告とおなじ利益状況にたつ者の訴訟参加については、それを必要的とするだけの合一的確定の要請は、ほとんど認められていないのである。

確認の効果が、妻や子にも及ぶかどうかという問題については、つぎの段落以降に、詳細に論じられている。

「氏名の変更に関する法律（NamÄndG）八条[345]からも、当該手続において争われている行政庁の氏名確認行為の効力は、氏名が確認された者の妻や子にまでは及ばないということが、認められる。同条一項によれば、確認の一般的拘束力は、確認決定のなかに上げられた者にのみ及ぶとされているので、行政庁は、妻や子の氏名まで確認したものではないといえる。……同条から、結論として、訴訟参加していない妻や子を、事後的な、それらの者の（固有の個人的権利である）氏名の確認手続にも、直接、関与させるまでもないということがいえよう。むしろ、事後手続において、妻や子は、原告の氏名が不当に確認されたと主張することは、できるであろう。」

この段落で行われている分析は、前段落のなかで提示された、民法（BGB）の規定から行政庁の氏名の確認の効力が妻や子にも及ぶか、という問題についてである。これについては、端的に、同法（NamÄndG）八条一項に、確認の一般的拘束力は、確認決定のなかに上げられた者のみに及ぶとされているので、判決では、それにより、妻や子には、確認の効力は及ばないと結論づけている。それを前提として、判決の論理は、確認の効力が妻や子に及ばないので、妻や子には法律関係関与性がなく、したがって、判決は、妻や子にも合一的には確定する必要がないというものである。そのことから、判決では、「事後手続においては、妻や子は、原告の氏名が不当に確認されたと主張することもできる」とされているのであろうが、はたして、このような主張が可能であるのかについては、なお、検証を要するように思われる。

「当法廷は、行政庁による氏名の確認行為と、その確認の適法性に関する裁判所の決定においては、確認に関わる者についてのみ意味をもつとし、妻と子については、行政裁判所法（VwGO）六五条二項の意味における必要的訴訟参加を、認めないとしてきた。この立場は、外国人法（AuslG）や建築法（BauGB）における、一連の必要的訴訟参加に関する判例の流れにそうものである。」

最後に、判決では、判例の一般理論として、夫・父についての確認は、夫・父についてのみ意味をもち、その確認を争う訴訟への妻や子の訴訟参加は、必要的ではないという立場が、確立しているということを述べているが、そのことについて、ここでふれられている、外国人法（AuslG）に関する判例も、参考のために見てみよう。

四

いくつかだされている外国人の国外退去処分に関する判例のうちでは、つぎのものが、もっともおおく引用されているようなので、すこしくわしく見てみよう。

〔事例⑯〕　連邦行政裁判所一九七七年一〇月二五日判決[346]

（外国人に対する国外退去処分の取消訴訟に、その外国人の配偶者――ドイツ人――の訴訟参加が必要的であるかが、争われた事例[347]）

「当法廷の一九七三年五月三日の判決[348]の傍論で示された見解とはことなり、国外退去を命じられた外国人の配偶者――ドイツ人――の国外退去処分の取消訴訟への訴訟参加は、必要的ではない。当法廷は、一九七七年三月九日の判決[349]で、国外退去を命じられた外国人の配偶者――外国人――の国外退去処分の取消訴訟への訴訟参加は必要的ではないと判示したが、それは、国外退去を命じられた外国人の配偶者――ドイツ人――についても妥当する。

行政裁判所法（VwGO）六五条二項によれば、第三者が、訴訟参加することにより、判決が、第三者に対しても、合一的に確定しうる場合にのみ、第三者を訴訟参加させることが、必要的となるとされている。しかし、本件については、そのような事実関係は存在していない。

当法廷の一九七三年五月三日の判決[350]のなかで判示されているように、たしかに、国外退去を命じられた外国人の配偶者――ドイツ人――も、基本法（GG）六条一項[351]により保護された権利を、国外退去命令により侵害されるので、国外退去命令に対して、訴えを提起しうる。しかし、そこから、一九七三年五月三日の判決[352]のなかで判示された見解に反して、ドイツ人である配偶者が、外国人の提起した取消訴訟に訴訟参加することが、必要的となるという結論は、でてこない。つまり、国外退去を命じられた者の配偶者が、ドイツ国籍を有する場合と、おなじく外国人である場合とで、なんら法的にことなる点はないのである。純粋に外国人どうしの結婚であっても、ドイツ人と同様に、同法（GG）六条一項の保護をうけるので、もし、ドイツ人と結婚した場合よりも保護の程度が低ければ、それは違憲となる。

外国人の配偶者については、判決の合一的確定をうけなければならないという要請はないので、係争法律関係に関与しているとはいえないのである。ここで争われている法律関係とは、外国人に対する国外退去命令の取消しを、外国人が求める請求権である。この命令によって、外国人の配偶者が、おなじように権利を侵害されたとしても、配偶者は、この法律関係に関与しているとはいえないのである。たしかに、配偶者も、おなじ内容の請求権をもつが、それが、行政裁判所法（VwGO）六五条二項の意味の訴訟参加を認めさせる根拠とはならない[353]。同項の要件である、判決の合一的確定の要請は、事実関係から、あるいは、まったく論理的に、必要的と思われる場合は、すでにみたされているといえるのである。むしろ、判決が合一的に確定しなければならない場合は、法的理由によって定まるのである。係争行政処分により、おなじく自己の権利が侵害されたと、第三者が主張しうるというだけでは、判決の合一的確定が必要的であることは根拠づけられない。判決の効力は、法律にもとづいて、国外退去を命じられた外国人の配偶者にまで、拡張されるわけではない。……外国人が国外退去命令の取消しを求めた訴訟においては、その外国人の配偶者の権利についてまで、判決が下されるわけではないのである。」

この判決でも、取消訴訟の原告適格の問題と必要的訴訟参加の問題とが、パラレルに論じられている。ところで、本件の基礎には、外国人との婚姻の問題があるが、ドイツ人が外国人と婚姻した場合、あるいは、ドイツにおいて外国人どうしが婚姻した場合の、基本法（GG）上の保護については、ドイツで議論があるようである[354]。そして、本件で問題となっている国外退去処分が、この婚姻の保護に関係してくるわけだが、エーラースは、外国人法（AuslG）一〇条一項[355]の要件がみたされている場合でも、国外退去を命ずるかどうかは、外国人事務行政庁の裁量に属し、裁量行使にさいしては、結婚と家族制度を維持するという国家利益が、考慮されるべきであろうとしている[356]。その意味で、外国人である夫が国外退去を命じられるということは、基本法（GG）により保護された婚姻が侵害されることになるので、その婚姻のもういっぽうの当事者である妻の、その命令の取消しを求める訴えの原告適格が肯定されるのである[357]。

しかし、原告適格が認められるからといって、その者の訴訟参加が必要的となるわけではないというのが、本判決の論理である。「外国人の配偶者については、判決の合一的確定をうけなければならないという要請はないので、係争法律関係に関与しているとはいえない」というのが、その論理の中心であるが、たしかに、国外退去命令というものを厳格に考えた場合、それに関わる当事者は、名あて人のみで、二重効果的行政処分的に、いっぽうで、それにより利益をうける者はいない。したがって、国外退去命令の取消しを求める訴えを認容する判決は、だれの利益も侵害することなしに、下しうるのである。もちろん、自分に対する国外退去命令の取消しを求める原告の妻であっても、取消判決によって、直接に自己の法的地位がくつがえされるわけではない。ただ、まったく、その判決が自己に不利益にならないということはないが、その部分は、行政裁判所法（VwGO）六五条一項の通常訴訟参加によってカバーしうる、というのが、ここで展開されている論理であろう。

なお、本事例では、けっきょく、原告のがわへの必要的訴訟参加が認められなかったということに、注意しておこう。

五　最後にもうひとつ、私法上の法律関係に関わる二重効果的行政処分の取消訴訟において、通常訴訟参加の法的利益についてであるが、二重の訴訟参加が問題となった興味ぶかい事例があるので、参考までに、それも見ておこう。

〔事例⑰〕　カッセル高等行政裁判所一九八六年六月一二日判決[358]

（ゴミ集積場建設のため、土地の売買契約が締結され、建設許可も得られたのちに、隣人より建築許可取消訴訟が提起され、それに対して、土地の購入者の訴訟参加が認められたのにつづいて、土地の売主が、訴訟参加を申し立てた事例[359]）

「行政裁判所法（VwGO）六五条一項は、訴訟参加を申し立てる第三者の法的利益が、判決により侵害される場合は、職権により、または、申立てにより、裁判所の裁量にもとづいて、第三者を訴訟参加させることができると規定している。当該土地の売主については、そもそも、判決により侵害される『法的』利益があるかどうかが問題である。本件における当該土地の売主の利益とは、取消しの訴えが退けられた場合は、(買主である) 訴訟参加人は、計画されている集積場を建設することができ、そして、それが操業を開始すれば、当該土地の売主は、(買い主である) 訴訟参加人に対して、六八四万マルクの支払いを請求することができるということにある。したがって、この契約は、訴訟参加人と、おなじく訴訟参加を申し立てている当該土地の売主とのあいだの債権債務法上の法律関係にすぎない。原告と被告、すなわち、主たる当事者のあいだの関係、および、訴訟物——集積場の設置許可——じたいとの関係には、当該土地の売主は、なんら関与していないのである。そのかぎりにおいて、本件についての売主の利益は、純粋に経済的利益にすぎない。」

「行政裁判所法 (VwGO) 六五条二項の意味における『法的利益』とは、本法廷の見解によれば、主たる当事者、あるいは、訴訟物じたいとの関係においてのみ認められるものである。行政争訟手続の結果によって経済的利益が侵害されるというだけで、訴訟参加が認められるとすると、もはや、訴訟参加の範囲は無制限ということになろう。同条の訴訟参加は、民事訴訟法 (ZPO) 六六条以下の補助参加と同七二条以下の訴訟告知の機能を果たすものであるという当法廷の立場は、すこしも変更されるものではない。」

この判決の論理には、若干の異論もあるようである。ムスグングが、二重効果的行政処分の観点から、この判決について、きびしく批判しているので[360]、参考までに、それを見ておこう。

ムスグングは、当該土地の売主には、たんなる経済上の利益以上のものがあるとしている。すなわち、この者の代金支払請求権は、法律上の根拠にもとづくもので、この請求権を維持するという利益は、まさに、行政裁判所法 (VwGO) 六五条一項にいう「法的」利益であるというものである[361]。また、同項の法的利益には、公法上の利益のみならず、私法上の利益もふくむので[362]、したがって、私法上の請求権の実現がはかられる訴訟では、それが行政訴訟であっても、判決により利益・不利益をうける者は、訴訟参加しうる、ともしている[363]。

ムスグングは、本件の問題の核心は、買主が原告となっている訴訟に、売主が、訴訟参加しようとしたのではなく、買主がたんなる訴訟参加人となっているにすぎない訴訟に、売主が、訴訟参加しようとしたことにあると分析している。そのため、カッセル高等行政裁判所は、行政裁判所法（VwGO）六五条二項の意味における「法的利益」は、「主たる当事者、あるいは、訴訟物じたいとの関係においてのみ認められる」と、ことさらに述べたうえで、他の訴訟参加人との関係において、さらなる訴訟参加を認めることはできないとしたのであろうと推察している。[364]

しかし、ムスグングは、本件は二重効果的行政処分に関わるものであり、当該土地の売主の訴訟参加も認めなかったことは、ばかげた結果を招くものであるとしているが、その論証の仕方は、なかなか興味ぶかく、示唆にとむものである。[365]

すなわち、それは、ムスグング独特の、二重効果的行政処分に対する取消訴訟＝義務づけ訴訟対照法[366]を駆使するものであるが、本事例について、取消訴訟の反対のシチュエーションである、義務づけ訴訟の関係を想定している。それは、ゴミ集積場の設置許可がおりず、（土地の）買主が原告となり、設置許可の義務づけを求めて訴訟を提起する場合で、このときは、隣人が、必要的に訴訟参加するのとならんで、（土地の）売主も、主たる当事者との密接な法律関係から、訴訟参加しうることについては、カッセル高等行政裁判所も異議をはさまないであろうとしている。[367]

そして、（土地の）売主からしてみると、自己の支払請求権の基礎となるゴミ集積場の設置許可が、義務づけ訴訟で積極的に争われようが、取消訴訟で消極的に争われようが、大差はないので、いっぽうで訴訟参加を認め、他方で訴訟参加を認めないのは、不当であるとしている。

このムスグングの論理には、なかなか興味ぶかいものがあるが、そのまま認められるかは疑問である。その、取消訴訟における必要的訴訟参加と、義務づけ訴訟における必要的訴訟参加の関係については、次節において、くわしく分析したい。

第二項　判例理論の総括

(a)　合一的確定と法律関係関与性

一　ここで分析した判例から、行政処分の取消訴訟、義務づけ訴訟、確認訴訟では、いわゆる「二重効果的行政処分」を対象とするものにおいて、処分に関わる国民の訴訟参加が必要的となることがわかった。このことは、判例理論は、とうぜんの前提としているようで、なぜ、二重効果的行政処分の取消訴訟等では、訴訟参加が必要的となるのかということについて、実体法のレベルから、あらためて論じている判例はない。〔事例①〕に見られるように、「個人と行政庁のあいだで、当事者に利益を与えると同時に、第三者に不利益を与えるような行政処分、あるいは、そのぎゃくに、当事者に不利益を与えると同時に、第三者に利益を与えるような行政処分に関する争いが存するようなケースが、必要的訴訟参加の典型的なものである」とするだけである。(368)

判例理論で、しばしばもちだされる二重効果的行政処分の例とは、建築許可行政処分であり、これの取消しを隣人が求める訴訟に、許可をうけた建築主の訴訟参加が必要的であるとするシチュエーションを、基本に考えているようである。問題は、この場合に、なぜ、建築主の訴訟参加が、必要的となるのかということであるが、判例理論は、この問題を、訴訟法のレベルで、最初から、本質的にとらえており、「取消判決の形成力」のゆえに訴訟参加が必要的とならざるをえないとみている。形成訴訟の一種である行政処分の取消訴訟の取消判決には、とうぜんのことながら、形成力がある。その内容は、処分がいったん建築主に対して認めた建築しうるという法的地位を消滅させるものである。これは、われわれの理解では、建築主が訴訟参加していようが、いまいが、建築主にもおよぶ効力である。

ところが、いっぽうで、〔事例①〕のなかでも明確に指摘されているところであるが、ドイツでは、民事訴訟法（ZPO）三二二条および行政裁判所法（VwGO）一二一条の原則により、判決の効力は、訴訟当事者のみに及ぶという大前提がある。つまり、この原則との整合性の問題が、つぎにでてくるのであり、そのあいだの説明づけは、判例理論も頭を悩ませているようである。たとえば、〔事例①〕では、民事訴訟法（ZPO）三二二条および行政裁判所法（VwGO）一二一条の大前提から出発して、「必要的訴訟参加人を訴訟参加させないのであれば、いかなる場合においても、判決は、訴訟参加しない第三者には、形式的確定力も実質的確定力も及ぼせないのである。なぜなら、それらは、争訟手続に関係する者にのみ結びつけられているからである」とするならば、論理的には、けっきょく、取消判決の効力は当事者にもおよばないとせざるをえないという、ふしぎなことになると指摘している。

というのも、取消判決には形成力があるので、同一の行政処分が、訴訟当事者のあいだでだけ取り消され、第三者との関係では取り消されずに残存するということが、ひとつの矛盾であることは、ドイツの判例理論も認めるので、そうせざるをえないとするのである。したがって、民事訴訟法（ZPO）三二二条および行政裁判所法（VwGO）一二一条の大前提の枠内では、取消判決の形成力と、論理的に整合させようとすると、必然的に、第三者にまで判決の効力を拡張するという便法をとるしか方途がなくなるのである。

二重効果的行政処分は、このような訴訟上の関係を提供する基礎となる――原告の取消しの請求が認容されれば、同時に、第三者の法的地位がくつがえされるという関係が重要なのである――ものであるので、二重効果的行政処分をめぐる争いにおいては、とうぜんながら、それに関わる第三者についても、合一的確定の要請として、判決の効力が拡張される方途――必要的訴訟参加の措置――がとられなければならないのである。

このように、判例理論では、いかなる場合に、第三者の訴訟参加が必要的となるのかは、とりもなおさず、実体法上の法律関係によって定まると考えられているのである。その意味で、訴訟参加が必要的である場合の判定において、判例理論では、争訟の基礎になっている行政処分が、二重効果的であるかどうかが、重要な判定基準となっているようである。

二　つぎに、判決の効力の拡張と、合一的確定の要請の関係について見てみよう。

判決の効力の拡張の目的については、義務づけ訴訟についてであるが、〔事例⑫〕では、「当事者のあいだで決せられた問題を、あらためて、裁判所の審査に付し、べつの決定が下されうる事態を、なんとしても避けなければならない」ということと、「第三者の権利を侵害することを被告に義務づけながら、それを、第三者との関係で、効力をもたないままにしておくという、ほんらい不可能な内容の給付を、被告に命じてはならない」ということにあると述べられている。

判例理論では、判決の効力の拡張というのは、合一的確定の要請により、いわば、やむをえず行われる、ひとつの手段、あるいは、便宜的な措置と考えられていることは、すでに見たとおりである。

その判決の効力の拡張の根底にある、合一的確定の要請とは、〔事例⑪〕では、「たんに、内容的に同一の決定がなされるだけでたりる場合は、第三者の訴訟参加は、必要的とはいえない。むしろ、判決により、直接に、第三者の権利もしくは法律関係が形成される関係にあるときに、（同法（VwGO）一二一条により）第三者が手続に関与しなければ、その権利もしくは法律関係の形成が有効になされえない場合に、それは必要的となるのである」と述べられているが、これなどは、判決の効力の拡張と合一的確定の要請の関係の本質を、端的に示すものである。

おもてむきの論理とすれば、合一的確定の要請がある場合に、判決の効力が拡張されることが必要的となる——訴訟参加が必要的となる——ということであろうが、じっさいには、ぎゃくに、判決の効力を拡張しなければ重大な訴訟上の矛盾が生ずる場合に、合一的確定の要請があると考えたほうが、わかりやすいようである。

三　必要的訴訟参加との関係で、判決の効力の拡張というのは、右に見たとおり、訴訟上の矛盾を排除するために、けっきょくのところは、やむをえず行われるひとつの手段、あるいは、便宜的な措置であるので、必要的訴訟参加の目的については、判例理論でも、判決の効力の拡張以外のことを上げているものもある。

たとえば、〔事例③〕では、「必要的訴訟参加は、判決の効力の拡張のみを目的とするものではなく、むしろ、第三者に、裁判手続において陳述し、みずからの利益を防御する機会を与えることを目的とする」とされている。また、〔事例⑩〕では、行政裁判所法六五条（VwGO）二項の意味・内容は、「判決の効力を必要的訴訟参加人にまで拡張し（同法（VwGO）一二一条）、それゆえ、裁判手続において、その者に、攻撃・防御の機会が与えられなければならないということにある」とされている。

これらは、いずれも、必要的訴訟参加は、訴訟上の便宜のための判決の効力の拡張という目的のために行われるものであるが、その真の意義は、いずれは判決の効力の拡張をうけ、判決に服さなければならない第三者に、いわば手続上の正義として、あらかじめ訴訟参加させ、みずからの利益を防御する機会を与えるということにあるとするものである。

ただ、注意しなければならないのは、必要的訴訟参加の目的として、このようなことを、判決の効力の拡張という目的以外にもちだすことは、判例一般について見られるものではなく、むしろ、例外的に、いくつかの判例のなかに散見しうるにすぎないということである。したがって、判例の一般理論としては、いぜんとして、必要的訴訟参加の主たる目的は、判例の効力の拡張にあるということであろうと思われる。

四　ドイツの判例理論では、必要的訴訟参加が認められる基礎として、判例の効力の拡張＝合一的確定の要請ということ以外に、法律関係関与性というものがなければならないとされている。たとえば、〔事例⑥〕や〔事例⑦〕で述べられているように、必要的訴訟参加は、第一に、第三者が係争法律関係に関与することを要件とし、第二に、合一的確定が必要的であることを要件とするとされている。このかぎりでは、むしろ、法律関係関与性のほうが、合一的確定より重要であるような印象をうける。

しかし、判例のなかで法律関係関与性が問題にされるのは、義務づけ訴訟においてである。ドイツでは、自己に授益的な行政処分の発布を求める訴えを提起することはもとより、競願関係などで、第三者に授益的な行政処分の取消しを求め、同時に、自己に授益的な行政処分の発布を求める訴えを提起することがおおい。この義務づけ訴訟では、処分の名あて人以外の者が、処分の取消しを求め、その訴訟に、処分の名あて人が訴訟参加するという取消訴訟の関係とぎゃくになり、処分の名あて人となる者が義務づけ判決を求める訴訟に、処分の名あて人以外の者が、訴訟参加を申し立てるという関係になる。

判例理論では、概して、後者の関係において、必要的訴訟参加が認められないとする根拠に、この法律関係関与性という概念を用いているようである。(369)

たとえば、〔事例⑤〕では、連邦インミッシオン防止法（BImSchG）にもとづく砂利工場の建設許可処分の義務づけ訴訟では、原告が求める判決は、ただ、同法（BImSchG）にもとづいて許可を与えることを、被告に義務づけることを判示するだけで、許可そのものの給付を内容とするわけではないので、その建設および操業によって被害をうける近隣者は、原告と被告のあいだの法律関係に関与しているとはいえないとされている。

また、〔事例⑥〕では、建築主がみずからに建築許可を行うことを求める義務づけ訴訟では、建築禁止によって保護された第三者は、そのことによって、係争法律関係に関与しているとは、いかなる場合においても認められないとされている。

また、〔事例⑦〕では、「訴えの対象が建築法上の処分である行政争訟手続においても、この処分が、公の安寧秩序に対する危険を除去するためだけのものではなく、例外的に、同時に、その者に法的請求権を付与する意図のもとに行われたものである場合は、隣人の訴訟参加は必要的となるであろう」という一般論を述べたあと、係争地所をディスコとして使用することを禁止する即時執行命令は、たんに、ディスコの経営者を名あて人とするだけで、隣人の保護のために行われたものではないので、経営者が使用禁止の即時執行命令の執行停止を申し立てた手続では、隣人の訴訟参加は必要的ではないとされている。

また、〔事例⑧〕では、営業主がみずからに旅館営業許可を行うことを求める義務づけ訴訟では、「義務づけ訴訟の基礎となる、旅館営業許可を求めうる原告の請求権を発生させる法律関係に、隣人は関与していない」とされている。

二重効果的行政処分における義務づけ訴訟と取消訴訟の関係は、ムスグングの分析によってあきらかにされたように、ある種の対照関係にある。二重効果的行政処分が義務づけ訴訟の対象となるときは、処分により利益をうける者が原告となり、処分により不利益をうける者が訴訟参加する。二重効果的行政処分が取消訴訟の対象となるときは、処分により不利益をうける者が原告となり、処分により利益をうける者が訴訟参加する。いずれにしても、被告が行政庁であることは、不動であるが、原告と訴訟参加人は、可変的で相互交換的である。(370)しかし、必要的訴訟参加についていえば、二重効果的行政処分が、義務づけ訴訟の対象となる場合と、取消訴訟の対象となる場合では、その基礎にある実体法関係は、けっして対照関係にあるとはいえないようである。

取消訴訟においては、訴訟参加を申し立てる者は、訴訟において、まさに、自分の法律関係が争われ、まさに、自分が得た法的地位が取り消されようとしているという意味で、係争法律関係に関与しているといえるのである。ところが、義務づけ訴訟においては、原告が、みずからの法的地位の形成を求めるのであって、まさに、原告の法律関係が争われており、訴訟参加を申し立てる者の法律関係が争われているわけではない。

もちろん、原告の法律関係に、訴訟参加を申し立てる者が密接に関与しているという関係があれば、取消訴訟の場合と対照関係にあるといえようが、判例理論では、よういには、それは認めないようである。〔事例⑧〕に、端的に述べられているように、営業許可を求めうる原告の請求権を発生させる法律関係に、訴訟参加を申し立てる隣人は関与していないという論理であるが、その根底にあるのは、ようするに、訴訟の形態が、原告に対する行政処分の発布を行政庁に「義務づける」訴訟にすぎないということである。

五　このことをさらに、義務づけ訴訟の段階で隣人をシャット＝アウトする場合の、隣人の権利保護の問題について、判例理論にそくして分析すると、それは、義務づけ訴訟に関連してただちに行われるであろう取消訴訟において、対処しうると考えているようである。〔事例⑧〕で述べられているように、義務づけ訴訟で争われている法律関係に、隣人が関与していないとされたとしても、「そのことに、旅館営業許可の義務づけを求める原告の訴えが認容され、行政庁が、そのとおりに、許可を与えた場合は、隣人の権利が侵害されることもありうるということは、矛盾するものではない。そのような場合は、隣人は、許可をうけた者が必要的に訴訟参加すべき取消訴訟において、旅館営業許可の取消しを勝ちとることができるのである」として、隣人の権利保護は、義務づけ判決にしたがって発布される行政処分を、原告として、取消訴訟で争えばたりるとしている。

ただ、この論理は、若干、訴訟参加の利益レベルの権利保護と、取消訴訟の訴えの利益レベルの権利保護を、混同しているように思われる。そして、また、訴訟の一回的解決という観点からも、最初の訴訟で（第三者とはいえ）十分な権利保護を与えず、しょうらいの訴訟に下駄をあずけるというのは、問題であるように思われる。

しかし、右のような権利救済の不備（?）も、けっきょくのところは、必要的訴訟参加が認められる基礎となる訴訟参加申立人の法的地位が、一般的に、（二重効果的行政処分の取消訴訟において）原告適格が認められるための、原告の法的地位よりも、かなり厳格なものが要求されているということに起因しているようである。

(b)　被告のがわへの必要的訴訟参加

一　これは、必要的訴訟参加の理論にとって本質的問題ではないかもしれないが、ただ、理論上の興味として、必要的訴訟参加というのは、被告行政庁のがわにだけ認められるのか、それとも、原告のがわに訴訟参加することが必要的となりうる場合もありうるのかという問題がある。ドイツの行政訴訟理論では、このあたりについては、なにも論じられていない。というよりも、そもそも、そのような問題認識もないようである。したがって、これに問題関心をいだくわれわれとしては、ドイツの事例のシチュエーションを確かめつつ、ドイツの必要的訴訟参加の理論および二重効果的行政処分の理論と照らしあわせて、けっきょくのところ、必要的訴訟参加は被告行政庁のがわにおいてのみ認められるということを、みずから、あきらかにするしかないのである。

二　第三者を名あて人とし権利・利益を与える二重効果的行政処分の取消訴訟においては、必然的に、被告行政庁のがわへの必要的訴訟参加しか認められない。それは、訴訟参加が必要的であるとされる（取消訴訟の当事者ではない）第三者は、原告に対して、みずからの法的立場を防衛する関係にある――この点に、訴訟参加が必要的であることの根拠がある――ので、とうぜん、被告行政庁のがわに訴訟参加するのである。[371]この理は、ぎゃくの二重効果的行政処分――原告を名あて人とし不利益を与える処分――の取消訴訟についても、同様である。ようするに、第三者と原告は対立関係にあるということが、重要なのである。

義務づけ訴訟においても、二重効果的行政処分の発布の義務づけを求める訴訟では、論理的に、必要的訴訟参加は、被告行政庁のがわにしか認められない。なぜなら、構造的に、原告と第三者（訴訟参加申立人）の関係は、取消訴訟とぎゃくになるのであるが、原告と第三者が対立関係にあるという基本はかわらないからである。

そうすると、必要的訴訟参加が原告のがわに認められるかどうかという問題の前提には、第三者（訴訟参加申立人）が原告と同じ利益状況にあるということがなければならない。ところで、このような利益状況は、環境訴訟において、おおく見られ、たとえば、〔事例⑨〕のように、工場建設が許可されることにより不利益をこうむる隣人が複数おり、それぞれが、許可処分の取消しを求める原告適格を有するという関係にある場合である。これについては、それらの者は、おなじ請求をなしうるというだけで、（原告となる）そのうちひとりの者の法律関係に、（訴訟参加を申し立てる）他の隣人は関与しているとはいえず、したがって、これらの者のあいだには、合一的確定の要請はない――それぞれの者の個別的確定でたりる――とされている。このシチュエーションでは、とうぜん、共同訴訟および必要的共同訴訟の理論が関連してくるが、これについては、次節の学説理論を含めた全体総括のなかで、検討する。

また、この〔事例⑨〕のなかでは、通常訴訟参加ならば可能であるということが示唆されているが、この問題については、あらためて、通常訴訟参加の理論をふまえて検討する必要があると思われるので、これも次節の全体総括のなかで検討する。

三　第三者（訴訟参加申立人）が原告と同じ利益状況にあるということでは、婚姻・親子関係を形成・確認する処分、国籍に関する処分についての取消訴訟にも、おなじようなシチュエーションがみられる。(372) すなわち、行政庁が原告の正しい姓を確認した行為の取消しを求める訴えに、原告の妻や子の訴訟参加は必要的ではないとされた〔事例⑮〕、外国人に対する国外退去処分の取消訴訟に、その外国人の配偶者の訴訟参加は必要的ではないとされた〔事例⑯〕では、原告の配偶者（妻）や子は、原告と対立関係にあるわけではなく、むしろ、原告が不利益をうけることにより、みずからの立場があやうくなるという関係にあるのである。しかし、判例理論では、姓の確認も、国外退去も、原告個人の法的地位に関わることであって、その配偶者（妻）や子は、原告の法律関係に直接に関与するものではないので、合一的確定の要請は存在しないとされている。したがって、これらの処分の取消訴訟においても、原告のがわへの必要的訴訟参加の可能性はないということである。

(c)　職権による必要的訴訟参加の審査

純粋に訴訟手続上の問題として、下級審において、訴訟参加が必要的な事例であったにもかかわらず、訴訟参加の措置がとられなかったが、訴訟で、そのことをだれも問題にせず、また、上訴においても、その瑕疵が主張されていない場合に、なお、上級審が、職権で、訴訟参加が必要的であった事案であったかどうかを審査し、訴訟参加が必要的であったのに、その措置がとられなかったという下級審の手続上の瑕疵を問題にすることができるか、ということがある。

ただ、これについては、ドイツの判例理論では、すでに決着がついている。(373) 連邦行政裁判所一九六三年三月二七日判決(374)では、訴訟要件の存在については、上告審は、職権で審査しうるとし、また、上告審が事案に対する判決を下すにあたり、影響を与えるような裁判手続の瑕疵については、職権で審査されねばならず、必要的訴訟参加の措置がとられなかったということは、このような裁判手続の瑕疵にあたるとしている。さらに、控訴審の手続で必要的訴訟参加の措置がとられなかったという瑕疵が、当事者から主張された場合にのみ、上告審の手続で考慮されるというのでは、上告裁判所の役割ははたされないとする判例(375)もある。

けっきょく、このように、訴訟参加が必要的であるのに、訴訟手続のなかでそれが無視され、訴訟参加の措置を裁判所がとらないことは、重大な手続の瑕疵を構成し、そのことを監視するのが上級裁判所の職務義務であると解さなければ、必要的訴訟参加の趣旨は、訴訟手続のなかで貫徹されないであろう。

なお、上級裁判所が、職権で、訴訟参加が必要的である事案であるかどうかを審査することの必要性を、必要的訴訟参加人の立場から、判例(376)では、つぎのように解説されている。「この手続上の瑕疵にだれよりも関わる必要的訴訟参加人は、じっさいに手続に訴訟参加していないので、上告において、この瑕疵があることを主張できないし、また、当事者のほうも、第三者の訴訟参加については、さほど関心をもっていないということが、経験則的にいえるからである。」

ドイツにおいては、このように、下級審の手続で必要的訴訟参加の措置がとられなかったことが重大な手続上の瑕疵を構成し、それによって、下級審の判決を、上級審が、職権で破棄しうると認めることは、手続上の保障としてきわめて重要なことのようである。

(247) 新山「訴訟参加と行政事件の解決」（一章注(1)）一四五頁。

(248) 以下、とり上げる判例の末尾で、その訴訟参加が、被告のがわに申し立てられたものであるのか、原告のがわに申し立てられたものであるのか、チェックすることにする。

(249) ドイツにおける二重効果的行政行為論の発展過程については、すでに、わが国で詳細な紹介がなされているので、あらためて、ここで再検討するまでもないと思われる。これについては、石崎誠也「西ドイツにおける「二重効果的行政行為」論」（兼子仁編著『西ドイツの行政行為論』（一九八七年）所収）二二五頁以下にくわしい。また、ドイツにおける主要な二重効果的行政行為理論の分析については、東條武治「行政上の保全訴訟の研究序説（続）――西ドイツにおけるいわゆるDoppelwirkungおよびDrittwirkungを伴う行政行為に対する仮の権利保護――」大阪経済法科大学論集第一号（一九七三年）五頁以下にくわしい。

(250) Laubinger, a. a. O.（Anm. (18)）, Ule, Carl Hermann = Laubinger, Verwaltungsverfahrensrecht, 4 Aufl., 1995. による。

(251) Laubinger, a. a. O.（Anm. (18)）, S. 29. ドイツの他の論者の二重効果的行政行為の定義は、それぞれ、若干、ことなっているようであるが、それについては、ここでたちいる余裕がないので、東條・前掲（本章注(249)）五頁以下、石崎・前掲（本章注(249)）二二九頁以下の分析にゆずる。

(252) Laubinger, a. a. O.（Anm. (18)）, S. 29.

(253) このあたりの判例史については、vgl., Laubinger, a. a. O.（Anm. (18)）, S. 33ff.

(254) Kopp=Schenke, a. a. O.（Anm. (5)）, Rdn. 17 zu Art. 65. Redeker=von Oertzen, a. a. O.（Anm. (10)）, Rdn. 9 zu Art. 65. Schoch=Schmidt-Aßmann=Pietzner=Bier, a. a. O.（Anm. (108)）, Rdn. 19 zu Art. 65. Würtenberger, a. a. O.（Anm. (4)）, Rdn. 222. usw..

(255) ミュンスター高等行政裁判所一九五〇年一〇月一八日判決は、「係争行政行為が、訴訟当事者および第三者のあいだの法律関係を、直接に形成し、もしくは、消滅させる場合は、とくに、訴訟参加が必要的となる。……一般的にいえば、第三者の法的地位が直接に侵害され、判決の確定力が第三者にも生じなければ、判決が効力をもちえないような場合には、つねに、訴訟参加は必要的となる」としていた。Urteil des OVG. (Oberverwaltungsgericht) Münster vom 18. 10. 1950, OVGE (Entscheidungen der OVG für das Land Nordrhein-Westfalen in Münster und für die Länder Niedersachsen und Schleswig-Holstein in Lüneburg), Bd. 4 S. 10f. Ähnliche Urteile: Urteil des Württ.-Bad. (Württemberg-Baden) VGH (Verwaltungsgerichtshof) vom 12. 1. 1951, VRspr. (Verwaltungsrechtsprechung in Deutschland), Bd. 3 S. 471ff. Urteil des Hess. (Hessen) VGH vom 13. 5. 1955, ESVGH. (Entscheidungssammlung des Hessischen und des Württemberg-Badischen Verwaltungsgerichtshofes), Bd. 1 S. 131ff.

(256) Urteil des BVerwG vom 10. 3. 1964, E., Bd. 18 S. 124ff.

(257) 事案は、以下のとおりである。原告は、行政裁判官であるが、最古参の裁判官として、K行政裁判所所長を代理していた。しかし、高等行政裁判所所長の要請をうけて、被告ラントは、T行政裁判所支部長であったK博士を、K行政裁判所所長に任命する辞令をだした。そこで、原告は、この辞令により、自己の権利が侵害されたとして、この辞令の取消しを求めて訴えを提起した。控訴審で、原告の訴えが棄却されたのち、上告されたが、上告審では、原審で、K博士を訴訟に参加させることが必要的であったにもかかわらず、それをしなかったことが問題にされ、原判決が破棄され、事案が控訴審に差し戻された。

(258) 実体法上の関係から、けっきょく、合一的確定の必要性が認められなかった事例として、Urteil des BVerwG vom 7. 9. 1984, NJW (Neue Juristische Wochenschrift) 1985 S. 281. がある。

(259) この立場をそのまま踏襲したものとして、Urteil des VGH Kassel vom 9. 12. 1965, MDR 1966 S. 266f. がある。

(260) 行政裁判所法（VwGO）一四一条は、「上告については、この章（上告）の規定により別段の結果が生じないかぎり、控訴に関する規定を準用する」としている。

(261) 行政裁判所法（VwGO）一二五条一項は、「控訴審の手続については、この章の規定により別段の結果が生じないかぎり、第二編（第一審手続）に関する規定を準用する」としている。

(262) 行政裁判所法（VwGO）一四二条は、「上告審の手続については、訴えの変更および参加は、認められない」としている。

(263) 連邦行政裁判所一九六三年三月二七日判決――Urteil des BVerwG vom 27. 3. 1963, E., Bd. 16 S. 23. ――は、「上告裁判所が事案に対する判決を下すにあたり、影響を与えるような裁判手続の瑕疵については、職権で審査されなければならない。必要的訴訟参加についての措置がとられなかったということは、このような裁判手続の瑕疵にあたる」と判示している。

(264) ラウビンガーの「二重効果的行政行為」は、ひとつの行政行為が複数の当事者をもつ場合で、いっぽうで、そのうち一人以上のものに利益を与え、同時に、他方で、他の者に不利益を与えるようなものであったが、この場合は、もちろん、利益と不利益を与える原因は同一であって、いっぽうの者に利益を与えることが、すなわち、他方の者に不利益を与えるという表裏の関係があることを、前提としている。本件の場合では、K博士を行政裁判所所長に任命する行為によって、とうぜんに、原告が（法律上の）不利益をうけるという関係にあるかが、問題となる。本件の事実関係（本章注(257)参照）では、行政裁判所所長のポストが空席であったので、最古参であった原告が、（事実上？）所長代理をつとめていたところ、被告ラントが、K博士を所長に任命したということにある。このような事実関係のもとで、原告に、当該任命行為により侵害される法的地位が、そもそも、あったのか、当該任命行為に並行して、原告の所長代理を免ずる辞令がだされたのかなどについては、この判決のなかでは、いっさい論じられていない。むしろ、本判決では、とうぜんのごとく、原告の原告適格が承認されている。

なお、二重効果的行政処分の取消訴訟の原告適格の問題については、ラウビンガーが緻密な分析を行っており――Laubinger, a. a. O. (Anm. (18)), S. 14ff. ――、これについては、石崎・前掲（本章注(249)）二三〇頁に、くわしい。

(265) Urteil des BVerwG vom 21. 5. 1976, E., Bd. 51 S. 6.

(266) 事案は、以下のとおりである。

原告A市は、旧連邦遠距離道路法――Bundesfernstraßengesetz in der Fassung vom 6. 8. 1961, BGBl. I S. 1741――一七条によってなされた計画確定決定の補充を求めた。すなわち、被告行政庁が、高速自動車専用道路（Autobahn）の建設主体に、防音施設を設置する負担を課すことを、被告行政庁に求めたものである。しかし、計画確定手続において、ヘッセン州経済交通大臣は、原告の請求をしりぞけた。そこで、原告A市は、被告行政庁に、建設道路沿いの住居の保護のため、防音施設が設置されるための措置をとることを義務づけることを求める訴えを提起した。

(267) 旧連邦遠距離道路法（注(266)参照）一七条四項は、「計画確定決定のなかで、道路建設主体に対して、公共の福祉のため、ないしは、近隣の土地の利用に害を与えないために必要とされる施設の設置および維持を、義務づけなければならない」と規定していた。

(268) 旧連邦遠距離道路法（注(266)参照）五条一項は、「連邦は、連邦道路への連絡道路の建設または改築に対して、および、連邦高速自動車専用道路への連絡道路の建設または改築に対して、補助金ないしは貸付を保障する」と規定していた。

(269) 旧連邦遠距離道路法（注(266)参照）二二条四項は、「この法律によって、ラント行政庁の権限が認められる範囲で、ラントは、管轄行政庁を定める。ラントは、この法律によって認められる範囲で、上級道路建設行政庁の権限を、下級行政庁にうつすことができる。この場合は、連邦交通大臣に報告しなければならない」と規定していた。

(270) 基本法（GG）九〇条二項では、「ラント、ないしは、ラント法により権限が与えられた自治行政団体は、連邦からの委任により、連邦高速自動車専用道路および連邦遠距離道路の管理を行う」と規定されている。

(271)　原告、被告、訴訟参加人の三角関係についての、取消訴訟と義務づけ訴訟の関係を的確に示唆するものとして、ムスグングの興味ぶかい分析がある。

すなわち、二重効果的行政処分が義務づけ訴訟の対象となるときは、処分により利益をうける者が、原告となり、処分により不利益をうける者が、訴訟参加する。二重効果的行政処分が取消訴訟の対象となるときは、処分により不利益をうける者が、原告となり、処分により利益をうける者が、訴訟参加する。いずれにしても、被告が行政庁であることは、不動である。原告と訴訟参加人は、可変的で相互交換的である。義務づけ訴訟（取消訴訟）で原告であった者は、取消訴訟（義務づけ訴訟）では、被告のがわに訴訟参加し、必死になって、処分の防衛に努めるのであるというものである。Mußgung, Reinhard, Die Beiladung zum Rechtsstreit um janusköpfige und privatrechtsrelevante Verwaltungsakte, NVwZ 1988 S. 34.

(272)　Urteil des BVerwG vom 15. 4. 1977, E., Bd. 52 S. 237ff.

(273)　Urteil des BVerwG vom 15. 3. 1988, DVBl. 1988 S. 738ff.

(274)　原告は、地区煙突掃除マイスターとしての地位の確認を求めて、訴訟を提起したが、それに対して、四五名の訴訟参加人が、O郡（Regierungsbezirk）における「煙突掃除施行権（Schornsteinfegerrealrecht）」の用益権者（Nießbraucher）であることを主張して訴訟参加した。原告が確認を求める内容は、以下のとおりである。すなわち、被告ラントが、原告が所属する掃除区域で行政から委託される者の選考において、原告を、他の掃除区域と同じ方法――職業上のランク付けなどによる――で選考すべきことの確認である。

本件では、右に述べたように多数の利害関係人の訴訟参加があったが、ひとりの利害関係人の地位を承継した者（息子）の、訴訟参加も必要的であったのに、それに対する措置が、第一審でとられなかったことの手続上の瑕疵が、上告審（飛越上告）で問題にされた。

(275)　vgl., Urteil des BVerwG vom 2. 9. 1983, DVBl. 1984 S. 91ff. ――〔事例⑩〕――

(276)　Urteil des BVerwG vom 7. 9. 1984, DVBl. 1985 S. 118ff.

(277)　確認訴訟において必要的訴訟参加が否定された例として、Urteil des BVerwG vom 10. 12. 1971, DVBl. 1972 S. 224ff. がある。

(278)　ラウビンガーから、建築法は、二重効果的行政行為の発祥の地であると評されるように――Laubinger, a. a. O. (Anm. (18)), S. 34f. ――、ドイツの行政法理論では、建築許可処分は、法的に保護された隣人の地位を、重大に侵害することのある二重効果的行政行為の典型であると考えられている。したがって、隣人訴訟は、第三者訴訟として認められるものの典型であるとも考えられている。なお、参照、石崎・前掲（本章注(249)）一三六頁。

(279)　ヴュルテンベルガーによれば、建築法上の隣人訴訟は、建築許可の取消訴訟において認められるとされている。なぜなら、建築許可処分というのは、建築主に利益を与え、そのかぎりで、隣人に不利益を与えうるからである。しかし、ヴュルテンベルガーは、このような隣人の防御請求権は、直接、憲法上の基本権――基本法（GG）一四条一項、二条二項など――に由来するものではなく、原則として、立法者が、規範において、隣人保護を意図しているときにのみ、隣人は保護されるのであるとしている。そして、建築計画法もしくは建築規制法の規定が、隣人保護を意図したものであるのかは、憲法のさまざまな規定に適合するように、解釈しなければならないともしている。Würtenberger, Thomas, a. a. O. (Anm. (4)), Rdn. 283. Ebenso : Urteil des BVerwG vom 1. 3. 1991, E., Bd. 88 S. 69ff.

また、ゼルマンの詳細な判例分析によれば、一九四九年の基本法（GG）制定以降は、その一九条四項の一般条項をうけて、原告適格が拡大されたことにより、下級審において、右記のような隣人訴訟が認められてきた。そして、一九六〇年八月一八日の連邦行政裁判所判決――Urteil des BVerwG vom 18. 8. 1960, E., Bd. 11 S. 95.――により、確定的に、建築許可に対する隣人訴訟が認められるにいたった。Sellmann, Martin, Entwicklung und Problematik der öffentlichrechtlichen Nachbarklage im Baurecht, DVBl. 1963 S. 276ff.

(280) Laubinger, a. a. O. (Anm. (18)), S. 44. ラウビンガーは、建築をしうる権利は、すでに、基本法（GG）一四条（所有権の保障）によって与えられているとしている。

(281) Laubinger, a. a. O. (Anm. (18)), S. 44.

(282) Laubinger, a. a. O. (Anm. (18)), S. 45ff.

(283) ①の処分の例として、ラウビンガーが上げるケースは、以下のとおりである。

Aは、山腹に別荘を所有しており、そこから、谷を見下ろすすばらしい眺望がたのしめていた。ところが、すぐ下がわの土地を、Bが、買い集め、そこに建築物を建てる計画を、行政庁に示し、建築許可を得た。この建物がたつと、せっかくのAの別荘からの眺望が、だいなしになってしまうというものである。なお、ラウビンガーは、このような建築許可処分のことを、単純建築許可（einfache Bauerlaubnis）と称している。Laubinger, a. a. O. (Anm. (18)), S. 45.

(284) Laubinger, a. a. O. (Anm. (18)), S. 46f.

(285) ラウビンガーは、このような建築許可処分のことを、「解除にもとづく建築許可（Bauerlaubnis unter Dispens）」と称している。Laubinger, a. a. O. (Anm. (18)), S. 47.

(286) Laubinger, a. a. O. (Anm. (18)), S. 47. デルフラーも、隣人保護を目的とする建築規範の解除は、二重効果的行政処分としての性格を有するものであるとしている。すなわち、それは、当該建築法規の適用を免れさせるものであるので、隣人の権利を制限するものであるとしている。Dörffler, Wolfgang, Verwaltungsakte mit Drittwirkung, NJW 1963 S. 17.

(287) ラウビンガーは、このような建築許可処分のことを、「例外としての建築許可（Bauerlaubnis mit Ausnahme）」と称している。Laubinger, a. a. O. (Anm. (18)), S. 50.

(288) Laubinger, a. a. O. (Anm. (18)), S. 51ff.

(289) Urteil des BVerwG vom 30. 11. 1973, DÖV 1974 S. 318f.

(290) ライン=マイン=ドナウ川大航路の拡張の過程で、権限を有する行政庁が、堰Hの計画を確定した。その計画確定決定のなかには、これまでライン川岸で発電所を経営してきた土地所有者に対して、移転と営業を制限することの補償を、事業者に義務づける規定が含まれていた。原告たる事業者は、この規定の取消しを求めて、訴訟を提起した。

(291) 同旨のものとして、道路建設主体である地方公共団体の必要的訴訟参加が認められた、連邦行政裁判所一九八二年一月一五日判決——Urteil des BVerwG vom 15. 1. 1982, E., Bd. 64 S. 325.——がある。

(292) Beschluß des VGH Mannheim vom 8. 11. 1976, NJW 1977 S. 1308f.

(293) 原告は、みずからに対して、連邦インミッシオン防止法——BImschG (Gesetz zum Schutz vor schädlichen Umwelteinwirkungen durch Luftverunreinigungen, Geräusch, Erschütterungen und ähnliche Vorgänge vom 15. 3. 1974, BGBl. I S. 721/1193) ——四条により、砂利工場建設および砕石施設の拡張の許可をするよう、被告行政庁に義務づけることを求める訴訟を提起した。それに対して、工場建設予定地から三〇〇ないし五〇〇メートル内に居住する者、および、砕石施設から約一三〇メートル離れたところに、製粉所および住居を構える者が、訴訟参加することを申し立てたが、第一審行政裁判所は、これを不許可とする決定をした。そこで、即時抗告されたものである。

なお、四条一項では、「当該施設が建設され、操業されることにより、いちじるしく、環境を害し、または、一般の者、あるいは、近隣の者に危険を及ぼすおそれがある場合は、当該施設の建築、操業については、許可を要する」と規定されている。

(294) 〔事例⑥〕

(295) Beschluß des BVerwG vom 21. 6. 1973, DÖV 1975 S. 99.

(296) Sellmann, a. a. O., DVBl. 1963 (Anm. (279)) S. 278. Urteil des BVerwG vom 18. 8. 1960, NJW 1961 S. 793ff.

(297) Beschluß des Hess. VGH vom 29. 8. 1986, BRS (Baurechtssammlung) Bd. 46 S. 435 ff.

(298) 訴訟参加申立人らは、ディスコが経営されている建物に隣接する建物の所有者である。申立人らは、ディスコの経営者が、当該場所を、ディスコとして使用することを禁止する即時執行命令の執行停止を申し立てる手続に、参加することを申し立てた。ところで、当該場所は、建築法上、レストランとして使用することを許可されたものであって、それを、ディスコとして使用する場合には、同法により、使用変更の許可をうけることが義務づけられているのに、それを怠ったものであった。

第一審行政裁判所は、訴訟参加申出人らの訴訟参加の申立てを不許可とする決定をした。そこで、ラント高等裁判所に対して即時抗告がなされた。

(299) Beschluß des BVerwG vom 18. 2. 1977 Buchholz (Sammel-und Nachschlagewerk der Rechtsprechung des BVerwG, herausgegeben von Buchholz, Karl) 310 § 65 VwGO Nr. 44.

(300) Urteil des BVerwG vom 30. 11. 1973, DÖV 1974 S318ff.――〈事例④〉――

(301) vgl., Urteil des BVerwG vom 13. 6. 1969, BRS Bd. 22 S. 268ff.

(302) Urteil des BVerwG vom 20. 5. 1992, Buchholz 310 §65 VwGO Nr. 106.

(303) vgl., Beschluß des BVerwG vom 21. 6. 1973, DÖV 1975 S. 99ff. ――〈事例⑥〉――

(304) 旅館業法――Gaststättengesetz vom 5. 5. 1970, BGBl. I S. 465.――二条、四条に規定された旅館営業許可の要件は、旅館業を行おうとする者の物的、人的要件のみを内容としている。

(305) このことの分析は、石崎・前掲（本章注(249)）で、くわしく行われている。

(306) Urteil des BVerwG vom 5. 7. 1974, DVBl. 1974 S. 767ff.

(307) 事案は、以下のとおりである。被告決定委員会は、訴訟参加人に、ガラス工場の建築許可を与えた。ところで、その工場が建築される敷地の北がわには、ちいさい公園があり、それに面したW通り沿いに二七棟の家屋がたっており、原告の家も、そのひとつであった。また、敷地の南がわは、市民の憩いの場である、ひろい運動公園で、美観を保つような配慮がされていた。また、そもそも、この敷地をふくめた周辺地域については、当初、土地利用計画で、緑地、公園、住宅地と構想され、また、地域発展計画では、この地域は、住宅地とされていた。ところが、この両方の計画は、ガラス工場を建築することを可能にするため、工場建築計画に対応して、変更されてしまった。

そこで、工場が自分の家のすぐ隣りにたつ原告は、建築許可の取消しを求めて出訴した。第一審は、原告の訴えを認容した。

(308) Schwab, a. a. O., Festschrift für Lent（Anm.（108））, S. 274ff. これについては、本文四八頁を、参照されたい。

(309) 判例においても、必要的共同訴訟との比較が論じられているものとして、Urteil des BVerwG vom 17. 12. 1963, E., Bd. 17 S. 293ff. がある。

(310) Laubinger, a. a. O.（Anm.（18））, S. 72.

(311) ラウビンガーによれば、権利侵害が認められるのは、実体法がその者に法的地位を認めている場合で、それは、その者の個人的利益を保護する目的をもった強行法規が存在している場合であるとされる。Laubinger, a. a. O.（Anm.（18））, S. 72.

(312) Urteil des BVerwG vom 2. 9. 1983, DVBl. 1984 S. 91ff.

(313) 旧自動車貨物運送法――Güterkraftverkehrsgesetz（GüKG）in der Fassung der Bekanntmachung vom 6. 8. 1975, BGBl. I S. 2132 ――一一条一項は、「許可は、事業者個人に与えられる。許可を、他人に譲渡することはできない」と規定し、同二項は、「許可は、期限つきで与えられる。その有効期限は、本法九条二項二文の規定に関わりなく、原則として、八年とする」と規定していた。また、同法（GüKG）一五条では、許可が与えられるための要件が、くわしく規定されていた。

(314) 行政裁判所法（VwGO）一四二条は、「訴えの変更および参加は、上告審の手続においては、許されない」と規定している。

(315) この判例理論は、連邦行政裁判所一九六三年三月二七日判決――Urteil des BVerwG vom 27. 3. 1963, E., Bd. 16 S. 23ff.（注(263)参照）――いらい、確立されている。vgl., Urteil des BVerwG vom 10. 3. 1964, E., Bd. 18 S. 124ff.――〔事例①〕――Urteil des BVerwG vom 28. 10. 1965, DÖV 1966 S. 507f. Urteil des BVerwG vom 22. 4. 1966, NJW 1966 S. 1530ff. Urteil des BVerwG vom 26. 8. 1966, E., Bd. 24 S. 354ff. Urteil des BVerwG vom 28. 10. 1970, E., Bd. 36 S. 188ff. Urteil des BVerwG vom 4. 11. 1976, E., Bd. 51 S. 268ff. Urteil des BVerwG vom 26. 10. 1978, E., Bd. 57 S. 31ff.

(316) Urteil des BVerwG vom 12. 8. 1981, DVBl. 1981 S. 1150f.

(317) 原告らは、被告大学の評議員であるが、副学長を選出した選挙の無効確認訴訟を提起した。その趣旨は、原告(一)を副学長候補とする動議が却下されたことが、不当であるというものであった。

(318) vgl., Beschluß des BVerwG vom 18. 2. 1977（Anm. (299)）.

(319) 連邦行政裁判所一九七七年二月一八日決定――本章注(299)参照――によれば、「判決が、直接に第三者の権利や法律関係を形成し、第三者の訴訟参加がなければ、判決が効力をもたない場合にのみ、訴訟参加が必要的となる。選挙の取消しにより、当選人の地位が失われる場合、公務員の任命が、その地位にとって代わろうとする競争者によって争われている場合が、とりわけ、その訴訟参加が必要的となる場合である――Urteil des BVerwG vom 10. 3. 1964, E., Bd. 18 S. 124ff. ――」とされている。

(320) vgl., Urteil des BVerwG vom 5. 7. 1974, DVBl. 1974 S. 767ff. ――〔事例⑨〕――

(321) Urteil des OVG Münster vom 30. 4. 1991, NVwZ 1992 S. 282ff.――〔事例⑫〕――

(322) Urteil des OVG Münster vom 22. 2. 1991, NVwZ-RR（Rechtsprechungs-Report）1991 S. 420ff.

(323) Urteil des BVerwG vom 8. 2. 1980, E., Bd. 60 S. 25ff.

(324) すこし複雑な事例で、整理して説明すると、つぎのとおりである。原告らは、被告大学の医学部の学籍――最大定員二四〇名とされているところ、まだ収容余地が一名あるということで、その一名分の学籍――を求める志願者であるが、被告は、いずれの者の志願も拒否した。

そこで原告らは、被告大学に、自分たちに医学部の学籍を与え、医学部での講義の受講を許可することを義務づける訴えを提起した。第一審は、被告大学の医学部には、原告らの学籍を認める定員の余地はないと判断して、原告らの訴えを棄却した。第二審は、バーデン＝ヴュルテンベルク州の大学定員規則を参照して、再審査したところ、被告大学の医学部では、二六三名まで収容可能であるので、被告大学に、志願者の成續、待機期間などを考慮して、志願者全員の選考をやり直すことを、義務づける判決を下した。

(325) vgl., Urteil des BVerwG vom 27. 3. 1963 (Anm. (263)), Urteil des BVerwG vom 10. 3. 1964——〔事例①〕——

(326) vgl., Beschluß des BVerwG vom 9. 3. 1977, NJW 1977 S. 1603.——この内容については、本章注(349)参照——

(327) Laubinger, a. a. O. (Anm. (18)), S. 80.

(328) Laubinger, a. a. O. (Anm. (18)), S. 80f.

(329) Laubinger, a. a. O. (Anm. (18)), S. 81ff.

(330) Urteil des BVerwG vom 23. 4. 1954, E., Bd. 1 S. 104ff. Urteil des BVerwG vom 30. 6. 1956, E., Bd. 3 S. 362ff. Urteil des BayVGH (Bayerischer Verwaltungsgerichtshof) vom 20. 2. 61, VRspr., Bd. 13 S. 529f. Urteil des OVG Hamburg vom 30. 3. 1950, DVBl. 1950 S. 615f.

(331) Urteil des BVerwG vom 5. 12. 1958, E., Bd. 7 S. 354ff.

(332) Urteil des OVG Berlin vom 28. 11. 1958, DÖV 1959 S. 790ff.

(333) Urteil des BVerwG vom 28. 11. 1958, E., Bd. 8 S. 46ff. Urteil des OVG Hamburg vom 6. 12. 1955, DÖV 1956 S. 246ff.

(334) Urteil des BVerwG vom 11. 10. 1956, E., Bd. 4 S. 95ff.

(335) Urteil des BVerwG vom 6. 7. 1955, E., Bd. 2 S. 189ff. Urteil des BVerwG vom 19. 3. 1956, E., Bd. 3 S. 208ff.

(336) Urteil des BVerwG vom 26. 3. 1955, E., Bd. 2 S. 36ff.

(337) Urteil des BVerwG vom 31. 1. 1958, E., Bd. 6 S. 167ff. Urteil des BVerwG vom 6. 3. 1959, JZ 1959 S. 543f.

(338) Urteil des BVerwG vom 16. 5. 1957, E., Bd. 5 S. 79ff.

(339) Urteil des BVerwG vom 20. 3. 1964, NJW 1964 S. 1432f.

(340) 原告の非嫡出子である娘に対して、その父親の申立てにより、ラント裁判所は、嫡出宣告をした。娘の母親である原告は、父親の詐欺によることを理由に、その宣告が無効であることの宣言を求める申立てをしたが、却下された。そこで、その申立てを却下する決定の取消しを求める訴えが、原告より提起された。

(341) Urteil des BVerwG vom 1. 10. 1980, NJW 1982 S. 299f.

(342) 原告は、これまで、von P. の姓を名のっていたが、被告行政庁により、正しい姓はP. であると確認された。そこで、原告は、この確認の取消しを求めて、出訴した。この取消訴訟において、原告の妻や子供を訴訟参加させることが必要的か、が争われた。

(343) コップ=シェンケも、妻や子の権利が、原告の法律関係に依存、あるいは、それに由来する場合は、妻や子は、直接に原告の法律関係に関与しているといえるとしている。Kopp=Schenke, a. a. O. (Anm. (5)), Rdn. 20a zu Art. 65.

(344) 民法――Bürgerliches Gesetzbuch vom 18. 8. 1896, RGBl., 195――一三五五条一項は、「婚姻した者は、共通の姓を定めるものとする。婚姻した者は、自分たちの定めた姓を名のる。婚姻した者が、姓を定めない場合は、婚姻したのちも、自分たちが婚姻のときまでに名のっていた姓を名のる。」と規定し、同一六一六条は、「子は、その父親の姓を有する」と規定している。

(345) 旧氏名の変更に関する法律――Gesetz über die Änderung von Familiennamen und Vornamen vom 5. 1. 1938, RGBl., I S. 9――八条一項では、「ドイツ国籍を有する者、あるいは、ドイツ帝国のなかに住居を有し、ないしは、常時滞在する無国籍者が、いかなる姓を名のることができるかについて、疑いがある場合は、帝国内務大臣が、関係人の申立てにより、または、職権により、この者の名前を、公に確認する。……」と規定されていた。

(346) Urteil des BVerwG vom 25. 10. 1977, NJW 1978 S. 1762ff.

(347) これは、すこし複雑な事例である。イタリアの国籍をもつ原告は、一九五二年に、合法的にドイツに移住し、一九七二年までの滞在許可をえて、ドイツに居住し、ドイツ人の女性と結婚し、居酒屋を経営してきた。そのあいだ、一九六二年に、税金の滞納により、八〇〇マルクの罰金刑に科せられ、外国人事務行政庁より、ふたたびドイツの法令に違反するようなことがあれば、滞在許可が取り消されることがあるという警告をうけた。しかし、その後、一九六五年、一九六九年、一九七九年の数次にわたって、暴行罪などにより罰金刑をうけた。一九七一年に、警察署長は、原告がこれらの罰金刑をうけた事実を知り、原告に、ドイツから退去する命令をだしたので、原告は、この命令の取消しを求めて訴えを提起した。

(348) Urteil des BVerwG vom 3. 5. 1973, E., Bd. 42 S. 133ff.

(349) 本判決の基本的論理は、連邦行政裁判所一九七七年三月九日判決――Beschluß des BVerwG vom 9. 3. 1977, NJW 1977 S. 1603.――に判示されたところによっている。とくに、本判決で、「外国人の配偶者については、判決の合一的確定をうけなければならないという要請はないので……、判決の効力は、法律にもとづいて、国外退去を命じられた外国人の配偶者にまで、拡張されるわけではない」と述べられているのは、一九七七年三月九日判決の判示内容の引用である。

おなじく、一九七七年三月九日の判示内容を、そのまま踏襲するものとして、連邦行政裁判所一九八一年四月二八日判決――Urteil des BVerwG vom 28. 4. 1981, DÖV 1981 S. 716.――がある。

(350) Urteil des BVerwG vom 3. 5. 1973, E., Bd. 42 S. 141ff.

(351) 基本法（GG）六条一項は、「婚姻および家族は、国家秩序の特別な保護をうける」と規定している。

(352) Urteil des BVerwG vom 3. 5. 1973, E., Bd. 42 S. 133ff.

(353) たとえば、連邦行政裁判所一九七四年七月五日判決――Urteil des BVerwG vom 5. 7. 1974, NJW 1975 S. 70ff.――では、建築法上の建築

許可の取消しを、隣人が求める訴えに、おなじく係争許可によって自己の権利を侵害されると主張する他の隣人の訴訟参加は、必要的ではないと判示されている。なお、〔事例⑨〕の判示内容も、参照されたい。

(354)　これについては、ツレーグの論文（Zuleeg, Manfred, Verfassungsgarantie und sozialer Wandel——das Beispiel von Ehe und Familie, NVwZ 1986 S. 800ff.）に、くわしく紹介されている。ようするに、基本法（GG）六条一項は、制度としての結婚と家族を保障するもので、その構成原理は、立法者によって定められるものであり、このような理解は、すでに、ヴァイマール憲法や、いくつかのラント憲法のなかにも明示されていた。外国人との結婚についていえば、結婚や家族の保護は、外国人法上の決定——国外退去、在留期間の延長の拒否——にさいして考慮されるさまざまな要素のひとつであって、それらの決定を下す要請を無視してまで、尊重される絶対的なものではないというのが、判例・学説のおおかたの傾向であるとされている。

(355)　外国人法——Ausländergesetz vom 28. 4. 1965 BGBl. III 2600-1——一〇条一項は、「外国人が、ドイツ連邦共和国の自由的、民主的基本秩序または安全に、危険を及ぼす場合は、この者に対して、国外退去を命ずることができる」と規定している。

(356)　Ehlers, Dirk, Die Beiladung im Ausländerprozeß, NJW 1975 S. 2125.

(357)　エーラースは、基本法六条一項の保護は、ドイツ人にのみ及ぶのではなく、ドイツ国内の外国人にも及ぶとしている。Ehlers, a. a. O., NJW 1975（Anm.（356））S. 2127f.

(358)　Beschluß des VGH Kassel vom 12. 6. 1986, NJW 1987 S. 1036f.

(359)　訴訟参加人は、ゴミ集積場建設のため、土地を購入し、ゴミ処理法——Gesetz über die Vermeidung und Entsorgung von Abfällen——七条により必要とされる、権限行政庁の計画確定にもとづく許可を得た。これに対して、周辺住民が、計画確定決定の取消しを求めて、訴訟を提起したので、この訴訟に、訴訟参加人が訴訟参加した。ところが、当該土地の売主と、買主である訴訟参加人とのあいだの売買契約では、ゴミ集積場が操業を開始してはじめて、六八四万マルクの売却代金が支払われるとされていた。そこで、当該土地の売主も、訴訟参加を申し立てたが、第一審においても、本控訴審においても、却下された。

ちなみに、その七条一項では、「ゴミ処理施設の設立および操業、または、当該施設ないしは操業の本質的変更については、権限行政庁の計画確定を要する。計画確定にさいしては、施設の環境に対する影響の評価が、行われなければならない」と規定されている。

(360)　Mußgung, a. a. O., NVwZ 1988（Anm.（271））S. 33ff.

(361)　Mußgung, a. a. O., NVwZ 1988（Anm.（271））S. 33.　ムスグングは、その論拠として、「補助参加が認められるための要件として、おなじく、補助参加人に法的利益が存することが要求されている民事訴訟法（ZPO）においては、そのことは、一般的に認められている。民事の分野では、買主が、第三者に敗訴し、購入したものの目的に従った使用が妨げられた場合は、売主に保証義務が生じるが、これは、補助参加を根拠づける法的利益の典型的なものである——Putzo, Hans, Zivilprozeßordnung, 13. Aufl., 1985, Rdn. 3 zu Art. 66. usw.——」としている。

(362)　ドイツ行政訴訟の通説である。Kopp=Schenke, a. a. O.（Anm.（5））, Rdn. 9 zu Art. 65.

(363)　Mußgung, a. a. O., NVwZ 1988（Anm.（271））S. 33.

(364)　Mußgung, a. a. O., NVwZ 1988（Anm.（271））S. 34.

(365)　Mußgung, a. a. O., NVwZ 1988（Anm.（271））S. 34f.

(366)　本章注(271)参照。

(367)　ただ、問題はここにあるのであって、隣人は、とうぜん、被告行政庁のがわに訴訟参加するのであろうが、買主は、理論的には、原告のがわに訴訟参加すること以外には考えられない。しかし、そもそも、原告のがわに訴訟参加することじたいが可能かどうかを、われわれの考察は問題にしているわけで、それが、取消訴訟ではなく、義務づけ訴訟であるから認められるのか、あるいは、取消訴訟であっても義務づけ訴訟であっても、原告のがわに訴訟参加することを、問題なく認めているのか、それを解明する手がかりになる説明は、ここでは、それ以上なされていない。

(368)　そのほか、〔事例⑦〕、〔事例⑩〕。

(369)　二重効果的行政処分の取消訴訟においては、とうぜん、処分の名あて人の法律関係関与性はあきらかであり——まさに自己の法律関係が争われているので——、わざわざ法律関係関与性ということから論じる判例は、あまりない。ただ、そこから出発して、判決の効力の拡張が必要的となることを論じたものとして、〔事例⑫〕がある。

(370)　Mußgung, a. a. O., NVwZ 1988（Anm.（271））S. 34.

(371)　〔事例①〕、〔事例⑩〕、〔事例⑭〕。

(372)　家族法上の身分に関する処分であっても、二重効果的行政処分としての性質を有するものであれば、第三者の訴訟参加は必要的となる。いったんなされた娘に対する嫡出宣言の取消しを、娘の母親が求める〔事例⑭〕のケースでは、原告たる母親と娘は対立関係にたつ。この訴訟で争われているのは、まさに、嫡出宣言によって得られた娘の法的地位であるので、とうぜん、娘の訴訟参加は必要的となるのである。

(373)　参照、本章注(263)、(315)。

(374)　Urteil des BVerwG vom 27. 3. 1963,——参照、本章注(263)——

(375)　Beschluß des BVerwG vom 12. 12. 1973, DVBl. 1974 S. 235f.

(376)　Beschluß des BVerwG vom 12. 12. 1973,——参照、本章注(375)——

第六節　ドイツにおける必要的訴訟参加の法理――全体総括とさらなる分析――

第一項　問題点の整理

一　ドイツ行政裁判所法（VwGO）六五条では、わが国の行政事件訴訟法二二条の内容にほぼ相当する「通常訴訟参加」（一項）をおいたうえで、さらに、判決の合一的確定の要請にもとづく「必要的訴訟参加」（二項）をおいている。したがって、ドイツにおける必要的訴訟参加の理論を総括するにあたっては、その出発点として、いまいちど、そのあいだの関係について確認しておく必要があるであろう。

そこで、あらためて、同法（VwGO）六五条の規定を見なおしてみよう。一項の通常訴訟参加については、「裁判所は、訴訟がいまだ確定判決によって終結していない場合、もしくは、訴訟が上級審に係属している場合は、訴訟の結果により法律上の利益を害される第三者があるときは、その者の申立てにより、または、職権で、訴訟に参加させることができる」と規定されている。まず、この文言からわかることは、手続が開始した時点で、第三者の訴訟参加が認められるかどうか、いいかえれば、第三者に訴訟参加の利益があるかどうかは、しょうらい、手続が終結し下される判決の内容によって判定されるという構造になっているということである。

ただ、原告の訴えに対する判決のしょうらいの予測としては、原告の訴えを認容する判決とこれを棄却する判決の、あい反するふたつのものが考えられる。しかし、訴訟というものの本質を考えた場合、すべての手続が、原告の訴えの内容――請求の趣旨――を中心に構築され、訴訟理論もこれを基礎としているので、訴訟参加の利益についても、原告の訴えが認容される場合を基本とするのは、とうぜんである。したがって、「訴訟の結果により法律上の利益を害される第三者」というのは、もし、原告の訴えを認容する判決が下されると、それにより自己の法律上の利益が害される第三者と読むことができ、訴訟参加というのは、もっぱら、原告の訴えに対して防衛に努めるために、行われるものであるといえよう。(377)

いっぽう、二項の必要的訴訟参加については、「訴訟の結果が、当該争訟に関わりある第三者についても合一的にのみ確定すべき場合には、その者を参加させなければならない」と規定されている。これも、通常訴訟参加となじく、原告の訴えを認容する判決が下される場合を基本としており、必要的訴訟参加も、原告の訴えに対して、防衛に努める機会を与えなければならない、という性格をもつものであることがわかる。

このような通常訴訟参加と必要的訴訟参加のあいだの関係については、すでに述べたとおり、通常訴訟参加とは、必要的訴訟参加の要件はみたさないが、裁判所との判決の関係で保護すべき法的利益を有する第三者を、その者の利益を防御する機会を与えるために、また、判決の効力をその者に及ぼし、もって別訴を妨げるために、訴訟に関与させるものであるというのが、一般的な説明(378)である。しかし、コンラッド(379)が、さらに、一歩踏みこんだ、もっと明快な区別を行っている(380)ので、それを見てみよう。

すなわち、通常訴訟参加では、「単純な関わり」があれば、第三者は訴訟参加しうる（kann）が、必要的訴訟参加では、「特別な関わり」があれば、第三者は訴訟参加しなければならない（muß）というものである。そして、前者の「単純な関わり」についていえば、第三者の人格において「法律上の利益」が侵害されれば、単純な関わりはすでに存在しているということがいえるが、「特別な関わり」についていえば、「あきらかに、もっとおおくのことを、要求している」とする。この最後の「もっとおおくのことを、要求している」ということの理由については、前提と結論がひっくり返った逆説的ないいかただが、六五条二項の要請を裁判所が怠った場合は、ラディカルな制裁(381)がとうぜんと考えられているから、としている。(382)

ここでいう「関わり」というのは、いうまでもなく、これまで見てきた判例理論で、しばしばもちだされた「法律関係関与性」ということである。本稿の考察では、もっぱら、六五条二項の訴訟参加が問題となる判例の、法律関係関与性の理論だけを見てきたが、法律関係関与性は、同条一項の訴訟参加の基礎ともなるものである。そのことは、〔事例⑰〕[383]でもふれられているところで、通常訴訟参加も、必要的訴訟参加と同様に、原告と被告のあいだの法律関係、すなわち、訴訟物じたいとの関わりにおいてのみ、認められるということである。[384]

コンラッドは、おなじく、訴訟物との関わりを基礎とする通常訴訟参加と必要的訴訟参加のちがいは、その関わりの「ていど」の差にあるとみている。したがって、六五条二項の比較的せまい適用領域は、けっして同条一項の任意的（fakultativ）訴訟参加の可能性に抵触するものではなく、同条一項の訴訟参加が行われれば、あらためて、同条二項により裁判所が訴訟参加の措置をとる必要はないとしている。[385]

ただ、同条一項の訴訟参加については、合目的性の判断にもとづく裁判所の裁量によるものであるので、それを、同条二項の、第三者を訴訟参加させなければならないという厳格な裁判所の義務にまでたかめられるのは、コンラッドの論理によれば、同条一項の単純な第三者の法律関係関与性が、同条二項の高度な法律関係関与性に転化する場合において、ということになる。[386]

二

コンラッドの右のような分析は、同条一項の「訴訟の結果により法律上の利益を害される」場合という要件と、同条二項の「合一的にのみ確定すべき場合」という要件は、文言上はことなっているものの、基本的には、同質のものであることを、あきらかにしたうえで、必要的訴訟参加の基礎となる「合一的確定」の要請は、第三者の法律関係関与性によってみたされるという、判例理論とおなじ立場にたっている。

その判例の法律関係関与性の論理であるが、これまでの判例分析においては、いまひとつ不明な部分があり、納得しがたい部分も残されていた。そこで、ドイツの行政訴訟理論を見わたしてみると、コンラッドが、法律関係関与性の本質についてふかい考察を行っているので、これをてがかりに、いまいちど、分析をくわえてみよう。

三　それから、純粋訴訟理論上の問題として、必要的訴訟参加の主要な目的とされる判決の効力の拡張の残された問題、すなわち、取消判決の形成効との関係についても、分析をくわえることにしよう。

原告の訴えが、行政処分の取消しの訴えであるからには、その訴えを認容する判決には、とうぜんのことながら、形成力が生ずる。ただ、そもそも、第三者との関係で、その形成効がどのようなことを意味するのか、についてまでは、まだ、本稿の考察では検討されていない。そこで、必要的訴訟参加の「必要的」の意義を総括する前提として、民事訴訟理論において形成訴訟における判決の形成効とはどのように観念されているのかまで、さかのぼって、検討しておく必要があるであろう。

そのうえで、ドイツ行政訴訟の基本的枠組みである、判決の効力は訴訟当事者のみにおよぶという大原則との整合性の問題――ドイツの行政訴訟理論および判例理論――について、さらに、分析をくわえることにしよう。その場合に、民事訴訟法学者のシュローサー、マロチュケが、民事訴訟理論をふまえて、行政裁判所法の必要的訴訟参加の理論で、訴訟参加が必要的であるのに訴訟参加させられなかった第三者には取消判決の効力はおよばないと一般にされている説明に、基本法（GG）一〇三条一項に保障された聴聞請求権という観点から、するどい分析を行っており、これが、この問題についての閉塞した理論状況から脱出する突破口になると思われるので、この理論を参考にして、さらに分析をすすめていこう。(387)

四　必要的訴訟参加の「必要的」の意義について、いちおうの結論をだすにあたっては、やはり、必要的訴訟参加のもうひとつの目的とされる、法的聴聞請求権の保障との関連も、いまいちど、見なおしておく必要があるであろう。本稿の考察では、これまで、法的聴聞請求権の保障との関連は、不当に（？）軽視してきたが、右にあげたマロチュケの論考は、判例の第三者効と法的聴聞請求権との関係について、するどい考察を行うものであり、基本法（GG）一〇三条一項の要請が、訴訟法の理論をつよく支配するドイツでは、必要的訴訟参加もふくめた訴訟参加の理論の基礎には、法的聴聞請求権の保障の要請が、厳として存在していることを、つよく啓発するものである。

五　以上のような考察をへて、ドイツにおける必要的訴訟参加の「必要的」の意義について、いちおうの結論をだし、つぎのわが国の職権訴訟参加の法理の構築の出発点としよう。

第二項　「法律関係関与性」の理論のさらなる分析――コンラッドの理論――

一　「法律関係関与性」は、第三者の訴訟参加が必要的と認められるための実体法上の法律関係を定める、判例において発展させられてきた理論であるが、行政裁判所法（VwGO）六五条二項に明示的に定められた要件である「合一的確定」を補充するもの、あるいは、それと表裏一体のものとして、その意義を裏面から解明するものであると考えられている。行政訴訟において第三者の訴訟参加が必要的となるのは、これまでの考察からあきらかなように、基本的には、原告の訴えの対象となる行政処分によって規定される、実体法上の法律関係がどのようなものであるのかによる。その場合に、たしかに、実体法レベルで、この「法律関係関与性」は、有効な判定基準となると考えられるが、判例理論をつうじてみたかぎりでは、なお完全には理解しがたい部分が残されていた。

その理由のおおきなものは、判例で、この法律関係関与性がもちだされる事例は、ほとんどが、義務づけ訴訟に関わるものであり、取消訴訟とは反転した法律関係で、しかも、おおくの場合が、法律関係関与性を否定するものであったため、判旨の説明じたいが抽象的で、判定基準として上げられる「法律関係関与性」という概念じたいの明確性に、疑いがもたれるものであったということによる[388]。

したがって、どのような場合に第三者の法律関係関与性が認められるのかについては、さらに、下位の具体的な判定基準が要求されることになろう。

二　右の要請にこたえて、法律関係関与性が認められる場合の判定基準をあきらかにしたのが、コンラッドである。コンラッドによれば、第三者の訴訟参加が必要的と認められる基礎として、第三者が法律関係に関与しているといえるには、その関与が「消極的なもの」であることと、「直接的なもの」であることのふたつの基準をみたしていなければならないとしている。

あとの法律関係関与性が直接的であるという基準については、判例理論のなかでもしばしば用いられていたもので、それじたいは、なんら明確な基準とはなりえない。しかし、コンラッドは、法律関係関与性が「直接的なもの」であることの意義について、さらに考察を深めており、その本質は、「原告によって要求される判決の名あて人となること」としている。

このようなコンラッドの分析は、第三者の訴訟参加が、どのような実体法上の法律関係のもとで必要的となるのかの解明において、きわめて有効であると思われるので、ここで、くわしくコンラッドの理論を確かめてみよう。

三　最初の、法律関係関与性が「消極的なもの」であるという判定基準の意義については、つぎのとおりである。それは、判決が、第三者に消極的な（negativ）効力を及ぼす場合――第三者の法的利益を侵害する場合――にのみ、訴訟参加は必要的となるというもので[389]、いいかえれば、原告の求める判決の内容が、消極的に第三者に関わる場合に、訴訟参加は必要的となるというものである[390]。ぎゃくにいうと、法律関係関与性が積極的な（positiv）場合、すなわち、原告の求める判決の内容が、第三者にとって有利になる場合には、第三者の訴訟参加は必要的とはいえないというものである[391]。

その論証は、以下のとおりである[392]。

第三者が法律関係に積極的に関与する場合は、ようするに、第三者が原告のがわに訴訟参加するという場合であるが、これは、第三者が、原告とおなじ訴えを、自己固有の訴えとして提起しなかったという場合でもあり、それには、原告の勝訴に関心をもつ第三者が、①原告とおなじ訴えを、提起する意思がなかった場合と、②原告とおなじ訴えを、提起できなかった場合が考えられる。

①の場合について考えると、第三者を訴訟参加させることは、あまり意味がない。なぜなら、潜在的原告（＝原告と同じ訴えをしなかった第三者）を探しだして、その者の固有の訴権を無視して、他人の訴訟で、その者に自己の利益を主張させるということは、のちに、第三者がみずからの訴訟を提起したときに、訴訟参加したことが、むなしいものとなってしまうし、また、被告に有利な棄却判決が下される場合を考えると、訴訟参加人は、訴訟物の範囲内でのみ判決に拘束されるにすぎないので、その後、第三者は、あらためて、自己固有の訴訟上の請求をすることができるからである。したがって、この場合、第三者を訴訟参加させることは必要的ではない。

②の場合は、第三者の固有の訴権との関係を考える必要はない。第三者は、原告となる資格を有しない者であるので、訴訟参加して、みずからにも不利益となる、原告の訴えを棄却する判決を争うことはできない。なぜなら、訴訟参加によって、それまで第三者になかった権利を創造することはできない。ようするに、この場合、第三者を訴訟参加させても、状況はなにも変わらないので、その訴訟参加は必要的ではない。

コンラッドのこの論証の仕方は、必要的訴訟参加が認められるための法律関係関与性は「消極的なもの」に限定されるということを証明するために、法律関係関与性が積極的な場合は、必要的訴訟参加は認められないという、ぎゃくの証明を行うもので、ただしいといえよう。(393) また、本稿でとり上げた、必要的訴訟参加が認められた事例のすべてが、被告のがわに訴訟参加するものであったことから、その結論も、ただしいと思われる。

四　ドイツの学説のなかで、意識的に、必要的訴訟参加が認められるための法律関係関与性は「消極的なもの」に限定されると強調する者は、コンラッド以外には、ほとんど存在しない。(394)

しかし、そもそも、必要的訴訟参加が認められる基本的事例(395)は、二重効果的行政処分の取消訴訟であるが、この場合は、第三者の利益は、つねに、原告の利益と対立関係にあるので、したがって、原告の訴えを認容する判決によって、第三者の利益が害されるという意味で、その法律関係関与性は「消極的なもの」であるといえよう。(396)また、ドイツでは行政主体の必要的訴訟参加が認められることもあるが、その基本的事例(397)は、上級行政庁の同意を得なければ行えない行政処分の義務づけ訴訟である。この場合も、原告の義務づけの訴えが認容されることによって、上級行政庁は同意することを義務づけられる、という不利益をうける、という意味で、その法律関係関与性は、「消極的なもの」であるといえよう。

ぎゃくに、前節で考察した事例のうち、第三者の法律関係関与性が否定され、その訴訟参加が必要的でないとされたもの(398)は、行政処分の名あて人となる者が、義務づけ判決を求める訴訟に、第三者が、被告のがわに、訴訟参加を申し立てるという事例であったが、この場合は、法律関係関与性が、「消極的なもの」かどうかというよりは、「直接的なもの」かどうかが問題とされた。そういう意味でも、コンラッドの上げるふたつの基準では、法律関係関与性が「直接的なもの」かどうかという基準のほうが重要である。

五　訴訟において問題となっている、法律関係への第三者の関与性が、「直接的なもの」であるときに、第三者の訴訟参加は、必要的となるという論理は、本稿の事例分析でも見たとおり、ドイツの判例理論の基礎とするところでもある。しかし、コンラッドは、その「直接的なもの」の意義について、さらに一歩ふみこんで、べつのわかりやすい基準をたてている。

それは、第三者が、訴訟の基礎となっている法律関係に、直接的に関与している場合は、判決の効力は、原告や被告に対するのと同様に、第三者にも直接に及び、必然的に、第三者は判決の名あて人になる(399)という分析による、「原告によって要求される判決の名あて人となること」という基準である。(400)そして、この場合の「名あて人」とは、判決がその者の実体的地位を定め、判決の内容が、その者に向けられている者のことである、としている。(401)したがって、この論理でいうと、原告によって要求される判決が、第三者を名あて人としていると考えられるときは、第三者は、その法律関係に直接的に関与しているということになる。

さらに考察をすすめて、コンラッドは、原告によって要求される判決の名あて人となるということは、そもそも、原告の取消しの訴え、義務づけの訴えの対象となっている行政処分の名あて人となることでもあるとしている。[402] そして、この場合、だれに処分が向けられているのか、だれが処分の実体法上の名あて人の地位を有するのかは、処分の内容の解釈によって定まるとし、この解釈は、処分に客観的に表示されたところと、処分の規制内容を、考慮することによって行われるべきであるとしている。[403]

ただ、第三者が処分の名あて人となる場合には、かならず、同時に、その第三者が判決の名あて人になるかどうかは、問題である。コンラッドは、法律関係関与性が「直接的なもの」であることを、「原告によって要求される判決の名あて人となること」、もしくは、「訴えの対象となっている行政処分の名あて人であること」という基準によって判定することの正当性を、膨大な事例分析によって論証しようとしているが、このあいだの関係がどうなっているのか、それらの事例のうち典型的でわかりやすい事例をいくつかピック・アップして、検討してみよう。

まず、取消訴訟について見てみると、原子力法等による施設設置許可処分や補助金の認可処分のような授益的行政処分――二重効果的行政処分でもある――の取消しの訴えを、隣人や競願者が求める場合[404]は、そもそも、これらの処分の名あて人は、訴訟の当事者ではない施設設置者や補助金をうける企業者であり、これらの者は、原告の求める取消判決の名あて人であるともいえる。このような典型的な二重効果的行政処分の取消訴訟の事例では、これまでの考察のなかであきらかにしたごとく、まさに、処分によって得られた法的地位が、他人の提起した訴訟において危うくされ、その訴訟の結果（判決）によって転覆されるという関係にあるので、必然的に、処分の名あて人が、判決の名あて人にもなるのである。

これに対して、義務づけ訴訟では、すこし事情がことなってくる。施設の隣人が、建築法およびインミッシオン防止法上の理由から、施設所有者に対する施設の改善あるいは除去の命令をだすように、行政庁に義務づけることを求める訴えを提起する場合[405]は、そもそも、義務づけ訴訟の対象となっている命令の名あて人は、施設所有者であるが、判決の名あて人は、あきらかに、施設所有者ではなく、行政庁である。これについてのコンラッドの説明は、つぎのとおりである。

すなわち、第三者への判決の効力は、義務づけ判決では、取消訴訟における取消判決ほどは、直接的におよぶものではない。しかし、そのことによって、法律関係の関与性が「直接的なもの」でないとしてはならない。むしろ、それは、行政裁判所法（VwGO）六五条二項の限界事例とみるべきである。もともと、法律関係関与性については、取消訴訟と義務づけ訴訟では、ことなった見方をしなければならないのである。義務づけ訴訟においては、原告の義務づけの訴えの対象となる行政処分のしょうらいの名あて人が、原告の裁判上の義務づけの請求（＝原告の求める判決）の名あて人である、と評価されなければならない。したがって、その者（施設所有者）の訴訟参加は必要的である、というもの[406]で、やや、くるしい説明となっている。

六　しかし、コンラッドの、「原告によって要求される判決の名あて人となること」、もしくは、「訴えの対象となっている行政処分の名あて人であること」という基準は、これまで見てきた、義務づけ訴訟で法律関係関与性が否定された事例では、明確な基準となっている。

砕石事業者が、自己に対する砂利工場の建設等の許可の義務づけ訴訟を提起したところ、その建設および操業によって被害をうける近隣者が、訴訟参加を申し立てた〔事例⑤〕[407]では、原告と被告のあいだの法律関係に近隣者が関与していないという理由で、その訴訟参加は必要的ではないと判示されたが、このコンラッドの基準を用いれば、法律関係関与性が認められるためのふたつのファクターのうちのひとつである、法律関係関与性が「直接的なもの」であるというものが欠けていることが、明確に実証される。
すなわち、それは、原告の義務づけの訴えの対象となっている砂利工場の建設等の許可処分の名あて人は、砕石事業者であって、近隣者ではないということ、また、原告の求める行政庁に許可処分を行うことを義務づける判決の名あて人も、行政庁、もしくは、（コンラッドのいうように、判決の名あて人はしょうらいの処分の名あて人であるとすると）砕石事業者であって、近隣者ではないということである。したがって、第三者である近隣者の法律関係関与性は、すくなくとも、「直接的なもの」ではないということになる。

建築主である原告が、自己に建築許可の義務づけ訴訟を提起したところ、建築によって被害をうける隣人が、訴訟参加を申し立てた〔事例⑥〕[408]では、建築禁止によって保護された第三者が、そのことによって、係争法律関係に関与しているとはいえないと判示されたが、これも、コンラッドの基準を用いれば、その関係は明確になる。

すなわち、原告の義務づけの訴えの対象となっている建築許可処分の名あて人は、建築主であって、隣人ではなく、また、原告の求める行政庁に許可処分を行うことを義務づける判決の名あて人も、行政庁、もしくは、建築主であって、隣人ではない。

旅館営業主が、自己に対する旅館営業許可の義務づけ訴訟を提起したところ、営業によって被害をうける隣人の訴訟参加が必要的であるかが争われた〔事例⑧〕[409]では、義務づけ訴訟の基礎となる、旅館営業許可を求めうる原告の請求権を発生させる法律関係に、隣人は関与していないと判示されたが、これも、コンラッドの基準を用いれば、その関係は明確になる。

すなわち、原告の義務づけの訴えの対象となっている営業許可処分の名あて人は、営業主であって、隣人ではなく、また、原告の求める行政庁に許可処分を行うことを義務づける判決の名あて人も、行政庁、もしくは、営業主であって、隣人ではない。

第三項　判決の効力と法的聴聞請求権のさらなる分析

(a)　判決の効力の拡張と形成効

一　以上みた「法律関係関与性」の理論は、実体法上の法律関係から必要的訴訟参加が認められる場合を検証するものであったが、ここで、ふたたび、訴訟法的観点からの分析にたちもどって、判決の効力と必要的訴訟参加の関係について、さらに、分析をふかめてみよう。

本稿の考察の出発点としたのは、判決を第三者に対しても、合一的に確定すべき場合に、訴訟当事者でない第三者にも、判決の効力をおよぼす(410)（判決の効力を拡張する）ために、第三者の訴訟参加が必要的となるという、行政訴訟理論で、一般に述べられているテーゼ(411)であった。しかし、ここでいわれている「判決の効力の拡張」については、本稿の考察対象とした、民事訴訟で議論されている「判決の効力の拡張」とは、ことなるものである。それは、判決の効力は、訴訟関係人についてのみおよぶとする行政裁判所法（VwGO）一二一条の前提のもとで、行政法の現実により、第三者にも判決の効力をおよぼさざるをえない場合に、第三者を（必要的に）訴訟参加させることにより、第三者に、「訴訟関係人」の地位を与え（同法（VwGO）六三条三号）、よって、この者を判決の効力に服せしめる便法の結果としての、「判決の効力の拡張」なのである。(412)

これに対して、民事訴訟で議論されている「判決の効力の拡張」とは、訴訟当事者が、第三者の法律関係について、当事者たりうる地位(413)（Prozeßstandschaft）において争った結果、その第三者に、判決の効力が直接におよぶというものと、当事者のあいだの法律関係について提起された前訴が、その法律関係に従属する当事者のいっぽうと第三者のあいだの法律関係について、第三者が提起した後訴に対して、「先決性（Präjudizialität）」を有する場合は、前訴の判決が、後訴の判決を拘束するというもの[414]を、基本としている。この関係からもわかるように、判決の効力の拡張というのは、当事者と第三者のあいだの実体法、訴訟上の法律関係によって生ずるもので、第三者が訴訟参加したかどうかということに関係なく生ずるものである。

二　ところで、この「判決の効力の拡張」とは、シュヴァープの分析によれば、必要的共同訴訟の要件とされる「合一的確定」と同義であると解明されている。[415]行政裁判所法所定の必要的訴訟参加の制度の基礎に、民事訴訟の必要的共同訴訟の理論があることは、これまでもくり返し指摘したところである。

ドイツ民事訴訟法（ZPO）六二条に規定された必要的共同訴訟には、「係争法律関係が、共同訴訟人全員につき合一的にしか確定されえない場合」と、「共同訴訟が、他の理由により、必要的である場合」のふたつの類型があるが、合一的確定をすでに要件としている前者の類型はさておいて、後者の類型について、判決の効力の拡張と合一的確定が同義であることの論証が行われている。シュヴァープによれば、この場合は、すべての原告もしくは被告に共通の権利が主張されているということが重要なのであって、とうぜん、合一的に確定し、個々の原告もしくは被告について個別の訴訟が連続的に提起されたとしても、ことなった判決が下されることは、法的理由により考えられず、前訴の判決の効力が、後訴におよぶ（拡張される）ということになるのである。

三　その必要的共同訴訟が形成訴訟である場合について、シュタイン＝ヨナス＝ボルクは、判決のみによって形成が可能であり、複数の者が原告になり、あるいは、複数の者が被告になるときにのみ、形成が認められる場合に、共同訴訟が必要的となるとしているが、[416]これについて、もうすこし考察をふかめてみよう。

シュタイン＝ヨナス＝ボルクが上げるひとつの例[417]は、合名会社のひとりの社員が、会社の解散の訴えを提起する場合で、このときは、ドイツ商法（HGB）一三三条[418]により、解散に反対する他の社員全員を被告としなければならず、いいかえれば、それは、解散に反対する社員全員に対して、判決で解散を宣言するのでなければ、解散という形成を、判決が行うことができないということである。そういう意味で、この場合は、共同訴訟が必要的となると考えられるのである。この基礎にある考え方は、解散という法律関係の変動は、合名会社の社員すべて(419)の身分関係の消滅を内容とするもので、合一的に確定されなければならないというものであろうと思われる。

シュタイン＝ヨナス＝ボルクが上げるもうひとつの例は、同法（HGB）一四〇条(420)および一六一条(421)により合名会社のひとりの社員の除名を訴える場合で、このときは、他の社員全員が原告とならなければならず、いいかえれば、それは、他の社員の総意で除名を求めるものでなければならないという合名会社の実体によるもので、除名される社員と他のすべての社員とのあいだの法律関係の変動は、合一的に確定されなければならないというものであろうと思われる。

これらの例からわかることは、必要的共同訴訟の理論では、形成訴訟であっても、実体法上の理由から合一的確定の要請が生じる場合には、その要請のゆえに、合一的確定ができない場合は、判決による形成は認められないという論理が確立しているということである。しかし、それを、さらに、ひるがえって考えなおしてみると、なぜ、その場合に合一的確定がなければ形成の効力が生じないのかということの理論的解明は、そこでは行われていないことに気づくのである。

四　ところで、この理論的解明が民事訴訟理論のなかで行われていない（？）ことには、じつは、行政訴訟理論も対応している。

行政裁判所法（VwGO）六五条二項の必要的訴訟参加について、行政訴訟理論のなかで一般にいわれていることは、行政処分を取り消す判決は、訴訟参加が必要的であったにもかかわらず訴訟参加させられなかった第三者に対しては、最初から、その判決の効力はおよばない、というものである。(422)ここで問題になっている判決の効力は、ドイツの行政訴訟理論では、基本的には、実質的確定力である。しかし、われわれの感覚では、「形成効」である。

なぜ、ドイツの理論では、かような場合にも、形成効が、いっさい、もちだされないのかという、そぼくな疑問がのこる。

ドイツの必要的訴訟参加の本稿の考察で、どのような場合に、なぜ、訴訟参加が必要的となるのか、けっきょく、「必要的」の意味はなんであるのかということについて、最終的な結論をだすためには、この疑問を解決することが不可欠であると考えられる。

(b) 形成効の本質と必要的訴訟参加――レントとシュローサーの理論――

一　そこで、まず、そもそも、取消訴訟をふくむ形成訴訟の判決一般について生ずるとされる「形成効」とは、どのような性質をもつものであるのか、について検討しておく必要があろう。

形成訴訟の判決の効力（形成効）については、現在、一般に、実体法上の法律関係を変更する――それによって、形成権が実現される――もので、判決が確定することにより、はじめて生ずるとされ[423]、その効力はすべての者に対して（für und gegen alle）およぶと説明されているが[424]、形成訴訟＝形成判決の概念が承認されたのちも、形成効の性質・内容をめぐって、ドイツ民事訴訟理論のなかで、さまざまな議論があったことは周知のとおりである[425]。

二　形成効の本質については、古典的な説明であるが、確定力との比較において分析されたレントの説明[426]がもっとも優れているとの定評があるので、これをみてみよう。

レントによれば、「実質的確定力（sachliche Rechtskraft）と形成効（Gestaltungswirkung）は、その本質ならびに効力において、別種の（andersartig）ものである」とされている[427]。すなわち、それは、「確定力は、宣言的性格をもつものである。その意味は、訴訟とは無関係に、判決によらなくても存在する法律効果を確認するという性格を、確定力がもっているということである。いっぽう、形成は、構築的（konstitutiv）効力をもつものである。その意味は、判決によらなければ生成されない、あたらしい法律効果――たとえば、離婚――を創造するという性格を、形成がもっているということである」というものである。(428)

さらに、レントは、形成効の本質を、①かりに、形成判決が真実の法律状態と背離していても、それにより無効とはされないということ、②形成判決は、実質的確定力にもとづくものではないし、そもそも、形成判決には実質的確定力は認められないということ、③形成効は、すべての者に対しておよぶということ、④形成はしょうらいにむかってのみ認められるということ、の解明をつうじて、あきらかにしようとしている。

①のテーゼについては、やはり、確定力との比較において、論証している。それは、判決によって確認されたところが、真実の法律状態と一致しないときは、確定力は不当なものと判断されるが、形成判決は、そのような場合も、所定の法律効果が生じないという意味での、不当な判決になることはない、というものである。(429)

②のテーゼは、じつは、③のテーゼと密接に関連している。これらのテーゼの底に共通して存在するのは、形成効には、「一般に妥当する効力（allgemeine Geltung）」が付与されているという認識である。

レントによれば、確定力のおよぶ範囲は、当事者およびその包括承継人に限定されるが、形成効は、すべての者におよぶので、刑事訴訟の裁判官も非訟事件訴訟の裁判官も、民事訴訟の形成判決に拘束される。たとえば、刑事訴訟の裁判官は、行為者が離婚したときは、姦通（Ehebruch）の罪で罰することはできない。この場合は、確定力の拡張とは、なんの関係もない。というのは、確定力を根拠としなければ、形成が認められないというわけでは、けっしてないからである。(430)すべての形成的国家行為には、一般に妥当する効力が付与されなければならないとされている。(431)

さらに、レントは、民事訴訟法（ZPO）が、あらゆる箇所で、形成判決には、一般に妥当する効力があるとしているのは、正当であるとしている。それは、形成判決に、このような効力が認められるのは、とうぜんであると考えられる、という理由にもとづくものである。これに対して、確定力については、レントによれば、訴訟法において、宣言的確定への拘束力が規定されてはじめて、国家行為に、権威ある確定の効力が与えられる。したがって、確定力は、訴訟法によって規定され、形成効は、実体法によって規定されるとされる。[432]

④のテーゼについては、給付・確認判決の確定力との比較において論証している。すなわち、「裁判官は、給付判決もしくは確認判決を下す場合は、最終口頭弁論終結時を基準とするが、形成判決を下す場合は、しょうらいにむかって行われることになる。というのは、形成は、判決が確定してはじめて生ずるからである」というものである。[433]

このように、レントは、形成効と確定力の本質的相違を強調することにより、形成効はけっして確定力に依存するものではなく、また、形成効には確定力を認める余地がないということを論証しようとしているのである。

三　このように明快で、いちどは一世を風びしたレントの論証にもかかわらず、現在は、むしろ、形成効にもなお確定力を認める意義がある、とする立場が優勢である。[434]その立場の論理を、ローゼンベルク＝シュヴァープ＝ゴットヴァルトが簡潔にまとめているので、さらに、分析対象としよう。

「形成の訴えを棄却する判決に、実質的確定力があることについては、争いはないが、形成判決に実質的確定力を認めることについては、一部に反対がある。そこでいわれることは、形成効と同時に、確定力のようなものは認められず、また、確定力においては、実体的形成権のみが発生するが、この実体的形成権は、形成が行われることによって解消するというものである。しかし、今日では、形成判決にも実質的確定力が認められるということが、つよく主張されている。原告の形成の請求に対して下された判決については、確定力が生ずる。したがって、形成判決は、最終口頭弁論終結時において、原告の請求に理由があったということを確定するものである。実質的確定力を認めることによってのみ、形成訴訟の被告が、形成権が存在していなかったと主張して、原告に対して損害賠償を請求する訴えを提起することを避けることができるのである。同様のことは、たとえば、被告の不当利得の返還請求にも、妥当する。[435]」

たしかに、ここでも認められているように、法律形成じたいは形成効によってもたらされるのであって、それについては、実質的確定力の承認は必要ない。しかし、問題のポイントは、やはり、形成権が存在しないのに、存在するものと認定して、下された形成判決の効力である。その場合の判決の内容に反する、損害賠償等の請求に対処しうるのは、レントのいうところの「一般的承認[436]」――その実質は、形成権が存在しないのに存在するものと認定して下された形成判決も有効ということを一般が承認しなければならないということ――では限界がある。やはり、これについては、判決の内容について確定されたところを、ふたたび蒸しかえすことをゆるさないという実質的確定力によらなければならないであろう。[437] 現在の通説が、形成効にもなお実質的確定力を認めようとする根拠は、まさに、この損害賠償等の問題一点に、集中しているのである。

四　それでは、つぎに、ドイツの行政訴訟の理論のなかで、取消判決の形成効がどのように考えられてきたかをみてみよう。これについては、ドイツの行政訴訟の代表的教科書であったウレの『行政訴訟法』第九版をてがかりとしよう。

同書第五四章「判決の種類」では、民事訴訟にならって、原告の請求によって、形成判決、給付判決、確認判決に区別されるとしている。[438] 行政訴訟における形成判決とは、ウレによれば、取消しの訴えを認容する判決であり、[439] まさに、形成判決のうちにおいて、行政行為の取消しが行われるのである。[440] 同書では、ここまでは明言されているが、形成訴訟＝形成判決についての、それ以上の記述はされていない。

むしろ、ここでも、判決の効力の説明の大半は、実質的確定力にあてられている。その行政裁判所法（VwGO）一二一条に規定された実質的確定力の本質について、ウレは、当事者およびその包括承継人への拘束力であるとし、[441] その拘束力について、つぎのように分析している。[442] すなわち、それは、終結した訴訟の外がわで、とりわけ後訴において、形式的に確定した判決へ当事者を拘束する効力であり、当事者およびその包括承継人のだれも、訴訟物に関して下された判決の正当性について、異議をとなえることができないという効力である、というものである。

そのことを、さらに敷衍すると、同一当事者のあいだで、同一の訴訟物について、後訴が提起されても、後訴裁判所は、前訴裁判所の判決に拘束され、前判決が正当であることを前提としなければならないというものである。このような理解は、行政訴訟理論および判例も、一般に承認するところであり、その根底にあるのは、民事訴訟でもいわれている、「同じものは二度と争われない（ne bis in idem）」という原則である。[443]

同書では、必要的訴訟参加の事例で第三者へ判決の効力が及ぶことの説明は、このように、基本的に、せまい範囲でのみ効力を有する実質的確定力の、主観的範囲の拡張ということで行われている。[444] その論理は、つぎのとおりである。[445] すなわち、参加を認める裁判所の決定により、訴訟参加人には、当事者の地位が与えられる。その結果、訴訟物に関して下された判決は、原告および被告のみならず、訴訟参加人にも、効力を有する。行政裁判所法（VwGO）一二一条の実質的確定力が、訴訟参加人にまで拡張されるのである。したがって、同法（VwGO）六五条二項で、第三者の訴訟参加が必要的である場合には、判決は、第三者に対しても、合一的にのみ確定しなければならないとされていることから、第三者の訴訟参加が必要的であるのに、訴訟参加させられなかった場合は、判決の実質的確定力は、通常は、その第三者にまで拡張されないというものである。

この論理は、ドイツ行政訴訟理論のなかで、不動である。

五　行政訴訟において、第三者の訴訟参加が必要的である場合に、第三者にまで及ぶ取消判決の効力は、実質的確定力ではなく、形成効であり、この場合に第三者が訴訟参加させられなくても、取消判決の形成効がおよぶということを解明したのは、民事訴訟法学者のシュローサーである。

シュローサーは、出世作となった『形成訴訟と形成判決』という有名な大論文の第二一章で、あえて、「形成効と行政訴訟における訴訟参加」というテーマで論じている。(446) 民事訴訟法学者でありながら、行政訴訟の理論にもつうじたシュローサーは、この章の考察を、行政訴訟理論で一般にいわれている、第三者の訴訟参加が必要的であるのに訴訟参加させられなかった場合には、その第三者に取消判決の効力はおよばないというのは、ほんとうであろうか、という疑問から出発している。(447)

ただ、この場合の判決の効力については、シュローサーは、最初から、形成効であるとみており、実質的確定力の拡張は問題にならないと考えている。(448) それは、必要的訴訟参加人に実質的確定力が拡張されるかどうかという問題以前に、取消判決の形成効は、すべての者がそれに依拠し、すべての者がそれに服さなければならないからである。(449) にもかかわらず、行政訴訟理論にあっては、行政処分を取り消す判決は、訴訟参加することが必要的である者が訴訟参加させられない場合は、その者に対しては、形成効をもたないとされることになると、(450) シュローサーは首をかしげている。そして、このあと、行政訴訟理論の論理構成に対する痛烈な批判が始まるのである。

まず、行政訴訟の通説は、ようするに、第三者の訴訟参加が必要的であるのに訴訟参加させられなかった場合は、必要的訴訟参加人のみならず、すべての者に対して、判決の効力が生じないとするのであるが、これは、瑕疵ある国家行為の効力についての純粋公法の支配的原則に反するとする。

その主旨は、国家行為――判決――が効力をもたないとする要件は、あきらかに、必要的訴訟参加が怠られたというだけでは、存在しない。民事訴訟においても、いっぽうの当事者に対してまったく法的聴聞をへないで下された判決が、はじめから効力をもたないとされるわけではない。(451) 法は、そのような判決に対して上訴や再審を創設しているかぎりにおいて、そのことを間接的に確認しているのであるというものである。(452)

つぎに、通説の論理構成の前提になっている、行政訴訟では、原則として、第三者への判決の効力の拡張は存在しない――そのために、第三者を訴訟参加させ、訴訟関係人としての地位を与え、判決に服させるという迂遠な途をとらなければならない——ということについて、これは、まったく、実質的確定力と形成効の混同によるものであると批判している。

行政裁判所法（VwGO）では、たしかに、実質的確定力の第三者への拡張はない。しかし、形成効は、行政処分が取り消されれば、第三者にその旨の告知がなくとも、すべての者に対して（für und gegen alle）生ずる。（行政法の通説は、取消判決に形成効も生ずるということを、すっかり忘れており、問題にすべきは、形成効を（訴訟参加させられなかった）第三者について相対的に生ぜしめないことができるかということであるのに、実質的確定力の拡張のことしか考えていないというものである。[453]

そこで、第三者の訴訟参加が必要的であるのに訴訟参加させられなかった場合に、判決の形成効が生じないとする実定法上の根拠が必要となるが、すくなくとも、同法（VwGO）には、そのような規定は存在しないとしている。[454]

六　行政裁判所法（VwGO）六五条二項の必要的訴訟参加が認められるための要件となっている「合一的確定」について、シュローサーは、つぎのような、するどい指摘を行っている。[455]もともと、同項は、民事訴訟法（ZPO）六二条の必要的共同訴訟をモデルにしているが、民事訴訟法（ZPO）六二条は、判決の確認効を想定して規定されたもので、それを形成効に適合させようとすると、たしかに、むりが生ずる。しかし、行政裁判所法（VwGO）六五条二項が、形成効にも関連していることは、あきらかであって、形成効が、訴訟当事者と第三者に対して、合一的にのみおよばなければならない場合にも、第三者の訴訟参加が、必要的となるのであるとしている。

さらに、訴訟参加が必要的である第三者に、形成効が、「直接的に」およぶことを、訴訟法学者であるシュローサーが、行政実体法をよく理解したうえで、論証している。

すなわち、形成効が第三者に直接的におよぶものであるのかどうかの基準は、係争行政処分の形成効、および、それに応じて下された取消判決の形成効が、第三者の権利を形成したか、ないしは、形成しようとしているのか、そして、たんに第三者の「法的利益」だけを侵害するものではないといえるのか、ということである。そして、この基準が具体的場合にみたされているかどうかは、行政庁が、係争行政処分を、みずから取り消す場合に、これに対して、第三者が、取消訴訟を提起できるかどうかによるという、われわれの考察に、あたらしい観点を提供している。(456)この基準から、いわゆる二重効果的行政処分の場合は、必要的訴訟参加の要件はみたされているといえ、この場合の第三者は実質的当事者であるとしている。(457)

このように、シュローサーは、第三者の訴訟参加が必要的となる場合の基礎となる、二重効果的行政処分によって規律される法律関係では、取消判決の形成効が、直接に第三者におよぶということを論証し、行政訴訟の通説の、訴訟参加することが必要的であるのに、訴訟参加させられなかった第三者には、判決の効力が、まったくおよばないとする論理構成は、あやまりであることを解明している。

七　そして、シュローサーと同じ認識にたったうえで、行政訴訟の通説の、訴訟参加が必要的であるのに訴訟参加させられなかった第三者には、判決の効力がおよばないという結論に興味を示し、べつの論理構成によって――形成効の性質と矛盾しないように――、おなじ結論を導きだせないかという試みをしているのが、マロチュケである。

マロチュケの立論は、シュローサーの示唆しているところに従って、第三者の訴訟参加が必要的であるのに、訴訟参加させられなかった第三者の「聴聞請求権」の侵害という観点から、このような第三者へ判決の形成効がおよぶのを、なんとか排除しようとするものである。これについては、項をあらためて検討しよう。

(c)　形成効と法的聴聞請求権――マロチュケの理論――

一　本章の考察の最後に、マロチュケの理論をとり上げるのは、なぜ第三者の訴訟参加が必要的となるのかということを、訴訟法のレベルで問いつめていくと、けっきょく、最後にたどりつくのは、第三者の法的聴聞請求権という要請であると考えられるからである。とくに、ドイツでは、訴訟法的には「裁判をうける権利」としてあらわれる「法的聴聞請求権」は、基本法（GG）によって、直接的に保障されているものである[458]。

マロチュケの立論は、シュローサーをはじめ、大多数の民法訴訟法学者とおなじく、取消判決には、すべての者に対する形成効がはたらくということを前提として、訴訟参加させられなかった第三者の、法的聴聞請求権の保障の見地から、民事訴訟法（ZPO）および行政裁判所法（VwGO）の条文解釈により、形成効が生ずるてまえで、判決が、形式的に確定するのを阻止することを試みるものである。

二　マロチュケの考察の出発点は、第三者の訴訟参加が法的に必要的であるのに訴訟参加させられず、しかも、第三者に訴訟が係属していることを知らされなかった場合にも、判決は、形式的に確定しうるのか、という問題提起である[459]。

上訴という通常の救済手段で、判決を争うことが、もはやできなくなったときに、判決は、形式的に確定するが[460]、だれが上訴しうるかについては、行政裁判所法（VwGO）一二四条一項、一三二条一項で定められており[461]、「関係人」に限定される。そこで問題は、このように不当に訴訟参加させられなかった必要的訴訟参加人も、ここでいう関係人に含まれるかということである。しかし、行政訴訟の通説・判例は、訴訟参加しなかった第三者には、必要的訴訟参加の場合であっても、上訴によって判決を争う権限は認められておらず、その結果、すでに手続に関係している者にとって、判決が争えなくなった時点で、判決は、形式的に確定するとしている[462]。その場合も、この第三者は、ただ、判決が確定するのを、手をこまねいて見ていなければならないのか。

この難問を解決するてがかりとして、マロチュケは、ふたつの、まったくことなった方向の解決を示す民事判決を上げている。

ひとつは、民事事件であるが、判決が確定したのち、訴訟に関与していなかった者から憲法訴願が提起され、それが認容された連邦憲法裁判所一九八二年二月九日判決(463)である。そこでは、判決により直接的に権利を侵害される者には、法的聴聞請求権があり、それは、形式的訴訟関係人以外の、実体法的に判決の効力をうける者にも認められる。民事訴訟法（ZPO）には、共同訴訟的補助参加人たりうる者への、訴訟係属の告知については、なんの規定もおいていないが、その者に告知されないことは、基本法（GG）一〇三条一項の要請に反する、と判示されている。

もうひとつは、これも民事事件であるが、民事訴訟法（ZPO）六四〇e条一項(464)により、訴訟関係人以外の特定の者に、訴訟係属を告知し、この者を、口頭弁論期日に召喚することが、裁判所に義務づけられているにもかかわらず、これを、裁判所が怠ったときは、この者に対しても、上訴を認め、その上訴期間が経過したときにはじめて、判決は、形式的に確定するとした連邦通常裁判所（BGH）一九八三年一一月二四日判決(465)である。そこでは、同項は、憲法上の法的聴聞請求権にもとづくもので、すでに判決が下され、訴訟に関与した者について判決が確定した場合であっても、裁判所は、同項の適用をうける者に、判決を送達しなければならず、その者には、当事者から独立に上訴して、みずからの権利を防衛する機会が与えられなければならない、と判示されている。

三　連邦憲法裁判所の判決にみられる、憲法訴願によるという解決方式についても、連邦通常裁判所の判決にみられる、第三者にも独立の上訴の権利を認めるという解決方式についても、マロチュケが指摘するごとく、行政訴訟に関するかぎりは、これらの方式は不要である。なぜなら、行政訴訟の通説の論理によれば、必要的訴訟参加の規定に違反して下された形成判決は、それまで手続に関与した者がもはや争えなくなった時点で、形式的に確定するが、けっして意図された形成効は生じない——すくなくとも訴訟参加させられなかった第三者との関係で——ということになるからである(466)。

しかし、このような論理構成はけっして望ましいものではないと、マロチュケは考えている。いわく、行政訴訟の通説のように、いっぽうで、もしくは、同時に、永遠のものとすべき形成効を否定、あるいは、相対化して、おおまかに形式的確定力を肯定するよりは、判決を上訴によって争う権利を、当事者にだけでなく、不当に訴訟参加させられなかった第三者にも帰属するとする——第三者にも、判決が送達されたときから、独立に上訴期間が起算されるとすることによる——ほうが、意味がある。というのは、このようにすれば、いっぽうで、訴訟参加させられなかった第三者には、確定力がおよばないとすることができ、もういっぽうで、第三者にも判決を送達することにより、上訴期間の拘束に服させ、期間が経過すれば、いったん確定した判決の形成効を相対化させたり、否定する根拠がなくなるという長所があるというものである。[467][468]

マロチュケは、結論として、連邦通常裁判所の判決に示されるような、第三者に、判決が送達されたときから、第三者にも、独立に、上訴期間が起算されるとする立場をとるものである。[469]すこし、この論理をおってみよう。

マロチュケの論理の基本は、行政裁判所法（VwGO）の必要的訴訟参加である。民事事件について下されたこのふたつの判決は、マロチュケの分析によると、民事訴訟法（ZPO）の枠内での解決の限界を示すものであって、そこで、マロチュケは、その解決モデルを、必要的訴訟参加に求めているのである。[470]

その問題のポイントは、裁判所からの告知である。最初の事例において、会社の解散と命運をともにする他の社員へ、裁判所が、訴訟係属について告知しなければならないという規定は、有限会社法（GmbHG）にも民事訴訟法（ZPO）にも規定されていない[471]——あとの事例で問題になっている、民事訴訟法（ZPO）六四〇ｅ条の、形式的訴訟関係人以外の者に対する裁判所の告知義務は、家事事件のごく特定のケースについてのもので、一般的ではない——。

それに対して、行政裁判所法（ZPO）の必要的訴訟参加の制度では、裁判所の告知義務について定めた規定はないが、そもそも、必要的訴訟参加という制度のなかに、裁判所から、訴訟参加することが必要的な第三者に、訴訟係属について告知することが、不可欠の構成要素となっているのである。[472] したがって、民事事件において、裁判所の告知を義務づける方式としては、必要的訴訟参加に関する行政裁判所法（ZPO）の規定を示唆して、基本法（GG）一〇三条一項から直接に、裁判所に、告知を義務づけるということになる。[473]

また、このような裁判所の職権義務については、民事訴訟の支配的原則である当事者主義に反するのではないかという批判もあるかもしれないが、現行訴訟法は、第三者の訴訟参加を認めているし、そもそも、当事者主義の原則は、基本法（GG）上の法的聴聞請求権の保障に優位するものではないとしている。[474]

四　そこで、つぎに、マロチュケは、行政裁判所法（VwGO）の必要的訴訟参加において、訴訟参加が必要的であったのに、訴訟参加させられなかった第三者に、上訴権をみとめ、判決が形式的確定力を生ずるてまえで、これを阻止するという論理構成を試みている。

ひとつの出発点は、通常訴訟参加を定めた同法（VwGO）六五条一項[475]の規定内容からの推測である。すなわち、同項では、裁判所は、判決により法的利益を侵害される第三者を、訴訟が、いまだ確定判決によって終結していないあいだ、または、訴訟が上級審に係属しているあいだは、訴訟参加させることができるとされているが、これは、あきらかに、みずから可能な訴訟参加をしないことは、形式的確定力の発生を妨げないということを前提としている。[476] したがって、事件を管轄する裁判所の、ある種の第三者を訴訟参加させる義務は、判決を下したときに終わるというのではなく、判決に確定力が生ずるか、または、訴訟が上級審に係属した時点ではじめて終了する[477]という推測である。しかし、ここまでの推測は、同項から導きだせても、それを転じて、訴訟参加させられるべき第三者の上訴権の根拠とするところまでは、成功していない。[478]

また、べつの出発点は、行政裁判所法（VwGO）のその他のいくつかの規定を駆使して、訴訟参加させられなかった第三者に独立の上訴権を認めさせる試みである。すなわち、訴訟参加人も「訴訟関係人」とする六三条三号、および、判決は訴訟関係人に送達しなければならないとする一一六条一項二文[479]により、裁判所は、判決が下されるまでに訴訟参加させられなかった第三者を、なお、事後的に訴訟参加させる義務をおうのみならず、その第三者にすでに下された判決を、送達する義務をおうということが結論づけられる。また、おなじく六三条三号と、訴訟関係人の控訴権を規定した一二四条一項[480]、および、訴訟関係人の上告権を規定した一三二条一項[481]一文により、上訴権は、訴訟参加した第三者にだけ認められるのではなく、訴訟参加すべきであった第三者にも、認められるということも結論づけられる、というものである[482]。

しかし、この論理も、その前提において、六三条三号にいう訴訟参加人に、訴訟参加させられるべきであった第三者も、ふくむとするところに、無理がある。いずれにしても、このような条文解釈じたいが、技巧にはしりすぎているように思われる。したがって、民事訴訟の理論のなかでは、訴訟参加させられなかった第三者にも、上訴権を認めるという見解は、一般には支持されていない[483]。

五　上記のようなマロチュケの試みは、けっきょくのところ、訴訟参加させられなかった第三者にも、形成効がおよぶという前提を維持しつつ、その形成効が生ずるてまえで、それを生じさせない「てだて」――形式的確定力を生じさせない――を講ずるものである。いうまでもなく、これは、取消判決の形成効を無視する行政訴訟の通説の論理上の欠陥を、べつの論理構成で、修正しようとするものである。そのことは、マロチュケのつぎのような見解に、よくあらわれている。

いわく、訴訟参加させられなかった第三者にも上訴権が認められると、上訴期間の起算点との関係で、場合によっては、一〇年ものあいだ、上訴権が保留されたままということもありえ[484]、たしかに、これは、問題を未解決のままにしておくということで、好ましいことではない。しかし、法的に訴訟参加が必要的である第三者を、裁判所がその義務に反して訴訟参加させる措置をとらなかった場合は、判決は、けっして形成効を生ずるチャンスをもたないという、行政訴訟の取消判決に関する支配的見解[485]は、なお、好ましいものではない。また、マロチュケの論証のなかでは、形成効については、当事者の即時確定の利益というものも、考慮されなければならないという、興味ぶかい指摘もある。

すなわち、訴訟参加させられなかった第三者にも上訴権を認め、第三者のがわからも、もはや争えない場合にのみ、ほんとうの意味での形成効が第三者にも及ぶことを認めるならば、べつのことを顧慮しなければならないであろう。訴訟参加させられなかった第三者にも判決を送達することに、第一に利害関係をもつ者は、この第三者ではなく、この判決にただちに形式的確定力が生ずることと、この形式的確定力に関わる他の判決の効力をのぞむ、勝訴した当事者である。したがって、判決の取消しを求める権限を有する第三者にも判決を送達しなければならないとする裁判所の義務は、訴訟参加させられなかった第三者の利益によってだけではなく、勝訴した当事者の利益によっても、根拠づけられるべきであろう。この根拠の中心点は、第三者の法的聴聞請求権にあるのではなく、この請求権に拘束された当事者の、判決の即時確定を求める権利である。この、すべての者に対して終局的に拘束力をもつ判決を求める、当事者および国家の利益は、また、必要的訴訟参加の根拠でもある、というものである[486]。

この論理は、訴訟参加することが必要的であったにもかかわらず訴訟参加させられなかった第三者については、判決は効力をもたないとする行政訴訟の通説の論理構成においても、通用するように思われる。すなわち、必要的訴訟参加が認められる典型的な二重効果的行政処分のケースを考えた場合、第三者に与えられた建築許可処分の取消しを、原告たる隣人が求め、勝訴したとしても、その第三者が訴訟参加させられていなければ、けっきょくは、第三者との関係では処分の取消しは、効力をもたないので、原告の勝訴は、意味をもたないことになってしまう。その場合に、裁判所が、この第三者に訴訟係属について告知し、この第三者を訴訟参加させ、判決の効力に服させなければならないという義務は、まさに、この原告の即時確定の利益と、取消判決の趣旨を社会において実現するという国家の利益に由来するとも考えられるのである。

六　以上の考察から、問題を整理すると、こうなる。

取消判決の形成効を無視して、第三者の訴訟参加が必要的であるのに、この者が訴訟参加させられないときは、この者には、なんの判決の効力が及ばないとする行政訴訟の通説にあっては、この第三者の法的聴聞請求権の侵害について、なやむ必要はない。これに対して、取消判決一般に認められるとする、すべての者に対する形成効を信奉し、これを維持しようとする民事訴訟法学者や判例が、法的聴聞請求権の保障との関係で、深刻なジレンマに、おちいっているのである。

いうまでもなく、ドイツでは、法的聴聞請求権は、憲法上、すべての者に保障される基本権であって、訴訟法的には、訴訟の実質的当事者の訴訟参加「権」――訴訟に関与し、訴訟の結果に影響をおよぼしうる主張・証明をなしうる地位――の保障として具体化される。(487) 取消判決のすべての者に対する形成効は、したがって、訴訟参加させられなかった第三者には、法的聴聞請求権との関連でも、侵害的にはたらくことになる。

いっぽう、取消判決を勝ちとった原告、および、取消判決の趣旨を徹底させる責務をおう国家には、形成効は、ただ、ただ、授益的にはたらくことになる――というよりは、もし、取消判決の形成効が無視されたり、相対化され制限されると、原告や国家に侵害的にはたらくことになる――という関係にたつのである。

第四項　「必要的」の意義――結論――

一　それでは、これまでの、民事訴訟および行政訴訟にわたる、訴訟参加に関するドイツの理論を総括して、行政裁判所法（VwGO）六五条二項の必要的訴訟参加の、「必要的」の意味について、いちおうの結論をだそう。ただ、それには、いくつかの限定をつけなければならないであろう。なぜならば、本稿におけるドイツの必要的訴訟参加の分析は、まさに、本稿の終局の目的である、わが国の職権訴訟参加――あるべき裁判所の（第三者を訴訟参加させるという）職権の発動――の法理の構築のための「てがかり」を探るということのみに、行われたからである。

したがって、ここでの結論は、取消訴訟における必要的訴訟参加についてのものに、限定される。義務づけ訴訟については、なかなかおもしろい論点も多々あり、あらたに、わが国でも導入された「義務づけ訴訟」における「第三者の訴訟参加」の理論的解明に、おおいに参考になると思われるが、これについては、論点を散漫にしないために、別稿で論ずることとする。

また、ここでの結論は、現在のドイツの理論状況を客観的に分析し総合した結果、まず、まちがいなく、こういうことがいえるのではないかという範囲での推論を示しただけのものであって、それ以上のものではない。ドイツの行政訴訟の通説の理論の、本質的矛盾を指摘し、これにかわる解決策を示唆するすぐれた考察も、ドイツのなかには、かなり存在することは、すでに見たとおりであるが、ここでの結論は、ドイツの行政訴訟の通説・判例の立場を基本とし、そこでの必要的訴訟参加の「必要的」とはなにかということの結論にとどまる。

二　結論(1)　「取消訴訟において、いかなる場合に第三者の訴訟参加が必要的となるかは、第三者の実体法上の地位――係争行政処分と第三者の関わり――によって、示される」

この場合の第三者の実体法上の地位というのは、原告の訴えの対象となる行政処分によって規定される法律関係への第三者の関与性である。その第三者の関与性が「消極的なもの」であって、かつ、「直接的なもの」である場合に、必要的訴訟参加の基礎となる法律関係関与性が認められる。

「消極的なもの」というのは、原告が求める判決――取消判決――により第三者の（既得の）法的利益が侵害されるという関係になければならないということである。

「直接的なもの」というのは、原告が求める判決――取消判決――の名あて人が第三者であるということである。つまり、判決が、第三者の実体法上の地位を定め、判決の内容が第三者にむけられているということで、さらにいえば、訴えの対象となっている行政処分の、そもそもの名あて人が、第三者であり、けっきょくのところは、処分によって定められた第三者の法的地位が、訴訟において争われている場合、と規定することができる。(488)

しかし、この基準じたいは、いかなる場合に第三者の訴訟参加が必要的となるかの基準にはなるものであるが、その場合に、なぜ、第三者の訴訟参加が必要的となるのかということの根拠となるものではない。なぜ、第三者の訴訟参加が必要的となるのかは、第三者の訴訟法上の地位および訴訟理論によるものである。

三　結論(2)「原告の求める判決――取消判決――を下すことが、国家（裁判所）にとって、必要的であり、しかも、第三者の法的地位に変動をもたらさなければ、原告が勝訴したことが、無に帰し、判決の趣旨が貫徹されないという意味で、第三者、原告、国家（裁判所）にとって、(489) 第三者を訴訟参加させることが、必要的となる(490)」

第三者についていえば、第三者を訴訟参加させ、主張・証明をつくさせ、自己の権利を防衛させることが、（基本法的に）必要的であるという意味で、必要的なのである。

原告についていえば、第三者を訴訟参加させなければ、判決が絶対的に効力をもたないこと――通説の説くごとく――、あるいは、いったん効力をもって――第三者への形成効を認めても――も、やがては、裁判所が必要的訴訟参加の措置をとらなかった手続上の瑕疵のゆえに、効力が否定されることを阻止するために、第三者を訴訟参加させることが必要的であるという意味で、必要的なのである。

国家（裁判所）についていえば、第三者の法的地位に直接的に関わる行政処分を違法であるとして取り消す場合は、そのような行政処分の取消判決は、第三者に効力をおよぼさないかぎり、なんの意味ももたないということと、第三者を訴訟参加させなければ、判決が絶対的に効力をもたない、あるいは、いったん効力をもっても、やがては、裁判所が必要的訴訟参加の措置をとらなかった手続上の瑕疵のゆえに、効力が否定されるということを考慮するならば、第三者を訴訟参加させ、第三者にも判決の効力をおよぼし、判決の効力を維持することが必要的であるという意味で、必要的なのである。

(377) 通常訴訟参加についても、その要件が、「訴訟の結果により法律上の利益を害される」とされており、訴訟が始まる段階で訴訟参加の拒否の決定が下されるということを考えると、この「訴訟の結果」についても、やはり、原告の求める判決の内容を基準にすべきである。そうすると、原告の請求が認容されることにより、法律上の利益を害される者について、訴訟参加が認められるという関係になるので、訴訟参加は、被告のがわにのみ、認められることになると考えられる。ただ、通常訴訟参加については、ドイツの学説・判例では、そのあたりが、かならずしも、厳密に考えられていないようで、原告のがわにも訴訟参加ができるようなニュアンスで述べられているものが、ときたま散見している。たとえば、コップ=シェンケ——Kopp=Schenke, a. a. O.（Anm. (5)）, Rdn. 9 zu Art. 65.——は、通常訴訟参加の利益について、「訴訟参加人が、原告または被告またはその双方、あるいは、訴訟物に対して、原告ないしは被告を補助して訴訟参加することにより、自己の法律状態を改善（verbessern）ないしは改悪（verschlechtern）しうるという関係にある場合に、法律上の利益を有する」としている。

(378) Kopp=Schenke a. a. O.（Anm. (5)）, Rdn. 7 zu Art. 65.

(379) Horst Konrad=Richter am Bayerischen Verwaltungsgerichtshof

(380) Konrad, a. a. O., BayVBl. 1982（Anm. (83)）S. 482.

(381) もちろん、法的に第三者の訴訟参加が必要的である場合に、裁判所が、第三者を訴訟参加させる措置をとらなかったことだけを理由に、上訴裁判所が、原判決を破棄できるということをさしている。

(382) Konrad, a. a. O., BayVBl. 1982（Anm. (83)）S. 482.

(383) Beschluß des VGH (Verwaltungsgerichtshof) Kassel vom 12. 6. 1986, NJW 1987 S. 1036f. この判例の内容については、本文一三一頁以下を、参照されたい。

(384) ムスグングは、本件の基礎にも二重効果的行政処分があると分析しており、したがって、通常訴訟参加についても、二重効果的行政処分によって規律される実体法関係が基本となることを認めている。Mußgung, a. a. O., NVwZ 1988（Anm. (271)）S. 33ff.

(385) Konrad, a. a. O., BayVBl. 1982（Anm. (83)）S. 522.

(386) Konrad, a. a. O., BayVBl. 1982（Anm. (83)）S. 522.

(387) Schlosser, Peter, Gestaltungsklagen und Gestaltungsurteile——Schriften zum deutschen und europäischen Zivil-, Handels- und

Prozessrecht, Bd. 3——, 1966. Marotzke, Wolfgang, Urteilswirkungen gegen Dritte und rechtliches Gehör, *ZZP* Bd. 100 S. 164ff.

(388) 前節の、義務づけ訴訟で第三者の訴訟参加が必要的でないとされる事例の分析——〔事例⑤〕、本文一〇六頁以下参照——で見たごとく、その根拠としてかならずもちだされるのが、法律関係関与性を欠くという論理であったが、なぜ、どのように法律関係関与性を欠くのかということの説明は一様ではなく、わかりにくいものであった。

(389) Konrad, a. a. O., BayVBl. 1982 (Anm. (83)) S. 485.

(390) Konrad, a. a. O., BayVBl. 1982 (Anm. (83)) S. 483.

(391) Konrad, a. a. O., BayVBl. 1982 (Anm. (83)) S. 483.

(392) Konrad, a. a. O., BayVBl. 1982 (Anm. (83)) S. 484.

(393) ただ、そのぎゃくの証明が成功しているかについては、若干の疑問がある。まず、その前提において、法律関係関与性が積極的な場合、すなわち、原告の訴えが認容されることにより、第三者が利益を得るという関係を、第三者が原告と同様の訴権を有する場合と観念して、ここから出発して、第三者が、原告と同様の訴えを、提起できたのに、しなかった場合と、第三者が、原告と同様の訴えを、提起できなかった場合にわけて、考察しているが、はたして、このような問題設定じたいが妥当なものであるのか、ということの根拠説明が、欠けている。法律関係関与性が積極的な場合とは、第三者が、原告と同様の訴権を有する場合に限定されるのか、また、原告と同様の訴権とはどのようなものか、について、もっと具体的に説明されるべきであろう。

また、もうひとつ問題なのは、①の場合の論証として、第三者が後訴を提起することによって、前訴で、訴訟参加がむなしくなってしまうとしていることである。合一的確定が要請される必要的訴訟参加にあっては、そもそも、そのような後訴は、排斥されるので、そのようなことを、もちだすことじたいが、おかしいのである。むしろ、第三者の法律関係関与性が積極的な場合は、必要的訴訟参加が認められないという根拠は、②の論証のなかにある「訴訟参加によっても、それまで第三者になかった権利を創造することはできない」ということに、つきると思われる。

(394) シュテットナーは、必要的訴訟参加の特徴を、第三者の利益が原告の利益と対立する関係にあると、するどく分析している——Stettner, a. a. O. (Anm. (53)), S. 75f.——が、これは、コンラッドほど明確にではないが、間接的に、第三者の法律関係関与性が「消極的なもの」でなければならないということを指摘していると、いえなくもない。また、グルンスキーが、合一的確定の要請にこたえるものであっても、第三者がただ利益を得るというだけの関係にある場合は、必要的訴訟参加の要件はみたされないとしている——Grunsky, a. a. O. (Anm. (108)), S. 293.——のも、おなじく、間接的に指摘しているといえなくもない。

(395) コンラッドが論証のために上げる例は、以下のとおりである——Konrad, a. a. O., BayVBl. 1982 (Anm. (83)) S. 485ff.——。

「隣人が、行政庁を被告として、第三者に与えられた建築許可の取消しを求める場合」、「インミッシオン防止法および原子力法により、施設設置者に与えられた施設設置許可処分の取消しを、隣人あるいは競願者が求める場合」、「道路占用者に対する、道路法上の特別使用許可ないし交通法上の除外許可の取消しを、沿道住民が求める場合」、「行政庁が、身体障害者の解雇について、使用者に対して与えた同意の取消しを、身体障害者が求める場合」、「既存の路線運行業者が、自己の営業を危うくする新規参入者への並行営業許可の取消しを求める場合」、「企業者への補助金の認可処分の取消しを、競願者が求める場合」、「他の者への公務員の任命の取消しを、任命をうけられなかった者が求める場合」、「自分の子供に対する裁判所の嫡出宣言の取消しを、母親が求める場合」、「住宅を捜している者を他の地域に割り当てる処分の取消しを、その地域の住宅所有者が求める場合」、「ある者に補償金が与えられることの確認決定の取消しを、補償基金の代表者が求める場合」。

これらのケースでは、いずれも、必要的訴訟参加が認められる。

(396)　二重効果的行政処分の取消訴訟では、第三者の法律関係関与性が認められることはまちがいないが、問題は、その前提部分の、行政処分が二重効果的行政処分であるかということにあるようである。コンラッドが、ひとつの限界事例として上げるのは、つぎのようなものである――Konrad, a. a. O., BayVBl. 1982 (Anm. (83)) S. 487.――。

旧連邦インミッシオン防止法――Gesetz zum Schutz vor schädlichen Umwelteinwirkungen durch Luftverunreinigungen, Geräusche, Erschütterungen und ähnliche Vorgänge 〈Bundes-Immissionsschutzgesetz〉 in der Fassung vom 15. 3. 1974, BGBl. I S. 721――四条一項に従って設置された施設の隣人Nが、同法（BImSchG）一七条一項二文により、管轄行政庁Bに、事業者Uに対して事後的にインミッシオン排出を減ずるよう命ずることを求め、Bがこれをうけて、右のような内容の命令をUに発したところ、この命令の取消しを求める訴訟を、Uが提起した場合に、この訴訟にNを訴訟参加させることが必要的かという問題に、裁判所は直面させられる。これに対して、コンラッドは、ふたつの解決が考えられるとする。それは――、

ひとつは、係争命令は、Uに対するだけでなく、Nに対する行政処分であるという考えによるものである。その場合は、命令は、両者を規律し、両者に向けられ、両者を名あて人とすると考えられるので、原告Uは、Nの主張を認めNに直接利益を与える命令を争うことになり、行政裁判所がNの主張を認めた行政決定を取り消すときは、Nは、それにより、係争法律関係に「消極的に」かつ「直接的に」関与することになる。

もうひとつは、係争命令は、Uに対するものだけで、Nに対する行政処分ではないという考えによるものである。その場合は、命令はNを名あて人とせず、原告Uによって求められる行政決定の取消判決も、Nを名あて人とするものではないと考えられるので、Nは、それにより、係争法律関係に「直接的に」は関与しないことになる――というものである。

コンラッドは、このいずれの立場をとるべきかについて、さらに緻密な分析を行っている――Konrad, a. a. O., BayVBl. 1982 (Anm. (83)) S. 488.――。第一に、その判断基準として、Nが、原告により争われている規制に対して、公法上の権利をもつかどうかということは、重要ではない。第二に、この場合、Nは行政手続の申立人となっているが、そのことによって、行政手続の結果である行政決定の名あて人となるとは

いえない。第三に、行政庁が、だれを名あて人とするかについて裁量権をもっているとすると、UにもNにも規制をかけるよりも、Uにだけ規制をかけるほうが、同じ行政効率でありながら、問題がすくなく、ベターである。第四に、行政庁が、UにもNにも規制をかける場合は、行政決定の主文においてそのことを明示——たとえば、「Nの申立てによりUに命じられる」——すべきであるとしたうえで、以下のような結論に達している。すなわち、第三者を訴訟参加させることが必要的かということは、行政庁が、第三者を行政手続法（VwVfG）一三条一項二号にいう決定の名あて人として、行政処分の規制内容にふくめたかということに関わっている。行政庁がそのようにしたかどうかということは、個々の事情のもとでの行政処分の解釈によって決まる。ただ、行政決定で　第三者を名あて人とすることは、実務においては、まれであるというものである。

ちなみに、旧連邦インミッシオン防止法（BImSchG）四条一項では、「施設の設置および操業については、その性状または操業により、環境に害を与え、あるいは、その他、一般もしくは周囲に危険を及ぼし、重大な損害が生ずる可能性がたかいと考えられる場合は、許可を得なければならない。営利を目的としない施設については、大気汚染または騒音により環境に害を与える可能性がたかいと考えられる場合にかぎり、許可を得なければならない。連邦政府は、関係人の聴聞をへて、連邦参議院の同意のもとに、政令により、許可を得なければならない施設を定める」と規定されていた。

また、同法（BImSchG）一七条一項では、「許可が与えられたのち、この法律およびこの法律にもとづいて制定された政令による義務を履行させるために、命令がだされることがある。許可が与えられたのち、一般または周囲に重大な害を与えないような、または、重大な危険を及ぼさないような措置が講じられていないと考えられるときは、管轄行政庁は、改善命令をだすものとする」と規定されていた。

また、行政手続法（VwVfG）一三条一項二号では、「行政庁が、行政処分の名あて人とする者は、手続関係人である」と規定されている。

(397) コンラッドが論証のために上げる例は、「道路建設主体に対して、あたらしい道路を建設する権限を付与する処分の取消しを、隣人もしくは関係地方公共団体が求める場合」で、このときは、建設主体の訴訟参加が必要的である。Konrad, a. a. O., BayVBl. 1982 (Anm. (83)) S. 486.

(398) 〔事例⑤〕、〔事例⑥〕、〔事例⑧〕——本文一〇六頁以下——。

(399) Konrad, a. a. O., BayVBl. 1982 (Anm. (83)) S. 486.

(400) コンラッドによれば、判決で処分を取り消すことは、処分をうけた者にも形成力が及び、そのようなものとして扱わなければならないという意味において、それは、価値評価の問題ではなく、法律効果からくる要請であるとされている。Konrad, a. a. O., BayVBl. 1982 (Anm. (83)) S. 486.

(401) Konrad, a. a. O., BayVBl. 1982 (Anm. (83)) S. 486. また、ビールも、行政処分を取り消す判決には形成効がはたらき、第三者の既得の権利が消滅するので、第三者が、必然的に裁判所の判決の名あて人になるとして、この立場に同調している。Schoch=Schmidt-Aßmann=Pietz-

ner=Bier, a. a. O.（Anm.（108））, Rdn. 19 zu Art. 65.

(402) Konrad, a. a. O., BayVBl. 1982（Anm.（83））S. 486.

(403) Konrad, a. a. O., BayVBl. 1982（Anm.（83））S. 486.

(404) Konrad, a. a. O., BayVBl. 1982（Anm.（83））S. 485.

(405) Konrad, a. a. O., BayVBl. 1982（Anm.（83））S. 517.

(406) Konrad, a. a. O., BayVBl. 1982（Anm.（83））S. 517.

(407) Beschluß des VGH Mannheim vom 8. 11. 1976 NJW 1977, S. 318f.――〔事例⑤〕本文一〇六頁以下――

(408) Beschluß des BVerwG vom 21. 6. 1973, DÖV 1975 S. 99.――〔事例⑥〕本文一〇七頁以下――

(409) Urteil des BVerwG vom 20. 5. 1992, Buchholz 310 §65 VwGO Nr. 106.――〔事例⑧〕本文一一〇頁以下――

(410) 行政裁判所法（VwGO）は、判決の効力については、一二一条の規定だけをおいている。同条は、「訴訟物（Streitgegenstand）について下された確定判決は、以下の者を拘束する。（一）当事者（Beteiligten）およびその包括承継人（Rechtsnachfolger）、（二）六五条三項所定の、訴訟参加の申立てをしなかった者または期間内に訴訟参加の申立てをしなかった者」と規定しているが、これが、実質的確定力（materielle Rechtskraft）に限定されること、また、それが、民事訴訟の一般理論に対応するものであることは、同法の立法趣旨説明のなかでも明言されている――Begründung zu §120 des Entwurfs der Verwaltungsgerichtsordnung, BT-Drs. III/55 S. 44――。

　ドイツの民事訴訟および行政訴訟の理論で、実質的確定力の意義とされるものは、同一の当事者で、同一の訴訟物については、前訴の判決が、後訴を拘束するというもので、それによって、訴訟当事者にとっては、当該訴訟物についての争いは終焉したものと考えることができ、また、同一訴訟物について、矛盾する判決を避けることができることによって、法的安定性に資するというところに、実質的確定力の主要な役割があると考えられている――Rosenberg=Schwab=Gottwald, a. a. O.（Anm.（16））, S. 916. Jauernig, Othmar, Zivilprozeßrecht, 26 Aufl., 2000, S. 237. Thomas=Putzo=Reichold=Hüßtege, a. a. O.（Anm.（16））, Rdn. 6 zu Art. 322. Stein=Jonas=Leipold, a. a. O.（Anm.（97））, Rdn. 22 zu Art. 322. Schoch=Schmidt-Aßmann=Pietzner=Clausing, a. a. O.（Anm.（108））, Rdn. 2 zu Art. 121.――。

　確定力の主観的範囲については、当該訴訟に関与した訴訟当事者のあいだだけである――行政裁判所法（VwGO）一二一条二号は、一九九〇年の法改正〈4. Gesetz zur Änderung der VwGO vom 17. 12. 1990 BGBl. I 2809〉で、同法（VwGO）六五条に三項（大量処分における訴訟参加）がつけ加えられたことに対応して、とくに、訴訟に関与しなかった者にも確定力が及ぶとしている――という大原則は動かないが、この原則は、じつは、訴訟に関与しなかった第三者の保護のためのものであるという、グルンスキーの興味ぶかい指摘――Grunsky, a.a.O.（Anm.（108））, S. 535f.――がある。すなわち、訴訟に関与した訴訟当事者のあいだで確定した判決の効力を、いたずらに第三者にも及ぶとすると、訴訟に関与せず、なんら判決に影響力を行使できなかった第三者の、法的利益を侵害することになる、というものである。

同（VwGO）法では、判決の効力については、取消訴訟も義務づけ訴訟も給付訴訟も、この民事訴訟の一般原則に立脚する一二一条しかないので、行政訴訟の特殊性をそのなかにどう盛りこむかは、まったく解釈に委ねられているというほかはない。

その、行政訴訟、とくに取消訴訟にそくした同条の解釈として、ハウアイゼンの分析——Haueisen, Die Bedeutung der Rechtskraft verwaltungsgerichtlicher Urteile, NJW 1960 S. 316.——が示唆にとみ、興味ぶかい。すなわち、取消しの訴えが認容され、係争処分が取り消されるということは、裁判所が、訴えを適法なものとみなし、訴えを実体的に審理し、理由あるものと判断したということを意味する。行政裁判上の訴えは、つねに、実体法上の理由によってのみ、認容されうるので、係争処分を取り消す判決は、係争処分が違法であるという確認もふくんでいる。しかし、なぜ係争処分が違法とされるのかは、判決主文からは、うかがい知ることができない。判決理由から推認するしかないのである。判決の確定力の客観的範囲を画定するためには、訴えを認容する場合においても、棄却する場合においても、判決理由を参照するしかないのであるとしたうえで、このような、ある実体法上の理由にもとづく違法の確認をふくむ判決の効力の拡張について、取消判決の確定力は当事者のみでなく、つぎのような場合は、民事裁判所にも及ぶとしているが、それは、取消訴訟で争われた行政処分の違法を理由として、おなじ当事者のあいだで、損害賠償請求訴訟が提起された場合であるというものである。この主旨は、取消判決の理由のなかに示された処分の個々の違法事由の判断が、後訴である損害賠償請求訴訟の前提問題の処分の違法の判断を拘束するということである。

また、コップ親子によるつぎのような分析——Kopp, Ferdinand O.=Kopp, Ferdinand J., Grenzen der Rechtskraftwirkung von Urteilen aufgrund von Anfechtungsklagen, NVwZ 1994 S. 2.——も示唆的である。すなわち、取消判決の確定力のおおくの部分は、民事訴訟の理論の類推によるもので、その内容は、係争行政処分は違法であり、処分により原告の権利が侵害されたということの確認であり、それにより、係争処分が取り消されたという事実である。しかし、それ以外にも、処分をする管轄行政庁は、法律・事実状態の変動がないかぎり、裁判所により誤っていると判断された理由により、あらたに、判決で取り消された処分と同一の処分をすることはできないという拘束力を、取消判決はもっている。そのような「補足的拘束力」は、民事訴訟では無縁のもので、民事訴訟の訴訟物理論の枠をこえるものであるというものである。これは、いうまでもなく、わが国の行政事件訴訟法三三条の行政庁に対する拘束力に対応するものであるが、わが国では、現在は、この拘束力は既判力（実質的確定力）とは、べつの効力であるとされているが、ドイツでは、確定力の「補足的拘束力」とされているところに、興味がもたれる。

(411)　六五条二項の「訴訟の結果が、当該争訟に関わりある第三者についても合一的にのみ確定すべき場合」の趣旨については、学説・判例は、同時に、直接的に、訴訟参加申立人の権利を形成、確認、確定、変更、取り消されることなしには、原告が求める判決が有効には下されないという場合であるとしている。Redeker=von Oertzen, a. a. O. (Anm. (10), Rdn. 8 zu Art. 65. Eyermann=Fröhler=Schmidt, a. a. O. (Anm. (11),

Rdn. 17 zu Art. 65. Urteil des BVerwG vom 4. 11. 1976, E., Bd. 51 S. 268ff. usw.

(412)　本文一七頁を、参照のこと。

(413)　Blomeyer, Zivilprozeßrecht（Anm. (108)), S. 503. Ders., a. a. O., ZZP Bd. 75（Anm. (205))S. 1ff. 本文六五頁を、参照のこと。

(414)　Blomeyer, Zivilprozeßrecht（Anm. (108)), S. 504. 本文六五頁以下を、参照のこと。

(415)　Schwab, a. a. O., Festschrift für Lent,（Anm. (108)）S. 276f. 本文四八頁以下を、参照のこと。

(416)　Stein=Jonas=Bork, a. a. O.（Anm. (97)), Rdn. 15 zu Art. 62.

(417)　Stein=Jonas=Bork, a. a. O.（Anm. (97)), Rdn. 15 zu Art. 62.

(418)　商法（HGB）一三三条一項では、「重大な事由があるときは、裁判所は、社員の申立てにより、会社の存立期間の満了まえにおいて、または、存立期間の定めのない会社においては、告知なしに、判決により、会社の解散を宣告することができる」と、規定されている。

(419)　シュタイン=ヨナス=ボルクは、会社の解散を了解している社員については、共同訴訟は必要的ではないとしているが、その理由については、あきらかにしていない。Stein=Jonas=Bork, a. a. O.（Anm. (97)), Rdn. 15 zu Art. 62.

(420)　商法（HGB）一四〇条一項では、「ひとりの社員について生じた事情により、他の社員が、一三三条により会社の解散を求める権利を有するにいたったときは、裁判所は、他の社員の申立てにより、会社の解散にかえて、その社員の除名を宣告することができる」と、規定されている。

(421)　商法（HGB）一六一条一項では、「共同の商号（Firma）を用いて営業をなすことを目的とする会社で、その社員のうちひとりまたは数人は、会社債権者に対して一定の財産出資の価額を限度とする責任をおい（有限責任社員）、その他の社員は、その責任に制限のない（無限責任社員）ものとする会社は、合資会社（Kommanditgesellschaft）とする」と規定されている。

(422)　この、訴訟参加が必要的であるのに、訴訟参加させられなかった第三者に、判決の効力がおよばない、というテーゼを、さらに分析すると、ドイツの理論のなかでは、判決の効力がおよばないのは、相対的に、このような第三者との関係についてのみであるとする相対説と、絶対的にすべての者に対してであるとする絶対説に、わかれるようである。ただ、相対説をとるのは、マルテンス——Martens, Streitgenossenschaft und Beiladung, VerwArch. Bd. 60. S. 255ff.——のみで、大多数は、絶対説をとっている——Bachof, Otto, Anmerkung zum Urteil des Hess. VGH vom 10. 2. 1950, MDR 1950 S. 375f. Kopp=Schenke, a. a. O.（Anm. (5)), Rdn. 42 zu Art. 65. Würtenberger, a. a. O.（Anm. (4)), Rdn. 231. Eyermann=Fröhler=Schmidt, a. a. O.（Anm. (11)), Rdn. 19 zu Art. 65. Redeker=von Oertzen, a. a. O.（Anm. (10)), Rdn. 22 zu Art. 65.——。

(423)　Rosenberg=Schwab=Gottwald, a. a. O.（Anm. (16)), S. 610f. Jauernig, a. a. O.（Anm. (410)), S. 233.

(424) Rosenberg=Schwab=Gottwald, a. a. O. (Anm. (16)), S. 610f.

民事訴訟法（ZPO）には、形成判決の対世効（第三者効）についての規定はないが、ヤウエルニッヒによれば、形成判決が、すべての者に対して（für und gegen jeden）効力をもつのは、とうぜんのことなので、あえて、そのような規定は、おかれていないのであるとされ、これは、実質的確定力（既判力）が、判決という国家行為に権威を与えるために、訴訟法のなかに、判決にそのような効力を認めるということが規定されて、はじめて、認められるのと対比される、と説明されている。Jauernig, a. a. O. (Anm. (410)), S. 233f.

(425) 今日、ドイツやわが国の民事訴訟のなかで、基本的な訴訟類型として、給付訴訟や確認訴訟とならんで位置づけられている「形成訴訟」は、ドイツ民事訴訟法（Zivilprozeßordnung vom 30. 1. 1877, RGBl. 83.）制定当時から、ゾイフェルトのころ——一九世紀末から二〇世紀はじめにかけて代表的な民事訴訟教本であった、Seuffert, Lothar, Kommentar zur Civilprozeßordnung, Bd. I, 8 Aufl., 1903 S. 346ff (zu Art. 253). では、民事訴訟の訴訟類型として、「給付訴訟（Leistungsklage）」と「確認訴訟（Feststellungsklage）」を上げるのみである。そして、同書には、「形成訴訟（Gestaltungsklage）」とか「形成判決（Gestaltungsurteil）」という言葉は存在していない——までは、ほとんど観念されていなかったようである。それでも、当時から、判決に対世効のようなものが認められなければならない訴訟——たとえば、婚姻の取消しの訴え——もあったが、これは、一般には、判決の効力（確定力）の拡張として説明されていた。Ibid., S. 504f.

しかし、形成訴訟＝形成判決の概念が提唱されるにいたって——ヴァッハが、給付訴訟、確認訴訟につづく第三の訴訟類型として、法律効果を直接的に実現するものを提唱したのが、ドイツにおいて形成訴訟＝判決の概念が伸長していくきっかけとなった。なお、ヴァッハは、その場合の例として、離婚、仲裁判断の取消しなどを上げていた（Wach, Adolf, Handbuch des deutschen Civilprozeßrechts, Bd. I, 1885, S. 12.）。そのあと、この概念が、シュタイン、クルシュ、ベティヒアー、ヘルヴィヒらによって発展させられていく過程については、中田淳一「形成判決の既判力」『訴訟及び仲裁の法理』（一九五三年）一九一頁以下、鈴木正裕「形成訴訟の訴訟物」民事訴訟雑誌五号一一〇頁以下、同「形成判決の効力」法学論叢六七巻六号二七頁以下にくわしく分析されているので、ここでは、これ以上追いかけることはしない——、とうぜんではあるが、確定力と形成効の厳格な区別と相互関係の分析が、さかんに試みられてきた。

ただ、その場合に、前提として、実質的確定力については、すでに述べたように、「実体法理論」と「訴訟法理論」の対立があり——参照、本章注(16)——、「訴訟法理論」がながらく支配的であったドイツの民事訴訟の理論状況では、確定力はまさに、訴訟的効力とみなされていたが、形成効については、形成訴訟＝形成判決の提唱の最初から、実体法上の権利変動をともなう効力であると考えられていたということがあった。したがって、このふたつの効力の概念は、そもそも、次元の違うものと考えられており、問題のとらえられかたも、形成効にも、なお、確定力が認められるのかということにしぼられていた。

一九五〇代末に、形成判決に確定力を認める根拠も実益もない、ということを明確に論証したレントまで、ドイツでは、形成効にも確定力は認められるとする立場とこれを否定する立場のあいだで、はなばなしく論争がくりひろげられた――この時点までの要約・分析については、鈴木・前掲「形成判決の効力」三四頁以下にくわしい――が、現在は、むしろ、形成効にも確定力を認める意味はあるという立場が優勢である。Nikisch, a. a. O. (Anm. (108)), S. 410. Schlosser, a. a. O. (Anm. (387)), S. 406ff. Schönke=Kuchinke, a. a. O. (Anm. (108)), S. 355. Blomeyer, a. a. O. (Anm. (108)), S. 530. Calavros, Constantin, Urteilswirkungen zu Lasten Dritter, 1977, S. 131ff. Rosenberg=Schwab=Gottwald, a. a. O. (Anm. (16)), S. 610f. Stein=Jonas=Leipold, a. a. O. (Anm. (97)), Rdn. 66 zu Art. 322.

これに対して、なお、レントの立場を維持するものとして、Jauernig, a. a. O. (Anm. (410)), S. 257f. がある。

(426) レントの形成効の分析は、簡潔に、Lent, Zivilprozeßrecht, 9. Aufl., S. 187f. のなかに要約されている。レントは、そのほかにも、Ders., Die Sachliche Rechtskraft der Gestaltungsurteile, ZZP Bd. 61 S. 279ff. という有名な論文のなかで、同様の論理を、さらに緻密に展開している――なお、この論文の紹介として、小野木常「形成判決の既判力」法学論叢三九巻五号八一七頁以下がある――が、前者の説明のほうがわかりやすいので、これを中心とし、補足的に、後者の説明も用いることとする。

(427) Lent, Zivilprozeßrecht (Anm. (426)), S. 187.

(428) Lent, Zivilprozeßrecht (Anm. (426)), S. 187.

(429) Lent, Zivilprozeßrecht (Anm. (426)), S. 187. これは、いいかえれば、形成権が存在しないのに、あるものとして下された不当な形成判決も、有効に成立するというものである。このことは、今日のドイツの理論でも一般に承認されている。Rosenberg=Schwab=Gottwald, a. a. O. (Anm. (16)), S. 610f. この論理を、レントのもうひとつの論文――Lent, a. a. O., ZZP Bd. 61 (Anm. (426)) S. 282ff.――によって補うと、実質的確定力は、ほんらい、瑕疵のない判決について認められるものであり、また、判決が有効であるのかないのかということに、関わりがないということである。

(430) Lent, Zivilprozeßrecht (Anm. (426)), S. 188. レントは、その論証として、実質的確定力が認められていない非訟事件訴訟の判決――たとえば、後見人の任命、親権の剥奪――には、一般に妥当する効力が付与されているということ、すべての形成的国家行為には、一般に妥当する効力が付与されなければならないということを、上げている。Ibid., S. 188.

形成効は確定力に依拠しないということについては、さらに、レントのもうひとつの論文――Lent, a. a. O., ZZP Bd. 61 (Anm. (426)) S. 303f.――のなかで、詳細な論証が展開されている。

それは、判決をもはや争えないという形式的確定力は、実質的確定力に依拠しているわけではない。同様のことは、形成判決についても妥当しなければならない。確定した形成判決については、判決を除去しろという攻撃は、再審が認められる場合以外は、認められない。判決に対するあらゆる攻撃をゆるさないとするのは、実質的確定力ではなく、形式的確定力である。ここにおいて、判決によってもたらされた形成に、おおいなる保障が与えられるが、この保障は、けっして、実質的確定力にもとづくものではない。さらに、問題は、形成の一般的承認（Anerkennung der Gestaltung）、あるいは、一般が形成を承認しなければならないということ（Anerkennenmüssen der Gestaltung）が、実質的確定力に依拠するか、ということである。結論からいうと、確認判決の効力と形成判決の効力とのあいだには、根本的な相違があり、形成の承認および形成の結果を争うことができないということは、実質的確定力とは、なんの関係もない。すでに確定した判決によって確認された法律効果が争われる場合は、裁判所は、後訴において、この法律効果を、確認されたところに従って基礎としなければならないということは争いがない。このことが、実質的確定力によるものであることについても、争いがない。同様に、裁判所は、後訴において、確定した判決によって生じた形成効も、判決の基礎としなければならないが、この場合も、基礎としなければならないという強制は、けっして、実質的確定力によるものではない。後訴において形成効を承認しなければならないということは、実質的確定力によっては説明されない。形成の一般的承認は、当事者およびその包括的承継人の範囲に限定される実質的確定力よりは、はるかにひろい概念であるというものである。

(431) Lent, Zivilprozeßrecht（Anm.（426））, S. 187f. レントは、また、すべての形成的私法行為についても、確定力とは無関係に、一般に妥当する効力が付与されているとしている。たとえば、解除、取消し、譲渡、夫婦財産契約などである。その場合、ひとつの問題として、だれが形成に直接関わるかということが重要である。なぜなら、私法上の法律行為についての利害関係人は、たいていの場合、制限された者にとどまるので、私法上の法律行為についても、一般に妥当する効力が認められるということが、みすごされやすいからであるとしている。Ibid, S. 188.

(432) Lent, Zivilprozeßrecht（Anm.（426））, S. 188.

(433) Lent, Zivilprozeßrecht（Anm.（426））, S. 187. レントは、さらに、形成と確認は、概念的に区別されるとして、その例に、婚姻をしょうらいにむかって解消しようとする裁判官は、婚姻がすでに解消されているという確認を行うことはできないということを、上げている。

(434) 本章注(425)を、参照のこと。

(435) Rosenberg=Schwab=Gottwald, a. a. O.（Anm.（16））, 529.

(436) 本章注(430)を、参照のこと。

(437) Stein=Jonas=Leipold, a. a. O.（Anm.（97））, Rdn. 66 zu Art. 322.

(438) Ule, a. a. O.（Anm.（169））, S. 290ff.

ドイツ行政裁判所法（VwGO）における訴訟類型としては、民事訴訟法（ZPO）に対応して、形成訴訟、確認訴訟、給付訴訟の三類型に分類されると、一般に説明されている。ただ、条文上は、行政裁判所法（VwGO）四三条に確認訴訟として明記されているほかは、形成訴訟および給付訴訟という名称を用いた規定はない。ただ、同法（VwGO）四二条一項所定の取消訴訟が、形成訴訟として、同項所定の義務づけ訴訟が、給付訴訟として認識されている。Kopp=Schenke, a. a. O.（Anm.（5））, Rdn. 2 zu Art. 113.

(439)　行政裁判所法（VwGO）四二条一項は、「行政行為の取消しの訴え（取消訴訟）、および、申請を拒否された行政行為、または、行われないまま放置された行政行為を行うよう、判決により命ずることを求める訴え（義務づけ訴訟）を、することができる」と規定している。ただ、同法（VwGO）では異議申立前置主義がとられており、七九条一項により、「原行政行為が、異議申立決定をへて変更されたものが、取消訴訟の対象となる」と規定されている。

(440)　Ule, a. a. O.（Anm.（169））, S. 293. ただ、給付訴訟と形成訴訟は複雑にからみあっており、ウレが指摘するように、行政行為の給付を求める申請を拒否する行政庁の処分の取消しを求める訴えが、認容された場合は、結果として、行政処分の給付が行われるが、訴訟形式としては、形成訴訟（取消訴訟）である。

(441)　Ule, a. a. O.（Anm.（169））, S. 312.

(442)　Ule, a. a. O.（Anm.（169））, S. 313.

(443)　Ule, a. a. O.（Anm.（169））, S. 313.

(444)　Ule, a. a. O.（Anm.（169））, S. 315.

(445)　Ule, a. a. O.（Anm.（169））, S. 115.

(446)　Schlosser, a. a. O.（Anm.（387））, S. 194ff. シュローサーが、あえて、行政訴訟の問題に一章をさいたのは、察するに、行政訴訟理論の、必要的訴訟参加人への実質的確定力の拡張の論理構成が、いささか奇妙で、興味をひいたからであろう。

(447)　Schlosser, a. a. O.（Anm.（387））, S. 195.

(448)　Schlosser, a. a. O.（Anm.（387））, S. 196. したがって、行政訴訟理論における通説が、実質的確定力のわく内――すなわち、行政裁判所法（VwGO）一二一条を根拠として――で、必要的訴訟参加人にまで、なんとか、判決の効力を及ぼそうとすることを、シュローサーは、あやまりであると断じたうえで、「しかし、この場合、一二一条は、実質的確定力の範囲のみを定めるものであって、形成効の範囲まで定めるものではないということを、通説は見のがしている」と指摘している。Ibid., S. 196.

(449)　Schlosser, a. a. O.（Anm.（387））, S. 198.

(450)　Schlosser, a. a. O.（Anm.（387））, S. 195. このような行政訴訟の通説の論理構成は、形成効に関しては、民事訴訟の理論と、ほとんど、あいいれないと、マロチュケが指摘している。Marotzke, a. a. O., ZZP Bd. 100（Anm.（387））S. 177.

しかし、行政裁判所の判例では、はやくから、取消判決に形成効がはたらき対世効をもつことが指摘され、それによる判決の合一的確定の必要性との関連が論じられていた。たとえば、連邦行政裁判所一九六四年三月一〇日判決――〔事例①〕――では、「この場合、第三者を手続に関係させることが必要的であるということの根拠は、まさに、取消判決の形成効にあるのである」とされている――本文九四頁を、参照のこと――。

(451) 民事訴訟法（ZPO）五五一条は、絶対的上告理由を上げ、その五号では、「判決は、以下の場合は、つねに、法律に違反したものとみなされる。(五)当事者のいっぽうが、手続において、法律の規定にしたがって代理されなかったとき、ただし、当事者が、訴訟の追行を、明示または黙示に承諾しなかった場合にかぎられる」と規定されている。

いっぽう、行政裁判所法（VwGO）では、一五三条に再審の定めがあり、「(一)確定判決により終結した手続については、民事訴訟法第四編の規定により、再審がゆるされる。(二)無効訴訟および回復訴訟については、公益代理人も、これを提起することができる。また、連邦行政裁判所における第一審にして最終審である手続においては、連邦公益代理人も、これを提起することができる」と規定されている。

(452) Schlosser, a. a. O.（Anm. (387)), S. 197.

(453) Schlosser, a. a. O.（Anm. (387)), S. 197.

マロチュケは、このような事態におちいるのは、あまりにせますぎる行政裁判所法（VwGO）での形式的当事者概念に原因があるとしている。

Marotzke, a. a. O., ZZP Bd. 100（Anm. (387))S. 184.

(454) Schlosser, a. a. O.（Anm. (387)), S. 197.

(455) Schlosser, a. a. O.（Anm. (387)), S. 198.

(456) Schlosser, a. a. O.（Anm. (387)), S. 198f.

(457) Schlosser, a. a. O.（Anm. (387)), S. 200.

(458) 本文三〇頁以下を、参照のこと。とくに、事件に関わる手続規定が、憲法によって保障された法的聴聞の最低限度にたりないときは、基本法（GG）一〇三条一項から、直接、裁判所の聴聞義務が導きだされるとする判例理論について。

(459) Marotzke, a. a. O., ZZP Bd. 100（Anm. (387)）S. 175.

(460) 民事訴訟法（ZPO）七〇五条では、「上訴期間または異議申立期間の経過により、判決は確定する。期間内に、上訴し、または、異議を申し立てたときは、判決は確定しない」と規定され、行政裁判所法（VwGO）一七三条一文では、「この法律に、手続に関する規定がない場合は、両手続に根本的相違がないかぎり、裁判所構成法（GVG）および民事訴訟法（ZPO）の規定が準用される」と規定されている。

(461) 行政裁判所法（VwGO）一二四条一項では、「一一〇条の規定による一部判決をふくむ終局判決および一〇九条ならびに一一一条の規定による中間判決に対しては、関係人は、高等行政裁判所に控訴することができる」と規定され、また、同法（VwGO）一三二条一項では、「高等行政裁判所の判決に対して（四九条一号）、関係人は、連邦行政裁判所に、上告することができる。上告は、一三三条の場合を除くほか、その高等裁判所が許可したときにかぎり、することができる」と規定されている。なお、一三三条は、許可を要しない上告について規定している。

(462) Eyermann=Fröhler=Schmidt, a. a. O.（Anm. (11)), Rdn. 32 zu Art. 65. Redeker=von Oertzen, a. a. O.（Anm. (10)), Rdn. 25 zu Art. 65.

Urteil des BVerwG vom 27. 3. 1963, E., Bd. 16 S. 23ff.——本章注(263)参照——Urteil des BVerwG vom 10. 3. 1964 E., Bd. 18 S. 124ff.——〔事例①〕、本文九二頁以下参照——Urteil des BVerwG vom 26. 8. 1971 E., Bd. 38 S. 290ff.

(463) Urteil des BVerfG vom 9. 2. 1982 E., Bd. 60 S. 7ff.

事案は、つぎのとおりである。有限会社（Gesellschaft mit beschränkter Haftung——GmbH——）のひとりの代表権をもつ社員から、裁判所に対して、会社解散の訴えが提起された。有限会社法——Gesetz betreffend die Gesellschaften mit beschränkter Haftung in der Fassung vom 20. 5. 1898 BGBl. I S. 846.——六一条一項によれば、「会社の目的を達することが不可能な場合、あるいは、会社との関係で解散すべき重大な事由が存在した場合には、会社を、裁判所の判決により、解散することができる」と規定され、同条二項によれば、会社解散の訴えは、会社に対してすると規定され、同条三項によれば、会社の所在地のラント通常裁判所が、管轄権を有すると規定されている。裁判所は、この訴訟係属については、同会社の他の社員に告知しないまま、解散の訴えを認容する判決を下し、そのまま確定した。そこで、同会社の他の社員が、裁判所が告知しなかったことが、基本法（GG）一〇三条一項に保障された法的聴聞請求権の侵害にあたるとして、連邦憲法裁判所に憲法訴願した。

連邦憲法裁判所の判旨は、以下のとおりである。

「憲法訴願は許容され、かつ、理由がある。

一、憲法訴願人は、手続に関与しなかったのに、係争判決により権利を侵害されている。判決により直接的に権利を侵害される者には、法的聴聞の保障請求権がある。それは、形式的訴訟関係人以外の、実体法的に判決の効力をうける者にも認められる。本件のごとき、有限会社の解散を求める形成の訴えが認容される場合には、その要件がみたされているといえる。解散を認める判決は、権利の取消しというかたちで、他の社員の法的地位に、直接的に影響を与える——Urteil des BVerfG vom 1. 2. 1967, E., Bd. 21 S. 132ff.——。

本憲法訴願は、係争判決を知ってから一月以内に行われたもので、そのかぎりで適法である——Urteil des BVerfG vom 1. 2. 1967, E., Bd. 21 S. 132ff.——。憲法訴願が認められるためには、それ以外に、他の救済手段をつくされなければならないという要件がある。しかし、憲法訴願人は、判決が確定したのちに、はじめて訴訟があったことを知ったのである。判決が確定したのちは、補助参加できなかった者が、再審の申立てをすることによって、手続上の権利を回復することができるかは、条文の文言からは、疑わしい。憲法訴願人には、なぜ、みずから法的聴聞をうける機会を放棄したのかという非難はあたらない。……

二、係争判決は、憲法訴願人の聴聞をうける権利を侵害している。（a）当法廷は、基本法（GG）一〇三条一項を、現行手続法の解釈の根拠としているだけではなく、この基本権から直接に、聴聞義務も導きだしているのである——Urteil des BVerfG vom 8. 1. 1959, E., Bd. 9 S. 89. Urteil des BVerfG vom 22. 4. 1964, E., Bd. 17 S. 356.——。とりわけ、このことは、当該手続法規が、憲法によって保障された法的聴聞の最小限の基準をみたさないものであるときには、妥当する――Urteil des BVerfG vom 1. 2. 1967, E., Bd. 21 S. 132ff.――。本件の場合は、まさにそれに該当する。

有限会社法（GmbHG）は、たんに、だれが解散訴訟を提起することができ、だれに対してこれを提起すべきかということを定めているだけである。他の社員は、補助参加人として訴訟に参加していない。民事訴訟法（ZPO）は、たしかに、そのような訴訟関与について、おおくの規定をおいている。しかし、同法（ZPO）は、六二条の意味における共同訴訟的補助参加人が、訴訟の結果により自己の権利を侵害されるおそれがあるにもかかわらず、そのような訴訟が係属していることさえ知らされない場合については、なんら規定をおいていない（参照、必要的訴訟参加について規定した行政裁判所法（VwGO）六五条二項、社会裁判所法（SGG）七五条二項、財政裁判所法（FGO）六〇条三項）。……解散訴訟において、必要的共同訴訟人として、他の社員に、すくなくとも訴訟が提起されたということが告知され、あとから既成事実がつきつけられることがないということによって、はじめて、基本法（GG）一〇三条一項の要請がみたされるのである――Urteil des BVerwG vom 19. 3. 1956, NJW 1956 S. 1295f.――。」

(464)　民事訴訟法（ZPO）六四〇e条一項では、「いっぽうの親または子が、訴訟の当事者でない場合は、いっぽうの親または子は、訴訟の告知のもとに、口頭弁論期日に召喚され（laden）なければならない。いっぽうの親または子は、当事者のいっぽうまたは他方の補助参加人となる」と規定されている

(465)　Urteil des BGH (Bundesgerichtshof) vom 24. 11. 1983, NJW 1984 S. 353f.

事案は、つぎのとおりである。離婚した夫が、婚姻中に、以前の妻とのあいだにできた子の嫡出性を否認する訴えを、子に対して提起した。被告（子）は、訴訟中も、青少年局（Jugendamt）から、被扶養者として扱われていた。ところで、民事訴訟法（ZPO）六四〇e条一項――注(464)参照――によれば、妻（母親）への訴訟係属の告知と、これを口頭弁論期日に召喚することが、裁判所に義務づけられているが、区裁判所は、母親を訴訟参加させることなしに、被告（子）は原告（父親）の子ではないことを確認する判決を下した。その判決は、被告と原告には送達されたが、母親には送達されなかった。上訴期間経過後、母親は、裁判所構成法――Gerichtsverfassungsgesetz (GVG) in der Fassung vom 9. 5. 1975, BGBl. I S. 1077――一一九条一号により管轄権を有するラント高等通常裁判所に文書を提出し、子のがわに訴訟参加したい旨、原判決に対する控訴と徒過した控訴期間の回復を求める旨の申立てをした。ラント高等通常裁判所が、控訴を却下したので、上告された。

連邦通常裁判所の判旨は、以下のとおりである。

「子に関する事件（Kinderschaftsache）について下された判決は、当事者の生存中に確定した場合には、すべての者に対して効力を有するので、訴訟に参加しなかった母親に対しても、効力を有する。したがって、母親は、基本法（GG）一〇三条一項にもとづく法的聴聞請求権をもつ。同請求権には、民事訴訟法（ZPO）六四〇e条一項が関連する。同項では、いっぽうの親または子が、訴訟の当事者でない場合

は、いっぽうの親または子は、訴訟の告知のもとに、口頭弁論期日に召喚されなければならない（一文）とされ、また、いっぽうの親または子は、当事者のいっぽう、または、他方の補助参加人となる（二文）とされている。この場合の訴訟参加人は、共同訴訟的補助参加人（六九条）として扱われ、通常補助参加人について認められる訴訟行為の制限（六七条）に服さず、補助するがわの主たる当事者に反する訴訟行為も行うことができるので、場合によっては、判決のあやまりをただすために、独立して上訴することができる――Urteil des BVerfG vom 1. 2. 1967, E., Bd. 21 S. 132ff.――。」

「（a）被告の非嫡出性を確認する一九八一年一一月一二日の区裁判所の判決は、原告と被告にのみ送達されている。それによって、原告と被告に対してのみ、送達後一月という控訴期間（五一六条）が起算された。不当にも、控訴裁判所は、控訴期間が被告について徒過した一九八一年一二月三〇日に、判決が確定したと認定した。

（b）もし、被告の母親が、区裁判所の訴訟に、当事者の補助参加人として訴訟参加していれば、判決は、母親にも送達されていなければならなかったし――Urteil des BGH vom 7. 11. 1974, NJW 1975 S. 218.――、母親についても、別個に、控訴期間が起算されたはずである。母親は、区裁判所の訴訟に訴訟参加していなかったが、その判決については、母親にも送達されるべきであった。事案は子に関する事件であるのに、被告の母親は、当事者として関与していない。そのような訴訟に当事者として関与していないいっぽうの親に、憲法上の聴聞請求権を保障するために、民事訴訟法（ZPO）六四〇e条は、訴訟の告知のもとに、口頭弁論期日に召喚されなければならないと規定している。裁判所が、この法律により規定された必要的訴訟の措置をとることを怠り、手続のなかで、これを追完しないときは、当事者として訴訟に関与せず、訴訟参加もさせられなかった者にも、判決は送達されなければならない。そのことは、六四〇e条の憲法に適合した解釈からも、導きだされる。母親の法的地位が判決により侵害されるにもかかわらず、法的聴聞の機会が与えられずに、判決が下された場合にも、判決が送達されることにより、母親に、当事者から独立に上訴して、みずからの権利を防衛する機会が与えられる。」

（466）Marotzke, a. a. O., *ZZP* Bd. 100（Anm.（387））S. 180.

（467）マロチュケは、これを、「このようにすれば、二ひきのハエを一本のハエたたきでたたける」と表現している。Marotzke, a. a. O., *ZZP* Bd. 100（Anm.（387））S. 181.

（468）Marotzke, a. a. O., *ZZP* Bd. 100（Anm.（387））S. 180f.

（469）Marotzke, a. a. O., *ZZP* Bd. 100（Anm.（387））S. 207f. マロチュケが上げる、もうひとつの解決方式である憲法訴願は、特別もしくは非常の救済手段であって、連邦憲法裁判所法（BVerfGG）――Bundesverfassungsgerichtsgesetz in der Fassung vom 11. 8. 1993, BGBl. I S. 1473.――九〇条二項一文では、「権利の救済の途が開かれなかったことに対する憲法訴願は、他の救済手段を尽くしたのち（nach Erschöpfung des Rechtswegs）でなければ、提起することはできない」とされている。これに対して、通常裁判所への上訴による解決方式は、民事裁判の管轄のなかで訂正することを、試みるものであるとしている。Marotzke, a. a. O., ZZP Bd. 100（Anm. (387)）S. 179f.

(470)　このことは、連邦憲法裁判所一九八二年二月九日判決——注(463)参照——に示唆されているところで、これにマロチュケが感化されたのである。

(471)　ただ、民事訴訟法（ZPO）六六条二項では、「補助参加は、確定判決が下されるまでの、訴訟のいかなる程度においても、なすことができ、また、上訴の提起と併合しても、なすことができる。」とされ、また、同法（ZPO）六九条では、「主訴訟の判決の確定力が、補助参加人と相手方のあいだの法律関係に、民法の規定により、有効に及ぶ場合は、補助参加人は、六一条（共同訴訟）の意味において、主たる当事者の共同訴訟人とみなされる」とされていることから、他の社員は、確定判決が下されるまでの訴訟のいかなる程度においても、また、上訴の提起と併合しても、被告会社を補助して共同訴訟的補助参加人として訴訟参加し、被告会社の意に反する訴訟行為もする権利は有している。しかし、連邦憲法裁判所もマロチュケも、それだけでは満足していない。Marotzke, a. a. O., ZZP Bd. 100（Anm. (387)）S. 168.

(472)　このことは、これまでのわれわれの考察でも、見たところである。Bettermann, a. a. O., ZZP Bd. 90（Anm. (46)）S. 129. Kopp = Schenke, a. a. O.（Anm. (5)）, Rdn. 2 zu Art. 65. なお、くわしくは、本文六三頁を参照のこと。

(473)　Marotzke, a. a. O., ZZP Bd. 100（Anm. (387)）S. 169.

(474)　Marotzke, a. a. O., ZZP Bd. 100（Anm. (387)）S. 169.

基本法（GG）一〇三条一項に規定された法的聴聞請求権の意義・内容については、本文三〇頁以下を、参照のこと。

(475)　行政裁判所法（VwGO）六五条一項では、「裁判所は、訴訟がいまだ確定判決によって終結していない場合、または、訴訟が上級審に係属している場合は、訴訟の結果により法律上の利益を害される第三者があるときは、その者の申立てにより、または、職権で、訴訟に参加させることができる」と規定されている。

(476)　Marotzke, a. a. O., ZZP Bd. 100（Anm. (387)）S. 176.

民事訴訟法（ZPO）でこれに対応する規定は、六六条二項で、「補助参加は、確定判決が下されるまでの、訴訟のいかなる程度においても、なすことができ、また、上訴の提起と併合しても、なすことができる」と規定しているが、これも、よりつよい参加権が認められる共同訴訟的補助参加人の、独立の上訴権を、根拠づけるものではない。

(477)　Marotzke, a. a. O., ZZP Bd. 100（Anm. (387)）S. 198f.

(478)　Marotzke, a. a. O., ZZP Bd. 100（Anm. (387)）S. 176. そのことは、マロチュケもみずから認めており、行政裁判所法（VwGO）は、訴訟参加しなかった第三者には、それが必要的訴訟参加の場合であっても、上訴によって判決を争うというようなことは、まったく考えていないとしている。

(479) 行政裁判所法（VwGO）一一六条一項では、「判決は、口頭弁論が行われたときは、原則として、口頭弁論終結時に、特別の場合には、二週間を超えないで定められる即時指定期日に、言い渡す。判決は、関係人に送達されなければならない」と規定されている。

(480) 行政裁判所法（VwGO）一二四条一項では、「一一〇条による一部判決をふくむ終局判決および一〇九条ならびに一一一条による中間判決に対して、関係人は、高等裁判所への控訴が認められている場合は、控訴することができる」と規定されている。

(481) 行政裁判所法（VwGO）一三二条一項では、「高等行政裁判所の判決（四九条一号）および四七条五項一文の決定に対して、関係人は、高等行政裁判所が、上告を許可した場合、または、連邦行政裁判所が、不許可に対する異議を認めた場合は、連邦行政裁判所に上告することができる」と規定されている。

(482) Marotzke, a. a. O., ZZP Bd. 100 (Anm. (387)) S. 199.

(483) マロチュケが本論考の基礎としているのが、シュローサーの理論であることは疑いないが、そのシュローサーは、訴訟参加させられなかった第三者の上訴権については、きわめて制限的な立場をとっている。すなわち、それは、形成効の相対化であり、第三者の上訴に対しては、係争判決を第三者との関係でのみ取り消し、他の者に対しては、そのまま有効に存続させるというものであるが、このような判決を下す権限を有するのは、連邦憲法裁判所に限定され、民事裁判所や行政裁判所には、このような権限はないというものである。Schlosser, a. a. O. (Anm. (387)), S. 205.

また、グルンスキーは、第三者からの上訴による判決の取消しというラディカルな解決は、おおくの場合、既存の訴訟関係人の保護すべき利益を侵害することになるという警告を発している。それは、母が、子の父親に対して、民事訴訟法（ZPO in der Fassung vom 12.9. 1950 BGBl 533.）六三八条二文――「婚姻の存在または不存在を確認する判決は、当事者の双方の生存中に確定したときは、すべての者に対して、効力を有する」＝現行民事訴訟法（zuletzt geändert am 19. 2. 2001 BGBl. I S. 288）では削除されている――により、すべての者に対して効力をもつ婚姻不存在の確認を求める訴えを提起し、これを認容する判決が下された場合についてである。このとき、子は、とうぜん、この判決――これにより、子は非嫡出子の身分におちいった――が取り消されて、嫡出子の身分を回復することを望むはずである。しかし、もし、この訴訟に訴訟参加していなかった子に上訴権を認め、それにより判決が取り消されれば、その婚姻の不存在を確認する判決を信じて他の男と結婚した母は、重婚者のレッテルをはられることになるというものである。

それを避けるために、グルンスキーは、子に上訴権を認めることを拒否し、そのかわりに、母と父親のあいだに下された婚姻の不存在を確認する判決は、不当に訴訟参加させられなかった子には、同条二文に反して、効力を生じないとすることによって、両親に対して、みずからの嫡出性の確認を求める訴えを提起する可能性を開くことを提案している。Grunsky, Anmerkung zum Beschluß des BGH vom 2. 9. 1966, FamRZ (Zeitschrift für das gesamte Familienrecht) 1966 S. 642.

(484)　控訴期間の起算点については、民事訴訟法（ZPO）五一六条では、「控訴期間は一か月とする。この期間は不変期間であり、判決の送達により起算する。ただし、判決の言渡しののち五か月が経過したときは、起算する」と規定され、行政裁判所法（VwGO）一二四e条一項一文では、「控訴の許可の申立ては、判決の送達ののち、一か月以内にしなければならない」と規定されている。これが大原則である。

しかし、連邦通常裁判所一九八三年一一月二四日判決も、マロチュケも、これは、訴訟に関与し、判決を送達された者について妥当する原則であって、訴訟参加させられず、しかも、判決の送達もうけなかった第三者は、この原則に拘束されないと考えている――Marotzke, a. a. O., ZZP Bd. 100（Anm.（387））S. 194f.――。この一〇年という期間は、したがって、権利の消滅時効の一般原則によるものである。

(485)　Marotzke, a. a. O., ZZP Bd. 100（Anm.（387））S. 183.

(486)　Marotzke, a. a. O., ZZP Bd. 100（Anm.（387））S. 198.

(487)　本文三〇頁以下を、参照のこと。

(488)　これは、ほとんど、二重効果的行政処分によって規定される法律関係である。

(489)　このなかには、被告はふくまれていないが、まさに、自分のがわに訴訟参加してくる被告にとって、第三者の訴訟参加が必要的であるという論理はないのであろうか。ドイツの理論分析のなかでは、ふしぎに、訴訟参加をうける被告との関係で、必要的訴訟参加の問題が論じられているものには、出会わなかった。ただ、被告との関係で必要的であるかはべつにして、第三者が被告のがわに訴訟参加することは、被告の訴訟上の地位に、なんらかの影響を及ぼすことはまちがいないと思われ、この問題は、わが国において職権訴訟参加の法理を構築することをめざす次章において、あわせて検討する。

(490)　いちおう、これが、なんども提示したベッターマンのきわめて示唆的なふたつのテーゼ、すなわち、「第三者の訴訟参加がなくても、第三者に判決の効力が及ぶという場合に、第三者の訴訟参加は必要的となる」というものと、「必要的訴訟参加においては、訴訟参加人への判決の効力の拡張は、必要的であることの効果ではなく、その要件である」というもの――本文六四頁以下参照――の、解明になると思われる。

第三章　職権訴訟参加の法理

はじめに

本章は、ドイツで認められている「必要的訴訟参加」のような制度が存在しないわが国において、実体法的に、第三者を訴訟参加させる必要性があると思われる場合には、裁判所が職権により第三者を訴訟参加させることを積極的に行わなければならないとする法理を、確立することをめざすものである。

そのための基礎的作業として、わが国の行政訴訟制度でも最初から存在した「訴訟参加」というものが、どのように観念され、どのように運用されてきたのか、そして、それが、「(第三者が関わる) 行政事件のはばひろい解決」に、はたして、やくだってきたのかを、歴史的に理論分析することが、まず、行われる。

しかるのちに、ドイツの理論分析によって得られた数々の手法も参考にして、わが国の現行行政事件訴訟法の枠内で、裁判所が職権により第三者を訴訟参加させることを積極的に行わなければならないとする法理を、確立することがめざされる。

第一節　わが国の行政訴訟における訴訟参加理論の歴史的分析

第一項　行政裁判法のもとでの訴訟参加

(a)　行政裁判法の規定

一　行政訴訟というより、行政裁判においても、第三者の訴訟参加という手続を認めることは、行政裁判法[1]制定当初より行われていた。すなわち、同法三一条一項では、「行政裁判所ハ訴訟審問中其事件ノ利害ニ関係アル第三者ヲ訴訟ニ加ハラシメ又ハ第三者ノ願ニ依リ訴訟ニ加ハルコトヲ許可スルヲ得」と規定されていた。そして、同条二項では、とくに、その第三者に対する判決の効力について規定し、「前項ノ場合ニ於テハ行政裁判所ノ判決ハ第三者ニ対シテモ亦其効力ヲ有ス」とされていた。

二　この規定をうけて、三三条（口頭審問期日への召喚）、三四条（審廷における弁明の機会の供与）、三八条一項（出廷命令、証明活動の認容）、四一条（召喚期日の不出廷）、四二条一項（判決の送達）では、原告と被告にならんで、第三者についても、あわせて、規定されている。

(b)　佐佐木理論の分析

一　右のような規定のもとで、当時のわが国の行政訴訟法学が、どのように訴訟参加というものを理解し、どのようなことを訴訟参加に期待していたかを、すこしくわしく分析しておこう。[2]　この時代の代表的教科書のひとつで

あった佐佐木博士の『日本行政法論〔改版〕総論』では、訴訟参加の目的について、つぎのように述べられている。(3)

「行政訴訟ニ加ハルトハ其ノ行政訴訟ニ於テ自己ノ利益ニ歸スル判決ヲ生セシムルカ爲メニ必要ナル行政訴訟上ノ行爲ヲ爲スコトヲ謂フ。故ニ之カ爲メニ一定ノ要求ヲ爲シ理由ヲ述ヘ、證據方法ヲ提出スルコトヲ得。然レトモ形式上其ノ行政訴訟本來ノ原告又ハ被告ノ一方ヲ補助シテ他ノ一方ヲ相手トスルニ非ス、又此ノ両者ヲ相手トスルニモ非ス、唯單ニ他人ノ爲ス行政訴訟ノ結果ヲ自己ノ利益ニ歸セシムル爲メニ訴訟上ノ行爲ヲ爲スノミ。」

ここで述べられていることは、訴訟参加とは、まさに、訴訟参加人が、その訴訟の結果を自己に有利に導くために行うものであり、そのために、みずからの訴訟行為――一定の要求をし、証拠方法を提出する――をすることができるというものであるが、ここで注意をひかれるのは、訴訟参加人は、訴訟当事者のいっぽうのがわについて（補助して）他のいっぽうを相手とするのでもなく、かといって、両方の当事者を相手とするものでもないということである。

これを、現在の民事訴訟の補助参加（共同訴訟的補助参加）の理論との比較において分析すると、まず、訴訟参加人の地位の補助性が明確に認識されていないということが指摘できよう。たしかに、叙述のなかに「補助」という言葉は用いられているが、けっきょくは、その補助性を否定しているのである。しかし、それは、独立当事者参加のような、訴訟参加人が当事者双方を相手とする三当事者システムのようなものを考えているわけではない。ここでのポイントは、「他人ノ爲ス行政訴訟ノ結果ヲ自己ノ利益ニ歸セシムル爲メ」という訴訟参加の目的である。まさに、それは、被参加人（主たる当事者）を勝訴させることによって参加人の利益をまもるという補助参加の目的である。

その意味では、訴訟参加人の法的地位においては、訴訟参加人の補助性を否定し、訴訟参加の目的においては、その補助性を肯定するといったアンバランスがみられ、もうひとつ、ここで述べられている訴訟参加の概念がはっきりしていない。[4] そのけっか、とうぜんではあるが、ここでいう訴訟参加人がどの範囲で訴訟行為をする——主たる当事者の意思に反する訴訟行為もしうるか——ことができるのかは、はっきりしない。けっきょく、そのことは、現在の民事訴訟理論で認められている共同訴訟的補助参加——通常補助参加人よりつよい法的地位が認められ、主たる当事者の意思に反する訴訟行為もできる——の基礎となる、判決の効力が訴訟参加人にも及ぶというような、判決の効力に関わる考察が、ここでは欠けていることによる。

二　ここで、すこし、佐佐木博士の判決の効力論について、見てみよう。

佐佐木博士の判決の効力論は、基本的に、ドイツ行政訴訟理論をうけついだもので、確認判決、給付判決、形成判決の、判決三分論を基礎とする。したがって、取消判決に形成効があることは、とうぜん、認められている。しかし、同書では、判決の効力としては、確定力と拘束力の二種の効力の説明のみが行われ、形成効の説明はとくにされていない。

確定力についての説明[5]は、「判決ノ確定」と題され、「之ニ形式的確定及ヒ實質的確定ノ二アリ」とされている。既判力（実質的確定力）[6]に関する説明で興味ぶかいのは、行政裁判所の判決についての、既判力の、原則的否定である。その根拠は、既判力について、「我國法ハ何等ノ規定ヲモ設ケズ」ということにある。[7] 同法が既判力を認める（宣言する）規定をおかなかった理由を、佐佐木博士は、民事訴訟との比較により論じられ、民事訴訟では、判断の対象となる生活関係が不変のものであるのに対して、行政訴訟では、判断の対象となる生活関係は時々の事情によってことなり、けっして不変のものではないので、行政訴訟において行政処分の当否を定めても、それは、そのときの行政処分についてのもので、「他日ノ事情ニ依テ爲サルル同様ノ行政處分ノ當否ヲ示シ得ルモノニ非ス」とされている。[8]

ただ、同法に、もし、既判力を認める規定をおくとするならばという意味で、「判決カ既判力ヲ有スルトキハ其ノ既判力ハ参加人ニモ及フ（行政裁判法第三十一条第二項）」とされているが、この説明からすると、佐佐木博士は、同法三一条二項所定の判決の効力が第三者に及ぶことを、形成効の作用ではなく、既判力の拡張としてうけとられているようである。

拘束力に関する説明は、さらに興味ぶかい。佐佐木博士による拘束力とは、「其ノ事件ニ付テ其ノ事件ニ關係ノ行政廳、當事者、關係者及ヒ参加人ヲ拘束ス」る効力とされる。これは、行政裁判法一八条が、判決の拘束（羈束）力として、「行政裁判所ノ判決ハ其事件ニ付キ関係ノ行政庁ヲ羈束ス」と規定し、もっぱら、行政庁のみを拘束するのに対して、その拘束力が及ぶ範囲を、当事者、関係者——訴訟に参加しない第三者のことである——、参加人にまで拡大するものである。(9)

関係者、訴訟参加人に対する拘束力の説明だけにしぼって、見てみると、「参加人ハ其ノ事件ニ付テ判決ト異ナル處置ヲ求ムルヲ得ス」とされ、関係者についての例として、「甲カ乙ニ對スル水ノ利用許可ノ處分ニ依テ従來有シタル水利ヲ失フカ爲メニ行政訴訟ヲ提起シ、行政裁判所其處分ヲ取消シタルトキハ、行政訴訟ノ當事者ニ非サル乙ハ其ノ水ヲ利用スルヲ得ス」とされている。その理由については、「是レ、關係者ヲ拘束スルモノニシテ當然ナリ。……蓋シ、行政裁判所ノ判決ハ参加人ニ對シテモ亦其ノ効力ヲ有ストセラルレハナリ（行政裁判法第三十一条第二項）」とされている。(10)

また、参加人についての例として、「甲乙両村ノ境界ノ爭アリテ縣參事會之ヲ裁定シ、甲村行政訴訟ヲ起シテ乙村ノ不利益ニ判決アリタルトセヨ、乙村ハ縣參事會ノ裁定シタル所ニ依テ境界ヲ定ムルヲ要ス」とされている。その理由については、「是レ、参加人ヲ拘束スルモノニシテ當然ナリ。……蓋シ、行政裁判所ノ判決ハ参加人ニ對シテモ亦其ノ効力ヲ有ストセラルレハナリ（行政裁判法第三十一条第二項）」とされている。

これらの説明を見ると、関係者——訴訟参加しない第三者——との関係では、形成効と拘束力の混同が、訴訟参加人との関係では、形成効もしくは既判力の拡張（？）と拘束力の混同がみられるようである。

三　つぎに、訴訟参加が認められるための要件については、どのように考えられていたのであろうか。同書の解説によれば、実質上の要件と形式上の要件にわけて、論じられている。(11)

「行政訴訟ノ参加アルニハ一定ノ條件ヲ要ス。(一)實質上ノ條件ハ其ノ第三者カ行政訴訟トナレル事件ノ利害ニ關係アルコトナリ。事件ノ利害ニ關係アリトハ法文ノ用語ナリ。之ヲ解シテ其ノ行政訴訟ニ對シテ下サルヘキ判決ニ依テ自己ノ利益ニ影響ヲ受クルコトノ義トス。而シテ其ノ利益ハ法上ノ利益ニ限リ、彼ノ經濟上ノ利益ニ影響ヲ受クルモ爲メニ參加ヲ許サルルコトナシ。(12)……(二)形式上ノ條件ハ行政裁判所カ之ヲ決定スルコトナリ。行政訴訟ノ參加アルハ常ニ行政裁判所カ其ノ第三者ヲシテ之ニ參加セシムトスルニ由ル。其ノ決定ハ或ハ行政裁判所ニ於テ職權ヲ以テ起働的ニ爲シ或ハ第三者ノ出願ニ對シテ受働的ニ之ヲ許可ス。何レノ場合ニ於テモ第三者カ當然ニ行政訴訟ニ參加スルコトナシ。」

ここで実質的要件とされているものは、訴訟の判決によって自己の利益に影響をうけるということであるが、(13)これは現行の行政事件訴訟法二二条一項の「訴訟の結果により権利を害される」ということと、おなじ内容をもつものと考えられる。じじつ、その利益とは法律上の利益であって、たんなる経済上の利益では認められないという解釈は、(14)現行行政事件訴訟法二二条一項の解釈(15)とおなじである。

むしろ、ここで興味をひかれるのは、形式上の要件とされるものの解説である。行政訴訟における訴訟参加については、裁判所が職権で考慮することもあれば、第三者の申立てによることもあり、最終的には裁判所の決定によるということは、現行行政事件訴訟法の立場と同一であるが、その三つの事柄のあいだで、どこに重点がおかれているかということに気をつけて読んだ場合、その説明のニュアンスに若干の違和感があるように思われる。

すなわち、この説明のながれは、「行政訴訟ノ參加アルハ常ニ行政裁判所カ其ノ第三者ヲシテ之ニ參加セシムトスルニ由ル。……何レノ場合ニ於テモ第三者カ當然ニ行政訴訟ニ參加スルコトナシ」ということが大枠になっており、申立てがあるからといって、かならずしも、訴訟参加が認められるわけではなく、裁判所が訴訟参加をさせるかどうかを決定するということが、基本的に、つよく確認されている。そのうえで、訴訟において、訴訟参加が問題となる契機について、「起働的ニ」職権による場合もあれば、「受働的ニ」申立てによる場合もあるが、後者については、とくに、「第三者カ當然ニ行政訴訟ニ参加スルコトナシ」ということが強調されることにより、ほとんど、行政訴訟における訴訟参加は、裁判所の職権調査事項であり、その裁量事項であったとの感さえうけるのである。

いずれにせよ、このような説明のニュアンスの根底にあるのは、行政訴訟においては、訴訟参加はひろく認められるものではなく、制限的にしか認められないものであるということであろうと思われる。

(c) 美濃部理論の分析

一　おなじ行政裁判法のもとでの訴訟参加の理解についても、「公益」という概念を、その目的の中心にすえられたのが、美濃部博士である。わが国で最初の本格的な行政訴訟の理論書である『行政裁判法』は、行政訴訟における訴訟参加を、民事訴訟における訴訟参加との比較において論じているが[16]、このスタイルは、そののちのわが国の行政訴訟理論における訴訟参加の説明の主流となった。

すなわち、「訴訟参加の制度は民事訴訟に於いても認められて居るものであるが、行政訴訟に於ける参加は一の點に於いて著しく民事訴訟に於ける参加と異なつて居る。民事訴訟の参加は常に参加人の自由意思に基づくものであるに反して、行政訴訟の参加は時としては行政裁判所の命令に依つて参加せしむることが有り、参加人の希望に基づく場合でも常に行政裁判所の許可を要すること是である」として、両訴訟における訴訟参加の手続の相違を強調することを、出発点としている。

その相違については、「行政訴訟の参加が斯く民事訴訟の参加と手續を異にして居るのは、行政訴訟と民事訴訟との性質の差異に其の理由を有するものであることは言ふまでもない」と述べているが、さらに、つぎに上げるように、「公益」を根拠に、その相違についての論証が展開されている。(17)

「民事訴訟は私權の保護を目的とするもので、直接に公益に關するものではないから、第三者が訴訟に參加するのも第三者自身の任意に任かすのが當然で、國家の側から之に干渉すべき理由は無いが、行政訴訟は行政事件に關するもので、直接に公益に影響するものであり、其の出訴の要件も限定せられて居るのであるから、第三者が訴訟に參加するのも、其の自由意思に放任することを得ないもので、少なくとも行政裁判所の同意を得ることが必要である。」

ここで述べられていることの前提は、「民事訴訟は私權の保護を目的とするもので、直接に公益に關するものではない」ということと、その反面で、「行政訴訟は行政事件に關するもので、直接に公益に影響するものであ」るということであるが、じつに、このテーゼは、わが国のこののちの行政訴訟理論を支配するものでもあった。ただ、この説明でもそうであるし、また、そののちの行政訴訟理論の説明でもそうであるが、そこでいう「公益」がどのような内容をもち、どのように行政訴訟を支配するのかということは、いっさいあきらかにされていない。むしろ、ここで興味をひかれるのは、「其の出訴の要件も限定せられて居るのであるから」、第三者が訴訟参加するためには裁判所の同意がいるとされていることである。これは、いうまでもなく、行政訴訟における原告適格が、民事訴訟におけるそれよりも制限的であることをいっているのであるが、問題は、そのことと訴訟参加が制限的にしか認められないことが、無条件に連動されていることである。その根拠については、いちおう、以下のように説明されている。(18)

「何となれば參加人は原告又は被告と同じく訴訟當事者としての總ての權能を有するものであるから、訴訟當事者となり得べき資格を備ふる者であることを要し、而して訴訟當事者となり得べき資格は行政訴訟に於いては特に限定されて居るのであるから、其の資格を備ふるや否やに付いて、行政裁判所の認定を要するのは當然であるからである。」

このように、きわめて明快に、訴訟参加の資格が原告適格とおなじレベルで論じられるべきこと、行政訴訟では、なぜ、訴訟参加について行政裁判所の同意がいるのかということが、そのかぎりでは、論理整合的に説明されているのである。(19) しかし、この論述は、訴訟法的には、いささか、不十分・不明確であって、「参加人は原告又は被告と同じく訴訟當事者としての總ての權能を有する」とされているが、そもそも、訴訟参加人が、原告または被告とならんで、訴訟当事者たりうるか、また、訴訟参加人は、主たる当事者の意に反する訴訟行為——たとえば、訴えの放棄、認容についても——まで行うことができるのか、ということろまで考察されたものではないようである。ここでの説明を見るかぎりで、結論的にいうと、行政裁判所のもとでの訴訟参加は、公益的見地から行われる、もしくは、許されるという色彩がつよく、訴訟参加人の権利保護という観点は、欠落しているようにも感じられるのである。

二　それでは、ここで、美濃部博士の判決の効力の理論について見てみよう。

判決の効力に関しては、拘束力、確定力、執行力に、わけることを要するとされているが、(20) 訴訟参加すべき第三者に及ぶ効力については、もっぱら、拘束力の説明のなかで論じられている。

美濃部博士は、行政裁判法三一条二項に規定された判決の効力も、同法一八条に規定された拘束力と同一に解されている。(21)

「行政裁判法三一條には又第三者が行政訴訟に参加する場合を定め、其の第二項に『前項ノ場合ニ於テハ行政裁判所ノ判決ハ第三者ニ對シテモ亦其効力ヲ有ス』と規定して居り、之を其の文字通りに解すると、訴訟に参加しなかつた場合には判決の拘束を受けないものゝやうに解せらるるけれども、それは正當なる解釋ではない。或る公法的の事件が國家に依り有權的に決定せらるれば、其の事件に關係ある者が凡て其の拘束を受くることは、國家行爲の當然の性質で、例へば選擧訴訟に於いて選擧が無効と決せらるれば、其の總ての當選人は其の訴訟に參加したと否とを問はず、當然に其の拘束を受けて其の當選が無効となることは勿論であり、水利權の許可に對し他の水利權者から其の許可を違法として出訴し其の許可が取消されたとすれば、其の許可を受けた者は自ら訴訟に參加したと否とを問はず、判決に依り許可せられた水利權を失ふことも亦當然である。行政裁判法三一條二項の規定は、其の書き方が當を失し誤解を招く虞が有るけれども、其の文字に拘らず行政裁判所の判決は總ての關係者を拘束するものと解せねばならぬ。」

この論理を分析する前提として、美濃部博士が、行政訴訟の判決（取消訴訟の判決）には、「對世的効力」があることを承認しておられ[22]、判決の効力は、「一般に對世的で、判決に依つて決定せられた事項は總ての者が之を既に確定したものとして尊重することを要し、訴訟當事者であつたと否とを問はず、何人も最早之を争ふことを得ない」とされていること、そして、同法一八条で、「行政裁判所ノ判決ハ其事件ニ付キ關係行政廳ヲ羈束ス」とされている「關係行政廳」については、訴訟にくわわらなかった行政庁、司法裁判所もふくまれるとされ[23]、その理由については、「國家機關は相互に其の權限を尊重することを要し、一の機關が其の權限内に於いて決定した事項は、他の機關が之を覆へす權限を有するものではないからである」とされていることを、確認しておかなければならない。

以上の前提をふまえて、右に引用した論述を見てみると、当選人が、とうぜんに拘束力をうけて当選無効となり、水利権者が、とうぜんに拘束力をうけて水利権を失うことは、行政裁判所の判決が、「對世的効力」をもつことの帰結となる。それは、そもそも、「公法的の事件が國家に依り有權的に決定せらるれば、其の事件に關係ある者が凡て其の拘束を受くることは、國家行爲の當然の性質」ということでもある。

このように広範囲に及ぶ効力まで、同法一八条が予定していたかどうかはべつにして、右の論理じたいは、きわめて明快でわかりやすく、そのかぎりで整合的である。ただ、そこでは、訴訟参加させられなかった第三者の、裁判において主張・立証の機会が与えられるという意味での法的聴聞請求権の保障のようなものについては、なにもふれられていない。

三　つぎに、同書では、さらに、職権による訴訟参加――「強制参加」と称されている――についても、興味ぶかい論証が行われている。[24]

「強制参加は行政訴訟に於いてのみ見ることを得べき特有の制度で、其の必要は行政訴訟の特別なる性質に基づくものである。我が行政訴訟に於いては前にも述べた如く法律關係の當事者と訴訟手續上の當事者とは相異つて居り、訴訟手續に於いて被告の地位に立つ者は常に處分廳又は裁決廳であるが、訴訟の結果に依り直接に自己の權利を判定せらる者は、原告又は被告以外に別に存する場合が尠くない。[25]……訴訟の目的に付き眞の當事者たるものが、訴訟手續上には局外者として全く之に參加しないことが訴訟審理の上に適當ならざることは言ふまでもない。裁判の確實を期する爲には手續上の原告被告の外に、訴訟の目的に付いての眞の相手方をも參加せしめ、其の意見をも聽いて後に判決を與ふることが、適當でなければならぬ。行政訴訟に於いて強制參加の制の認められて居るのは、此の理由に基づいて居るものである。」

この段落で述べられていることは、まさに、われわれが最終的な考察対象としている職権訴訟参加の、ひとつの真理を、端的に指摘するものである。これまで見てきた、ドイツの必要的訴訟参加の本質・目的論は、訴訟参加人の実体法・手続法上の権利から、つねに出発する考察であったが、これは、そのようなものとは、まったくべつの次元で、大上段から、ただしい行政訴訟のありかたを論じているのである。その行政訴訟のありかたとは、「裁判の確實を期する爲」と述べられているように、むかしから、職権主義の指標とされてきた実体的真実探究である。よって、職権による強制参加というのは、当事者主義を基礎とする民事訴訟には、みられないものであるということが強調されているのである。

四　また、本書で行われている考察のもうひとつすぐれたところは、このあと、さらに、民事訴訟における訴訟参加との比較を、訴訟構造的に、ふかく分析していることにある。すなわち、民事訴訟では、訴訟参加は、「主参加」と「従参加」にわけられる(26)が、行政訴訟における参加には、主参加、すなわち、当事者双方を共同被告として、これらに相対する訴訟は存在しないとするものであるが、その理由については、つぎのように論じている(27)。

「行政訴訟の當事者は訴訟の目的たる法律關係の當事者ではないから、當事者雙方を共同被告として訴ふることは、行政訴訟に於いては性質上許され得ない所である。行政訴訟は常に處分廳又は裁決廳を被告とすべきものであるから、他の訴訟に於いて原告たる者を被告たる行政廳と合せて共同被告と爲すが如きは、我が行政裁判法の主義に反するものである。」

たしかに、ここでいわれているように、行政庁が被告となることは、行政訴訟の基本軸であり、制度の前提である。問題は、そのつぎで、その被告行政庁とつねに対峙する関係にある原告国民は、主参加により独立の原告の地位にたつ者に対して、被告行政庁とおなじ被告の立場にたつことができないのかということである。美濃部博士のいわれる「我が行政裁判法の主義に反する」とは、おそらく、行政訴訟の本質を、公権力の行使に対する国民の権利保護とみて、それとことなる主張のしかた――公権力の行使そのものを攻撃するのではなく、その公権力の行使により影響をうける自己の権利を主張する――は、認められない、ということであろうと思われる(28)。

五　それでは、行政訴訟における訴訟参加は、民事訴訟でいう「従参加」――現行民事訴訟法の補助参加――にひとしいかというと、美濃部博士は、それも、否定しておられる(29)。

「それは必ずしも民事訴訟の『従参加』のやうに原告又は被告の何れか一方を補助する爲にするものには限らぬ。參加人は時としては原告又は被告の何れとも異つた主張を爲す場合も有り得る。例へば土地収用事件に於いて、被収用者たる土地所有者が収用審査會を被告として出訴した訴訟に於いて、起業者が參加人として之に參加したとすれば、參加人は原告に反對することは當然であるが、併し必ずしも収用審査會の裁決と同一の主張を爲し、以て被告たる収用審査會を補助することを要するものではない。原告に反對すると共に、収用審査會の裁決をも非なりとし、裁決の認めて居るよりも尚一層自己に有利なる主張を爲すことをも妨げない。此の場合に於いては單一の訴訟に於いて三個の主張が相對立することになるのであつて、即ち訴訟當事者が三方に分立する形を爲すのであり、其の點に於いて稍主參加に類するものである。」

ここで述べられている趣旨は、ようするに、民事訴訟の従参加にみられる補助性を否定するものである。(30)この論理を検証するにあたっては、そもそも、この当時の民事訴訟における従参加についていわれていた補助性もしくは付随性とは、どのようなものであったのか、まず、それを見ておく必要がある。すなわち、一般には、(31)従参加とは、従参加人が主たる当事者に付随して訴訟行為を行うことに本質があると考えられていたわけで、従参加の目的は、当該訴訟において、主たる当事者を勝訴に導くために補助することそのものであり、したがって、主たる当事者を補助すること以外の訴訟行為——明示的に主たる当事者の訴訟行為に反するものは、もちろん禁止されている——は無効であることが、強調されていた。(32)

これに対して、行政裁判法の訴訟参加では、訴訟参加するがわの主たる当事者の訴訟行為に反する訴訟行為もなしうることが、強調されており、(33)さらには、民事訴訟の従参加で、従参加人が主たる当事者を補助するために付随している——そのかぎりで、二当事者システムは、いささかも崩れない——というイメージを打破するために、「訴訟當事者が三方に分立する形を爲す」という三当事者システムまで観念されていたようである。(34)そのため、「其の點に於いて稍主參加に類するものである」と美濃部博士が、一歩下がって認められていることは、いっぽうで、さきほど見た論理において、明確に、行政訴訟の訴訟参加は主参加とは、ことなると断じておられたことと、やや矛盾している。

第二項　行政事件訴訟特例法のもとでの訴訟参加

(a)　行政事件訴訟特例法の規定

一　行政裁判法をあらため、昭和二三年より施行されるにいたった行政事件訴訟特例法(35)（以下、「特例法」）では、訴訟参加について、八条で規定していた。すなわち、同条一項では、「裁判所は、必要と認めるときは、職権で決定を以て、訴訟の結果について利害関係のある行政庁その他の第三者を訴訟に参加させることができる」とし、同条二項では、「裁判所は、前項の決定をするには、当事者及び第三者の意見を聴かなければならない」としていた。

訴訟参加と密接な関連をもつ判決の効力については、第三者効を認める規定はなくなったが、関係行政庁に対する拘束力の規定は残された。すなわち、一二条の、「確定判決は、その事件について関係の行政庁を拘束する」というものである。

二　四三か条からなる行政裁判法から、わずか一二か条にすぎないものにあらためられた特例法のなかで、訴訟参加が、一か条をしめていたのは、民事訴訟との相違において、それが、「職権による」訴訟参加であることを、強調することにあったと思われる。とくに、本条では、職権による訴訟参加だけが規定され、第三者からの申立てによる訴訟参加が欠落したことに、おおきな特徴がある。

しかし、この条文の解釈としては、申立てによる訴訟参加は排除されない。たしかに、そのまえの行政裁判法三一条では、強制参加以外に「第三者ノ願ニヨ」る訴訟参加も規定されていたが、それには行政裁判所の許可を要するとされていたのが、そのことの規定がなくなったということが、重要なのであって、それにより、任意の申立てによる訴訟参加がひろく認められることになった、とされていた(36)のである。

また、本条では、訴訟参加が認められるための要件として、「訴訟の結果について利害関係のある」ということが上げられていたが、これは、行政裁判法三一条一項で、「其事件ノ利害ニ関係アル」とされていたのを、あらためたものである。

(b)　田中(二)理論の分析

一　行政裁判法の時代に、美濃部博士のもとで行政法の研究をはじめられ、特例法、さらには、行政事件訴訟法の立法に参画された田中(二)博士の訴訟理論をさぐることは、まさに、わが国の行政訴訟の理論を、そのまま、さかのぼって分析することになる。田中(二)博士は、行政法の全体にわたって、理論をいちじるしく発展させられたが、行政訴訟の分野においては、とくに、判決の効力について、ふかい考察を行っておられる。訴訟参加に関しては、この判決の効力論の延長に位置づけておられる――佐佐木博士や美濃部博士にはなかった視点である――ので、われわれの田中(二)理論の分析も、判決の効力論からはじめて、訴訟参加について論じられているところへと向かっていこう。

二　行政裁判法時代の田中(二)博士の訴訟参加に対する考えを知る好個のてがかりは、税金の滞納による公売処分の取消判決は、訴訟参加しなかった第三者にも及ぶとした大判昭和一五年六月一九日判決[37]の評釈として書かれたもののなかにある。[38]

本判決は、行政裁判法三一条二項により、取消判決の効力は、訴訟参加しなかった第三者にはおよばないとする抗弁に対して、つぎのように判示した。

「行政裁判法第三十一條ヲ其ノ文字通リ解スルトキハ所論ノ趣旨ニ解シ得ラレサルニアラサルカ如キモ、或ル公法的ノ事件カ國家ニ依リ有權的ニ決定セラルレハ該事件ニ關係アル者カ凡テ其ノ拘束ヲ受クヘキハ國家行爲ノ當然ノ歸結ト謂フヘ」し。

本判決に対する田中(二)博士の論評を分析するまえに、「所論ノ趣旨ニ解シ得ラレルニアラサルカ如キモ」とされている第三者——当該公売処分の取消訴訟にけっきょく訴訟参加せずに、公売により取得した土地所有権を、取消判決によって失う者——の抗弁を見ておこう。なぜならば、そこには、職権による訴訟参加と判決の効力の本質的な問題が、すでに、提示されているからである。

「右ノ行政訴訟ハ被上告人所有ノ本訴ノ土地ニ對スル赤塚村長ノ公賣處分カ公法タル國税徴収法第十二條ニ違反スルヤ否ヤヲ審査シ行政法規ノ維持實現ヲ目的トシ被上告人ト上告人間ノ私法上ノ權利又ハ法律關係ヲ定ムルコトヲ其ノ直接ノ目的トスルモノニ非サルコトニ徴シテモ亦明ラカナラム若シ行政裁判所カ将來爲ス判決ノ効力カ上告人ニ及ホサシメントスルナラハ行政裁判所法第三十一條ニ依リ職權ヲ以テ上告人ヲ其ノ訴訟ニ參加セシメ（田中二郎行政法講義案(四)参照）[39]上告人ヲシテ訴訟資料ヲ提出セシメ以テ一面ニ於テハ判決ノ適正ヲ期シ多面ニ於テハ上告人ヲシテ權利保護ノ手段ヲ執ラシメサルヘカラス上告人カ夢寝ノ間ニ其ノ所有權ヲ奪取セラレタリト云フカ如キコトハ法治國ニ於テ有リ得ヘカラサルトコロナリ」。

田中(二)博士は、評釈にあたって、とうぜん、右の立論にある、判決の効力を、訴訟外にある第三者におよぼそうとするならば、裁判所は、職権で当該第三者を訴訟参加させなければならないという、第三者の権利保護の観点からの抗弁も目にされたのであろうが、ここでは、もっぱら、この場合の判決の効力の性質についてのみ、論評されている。

田中(二)博士は、行政裁判法三一条二項にいう「効力」は、判決の既判力であるとみておられたようである。その理由として、「他の効力をも含めて理解しても差支ないが、それ等の効力は普通當然参加人に及び特に規定をまつまでもないから、そこでは主として既判力が指されて居ると考へてよい」とされている。[40]そこから、同項でとくにこのように規定されている趣旨は、ほんらい、訴訟当事者についてのみ生ずるものである既判力を、訴訟参加した者にも、同様に、およぼさしめようとしたことにある、とされており(41)、けっきょく、同項は、既判力の拡張を規定したものである、とみておられたようである。

三　そして、さらに、田中(二)博士は、同項の効力を、既判力と認めることの利点について、つぎのように論じておられる(42)。

「若し訴訟に利害關係をもつ第三者が訴訟に參加しなかつたとすれば、その訴が棄却されたやうな場合、その第三者は別に訴を起し得ると解せねばならぬ。何となればその第三者に對しては判決の既判力は及ばず、第三者は出訴を妨げらるべき理由は存しないからである。」

上記のように論じられる趣旨は、ぎゃくにいえば、既判力の範囲が訴訟当事者にせまく限定されることから、既判力は、訴訟参加しなかった第三者には及ばず、第三者は、べつに、自己固有の権利主張として、訴訟を提起できるということであろう(43)。しかし、それは、いっぽうで、かような第三者に判決の効力をおよぼさず、自由に後訴を提起できるとしたままにしておくことは、大局的見地からこのましくないということもあるわけだが、田中(二)博士は、そのことも考慮しておられ、つづけて、つぎのように論じられている。

「かういふ場合に、その第三者を訴訟に參加せしめ、その効力をこれに及ぼさしめる實質的な必要と意味とがあるわけであらう。行政裁判法第三十一條第二項は正にかやうな意味での判決の既判力に付て規定した規定と見るべきである。」

上記のような田中(二)博士の立論については、これまでの本稿の考察にてらして、いくつか、検討すべき点があるように思われる。

まず、処分の取消しの訴えが棄却された場合、訴訟当事者でない第三者は、べつに(原告の立場で)取消しの訴えを提起できるという論理は、共同訴訟的な法律関係を前提にしているのであろうが、これについて訴訟参加を認めるかは、検討の余地がある。

ドイツの必要的訴訟参加のように、当事者間で争われている法律関係と直接的な関わりがない第三者には、訴訟参加の利益は認められない、とするところでは、原告とおなじ利益状況にあるというだけの者には、(原告のがわへの) 訴訟参加は認められない。(44) しかし、行政裁判法時代から、特例法の時代にかけては、そのことを、とくに問題とする認識もなかったようである。ということは、このことだけからも、行政裁判法および特例法の訴訟参加では、第三者の訴訟参加の利益というものが、かなり「ゆるやかに」とらえられていたと推測されるのである――なお、このことについては、くり返し検討しよう――。

また、田中(二)博士は、同項は既判力の拡張を定めた規定であるという前提のもとに、判決の効力 (既判力) を第三者にまでおよぼすために第三者を訴訟参加せしめなければならないという、ドイツの必要的訴訟参加についての行政訴訟の通説の理論につうずるような論理を展開されている。ただ、本稿のこれまでの考察で、ドイツの行政訴訟の通説では、なお、既判力と形成効の関係が整理されていないことが、あきらかにされているので、田中(二)博士の理論についても、この角度から検討する必要があろう。

四　ただ、田中(二)博士は、同項所定の効力については、既判力であると主張されるいっぽうで、取消判決には、第三者にもおよぶ、べつの効力があることも、強調しておられるので、(45) それも見ておこう。

「判決は、判決の存在自體を或はその形成せる内容を何人もこれを無視し得ざらしめる効力をもつことは人の認める所で、その意味に於て、判決の効力が總ての利害關係をもつ第三者にも及ぶものといはねばならぬ。これは判決の既判力とは異なるもので、判決の事實に基く効力 (Tatbestandswirkung) とか、形成判決の形成力 (Gestaltungswirkung) とか呼ばれる(46)……。これは勿論行政判決に付てのみ認められる効力ではない。行政行爲に付ても、それが有効に存在するときは、總ての第三者 (關係者) がこれを無視し得ざる關係にあるのと同様で、判決が公の權威を以て下された以上、その存在乃至その形成した内容は、單に訴訟當事者のみならず、その事件に利害關係をもつ總ての第三者がこれを無視し得ざる拘束を受けねばならぬ。」

けっきょく、田中(二)博士の論理の中核は、取消訴訟は形成訴訟であり、取消判決は形成判決であるということ[47]を前提として、形成のほんらいの趣旨から、第三者効を有するのはとうぜんであるということと、判決には、「公の權威」により、すべての者に「無視し得ざる拘束」力がおよぶということにある。そして、これらの効力については、判決の性質そのものに由来するので、条文の根拠は要しないと考えられていたようである。

(c) 田中(二)理論のさらなる分析——実体的確定力の理論——

一　ここで、もうすこし、さらに発展させられた田中(二)博士の「實體的確定力」(既判力)の理論を見てみよう。それは、その有名な「行政法に於ける確定力の理論」[48]という論文が、わが国の行政訴訟理論のなかで、およそ、実質的確定力(既判力)というものについて、もっともふかく分析したものであるからである。[49]さらに、本稿の考察において重要なことは、この論文の発展において、訴訟参加させられるべき第三者に、実質的確定力が拡張される論理が展開されているからである。以下、順をおって、くわしく検討してみよう。

田中(二)博士によれば、そもそも、訴訟法にいう「確定力又は既判力」[50]を、行政法の領域に、そのままもちこむ余地があるかどうかということから論じなければならないとされる。なぜなら、田中(二)博士の基本認識として、「行政法の領域に於ては行政法を他の法域より特色的に際立たしめる一貫した特殊の理論の構成が可能であ」り、「從つて他の法域に發達した理論をそのまま行政法の領域に受け容れることは、必ずしも可能ではない」と考えておられたからである。[51]

それでは、確定力についてはどうかというと、「從來主として訴訟法の領域に於て、合目的的見地に基いて、發展せしめられたもので、民事訴訟には民事訴訟の、刑事訴訟には刑事訴訟の、特色を帯びては居るが、其の本質に於ては共通性を有し、此の共通の本質的な部分は、更に行政法の領域にも發展せしめ得べき餘地がある」とされた。[52]

その確定力であるが、訴訟法にならって、「從來、これを形式的確定力（formelle Rechtskraft）と實體的確定力（materielle Rechtskraft）とに分つのが通例である」としたうえで、前者については、審級制度に関連し、これを争うべき余地のない状態——すなわち不可争力——を意味することについては、訴訟法においても行政法においても異論のないところであるが、後者の「實體的確定力」の観念については、かねてより議論があり一定ではないとされた。[53] 田中(二)博士は、その議論を、オーストリア・ドイツの学説にわたって綿密に歴史的に分析され、[54] それをつうじて、独自の「實體的確定力」の定義を、じょじょに、あきらかにされている。

まず、一般法理論より出発して、確定力は、すべての法規範にとうぜんに内在する効力であるとする立場[55]に対して、確定力は、「判決又は判決に類する國家行爲に付て、特に其の作用の特質に注目して認められる特殊の効力に外ならない」とされた。[56]

つぎに、確定力を、内容的拘束力[57]や不可変更力[58]と同視する立場[59]——ただ、これらの学説のあいだで、公益に対する関係において、その効力の強度にニュアンスの差があるようで、なかには、公益の要求するときは、確定力も排除されるとするものもある[60]——に対して、「私は確定力を以て、其の成立に瑕疵あるに拘らず、又これに對立する公益の要求の存するに拘らず、内容的に其の定むる所に確定する點にこそ、確定力理論の重點が存すると考へる」とされ、[61] したがって、確定力は、「訴訟法的なものとしてのみ認められ得る」とされた。[62]

二　このように、田中(二)博士は、確定力の訴訟法的理解にたたれたうえで、つぎに、行政争訟における確定力について、独自の理論を展開しておられるが、論証として、わが国の行政訴訟理論を伝統的に支配してきた、行政訴訟は公益に奉仕し、したがって、広汎に職権主義が妥当する、というテーゼとの関連で論じられているので、すこしくわしく分析してみよう。ここで述べられていることは(63)、ふくみがふかい。

「要するに、行政爭訟に於ける確定力は、ある者の考へるやうに、單に當事者の利益の爲めにのみ認められるものでなく、公益的見地に歸結し得る種々の考慮に基くものであり、從つて、當然に絶對的効力なることを認めなければならぬことは、確定力理論の如上の『訴訟的』性質を理解すれば自ら明かとなるべき筈である。殊に行政爭訟手續には、民事訴訟に於けるよりも一層公益的見地が採用されて居ることは一般の承認する所で、訴なければ裁判なしの原則は等しく適用せられるけれども、當事者は爭の對象に付て處分權を有せず、且つ裁判所に對し、公益上廣い範圍に亙り職權主義の諸原則の認められて居る點等から言つても、其の判決が單に當事者の利益の爲めに確定するものと見るべきでないことは一層明瞭で、事案が既判事項なりや否やに付ても、裁判所は自ら進んで職權を以て審理すべきものである。」

ここで、まず興味をひかれるのは、論理の出発において、「行政爭訟に於ける確定力は、……公益的見地に歸結し得る種々の考慮に基くものであ」るとされていることである。この場合の「公益」がなにかということが問題になるが、このあとの説明から、それは、訴訟における公益、あるいは、訴訟そのものについて認められる公益であることがわかる。それは、「殊に行政爭訟手續には、民事訴訟に於けるよりも一層公益的見地が採用されて居ることは一般の承認する所で」とされている箇所である。

わが国では、美濃部博士以来、行政訴訟を、民事訴訟と区別し、そのはたす目的のゆえに、民事訴訟より一段たかいところに位置づけようとされてきた(64)。そして、そのことが、訴訟の審理においても、支配原理となり、(行政訴訟がはたす)公益上、ひろい範囲にわたり、(裁判所に)職権主義の諸原則が認められているということになるのである。

三　それでは、行政訴訟(行政争訟)のはたす公益については、田中博士はどのように観念されていたのであろうか。その内容は直接には述べられていないが、それをある程度推測させる材料は、二か所ある。すなわち、「當事者は爭の對象に付て處分權を有せず」というところと、「其の判決が單に當事者の利益の爲めに確定するものと見るべきでない」というところである。

処分権主義は、民事訴訟における当事者主義と密接不可分の関係にたつものであって、民事訴訟を私的紛争の解決のための手続とみるかぎり、しごくとうぜんのこととして、受けいれられるものである。しかし、それが行政訴訟では一般に否定されるという論理には、行政訴訟は、たんに当事者間の私的紛争解決にとどまらない、べつの目的に資するために行われるという観念が、とうぜん、前提になっている。(65) このべつの目的が、おそらくは、実体的真実の探求、すなわち、違法な行政の是正ということ、それから、さらには、行政訴訟の解決に利害関係を有する者の範囲が一般にひろいというようなことではないかと考えられるものであって、それが、ここでいう「公益」の内容ではないかと推測されるのである。

ただ、このように割りきった立場にたつのであれば、行政訴訟が、訴訟一般のなかできわめて特殊のものであると規定することになろう。もし、そのような立場にたつならば、行政訴訟は、原告の訴えを端緒とするが、訴訟が開始したのちは、もっぱら訴訟物たる行政処分の適法性審査が進行していくということになろう。すくなくとも、伝統的行政法理論は、それを支持するものであったように思われる。

もうひとつの「當事者の利益の爲めに確定するもの」ではないとされることも、この推測を裏づけるものであって、正しきに従って行政事件を解決する、という公益のために、判決が下されたからには、それは、当事者の利益のために、当事者のあいだだけで確定するのではなく、なにびとも、この判決を尊重しなければならないという意味で、確定力が、「當然に絶對的効力なることを認めなければならぬ」とされるのである。

けっきょく、ここにおける田中(二)博士の理論の構造は、行政訴訟が、もっぱら、公益的見地から行われるものであるということを大前提として、そこからストレートに、判決の確定力が絶対的効力を有するものである、という結論を導きだすものである。

ただ、行政訴訟というよりは、行政法一般で、「公益」という場合は、行政がはたすべき、よりおおきな行政目的をさすのが、ふつうである。この意味の「公益」を根拠に、行政裁判所の判決に確定力を認めることを否定したり、制限したりする説が[66]、ドイツの行政訴訟理論のなかに存在したことを、田中(二)博士は、とり上げ、非難しておられるので、それも見ておこう。

これらのドイツの諸説について、田中(二)博士は、ようするに、それらは、行政における公益性を強調することや、その目的のために行政権の行動の自由を留保しなければならないとすることに、もとづくものであると分析されている[67]。そして、このような考えに対して、田中(二)博士は、「法律生活の確定に、單なる公益より大なる公益が認められる」ことのゆえに、行政裁判にも確定力を肯定すべきであると断じておられる[68]。その、行政がはたす公益よりも重要とされる、「法律生活の確定」という公益の使命について、田中(二)博士は、民事訴訟における確定力の分析をとおして、つぎのように論じられている[69]。

「先づ第一に私法關係の安寧と秩序（die Ruhe und Ordnung）とを維持するの目的が擧げられる」とされた。そうでなければ、裁判所がみずから下した判決を取消・変更し、当事者が、これとことなる事実を、自由に法律上有効に主張することができ、その法律関係は、永久に定まることがなく、訴訟は永遠化され、私法関係の安寧と秩序とを維持することが、できないからである。したがって、「裁判の目的は、爭の眞實に合する解決に在るのではなく、其の平和的解決に在り、確定力は、此の目的に奉仕することを以て第一の使命とする」とされた。

そして、田中(二)博士が、このような確定力が民事訴訟のみならず行政裁判についても認められるのは、争訟という手続にもとづいて下される行為（判決）であるからで、それは、形式的に確定することを前提とするもので、それによる拘束は、第二の争訟（後訴）をめざすものであるとされ[70]、判決言渡しのときに、裁判所により確定される事実、ならびに法律関係を標準として、すべての終局判決について確定力を生ずるとされていたのは、ただしい訴訟法的理解にたたれたものであったといえよう。

ただ、民事・刑事裁判とことなる行政裁判判決の特殊性は、その基礎となる事実関係、法律関係が頻繁に変更するということにあり、したがって、同一物（eadem res）のうえに生ずる確定力については、同一物の認識がまず問題となるという、行政訴訟の本質に関わるするどい指摘もされていた。[72]

四　さて、このように規定された確定力と訴訟参加との関係について、田中(二)博士は、「確定力の主観的範圍」と題する章のなかで論じられている。

田中(二)博士の、これに関する基本テーゼは、「確定力を一定の爭訟手續に關聯せしめて理解する私達の立場から言へば、確定力は、原則として、其の爭訟の決定に關與する機會を與へられた爭訟當事者、參加人及びそれ等の承繼人にのみおよぶものと解するのが當然である」[73]というものである。

その理由としては、事実・法律関係の確定に関与することが、「其のものに、かやうな効果を及ぼすことをジャスティファイする一の理由をな」すということを上げておられる。[74]ただ、これは、田中(二)博士も指摘しておられたように、民事訴訟一般の原則をふまえたことであって、これを、行政訴訟でも認めるにあたっては、対象の特殊性、ならびに、手続の特殊性について注意しなければならない問題があるとされた。それは、民事訴訟が訴訟当事者のあいだだけで決着し、訴訟外の第三者には確定力をおよぼす必要がないのがふつうであるのに対して、行政訴訟では、訴訟構造上、真の争いの当事者が、形式上、訴訟当事者とならない場合がおおく、このような第三者に確定力をおよぼすべきかどうかが、つねに問題とされるということである。[75]

田中(二)博士は、この問題について、選挙訴訟、当選訴訟を例に論じられている。すなわち、これらの訴訟では、投票の有効または無効を判決において確定すれば[76]、「其の投票の効力を爭ひ得べき總ての者に對して、一樣に確定するものと言はねばならぬ。」いいかえれば、「其の爭訟に關與したと否とを問はず、これに利害關係を有し、法律上それを爭ひ得べき權能を認められた總ての者に對して、其の效果を及ぼすものと解しなければならない。」なぜならば、「確定力の目的は、此等の總ての者に對し最早これを爭ひ得ざらしめることによつて始めて達せられるからである」というものである。(77)

この田中(二)博士の論証を分析すると、問題とされなければならないのは、この場合の判決の効力をうけるとされる第三者の地位である。それは、原告と同じく投票の効力に異をとなえる者であるのか、投票が無効とされることにより、被告当選者を非当選者として扱わなければならなくなる、選挙管理委員会であるのか、ということである。(78)この説明のなかには、そのいずれであるのか明記されていないので、両者をふくむとみるべきであろう。両者は、その利害関係についていえば、正反対の関係にたつものであり、そうすると、それぞれ正反対の判決の効力をうけるとしても、それらの効力のあいだで、質的相違はないのかという疑問が生じてくる。

たしかに、原告とおなじく投票の効力に異をとなえる者に対してはたらく、原告の訴えを棄却する判決の効力は、確定力であろう。しかし、原告の訴えを認容し、それによって当選者としての地位を失わしめる判決の効力は、取消判決に固有の拘束力ではないかと考えられる。しかし、田中(二)博士は、いずれの判決の効力も、確定力とみなされ、区別してはおられなかった。

五　特例法になってからも、田中(二)博士は、基本的に、訴訟参加には判決の効力が重要な関わりをもっているという認識にたたれていたようである。特例法八条に規定された訴訟参加の意義・目的についての田中(二)博士の見解は、「行政争訟の法理」(79)という論文のなかに、端的にしめされているので、(80)それを見てみよう。

「行政事件訴訟においては、訴訟の結果に重大な利害關係をもつている行政廳その他の第三者が、直接、訴訟の當事者とならない場合が少なくない。例えば、河川使用の許可の違法を理由としてその取消を求める訴において、その許可處分の取消によつて自己の權利に直接影響をうける河川使用權者は、訴訟の當事者とはならない。又、衆議院議員の當選の効力に關する訴訟においては、當選人が被告となり、選擧管理委員會は訴訟の當事者とはならない……。又、行政廳の違法處分の取消を求めるために訴願をなし棄却されたため、その裁決を違法として出訴する場合には、裁決廳を被告として出訴することになるが、判決によつて重大な影響を受ける處分行政廳は原則として訴訟當事者とはならない。これらの利害關係を有する第三者を強制的に訴訟に參加せしめることは、訴訟審理の上に必要な材料を供せしめ、公共の利益に密接な關係のある行政事件訴訟の適切な解決を期する上に必要であり、且つ、その判決の効力をこれに及ぼさしめるためにも必要である。」

右記の説明で注意しなければならないのは、訴訟参加の目的を、第一次的に、「行政事件訴訟の適切な解決を期する上に必要であ」る、というところにおいている、ということである。それは、いうまでもなく、訴訟における実体的真実の解明のために「必要であ」るという意味であって、それは、「公益のため」ということばで表現されておられたところでもあった。そして、それとならべて、というよりは、第二次的に、「その判決の効力をこれに及ぼさしめるためにも必要である」とされていたところが、注目される。

その第二次的目的とされる、判決の効力との関係であるが、この説明の文言からすると、判決の効力（確定力）の拡張を考えておられたように推察される。それは、「判決の効力をこれに（訴訟参加すべき第三者に）及ぼさしめるために」とされていることから、訴訟参加しないかぎり、この者には、判決の効力がおよばないということを、前提にしておられるようであるからである。このことを、もうすこし、ここでとり上げられている三つの事例について、見てみよう。

いちばん問題とされなければならないのは、最初の河川使用許可をうけた者の例である。この者は、取消訴訟の対象となっている処分の名あて人であるとともに、取消判決の実質的な名あて人にもなる者であり、取消訴訟はまさにこの者の実体的地位をめぐって争われるものである。このような者についても、田中(二)博士は、上記の説明の文脈からすると、訴訟参加しないかぎり、判決の効力（確定力）はおよばない、ということを前提とされ、判決の効力をおよぼすためということを、訴訟参加の目的とされているように解される。そのかぎりでは、判決の形成効のことは、考えておられないようである。

ただ、まえに見たように、田中(二)博士は、限定された民事訴訟の確定力の考えかたは、行政訴訟では若干修正されるべきである、すなわち、行政訴訟では、訴訟構造上、真の争いの当事者が、形式上、訴訟当事者とならない場合がおおく、このような第三者に確定力を及ぼすべきかどうかが、つねに問題とされるとされていた。それからすると、このような典型的な事例で、訴訟参加しないかぎり判決の効力はおよばないことを前提とされていることは、判決の効力論について、田中(二)博士にすこし迷いがあったのではないかという気もする。[81]

あと、第二、第三の例であるが、これは、いずれも行政庁の訴訟参加の場合である。特例法では、すでに見たごとく、第三者の訴訟参加と行政庁の訴訟参加が区別して規定されておらず、おなじく、八条の適用をうけていたので、ここでの説明でならべて例示され、論じられていた。しかし、このことは、じつは重大な意味をもつ。たしかに、前章のドイツの判例分析において、ドイツでは、判決による権利侵害というレベルで、第三者も行政庁も同列に論じられており、そのことについて、なんら疑念も抱かれていないということが、あきらかにされたが、わが国の行政法理論の発展において、そのような観念がとられたことがないことも、すでに見たとおりである。

そうではなくて、これら三つの事例がならべられ同列に論じられているのは、それらの者を訴訟参加させることにより、審理が実質化し、より実体的真実の探求に資するところがあるという考慮からにほかならない。これは、けっして、判決の効力との関係を、第一に考慮しているものではないのである。

上記のように、訴訟参加の意義・目的を、訴訟における実体的真実の解明としたうえで、田中(二)博士は、同条の性格を、つぎのように規定しておられる。[82]

「かような見地からいわゆる職権による訴訟参加の制度を認めたのであるが、ただ、参加は當事者及び第三者の利害に重大な影響を及ぼすものであるから、参加の決定をする前にこれらの者の意見を聴かなければならないこととしている。」

こうして見ると、けっきょく、田中(二)博士にあっては、職権による訴訟参加の制度の「職権による」とは、訴訟における実体的真実の解明のために行われるものと、観念されているのである。

いずれにせよ、そこでは、第三者の手続上の権利保護のための訴訟参加という観点からは、いっさい論じられていないということに注意しておこう。

(d) 雄川理論の分析

一　田中(二)博士とともに、特例法の立法に中心的に参画された、雄川博士の見解を、つぎに見てみよう。同法時代の代表的体系書であった『行政争訟法』[83]では、特例法に規定された訴訟参加について、訴訟論的に、さまざまな角度から解説されており、ほぼ、その全容があきらかにされていたと思われるので、これを好個の分析対象として、こまかく検討してみよう。

同書では、「行政事件訴訟の当事者及び関係人」と題する節[84]の第六款が、「参加人」の解説にあてられている。その一の「概説」の冒頭において、「行政事件訴訟における参加の特色はいわゆる職権訴訟参加（特例法八条）が認められることである」と、強調されている。[85]

その原因もしくは理由を、雄川博士は、「行政事件訴訟においては一般に利害関係をもつ者が民事訴訟よりも多く、特に抗告訴訟においては、訴訟の結果が直接に自己の権利に影響する者が必ずしも訴訟手続上の当事者とならないことが多い」[86]とされたうえで、職権訴訟参加の目的につなげて、「このような場合には、それらの利害関係者を訴訟に参加せしめ、またその者に対して判決の効力を及ぼさせることが、適正な審理裁判をなす上にも、その者の利益を保護する上にも適当である」と規定されている。[87]ここには、いちおう、「適正な審理裁判」と「その者の利益を保護する」というふたつの目的が上げられているが、雄川博士の意図としては、いずれの目的に重点がおかれていたのであろうか。[88]

二　それをさぐる「てがかり」は、同書の「行政事件訴訟と民事訴訟法」と題する節[89]の第二款[90]のなかで論じられている、職権主義の説明にある。

雄川博士は、その論理の出発において、行政訴訟で職権主義がとられるのは、行政訴訟の特質によるものであるとされる。

「従来の行政裁判制度[91]においては、行政訴訟手続について、或る程度において職権主義の原則を採用するのが通例であった。わが旧行政裁判制度もその例外ではない。[92]」

その根拠として、雄川博士が上げられることは、行政訴訟に積極的に関与しなければならないとする、国家の責務である。

「その根拠としては、通常の民事訴訟は、私人相互の関係いわばその内部的な関係のみに関するのに対し、行政訴訟は、直接に公の行政に関係し、その結果が直接に国家又は公共団体一般の公益に関するので、国家は完全な意味での第三者たり得ず、従って必ずしも当事者のみに訴訟の運命を委ねられるべきではないというように説かれるのが通例である。[93]」

ここで、そのように「説かれるのが通例である」とされるが、これは、すでに見た、美濃部博士の「行政訴訟は行政事件に關するもので、直接に公益に影響するものであり、其の出訴の要件も限定せられて居るのであるから、第三者が訴訟に參加するのも、其の自由意思に放任することを得ない」という説明[94]や、田中博士の「行政爭訟手續には、民事訴訟に於けるよりも一層公益的見地が採用されて居ることは一般の承認する所で、訴なければ裁判なしの原則は等しく適用せられるけれども、當事者は爭の對象に付て處分權を有せず、且つ裁判所に對し、公益上廣い範圍に亙り職權主義の諸原則の認められて居る點等から言つても、其の判決が單に當事者の利益の爲めに確定するものと見るべきでないことは一層明瞭で、事案が既判事項なりや否やに付ても、裁判所は自ら進んで職權を以て審理すべきものである」という説明[95]に示される理解をさしているものと思われる。

雄川博士は、基本的に、右のような伝統的理解のうえにたち、さらに、独自の論証を展開される。[96]

すなわち、民事訴訟と行政訴訟の、根本的相違は、そのよってたつ基本原則と法律関係が、ことなることによるものであるとされる。民事訴訟については、民事訴訟をとおして実現される私法では、私的自治の原則が支配し、また、私法法規のおおくが任意法規の性格をもっていることと、密接に関連しており、民事訴訟における裁判所の判決による解決は、いわば、当事者の自治にかかわる意味をもつものである。これに対して、「しかし、行政法においては、私法と異なり、私的自治の原則は一般的に妥当せず、その規定は多く強行法規の性質をもっている……[97]。而してその規定の内容は、私的当事者の間のいわば内部的な利害の衝突の調整というよりも、行政権と国民との外部的一般的関係を規律し、そこにおける行政権に対する国民の権利の保護と行政目的の達成という二個の目的を有する公益的規律である」といえる。

ここで、注目すべきは、実定法としての行政法が「公益的規律」であるという指摘である。その「公益」とは、まさに、目的論的に規定されており、むかしから、行政実体法および行政争訟法の指標とされてきた、(違法な)行政に対する国民の権利保護と適正な行政の確保（=あるべき行政目的の確保）が、その内容であるとするものである。このように、私法関係には無縁の目的をもちだし、それを強調することは、公法と私法の二分論から出発する伝統的行政法理論では、それなりの説得力をもってきた。

また、ここでされているような、行政の行為規範たらざるをえない行政法——必然的に、強行法規となる——の特質をもって、私的自治の原則を排除する論証も、公法と私法の二分論を肯定する立場においては、一般に行われてきたところである。[98]

したがって、そのような行政法の特質は、とうぜん、行政訴訟にも反映される。

「そのような行政法の実現手続としての行政事件訴訟の目的もまた単に当事者の紛争の解決のみには存せず、紛争の解決を通して国民の権利の保護と行政の客観的適正の保障をはかることに存する。従って、少なくとも相対的には、民事訴訟に比して実体的真実の探求により多くの重点が置かれるべきであろう。[99]」

この最後の文章が、いちおう、職権主義がとられることとの意義についての結論とみることができ、職権主義がとられる趣旨は、どちらかといえば、国民の権利の保護のためというよりは、行政の客観的適正の保障をはかるためと考えておられたようである。そして、それが、職権訴訟参加についての基本的な考え方に、つながっていると思われるのである。

三　その職権訴訟参加が認められるための要件については、どのように考えておられたのであろうか。[100]雄川博士は、同法八条での要件を示す「訴訟の結果について利害関係のある」という文言が、旧民訴法六四条[101]で「訴訟ノ結果ニ付利害関係ヲ有スル」とされているのと、まったく同一の表現であることを指摘され、「訴訟の勝敗について法律上の利害関係のあることを意味し、民事訴訟の参加の理由とするところと異ならない」とされ、それ以上の説明はされていない。[102]つまり、これは、書かれているとおり、特例法の訴訟参加の要件は、民訴法の補助参加の要件に従うということであり、その要件の理論分析も、民事訴訟の理論に従うということである。

これだけを見ると、いかにも、行政訴訟がわの解明責任を放棄し、民事訴訟に全面依存したかのような感じをうけるが、じつは、その背景に、この時代にすでに、兼子(一)博士が、[103]補助参加が認められる場合の法律関係について、はっきりとした構造分析をされてしまわれていたという事実があり、民事訴訟の理論によく通じられていた雄川博士は、それを、あらためてくり返すまでもないと思われたのであろう。

それでは、その兼子(一)博士の分析がどのようなものであったのか、この時代の代表的な体系書であった『新修民事訴訟法体系』[104]の解説を見てみよう。

それによれば、「訴訟ノ結果」とは、訴訟の勝敗、すなわち、本案判決の主文で示される訴訟物たる権利または法律関係の存否――たんに判決理由中で判断される事実や法律関係の存否についての利害関係ではたりない――をさす。したがって、同一の事実上または法律上の原因にもとづいて、相手方に対して当事者のいっぽうと同様な立場境遇にあるというだけでは、補助参加は認められないとされている。[105]

それでは、そのような「訴訟ノ結果」について、どのような利害関係があればよいのかについて、兼子(一)博士は、つぎのような分析的説明を提示されている。[106]

基本テーゼは、「利害関係は法律上のものでなければならない」ということであるが、これには、さらに、利害関係が法律上のものであるということは、どういう関係になければならないかの、構造分析がなされている。すなわち、「これは、参加人の権利義務その他法律上の地位が、論理上訴訟物である権利關係の存否を前提として決せられる關係にあることを指す」というものである。

すこしわかりにくい表現であるので、その例として上げられているものをつうじて、検討してみよう。それは、債権者と主債務者のあいだの訴訟に、保証人が、訴訟参加しうるかという事例であるが、兼子(一)博士の解説によれば、主債務者敗訴の判決は、保証人に対して効力はないが、保証債務は、主債務の存在を前提とする点で、保証人には訴訟参加の利益があるとするものである。この説明の眼目は、ようするに、訴訟の判決の効力が、直接に参加人におよび、参加人がこれに拘束される場合でなくともよい、ということにある。

この論理を、すこし、行政法上の法律関係に応用して、検討してみよう。

取消訴訟の訴訟物は、雄川博士の考えでは、行政行為の違法性じたいとされているので[107]、原告が、行政行為が違法であると主張して、その取消しを求める、訴えに対する判決に、利害関係をもつとは、訴訟物である行政行為の存否を前提として決せられる関係にある者が、訴訟参加の利益をもつということである。

これについて、つぎのような事例をつうじて検討してみよう。

農地の所有者Aが、自己所有の農地を宅地開発業者Bに売却することを認可する処分を、県知事よりうけたが、Xにより、認可処分の取消訴訟が、提起されたという場合である。

Aは、いうまでもなく、認可処分の名あて人であり、また、同処分の取消判決の名あて人にもなる者で、訴訟物である行政処分の存否という法律関係に直接に関与する者で、もっともつよく訴訟参加が求められる者であるので、ここで問題にする必要はない。限界事例となるのは、Bである。

Bは、処分の名あて人となる者でも、取消判決の名あて人となる者でもないので、判決の効力に直接に拘束されることはない。しかし、認可は、ほんらいは当事者のあいだで自由に取引きできるはずの法律行為について、認可によって補充されないかぎり、有効な法律行為とはならない、とするものであるので、認可が取り消されれば、AとBとのあいだの売買契約の効力は否定されるので、Bは、間接的に、判決の効力をうけることになる。したがって、Bは、訴訟物である行政行為の存否を前提として決せられる関係にある者、ということができる。つまり、このような者の範囲にまで、訴訟参加の利益が認められることになるのである。

四　雄川博士も、また、訴訟参加の問題には、判決の効力が密接に関連していることを、はっきりと認識されていた[108]。それは、『行政争訟法』の「参加人」の項の「一　概説」の冒頭に述べられているので[109]、これを分析の対象としよう。

「特に抗告訴訟においては、訴訟の結果が直接に自己の権利に影響する者が必ずしも訴訟手続上の当事者とならないことが多い（収用委員会の裁決に対して土地所有者が抗告訴訟を提起した場合の起業者、許可の競願者甲乙のうち甲に対してなした許可に対して乙が抗告訴訟を提起した場合の甲など）。このような場合には、それらの利害関係者を訴訟に参加せしめ、またその者に対して判決の効力を及ぼさせることが、適正な審理裁判をなす上にも、その者の利益を保護する上にも適当である。また訴願の裁決に対する抗告訴訟の場合裁決庁のみが当事者となっているときは、原処分庁を参加せしめることが適当な場合もある。職権訴訟参加の制度は右のような考慮に基くものである（旧行政裁判法三一条も同様の制度を設けていた）。」

最初に述べられている「抗告訴訟においては、訴訟の結果が直接に自己の権利に影響する者が必ずしも訴訟手続上の当事者とならないことが多い」というのは、抗告訴訟では、訴訟当事者以外の者に、判決の効力がおよぶことがあるという意味である。雄川博士は、基本的に、抗告訴訟を形成訴訟とし、その判決は、行政行為の違法性を有権的に確定し、この確定にもとづき行政行為の効力を失わせる形成判決となるとされていた[110]ので、とうぜん、訴訟当事者以外の第三者にも判決の効力がおよぶということを前提とされているはずであるが、「それらの利害関係者を訴訟に参加せしめ、またその者に対して判決の効力を及ぼさせる」とされて、いかにも、取消判決には既判力しかなく、訴訟参加という手続によって既判力を拡張するしかないというようなニュアンスにもとれるところが、気になるところである。

ともあれ、その第三者にも判決の効力がおよぶ例として、ふたつのものが上げられているので、それについて分析してみよう。

「許可の競願者甲乙のうち甲に対してなした許可に対して乙が抗告訴訟を提起した場合の甲」に、まず興味がひかれる。これは、まさに、本稿のドイツの必要的訴訟参加の理論分析の中心的素材であった二重効果的行政処分の例であり、甲は、行政処分の名あて人であり、取消判決の名あて人であるという意味で、訴訟の対象である法律関係に直接的に関与しており、その訴訟参加が必要的であると考えられる者である。

つぎの、「収用委員会の裁決に対して土地所有者が抗告訴訟を提起した場合の起業者」は、そもそもベースになる、収用委員会の裁決をうけるという関係において、当事者適格を法律により定められた者であるので、法律の趣旨から、その裁決を取り消す判決の反射的効果をうけることが予定されているという意味で、その訴訟参加が必要的であると考えられる者である。

そこで、もういちど、「このような場合には、それらの利害関係者を訴訟に参加せしめ、またその者に対して判決の効力を及ぼさせることが、適正な審理裁判をなす上にも、その者の利益を保護する上にも適当である」とされた説明の意味を考えてみよう。たしかに、一見すれば、雄川博士は、ここでは、取消判決に既判力しか考えておられず、第三者を訴訟参加させることで、はじめて、第三者に判決の効力が拡張されるということを、いわれているかのようである。

しかし、よくよくこの箇所を読んでみると、そういう趣旨では、けっしてないと思われる。つまり、この説明の重点は、後半部分にあるのであって、第三者を訴訟参加させ、取消判決の効力が第三者におよぶ――雄川博士は、抗告訴訟は形成訴訟であるとされていた(111)――というのが、とりもなおさず、「適正な審理裁判をなす上にも、その者の利益を保護する上にも適当である」という趣旨なのである。このような理解は、また、当時において、一般的であった(112)。

また、それにつづけて、「また訴願の裁決に対する抗告訴訟の場合裁決庁のみが当事者となっているときは、原処分庁を参加せしめることが適当な場合もある」という例を、その論拠として上げられているが(113)、これは、適正な審理裁判をなすためという以外のなにものでもない。そして、最後に、「職権訴訟参加の制度は右のような考慮に基くものである」と述べられているのは、第三者の職権訴訟参加にしても、行政庁の職権訴訟参加にしても、その基本は、適正な審理裁判をなすためという点で、共通しているということであろう。

五　雄川博士が、訴訟参加の問題には、判決の効力が密接に関連していることを、はっきりと認識されていたと考えられる、もうひとつの根拠は、本書のなかで、しばしば、ドイツの必要的訴訟参加の理論について、言及されているということである。それは、本書の「参加人」の項で、三か所において記されている。

①「ドイツの行政裁判制度においても同様の意味で参加（Beiladung）の制度があるが、それは職権による外申立による裁判を含み、また第三者が自己の利益を守るための、行政訴訟に固有の制度として民事訴訟における参加（Intervention）とは区別されている。[114]」

②「ドイツ行政裁判における職権参加については、判決の結果が直接に第三者の権利に関する場合は、必要的参加が判例上認められているし、連邦共和国行政裁判所法草案六七条二項は明文でこれを定めている。[115]」

③「ドイツの行政裁判法では、参加人は民事訴訟の参加人と異なり、形式上も原被告同様当事者としての地位を有するから、当事者と同様の判決の効力を受けることになる。立法政策としては、この方が多面的な争を一挙に解決するのに適合する。[116]」

まず、①のテーゼを見てみると、注目すべきは、行政裁判制度における訴訟参加が、民事訴訟における訴訟参加と区別されるべき、行政訴訟に固有の制度であるという指摘である。これまでの、本稿のドイツの理論・制度分析で見たとおり、ドイツの行政訴訟では、民事訴訟の補助参加の準用は認められていない。[117]そのため、民事訴訟の訴訟参加の理論を参照しない独自の理論が、ドイツの行政訴訟において発展していたことを、[118]行政裁判所法（VwGO）制定以前の錯綜した立法状況のなかで、雄川博士は正確に把握されていたのである。

その独自の理論の発展が、連邦共和国行政裁判所法（VwGO）草案六七条二項[119]の「必要的訴訟参加」の制度へと結実するわけであるが、②のテーゼにもあるように、それ以前から、判例理論として必要的訴訟参加がすでに認められていたわけだが、「判決の結果が直接に第三者の権利に関する場合は、必要的参加が判例上認められている」[120]という記述から、ドイツの必要的訴訟参加の理論の中心的問題が、判例の効力の拡張にあり、もちろん、その根底には合一的確定の要請があることまで、把握されていたことがうかがえる。そのことは、③のテーゼから、より明確にうかがえるわけで、訴訟参加させることにより、訴訟当事者の地位を与え、もって判決の効力に服せしめるという、ドイツの訴訟参加の基本的枠組みを、理解されていたことが示されている。

また、③のテーゼは、雄川博士の必要的訴訟参加に対する評価である。たんに原告と被告のあいだの紛争にとどまらず、はばひろいひろがりをみせる行政事件について、「この方が、多面的な争を一挙に解決するのに適合する」とされ、事件に重大な関わりをもつ第三者を訴訟に引き込むという訴訟参加の制度は、行政事件のはばひろい解決に資するものであることを示唆されていたのである。

以上のように、雄川博士は、ドイツの必要的訴訟参加について理解されたうえで、わが国の制度との比較において、「客観的に参加の要件を充たしている者がある場合にも必ず参加をさせなければならない趣旨ではない」とされた[121]。これは、あきらかに、わが国では、必要的訴訟参加は認められないということも、確認されていたということで、ようするに、訴訟参加が必要的と考えられるときでも、訴訟参加させるかどうかは、裁判所の裁量である、と考えておられたということである。これは、特例法八条の解釈としては、まず、すなおな解釈であったといわざるをえないだろう。[122]

六　特例法のもとでの、補助参加など民事訴訟の制度との関係は、本書により、あきらかにされている。

補助参加の行政訴訟への準用については、『行政争訟法』では二行だけ、「一般の利害関係者は、民事訴訟法の参加の要件を充たす限り、行政事件訴訟法においても、補助参加が許されることは疑がない」とされているが[123]、その意味するところはふかい。

「一般の利害関係者」とされていることには、二重の意味があると考えられる。ひとつは、特例法八条が第三者の訴訟参加と行政庁の訴訟参加の両方をふくむものであったこととの関係で、第三者の訴訟参加をさすものであるということである。もうひとつは、同条が職権による訴訟参加についてのみ規定していることから、申立てによる訴訟参加の場合をさすものであるということである。あとの意味については、行政庁の申立てによる訴訟参加というものは、雄川博士は認めておられない[124]ので、両方の意味を総合すると、第三者が申立てにより訴訟参加をする場合ということになると思われる。

この場合については、もっぱら、民事訴訟法の補助参加によることになり、それには「疑がない」とされているのであるが、ここに、まさに、制度立案参画者の意図があらわれている[125]。それは、特例法と民事訴訟法の制度関連において、特例法のほうでは、職権による訴訟参加しか規定されていないので、申立てによる訴訟参加については、民事訴訟法のほうでカバーされるしくみにした、ということである。

七

その補助参加がなされる場合であるが、抗告訴訟に補助参加がなされるときは、いわゆる「共同訴訟的補助参加」となると断言されている。

「判決によって直接自己の法律上の地位に影響を受ける者……が法律上当事者適格を与えられていないために、補助参加しかなし得ない場合は、この参加人に共同訴訟人に準じた訴訟追行権能を与えるべきで、いわゆる共同訴訟的補助参加（民事訴訟法上規定はないが、学説はその存在を認める）として扱うべきである[126]」

ここでいわれている「共同訴訟的補助参加」というのは、右の説明の割注でも述べられているとおり、わが国の民事訴訟法では、かつて規定されたことのない概念であるが、すでに本稿の分析でも見たとおり、ドイツの民事訴訟法では、むかしから規定されており[127]、わが国の学説もそれを認識して[128]、ドイツの民事訴訟で共同訴訟的補助参加と認められるとされる場合とおなじシチュエーションでは、たんなる補助参加ではなく、共同訴訟的補助参加としてきた(129)。雄川博士は、民事訴訟のこのような事情をよく理解されたうえで、「判決によって直接自己の法律上の地位に影響を受ける」ような訴訟——これは、抗告訴訟を形成訴訟と理解されていると思われる——への補助参加は、共同訴訟的補助参加となるとされたのである。

そこで、すこし、民事訴訟でいわれている「共同訴訟的補助参加」の内容をさぐってみよう。この当時の、民事訴訟の一般的説明によれば(130)、判決の効力が、相手方と第三者のあいだにもおよぶ場合に、この第三者が補助参加したときは、参加人に通常の補助参加人以上につよい必要的共同訴訟人に準じた訴訟追行権能(131)を与えて、その立場を保護する必要のあることから認められるとされていた。また、それが認められなければならないとされることの、もうひとつの論拠として、共同訴訟参加との関連が上げられることも、つねであった。すなわち、独立に原告または被告となる適格をもたず、共同訴訟参加することはできない第三者であっても、判決の効力をうける場合には、やはり、必要的共同訴訟人に準じた訴訟追行権能を認めるのが、妥当であるというものである。

雄川博士の説明も、基本的には、この民事訴訟法学における理解に従うものであって、さきほどの説明の前提として、「抗告訴訟においては、共同訴訟参加をなすためには、第一に法定の当事者適格を有することを要し、第二に行政行為の取消を求めるためには出訴期間・訴願前置等の出訴の特別の要件を充足しなければならないと解されるから、これが許される場合はかなり限定されることとなる」ということを上げられ(132)、したがって、おおくの場合は、補助参加しかなしえないので、共同訴訟的補助参加を認めるべきであるという結論へとつなげておられるのである。

雄川博士は、つぎに、独立当事者参加についても論及されている。独立当事者参加は、わが国でも、ふるくから民事訴訟法に規定されていたもの(133)であるが、行政訴訟にもかかる形態のものを認めるかについては、判例・学説とも否定的であった(134)。雄川博士も、抗告訴訟に独立当事者参加を認めることには、基本的には、消極的であったと思われるが、[135] べつの観点からの興味ぶかい記述をされていた。

「実体法上の法律関係に関して三者相互の間に争がある場合を統一的合理的に解決する目的からすれば、行政事件訴訟に固有の参加の形態（被告適格が法定されることの結果として生ずる）として七一条を類推すべきではないかと思われる[136]」

これなどは、訴訟における実体的真実の探究という目的を重視されていた雄川博士の年来の訴訟観[137]がうかがえるところであって、ここで述べられていることの根底には、よりひろい範囲の解決[138]をはかることのなかで、より実体的真実があきらかにされうる、という思想があるのである。[139]

八　以上の分析をとおしてみると、雄川博士は、特例法八条の解釈の枠をこえて、取消判決の効力＝第三者の訴訟参加の問題の本質について、すべて見通されていたということがわかる。ドイツの必要的訴訟参加の理論を把握されたうえで、取消判決に形成効を承認することのけっか、判決により法的利益を害される第三者の救済が、問題となることを認識され、その解決として、必要的訴訟参加の採用まで、視野にいれられておられたのである。[140]

(e)　兼子(一)理論の分析

一　前項で見た雄川理論が、取消訴訟の取消判決は形成判決であるとの理解のうえに、それに第三者効を認めるものであったが、それでは、判決により自己の法的利益を害される第三者は、その訴訟に現実に参加しなかったのに、（すでに確定した判決に）拘束され、形成の効果の発生を争えないとすることは、不合理であるとして、取消判決の第三者効を否定する理論を展開されたのが、兼子(一)博士である。

博士は、行政法理論の理解もふかく、しばしば、行政訴訟の問題に対して重大な提言をされていたが、この取消判決の第三者効否定論も、次項で述べるように、それに同調する者もあり、特例法のなかに第三者効に関する規定がなかったことと相まって、かなりの論議をよんだようである。そこで、それを収拾するために、行政事件訴訟法制定にあたって、とくに、取消判決に第三者効を認める規定がおかれたという事実があったことからも、博士の影響力のおおきさが実感されるのである。

本稿で、この兼子(一)博士の理論を取り上げるのは、取消判決が形成判決であるとして、(141)形成の効果を相対化させ第三者効を認めないとすることは可能なのか、また、取消判決に第三者効を認めた場合、それによって判決により自己の法的利益を害される第三者がどれだけ深刻な事態におちいるか、このような第三者について真の救済がはかられるためには、どのようなことが克服されなければならないかが、そのなかに提示されていると考えられるからである。

その理論は、「行政處分の取消判決の効力――判決の形成力の主觀的範圍(142)――」という論文のなかで展開されているので、これを分析の対象としよう。

二　論文では、まず、判決により自己の法的利益を害される第三者が三つ上げられ、このような者にも判決の効力をおよぼし、その処分がなお有効であることを主張できないとする帰結が妥当であるかという問題提起がされている(143)ので、この三つの例から見てみよう。

①「前願主義が採られる場合に、甲乙兩名が出願したのに對し、行政廳は甲を先願者としてこれに許可を與えたとしよう。乙は自分が先願者であると主張し、この許可處分の取消を求める訴訟を處分廳を被告として提起し、處分取消の勝訴の判決を得た」

②「甲が國税滞納處分によつてその不動産に對し公賣處分を受け、競賣によつて乙が落札人として所有權の移轉登記及びその引渡を受けた。その後に甲は公賣處分の取消の訴によつて、處分取消の判決を得たので、乙に對しその不動産の返還、移轉登記抹消の請求を提起した」

③「農地買収により買収した農地を賣渡した後で、被買収者の訴に基いて買収處分の取消判決があつた場合の、被買収者と賣渡しを受けた者との關係」

兼子(一)博士は、この三つの例を同列に論じられ、これらの者（①の甲、②の乙、③の賣渡しを受けた者）について、つぎのように、不満の意を表明しておられた。(144)

「民事訴訟法上判決の効力は原則として當事者間に限られ、法律が特別の定めによつてこれを擴張しない以上第三者に及ばないのに、このような直接の利害關係ある第三者が當然に判決に拘束されることは、甚だ異例でなければならないはずである」

ただ、これまで必要的訴訟参加の理論について考察をつづけてきたわれわれの目からは、実体的に訴訟参加させる必要性があると思われる①の例と、②、③の例は、あきらかに、ことなっている。①の例は、二重効果的行政処分をめぐる法律関係で、まさに処分によって得た自己の法律上の地位が、訴訟において取消しの対象とされている者が、第三者である場合であるが、②、③の例は、訴訟において取消しの対象となっている処分を前提として、第三者が、べつの法律行為により、自己の地位を得た場合であり、このときは、訴訟において争われているのは、自己の地位の前提となる処分であって、自己の地位そのものではない。なお、この問題については、のちに、あらためて検討する。

ともかく、はなしを戻すと、兼子(一)博士は、行政訴訟法学の通説が「甚だ異例」の解決をとっていることには、いちおう、論拠としてふたつ考えられるとされ、ひとつは、行政事件には民事訴訟法とはことなった（公法の）原理が支配する、という前提にたつ場合、もうひとつは、形成判決の形成効は、とうぜんに一般第三者におよぶ、という前提にたつ場合であろうとして、(145) 一歩さがって、それぞれに批判的分析をされている。

最初の前提については、行政法一般理論にも通じられた兼子(一)博士は、行政事件であるからその判決の効力を、一般第三者が承認しなければならないとする原理は、行政法のなかにもない、と断じておられる。たしかに、これまでの、われわれの考察においても、田中(二)博士や雄川博士の理論のなかに、直接に、そのようなことにふれたものは、見あたらなかった。ただ、この問題については、あらためて考えなおす必要があると考えられるので、ここでは保留しておく。

三　つぎに、二番めの前提が問題となるが、これは、形成効の本質的理解につながる難解な問題である。かつて、ドイツやわが国の民事訴訟法学において支配的であった、形成判決は構築的性格をもつものであるので、その形成効は判決の形式的確定にのみむすびつけられ、実質的確定（既判力）とは無関係であり、判決が確定すれば形成要件が実際に存在しなくとも形成効を生じ、したがって、形成判決は、とうぜんに一般第三者に及ぶとする見解[146]に、兼子(一)博士は、根本から、異をとなえられた。その趣旨は、概要、以下のとおりである。

すなわち、司法は、法の適用を目的とする国家作用であるので、形成判決も、形成関係の確定という判断行為にとどまり、裁判所が、私人や行政庁に代わって、法律状態を変動させる意思表示をするものではない。ようするに、形成判決の形成効は、当事者のあいだに形成要件を確定するということにのみ、結びつけられているにすぎないのである[147]。そして、この確定を争うことができない限度において、形成効が生ずると考えられるので、形成効を形成要件の客観的存在から切り離すものは、判断内容を不当であると主張できない拘束、すなわち、実質的確定力（既判力）の作用であるとされ[148]、形成効の根拠を既判力に求められた[149]。

四　右のような形成効に対する理解にもとづいて、兼子(一)博士は、「判決の形成力の主観的範圍」について論じられている。その趣旨は、概要、以下のとおりである。

形成効の根拠を既判力に求められるのであるから、とうぜん、形成効がだれに対して生ずるか（主観的範囲）は、原則として、既判力のおよぶ範囲によって定まることになる[150]。ぎゃくにいえば、それにより、形成効が相対化され、訴訟当事者の範囲に限定することが可能となる。そして、そのように形成効の主観的範囲（＝既判力の主観的範囲）を限定することにより得られる利点は、「既判力の及ばない者は、自己の立場で形成要件の不存在即ち判決の不當であることを主張して、その形成の効果を否認できること」にある。[151]

ここまでは、抽象的・理論的に一貫しており、わかりやすいが、この方式を具体的事例に適用した場合に、（行政）訴訟理論上の矛盾がなく、ただしい解決を導きだすものであるのかが問題となる。博士は、論文のなかで、みずから提示された三つの事例についてそれ以上なにも論じられていないので、われわれが代わって、この博士の方式を三つの事例にあてはめれば、どのような結果になるのか、ひとつ、検証してみよう。

①の例では、甲に法律上の地位を与える処分が違法であると確認し処分を取り消す判決の効力は、訴訟当事者でない甲には及ばないので、甲は、取消判決を否認し、ひきつづき自己の法律上の地位を、主張することができる。そのけっか、乙が苦労を重ねてせっかく得た取消判決の趣旨が、貫徹されないことになる。その意味するところは、取消訴訟が、違法な行政処分に苦しむ者の救済において、やくにたたないということであり、第三者の救済に欠けるという問題以上に、深刻な行政法上の問題をもたらすことになる。

②の例は、乙が所有権を得た落札という、法律行為の前提となる公売処分の取消しを求める訴訟の結果が、（直接に）乙に利害関係をおよぼす場合であるのか、疑問であるが、とりあえず、乙に特例法八条の訴訟参加の利益があるとすると、公売処分の取消判決の効力は、乙にはおよばないので、甲の乙に対する不動産の返還、移転登記抹消の請求訴訟では、公売処分が、違法であり、取り消されるべきであるという前訴の判断には、拘束されず、（公定力により）公売処分が適法・有効であるという前提のもとに、甲の請求を棄却する判決を下さなければならない。つまり、この場合は、内容の矛盾する判決がふたつ成立することになり、訴訟理論の破綻を意味する。③の例も同じである。

博士も、上記のような自分の方式だけでは、論理矛盾をもたらすことは、暗に認めておられたようで、つぎのような論理を展開される。

「もちろん形成訴訟の存在理由は、主としてその形成の効果を確定的且劃一的に生じさせようとするのであるから、一般的にはその主觀的範圍も當事者以外の者に擴張することが、この要求に適合するといえよう。(152)」

五　そこで、兼子(一)博士が、問題解決の最後の決め手とされた、判決の効力の拡張について見てみよう。博士の判決の効力の拡張論は、法律により第三者効が規定されている場合(153)と、第三者に反射的効力がおよぶ場合(154)に限られる。後者はわかりにくいが、博士は、つぎのように説明されている。

「訴訟物である權利關係が當事者で自由に處分できるものであり、第三者はこれについて直接の利害關係をもたず、ただ當事者の立場を通じて關係するのに止まる場合や判決確定後に初めて利害關係を有するに至つたような場合に認められる。(155)」

しかし、これによれば、②と③の例は解決されることになる。なぜなら、乙や売渡しをうけた者は、公売処分や買収処分の取消しそのものには直接の利害関係をもたないので、ぎゃくに、その取消判決の効力を承認しなければならないのである。

これに対して、処分の取消しに直接の利害関係をもつ①の例の甲は、博士のいわれる、とうぜんに判決の効力が拡張される場合からはずれることになる。そこで、①の例については、博士も、べつの解決を考えられていたようである。

「處分の取消によつて直接その法律上の地位を害される者がいる場合は、原告は最初からこれを行政廳と共同被告にするか、或は訴訟開始後に裁判所へこれに對する參加命令を申立てて、これを當事者として參加させることによつて、これに對しても判決の効力を及ぼさせないと、後日この者に對して更に訴訟をしなければならなくなる。(156)」

この解決方式は、あきらかに、ドイツの必要的訴訟参加の解決方式とは、ことなっている。ドイツ行政裁判所法（VwGO）一二一条では、取消判決の効力は、訴訟関係人にのみおよぶとされているが、[157] おなじく、博士も、前提として、「行政事件訴訟の判決の既判力も特別の規定のないかぎりは、民事訴訟の一般原則により、その訴訟當事者間に限られる」とされた。[158] しかし、決定的にことなるのは、そのつぎで、ドイツでは、第三者を訴訟参加させることにより、第三者に訴訟関係人の地位が与えられ、もって、第三者にも判決の効力——既判力——をおよぼさせることができるが、[159] わが国の民訴法の原則では、第三者が訴訟参加しても、訴訟関係人の地位は与えられないのである。そこで、博士は、第三者を、「共同訴訟参加」もしくは「独立当事者参加」という、（行政庁のみが被告とされる）取消訴訟の二当事者システムに反する、「むりすじ」の解釈論を展開されたのである。

ようするに、博士は、なんとかして、第三者を訴訟に引き込まないかぎりは、原告が苦心して得た取消判決も、（第三者に対する関係で）意味をもたなくなるということを、憂慮されていたのであるが、このような、第三者を訴訟に取りこむことによる解決方式の「なきどころ」は、（変型の）第三者の訴訟参加という事実がないかぎり、問題は解決しないというところにある。

したがって、博士の論理の、最後の最後の「つめ」として、いかにしてかような第三者を訴訟参加させるかということが、残される。博士は、じつに、そこまで考察をすすめておられ、「裁判所もかかる利害關係がいることが明白な場合には、職權を以てもこれに對し參加を命じ、取消の効果が不統一になることを避けるのを至當とする」とされ、[160] 第三者を訴訟参加させることが論理的に必要的であるとまではされないが、（取消しの効果が不統一になることを避けるという）裁判所の職責をはたすうえで、そうすることが必要であるとされていたのである。

このように見てくると、兼子（一）博士も、また、雄川博士とは反対の方向から、問題の本質に到達されたということがわかる。

(f) 兼子（一）理論のさらなる分析――それをめぐる議論をつうじて――

一　兼子（一）博士の理論の、行政法学に与えたインパクトのおおきさは、兼子（一）論文[161]が発表されて、ただちに、判決の効力論争が行われた――わが国の行政訴訟理論においてはじめてといってよい――という事実にあらわされる。もちろん、この論争は、直接に博士の論文に向けられたもので、博士の理論を分析し、博士の立場に賛否を表明するものであった。これらの論争をつうじて、博士の論理をさらに分析してみよう。

ここでとり上げる論文は、ひとつは、市原教授の「行政事件訴訟における判決の効力」[162]であり、もうひとつは、瀧川判事の「行政訴訟の請求原因、立證責任及び判決の效力」[163]である。これらの論文は、わが国の行政訴訟理論のなかで、本格的に判決の効力について論じたものとして、いま、なお、看過しがたいものである。

二　市原教授は、結論からいうと、行政処分の取消判決に既判力を認め、取消の効果も既判力のおよぶ範囲――訴訟当事者にかぎる――に限定され、例外的に第三者に既判力が拡張される場合以外は、原則として、訴訟当事者のみが判決に拘束され、取消しについて利害関係を有する第三者は、取消判決に拘束されず、これを争うことができるとされ、兼子（一）博士の立場を、ほぼ全面的に支持すると表明された[164]。

ただ、その結論にいたる過程において、行政事件訴訟の特殊性を意識され、その観点からの考察が下されているところが、兼子論文とはことなると、強調されていた[165]。

市原教授は、その論考の出発点としての、行政訴訟の判決にも既判力を認めるべきかという考察において、「行政事件訴訟の特色性に基くなんらかの修正を必要としないだろうか」とされていた[166]。行政判決に既判力を否定するがわの論拠としては、ようするに、行政事件では、既判力の基礎となる事実関係が可変的で、また、公益に関することがおおいので、既判力で確定してしまうことは、このましくないということにあるが、市原教授は、これに対して、「公益性の要求も法的安定性の要求を全く排除するものではなく、寧ろ、兩者は相一致する面も多く、更には事實關係の可變性は既判力における同一物の可能性の限局を意味する以外の何ものでもない」として、既判力を否定することの論拠とはならないとされた(167)。

ここで興味ぶかいのは、行政事件について、むかしから重要な指標とされてきた「公益性の要求」と、既判力によってもたらされる「法的安定性の要求」の関係である。市原教授は、後者は前者のうちにふくまれると考えられたようであるが、後者は判決の確定による法的安定性の確保という訴訟上の公益であり、それに対して、前者の、既判力を否定する立場がいう行政事件に関わる公益とは、行政がはたすべき実体的な行政目的の公益性のことである。そのあたりに、すこし、混同がみられるようであるが、この点は度外視して、論理をおってみよう。

市原教授は、さらにすすめて、行政の公益性や臨機応変性の要請は、既判力によって、なんら無視されるものではないという論証をされている。

「確定判決によつて一つの處分が取消された場合にも、その後の事情の變化に應じて行政廳が同一内容の處分を同一當事者に對して行うことに對して既判力は何等その妨げとならないし、逆に當該處分の適法性が確定した場合にも、新な事情の發生により行政廳がこの處分を撤回し、或いは新な處分によつておきかえることは可能であり、既判力は及ばない(168)」。

その根底にある考えは、行政判決に既判力を認めても、実際には、既判力によって確定される範囲はせまく、これによって、行政の公益性や臨機応変性が制限されることは、ほとんどないというものである。ただ、これも、既判力の問題を論じつつ、判決の拘束力に関わる領域にふみこんでおられ、かつ、判決の拘束力の概念をもちださず、既判力一本で説明されようとしているところに、市原教授の判決の効力論の特徴がある。いずれにせよ、ここでは、行政法の見地から、行政事件に既判力を認めた場合、行政法固有の支障が生じないかという考察が行われているのである。

ところが、このような市原教授の考察方法は、兼子(一)博士も、すでに、論文のなかでとられており、判決の効力を訴訟外の第三者に及ぼす根拠として、「行政事件が公法上の法律効果又は法律關係を對象としている關係上、私法上の權利關係を對象とする民事訴訟法とは異つた原理が」あるかどうかを検討されていた(169)ことは、すでに見たとおりである。これを、いまいちど、くわしく見てみると、市原教授も、兼子(一)博士も、訴訟の対象が公法上の法律関係であるというだけの理由で、第三者も判決の効力に服さなければならないとする論理を、否定する材料として、おなじ判例(170)を使われていた。

その判旨は、大上段にふりかぶった論理であった。

「行政訴訟ハ公法上ノ法律關係ニ屬スル事件ニ付テノ訴訟ナレバ、公法關係ノ性質上、行政訴訟ノ判決ハ單ニ訴訟當事者ヲ拘束スルニ止マラズ、其ノ事件ノ利害ニ關係アル總テノ第三者ニ對シ該行政訴訟ニ加ハリタルト否トヲ問ハズ、其ノ效力ヲ及ボスモノト解スルヲ妥當トス」

これに対して、兼子(一)博士は、「對象が公法關係であるから、これを確定する判決が一般第三者に對しても効力があるとする見解は、獨斷的で」あると切りすてられ(171)、それ以上は論じられていない。

市原教授は、もうすこし、行政事件の特殊性と行政訴訟の特質をふまえた考察により、おなじく、判旨の論理を不当とされた。

「行政訴訟においては訴訟の結果が當事者丈でなく一般に利害關係を有する場合も多く、又訴訟上の當事者必ずしも實質上眞の争の當事者ではない場合が多い。この意味で行特法第九條が職權主義を認めているのも正當である。併乍らされぱといつて行政訴訟の判決の既判力を全ての場合に擴張すべしとするのも早計である。即ち事件の性質上理論的に既判力の擴張が類推される場合もあるが、寧ろ國民個々人の權利を相對的に保障すれば足りる場合も多い。このような場合には明文の規定があればとにかく、理論的に當然に既判力が擴張されるものとすることは無理であろう」[172]ただ、行政事件においても、なぜ、「さればといつて行政訴訟の判決の既判力を全ての場合に擴張すべしとするのも早計である」のか、なぜ、明文の規定がなければ、論理的にとうぜんに既判力が拡張されることが求められる場合も、既判力の拡張が認められないのか、それ以上は論じられてはいない。結果的に、市原教授も、この問題については、兼子(一)博士以上の論証をされていたわけではないといえよう。

三　つぎに、市原教授は、取消判決の形成効について論じられ、形成効を相対化させる興味ぶかい論理を展開されている。市原教授も、取消判決に形成効を認めることじたいには反対されないわけであるが、「行政事件訴訟における取消判決は民事訴訟法上の形成判決のもつような當事者以外の第三者に對しても形成の効果を及ぼすところの形成力はこれを有しない」とされた。[173]

その論理の基礎は、「裁判所の判決による行政處分の取消というのは、判決による當該行政處分の違法性確定にともなう効果とみなければならぬ」[174]ということにおかれている。これは、ようするに、市原教授が、行政処分の取消判決を確認判決とみておられたことによる。[175]ただ、取消判決に形成力もあることは否定されないが、それは、法が裁判所の判断作用に形成力を結びつけたにすぎないとされた。[176]つまり、右に述べられているところの「行政處分の違法性確定にともなう効果」が、それである。

市原教授のこのような考えも、やはり、兼子(一)博士の理論に感化されたものである。じじつ、市原教授は、その論拠として、兼子(一)博士の説明をながく引用されているので、ここで、それをさらに分析してみよう。

「形成力は、當事者間に限らず第三者に對しても當然に及ぶものとするのが通説である。その理由は、形成判決は、私人の意思表示や行政廳の行政處分などと同様に、一の處分行爲として實體法上の要件をなすもので、一旦形成判決が確定すれば、その判斷の當否とは無關係に効力を生じ、これを何人も否定できないからであるとする。しかし、判決の本質は、行政處分と異りあくまで判斷作用であり、形成力は形成要件の存在が判決によつて確定されることに基く効果と認むべきであり、したがつて本來その判斷が正當である場合に生じるものであつて判決の既判力こそ判決内容の當否の問議を打切る作用であるから、既判力の及ぶ者だけに對して確定的に形成の効果を生じるのであつて、その法律状態の變動について直接自己の權利關係が影響される第三者は、この者に既判力が及ばない場合は、自己の立場で形成判決の不當即ち形成要件が不存在であつたことを主張して形成の効果の發生を爭うことができると解すべきである。(177)」

ここで展開されている兼子(一)博士の論理の中心は、「判決の本質は、行政處分と異りあくまで判斷作用であ」るということにある。これを、くだいて理解すると、行政処分が、法律行為(意思表示)のひとつとして、法律関係を形成し、確認し、また、名あて人に給付、受忍を命ずる作用を行うことをめざすのに対して、判決は、もっぱら、原告によってもちこまれた事件の事実関係および法律関係について判断することだけをめざすものであるということであろう。市原教授も、このような理解にかぶせて、「裁判所による違法行政處分の取消は、取消權の主體としての裁判所の意思表示たる取消という意味において、それに法律行爲的性質を認めることはでき」ないとされ、(178)それにつづけて、さきほど見たように、行政処分の取消しは、裁判所による処分の違法性の判断に法が結びつけた効果にすぎないと極論されたのである。

そして、市原教授は、であるので、形成力が及ぶ主観的範囲は、「その基礎にある裁判所の違法性確認の効果の及ぶ範圍に止まる」と結論された。(179)そして、その意味について、さらに、具体的に説明されている。すなわち、「當該行政處分の取消につき直接の利害關係を有しないものは、判決の存在を否定しえず、その事實上の効果を免れえぬわけではあるが、これに反してそれに對する直接の利害關係者は既判力が擴張されない限り、裁判所の違法性の確認を爭いうるものであり、從つて違法性の確認に結びつけられた効果たる行政處分の取消を爭いうることゝなる(180)」というものである。

右記の説明のうち、後半の部分は、形成力が及ぶ主観的範囲を、既判力のそれと一致させる以上、とうぜんであろう。わかりにくいのは、前半部分であるが、市原博士によれば、これは、取消訴訟において行われるのは、行政処分の違法性の確認であるという「行政事件の判決の特色」によるものとされる。(181)

しかし、これについても、兼子(一)博士が、すでに論じておられ、「訴訟物である權利關係が當事者で自由に處分できるものであり、第三者はこれについて直接の利害關係をもたず、ただ當事者の立場を通じて關係するのに止まる場合や判決確定後に初めて利害關係を有するに至つたような場合」には、行政処分の取消しに直接の利害関係を有しない第三者に、判決の反射的効力が及び、そのような第三者は、判決の効力に服さなければならない(182)と、理論的に解明されており、それは、とくに、行政事件の判決の特色というようなファクターが介在しなくとも、理解しうるものである。

そもそも、市原教授が取消訴訟の本質としてみておられる行政処分の違法性の確認ということについても、兼子(一)博士の「判決の本質は、行政處分と異りあくまで判斷作用であ」るというテーゼのうちに、すでに、ふくまれているのである。

四　つぎに、兼子(一)博士の理論を否定された瀧川判事の見解を見てみよう。

瀧川判事は、行政処分の取消判決に既判力があることは認められ(183)、この点では、兼子(一)博士の立場を否定されるわけではない。しかし、いっぽうで、取消判決には対世効があるとされ、兼子(一)博士の、形成効を既判力の範囲に一致させ、判決の効力に直接の関わりを有する第三者に、形成効がおよばないとする理論を、痛切に批判された。その論理を分析し、その角度から、兼子(一)博士の理論を見なおしてみよう。

瀧川判事が、形成判決には対世効があるとされ、その形成効は既判力にもとづくものではないとされる論理は、つぎのとおりである。(184)

まず、形成に対する一般的理解として、「思うに、私人の形成行爲による法律状態の變動の場合には、實體法上その權能を行使したことと形成要件の存在にその法律状態の變動という法律効果が結びつけられている」とされた。したがって、形成の効力については、「實體法上特別の定め（例えば第三者に對抗することを得ずとの規定）がない限り何人との關係でも生ずる」として、対世効があることを承認された。(185)

ただ、法政策上、形成という重大な法律状態の変動を認める場合は、「その變動を明確にし且つあらゆる關係で劃一的に取扱う必要上、……正當な當事者（通常これを法定する）間において形成要件を確定し形成を宣言する判決が確定したときにはじめて形成の効果が生ずるものとした」と規定され、その結果として、論理的に、法は、「右判決がなされたときは、その存在にのみ法律状態の變動を結びつけた」といえると評価されたのである。(186)したがって、判決の形成効は、実質的には実体法にもとづくものであり、既判力にもとづくものではないと結論された。

五　右のような立場にたつ瀧川判事が、兼子(一)博士の論理を批判的に分析されているのが、(187)興味ぶかい。瀧川判事は、兼子(一)博士の論理を、ふたつの方向から攻撃されている。

ひとつは、兼子(一)博士が、ローゼンベルクの所説を批判した論理が不当であるというものである。したがって、ここでは、三重の論理がぶつかりあっていることになるので、それらを順ぐりに検討していこう。

兼子(一)博士が、論文のなかに引用され、批判の対象とされたローゼンベルクの所説というのは、「形成判決の形成効は、何等特別の裁判官の權利創造權能に基くものではなく、法規に抽象的に豫定されていることがらにこれを適用して具體的に宣言するだけで、裁判官のすることは他の種の判決におけると異るものではない」(188)というものである。

そして、これに対する博士の批判というのは、「それにも拘らず彼が、判決の形成力は私人の意思表示や行政處分による場合と同様に生じるとするのは、判決に處分的性格を認めることを意味するもので、その態度として一貫を缺くのではあるまいか[189]」というものであった。

そして、ローゼンベルクの所説[190]を批判する兼子(一)博士の論理が不当であるとされる、瀧川判事の批判というのは、つぎのとおりである。

「私人の形成行爲や行政處分による權利變動の效力が何人に對しても生ずると一般にいわれているのは、それが意思表示であることに基くのではなく、法がこの種の變動を引き起こす實體的權能を有する者が適式にこれを行使したことに變動の效果を結びつけたことによるものではなかろうか[191]」

これは、兼子(一)博士が、前提として、私人の形成行為や行政処分が、一定の結果を得ようと意欲してなされる意思表示で、それは、また、法律状態を変動させる意思表示でもあるのに対して、形成判決は、形成関係の確定という判断行為にとどまり、裁判所が、私人なり行政庁にかわって、法律状態を変動させる意思表示をするものではない、と考えておられる[192]ことを、批判するものである。

その、兼子(一)博士が、私人の形成行為や行政処分と形成判決の性格が、ことなると強調される意図は、前者では、なにびとも、それによる法律状態の変動を承認しなければならないのに、後者では、そのような第三者効をもたない、とすることにある。いいかえれば、第三者効は、私人の形成行為や行政処分に固有のものであって、にもかかわらず、ローゼンベルクが、これらと形成判決を同列において、第三者効を承認しているのを批判しているのである。しかし、まさにその点を、また、瀧川判事が、批判されているのである。

瀧川判事は、さきほど見たように、形成力が第三者にもおよぶとする根拠を、実体法上の効力（法律要件的効力）に求められておられる[193]。したがって、形成判決による形成は、実体法上の権利変動であり、それは、私人の形成行為や行政処分による形成と、なんらことならない。裁判所の判断の表示たる判決も、私人の意思表示とおなじく、権利変動の要件となりうるとされた[194]。

ようするに、瀧川判事の形成効の考え方は、ほんらい実体法が特定の者に認めた形成行為により、形成という効果が生ずるものであり、法政策的に裁判所の判決にかからしめている場合も、裁判所は、この者にかわって、形成行為を行うにすぎず、したがって、形成判決は、形成を意図する意思表示とことなるところはない、ということなのである。そして、これが、ふたたびさかのぼって、瀧川判事が、形成判決に第三者効があるとされる、論拠とされているのである。

六　もうひとつの、瀧川判事の兼子理論に対する批判は、取消訴訟の権利救済目的に関連する本質的なものである。それは、また、兼子(一)博士が、「行政處分の取消判決の効力」の中心的問題とされた、行政処分によって権利を取得した第三者が、行政処分を取り消す判決に拘束されるのは不合理ではないのかという疑問に、否定的な解答を示すものであった。

瀧川判事は、もし、兼子(一)博士のめざされるように(195)、行政処分の取消判決に密接な関わりを有する第三者には判決の効力がおよばないとする解決がとられるならば、つぎのような不合理があると、批判された。

「違法な行政處分によって権利を侵害された者の立場を考えれば、行政廳を被告として行政處分取消の判決を得たのみで足らず更にその第三者を被告として行政處分が違法であることの確定を求めなければならないとすることの方がむしろ不合理ではあるまいか(196)」

これは、行政処分の取消訴訟において、行政処分によって権利を毀損されている者の救済をどこまで貫徹するかという問題と、行政処分が取り消されると、行政処分によって得た法的地位を失う者を、どう保護するかという問題が衝突する、訴訟参加の本質を、するどく指摘するものである。

行政処分の取消判決に第三者効を認めれば、行政処分の取消しにより権利が救済される原告の救済は貫徹されることになるが、行政処分によって権利を得た第三者は、取消判決の効力に服するしかないことになる。

ぎゃくに、行政処分の取消判決に第三者効を認めなければ、行政処分によって権利を得た第三者は、取消判決の効力をうけず、そのかぎりで、第三者の権利は侵害されないという解決が得られるが、行政処分の取消しにより権利が救済される原告の救済は、貫徹されないことになる。ようするに、判決の効力をどう考えるかという問題設定においては、原告の権利救済と第三者の権利救済が、同時にはかられるという解決策はないのである。

もっぱら行政裁判を担当する裁判官、あるいは、行政訴訟の研究者は、どちらの解決策をとるかという二者択一の選択をせまられれば、迷うことなく、前者をとる。違法な公権力の行使によって権利を毀損された者に、権利救済の途を開く――それは、原告として訴えを提起することを認めるという意味である――という目的で発展してきた取消訴訟制度においては、原告の権利救済を半減してまで、第三者の保護をはかるということは、考えられないことなのである。

さらに、もっといえば、このような取消訴訟――第三者に権利・利益を与える処分によって自己の権利・利益が侵害されたとする原告の訴え――においては、処分によって得られた第三者の法的地位を覆滅させないかぎり、原告の権利救済は、はかれないのである。

そのあたりの感覚が、さすがに、民事訴訟学者の兼子(一)博士には、やや欠けておられたようで、取消判決の効力をうける第三者の保護を、第一に考えられ、そこから論考を出発されたところを、瀧川判事に、きびしく批判されたのである。(197)

七　兼子(一)博士が論文で示されたところは、けっきょくのところ、取消判決の効力を第三者にまでおよぼすことは、第三者の立場を侵害することにならないか、というかぎりの問題提起にとどまるものであって、原告と(訴訟参加すべき)第三者の双方の権利保護をはかるような整合的な解決をめざされたものではない。それゆえ、博士の論理は、われわれの考察から、難点のおおいものであったと、いわざるをえないが、博士の論考、および、これに対する議論の分析をつうじてわかったことは、判決の効力をどのように考えるかということだけでは、原告の権利保護と（訴訟参加すべき）第三者の権利保護を、同時にはかるような、整合的な解決はできないということである。

第三項　行政事件訴訟法のもとでの訴訟参加

(a) 行政事件訴訟法の規定

一　特例法を、全面的に改正した[198]行政事件訴訟法[199]（以下、「行訴法」）は、取消訴訟における訴訟参加[200]については、「第三者の訴訟参加」と「行政庁の訴訟参加」をわけて規定することにした。

二　第三者の訴訟参加については、行訴法二二条に、かなり詳細な規定がおかれた。

同条一項は、「裁判所は、訴訟の結果により権利を害される第三者があるときは、当事者若しくはその第三者の申立てにより又は職権で、決定をもつて、その第三者を訴訟に参加させることができる」と定めた。

訴訟参加が認められる第三者の要件を、基本的に、「訴訟の結果」（判決）に関わらしめているのは、特例法八条一項とおなじであるが、同項が、「訴訟の結果について利害関係のある」としていたのと、微妙に文言がかわっている。また、同項では、「（裁判所が）必要と認めるときは」という（注意的）文言もあったが、行訴法二二条一項では、はずされている。さらに、特例法八条一項が、職権による訴訟参加のみを規定していたのに対して、行訴法二二条一項は、申立てによる訴訟参加も認めているが、第三者が申し立てても、裁判所の「決定をもつて……参加させ」られるとされている[201]ことに注意しなければなるまい。

同条二項は、手続規定で、「裁判所は、前項の決定をするには、あらかじめ、当事者及び第三者の意見をきかなければならない」と定めた。

このような規定は、特例法八条二項でも規定されていたが、行政裁判法にはなかった。

同条三項も、手続規定で、「第一項の申立てをした第三者は、その申立てを却下する決定に対して即時抗告をすることができる」と定めた。

このような規定は、特例法にも行政裁判法にもなかったものである。

同条四項は、民事訴訟との関係を定めた規定で、「第一項の規定により訴訟に参加した第三者については、民事訴訟法[202]第六二条[203]の規定を準用する」と定めた。

この旧民訴法六二条とは、必要的共同訴訟人のひとりがした訴訟行為の効力は全必要的共同訴訟人に及ぶとする規定である。このような規定は、特例法にも行政裁判法にもなかったものである。

同条五項は、「第一項の規定により第三者が参加の申立てをした場合には、民事訴訟法第六八条[204]の規定を準用する」と定めた。

この旧民訴法六八条とは、すでに訴訟に補助参加した者は、当事者の異議による裁判所の決定があるまでは、有効な訴訟行為を行いうるという規定である。このような規定は、特例法にも行政裁判法にもなかったものである。

三　行政庁の訴訟参加についても、行訴法二三条に、かなり詳細な規定がおかれた。

同条一項は、他の行政庁の訴訟参加が認められる場合について、「裁判所は、他の行政庁を訴訟に参加させることが必要であると認めるときは、当事者若しくはその行政庁の申立てにより又は職権で、決定をもつて、その行政庁を訴訟に参加させることができる」と定めた。

特例法八条一項では、第三者の訴訟参加とならべて、「訴訟の結果について利害関係のある」という要件をかしていたが、それがなくなり、ただ、裁判所が、「訴訟に参加させることが必要であると認めるとき」とされたのである。

同条二項は、手続規定で、「裁判所は、前項の決定をするには、あらかじめ、当事者及び当該行政庁の意見をきかなければならない」と定めた。

これは、二二条二項と同じである。

同条三項は、「第一項の規定により訴訟に参加した行政庁については、民事訴訟法第六九条[205]の規定を準用する」と定めた。

この旧民訴法六九条とは、補助参加人がなしうる訴訟行為の範囲を定めた規定である。

四　ところで、このように定められた行訴法二二条および二三条の内容も、そこにいたるまで、立法過程において、さまざまな議論があった。とくに興味ぶかいのは、本稿でも考察の対象とした兼子(一)博士の理論が、特例法の改正の審議が行われていた当時、かなり支配的になっており、改正法における第三者の訴訟参加をどのようにするかの審議も、博士の考えを尊重し、博士の説を前提としたところからスタートしたということである。[206]

行政事件訴訟特例法改正要綱試案[207]（以下、「改正要綱試案」）第二二（強制訴訟参加）と第二三（行政庁の訴訟参加）の審議は、法制審議会行政訴訟部会第二二回小委員会[208]において行われた。

改正要綱試案第二二の強制訴訟参加のA案の案文[209]では、第三者の訴訟参加が認められる要件として、「訴訟の結果により権利を害される」とされておらず、「訴訟の目的が第三者に対しても合一に確定する必要がある」とされ、審議もこの方向からスタートしていた。このように「合一的に確定する必要がある」とされた趣旨は、判決の既判力との関係が考慮されたもので、旧民訴法六二条[210]とおなじ表現が用いられた。[211]

この旧民訴法六二条の必要的共同訴訟の理論じたいが、民事訴訟における判決の既判力の理論を前提とするものであり、[212]同小委員会において、何人もの委員からくりかえし指摘があったように、同条とおなじ文言を使用したということじたいが、既判力は当事者に限られるということを前提としていた。[213]その趣旨は、もちろん、取消訴訟の訴訟外にある第三者が、訴訟告知もうけず、そういう訴訟が係属していることも知らず、訴訟にでていればもっと立証できたはずであるという場合に、そういう第三者にも取消判決の効力をおよぼすのは問題であるということであったが、[214]こういう考慮じたいが兼子(一)博士の影響であったことはいうまでもない。

また、もうひとつ、兼子(一)博士の説を参照したB案[215]も、同小委員会の当日に提出されていた。ただ、当日に兼子(一)博士が出席されなかったこともあり、[216]当日は、もっぱら、A案をめぐって審議がすすめられた。

しかし、審議の経過は、しだいに、行政処分の取消判決は対世効をもつかどうかという論議に移っていった。取消訴訟の判決は、ただ行政庁が行政処分をしたと、おなじように考えるべきものではなく、その処分の効力じたいについて、裁判所が、判断するものなので、対世効をもつという意見[217]がだされてからは、取消判決の既判力は、訴訟当事者のみにおよぶのか、第三者にもおよぶのか、[218]議論が紛糾し、A案を採用して、取消判決の既判力を訴訟当事者にのみおよぶとすることに決めてしまうことには、ちゅうちょする空気が流れはじめた。けっきょく、第二二回小委員会の当日では、問題を先送りし、取消判決の効力をどう考えるかについて決着がついてから、あらためて考えることにしようということになった。

五　その後、同小委員会では、第二次改正要綱試案、[219]第三次改正要綱試案[220]とだされ、第三者の訴訟参加の条文も、若干の修正が施された。それは、第二次改正要綱試案では、第一次要綱試案に「合一に確定する必要があると認めるとき」とされていたのを、「合一に確定するとき又は合一に確定するにつき必要があるとき」にあらためられ、それが、第三次要綱試案では、「合一に確定するにつき必要があるとき」にあらためられたものである。

その主旨は、第一次要綱試案から第二次要綱試案にあらためられたときは、訴訟の性質から当然に合一に確定している場合と「合一に確定するにつき必要があると認めるとき」の関係が問題になり、[221]併記するかたちで決着がつけられたが、第二次要綱試案から第三次要綱試案にあらためられたときは、このふたつの場合を区別すると、かえって疑義をまねき、「合一に確定するにつき必要があるとき」とすれば、とうぜんに合一に確定している場合もふくまれるというものであった。[222]

ただ、この第三次要綱試案においても、なお、兼子(一)博士の理論に配慮し、取消判決の効力は訴訟当事者のみにおよぶということが前提とされていた。

それが、最終第五次改正要綱案[223]では、一転して、「合一に確定」という文言が捨てられ、「訴訟の結果により権利を害される第三者があるとき」という、特例法の規定にちかい文言が用いられることになった。これは、いっぽうで、取消判決の効力につき、「第三者に対しても効力を有する」と規定し、第三者にもおよぶ形成効が承認されたことと対になるものであった。そのかぎりで、また、兼子(一)博士の理論が、けっきょくは採用されなかったということを意味するものでもあった。

なお、この最終第五次改正要綱案が、現行行政事件訴訟法に、ほとんどそのまま、うけつがれたわけであるが、その基礎となった理論については、次項で検討しよう。

(b) 杉本解説の分析

一　行訴法制定後、ただちに、立法担当者として中心的な役割をはたされた杉本良吉判事が、『行政事件訴訟法の解説』[224]（以下、杉本『解説』）という詳細な逐条解説を書かれた。この解説は、立法者意思を直接にさぐることができるという意味でも、貴重なものであるが、理論的にも、たかいレベルの解説がなされており、以後の同法の条文解釈に、支配的影響を与えるものであった。[225]そこで、同法における訴訟参加についての本書の考察でも、この解説を分析対象としよう。

二　二二条の第三者の訴訟参加の解説では、まず、〔立法の趣旨〕が述べられている。特例法八条から、規定がおおきくあらためられたのは、同条の解釈に疑義がおおく、これを、あきらかにするためであったとされた。(226)その疑義があったとされる点とは、①「同条によって参加させられた場合に、参加人はいかなる訴訟上の地位を取得するものか」、②参加人として「の地位は、行政庁が参加する場合とそれ以外の第三者が参加する場合との間に差異のないものかどうか」、③「参加を命じられながら、これに応じられなかった者にも判決の効力が及ぶものかどうか」である。

①については、たしかに、行政裁判法にも特例法にも、規定がなかった。そこで、それをはっきりさせるために、行訴法二二条四項で、民事訴訟法六二条の準用というかたちで、必要的共同訴訟における共同訴訟人に準ずる訴訟上の地位が、与えられることになった。これは、ようするに、たんなる補助参加人以上の訴訟行為をなしうる、という趣旨である。(227)

②についても、たしかに、行政裁判法は、行政庁の訴訟参加について規定しておらず、特例法は、八条で、第三者の訴訟参加と行政庁の訴訟参加をならべて規定していた。それを、行訴法では、あえて、第三者の訴訟参加とわけて、行政庁の訴訟参加を別条に規定したのは、両者では、趣旨・目的がことなると考えられたからである。なお、これについては、つぎに述べる。

③については、まさに、判決の効力との関係が問題になるが、この疑義は、直接には、訴訟告知に関連している。これについても、のちに検討する。

さて、ここで提示されている疑義は、行訴法の立法過程においても、逐次、提示されたものであるが、本稿の考察であきらかにされたごとく、最大の疑義は、取消判決の効力が第三者にもおよぶのかどうかということ、そして、それとの関連で、第三者を強制的にも訴訟参加させなければならないのかということであった。杉本『解説』では、まさに、そのことが、第三者の訴訟参加の制度の趣旨・目的となるものであって、それが「必ずしも明らかでなかったこと」が、右記①ないし③の疑義を生んだ原因であったとされ、そのような疑義をうんだことが、特例法八条の弱点であったと指摘された。(228)

三　それでは、第三者の訴訟参加の制度の趣旨・目的が、杉本『解説』ではどのように説明されているか、見てみよう。

訴訟の目的について真の当事者とみるべき者を訴訟に引き入れ、「事件の適正な審理裁判を実現する」という目的は、行政庁の訴訟参加についてては「大体肯定されようが、それ以外の第三者を参加せしめる目的は、それにつきるものではなく、少なくとも取消訴訟については他に主要なねらいのあることが考えられる」とされ、その「主要なねらい」が、判決の効力との関連であるが、杉本『解説』では、これまでのわが国の議論を、ていねいに比較分析したうえで、行訴法の考え方が示されている。(229)

すなわち、行訴法二二条が、行政裁判法三一条を承継していることを認めたうえで、その第二項に、「前項ノ場合ニ於テハ行政裁判所ノ判決ハ第三者ニ対シテモ亦其効力ヲ有ス」とされていたことの解釈がすでにわかれ、「取消訴訟における処分または裁決の取消判決の効力を本来訴訟当事者以外には及ぶものではないと解する者」と、「本来対世的に生ずるものと解する者」にわかれていたと分析される。

それにより、第三者の訴訟参加の目的についての説明も、若干、ニュアンスがことなってくる。

前者の立場では、「取消訴訟の結果がその者に対する関係においても法律上区々であってはならないと考えられる地位にある第三者をこの制度によって訴訟に引き入れ、これに判決の効力を及ぼして、すべての関係者を通じて訴訟の結果を画一的に確定させること」を目的としていたと分析されている。(230)

後者の立場では、「取消判決の効力が及ぶ結果その法律上の地位に影響を被る第三者が存することは、自身関与しない訴訟の結果を甘受させるものとして好ましくないから、かような地位にある第三者をこの制度によって訴訟に引き入れ、その不都合を解消すること」を目的としていた(231)と分析されている。

そして、けっきょく、行訴法二二条は、後者の立場を採用したものであったことが、杉本『解説』に明言されており、これには、同法三二条一項において、取消判決の形成効は第三者にもおよぶ旨が規定されたことと、密接に関連している、と解説されている(232)。

さて、興味ぶかいのは、ここではじめて——まえに見た行訴法の立法過程の審議からとおして——「形成効」という観念がでてきたことである。この経緯について、さっそく、三二条に対する杉本『解説』の説明を見てみよう。

四　三二条一項は、「取消判決の形成力の主観的範囲を規定したものであ」るとされる(233)。そして、その「取消判決の形成力」の内容については、(一)客観的範囲、(二)主観的範囲、(三)既判力との関係という三つの角度から、わが国におけるそれまでの議論を整理して、解説されている(234)ので、われわれの歴史的分析にとっても有益である。

その「(一)客観的範囲」のところで述べられているところは、わが国の行政訴訟ではじめて、形成効なるものが市民権を得たことを示している。

「係争処分を取り消す旨の判決が確定したときは、その処分は遡って有効な処分としての存在を失い、当初から処分がなされなかったのと同じ状態を現出する効果を生ずる(235)」

これは、まさに、形成の概念の本質的説明にほかならない。したがって、そのかぎりで、取消訴訟が形成訴訟であることが、あらためて、確認されたのである(236)。

問題は、「(二)主観的範囲」である。三二条一項は、取消判決の形成力の主観的範囲を規定したものであるとされるが、取消訴訟が形成訴訟であることは、一般に承認されていたにもかかわらず、行訴法の立法過程の論議では、訴訟外の第三者にも既判力がおよぶかどうかというかたちで議論がなされ、形成効はもちだされていなかった。それが、最後になって、とつぜん、取消判決に形成効があるという規定をおき、それによって、第三者にも判決の効力がおよぶということを、形成効の概念によって説明することで、決着がつけられたのである。この経過については、杉本『解説』でも、意識して、ふれられている。

わが国で、処分の取消判決の効力の主観的範囲について意見の対立があったのは、基本的に、形成効は、既判力と無関係のものであり、その及ぶ範囲は既判力の範囲に限定されないとみるか、形成効も、既判力に裏打ちされるもので、そのおよぶ範囲も既判力の範囲と一致するとみるかによるものであるとされる。

そして、ふたつの立場では、それぞれ難点があり、「前者の見解の弱点は、全く訴訟に関与することなくして、自己の権利を侵されるような判決の効力をうけることとなる点であり」、「後者の見解の欠点は、利害関係人の間において判決の結果が区々となるおそれのあることである」とされた。

いずれの立場でも、上記のような難点のあることを認めたうえで、行訴法は、後者の難点を、より重大とみて、すなわち、「判決によって処分または裁決を取り消した場合の効果（(一)の客観的範囲参照）が当事者と第三者との間で区々になることは、法律秩序の安定のため適当ではなく、行政上の法律関係は画一的に規制されることが望ましいとする見地から、前者の見解を採用した」とされた。

これは、かなりのあいだ、つよい影響力をもっていた兼子(一)博士の見解と訣別し、べつの方向に向かうことを、最終的に、決断したことを意味したともいえよう。

最後の「(三)既判力との関係」では、「取消訴訟は、処分の違法を確定してその効力を失わせるものであり、その違法を確定した点において、……形成力とは別に、既判力を有すると解すべきであろう」として、形成判決にも既判力を認める余地があるとされた。形成の概念が主張されはじめたときから、形成判決にもなお既判力を認める余地があるかどうかということが議論しつづけてこられたということは、本稿の考察でも見たとおりであるが[237]、杉本『解説』は、そのことも意識したうえで、上記のような決断を下されたのである。ただ、じっさいに、既判力がどの範囲でおよぶかという問題については、民事訴訟法の規定の準用、ならびに、訴訟理論に委ねられているとされ、それ以上の説明はされていない。

五　ふたたび、はなしを第三者の訴訟参加にもどすと、「第三者の訴訟参加の性質」に関しても、杉本『解説』は、判決の効力との関係で、一貫して説明されている。

「取消訴訟においては、被告適格が行政庁に法定（第一一条）されている関係上、取消訴訟の判決の結果によって直接自己の法律上の地位に変更をうけるという実質的当事者の地位にある第三者の保護が図られなければならないが、それは通常の補助参加人（民訴法第六四条参照）と同様に取り扱ったのでは十分ではない[238]。」

説明の前半によれば、ほんらいの訴訟の当事者である第三者が、訴訟外の第三者たらざるをえないのは、被告適格が行政庁に法定されている、取消訴訟の構造によるものである[239]。ただ、この場合、原告が求める判決の内容は、まさに、第三者の法律上の地位を変更させる、というものであり、判決の名あて人は、第三者である。そのようなシチュエーションにある第三者の訴訟参加は、補助参加ではたりないというのである。

そこで、どのような訴訟参加を認めるかということについては、民事訴訟法の規定の準用というかたちで、民事訴訟の理論により決着がつけられた。それについての、杉本『解説』の説明を見てみよう。

「そこで、右の第三者をして、係争の処分または裁決の維持を目的とする訴訟において被告側に立って共同訴訟人に準ずる地位において訴訟行為ができる地位を与えようというのが、この参加を認めた趣旨である。しかしこの第三者は、あくまで参加人であって取消訴訟の当事者に対する独自の請求をもつものではなく、その独自の請求をもたない点において、いわゆる共同訴訟参加（民訴法第七五条）または独立当事者参加（同法第七一条）とも異なり、いわゆる共同訴訟的補助参加に類する性格をもつものである。[240]」

その主旨は、ようするに、行訴法二二条により訴訟参加した第三者については、たんなる補助参加人以上の訴訟行為ができる地位を認めようということにある。条文では、旧民事訴訟法六二条（必要的訴訟参加）の準用により、共同訴訟人に準ずる地位が与えられるとされ[241]、また、解釈において、解釈上でのみ認められている共同訴訟的補助参加の概念まで導入されたが[242]、それらも、すべて、判決の効力が第三者にも及ぶということを前提としているのである。

六　ところで、右に見たように、行訴法二二条により訴訟参加する第三者については、たんなる補助参加人以上の訴訟行為ができる地位を認めるとしたことは、同条により訴訟参加しうる者の範囲——すなわち、訴訟参加の利益——に、微妙な影響があったようである。

杉本『解説』によれば、同条で、「訴訟の結果により権利を害される第三者」としたのは、特例法八条が、旧民事訴訟法六四条とおなじく、「訴訟の結果について利害関係のある者」として、ひろく第三者の訴訟参加を認めていたのを、せまく限定するものであるとされ、それは、「単に訴訟の結果に利害関係があるというだけで、その者に共同訴訟人に準ずる地位を与えることは、本条の趣旨に反するからである」とされる[243]。

それでは、そのせまく限定される範囲とはどのようなものか、について、具体的に、つぎのように説明される。

「『訴訟の結果により権利を害される第三者』とは、取消判決の形成力を受けるためその判決の主文によって直接自己の権利を侵害される訴訟当事者以外の第三者をさし、第三者の再審の訴えに関する第三四条にいう『処分又は裁決を取り消す判決により権利を害された者』とその範囲を同じくすることは疑いない。たとえば、公売処分の取消訴訟が提起された場合における競落人、乙と競願関係にあった甲が乙に対する事業免許によって自己の権利利益を侵害されたとして右免許の取消訴訟が提起された場合における右免許を受けた乙はここにいう第三者に当る。[244]」

この説明では、はっきりと、「取消判決の形成力」とされている。この「判決の主文によって」というのは、まさに、行政処分を取り消すという内容の宣言であり、行訴法により、取消しの効果＝形成効という図式が制度的に確立されたことにより、「係争処分を取り消す旨の判決が確定したときは、その処分は遡って有効な処分としての存在を失い、当初から処分がなされなかったのと同じ状態を現出する効果を生ずる」[245]。そして、取消判決の効力――形成効――は第三者効をもつと、立法的に解決されたことから、（この説明のなかで例として上げられているような）すでに行政処分により権利を得ていた第三者も、その取消しの効果を是認しなければならないということになる。

このように見てみると、行訴法のシステムでは、取消判決の効果が、全体として、すっきりと整合的にいきわたることになったということが、よくわかる。取消判決の効果により、処分による既得の地位を覆滅される第三者の範囲に、訴訟参加の利益を限定しようというのが、この説明の主旨であろうかと思われるが、すこし、ここに上げられている事例をつうじて分析してみよう。

ふたつの事例のうち後者の事例は、これまで、本書の主たる分析対象としてきた「二重効果的行政処分」に関わるものである。したがって、免許処分の名あて人であり、また、取消判決の名あて人である乙は、直接の「法律関係関与性[246]」があり、いうなれば、訴訟参加させることが必要的な、もっともせまい範囲の第三者であるといえよう。それに対して、前者の事例は、公売処分によって直接に権利を取得したわけではない者の例であり、したがって、競落人は、公売処分の名あて人でも、取消判決の名あて人でもない。ドイツの必要的訴訟参加の基準を使えば、この競落人を訴訟参加させることは必要的ではない。

この競落人の範囲まで、訴訟参加の利益を拡大するのであるから、その論理としては、説明にある「直接自己の権利を侵害される」ということの内容を、後者の例にみられるような直接の法律関係関与性がある場合よりも、もうすこし拡大し、公売処分が行われたことを前提として、競落というべつの法律行為により法的地位を得た者も、公売処分が取り消されれば、その波及として、とうぜんに法的地位を失うことになるということで、「直接自己の権利を侵害される」ことになるというものであろう。

ただ、この論理でいくと、さらに転得者があらわれ、波及がひろがる場合に、どこで切るかという問題が生ずる。なお、この問題は、職権訴訟参加の法理の重要なテーマであるので、次節以降であつかう。

しかし、杉本『解説』によれば、行訴法二二条により訴訟参加が認められる第三者の範囲は、さらにひろがる。


「ここに『権利が訴訟の結果により害される』というのは、取消判決の結果、その効力によって権利が害されることをいうから、その取消判決の効力、たとえばその形成力自体によって直接権利を侵害される場合に限ると厳格に解すべきではない。上例において競願者甲が自己に対する免許拒否処分の取消訴訟を提起した場合を考えると、この場合の取消判決は、乙の免許を直ちに消滅させないが、右判決の拘束力を受けた処分庁の行為によって乙の免許は取り消されるわけである。かように取消判決の拘束力を通じて権利を害される第三者もまた本条にいう権利を害された第三者に当ると解するを妨げない。(247)」


行訴法三三条に規定された取消判決の拘束力は、既判力とも、形成効ともべつの、特別の効力であると、杉本『解説』では説明されている。(248) 行訴法二二条では、ただ、「判決の結果により」とされているので、文言解釈からは、そのなかに、拘束力をふくめることは、もちろん、可能であるが、行訴法の立法過程の当初からみると、訴訟参加することを認める第三者の範囲が、ずいぶん拡張されてきた感はまぬがれない。

とりあえず、ここに上げられている例を分析すると、甲は、競願者の乙に与えられた免許処分の取消しを求めるのではなく、自己に対する免許拒否処分の取消しを求めているのである。もちろん、両処分は表裏一体の関係にあり、甲に免許を拒否したことが違法であるとして拒否処分を取り消す判決の趣旨とは、乙ではなく甲に免許を与えるべきであるということであろうと考えられるので、行政庁は、その判決の趣旨に従い、やがては、乙に与えた免許を取り消すことになろう。

しかし、甲が訴訟において求めているのは、あくまで、自己に対する免許拒否処分の取消しであり、この処分には、乙は直接は関与していない。にもかかわらず、そのような第三者についても訴訟参加を認めようというのは、原告が求める処分の取消しを、裁判所が認めたら、やがては自己の法的地位がくつがえるという第三者も、その処分の取消しと密接に関与しているということで、おおまかな「くくり」をしようということなのであろう。したがって、そこでは、取消訴訟の対象となっている処分の名あて人となったり、判決の名あて人となるという意味での「直接の」法律関係関与性ではなく、その処分や取消判決と「密接な」法律関係関与性があるかどうかということが、基準となるのである。

七　行訴法二二条の第三者の訴訟参加は、また、同法三四条の第三者の再審の訴えと相互に連関しているとされる。三四条は、「処分又は裁決を取り消す判決により権利を害された第三者で、自己の責めに帰することができない理由により訴訟に参加することができなかつたため判決に影響を及ぼすべき攻撃又は防御の方法を提出できなかつたものは、これを理由として、確定の終局判決に対し、再審の訴えをもつて、不服の申立てをすることができる」と規定しているが、この「判決により権利を害された第三者」の範囲が、二二条の「訴訟の結果により権利を害される第三者」の範囲と一致するとされるのであるが、そのことじたいが、重大な問題である。

三四条の趣旨については、杉本『解説』では、つぎのように説明されている。

「取消判決の形成力を広く訴訟外に立つ第三者に対しても及ぶものとしたことに関連して、自己の責めに帰すべからざる事由で、その訴訟に参加することのできなかった第三者の利益を保護するために、再審の途を拓いた規定である。」(249)

しかし、杉本『解説』は、いっぽうで、二二条の解説において、つぎのようにも述べている。

「本法は、取消判決の形成力の及ぶ結果、訴訟に関与しないでしかも訴訟の結果によって権利を侵害される者の救済の途として、別に、第三四条において一定の条件の下に再審の訴えを認めているが、本条は、かような救済を要する事態の発生を未然に防止する措置としての意義をも有する」[250]

ようするに、二二条による訴訟参加ができなかった第三者には、だれでも、再審の途が開かれるというのではなく、再審というのは、非常の場合にのみ認められる特別の救済手段であるので、なるべく、その再審の問題が生ずるてまえで、そのような第三者を訴訟参加させることで、問題の解決がはかられなければならないということをいっている。そして、さらに、この第三者の再審の訴えという制度が存在することで、そのような非常救済手段に訴えられることがないように、第三者を訴訟参加させる（裁判所の）職権の発動をうながすという機能をはたすことにもなろう、ということも、いっているのである。このことは、また、本書の最初の問題提起で、筆者が指摘したことでもある。[251]この問題については、次節以降で、くりかえし検討される。

ただ、右の三四条の説明のなかで、「自己の責めに帰すべからざる事由で、その訴訟に参加することのできなかった」とあるが、すでに、このなかに、ほんらい訴訟参加させるべきである第三者が、（訴訟告知もされないなどの理由で）訴訟参加させられないことがありうることが、前提とされているのである。これも、重大な問題である。

八　取消訴訟にも、民訴法による補助参加が許されるかについては、杉本『解説』では、ごくかんたんに、ふれられている。それは、行訴法二二条によって訴訟参加する第三者も、「あくまで参加人であって取消訴訟の当事者に対する独自の請求をもつものではな」いので、「したがって、本条の規定の存在は、本条にいう第三者に当る者が民訴法による補助参加をすることをなんら妨げるものでないことは、いうまでもない」というものであって、[252]それ以上はなにもふれられていない。

ここに述べられていることは、ふたつの訴訟参加が、共通する性格をもつものであるので、いっぽうだけを排斥する理由がないということであろう。[253]しかし、それでは、なぜ、行訴法で完結した訴訟参加の制度を整えたのに、わざわざ、民事訴訟の訴訟参加を併用する必要があるのか、[254] つまり、なぜ、行訴法二二条では、第三者が訴訟参加を申し立てても、制限された訴訟参加の利益の認定にもとづく裁判所の決定をへなければ、許されないのに、いっぽうで、当事者の異議がなければ、そのまま訴訟参加が認められる——旧民訴法六六条[255]——、補助参加による迂回ルートも許されるのか、ということの説明になっていない。

このあたりは、行訴法において、なお、民訴法との関係が不明確に残されている部分である。

(c) 三ケ月理論の分析

一　さて、ここで、三ケ月章博士の理論を、すこし、検討しておこう。民事訴訟学者である三ケ月博士の理論をとり上げるのは、ちょうど、特例法から行訴法に改正されるころ、[256] 形成訴訟や形成判決に対する考えが、どうも、まだ、はっきりと定まらなかったような状況のなかで、三ケ月博士が、抗告訴訟について、形成の概念を前面にだされた興味ぶかい理論を提示されたからである。

二　三ケ月博士は、かつて、「執行に対する救済」という論文[257]で、債務者が、債務名義に表示されている請求権に対する異議を主張し、その債務名義のもつ執行力を排除して、執行からの現実的解放を求めるための執行法上の訴えである「請求異議の訴え」の性質を論じられたさいに、行政訴訟における抗告訴訟との同質性に着目して、「救済の訴え」というものを案出されたことがある。

博士は、請求異議の訴えは、給付訴訟、確認訴訟、形成訴訟のいずれにもあてはまらない、「実体権の確定と執行力の排除という二つの機能を併有する特殊な訴とみるべきである」とされたうえで、「今日においては、この種の訴訟は、むしろ行政訴訟における抗告訴訟と同様に、新たな訴の類型を示すものというのが率直であろう」とされた。[258]

そこにおいて述べられている抗告訴訟の特質については、つぎのように分析された。

「従来の行政行為の公定力を覆すという形成的効果を有するが故に形成訴訟とみるのが通説であるが、それは決して通常の形成訴訟の理論を以て律しうるものではない。そこでも行政行為の違法の確定が論理的に先行し、単なる異議権のみが審判の対象となるのではなく、基礎たる行政処分の違法性の確定が本質的なものとして要請される点で、通常の形成の訴とは異る面をもつ[259]」。

そのような特質をもつ抗告訴訟と、請求異議の訴えは、共通するものであるとされたのであるが、その説明は、つぎのようなものである。

「抗告訴訟にあっては、行政行為がその本質上公定力もしくは執行力を要請するが故に、これを覆すための形成的機能が結びつかざるをえぬと同じように、執行法にあっては、執行機関の分離という制度的構造から債務名義の抽象的執行力が要請されるので、それを覆すための形成的機能が結びつかざるをえないのである[260]。」

抗告訴訟と請求異議の訴えをくくる概念としての「救済の訴え」は、けっきょく、裁判まえの一定の効力をもつ行為を前提とし、それをくつがえすための訴訟ということであろうが、ここに、われわれの関心である形成の概念が、前面にだされているのである。

それでは、おなじく形成に関わる形成訴訟と、救済の訴えは、どこが違うのであろうか。それについて、博士は、抗告訴訟にあっては、行政処分の違法、請求異議の訴えにあっては、表示された請求権の消滅・変更という実体的要件の確定を必須の前提とする点で、抽象的形成権の存否のみを判定し、形成要件まで既判力をもって確定するを要しないとされる通常の形成訴訟[261]とは、おもむきを異にすると説明された[262]。

三　また、民事訴訟一般の理論においてであるが、三ケ月博士は、形成効の本質についての明快で示唆的な考察を、このころに出版された民訴法の教科書[263]のなかで示されているので、それも見てみよう。

博士は、「形成力なるものの本質は必ずしも明瞭でない」と指摘された。それは、既判力や執行力が、訴訟制度に内在する制度的な効力であるのに対して、「法秩序が、こうした裁判に結びつけた特殊の効力であって」、やや異質なものであるからであるとされ、あえて規定すると、形成効は、構成要件的効果にちかいものであるともされた。(264)(265)このことは、形成効を、かなり実体法的に理解しなければならないことを、示唆するものである。(266)

そして、われわれの考察にとって重要なのは、形成効のおよぶ範囲（対世効）についての博士の見解である。博士は、「形成力が必ず論理必然的に対世的であることを要求するとは必ずしも断ずることができない」という、（形成効には対世効があると単純に信じこんでいる者には）いささかショッキングなテーゼを、提示された。(267)博士が分析されるところによれば、形成訴訟とされるものでは、「正に対世的形成が必要であるからこそ形成訴訟とされるに至ったもの」が大多数をしめるが、(268)なかには、「それ以外の理由から形成訴訟とされるもの」もあり、(269)これらについて、「その形成の効果につきそれが対世的であることを強調することは必要でもないし妥当でもない」ということであった。(270)

形成効のおよぶ範囲（対世効）について、博士は、結論として、「対世的形成を要する形成判決の形成力は対世的だといえるだけで、果してそういう形成訴訟であるかどうかは制度の趣旨に照して探究しなければならら」ないとされた。(271)

この論理でいくと、行政訴訟の取消訴訟の制度の趣旨が、取消判決の形成効のおよぶ範囲（対世効）との関係で、どのようなものであるのかが問題となるが、三ケ月博士は、残念ながら、それについては、はっきりとした見解は示されなかった。(272)

(d) 伊藤(洋)研究の示唆

一　わが国の第三者の訴訟参加の理論の歴史的分析の最後に、フランス行政訴訟法の研究であるが、近年、すぐれた取消判決の対世効の研究として、民事訴訟法学においても注目されている、伊藤洋一教授の研究(273)（以下、伊藤(洋)『研究』）を見てみよう(274)。本書における、わが国の訴訟参加理論および判決効理論の分析でとり上げた理論は、すべて、ドイツの理論を参照するものであった。そのなかで、フランス行政訴訟法の理論の研究をとり上げるのは、そこで述べられていることが、本書のこれからの考察、論証において、きわめて示唆にとむものであると考えられるからである。

フランス行政訴訟理論の研究でありながら、わが国の理論へ有益な示唆がなされているのは、伊藤(洋)教授の問題認識が、明確であるからである。そのことを、もうすこし述べると、教授は、訴訟参加＝取消判決の効力の問題の本質を完全に把握されており、その問題解決においても、フランスとわが国の制度、および、理論状況のちがい——ドイツについても正確に理解されている——を、論理の前提として、はっきりさせたうえで、フランスに見られるひとつの解決策が、わが国の閉塞した理論状況からの突破口になりうることを、示唆しておられるのである。

二　伊藤(洋)『研究』は、わが国の取消訴訟とおなじく、行政処分の取消しを目的とする訴訟である、越権訴訟(recours pour excès de pouvoir)の取消判決がもつとされている対世効(275)の解明を、その背後にあるフランス法的な歴史と思考の分析をとおして、はたされたものである(276)。

伊藤(洋)『研究』によれば、一八五〇年代までは、越権訴訟の取消判決には相対的効力しかなかったが、一八六〇年代になって、取消判決の対世効が、行政判例上、確立したとされる(277)。そして、フランスの行政法学説でも、これを支持する有力な学説があらわれてきたようである(278)。

教授の分析によれば、対世効は、フランスの判決効の一般原則からの例外であったので、やはり、その正当化根拠を示す必要があったとされる。[279] そのなかで、デュギの客観訴訟論が、越権訴訟の取消判決の対世効の正当化論として、きわめて大きな影響を、のちの学説・判例に与えたようである。[280] それは、客観訴訟において裁判の形式をへて下される決定は、必然的に一般的な射程をもつことになる。なぜなら、その決定は、客観的な適法性を認定するのであり、しかもこの適法性は、一般的かつ絶対的価値をもつものであるという論理であった[281]と説明される。[282]

「フランス法における客観訴訟の実戦的意義は、主として訴えの利益の拡大と取消判決の対世効の正当化にあった。前者が、原告に有利であることは言うまでもないが、後者も越権訴訟の発展に、従って市民に有利な帰結をもたらすものであった。なぜならば、既に見たような……、平行訴訟論[283]の克服に際しては、取消判決の対世効が有力な武器となったのであって、越権訴訟の裁判化とともに対世効が否定されることになれば、越権訴訟の対象領域の拡大は困難になったであろうと思われるからである[284]」

教授によれば、そこに、フランス法では、越権訴訟を主観訴訟とする主張がついに有力化することができなかった真の理由があろうと思われる、とされている。[285]

このあたりまでは、これまでのフランス法研究でも、一般にいわれていたところであるが、伊藤(洋)『研究』の真骨頂は、その「対世効」の意義を、フランス民事訴訟理論の分析にまで及んで、「絶対効」の概念を用いることにより、飛躍的に――わが国やドイツで議論されていなかった領域にまで及んで――解明されたことにある。

三　伊藤(洋)『研究』でいわれている「絶対効」とは、取消判決においてなされる適法性判断の（それ以後のすべての裁判に対する）一般的拘束力である。[286]

ところで、フランスの民事訴訟理論では、原則は、あくまで、判決の効力――既判力――は、訴訟当事者にのみ及ぶということであり、第三者は、自己には判決の効力がおよばないという、「相対性の抗弁」をすることができる。[287]

ただ、身分訴訟の判決には、対世効が認められており、そこで、右記のような「絶対効」がはたらくことを主張する見解もあったようである[288]。しかし、現在までの民事訴訟理論の主流は、民事の取消判決の対世効は、係争行為の客観的取消しの第三者への対抗力を意味するだけのものであるとしているようである[289]。

これに対して、有力な公法学説は、取消判決の効力に絶対効まで認めるもので、教授の指摘によると、それは、判決理由中の違法判断の対抗力、一般的拘束力をも意味するものである[290]――民事の取消判決には、判決主文についてのみ、対抗力、一般的拘束力が生じるにすぎないとされる[291]――。

四　このように、越権訴訟の取消判決に絶対効が認められることとならんで、フランスの判決の効力論では、「第三者再審」の制度の存在が、重要な前提となるようで、じつは、越権訴訟にも第三者再審を認めることと、越権訴訟の取消判決に絶対効を認めることが、密接に関連してきたようである[292]。

この「第三者再審（tierce-Opposition）」の制度というのは、もともと、フランス民事訴訟法四六六条[293]に規定されているもので、「第三者再審を提起する権利を有する者以外の訴訟参加は、認められない」とされ、第三者再審の要件が、第三者の訴訟参加が認められるための必要十分条件にされているという、われわれの目からは、すこし奇異な制度である。しかし、ヴデルによれば、第三者再審は、事後的訴訟参加であると規定され[294]、この制度のあり方が、第三者の訴訟参加にも密接に関連していることが示唆されているのである。

しかし、教授は、この問題については、最初から、はっきり認識しておられ[295]、取消判決の絶対効と第三者再審の密接な関連のむこうには、第三者の訴訟参加の問題があり、フランスにおける第三者再審のような制度が認められた場合に、第三者の訴訟参加と取消判決の効力の関係は、どのような、あたらしい局面をむかえるのかという問題設定のもとに、ひとつの解決策を提示されているのである。そして、まさに、このことのゆえに、本書で、とくに、伊藤(洋)『研究』をとり上げたのである。

五　そこで、これからあとの本項の論述は、伊藤（洋）教授じしんの問題認識と、それに対する解決の思考を追うこととしよう。

まず、教授は、問題認識の枠組みを、つぎのように提示される。

「日本では、取消判決の効力を及ぼすためには利害関係人を訴訟参加させる必要があるか否か、言い換えれば訴訟参加制度が取消判決の効力を第三者に及ぼすための必要条件であるかが論じられたが、フランス行政法学説はこのような議論を全く行わなかった。まず取消判決の絶対効を肯定するコンセイユ・デタの判例を前提としたうえで、判決の効力を受ける以上、そのような第三者に事前の防禦策を認めることが衡平に適うと考えるのがフランス行政訴訟理論の思考の筋道である。(296)

このように日仏間で発想の筋道が正反対となったのは、無論フランスにおいて取消判決の対世効が既に動かし難い前提となっていたからであると思われるが、更に日本の行政裁判法（一八九〇年）が第三者再審規定を持たなかったことにもよると思われる。なぜならば、等しく訴訟参加を論じるにしても、取消判決に対する第三者再審制度の有無によって参加制度の持つ重要性が違ってくるからである。(297)」

ここでは、行政裁判法時代の、第三者の再審の訴えの規定がなかったころの、はなしがされているが、第三者の再審の訴えが規定された現行行訴法においても、フランスとは、なお、事情が違うことが、問題解決の重要なヒントであるようである。

フランスでは、第三者再審の利益と訴訟参加の利益がほぼ同一であり、しかも、訴訟参加の利益がひろく解されているので、必然的に、第三者再審がひろく認められているといいうる。(298)

また、これは、きわめて重要なことであるが、わが国の第三者の再審の訴えと決定的にことなる運用が、フランスの第三者再審において、されていると思われるのは、つぎの点である。わが国では、再審とは、あくまで、非常救済的にのみ認められる手段であるという理解のもとに、行政事件訴訟法三四条に明記されているごとく、再審においては、「判決に影響を及ぼすべき攻撃又は防御の方法」しか提出できないとされている。これに対して、フランスでは、すでに行われた訴訟において当事者が主張した攻撃防御方法を、かさねて、主張することができ、それに対して、裁判官は、あらためて、明示的に判断する義務をおうという、判例理論が確立しているようである。(299)

教授は、この対比を、フランス法では、(わが国のように、第三者の)有利な判決獲得の蓋然性よりも、(第三者に)主張の機会を与えることに重点がおかれていると表現されている。(300)

第三者再審の訴えを本案において認めた判決の効果も、重要である。これについては、ヴェイユの見解が、多数の支持を得たようである。それは、民事訴訟におけるのとはことなり、第三者再審の訴えを認容する判決によって、取り消された原判決は、存在しなかったことになり、かつ、この第三者再審の訴え認容の判決は、対世効をもつというものである。(302)

さて、このような第三者再審が認められるという前提のもとで、第三者の訴訟参加＝判決の効力の問題を、あらためて、考えなおしてみると、必然的に、教授も指摘されている、(303)つぎのような関係になるであろう。

訴訟参加することなく、自己の関与しなかった判決によって権利を害される第三者は、(事後的訴訟参加として)第三者再審によって、自己の利益を防衛できるのであるから、判決の結果に利害関係のある第三者の訴訟参加があったかどうかを、取消判決の絶対効の成否に直結させる必要はない。

その結果、兼子(一)博士からつきつけられた、訴訟参加させられなかった第三者にも取消判決の効力をおよぼすことが、はたして、妥当であるのか、という難問に、直面しなくてすむのである。

第四項　総括——比較論的分析——

(a)　根拠規定の変遷と基本的解釈

一　わが国では、第三者の訴訟参加は、行政裁判法いらい、特例法でも、行訴法でも、明文の規定をもって認められていた。そこで、いまいちど、三法の規定をならべて、比較検討しておこう。

行政裁判法三一条一項は、「行政裁判所ハ訴訟審問中其事件ノ利害ニ関係アル第三者ヲ訴訟ニ加ハラシメ又ハ第三者ノ願ニ依リ訴訟ニ加ハルコトヲ許可スルヲ得」と規定し、同条二項は、「前項ノ場合ニ於テハ行政裁判所ノ判決ハ第三者ニ対シテモ亦其効力ヲ有ス」と規定していた。

特例法八条一項は、「裁判所は、必要と認めるときは、職権で決定を以て、訴訟の結果について利害関係のある行政庁その他の第三者を訴訟に参加させることができる」と規定し、同条二項は、「裁判所は、前項の決定をするには、当事者及び第三者の意見を聴かなければならない」と規定していた。

行訴法二二条一項は、「裁判所は、訴訟の結果により権利を害される第三者があるときは、当事者若しくはその第三者の申立てにより又は職権で、決定をもつて、その第三者を訴訟に参加させることができる」と規定し、同条二項は、「裁判所は、前項の決定をするには、あらかじめ、当事者及び第三者の意見をきかなければならない」と規定し、同条三項は、「第一項の申立てをした第三者は、その申立てを却下する決定に対して即時抗告をすることができる」と規定し、同条四項は、「第一項の規定により訴訟に参加した第三者については、民事訴訟法第六二条の規定を準用する」と規定し、同条五項は、「第一項の規定により第三者が参加の申立てをした場合には、民事訴訟法第六八条の規定を準用する」と規定するにいたった。

二　最初に目につくのは、第三者の訴訟参加については、（裁判所の、訴訟参加を認めるという趣旨の、決定によるという意味での）職権主義が、一貫して基調となっているということである。[304]

第三者の申立てによる訴訟参加が、はっきりと規定されたのは、行訴法になってからである。行政裁判法では、たしかに、第三者の「願」（申立て）による訴訟参加というものも規定されていたが、その場合は、裁判所の「許可」を要し、この許可が、かなり制限的なものであったことは、すでに見たとおりである。[305]これに対して、行訴法の第三者の訴訟参加では、訴訟参加を申し立てる第三者について、訴訟参加の要件が認められるかぎり、裁判所は、かならず、訴訟参加を認める決定をしなければならない趣旨であると考えられる。[306]

三　第三者の訴訟参加が認められるための要件、すなわち、訴訟参加の利益についても、微妙に変化している。行政裁判法では、「其事件ノ利害ニ関係アル第三者」であることであり、特例法では、「訴訟の結果について利害関係のある」第三者であることであり、行訴法では、「訴訟の結果により権利を害される第三者」であることである。

あきらかに、行政裁判法と特例法のあいだでは、おおきな変化がある。それは、特例法以降では、訴訟参加の利益を判決の効力に関わらしめたことである。

特例法と行訴法では、文言が微妙に変化している。この変化を、すなおに読めば、たんに「訴訟の結果について利害関係のある」という関係から、「訴訟の結果により権利を害される」という関係に限定されたということである。その趣旨からすると、ここでの「権利」というのは、取り消される処分による既得の権利と考えるべきで、[307]もちろん、厳格な意味での法的利益である。[308]

四　判決の効力じたいの変遷については、これらの条文だけからは、いまひとつはっきりしないが、行政裁判法だけは、訴訟参加の要件を定めた条文のなかに、判決の効力の規定をおいている。このことは、じつは重要な意味をもっており、一項により第三者が訴訟参加したときの判決の効力の範囲がどうなるかが、二項に規定されているということなのである。ここでいわれている判決の効力とは、原告と被告のあいだにのみ生ずる、基本的な既判力であり、（訴訟関係人として）訴訟に参加した第三者にも、とうぜんに、既判力がおよぶというものであった。[309]

特例法と行訴法は、いちおう、形成判決の第三者効を前提としていると考えられる。特例法では、とくに、取消判決の第三者効（対世効）の規定はおかれていなかったが、行政裁判法からの流れで、行政裁判法三一条二項のような、既判力の拡張にとどまる規定が、すがたを消したということ、訴訟参加の要件が、訴訟の結果により（ただちに）利害関係が生ずる第三者とされたことから、特例法の判決の結果が第三者におよぶ効力は、第三者効（対世効）のある形成効であったと考えられる。はっきり断言はされなかったが、立法参画者の意図、特例法制定前後の議論も、だいたい、それを肯定するものであったと思われる。[310]

行訴法では、理論上対立のあった取消判決の第三者効（対世効）の問題について、決着をつけるという趣旨で、三二条の規定がおかれたのであるから、行政処分を取り消す判決には、一般に、第三者効（対世効）がある。[311]そして、そのことが、行訴法のすべての解釈問題の大前提となるのである。

五　特例法だけは、第三者の訴訟参加とならんで、行政庁の訴訟参加についても、おなじ条文のなかで規定している。そのかぎりで、行政庁の訴訟参加も、「判決の結果について利害関係のある」ということが、要件となっていた。

現行行訴法のもとでは、第三者の訴訟参加と行政庁の訴訟参加は、べつの目的をもつものと考えられ、[312]同法は、ふたつの訴訟参加を、別条に規定している。その意味で、特例法の規定のしかたは、あやまりであったといえよう。なお、行政裁判法では、行政庁の訴訟参加については、考えられていなかった。

六　特例法と行訴法では、裁判所は、訴訟参加の決定をするには、（あらかじめ）当事者および第三者の意見をきかなければならない、と規定していた。これは、裁判所が、訴訟参加を認める決定を行うためには、「しんちょうに」行わなければならないという、ひとつの手続規定である。しかし、じつは、このような手続が要求されることにおいて、第三者を訴訟参加させる（裁判所の）職権行使がためらわれるという、職権訴訟参加の本質的な問題のひとつがあるのである。なお、これについては、次節以降で、検討する。

七

行訴法では、第三者の訴訟参加への民事訴訟法の諸規定の準用が規定されている。これは、取消訴訟における第三者の訴訟参加の性格を考慮した、第三者の訴訟行為というものが、明確にされたということであろう。

しかし、訴訟参加した第三者に、この範囲の訴訟行為までなしうることが保障されたことは、いっぽうで、民事訴訟の補助参加によっても、取消訴訟に訴訟参加することができると考えられていることとの関係が、問題となる。

学説のなかには、第三者が訴訟参加してきた場合に、いずれの訴訟参加をしたのか不明な場合は、裁判所は、釈明を求めて、いずれの訴訟参加かをあきらかにすべきであるという解釈論も展開されている。[313]これは、行訴法二二条による補助参加による場合と、民事訴訟の補助参加による場合で、訴訟参加人のなしうる訴訟行為に差があることを前提とするものであろうが、あとで述べるように、判決の効力をうける第三者が補助参加する場合は、共同訴訟的補助参加となるという論理が、すでに確立しており、どちらの訴訟参加をしようが、なしうる訴訟行為に、差はないのである。

その民事訴訟の補助参加の取消訴訟への準用については、三法とも、なにも規定していない。しかし、むかしから、まさに、なにも規定していないということから、民事訴訟の補助参加の準用を排除しない趣旨なのだと考えられているのである。

(b) 訴訟参加の目的の変容

一　行政裁判法制定の当初より、今日の行政事件訴訟法までのあいだ、たしかに、取消訴訟における第三者の訴訟参加の目的なるものが、おおきく変わってきたようである。そして、それとの相関関係で、第三者の訴訟参加の利益の範囲も、すこし変化していたようである。

二　行政裁判法のもとでも、佐佐木博士と美濃部博士のあいだで、第三者の訴訟参加の目的、性格規定、認められる範囲について、おおきなへだたりがあったようである。

佐佐木博士は、行政訴訟における訴訟参加は、「行政訴訟ニ於テ自己ノ利益ニ帰スル判決ヲ生セシムルカ爲メ」にするものであると、目的規定されていたが、これは、民事訴訟の補助参加につうじるものであった。佐佐木博士は、判決の効力の説明においては、行政裁判法三一条二項の規定がおかれていることから、例外的に[314]、第三者に既判力が及ぶことを認められ[315]、そこに、訴訟参加の意味があるともされたが[316]、それは、判決の効力論のなかで述べられたにとどまり、第三者に判決の効力をおよぼすことを、訴訟参加の目的のうちにふくめるというところまでは、考えておられなかったようである。

つぎに、佐佐木博士が、どの範囲で第三者が訴訟参加することが認められると考えておられたかをみてみると、かなり制限的で、第三者から訴訟参加の申立てがあって、訴訟参加の実質的要件——これも、解釈で、しぼりこまれている——がみたされる場合であっても、つねには認められるものではないとされていた。

佐佐木博士も、民事訴訟とはことなる、固有の行政訴訟の理論の確立をめざされたが、第三者の訴訟参加について、行政訴訟の特殊性を強調した理論を確立されたのは、美濃部博士である。

行政訴訟の第三者の訴訟参加が、民事訴訟の訴訟参加とことなることの基本は、まさに、訴訟参加の目的の相違におかれていた。美濃部博士の、第三者の訴訟参加の、というよりは、行政訴訟の理論は、すべて、直接に「公益」に関するという原理によって貫かれていた。そのために、行政訴訟においては、実体的真実の探究がなにより重要であるという論理になり、それが、第三者の訴訟参加の理論に反映され、「裁判の確實を期する爲には手續上の原告被告の外に、訴訟の目的に付いての眞の相手方をも參加せしめ、其の意見をも聽いて後に判決を與ふることが、適當でなければならぬ」とされていた[317]、のである。

したがって、美濃部博士が、どの範囲で第三者が訴訟参加することが認められると考えておられたかについても、公益という見地から説明され、「行政訴訟は行政事件に關するもので、直接に公益に影響するものであり、其の出訴の要件も限定せられて居るのであるから、第三者が訴訟に參加するのも、其の自由意思に放任することを得ないもので、少なくとも行政裁判所の同意を得ることが必要である」と、制限的に解された[318]。これは、また、行政裁判法三一条一項が、裁判所は、「第三者ノ願ニ依リ訴訟ニ加ハルコトヲ許可スルヲ得」と規定していたのを、きれいに説明するものでもあった。

ただ、美濃部博士の第三者の訴訟参加の目的論でも、判決の効力との関係は考慮されていなかった。

三　右の美濃部博士の立場は、そのまま、田中(二)博士にうけつがれた。田中(二)博士は、特例法および行訴法の立法作業にも参画されたが、第三者の訴訟参加の理論の基礎は、行政裁判法時代に、きずかれたように思われる。田中(二)博士は、特例法が制定されたのち、職権による訴訟参加しか規定されていなかった同法八条の訴訟参加の目的について、訴訟当事者とはならない「利害關係を有する第三者を強制的に訴訟に參加せしめることは、訴訟審理の上に必要な材料を供せしめ公共の利益に密接な關係のある行政事件訴訟の適切な解決を期する上に必要であり、且つ、その判決の效力をこれに及ぼさしめるためにも必要である」とされた[319]。

右の説明にもあるように、田中(二)博士は、また、第三者に判決の効力をおよぼすことも、第三者の訴訟参加の目的のひとつであると、はじめて、規定されたのである。ただ、この説明からうかがえるように、この場合の判決の効力は既判力であり、「これに及ぼさしめる」というのは、訴訟参加させることによる既判力の拡張である。田中(二)博士は、いっぽうで、取消判決には形成効があることも承認されていたが[320]、それらのあいだの整合的な説明は、ついに、されなかった。これは、ひとつには、この時代に、兼子(一)博士が、判決の結果に関わる第三者について、第三者効をもった形成効を認めると、重大な問題が生ずると問題提起をされた、インパクトのつよい論文を発表されたこともあって、判決の効力論について、田中(二)博士に、すこし、迷いがあったのではないかと思われる[321]。

雄川博士も、基本的には、行政訴訟が公益に資するためのものであるという美濃部博士や田中(二)博士の立場を踏襲されたが、特例法における第三者の訴訟参加の理論について、訴訟論的に——とくに民事訴訟にてらして——リファインされた。

特例法八条一項に、すでに、「訴訟の結果について利害関係のある」ということが、訴訟参加の要件として規定されていたことからも、雄川博士は、はっきりと、判決の効力との関係が、第三者の訴訟参加の目的において、重要であるという認識にたたれていた。そして、雄川博士にあっては、当時の民事訴訟法学において、形成判決には一般に対世効（第三者効）が認められるということが確認されつつあったことを、じゅうぶんに認識され、処分を取り消す判決には、第三者効があり、第三者が訴訟に参加するかどうかという問題以前に、第三者に判決の効力がおよぶという前提のうえに、その第三者を訴訟参加させることが、「その者の利益を保護する上にも適当である」とされていた[322]のである。

それでも、雄川博士にあっても、なお、「適正な審理裁判をなす」ためという目的を、判決の効力がおよぶことに対する権利保護の目的より、やや上位にみておられたのである。

特例法八条のもとでの第三者の訴訟参加の利益については、雄川博士は、民事訴訟の補助参加と同一に考えられていたので、かなりひろい範囲で、認められていた。しかし、いっぽうで、同条が、職権による訴訟参加しか規定していなかったこともあり、「客観的に訴訟参加の要件を充たしている者がある場合にも必ず参加させなければならない趣旨ではない(323)」と、裁判所の決定のほうで、制限的に解されていたのである。これは、やはり、すでに述べたように、第三者の訴訟参加の目的において、「適正な審理裁判をなす」ためという目的を上位にみておられたことと、密接に関連するようである。

四　さて、特例法について、解釈上いろいろあった疑義をあきらかにするという趣旨で、特例法を改正するかたちで制定された行訴法は、第三者の訴訟参加については、それまで、いくつかの解決方式が考えられていたものを、ひとつの方向に確定するものであった。それは、同法三二条一項に規定された、取消判決は第三者効をもつ旨の規定であり(324)、これが、第三者の訴訟参加の問題解決の大前提となったのである。

第三者の訴訟参加の目的についても、とうぜん、取消判決の第三者効が前提とされた。立法者意思をあきらかにした杉本『解説』は、はっきりと、「取消判決の効力が及ぶ結果その法律上の地位に影響を被る第三者が存することは、自身関与しない訴訟の結果を甘受させるものとして好ましくないから、かような地位にある第三者をこの制度によって訴訟に引き入れ、その不都合を解消すること」（権利保護）を、第三者の訴訟参加の「主要なねらい」とされ、「事件の適正な審理裁判を実現する」という、もうひとつの目的より、上位におかれたのである(325)。

第三者の訴訟参加の要件（訴訟参加の利益）が、民事訴訟の補助参加の要件とおなじであった特例法の立場から、「訴訟の結果により権利を害される」とあらためられたのも、取消判決の効力が第三者におよぶことを前提とする結果、ぎゃくに、判決の効力によって「直接に」権利を侵害される第三者の範囲に限定するということであったと思われる。

いっぽうで、つぎに述べるように、行政訴訟にも共同訴訟的補助参加の概念が導入されたことにより、二二条一項により訴訟参加する第三者には、民事訴訟の補助参加人よりもつよい訴訟上の地位が認められるとされたため、ぎゃくに、そのように、つよい地位の認められる第三者は、厳格に、取消判決の効力により、直接に、権利を害される者でなければならないと、されるにいたった、ということもある。

五　行政庁の訴訟参加については、行政裁判法から特例法までは、「適正な審理裁判をなす」ためという目的のもとに、第三者の訴訟参加とおなじに考えられていたのが、第三者の訴訟参加が、判決の効力との関係で第三者の権利保護という目的を重視したことにより、べつの目的をもつものとして、第三者の訴訟参加とは、別条で規定されるにいたったということは、すでに述べたとおりである。

(c)　第三者の訴訟参加の性格の明確化

一　行政訴訟の第三者の訴訟参加の性格をどのように考えるかということは、もうすこし具体的にいうと、係属する訴訟において、第三者にどのような地位が与えられるか、そして、訴訟参加人は、訴訟において、どのような行為をなしうるかということである。訴訟参加という制度が、民事訴訟において、ふるくから発達したものであるので、とうぜんのことながら、その問題は、民事訴訟の制度との対比において、論じられてきた。

二　行政裁判法のもとでも、民事訴訟との対比において、行政訴訟の第三者の訴訟参加の性格が論じられてきた。その場合のひとつのポイントが、補助参加（従参加）にみられる「補助性」があるのかということであった。佐佐木博士も、美濃部博士も、このような補助性は、明確に否定された。[326]しかし、そのいっぽうで、原告や被告と対等な立場で対峙する、三当事者システムとなる独立当事者参加（主参加）とも、ことなるとされた。[327]

佐佐木博士が、第三者を、どのような立場で訴訟参加させ、第三者に、どの範囲の訴訟行為を認めると考えておられたかは、もうひとつ、はっきりしなかったが、美濃部博士になると、そのあたりが、かなり明確になる。そのテーゼは、「参加人は時としては原告又は被告の何れとも異つた主張を為す場合も有り得る」(328)ということにある。もちろん、これは、民事訴訟の共同訴訟的補助参加につうずるものであるが、まだ、そのような概念を用いて説明されてはいなかった。

田中博士においても、行政裁判法時代に書かれた論文、教科書(329)では、そのような概念については、述べられていない。

三　行政法、もしくは、行政訴訟法の教科書で、共同訴訟的補助参加ということばがあらわれてくるのは、雄川博士の教科書からである。

特例法八条では、職権による第三者の訴訟参加だけが規定されていたが、それによって、第三者の申立てによる訴訟参加が排斥されるわけではないと考えられていたことは、すでに述べたとおりであるが、その部分は、民事訴訟の補助参加の、取消訴訟への準用を認めるということで処理されていた。この補助参加について、雄川博士は、取消判決が第三者効をもった形成判決であるという認識のもとに、判決の効力をうける第三者の訴訟参加は、たんなる補助参加ではなく、共同訴訟的補助参加であると明言されたのである(330)。共同訴訟的補助参加の理論は、民事訴訟において発展した理論で、そのかぎりで、民事訴訟の事情にもつうじられた雄川博士が、取消訴訟に、民事訴訟の特殊の理論をもちこむことを、公認されたといういいかたも、できるかもしれない。

共同訴訟的補助参加というのは、ようするに、訴訟当事者の意に反する訴訟行為をすることもできる、たんなる補助参加人以上の地位を、認めようというものである。雄川博士は、いっぽうで、特例法八条により、裁判所の職権で訴訟参加させられた第三者は、共同訴訟的補助参加にあたるとも、されていた(331)。

四　このような、取消判決の効力を直接うける第三者の訴訟参加の性格について、行訴法は、二二条四項で、民訴法の規定の準用により、あきらかにした。共同訴訟的補助参加の規定は、民訴法のなかに、いまだ、おかれていないので、必要的共同訴訟人に準ずる地位において、訴訟当事者の意に反する訴訟行為もできるようにしようということで、共同訴訟的補助参加へのみちすじが、つけられたのである。

ただ、ぎゃくに、このような訴訟行為までできる訴訟参加が認められる第三者は、制限的に解すべきであるという考えのもとに、行訴法二二条一項の訴訟参加の要件が厳格化されたことは、すでに述べたとおりである。

(d)　論じられずに残された問題

一　さて、これまで、わが国の訴訟参加の理論を概観してきたが、なお、論じられずに、もしくは、じゅうぶんに論じられずに、残された問題があるようである。これらの問題は、じつは、筆者がめざす、第三者の法的地位に関わる紛争の解決のあるべき方式に、いずれも、ふかく関わるものである。したがって、これらの問題については、次節以降でくりかえし検討するので、ここでは、かんたんに指摘するにとどめる。

二　ひとつは、「職権による」訴訟参加の問題である。これまで見てきたように、伝統的行政訴訟理論においては、行政訴訟における職権主義は、「適正な審理裁判の実現」のために不可欠であると、とかれてきたが、裁判所が、いかなる場合に、いかなるかたちで、いかなる内容の職権を行使しなければならないのか——訴訟における職権主義とは、裁判所の職権行使義務である——については、いっさい論じられていない。

三　それと関連して、「訴訟告知」の問題についても、いっさい論じられていない。訴訟告知は、民訴法のなかにのみ規定された制度であるので、行政訴訟理論の視界のそとにあったといえばそれまでだが、訴訟当事者以外の第三者に判決の効力が及ぶ場合に、この第三者の権利保護を問題とするのであれば、必要最小限の職権行使として、訴訟告知は考慮されるべきではなかったのか。

四　民事訴訟の補助参加との関係も、なお、じゅうぶんに解明されているとは、いいがたい。

(e) 最終総括——問題の整理と解決の選択肢——

一　第三者の訴訟参加の問題の本質は、とどのつまり、つぎのことにある。それは、ドイツやわが国で、その中心的課題とされてきた二重効果的行政処分をめぐる法律関係において、第三者を名あて人とする行政処分によって苦しむ原告の、当該行政処分の取消しを求める訴えにおいて、原告の権利救済の目的を貫徹するか、それとも、それを制限しても、第三者の権利保護を、なお、はかるのかという選択である。(332)

これまで見てきたように、現行行訴法では、前者の立場をとることで、この問題に決着をつけた。そのかぎりで、ドイツの行政裁判所法の立場とは、あい反することになったが、筆者は、わが国のほうが、正当な途を歩んだと思っている。(333)

二　したがって、以下の本書の課題は、取消判決には、第三者効（対世効）をもった形成効があることを前提として、(334)そのなかで、判決の効力をうける第三者の、訴訟手続上の権利保護をどうはかっていくかの問題の解決ということになる。

その枠内での解決としては、いくつかの選択肢が考えられるわけであるが、そのなかのひとつとして、伊藤（洋）教授が、『フランス行政訴訟の研究』のなかで示唆された、第三者再審の訴えを、「事後的な訴訟参加」として機能させる解決策も、きわめて魅力的である。ただ、これが、現行行訴法の解釈として可能であるかは、しんちょうに検討する必要がある。

三　問題解決の「きめ手」は、やはり、行訴法二二条一項に規定されている、裁判所の職権を、どのように具体化させ、それを、裁判所の義務として明確化させるかということであろう。

(1)　明治二三年六月三〇日法四八。
(2)　行政裁判法のもとでの体系書で、訴訟参加について、ふかく分析し、くわしく解説したものは、以下とり上げる佐佐木博士および美濃部博士のもの以外には、存在しないようで、おおくは、行政裁判法三一条のかんたんな説明にとどまっている。
なお、本書の以下のわが国の「訴訟参加＝取消判決の効力」の理論の歴史的分析においては、おなじ観点にたつ、木村教授の分析――木村弘之亮「判決――第三者効を中心として」(雄川＝塩野＝園部『現代行政法体系5』(一九八四年) 所収) 二四七頁以下――に、多々、教示をうけた。
(3)　佐佐木惣一『日本行政法論〔改版〕総論』(一九二四年) 六一八頁。
(4)　佐佐木博士の訴訟参加の理論が、民事訴訟における類似の制度を意図的に無視して立論されたものであることは、同「行政判決ノ參加人ニ對スル拘束力(一)」京都法学会雑誌一一巻六号 (一九一六年) 四〇頁以下に明言されている。
要約すれば、以下のとおりである。

行政裁判法には、訴訟裁判に関する規定は、三一条ただ一か条だけである。そこで、他の法律の類似の制度を標準として、同様の解釈をしようとする者もあるが、これは不当である。行政訴訟の訴訟参加は、行政裁判上の理論によるべきである。たしかに、民訴法は、五一条以下に、「訴訟參加ノ如キ能ク行政訴訟ノ參加ニ似」た制度を規定しているが、行政訴訟の訴訟参加は、「其ノ發達ニ於テ毫モ民事訴訟ノ參加制度ト連絡ヲ有スルコトナシ」とされている。

そして、わが行政裁判法のなかの訴訟参加は、ドイツ行政法に由来するものであって、けっして、民訴法に由来するものではないと断じておられる。「蓋シ(一)……行政裁判法中ノ訴訟參加ノ規定ハ、民事訴訟法中ノ訴訟參加ノ規定ヲ模倣シタルモノナリト認ムヘキ理由ナク、寧ロ外國法殊ニ獨逸法ヲ參照シテ設ケラレタルモノノ如シ。且(二)他方ニ於テ獨逸法ニ在テモ獨逸行政法學者ノ有力ナル見解ニ依レハ、其ノ行政訴訟ノ參加ノ規定ハ行政訴訟ニ固有ノモノトシテ發達シタルモノニシテ、決シテ民事訴訟ヲ模倣シタルモノニ非ス。」

なお、右の引用文のなかにあるドイツ行政法学者とは、ミューラー、クンツェ、シュルツェンシュタインである。
(5)　佐佐木『日本行政法論』(本章注(3)) 六五六頁以下。
(6)　本稿の論述では、これまで、ドイツの理論分析においては、「実質的確定力」ということばを用いてきた。これは、ドイツ語の Rechtskraft の形容詞にあたる rechtskräftig が、とくに条文において、「確定した」、「確定力のある」という意味に用いられることから、(materielle) Rechtskraft は、実質的確定力と訳し、あえて既判力ということばは用いなかった。しかし、わが国の民事訴訟および行政訴訟の用語としては、「既判力」ということばが一般的で、めったに「実質的確定力」ということばは使われていないようなので、わが国の理論分析を行う本章では、「既判力」に統一する。

(7)　佐佐木『日本行政法論』（本章注(3)）六五七頁では、「行政裁判所ノ判決ノ既判力ハ法ノ規定ナクシテ常ニ當然存スト云フヲ得ス。民事訴訟ノ判決ハ常ニ既判力ヲ有スト雖、是レ一定ノ政策ニ依テ設ケラレタル制定法規定ノ結果ナリ」とされている。これには、ただちに、本書の前章のドイツの理論分析で見た、レントの「実質的確定力」についての説明――確定力については、訴訟法において、宣言的確定への拘束力が規定されてはじめて、判決に権威ある確定の効力が与えられる――が想起される。参照、本文一七一頁以下。

(8)　佐佐木『日本行政法論』（本章注(3)）六五八頁。

(9)　佐佐木『日本行政法論』（本章注(3)）六六〇頁。

(10)　佐佐木『日本行政法論』（本章注(3)）六六〇頁以下。

(11)　佐佐木『日本行政法論』（本章注(3)）六一七頁以下。

(12)　佐佐木『日本行政法論』（本章注(3)）六一七頁以下では、その例として、①選挙人市会議員が、選挙、または、当選人甲の当選の無効を主張し、市会の決定を経て府県参事会に訴願し、その裁決を不服として行政訴訟を提起する場合、②甲市と乙村のあいだの境界の争議があり、府県参事会がその裁定をしたが、甲市がそれを不服として行政訴訟を提起した場合、③乙が、土地の官民区分の査定により土地の所有権を侵害されたとして行政訴訟を提起したが、乙には債権者甲がいた場合、である。佐佐木博士は、①の場合について、「甲ハ其ノ判決ニ依テ法上ノ利益ニ影響ヲ受クルモノカ故ニ参加スルコトヲ得」と説明されている。また、②の場合については、「乙村ハ法上ノ利益ヲ有スルモノトシテ参加スルコトヲ得」と説明されている。それに反して、③の場合については、「乙ノ債権者タル甲ハ之ニ依テ明ニ其ノ經濟上ノ利益ニ影響ヲ受クルモ之カ爲メニ訴訟ニ參加スルヲ得ス」と説明されている。

(13)　佐佐木「行政判決ノ參加人ニ對スル拘束力(一)」（本章注(4)）四四頁で、「事件ノ利害ニ關係アル」とは、「其ノ事件ニ於ケル行政裁判所ノ決定ニ依テ自己ノ利益ニ影響ヲ受クルコトトスヘキナリ」とされている。

(14)　佐佐木「行政判決ノ參加人ニ對スル拘束力(一)」（本章注(4)）四六頁以下で、「法上ノ利益」の内容について、具体例を上げてくわしく論証されている。

(15)　これについては、本章第二節第三項の分析に、ゆずる。

(16)　美濃部達吉『行政裁判法』（一九二九年）二一〇頁。

(17)　美濃部『行政裁判法』（本章注(16)）二一〇頁以下。美濃部博士の『行政法撮要（上巻）〔改訂増補第二版〕』（一九二九年）四八八頁以下の、訴訟参加の説明では、まだ、「公益」という概念は用いられていない。

(18)　美濃部『行政裁判法』（本章注(16)）二一一頁。

(19)　美濃部『日本行政法（上巻）』（一九三六年）九八一頁でも、同様の論理が展開されている。

(20)　美濃部『行政裁判法』（本章注(16)）二八〇頁。判決の執行力とは、判決の強制執行である。行政裁判所には、みずからの判決の強制執行をなすべき権限が与えられていないことの説明がされている——同二八八頁以下——。

(21)　美濃部『行政裁判法』（本章注(16)）二八一頁以下。

(22)　美濃部『行政裁判法』（本章注(16)）二八〇頁以下。美濃部博士は、民事訴訟として扱われるものでも、離婚訴訟、相続権排除の訴訟のように、対世的効力を有する法律関係の決定を目的とするものでは、その拘束力は、すべての者に及ぶとされ、行政訴訟も、このような性質をもつとされている。

また、美濃部博士は、同『行政法撮要（上巻）〔改訂増補第二版〕』（本章注(17)）五〇六頁で、拘束力について、「行政訴訟ノ判決ハ行政行爲ノ效力ヲ確定シ又ハ新ナル行政行爲ヲ爲スモノナルヲ以テ、總テノ行政行爲ト同ジク、其ノ總テノ關係者ヲ拘束スルノ力ヲ有シ、單ニ訴訟當事者ノミニ對シ拘束力ヲ有スルニ非ズ」とされ、行政判決と行政行為の同質性を根拠とした、興味ぶかい論証もされている。

(23)　美濃部『行政裁判法』（本章注(16)）二八一頁。

(24)　美濃部『行政裁判法』（本章注(16)）二二一頁以下。

(25)　美濃部『行政裁判法』（本章注(16)）二二二頁は、その例は、当事者訴訟におおく見られるとし、たとえば、甲乙両村の境界争いで、甲村から県参事会の裁決に不服ありとして出訴した場合には、県参事会が被告となるのであるが、判決により自己の権利を定められる者は、第三者たる乙村であるというケースが上げられている。また、べつの例として、当選訴訟における当選者は、第三者であるが、判決の結果により直接に自己の当選を左右される者でもあるというケースが上げられている。

しかし、同頁で例として上げられているもののうち、とくに注意をひかれるのは、そのあとに抽象的なかたちで表現されている、第三のケースである。いわく、「行政處分に依り處分の相手方に非ざる者の權利を毀損した場合に、其の者から處分廳を被告として出訴したとすれば、處分の相手方は訴訟手續上は第三者であるが、而も其の處分に付いては直接の相手方である。」これは、前章において分析したドイツの二重効果的行政処分と訴訟参加の関係を、そのまま示すものである。美濃部博士にあっては、もちろん、二重効果的行政処分なる概念は用いられていないが、じつに、訴訟参加の基礎となる実体法＝訴訟法上の法律関係を、しっかりと把握しておられたのである。同旨、同『日本行政法（上巻）』（本章注(19)）九八二頁。

なお、同『日本行政法（上巻）』（本章注(19)）八二頁では、その例として、土地収用裁決に対する行政訴訟における収用者または被収用者、水利使用の許可を違法とする訴訟において許可をうけた者、公共団体の課税その他の賦課処分に関し裁決庁を被告とする訴訟において賦課を行った公共団体、が上げられている。

(26)　大正一五年の民訴法の改正——法六一——後の解説によれば、主参加とは、「他人間ニ繋屬スル訴訟ノ目的物ノ全部又ハ一部ヲ自己ニ屬スルコトヲ主張スル第三者カ訴訟ノ當事者雙方ヲ相手方トシテ提起スル訴ヲ謂フ、故ニ主參加訴訟ハ他人間ノ訴訟ニ參加スルモノニ非スシテ自己ノ爲メニ獨立シテ判決ヲ求ムル獨立ノ訴ナリ」とされている――細野長良『民事訴訟法要義・第二巻〔一一版〕』（一九三三年）一八九頁――。これは、基本的に、ドイツ民事訴訟法六四条の「主参加」と、ほぼ同一の内容で、現行民訴法でいう「独立当事者参加」にあたる。従参加については、「他人間ノ訴訟繫屬中其訴訟ノ結果ニ付キ利害關係ヲ有スル第三者カ訴訟當事者一方ヲ補助スル爲メ其訴訟ニ參加スルモノヲ謂フ自己ノ爲メニ固有ノ權利保護ノ請求ヲ爲スモノニアラス自ラ補助スル當事者ノ訴訟ノ結果ニ因リ間接ニ自己ノ利益ヲ保護セントスルモノナレハ學術上主タル當事者ニ對シ之ヲ従タル當事者ト稱ス」とされており、従参加は、かっこして、（補助参加）とも表示されている。同書二六八頁以下。

(27)　美濃部『行政裁判法』（本章注(16)）二一三頁。この説明のしかたは、同『行政法撮要（上巻）〔改訂増補第二版〕』（本章注(17)）四八八頁いらい、かわっていない。

(28)　美濃部『行政裁判法』（本章注(16)）二一三頁の当該解説には、見出しが付されており、「行政訴訟に主參加なし」とされている。

(29)　美濃部『行政裁判法』（本章注(16)）二一四頁の当該解説には、見出しが付されており、「行政訴訟の參加は必ずしも從參加に非ず」とされている。

(30)　美濃部『日本行政法（上巻）』（本章注(19)）九八〇頁で、その論理が、さらに敷衍されている。いわく、「行政訴訟の參加は民事訴訟の參加とは著しく性質を異にする。行政訴訟は民事訴訟のやうに争ある法律關係の當事者が原告被告として相對立するものではなく、原告及び被告は單に手續上の當事者として辯論の相手方たるに止まるのであるから、其の當事者は必ずしも原告及び被告に限らねばならぬ理由は無く、其の事件に利害關係のある者であれば、等しく當事者として辯論に加はることを妨ぐるものではない。民事訴訟の參加は當事者の何れか一方を補助するが爲めにするもので、其の主張は被參加人の主張と相牴觸するを得ず、若し牴觸すれば無効である（民訴六四條六九條二項）に反して、行政訴訟の參加は、必ずしも原告又は被告の何れかを補助するが爲めにするものではなく、其の事件に關し原告又は被告の何れとも異なつた獨立の主張を爲し得べく、其の陳述は當事者の陳述と等しく有効に斟酌せられねばならぬものである。」

ここで、述べられていることは、かなり主参加にちかいものである。じじつ、美濃部博士は、これにつづけて、「法律はこれを『第三者』と稱して居るけれども、其の實は參加人も訴訟當事者の一人と見るを得べきもので、唯訴訟の係屬中に後からこれに加はつたことに於いて原告又は被告と異なるのみである。參加が有れば當事者は三方に分るる形を爲すもので、參加人も訴訟法上に原告又は被告と同一の權利義務を有するものである」とされている。

(31)　細野・前掲（本章注(26)）二九三頁以下、勅使河原直三郎『改正民事訴訟法概論』（一九二八年）七八頁以下。

(32)　この場合の補助というのは、主たる当事者の訴訟行為に明示的に反しない行為の領域でのもので、主たる当事者の訴訟行為に反しない行為であって、なお、補助的なものにとどまるということである。主たる当事者の訴訟行為に反する行為については、旧民訴法――本章注(26)参照――六九条二項で、従参加人の訴訟行為は、主たる当事者の訴訟行為と抵触することができない、と明記されていた。したがって、問題なのは、主たる当事者が、なんらの訴訟行為をなさない場合に、従参加人が、主たる当事者のすべき訴訟行為の範囲で、訴訟行為をなしうるかということである。細野・前掲（本章注(26)）二九七頁によれば、訴えの変更、訴えの拡張・縮減、中間確定の訴えまたは反訴の提起、上訴の取下げなどは、従参加人が、単独ではすることができないとされている。

(33)　いっぽうで、訴訟参加人の訴訟行為の限界として、つねに問題となる、ほんらい主たる当事者の処分権に属する、訴えの変更、訴えの取下げ、請求の認諾・放棄などについてまでなしうるのか、なしえないのかということまでは、美濃部『行政裁判法』（本章注(16)）二一〇頁以下、同『日本行政法（上巻）』（本章注(19)）九七九頁以下、同『行政法撮要（上巻）〔改訂増補第二版〕』（本章注(17)）四八八頁以下にあっても、論じられていない。

(34)　美濃部博士は、同『行政法撮要（上巻）〔改訂増補第二版〕』（本章注(17)）四八八頁においても、行政訴訟は、かならずしも二当事者システムを前提とするものではないという趣旨の表現をされている。いわく、「當事者ノ地位ニ立ツ者ハ必ズシモ二ニ止マルコトヲ要件ト爲サズ、參加人ノ參加アル場合ニ於テハ當事者ガ三方ニ分立スルノ形態ヲ爲スモノナリ」というものである。

(35)　昭和二三年七月一日法八一。

(36)　雄川一郎「行政事件訴訟特例法」（『行政争訟の理論』（一九八六年）所収、初出は、国家学会雑誌六二巻八号（一九四八年）――新憲法関係法令の解説（一一）――）九三頁以下。また、磯崎辰五郎『行政法總論』（一九五三年））三六九頁では、任意参加（申立てによる訴訟参加）は、民事訴訟法の定めるところであって、補助参加と独立当事者参加があるとしていた。

(37)大判昭和一五年六月一九日大審院民集一九巻一三号九九九頁。

　事案は、以下のとおりである。Aの所有であった土地が、滞納県税徴収のため差し押さえられ、Bに公売された。しかし、Aは、右滞納処分の取消しを求めて、行政裁判所に出訴し、処分の取消判決が下された。そこで、Aは、Bに対する本件土地所有権取得登記の抹消を求める訴えを提起したが、Bは、行政裁判所の判決は、第三者たるBには効力を生じないと抗弁した。

　これに対して、大審院は以下のごとく判示した。「行政訴訟ハ公法上ノ法律關係ニ屬スル事件ニ付テノ訴訟ナレハ、公法關係ノ性質上、行政訴訟ノ判決ハ單ニ訴訟當事者ヲ拘束スルニ止マラス、其ノ事件ノ利害ニ關係アル總テノ第三者ニ對シ行政訴訟ニ加ハリタルト否トヲ問ハス、其ノ効力ヲ及ホスモノト解スルヲ妥當トス。尤モ行政裁判法第三十一條ヲ其ノ文字通リ解スルトキハ所論ノ趣旨ニ解シ得ラレサルニアラサルカ如キモ、或ル公法的ノ事件カ國家ニ依リ有權的ニ決定セラレレハ該事件ニ關係アル者カ凡テ其ノ拘束ヲ受クヘキハ國家行爲ノ當然ノ歸結ト謂フヘク、從ツテ右法條ノ字句ニ拘泥シテ行政裁判所ノ判決ノ効力ハ當事者及訴訟ニ加ハリタル第三者ニ對シテノミ及フモノト狹義ニ解スヘキモノニアラス。而シテ所論公賣處分ノ取消ハ其ノ處分ニ因リテ生シタル法律的効果ヲ無効トシ處分ナカリシ状態ニ回復セシムルコトヲ目的トスルモノナレハ、該公賣處分取消サレタル以上、公賣處分ニ因ル上告人ノ本件土地所有權取得モ亦其ノ効力ヲ喪フニ至ルコト當然……トス」

(38) 田中二郎「行政訴訟の判決と第三者」民商法雑誌一二巻六号（一九四〇年）一二一頁以下。

(39) これは、昭和一四年（一九三九年）に自費出版された田中『行政法講義案上巻』であろうと思われるが、入手することができず、参照できなかった。

(40) 田中(二)「行政訴訟の判決と第三者」（本章注(38)）一二五頁。

(41) 田中(二)「行政訴訟の判決と第三者」（本章注(38)）一二五頁以下。

(42) 田中(二)「行政訴訟の判決と第三者」（本章注(38)）一二六頁。

(43) これについては、ただちに、グルンスキーの「確定力は、訴訟当事者にのみ及ぶという原則は、じつは、訴訟に関与しなかった第三者の保護のためのものである」という指摘——Grunsky, a. a. O. (二章 Anm. (108)), S. 535f. ——が想起される。二章注(494)を参照のこと。

(44) この論理については、本文一四一頁以下に、分析したとおりである。

(45) 田中(二)「行政訴訟の判決と第三者」（本章注(38)）一二六頁。

(46) これについては、Huber, Ernst Rudolf, Wirtschaftsverwaltungsrecht, 1932, S. 238f. によっておられる。なお、ここでいわれている「判決の事實に基く効力」であるが、この原語の、ドイツの民事訴訟理論で用いられているTatbestandswirkungの意義については、二章注(218)を参照のこと。筆者は、これを「構成要件効」と訳した。ただ、この訳語については、わが国の民事訴訟理論でも、一定していないようで、たとえば、鈴木「形成判決の効力」（二章注(425)）二七頁では、「要件事実的効果」とされている。また、田中(二)「行政法に於ける確定力の理論」（同『行政行為論』（一九五四年）所収、初出は、『美濃部教授還暦祝賀・公法學の諸問題（第一巻）』（一九三四年））二四六頁では、「事實的効力」という用語が用いられているが、それも、Tatbestandswirkungのことである。

(47) わが国で、明確に「形成」の概念が観念されはじめたのは、第二次大戦後、小野木博士、中田博士、鈴木博士らによって、レントの理論がもちこまれた頃ではなかったかと思われる——参照、(二章注(425))——。

行政訴訟理論についていえば、美濃部博士が、すでに、行政訴訟の判決（取消訴訟の判決）には、「對世的効力」があることを承認しておられた——美濃部『行政裁判法』（本章注(16)）二八〇頁以下——が、それは、形成の観念をいれたものではなく（もちろん、形成という言葉は使われていない）、判決の既判力と、はっきり切り離して考えられてはいなかったようである。田中博士は、そのことについて、「この點では、従來普通の行政法の著者の何れもがさう明確にしなかつたと思ふ」——田中(二)「行政訴訟の判決と第三者」（本章注(38)）一二七頁——と分析されていた。

(48) 田中(二)「行政法に於ける確定力の理論」(本章注(46))一七三頁以下。なお、この論文の初出は、一九三四年であるので、行政裁判法時代に書かれたものである。

(49) 雄川博士の評によると、「この論文は、この主題に関しては、わが国において殆ど唯一ともいうべき貴重な労作であって、これに匹敵しうるものは未だ現れていない」とされた。そして、この論文の性格および概要について、行政法上の確定力に関する諸学説を吟味批判し、行政法上の確定力の本質をあきらかにし、その行政法の領域における適用を論じられたもので、「行政法においても確定力の観念は他の訴訟法におけるそれと本質的に異なるものではないことを明らかにし、これを国家行為の諸効力の間に位置づけ、そのような確定力は従って一般の行政行為について認められるものではなく、争訟手続によってなされる行為についてのみ認められる効力であるとされ」るものであるとされた。雄川「(紹介)田中二郎『行政行為論』他四編」(『行政争訟の法理』(一九八六年)所収、初出は、国家学会雑誌七〇巻八号(一九五六年)六〇一頁以下。

(50) 田中(二)博士は、意図的に、「既判力」という用語を使用せずに、「(實體的)確定力」という用語を使用されている。両者が同義であることは、論文のなかで示唆されているが、「既判力」という用語が、わが国の民事訴訟理論のなかで一般に使用されてきたこと、したがって、特殊訴訟的概念であることを意識して、「行政法に於ける確定力の理論」という論文が、行政訴訟の判決のみならず、行政争訟の裁決・決定、さらには行政行為までを対象とした、行政法全般に通用する、そのような効力の考察をめざすものであるところから、あえて、「既判力」という用語を使用せず、「(實體的)確定力」という用語を使用されたものと思われる。

(51) 田中(二)「行政法に於ける確定力の理論」(本章注(46))一八〇頁。

(52) 田中(二)「行政法に於ける確定力の理論」(本章注(46))一八〇頁以下。

(53) 田中(二)「行政法に於ける確定力の理論」(本章注(46))一八七頁。

(54) 田中(二)「行政法に於ける確定力の理論」(本章注(46))一八八頁以下で、オーストリア・ドイツの学説の歴史的分析が、行われている。

田中(二)博士のいわれる「墺太利學派」では、ベルナチック――Bernatzik, Edmund, Rechtsprechung und materielle Rechtskraft, 1886.――、テツナー――Tezner, Friedrich, Die deutschen Theorien der Verwaltungsrechtspflege, 1901.――の理論を中心に分析が行われているが、博士におおきな影響を与えたと考えられるのはベルナチックである。博士は、ベルナチックが、確定力を裁判の特色とし、裁判の本質が、「抽象的に定められた手續に從ひ、法秩序(Rechtsordnung)により其の權限を與へられた機關に於てなす具體的法律關係の志向的確定(beabsichtigte Feststellung)を表現すべき宣言である」(田中(二)訳)――Bernatzik, oben, S. 64――としていることを重視され、さらに、ベルナチックが、法の宣言たる行為であって行政庁を拘束するものであれば、行政裁判所の判決であれ、行政庁の決定であれ、実質的確定力を有すると結論づけていることに、ふかく共感されていたようである。それは、「此の見解は、併し、墺太利に於ても必ずしも其の侭には承け容れられなかつた。人によつて種々に此の見解を粉飾し、修正した。其の結果、確定力と公益との關係、確定力を生ずべき行爲の範圍等に付て、種々見解の分裂を生じた」とされ、その後の理論の展開が真理から遠ざかっていったことを慨嘆されていることからも、うかがわれる。

しかし、テツナーも、博士の思想に、すくなからず影響を与えたようである。テツナーは、確定力を裁判に本来的なものとは考えず、国家の権威にもとづく行為であるというところに、確定力の本質があるとみており、したがって、行政行為にも確定力が生ずるとしている――Tezner, oben, S. 172.――が、博士は、これを、ベルナチックの所説にも通ずるものとして、「確定力を以て必ずしも訴訟法上のものとなすことなく、寧ろこれを法律生活の安定の見地から、一定の國家行爲の性質に伴ふ効力と理解する點に一脈の共通性があり、從つて此等の學説を一括して墺太利學派と呼ぶことが出來る」とされた。

そして、これに対立するものとして、博士は、「獨逸學派」なるものを総括され、「確定力を一定の訴訟手續に關聯せしめ、寧ろその行爲の爲される手續の故に生ずる効力と解する點に共通の特色を看取し得る」とされた。その分析の対象となっているのは、オットー・マイヤー――Mayer, Otto, Verwaltungsrecht, 3 Aufl., 1924, Bd. I. Ders., Zur Lehre von der materiellen Rechtskraft in Verwaltungssachen, AöR (Archiv des öffentlichen Rechts) Bd. 21 〈alte Folge〉, 1907, S. 1ff.――、シュルツェンシュタイン――Schultzenstein, Max, Die Rechtskraft der Entscheidungen der Verwaltungsbehörden, Verhandlungen des 26. Deutschen Juristen Tages, Bd. I, S. 86ff.――、レーニング――Loening, Edgar, Die Rechtskraft verwaltungsgerichtlicher Urteile, VerwArch. Bd. 7, 1899, S. 1ff.――の理論であるが、このうちでは、とくに、シュルツェンシュタインのものを重視されているようである。そのシュルツェンシュタインが、第二六回ドイツ法曹大会において、ベルナチックと論争し、けっきょくは、ベルナチックの見解が、大会決議として、うけいれられた経緯も、くわしく記されている。その決議の内容が、わざわざ原文のまま紹介されており、筆者がこれを翻訳すると以下のとおりである。「行政裁判所の判決の確定力と、それに同列におかれうる決定の確定力は、判決（決定）が国家を拘束するという意味において認められる。」――Verhandlungen des 26. Deutschen Juristentages, Bd.III, 1903, S. 409.――。

上記のことからも、田中博士が、ベルナチックの見解を正当とされていたことがうかがえ、これは、佐佐木博士が、ドイツのふるい理論によりつつ、確定力（既判力）を原則として否定されていたのと、好対照である。本文二〇八頁を、参照のこと。

(55)　メルクル――Merkl, Adolf, Allgemeines Verwaltungsrecht, 1928, S. 201f. Ders., Zur Lehre von der Rechtskraft, 1923, SS. 229, 244.――、フッサール――Husserl, Gerhart, Rechtskraft und Rechtsgeltung, 1925, S. 15.――の所説である。

(56)　田中(二)「行政法に於ける確定力の理論」（本章注(46)）二〇三頁。

(57)　「拘束力」については、田中(二)博士は、「所謂拘束力は、國家機關及び相手方等凡ての關係者を當該行爲の内容に從つて拘束する力、換言すれば、其の存在を承認すべきことの拘束を意味し、その反面に於て、これと異る内容の行爲を爲し得ざることの拘束を包含するけれども、それ自體としては、單に其の内容の承認を義務づけるものに過ぎない」——田中(二)「行政法に於ける確定力の理論」(本章注(46))二〇四頁——とされているが、これは、イプセンの説明——Ipsen, Hans Peter, Widerruf gültiger Verwaltungsakte, 1932, S. 30.——によられている。

(58) 「不可変更力」については、「當事者の側より通常の争訟手續を以て爭ひ得ざるに至ったとき」に生ずる形式的確定力であると説明されている。田中(二)「行政法に於ける確定力の理論」(本章注(46))二〇五頁。

(59) Tezner, a. a. O.(本章 Anm. (54)), S. 164. Ipsen, a. a. O.(本章 Anm. (57)), S. 30.

(60) Tezner, a. a. O.(本章 Anm. (54)), S. 164ff.

(61) 田中(二)「行政法に於ける確定力の理論」(本章注(46))二〇五頁。

(62) 田中(二)「行政法に於ける確定力の理論」(本章注(46))二〇六頁。この訴訟法的理解については、ヘルヴィッヒ、シュタインらの当時の民事訴訟法学の通説であり、それに多数の行政法学者が従っていたと分析されている。同論文二一一頁(同論文注(2))。

(63) 田中(二)「行政法に於ける確定力の理論」(本章注(46))二一〇頁。

(64) 本文二一一頁以下を、参照のこと。

(65) この当時の田中(二)博士の「処分権主義」に関する考えを、直接に記述した箇所を、著書・論文のなかに、さがしだすことはできなかったが、それを、間接的にうかがうてがかりになる記述はみつけることができた。ひとつは、取消訴訟における原告の「訴の取下げ」について、「行政事件訴訟法も訴の提起によってはじめてその手續が開始されるものであるから、當事者がその主張を放棄する場合には、訴の取下をなすことができるものと解せられる」——田中(二)『行政法講義案(上巻)』(一九四九年)三一〇頁——とされているものである。もうひとつは、「行政法上の和解」についての見解で、「税金訴訟の過程で和解で解決することができるかどうかという問題が出て来ます。私は、今の租税法律主義の見地からすると、和解の余地は全然ないので、課税標準がきまればこれに税率を適用して、とるべきものはとらなくちゃならないわけです。ですから、原則として自由処分の認められる私法上の権利主体相互間の和解というような関係は、租税賦課処分にみられる争訟の関係では起きないのではないかと思います」——雄川＝小沢文雄＝兼子(一)＝田中(二)＝田中真次＝豊水道祐＝三ケ月章『行政事件訴訟特例法逐条研究』(一九五七年)一一〇頁以下の田中(二)発言——というものである。

これらをつき合わせて考えてみると、ここでいわれている「處分権を有しない」というのは、被告行政庁についてであろうと思われる。

(66) 田中(二)「行政法に於ける確定力の理論」(本章注(46))二一九頁で、とり上げられているのは、ツォルンとテツナーの所説である。ツォルンは、行政作用が追求する公益は、一定不動のものではなく、時と所により変化するという行政固有の特質から、行政裁判の判決にも確定力を否定するものである——Zorn, Philipp, Kritische Studien zur Verwaltungsgerichtsbarkeit, VerwArch. Bd. 2, 1894, S. 122f.——。テツナーは、行政裁判に確定力が生ずることを否定はしないが、行政法上の公益の要求によって制限されるとするものである——Tezner, a. a. O.(本

章 Anm. (54)), S. 164. ——。

(67) 田中(二)「行政法に於ける確定力の理論」(本章注(46)) 二一八頁。

(68) 田中(二)博士は、この論拠を、とくに、レーニングおよびベルナチックの所説におかれている——田中(二)「行政法に於ける確定力の理論」(本章注(46)) 二二〇頁——。レーニングは、行政裁判の判決の確定という公益は、他の行政目的からの公益に優先するとし、そこに、行政訴訟がおかれている主旨があるとするものである——Loening, a. a. O. (本章 Anm. (54)), SS. 37, 19. ——。ベルナチックは、他の行政目的からの公益も、確定力によって排除されると明言し、それは、確定力の観念を認める以上、論理必然の帰結であるというものである——Bernatzik, a. a. O. (本章 Anm. (54)), S. 118. ——。

(69) 田中(二)「行政法に於ける確定力の理論」(本章注(46)) 二一四頁。

(70) 田中(二)「行政法に於ける確定力の理論」(本章注(46)) 二二七頁。これにより、行政裁判法一八条の拘束力と、ことなるとされた。

(71) 田中(二)「行政法に於ける確定力の理論」(本章注(46)) 二三二頁。

(72) 田中(二)「行政法に於ける確定力の理論」(本章注(46)) 二四九頁以下。

(73) 田中(二)「行政法に於ける確定力の理論」(本章注(46)) 二四五頁。田中(二)博士は、この論拠を、オットー・マイヤー、フライナー、ヘルンリットの所説におかれている。オットー・マイヤーの所説——Mayer, a. a. O., AöR Bd. 21 (本章 Anm. (54)), S. 6. ——は、公権 (obrigkeitlicher Ausspruch) は、関係人の固有の協力にもとづいて、これらの者に対して下されるものであるので、確定力は、とうぜん、これらの者のあいだでのみ生ずるというもので、"res judicata jus facit inter partes" という古来からの原則を表記している。

フライナー——Fleiner, Fritz, Institionen des deutschen Verwaltungsrechts, 8 Aufl., 1928, S. 269f. ——は、行政訴訟、民事訴訟をとわず、抽象的に、判決は、訴訟当事者もしくはその包括承継人のあいだの関係において、なにが法であるかを宣言するだけのものであるので、判決は、これらの者についてのみ効力をもつ。例外的に、すべての者に対して (inter omnes) 判決が効力をもつこともあるが、それは、そのように、法律で規定された場合だけである、というものである。

ヘルンリット——Herrnritt, Rudolf Hermann, Grundlehren des Verwaltungsrecht, 1921, S. 313. ——は、「(行政行為の) 実質的確定力の主観的範囲」と題する章のなかで、行政行為の確定力が及ぶ主観的範囲を、判決の確定力のそれとの比較において論じている。ヘルンリットにあっても、行政訴訟における判決が当事者についてのみ効力をもつのは、民事訴訟におけるのとおなじく、自明のこととされる。なぜなら、いずれも二当事者システムをとるからである。これに対して、行政手続のような一当事者システムにおいては、当事者の主観的範囲がきわめて不明確であり、行政行為に直接、間接の利害関係をもつ者は多数生じうるとされる。そこから、行政手続に参加し、自己の権利を主張することができた者に対してのみ、行政行為は効力を生じうるとする、ヘルンリット独特の行政手続理論へと展開している。

(74)　田中(二)「行政法に於ける確定力の理論」（本章注(46)）二四五頁。

(75)　田中(二)「行政法に於ける確定力の理論」（本章注(46)）二四六頁。

(76)　現行公職選挙法（昭和二五年四月一五日法一〇〇）二〇八条一項では、当選の効力に関し不服のある者は、選挙管理委員会を被告として、訴訟を提起しなければならないとされているが、同法施行以前の衆議院議員選挙法（大正一四年五月五日法第四七號）八三条では、原則として、「當選ヲ失ヒタル者當選ノ効力ニ關シ異議アルトキハ當選人ヲ被告トシ……大審院ニ出訴スルコトヲ得……」とされていた。

　当選の効力を争う訴訟においては、現行公職選挙法では、判決により議員の地位を失いうる者が、訴訟当事者とはならず、この者の訴訟参加が、問題となるわけだが、以前の衆議院議員選挙法では、選挙管理委員会が訴訟当事者とはならず、選挙管理委員会の訴訟参加が、問題となる関係にあった。選挙管理委員会は、判決により、当選人としての地位を失うわけではないが、判決の拘束力は、とうぜんにうける。

(77)　田中(二)「行政法に於ける確定力の理論」（本章注(46)）二四六頁。

(78)　本章注(76)を、参照のこと。

(79)　田中(二)「行政争訟の法理」（同『行政争訟の法理』（一九五四年）所収、初出は、法学協会雑誌六六巻一号一頁以下、同巻二号一頁以下、六七巻四号三九頁以下、六八巻一号四二頁以下（一九四九年から一九五一年）である）。

(80)　田中(二)「行政争訟の法理」（本章注(79)）八二頁以下。これとまったく同文の説明が、同『行政法講義案（上巻）』（本章注(65)）二九九頁にある。

(81)　雄川ほか『行政事件訴訟特例法逐条研究』（本章注(65)）三一二頁の豊水発言で、「普通に説明されているところは、……行政訴訟の判決の効力は、訴訟当事者のみならず利害関係を有する第三者にも及ぶ、即ち対世的効力がある、したがって、判決の効力を及ぼさせるという意味では職権参加の必要はないが、しかし実質上の当事者である者を参加させると、それによって、適正な審理ができる、そういう趣旨だと一応説明されているのです。即ち、実質上の当事者を参加させれば、その訴訟はその者に直接利害関係があるから、熱心に訴訟を追行し、そのために、裁判所は真実を発見することもできるし、また、そうすれば裁判自身が適正になる。そういう趣旨だと説明されている」とされたのに対して、田中(二)博士も「私なんかそういう考え方をしている」とされていた。

　田中(二)博士は、どうも、形成効について態度をきめかねておられたようである。参照、後掲本章注(321)。

(82)　田中(二)「行政争訟の法理」（本章注(79)）八三頁以下。

(83)　雄川『行政争訟法』（一章注(8)）。

(84)　雄川『行政争訟法』（一章注(8)）の、第三章第二節一六五頁以下。

(85)　雄川『行政争訟法』（一章注(8)）一七八頁。

(86)　雄川『行政争訟法』（一章注(8)）一七八頁では、その例として、つぎのような者が、上げられている。①収用委員会の裁決に対して、土地所有者が、抗告訴訟を提起した場合の、起業者、②許可の競願者甲乙のうち、甲に対してなした許可に対して、乙が、抗告訴訟を提起した場合の、甲、③訴願の裁決に対する抗告訴訟で、裁決庁のみが当事者となっている場合の、原処分庁。

(87)　雄川『行政争訟法』（一章注(8)）一七八頁以下。

(88)　雄川『行政争訟法』（一章注(8)）一七九頁。

また、そもそも、雄川博士の「行政争訟」の理論によれば、「法治国の成立とともに、一方で違法・不当の行政作用を匡正する手段として」生まれた行政争訟制度——同書七頁——のもっとも発達した形態が行政訴訟であるとされる——同書八頁——が、その包括的・原初的概念である「行政争訟」においても、すでに、行政救済の目的と、行政統制の目的とをあわせ有するのであるとされている——同書一四頁——。そのことについては、以下の論者の説明を論拠とされているが、それらには、国民の権利保護は、最終的には、救済手段において、行政の法適合性の原則が実現され、適正な行政が確保されることによって与えられるという、共通した思想がうかがわれるのである。

ひとつは、美濃部『行政裁判法』（本章注(16)）一一頁以下とされているが、それは、行政訴訟をもって権利の毀損に対する救済手段であるとすることは、せまきに失するというものである。その主旨は、行政訴訟をもって人民の権利を保護する手段であるとする思想は、行政訴訟を民事訴訟と比較対照することから起こった思想で、行政訴訟が関わる公法上における、国家または公共団体の作用は、直接には、社会公共のために行われることがおおく、したがって、その作用が適法に行われることを担保することは、直接に、個人の権利を保護するために、必要であるのみならず、同時に、社会公共のために、必要であることがおおい。ゆえに、行政裁判は、個人の権利を保護するために行われる場合のほかに、社会公共のために行われる場合もあることを思考しなければならない、というものである。

もうひとつは、宮沢俊義『行政争訟法』（一九三七年）一三頁以下とされているが、それは、行政争訟の効用として、第一に私人の権利の保護ということがあるが、第二に法（法律）による行政の保障ということがあり、第二の効用がより重要であるというものである。その主旨は、市民的法治主義においては行政作用が法によって行われることは、なにより私人の利益の保護のために必要だと考えられるので、第二の効用は、第一の効用とまったく意味を異にするものではないが、「法による行政」の原理は、たんなる私人の利益の保護以上の意味をもつ。その原理は、もっぱら、法的安定の目的につかえるものであるが、この目的は、すくなくとも、ある程度においては、法社会に内在するものであるから、それは、かならずしも直接に私人の利益の保護という意味をもたない場合にも、なお妥当力をもつというものである。

もうひとつは、田中『行政法（上巻）（有斐閣全書）』（一九五三年）二七〇頁とされているが、田中博士の論理も、行政争訟を「法による行政」の原理を保障するための制度として位置づけておられる。すなわち、「法治國家においては、行政作用は、すべて、法律に基き法律に従って行われることを要するのみならず、公益の目的に適合することを要する。行政作用が法規に違反し又は公益の目的に違背した場合には、これを是正するための適切な手段がなければならぬ。ところで、行政主體が自ら進んでこれを是正するための職權による行政監督（違法又は不當處分の取消等）の制度はその一つの手段であるが、職權による行政監督の手段のみによつては、到底、その完全な是正を期しがたい。そこで、違法又は不當の行政作用が行われた場合に、これに不服のある者に、不服申立の途を開き、以て人民に對する救濟手段たらしめるとともに、行政作用の合法性と妥當とを保障するための手段たらしめるのが通例である。この手段を廣く行政上の爭訟と呼ぶ。この行政上の爭訟の制度が完備していてはじめて眞の法治國家の名に値いするといえよう」というものである。

さらに、雄川博士は、オーストリア・ドイツの理論にも論拠を求められたことを明言されているが、これらの理論がどのようなものであるのか、直接さぐってみよう。

ひとつは、アントニオリの理論——Antoniolli, Walter, Allgemeines Verwaltungsrecht, 1954, S. 264——で、つぎのように説かれている。行政に対する個人の権利保護は、一般には、法秩序の構築によって与えられる。したがって、その場合には、行政の法適合性の原則が重要な意味をもつ。救済手続においては、法秩序を貫徹することによって、個人の権利保護がはかられる。したがって、権利保護は、いっぽうで、法秩序の貫徹を目的とし、他方で、個人の（主観的）権利の実現を目的としているのである、というものである。

もうひとつは、フォルストホッフの理論——Forsthoff, Ernst, Lehrbuch des Verwaltungsrechts I 〈Allgemeiner Teil〉, 6 Aufl., 1956, S. 439——で、つぎのように説かれている。行政法においては、行政は法に拘束されるという事実のみが、関係人の権利の保護を保障するのである。法が、行政の行動を制限し、行政を所定の形式に拘束するという事実は、自明のごとく（naturgemäß）、利害関係人に対する保護としてはたらく。個人主義的権利保護の理論は、利害関係人の個人的権利を実現する手段にすぎない。しかし、そのような理解は、法治国にとってこのましいものではない。法治国においては、権利保護は、危険にさらされている個人利益に奉仕するのみならず、権利の保障が内部に組みこまれた、法治国固有の目的にも奉仕するのである。利害関係人が、自己に保障された権利保護の途において、個人的利益を主張することは、同時に、行政の利益にも役立つ。個人的利益のモーターによって動きつづける権利保護は、したがって、本質的な部分において、行政法とその適用をレベルアップすることに貢献するのである、というものである。

(89) 雄川『行政争訟法』（一章注(8)）一四七頁以下。

(90) 雄川『行政争訟法』（一章注(8)）一四九頁以下（第二款「行政事件訴訟における民事訴訟原理の妥当範囲」）。

(91) ドイツの行政裁判制度のことである。雄川『行政争訟法』（一章注(8)）によって確立された雄川博士の行政訴訟理論は、基本的には、ドイツの行政訴訟理論——戦前からの伝統的理論もふくむが、主としては、連合国占領時代のイギリス地区命令一六五号（後掲本章注(114)）、バイエルン行政裁判法（後掲本章注(114)）、ドイツ連邦共和国行政裁判所法（VwGO）草案（後掲本章注(119)）までの理論である——によっている。ドイツ行政訴訟における職権主義の展開、あるいは、その根底にある行政訴訟と民事訴訟の相違については、雄川博士は、Eyermann,

Erich=Fröhler, Ludwig, Verwaltungsgerichtsgesetz, 1950. Menger, Christian-Friedrich, System des Verwaltungsgerichtlichen Rechtsschutzes（一章 Anm.（23））. Baring, Martin, Die Prozeßvoraussetzungen im Verwaltungsrechtsstreit, AöR Bd. 76 S. 434ff. Kraemer, Wilhelm, Zivilprozessuale Auswirkungen des Gesetzes über das Bundesverwaltungsgericht, ZZP Bd. 66 S. 1ff. Meiss, Wilhelm, Zum Verhältnis von Zivilprozeß und Verwaltungsprozeß, ZZP Bd. 67 S. 169ff. Klein, Wilhelm, Zum Gesetz über das Bundesverwaltungsgericht, ZZP Bd. 66 S. 100ff. の所説などを参照されたことを明言されておられる。雄川『行政争訟法』（一章注(8)）一四九頁以下。

これらの理論を筆者が検討したところ、興味をひかれたのは、メンガーの理論である。メンガーは、むしろ、行政訴訟と民事訴訟の相対化について論じている。すなわち、だれが訴訟手続を進行させるかについては、民事訴訟においても職権進行が増大している。また、民事の身分訴訟の分野では、事実関係の解明については、職権探知も行われており、当事者主義は、当事者の真実義務や裁判官の真実解明義務によって厳しく制限をうけている。いっぽう、行政訴訟においても、処分権主義が妥当している――訴訟物の処分において――。結論として、訴訟原則の相違を論拠として、行政訴訟と民事訴訟がことなるものであるとする立場は、否定されるというものである――Menger, a. a. O.（二章 Anm.(23)), S. 81ff.――。

その他、ここで参照されている理論の分析については、後日の研究で、あらためて、じっくり行いたい。

(92)　雄川『行政争訟法』（一章注(8)）一五三頁。

このことは、じつは、行政裁判制度を前提とする以前に、行政事件を裁断する行政争訟じたいが、行政法規の適用の客観的な適正を保障しようとする行政統制の目的を有しているとされている。したがって、「それが一般の行政権の外部よりなされる裁判的統制の場合においても、行政争訟をして単に当事者の間の紛争の裁断や当事者の権利の保護に尽きない公益の実現のために、そこでの手続において、事案に関する客観的真実の発見を目的とする職権主義的色彩を多少とも身につけさせることになり、当事者間の紛争の解決と利害の調整を目的とする民事訴訟と異った特色を与える」とされた。

(93)　雄川『行政争訟法』（一章注(8)）一五三頁以下。

雄川博士が指摘されるこの論理は、美濃部博士に代表される当時の支配的考えであった。その、雄川博士が論拠として引用される――同書一五五頁以下、注(四)――美濃部博士の所説とは、以下のとおりである。「行政訴訟は行政事件に關する訴訟であり、而して行政事件は民事事件の如く單に一私人相互の間の權利の爭に關するものではなく、國又は公共團體の作用に關するもので、直接に公益に影響するものであるから、民事訴訟とは自ら其の手續を異にする所が無ければならぬ。民事訴訟は私人間の爭であつて、其の何れが勝訴となるにしても、國家は之に直接の利害關係を有しないのであるから、裁判所は唯當事者雙方の陳述を聽いて其の何れが正當であるかを判斷することを以て足れりとするのであるが、行政訴訟に在つては、事公益に關するが故に必ずしも當事者の陳述のみに重きを置くことを得ない。」――美濃部『行政裁判法』（本章注

(16)）二三七頁以下――。

右の所説は、行政事件の民事事件との本質的相違を強調することにより、それをあつかう行政訴訟にも、そのことが反映され、ただ当事者に訴訟の進行を委ねるのではなく、国家（裁判所）が積極的に介入するのはとうぜんであるという論理である。もちろん、その根底にあるのは、「公益」という概念である。

雄川博士も、基本的に、私法関係と公法関係の本質的相違、公法関係は公益的規律であるということから出発しておられ、そのかぎりで、美濃部博士の立場をそのまま踏襲されているといえよう。

(94)　美濃部『行政裁判法』（本章注(16)）二一〇頁以下。

(95)　田中(二)「行政法に於ける確定力の理論」（本章注(46)）二一〇頁。

(96)　雄川『行政争訟法』（一章注(8)）一五三頁以下。

(97)　雄川博士は、この論拠として、田中(二)『行政法総論〔法律学全集6〕』（一九五七年）九六頁および一一〇頁を上げておられる。

同書九六頁では、「行政法の規定の性質の特殊性」という題目のもとで、行政法は、公共的な見地から、行政の目的の実現をめざして画一的に規律し、これを強行するのが原則であるので、私的自治の原則を認めないという、いわば、行政法理論の大前提となる命題を提示されていた。

同書一一〇頁では、「私法と行政法との区別及び関係」という題目のもとで、私法が、対等の私人間の利害の調整の法であるのに対して、行政法は、行政権（公権力）の主体とこれに服従すべき人民とのあいだの、命令支配に関する法（権力関係に関する法）を本体とし、対等者間の法である場合においても、行政目的の達成、公益の実現を目的としていると規定され、行政法は、公共的な見地から、行政の目的の実現をめざして画一的に規律し、これを強行するのが原則であるので、私的自治の原則を認めない、という右の命題につなげておられた。

(98)　わが国の伝統的行政法理論のこの立場を、もっとも緻密に論証されたのは、高柳信一「公法、行政行為、抗告訴訟」（同『行政法理論の再構成』（一九八五年）所収）であろうと思われる。その八七頁以下では、「私法は、大部分は、行為規範としての機能を有せず、ただ専ら、裁判規範として機能することを以って使命とすることをその特色としている。……公法は主権者（国民代表議会）の特定の実体的権利義務関係の存在（形成・変更・消滅）を求める意欲の表現であり、それは、国家機関（行政庁）及び私人が、その規範内容に従って行為（作為・不作為・給付・受忍）することを命令する。公法は、その意味において、行為規範たる性質をもつといわなければならない」という、いかにも、わが国を代表した公法学者らしい重厚な論証が展開されていた。

(99)　雄川『行政争訟法』（一章注(8)）一五四頁。

雄川教授は、また、ぎゃくの論証として、民事訴訟を支配する弁論主義が、いかに行政訴訟にそぐわないものであるかを、論じておられる。いわく、「現在の民事訴訟手続は、その基本において、いわゆる弁論主義的構造をとっている。従って、或る権利・義務の存否の確定も、訴訟上は弁論に現れた全資料のみを基礎として判断されることになる。このことを考慮すると、行政庁がある行政行為をなすこと又はなさざることの権限又は義務の存否を訴訟手続で確定することには問題がある。即ち、民事訴訟手続が弁論主義を基本としているのは、根本的には、実体法たる私法法規が当事者自治の原則をとっていることに由来するものと考えることができるが、そこで、裁判所の判決は、いわば、当事者の自治に代わるものであると考えることができる。従って、裁判所は弁論に現れた資料のみに基づいて、私人間の権利、義務の存否を確定すればよいことになる。しかし、原則として当事者自治の認められない行政法規においては、同一に考えることは問題であって、行政行為の介入をまたずに、始めから右のような訴訟手続で行政権と人民の間の権利・義務の存否を確定することは、その性質に反する疑がある。」——同「行政救済制度の基本原理」(『行政争訟の理論』(一九八六年)所収、初出は国家学会雑誌七一巻五号、一一号(一九五七年))五一頁——。

(100) 昭和二九年法一二七

(101) 旧民訴法——本章注(26)——六四条では、「訴訟ノ結果ニ付利害関係ヲ有スル第三者ハ其ノ訴訟ノ繋属中当事者ノ一方ヲ補助スル為訴訟ニ参加スルコトヲ得」と規定されていた。

(102) 雄川『行政争訟法』(一章注(8))一七九頁。

(103) この分析結果は、現在の民事訴訟理論においても支配的である。たとえば、新堂幸司『新民事訴訟法〔第三版〕』(二〇〇四年)七三六頁では、「訴訟の判決の効力が直接参加人に及ぶ場合でなくとも、参加人の法的地位を判断するうえで本訴訟の主要な争点についての判断が論理的に前提となる場合であればよい。たとえば、主債務者敗訴判決の効力は、保証人に対して及ばないが、保証債務は、主債務の存在を前提とするから参加の利益がある」とされている。「訴訟の結果」を判決主文のみとするか、判決理由中の主要な争点までふくめるかの相違はあるが、論理の構造はおなじである。

(104) 兼子(一)『新修民事訴訟法体系〔初版〕』(一九五六年)。

(105) 兼子(一)『新修民事訴訟法体系〔初版〕』(本章注(104))四〇〇頁では、その例として、「同一の事故に基く共同の被害者」、「同一人から被告と同様に入會權を主張されている隣接地の所有者」、「部落の寄附割當金の請求の被告と同様に住民大會の無効を主張する他の住民」が上げられているが、これらは、いずれも、共同訴訟、もしくは、共同訴訟参加によって争われるべき事例である。

(106) 兼子(一)『新修民事訴訟法体系〔初版〕』(本章注(104))三九九頁以下。

(107) 雄川『行政争訟法』(一章注(8))五九頁。

(108) 雄川ほか『行政事件訴訟特例法逐条研究』(本章注(65))三一二頁の雄川発言では、「昔の行政裁判所のあった時代には、当時の書物などを見ますと、参加人に対する効力に重点を置いて説明している書物というのはほとんどないのではないかと思うのです。主として職権参加というのは、いわゆる職権審理主義の一つの発現であって、訴訟の内容の適正をはかるために実質的な当事者あるいは利害関係をもつ地位にある者をそれに参加させるのだ、そういう説明をされていたと思うのですが、近ごろの新しい行政訴訟制度を説明する書物では、むしろ参加さしてそれに判決の効力を及ぼさせる趣旨だ、そういう説明が近ごろになって見えてきた」ことが指摘されている。右にいわれていることは、本稿のこれまでの歴史的分析の内容に符合している。

(109)　雄川『行政争訟法』（一章注(8)）一七八頁以下。

(110)　雄川『行政争訟法』（一章注(8)）五九頁。

(111)　雄川『行政争訟法』（一章注(8)）五八頁では、「抗告訴訟を以て一種の形成訴訟と」すると断言されている。そして、「抗告訴訟においては、当該行政行為の違法性が確定されれば、行政行為は効力を失うことになるのであって、これが行政行為を取消すという判決のもつ意味である」とされている。

(112)　本章注(81)を、参照のこと。

(113)　特例法では、第三者が訴訟参加する場合と行政庁が訴訟参加する場合を、別異に規定していなかったので、両者をわけて論じられてはいない。

(114)　雄川『行政争訟法』（本章注(8)）一七九頁。その立法例として、イギリス地区命令一六五号――Verordnung Nr. 165 der Britischen Militärregierung über die Verwaltungsgerichtsbarkeit in der britischen Zone vom 15. 9. 1948 VOBl.（Verordnungsblatt）BZ.（Britische Zone）1948 S. 263――四一条「行政裁判所は、申立て、または、職権により、係属する訴訟の判決によって法的利益を害される第三者の訴訟参加の決定をする。その決定のなかで、訴訟の対象および訴訟の段階（Lage）が示されなければならない。決定は争うことができない。決定は、すべての関係人に送達されなければならない」、バイエルン行政裁判法――Gesetz über die Verwaltungsgerichtsbarkeit für Bayern vom 25. 9. 1946 GVBl.（Gesetz- und Verordnungsblatt）S. 281――六〇条「（一項）行政裁判所は、職権により、または、申立てにより、判決によって法的利益を害される者の訴訟参加の決定をする。訴訟参加しようとする者は、申立てをすることができる。（二項）その決定のなかで、事案の状況（Stand）および参加の理由を示すものとする。（三項）決定は、関係人、訴訟参加人および申立人に送達される。（四項）決定によって、訴訟参加人は、関係人としての地位を得る。取消しの訴えに対する判決は、訴訟参加人に対しても効力をもつ」が上げられている。

これらの規定においては、まだ、必要的訴訟参加については規定されていないが、その理論は、プロイセンいらいの判例で発展されていた――後掲本章注(120)参照――。また、学説でも、実体法的に訴訟参加させることが必要的な第三者を訴訟参加させずに下された判決は、本質的な瑕疵があるという理論が確立していた――Klinger, Hans, Verwaltungsgerichtsgesetz in der britischen Zone, 3 Aufl., 1954, S. 277.――。

(115)　雄川『行政争訟法』（一章注(8)）一八〇頁。雄川博士は、このことを、クリンガーの解説――Klinger, a. a. O.（本章 Anm.（114）), S. 276f.――によっておられる。

(116) 雄川『行政争訟法』(一章注(8))一八三頁。

(117) 行政裁判所法(VwGO)六五条の訴訟参加は、民事訴訟法(ZPO)の主参加、補助参加、および、訴訟告知のはたすべき役割をはたしているので、これら民事訴訟の制度は、行政訴訟には準用されないというのが、行政裁判所法制定いらいの通説・判例である。Beschluß des VGH Kassel vom 29. 10. 1964, DVBl. 1965 S. 540. Kopp=Schenke, a. a. O. (二章 Anm. (5)), Rdn. 2 zu Art. 65. Urteil des BVerwG vom 13. 5. 1993, DÖV 1994 S. 78.

(118) たとえば、バウエルは、一八七七年に制定された民事訴訟法の補助参加や訴訟告知などは、行政訴訟の訴訟参加とはことなるもので、後者の考察において、前者はなんら参考にならないと断じていた。Bauer, DÖV 1949 (二章 Anm. (21)) S. 189. 注(21)を参照のこと。

(119) ドイツ連邦共和国行政裁判所法(VwGO)草案――Entwurf einer Verwaltungsgerichtsordnung (EVwGO), BT-Dr. (Bundestagsdrucksache), erste Wahlperiode Nr. 4278――六七条二項は、「訴訟の結果が、当該争訟に関わりある第三者についても合一的にのみ確定すべき場合には、その者を訴訟参加させなければならない」とし、この同文が、行政裁判所法(VwGO)六五条二項にうけつがれた。雄川博士は、『行政争訟法』執筆時に、草案の規定を目にされていた。

(120) そもそも、法律の規定としては、一九六〇年制定のドイツ行政裁判所法(VwGO)以前には、必要的訴訟参加を、直接、規定したものは、みあたらないが、「裁判所は、申立て、あるいは、職権により、判決によって利益を害される第三者の訴訟参加の決定を、下すことができる。この場合には、判決は、訴訟参加人にも効力を有する」としか規定されていなかったプロイセン一般ラント行政法――Preußisches Gesetz über die allgemeine Landesverwaltung vom 30. 7. 1883, GS. (Preußische Gesetzsammlung) S. 195.――七〇条の規定を拡張解釈して、プロイセン高等行政裁判所が、必要的訴訟参加の概念を発展させていたという事実がある。そこでは、訴訟参加させることが必要的な第三者を、裁判所が、職権で訴訟参加させなかったときは、本質的な裁判手続の瑕疵を構成するという論理が、すでに、確立されていた。vgl., Urteil des PrOVG (Preußisches Oberverwaltungsgericht) vom 24. 2. 1905, E. (Entscheidungen des königlich Preußischen Oberverwaltungsgerichts), Bd. 46 S. 119. Urteil des PrOVG vom 27. 10. 1905, E., Bd. 48 S. 136.

なお、行政裁判所法(VwGO)制定まえの必要的訴訟参加に関する議論については、本文一九頁を、参照のこと。

(121) 雄川『行政争訟法』(一章注(8))一八〇頁。この箇所の注がテーゼ②であり、ドイツの制度とわが国の制度の比較が行われているのである。

(122) 行訴法の立法担当者であられた雄川博士は、新法の制定にさいして、必要的訴訟参加まで認めたものにするかどうか考慮されていたようである。「原告(特に抗告訴訟の)と反対の利害関係に立つ者(甲に対する許可処分の取消訴訟を乙が提起した場合の甲のごとし)の地位をどうするかの問題がある。それはその者の利益を保護するためと、また判決の効力をその者にも及ぶことを明確にして法律関係の明確化をはかるために必要である。そのためには、さしあたり、その者と処分行政庁とを共同被告とすべきこととするか、或いは職権参加規定の活用によるというような方法が考えられるが、恐らくは後者をもって穏当な方法とするであろう。なお、その場合にも、そのような地位にある者を、必要的参加とするかどうかの研究課題がある。」――雄川「行政争訟制度の改革に関する諸問題」(同『行政争訟の理論』(一九八六年)所収、初出は公法研究一九号(一九五八年))一二二頁――。

(123) 雄川『行政争訟法』(一章注(8))一八〇頁。

(124) 雄川『行政争訟法』(一章注(8))一八〇頁以下。その理由について、「一には民事訴訟法六四条の意味での利害関係を有しないことにより、二には当該行政行為の擁護は被告行政庁に原則として委ねられるべきものと解されるので、当該行政行為に係る事務を直接所管しない行政庁は勿論、所轄行政庁……であっても、右の職権訴訟参加の外は、一般に自ら参加されることは許されない」とされている。

(125) 雄川ほか『行政事件訴訟特例法逐条研究』(本章注(65))三一三頁で、「現行法では当然民事訴訟の一般の自発的な参加というものは認めるわけですね」という兼子(一)博士の質問に対して、同じく立法参画者であられた田中(二)博士は、「それはそうでしょう」と答えられている。

(126) 雄川『行政争訟法』(一章注(8))一八一頁以下。

(127) ドイツ民事訴訟法(ZPO)六九条では、「主訴訟の判決の確定力が、補助参加人と相手方のあいだの法律関係に、民法の規定により有効に及ぶ場合は、補助参加人は、六一条の意味において、主たる当事者の共同訴訟人とみなされる」と規定されている。なお、この条文の意義については、本文四二頁を、参照のこと。

(128) 加藤正治『(新訂)民事訴訟法要論』(一九四六年)一五六頁、細野・前掲(本章注(26))三一六頁以下では、「共同訴訟的補助参加」(後者では「共同訴訟的従参加」とされている)が、ドイツ民事訴訟の Streitgenössige Nebenintervention の訳語であることを示したうえで、法律の規定により、既判力が第三者に及ぶ場合に、この者が当事者の一方に補助参加する場合は、たんなる補助参加人としてではなく、共同訴訟人に準じて扱われるという、ドイツ民事訴訟とおなじ説明がされている。これについては、本文五〇頁以下を、参照のこと。

(129) しかし、判例は、この概念の導入に消極的であった。最判昭和二五年九月八日民集四巻九号三五九頁は、判決の効力をうける補助参加人の上告の申立てについて、つぎのように判示した。「原審における被告の補助参加人たる三宅正一は被告敗訴の原判決に対して、独立して上告の申立をすることのできることは、民訴六九条の規定するところであるけれども、補助参加人は、その補助参加の性質上、被参加人(被告、上告人)のために定められた上告期間内にかぎつて、上告の申立をなし得るものといわなければならない。」

(130) 兼子(一)『新修民事訴訟法体系〔初版〕』(本章注(104))四〇七頁以下。

(131) 兼子(一)『新修民事訴訟法体系〔初版〕』(本章注(104))四〇七頁によれば、共同訴訟的補助参加人には、必要的共同訴訟人に準じたつぎのような訴訟追行権能が与えられるとしている。(イ)被参加人の行為と抵触する行為もできる、(ロ)参加人に訴訟手続の中断又は中止の事由が発生すれば、本訴訟の手続も停止される、(ハ)参加人の上訴期間は、被参加人と独立に計算される、というものである。

このような説明は、加藤・前掲（本章注(128)）一五七頁、細野・前掲（本章注(26)）三一八頁以下でも、すでにされていた。

(132) 雄川『行政争訟法』（一章注(8)）一八一頁。

(133) 旧民訴法——本章注(26)——七一条では、「訴訟ノ結果ニ因リテ権利ヲ害セラルヘキコトヲ主張スル第三者又ハ訴訟ノ目的ノ全部若ハ一部カ自己ノ権利ナルコトヲ主張スル第三者ハ当事者トシテ訴訟ニ参加スルコトヲ得此ノ場合ニ於テハ第六十二条及第六十五条ノ規定ヲ準用ス」と規定されていた。現行民訴法——平成八年法一〇九——では、四七条に対応する。

(134) 佐佐木博士が、行政訴訟における主参加（独立当事者参加）の準用までは考えておられなかったことについては、本文二〇七頁を、美濃部博士が、行政訴訟における主参加（独立当事者参加）の準用を否定しておられたことについては、本文二一六頁を、参照されたい。
判例は、戦後のものを見てみると、消極に解するものが多かった——福岡地判昭和二五年八月二九日行集一巻九号一二八五頁、静岡地判昭和二六年九月六日行集二巻一〇号一六〇三頁、大阪高判昭和三〇年一二月二〇日行集六巻一二号二七五六頁、青森地判昭和三二年九月三日行集八巻九号一五三六頁など——が、積極に解するものもあった——宇都宮地判昭和二四年一一月二四日行裁月報二三号一二九頁、東京高判昭和二八年八月二四日行裁月報二三号三七二頁——。消極に解する判例の理由はまちまちであるが、そのなかで、独立当事者参加は、行政訴訟の本質に反するとする横浜地判昭和二六年二月二日行政判例総覧四七三頁は、注目される。

(135) 雄川『行政争訟法』（一章注(8)）一八二頁では、独立当事者参加を抗告訴訟に準用することについては、訴訟論理的に、つぎのような難点があることも認めていた。
「民事訴訟法七一条による参加をなすには原告に対して、行政行為に関して原告の主張を否認し或はこれと矛盾する請求をしなければならないことになるから、当事者適格を欠くことになろう……。また、被告に対する関係では、積極的に係争処分の自己に対する違法を主張する場合の外は、どのような請求をなすのか疑問となる」

(136) 雄川『行政争訟法』（一章注(8)）一八二頁。

(137) 雄川博士の訴訟観を、ここで、じゅうぶんに論証することは、不可能であり、筆者が後日の研究のための分析材料として、ひろい集めたものの一端を、提示するにとどめさせていただくならば、以下のとおりである。
雄川博士の行政訴訟の理論の出発点は、その行政法一般理論のそれと同じく、「法律による行政」の原理であり、それが、行政訴訟の目的へとつながる。すなわち、「行政救済制度は、行政権に対して人民を保護することを第一の目的とするが、また他方で行政法規の適用の正当と行政の適正な運営の保障という客観的目的をも有する。この面からは、行政救済の制度は即ち行政統制の一の重要な手段でもあることを注意しなければならない」というものである——雄川「行政救済制度の基本原理」（本章注(99)）三頁以下——。

それが、具体的に、訴訟の審理において、民事訴訟とことなる訴訟原則が妥当するという論理へと発展していく。すなわち、「少くとも相対的には、民事訴訟に比して実体的真実の探究により多くの重点が置かれるべきで」、職権主義が妥当するという論理は、すでに引用したとおりである——同『行政争訟法』（一章注(8)）一五四頁——。

また、民事訴訟が私的紛争の解決にとどまり、弁論主義が支配していることから、裁判所は、民事訴訟では、権利＝義務の確定も、訴訟にあらわれた資料のみをもとに判断することになるが、行政訴訟で、「行政庁がある行政行為をなすこと又はなさざることの権限又は義務の存在を訴訟手続で確定する」場合は、このようなわけにはいかないという論理も、すでに引用したとおりである——同「行政救済制度の基本原理」（本章注(99)）五一頁——。

(138)　現在の民事訴訟理論では、このようなシチュエーションを「多数当事者の訴訟」、あるいは、「多数の当事者をもつ訴訟」ととらえている——新堂『新民事訴訟法〔第三版〕』（本章注(103)）七〇四頁以下など——。その主旨は、民事訴訟は、ほんらい、ひとりの原告がひとりの被告を訴えた場合を原型にして、手続、理論を組み立てているが、現実の紛争は、多数の主体が関与し、それぞれが複雑にからみ合いながら展開していくこともめずらしくなく、だれが真の紛争主体であるのかの判定が困難な事例が増加し、いきおい複数の主体が、訴訟の当初から、また途中から、当事者として登場するという現象が多発化しているということである——井上治典『多数当事者の訴訟』（一九九二年）三頁——。

雄川博士が、その訴訟理論のなかで、訴訟の外にいる真の紛争主体を訴訟に引き込むことの重要性をつよく主張しておられたことは、これまで、くりかえし指摘したとおりである。

(139)　雄川博士は、独立当事者参加によって三者間の争いが統一合理的に解決される場合の例として、土地所有者が収用委員会の収用裁決の取消しを求めた場合に、起業者が収用を認めたかぎりでは裁決は適法であるが、起業者の申請を全部いれなかった点においては違法であることを主張する場合を上げておられる——雄川『行政争訟法』（一章注(8)）一八二頁——。これなどは、もともとの争いは土地所有者と起業者にあるわけで、これらの者に主張・証明をつくさせることが、真の紛争解決につながるであろう。

(140)　本章注(122)を、参照のこと。

(141)　わが国で、（行政訴訟の）取消訴訟が形成訴訟であると規定されたのは、兼子(一)博士である。兼子(一)「新行政訴訟の基礎理論」（『民事法研究第Ⅱ巻』（一九五四年）所収、初出は、自治研究二四巻一二号（一九四八年））七八頁以下。

(142)　兼子(一)「行政處分の取消判決の効力——判決の形成力の主観的範圍——」（『民事法研究第Ⅱ巻』（一九五四年）所収、初出は法曹時報三巻九號（一九五一年））一頁以下。

(143)　兼子(一)「行政處分の取消判決の効力」（本章注(142)）一〇三頁以下。

(144)　兼子(一)「行政處分の取消判決の効力」（本章注(142)）一〇四頁。

(145)　兼子（一）「行政處分の取消判決の効力」（本章注(142)）一〇四頁。

(146)　わが国の民事訴訟理論において、形成の概念に興味がもたれ、ドイツの理論が導入されたときに、支配的影響を与えたのは、レントの理論であった——本章注(47)参照——。それは、形成は構築的性質をもつもので、判決によって生成される法律効果を与えるもので、とうぜん、すべての者に対しておよぶが、このような効果は、判決の確定によって生じるので、それだけで十分で、かりに、形成判決が真実の法律・事実状態と背離していても、それにより無効とはされず、形成の要件についても形成の効果についても、既判力の概念をいれる余地はないというものであった——本文一七一頁以下を、参照のこと——。

(147)　兼子（一）「行政處分の取消判決の効力」（本章注(142)）一〇八頁。

(148)　兼子（一）「行政處分の取消判決の効力」（本章注(142)）一一三頁以下。

(149)　この論文発表当時では、かかる見解をとる者は、ドイツにおいても、わが国においてもまれで、みずからも、「このように判決の形成力の根據を既判力に求めるのは、ドイツにおいても僅かにゴルトシュミット一人であるが、私はむしろこれに賛成する者である」とされていた——兼子（一）「行政處分の取消判決の効力」（本章注(142)）一一三頁——。

ちなみに、このゴルトシュミットの見解については、Goldschmidt, James, Nachprüfung der Vertragsauflösung, AcP (Archiv für civilistische Praxis) Bd. 117 S. 16.

なお、現在のドイツの民事訴訟理論では、形成判決に既判力を認めないレントの立場が否定されていることについては、本文一七二頁以下を、参照のこと。

(150)　兼子（一）「行政處分の取消判決の効力」（本章注(142)）一一四頁。

(151)　兼子（一）「行政處分の取消判決の効力」（本章注(142)）一一四頁。

(152)　兼子（一）「行政處分の取消判決の効力」（本章注(142)）一一四頁。

(153)　兼子（一）博士の上げられる立法例とは、人事訴訟手続法——昭和二三年法二六〇——一八条（婚姻の無効・取消判決の第三者効）、二六条（養子縁組の無効・取消判決の第三者効）、三二条（親子関係を定める判決の第三者効）、商法——昭和二五年法一六七——一〇九条（会社の合併無効判決の第三者効）、一三六条三項（会社の設立無効判決の第三者効）、二五二条（会社の決議不存在・無効判決の第三者効）などである——兼子（一）「行政處分の取消判決の効力」（本章注(142)）一一四頁以下——。

(154)　民事訴訟における判決の「反射効」については、二章注(218)を、参照のこと。

(155)　兼子（一）「行政處分の取消判決の効力」（本章注(142)）一一五頁。

(156)　兼子（一）「行政處分の取消判決の効力」（本章注(142)）一一六頁以下。

(157) ドイツ行政裁判所法（VwGO）一二一条は、「判決の確定力は、訴訟物について判断された範囲で、以下の者を拘束する。(一)関係人およびその承継人、ならびに、……」と規定している。その意義については、本文一一六頁を、参照のこと。
(158) 兼子(一)「行政処分の取消判決の効力」（本章注(142)）一一六頁。
(159) この論理については、本文一一六頁以下を、参照のこと。
(160) 兼子(一)「行政処分の取消判決の効力」（本章注(142)）一一七頁。
(161) 兼子(一)「行政処分の取消判決の効力」（本章注(142)）一〇一頁以下。
(162) 市原昌三郎「行政事件訴訟における判決の効力」『一橋大學創立八十周年記念論集下巻』（一九五五年）二三七頁以下。
(163) 瀧川叡一「行政訴訟の請求原因、立證責任及び判決の効力」（民事訴訟法學會『民事訴訟法講座第五巻』（一九五六年））一四二九頁以下。
(164) 市原・前掲（本章注(162)）二六二頁以下。市原教授は、「結論においては吾人の説も兼子教授の説と一致するものである」と断言された——同書二六三頁——。
(165) 市原・前掲（本章注(162)）二六三頁で、「吾人は行政事件訴訟の特殊性に着目し」て、「かかる結論に到達した點に於て（兼子博士と）區別されるのではないかと考える」とされた。
(166) 市原・前掲（本章注(162)）二四八頁。
(167) 市原・前掲（本章注(162)）二四八頁以下。
(168) 市原・前掲（本章注(162)）二四九頁。
(169) 兼子(一)「行政処分の取消判決の効力」（本章注(142)）一〇四頁。
(170) 大判昭和一五年六月一九日民集一九巻一三号九九九頁。このくわしい内容については、本文二一九頁以下を、参照のこと。
(171) 兼子(一)「行政処分の取消判決の効力」（本章注(142)）一〇四頁。
(172) 市原・前掲（本章注(162)）二五一頁。市原教授は、既判力の拡張が認められないとする論拠に、田中(二)「行政法に於ける確定力の理論」（本章注(46)）二四四頁以下を上げておられる。田中(二)博士の同論文における見解は、すでに見たとおり、確定力（既判力）は争訟手続に関連して理解すべきであり、原則として、その争訟手続に関与する機会を与えられた争訟当事者、参加人、および、その承継人にのみ及ぶものであって、行政法上の確定力についても、この原則は、原則として認めなければならないというものであった。
(173) 市原・前掲（本章注(162)）二五七頁。
(174) 市原・前掲（本章注(162)）二五七頁。市原教授が、取消判決の中心が違法性の確定であるとされた根拠は、かつての行政裁判所とことなり、司法裁判所は、自由に反対の行政処分としての取消変更をなす権限をもたないからであるということであった。

(175) 市原・前掲（本章注(162)）二五七頁では、「行政處分取消の判決は恰も形成判決の一種と見ることができるようであるが、この意味で一種の確認判決と見なければならない」と明言されている。
(176) 市原・前掲（本章注(162)）二五七頁。
(177) 兼子(一)『新修民事訴訟法体系〔初版〕』（本章注(104)）三五一頁以下。おなじ内容の説明は、同「行政處分の取消判決の効力」（本章注(142)）一〇八頁以下にもある。なお、市原教授も指摘されているように、兼子(一)博士のこの論理は、以前の立場をあらためられたものである。すなわち、それ以前は、「行政處分取消の判決は性質上形成判決であり、その形成力は公法上官廳の取消や私法上取消權者の意思表示の効力と同様、判決の場合でも判斷の過程乃至は當否の問題ではなく、權能ある機關のなした行爲の結果と認むべきである」とされ――同「上級審の裁判の拘束力」法學協会雑誌五八巻（一九四〇年）一二號一九四頁――、形成判決が確定すれば、その判斷の当否とは無関係に効力を生ずるという、通説とおなじ立場を、一度はとられていた。それが、そののちに、訴訟外の第三者も判決に服さなければならないことに、疑いをいだかれたのである。
(178) 市原・前掲（本章注(162)）二五七頁。
(179) 市原・前掲（本章注(162)）二五七頁以下。
(180) 市原・前掲（本章注(162)）二五八頁。
(181) 市原・前掲（本章注(162)）二五八頁。
(182) 兼子(一)「行政處分の取消判決の効力」（本章注(142)）一一五頁。
(183) 瀧川判事が、形成判決にも既判力が認められるとされる論理はつぎのとおりである――瀧川・前掲（本章注(163)）一四五四頁以下――。まず、形成訴訟一般の論理として、「形成訴訟の訴訟物を形成權ないし形成要件とみて、請求棄却の判決にその不存在について既判力を認める以上、その裏をなす形成判決に、形成要件の存在につき既判力を認めるのが、論理的必然の歸結である」と、まことにもって、わかりやすい論理を示された。
むしろ、既判力を認める実益について、傾聴に値する論理を展開されていた。いわく、「例えば離婚判決によつて離婚原因の存在が確定された後にこれに基き慰謝料その他の損害賠償を請求する場合や、行政處分取消判決によつて行政處分が違法であることが確定された後、國家賠償法一條に基き慰謝料その他の損害賠償を請求する場合などには、なお形成要件の存在が問題になる。これらの場合形成力は形成が有効になされたことについて爭い得なくするに止まり、形成が適法になされたこと、即ち形成要件の存在を確定する効力は既判力の効力なのである。」

この論理は、兼子(一)博士の論理――同「行政處分の取消判決の効力」（本章注(142)）一一一頁以下――につうずるものである。また、この時代の民事訴訟法学のもうひとりの泰斗であられた中田淳一博士は、否定論にたつレントと肯定論にたつクルシュの所説を、比較分析されたうえで、後者の立場を正当とされた——中田・前掲（二章注(425)）二一〇頁以下——わけであるが、その論理も、右の瀧川判事の論理につうずるものであった。

また、瀧川判事は、いっぽう、行政処分の取消しの訴えを棄却する判決の既判力についても、きちんと説明されているので、それも、参考までに、見ておこう。要約すると、以下のとおりである。

原告の請求を棄却する判決は、ようするに、形成要件の不存在を確認する判決であり、行政処分の形成要件は処分の違法性一般であるから、判決により、行政処分が適法であることについて、既判力が生じる。したがって、原告は、他の違法事由を主張して、あらたに取消しの訴えを提起することができず、また、その処分が違法であることを主張して、国家賠償法一条による損害賠償を請求することもできない、というものである。

(184)　瀧川・前掲（本章注(163)）一四六一頁以下。

(185)　そのことについて、瀧川判事は、具体的に、「行政處分を取り消した判決の形成力は一般第三者に及び、右判決確定後は何人も判決による行政處分取消の効力を争い得ない」と説明されている。瀧川・前掲（本章注(163)）一四六二頁。

(186)　これについて、瀧川判事は、訴訟法的にさらに分析され、「この場合の確定形成判決（正當な當事者間になされたことを前提とする）の存在は、實體法がこれに一定の法律状態の變動という法律効果を結びつけた一種の法律要件である。從つて形成判決の形成力は一種の法律要件的効力（Tatbestandwirkung）又は反射的効力（Reflexwirkung）として第三者に及ぶのである」とされている——瀧川・前掲（本章注(163)）一四六二頁——。

右の説明の最後に述べられている「法律要件的効力（Tatbestandwirkung）」は、ドイツにおいて、ヴァッハにより最初に提唱され、ヘルヴィッヒ、クットナーらによって発展させられた概念である——Wach, a. a. O.（二章 Anm. (425)）, S. 626ff. Hellwig, Konrad, Lehrbuch des deutschen Zivilprozeßrecht, Bd. 2. (1907), S. 485ff. Kuttner, Die privatrechtlichen Nebenwirkungen der Zivilurteile (1908), S. 4ff. これらの文献の記述内容については、鈴木正裕「既判力の拡張と反射的効果(二)」神戸法学雑誌一〇巻一号（一九六〇年）三七頁以下のくわしい分析により、わが国に紹介された——。

ただ、これはとうぜんであるが、ヴァッハがこの概念を提唱したころは、形成の概念はなく、ヴァッハが、判決が下された結果、訴訟当事者以外の第三者の権利義務に変動があるという現象に着目して、この概念を案出したときは、既判力の拡張ないしは反射のイメージをもっていた——Wach, a. a. O.（二章 Anm. (425)）, S. 626f.——のである。それからすると、上記の瀧川判事の表現は、たぶんに比喩的であるといえよう。また、厳密にいえば、その「法律要件的効力」と「反射的効力」は、若干の相違もあるようである——鈴木「判決の反射的効果」判例タイムズ二六一号（一九六五年）二頁以下参照——。

なお、瀧川判事のいわゆる「法律要件的効力」については、筆者は、ドイツの原語から「構成要件効」と訳したが、その難解な概念の意義については、二章注(218)を、参照されたい。

(187) 瀧川・前掲（本章注(163)）一四六三頁以下。

(188) 兼子(一)博士の引用されるローゼンベルクの教科書の該当箇所——Rosenberg, Leo, Lehrbuch des Deutschen Zivilprozeßrechts, 4 Aufl. (1949), S. 362f. ——の前後の文章を補って訳すと、つぎのとおりである。

「形成判決の形成効は、裁判官のとくべつの権利創造権能にもとづくものではなく、法規に抽象的に予定されていることがらに、これを適用して具体的に宣言するだけで生ずる。裁判官は、法規の定めのないときは、形成をなすことができず、法規に定めのあるときは、実体法上の要件が確認されれば、形成をなさなければならない。」

「国家行為（Staatsakt）によるものであれ、私法上の法律行為によるものであれ、すべての権利形成と同様に、（判決の）形成効は、すべての者に対して（für und gegen alle）、ただちに、効力を及ぼす。」

(189) 兼子(一)「行政處分の取消判決の効力」（本章注(142)）一一一頁。

(190) ローゼンベルクの所説について、兼子(一)博士は、教科書の第四版——本章注(188)参照——を参照されたが、瀧川判事は、同第五版——5 Aufl. (1951)——を参照された。第四版から第五版にかけて、おおはばにページ数がふえているが、両者が参照された該当箇所については、一字一句、文言が動いていない。

(191) 瀧川・前掲（本章注(163)）一四六四頁。

(192) 兼子(一)「行政處分の取消判決の効力」（本章注(142)）一〇八頁。

(193) 瀧川判事のいわゆる「法律要件的効力」——本章注(186)を参照のこと——については、二章注(218)のなかでも指摘したように、基本は実体法により生ずる効力である。民法の規定において、判決が下されることによって、権利が生成、変更、消滅することが規定されているときには、判決が下されると、権利が生成、変更、消滅するというのが、構成要件効なのである。

(194) 瀧川・前掲（本章注(163)）一四六四頁。

(195) 兼子(一)「行政處分の取消判決の効力」（本章注(142)）一一四頁以下。

(196) 瀧川・前掲（本章注(163)）一四六四頁。

(197) 瀧川・前掲（本章注(163)）一四六四頁。ただ、瀧川判事が、その論理を展開する過程で、「行政處分に既判力がなくかつすべて司法審査に服する法制の下においては、行政處分の効力自體がいわば解除條件附のものというべきであるから、これらの者は、當該行政處分が判決によつて取り消されないことを條件として権利を取得するに過ぎず行政處分取消の判決によつてその権利が消滅するのはむしろ當然ではないであろうか」とされているのは、すこし、いいすぎではないかと思われる。行政実体法の理論では、行政処分の職権による取消し・撤回の法理にみられるように、受益的行政処分によっていったん得られた権利については、保護される傾向にあり、瀧川判事がとられるような、「當該行政處分が判決によつて取り消されないことを條件として權利を取得するに過ぎ」ないという見方は、あきらかに、この傾向に反している。

(198) 同法の立案担当者であられた田中(二)博士は、同『新版行政法上巻〔全訂第二版〕』(一九七四年)二八二頁で、「行政事件訴訟法は、行政事件訴訟特例法を全面的に改正し、訴訟の類型を明確にし、これに関する規定を詳細化するとともに、特例法の不備欠陥を除去し、解釈上の疑義を解決しようとしたもので」あると性格規定されていた。

(199) 昭和三七年五月一六日法一三九。

(200) 二二条は、取消訴訟における訴訟参加について定め、三八条一項により、二二条は、他の抗告訴訟にも準用されるが、当事者訴訟には準用されない。また、四三条一項、二項により、民衆訴訟と機関訴訟のうち、処分または裁決の取消しもしくは無効確認を求めるものについては、二二条は準用される。

(201) 行政裁判法三一条一項の立場と同じである。

(202) 昭和二九年五月二七日法一二七。

(203) 現行民訴法——平成八年六月二六日法一〇九——四〇条一項ないし三項である。

(204) 現行民訴法四五条三項ないし四項である。

(205) 現行民訴法四五条一項ないし二項である。

(206) 法制審議会行政訴訟部会の審議内容については、塩野宏『日本立法資料全集5——行政事件訴訟法(1)——』(一九九二年)、および、『同6——行政事件訴訟法(2)——』(一九九二年)によった。

(207) 一九五六年一〇月五日の法制審議会行政訴訟部会第一六回小委員会で配付された第一次案——一九五六年九月二〇日——である。その内容については、塩野『日本立法資料全集5』(本章注(206))の末尾に付されている。

(208) 一九五七年四月五日に開催された。

(209) 行政事件訴訟特例法改正要綱試案(第一次案)——本章注(207)参照——第二二(強制訴訟参加)のA案は、以下のように規定していた。

「1、裁判所は、訴訟の目的が第三者に対しても合一に確定する必要があると認めるときは、当事者もしくはその第三者の申立により、または職権で、決定をもつて、その第三者を訴訟に参加させることができるものとすること。

2、裁判所は、前項の決定をするには、当事者及び第三者の意見を聴かなければならないものとすること。

3、第一項の決定があつたときは、第三者は、当事者として訴訟に参加したものとみなす。この場合においては、民事訴訟法第六二条の規定を準用するものとする。」

ちなみに、この民訴法――本章注(202)――六二条とは、必要的共同訴訟に関する規定であり、その第一項では、「訴訟ノ目的カ共同訴訟人ノ全員ニ付合一ニノミ確定スヘキ場合ニ於テハ其ノ一人ノ訴訟行為ハ全員ノ利益ニ於テノミ其ノ効力ヲ生ス」と規定されていた。

(210) 本章注(209)参照。

(211) 行政事件訴訟特例法改正要綱試案（第一次案）第二二のA案を立案された杉本良吉幹事は、A案の趣旨について、特例法八条では、訴訟参加する第三者が訴訟当事者といかなる関係にあるのかが、はっきりしなかったので、判決の既判力との関係を考慮して、A案では、民訴法六二条とおなじような表現を用いることにしたと説明された――塩野『日本立法資料全集5』（本章注(206)）六三九頁の杉本発言――。
また、第三者についても合一に確定すべき場合の具体例として、おなじく同案の立案に参画された豊水幹事は、農地買収の取消判決があった場合にその農地の売渡しを受けた者、公売処分の取消判決があった場合にその公売物件の買受人、河川法の工作物施設の許可によって不利益を被った者が施設の許可の取消訴訟を起した場合その許可を受けた者、を上げておられた――同書六三九頁以下の豊水発言――。

(212) 当時の必要的共同訴訟の説明として、兼子(一)『新修民事訴訟法体系〔初版〕』（本章注(104)）三八五頁では、「類似必要的共同訴訟」について、「(共同訴訟人）の中の一人が単獨で訴訟をした場合でも、その判決は、他の第三者と相手方の間に効力を及ぼすものと定められているため、その者が共同訴訟人となつた際に、勝敗を區々に定めると、その一人について自分の受けた判決による直接の既判力と、他の者に對する判決から間接に擴張される既判力とが、同一事物について矛盾衝突し、収拾がつかない結果となる」とされていたが、その基礎に、既判力は訴訟当事者のみに及ぶという前提があったことは、いうまでもない。

(213) A案の立案者である杉本委員も、既判力は、当事者だけにしか及ばないということがA案の前提となっていると認められた――塩野『日本立法資料全集5』（本章注(206)）六四〇頁の杉本発言――。また、「訴訟の目的が第三者に対しても合一に確定する必要がある」というような規定をおくと、当時、兼子(一)博士の論文の影響で問題になっていた、抗告訴訟の判決は第三者に及ばないという議論が強くなるのではないかという田中真次委員の危惧――同書六四四頁の田中（真）発言――に対して、田中(二)委員は、その当時の考え方が、すでに、そういう傾向になっており、こういう規定がはいると、つよく主張されるようになろうが、それはそれでいいのかもしれないという意見を述べられていた――同書六四四頁の田中(二)発言――。
ただ、雄川幹事は、「合一に確定する必要があると認めるとき」というような表現をとったのは、既判力が対世効をもつのかどうかという前提の問題は、いちおう、たな上げにして、技術的にここで解決しようという目的で、そういう「ちょっとぼかしたような表現」を使ったと説明された。その背景には、無効確認訴訟の判決の既判力に対世効をもたせるのか、行政行為の無効を前提として権利を主張する訴訟に特例法を適用するのかといった問題もあり、こういう場合には、第三者に対して合一に確定させる必要があるのではないかということでも、こういう表現を使ったとも説明された——同書六四一頁以下の雄川発言——。

(214) 塩野『日本立法資料全集5』（本章注(206)）六四八頁の田中(真)発言。

(215) 行政事件訴訟特例法改正要綱試案（第一次案）第二二のB案が、兼子(一)委員の説を参照したものであることは、杉本幹事が明言されている——塩野『日本立法資料全集5』（本章注(206)）六三九頁の杉本発言——。

そのB案は、A案に、以下の項を付加するというものである。

「原告は、当該訴訟の目的が第三者に対しても合一に確定するにつき利益を有するときは、その第三者を第一一に定める共同被告とすることができる。」（ちなみに、第一次案第一一は、被告適格に関して定めていた）

これは、兼子(一)博士が、本書でも分析対象とした「行政處分の取消判決の效力」のなかで展開された論理に対応するもので、処分の取消しによって直接に法律上の地位を害される第三者の権利救済の方策として、原告が、第三者を訴訟当事者として訴訟参加させることを申し立てるということの、もうひとつの代替案として主張されていたものである。それは、「原告は最初からこれを行政廳と共同被告にする——ことによつて、これに對しても判決の效力を及ぼさせないと、後日この者に對して取消の效果について更に訴訟をしなければならなくなる。」というものである——同論文（本章注(142)）一一六頁以下——。

(216) 兼子(一)博士は、一九五七年三月三一日付けで東京大学教授を辞された直後の、問題の法制審議会行政訴訟部会第二二回小委員会——同年四月五日開催——は、欠席されていた。博士が委員会に復帰されたのは、第二五回小委員会——同年七月五日開催——からである。

兼子(一)博士の説を参照した行政事件訴訟特例法改正要綱試案（第一次案）第二二のB案は、私人たる第三者を、行政庁とならんで被告の地位にたたせようとするもので、行政庁に対する国民の訴えという行政訴訟の基本構造に抵触する、「むりすじ」の解決策であったため、当日の小委員会の議論でも否定的であった。したがって、兼子(一)博士が、当日、出席されていても、おそらくB案が採用されることはなかったと思われるが、博士が当日の小委員会におられなかったということは、象徴的なできごとであったようにも思われる。

(217) 塩野『日本立法資料全集5』（本章注(206)）六四七頁以下の豊水発言。豊水委員は、自分のこのような立場は、兼子(一)博士の立場と反すると認めておられた。

(218) 法制審議会行政訴訟部会第二一回小委員会の審議の議論においては、対世効は、既判力について考えられ、取消判決の形成効については、いっさい考えられていなかった。

(219) 第二次行政事件訴訟特例法改正要綱試案——公法研究一九号（一九三三年）五六頁以下——第二一（強制訴訟参加）は、つぎのように規定されていた。

「1　裁判所は、訴訟の目的が第三者に対しても合一に確定するとき、または合一に確定するにつき必要があるときは、當事者もしくはその第三者の申立により、または職権で、決定をもつて、その第三者を訴訟に参加させることができるものとすること。
2　裁判所は、前項の決定をするには、當事者および第三者の意見を聴かなければならないものとすること。
3　第一項の決定があつたときは、第三者は、當事者として訴訟に参加したものとみなす。この場合においては、民事訴訟法第六二條の規定を準用するものとすること。」

(220)　第三次行政事件訴訟特例法改正要綱試案――最高裁判所事務総局「行政事件担当裁判官合同概要」行政裁判資料二四号（一九五八年）二〇五頁以下――第二一（強制訴訟参加）は、つぎのように規定されていた。

「1　裁判所は、訴訟の目的が第三者に對しても合一に確定するにつき必要があるときは、當事者もしくはその第三者の申立により、または職権で、決定をもつて、その第三者を訴訟に参加させることができるものとすること。
2　裁判所は、前項の決定をするには、當事者および第三者の意見を聴かなければならないものとすること。
3　第一項の決定があつたときは、第三者は、當事者として訴訟に参加したものとみなす。この場合においては、民事訴訟法第六二條の規定を準用するものとすること。」

(221)　入江俊郎委員長が提示された、かような疑問――塩野『日本立法資料全集5』（本章注(206)）六五〇頁の入江発言――をうけて、そのあいだの関係について議論が行われた。

(222)　法制審議会行政訴訟部会第三三回小委員会――一九五八年五月三〇日開催――における杉本幹事の説明――塩野『日本立法資料全集6』（本章注(206)）一〇二五頁の杉本発言――による。

また、杉本幹事は、そのあとの第四〇回小委員会――一九五九年一月一六日開催――で、つぎのように説明された。第三者の訴訟参加の制度は、裁判所が、実質上の当事者である第三者を抗告訴訟に参加させ、その者に当事者たる地位を与え、判決の効力を及ぼさせることを趣旨・目的とするものである。したがって、その第三者の範囲は、特例法八条のように、「訴訟の結果について利害関係がある者」では、あまりにもひろすぎる。ただ、実質上の当事者の範囲は、かならずしも、民訴法七五条（共同訴訟参加）にいう「第三者につき合一にのみ確定すべき場合」とも一致しない。このような趣旨から、第二次案が、「合一に確定するとき又は合一に確定するにつき必要があるとき」としたのであるが、右の表現は、かえって、疑義を生ずるおそれあるばかりではなく、解釈としても、後者の場合は前者の場合をふくむと考えられるので、たんに、「合一に確定するにつき必要がある」とすればよいということで、このようになったというものである――同書一三〇七頁の杉本発言――。

(223)　一九六〇年七月一日に示された行政事件訴訟特例法改正要綱試案（小委員会としての第五次案）――塩野『日本立法資料全集6』（本章注(206)）一四二七頁以下――第二一（第三者の訴訟参加）では、現行行政事件訴訟法二二条と同文の規定がおかれた。また、第三者の訴訟参加と密接な関連を有する「判決の第三者効」と「第三者再審の訴」の規定が、それぞれ、第三〇と第三二におかれたが、これらも、現行行政訴法三二条と三四条と、おなじ文言である。

(224) 杉本・前掲（一章注(4)）。

(225) 一九六二年の行訴法制定以後のコンメンタールは、すくなくとも、同法二二条および二三条の解説――南編『注釈行政事件訴訟法』（一章注(4)）一九六頁以下〔上原〕、渡部＝園部編『行政事件訴訟法体系』（一章注(4)）三五七頁以下〔濱〕、南編『条解行政事件訴訟法〔初版〕』（一章注(4)）五七二頁以下〔松沢〕、園部編『注解行政事件訴訟法』（本章注(4)）三二二頁以下〔中込〕など――に関するかぎり、すべて、杉本・前掲（一章注(4)）によっている。

(226) 杉本・前掲（一章注(4)）七七頁。

(227) 必要的共同訴訟における共同訴訟人に準ずるといっても、共同訴訟参加（民事訴訟法五二条）のように、被告とならんで、共同被告としての地位をしめるわけではない。杉本・前掲（一章注(4)）八〇頁でも、「独自の請求をもつ当事者ではないから、その訴訟行為は、参加の時における訴訟の程度に従ってなすべき制限を受ける」とされていた。

二二条四項の趣旨は、訴訟参加人と主たる当事者とのあいだの訴訟行為の関係を、必要的共同訴訟の法理によって規律するというものである。

(228) 杉本・前掲（一章注(4)）七七頁。

(229) 杉本・前掲（一章注(4)）七七頁以下。

(230) いうまでもなく、兼子(一)博士の立場である。

(231) 雄川博士の立場であったと考えられる。

(232) 杉本・前掲（一章注(4)）七八頁。

(233) 杉本・前掲（一章注(4)）一〇六頁。

(234) 杉本・前掲（一章注(4)）一〇七頁以下。

(235) これは、形成というよりは、法律一般の「取消し」の観念に対応する。たとえば、当時の代表的な民法総則の教科書であった、我妻栄『新訂民法総則（民法講義Ⅰ）』（一九六五年）三九三頁以下の、「取消」についての解説を見てみよう。

民法の説明では、まず、取消しの対象となる法律行為のがわから説明される。すなわち、「取消しうべき法律行為」の意義として、「特定の人（取消権者）がその意思表示の効力を失わしめようと主張（取消）する場合にだけ、効力がないものとされ、その主張（取消）があるまでは、すべての者は、その行為を効力のあるものとしてとり扱」うとされた。そして、「取消の効果」として、「取消は、その法律行為を最初から無効であったことにする（民法一二一条）。すなわち、一応生じた効果は、かつて一度も生じなかったことになる」と、一般的説明をされたのち、我妻博士は、「この取消の遡及効は、民法の明言するところであるが、取消の本質上必然なものかどうかは疑問であり、特殊の法律関係については、これを制限する必要」があるとも指摘された。

ちなみに、博士のいわれる特殊の法律関係とは、「継続的法律関係」のことであり、この場合は、「むしろ遡及効を制限することを本則すべきものかとも考えている」とされた――同書三八七頁――。その例として、婚姻・養子縁組の取消しに遡及効がない（民法七四八条、八〇八条）ことを、上げられている。

(236)　このことじたいについては、当時において、すでに異論がなかった。雄川『行政争訟法』（一章注(8)）五九頁、兼子(一)「新行政訴訟の基礎理論」（本章注(141)）七八頁以下。

(237)　本文一七〇頁以下を、参照のこと。

(238)　杉本・前掲（一章注(4)）七八頁。

(239)　ほんらいならば、その第三者と原告のあいだの争いである事件について、たまたま行政処分が介在したために、その行政処分の効力を、まず、消滅させないかぎり、第三者とのあいだの事件を解決できないという状況におちいった原告は、処分の取消訴訟を提起するにあたっては、行政庁を被告とせざるをえない。こういう事態は、被告を行政庁のみに法定した取消訴訟の構造によって、招じられたもので、恒常的に生ずるものであり、このことは、本書の最初の問題提起のなかで指摘したところでもある。これについては、本文八頁を、参照のこと。

(240)　杉本・前掲（一章注(4)）七八頁。

(241)　旧民訴法六二条が準用された趣旨は、訴訟参加人と主たる当事者のあいだの訴訟行為の関係を、必要的共同訴訟の法理によって規律するというものであった。同条には、「訴訟ノ目的カ共同訴訟人ノ全員ニ付合一ニノミ確定スヘキ場合ニ於テハ其ノ一人ノ訴訟行為ハ全員ノ利益ニ於テノミ其ノ効力ヲ生ス」と規定され、ようするに、その基本は、共同訴訟人のひとりの行為が、共同訴訟人のがわに有利なものである場合は、共同訴訟人全員に対して効力をもつが、共同訴訟人のがわに不利なものである場合は、共同訴訟人全員がしなければ、効力をもたないということにある。

これに準ずるというのであるから、たとえば、訴訟参加する第三者と、訴訟参加するがわの主たる当事者のいっぽうが、相手方の主張事実を争えば、双方が争ったことになり、いっぽうが期日に出廷していれば、欠席した他方に不出頭の不利益を帰すことはできないということになる。これに対して、請求の認諾・放棄、自白、上訴権の放棄は、双方でしなければ効力をもたないことになる。

(242)　共同訴訟的補助参加は、ドイツ民事訴訟法（ZPO）六九条に規定されている――本文四二頁参照――もので、わが国でもふるくから紹介されていた。たとえば、加藤・前掲（本章注(128)）一五六頁では、以下のように説明されていた。

「判決の既判力は當事者間に限らるるのが、原則であるが法律の規定に依り當然第三者に既判力が及ぶ場合がある……。斯る場合に其の第三者が當事者の一方に補助參加を爲すのが共同訴訟的補助參加（selbständige oder streitgenössige Nebenintervention）である。即ち參加無くとも當然參加人と被參加人との間に既判力が及ぶ場合の補助參加である。……右述の共同訴訟的補助參加に付ては特別規定がないから、第六二條及び第七五條を類推するの外はない。蓋し既判力が當然補助參加人に及ぶのであるから第七〇條は適用がない。從て斯る補助參加人の地位は左の如く特別に見るべきである。

(1)　參加人は被參加人の行爲と牴觸する行爲を爲し得る（六二條一項參照）。

(2)　參加人に中斷又は中止の原因あれば訴訟手續は中斷又は中止さるる（六二條三項參照）。

(3)　上訴期間は參加人の判決を受けたる時より起算し其の上訴期間が經過せざる間は被參加人の上訴期間が經過しても上訴し得る。」

現行民訴法にも、なお、共同訴訟的補助参加の規定を欠くが、現在の民事訴訟理論でも、解釈上、認められており、上記のような説明が、くりかえされている。

(243)　杉本・前掲（一章注(4)）七八頁。

(244)　杉本・前掲（一章注(4)）七九頁。

(245)　本文二六八頁、および、本章注(235)を、参照のこと。

(246)　「法律関係関与性」の理論は、ドイツの判例・学説において、いかなる範囲の第三者を訴訟参加させることが必要的であるかを、実体法的に判断する基準となるものである。本稿では、コンラッドの分析により明らかにされたところが、参考になることを示した——本文一六〇頁以下——。判例における「法律関係関与性」の理論分析については、本文一三四頁以下を、参照のこと。

(247)　杉本・前掲（一章注(4)）七九頁以下。

(248)　杉本・前掲（一章注(4)）一一〇頁以下には、三三条に規定された取消判決の拘束力の性質について、つぎのように説明されている。

「この効力については、それは取消判決の既判力を被告行政庁以外の関係行政庁に及ぼす既判力の当然の効果をいうものにほかならず、その本体を既判力の拡張とみなす見解と、その判決の主文と一体となった判決の理由の判断について生ずる（したがって、主文と関係のない理由中の判断は拘束力を有しない。）ものであり、既判力と異なり、その判断がその事件についての行政庁の行動の規範となるところにその意義があるものであるとの見解があるが、本条は後者の見解に従い、これを理解すべきものである。」

(249)　杉本・前掲（一章注(4)）一一四頁。

(250)　杉本・前掲（一章注(4)）七八頁。

(251)　本文一頁以下を、参照のこと。

(252)　杉本・前掲（一章注(4)）七八頁。

(253)　行政事件訴訟への民訴法の準用については、行訴法七条に規定されているが、杉本『解説』二八頁では、「行政事件訴訟手続は、本来民事訴訟手続とは性格を異にするから、民事訴訟に関する法規が本来当然には適用されるものではないことを前提として、性質に反しないかぎり、右の民事訴訟に関する法規が準用されるという趣旨である」とされる。これは、行政事件訴訟が、民訴法に一般的に依拠することとなったのちにも、なお、行政事件訴訟の特殊性を維持しようとする、ひとつの思い入れにほかならないが、このテーゼの呪縛により、いっそう、行訴法と民訴法の関係が不明確にされたということは、否めないであろう。

ただ、このテーゼとの関係で考えてみると、旧民訴法六四条の補助参加は、訴訟参加人の補助的な性格のゆえに、行訴法二二条の第三者の訴訟参加と矛盾するものではないということで、「性質に反しない」として準用が許されるのであろう。いずれにせよ、そのような説明も、杉本『解説』では、されていない。

(254)　高林「訴訟参加」（一章注(6)）二〇二頁以下は、たしかに、特例法においては、職権訴訟参加のみが規定され、しかも、それがほとんど活用されなかったことから、行政訴訟の訴訟参加では、全面的に民訴法の規定が準用されていたという事情があったが、行訴法の制定で、事情は一変したとする。すなわち、訴訟参加人の地位が明確になったこと、取消判決に第三者効が認められたけっか、第三者が訴訟参加したか否かにかかわらず、取消判決の効力が一般の第三者に及ぶ、ということである。このことから、高林判事は、「このような状態の下において、なんのために行政訴訟の特別の参加のほかに、民訴の規定を準用する必要があろうか」と、つよく、民訴法の補助参加の規定の取消訴訟への準用に反対された。

しかし、積極的に、補助参加を排斥する根拠が、行訴法のなかに存在しないという消極的な理由により、学説は、一般に、とくにはっきりした理由を示すことなく、しごくとうぜんのこととして、行政訴訟への補助参加の準用を認めている。南編『注釈行政事件訴訟法』（一章注(4)）二〇一頁〔上原〕、渡部＝園部編『行政事件訴訟法体系』（一章注(4)）三六〇頁〔濱〕、南編『条解行政事件訴訟法〔初版〕』（一章注(4)）五七五頁〔松沢〕、園部編『注解行政事件訴訟法』（一章注(4)）三二五頁以下〔中込〕など。

また、判例も、その取扱いにおいて補助参加の申立てを排斥した例はない。ただ、行訴法二二条の第三者の訴訟参加と、旧民訴法六四条の補助参加は、選択的に許されるものであって、行訴法の訴訟参加をした者は、補助参加をする利益はないし、また、補助参加をした者は行訴法の訴訟参加をする利益はないという原則は確立された——大阪高判昭和四〇年一二月八日判例時報四三四号三一頁——。

(255)　現行民訴法四四条である。

(256)　三ケ月博士も、特例法の改正案の立案作業を行っていた法制審議会行政訴訟部会に、途中から——第二三回小委員会（一九五七年五月一七日）——、幹事として加わられた。

(257)　三ケ月「執行に対する救済」（同『民事訴訟法研究第二巻』（一九六二年）所収、初出は『民事訴訟法講座四巻』（一九五五年））四七頁以下。

(258)　三ケ月・前掲（本章注(257)）六一頁以下。

(259)　三ケ月・前掲（本章注(257)）六二頁。
(260)　三ケ月・前掲（本章注(257)）六二頁。
(261)　三ケ月博士は、この当時は、形成判決には既判力を認める余地はないと考えられていたよう――三ケ月『民事訴訟法〔法律学全集35〕』（一九五九年）五〇頁――だが、のちに、「救済の訴の方が形成訴訟の原型だとみる限り、実体法上の形成訴訟の既判力も――給付訴訟や、とくに確認訴訟との紛争類型のちがいに基づく変容を留保しつつ――認めるという方向で説を改めるのが正当だと現在の私は考えるに至っている」――同「訴訟物再考」（同『民事訴訟法研究第七巻』（一九七八年）所収、初出は、民事訴訟雑誌一九号（一九七三年）一頁以下）六九頁以下――とされて、説を改められた。そのほうが、「救済訴訟の再訴禁止効果……を導出する理論的前提ともなるであろう」とされた。
(262)　三ケ月「執行に対する救済」（本章注(257)）六二頁。
(263)　三ケ月『民事訴訟法〔法律学全集35〕』（本章注(261)）。
(264)　三ケ月博士のいわれた「構成要件的効果」は、筆者がドイツの原語から訳した「構成要件効」である。
(265)　三ケ月『民事訴訟法〔法律学全集35〕』（本章注(261)）四五頁以下。
(266)　三ケ月博士のいわれた「構成要件的効果」の意義は、つぎのとおりである――三ケ月『民事訴訟法〔法律学全集35〕』（本章注(261)）三四頁――。すなわち、「一定の裁判がなされたという事実に、法が特殊な効果を付与することがあ」り、「これらは、実体法上の何等かの法律効果の変動の構成要件（Tatbestand）として裁判がとらえられており、いわば裁判という事実を構成要件とする法規上の効果にほかならないから、これを構成要件的効果（Tatbestandswirkung）と」呼ばれるというものである。その例として、仮執行宣言を取り消す判決に損害賠償請求権の発生が結びついている（旧民訴法一九八条）ということと、判決で確定された権利には時効の延長の効果が結びついている（民法一七四条の二）ということを上げておられた。
　三ケ月博士の「構成要件的効果」の説明で、興味ぶかいのは、これと既判力の関係について述べられた箇所である。すなわち、「これを既判力の拡張というのは比喩的にすぎるし、その本質を不明確ならしめる」というものである。その例として、人事訴訟における裁判の失権効力（人事訴訟法九条）を上げられ、これのごときは、「既判力の効果を超えたものであり、むしろこうした人事訴訟の裁判に法が結びつけた特殊の構成要件的効果とみるべきものである」とされた。
(267)　三ケ月『民事訴訟法〔法律学全集35〕』（本章注(261)）四六頁。
(268)　三ケ月『民事訴訟法〔法律学全集35〕』（本章注(261)）四四頁の解説によれば、形成訴訟とされるもののおおくは、一定の法律関係の変動はむしろ対世的に一律に行わしめねばならないという考慮から、対世効をもつことを、とくに、実体法のなかで規定されているとされる。その例として、社団関係の形成訴訟、身分関係の形成訴訟などが上げられている。

(269)　三ケ月『民事訴訟法〔法律学全集35〕』（本章注(261)）四四頁および四六頁の解説によれば、詐害行為取消しの訴えを念頭におかれているようである。これについては、詐害行為取消権の行使に一定の要件を民法で定めておいて、裁判所に訴訟手続の形式によってその要件を判断せしめ、それが認められたときにかぎって、その変動を生ぜしめるとするのが適当だとして、訴訟手続を利用する場合であると規定されていた。そして、この場合は、対世的形成の効果を結びつけることは、かならずしも、本質的要請ではないとされた。

三ケ月博士のこの詐害行為取消しの訴えの見方は、じつは、我妻栄博士の見解——同『債権総論（民法講義Ⅳ）』（一九四〇年）一〇九頁——にもとづくものである。我妻博士は、民法学説のなかで、債権者取消権利の法律的性質について多岐にわかれていた学説を整理・分析されたうえで、詐害行為の取消しは、債権者が、相手方から詐害行為の目的たる財産、または、これにかわるべき利得の返還を請求する基礎として必要なかぎりにおいて、債権者に対する関係においてだけ詐害行為の効力を否認し、その他の者の相互の関係においては、詐害行為の効力は影響をうけずに存続する相対的取消しの立場をもって、正当とされた。

(270)　三ケ月『民事訴訟法〔法律学全集35〕』（本章注(261)）四六頁。

(271)　三ケ月『民事訴訟法〔法律学全集35〕』（本章注(261)）四六頁。

(272)　三ケ月博士によると、民事訴訟における形成訴訟の理論を構築するにあたっては、実体法上の形成の訴えと訴訟法上の形成の訴えを、形成訴訟のカテゴリーにふくめて論ずるのは、形成訴訟の理論として、かえって、散漫化するおそれがある。私的紛争の解決方式という角度から訴訟類型を見た場合は、形成訴訟の理論の対象は、あくまで、実体法上の形成の訴えに限定すべきで、それでたりる。訴訟上の形成訴訟については、それぞれにつき、なぜ訴訟の形式によらしめられているのか、そこでの確認的機能と形成的機能は、いかなる意味において、また、いかなるかたちで結びつけられているのかを、それぞれの制度につき検討すれば、たりるし、そのほうが有益であるとされたうえで、行政訴訟の理論について、つぎのように述べられた——三ケ月『民事訴訟法〔法律学全集35〕』（本章注(261)）五四頁以下——。

「行政訴訟の理論の中に民事訴訟の訴の類型を生まのままもちこむことについても同じ様な批判がなされねばならない。蓋し給付・確認・形成訴訟なる類型は民事訴訟の歴史的な発展の中から生まれて来たものであるから、全く制度の目的を異にする行政訴訟の取扱の中に無反省にもちこむことは徒らに混乱を生ずるのみであるからである。この点で雄川・行政争訟法（全集）が、民事訴訟の類型論の機械的な持込みを排して、各種の行政訴訟の裁判のもつ確認的機能と形成的機能の具体的な分析に立脚して行政訴訟の理論を構築しようと意図しているとみられる点に賛成である。」

つまり、行政訴訟の理論の構築については、行政事件の特異性に留意しつつ、行政法学者の手で行われるべきで、民事訴訟法学者としては、これ以上、口をはさまないということであろうと思われる。

なお、ここで述べられている雄川博士の見解とは、同『行政争訟法』（一章注(8)）五八頁以下の「抗告訴訟」の分析であろうと思われる。

(273) 伊藤洋一『フランス行政訴訟の研究――取消判決の対世効――』(一九九三年)。

(274) 伊藤(洋)・前掲は、フランス行政訴訟理論の研究であり、わが国の行政訴訟理論への提言も、フランスの理論状況の分析をとおして、行われている。このようなものの分析・検討を行うのであれば、やはり、その研究の対象とされているフランスの文献、資料にまでさかのぼって、直接、検証されなければならない。

筆者は、越権訴訟の取消判決が、対世効を有することを、明確に指摘されたとされる、Gautier, Alfred, Prècis des matières administratives dans leurs rapports avec le droit public, 1880. その立場を発展させ、その後のフランス行政訴訟理論におおきな影響を与えたとされる、Laferrière, Edouard, Traité de la jurisdiction administrative et des recours contentieux, 2e éd., 1896., フランスでは、ひろく門戸が開放されている「第三者再審」の基礎には取消判決の絶対効があるという論理を承認した、Auby, Jean-Marie=Drago, Roland, Traité de contentieux administratif, 3e éd., L. G. D. J. (Librairie gênérale de droit et de jurisprudence), 1984., 取消判決における違法性の判断にまで絶対効が認められるとした、Jèze, Gaston, Les principes gênéraux du droit administratif, 3e éd., 1925.,「対世効」と峻別される「絶対効」の概念規定をした、Weil, Prosper, Les conséquences de l'annulation d'un acte administratif pour excès de pouvoir, 1952., フランスでは、ひろく門戸が開放されている「第三者再審」についてくわしく解説した、Vedel, Georges=Devolvé, Pierre, Droit administratif, 9e éd., P. U.F. (presses universitaires de France), 1984., を、筆者のとぼしいフランス語の読解力で、該当箇所について精読したが、その他の、伊藤(洋)・前掲の基礎になっている膨大な文献・資料を検証することは、とうてい不可能であった。

したがって、この項は、伊藤(洋)・前掲に示されたフランスの文献・論文の分析や検討を行ったものではなく、ただ、伊藤(洋)・前掲を精読し、教授が、フランス法の研究によってあきらかにされたところを、筆者の理解により要約したかたちで、記述したものにすぎない。そのようにしてでも、本書で、伊藤(洋)・前掲をとり上げたかったのは、教授が、フランス行政訴訟理論の研究をとおしてあきらかにされたところが、本書のめざす問題解決に、重要な示唆を与えると考えられるからである。

(275) 伊藤(洋)教授が、伊藤(洋)・前掲の最初から、観念されていた「取消判決の対世効」とは、「取消判決によって係争行為が客観的に消滅するという、いわゆる形成力の対世性を指す」というもので、これは、フランス法では、取消判決の対世効の語義として、もっとも一般的なものであるともされている。同・前掲(本章注(273))一〇頁。

(276) 伊藤(洋)教授じしん、みずからの研究の基本的性格を、かように、規定されている。同・前掲(本章注(273))四頁以下。

(277) 伊藤(洋)・前掲(本章注(273))一一頁以下の分析による。

(278) 伊藤(洋)・前掲(本章注(273))三四頁によれば、一八七九年に、ゴーティエが、越権訴訟の取消判決が、既判力の相対性原理に反して、対世効を有することを、明確に指摘するに至ったとされる――Gautier, op. cit. (本章 note (274)), p. 8. ――。しかし、フランスの行政法学説に決定的な影響を与えたのは、その直後にだされたラフェリエールの見解である。その内容は、判決による行政処分の取消しは、行政処分が行政庁によって取り消されたときとおなじく、完全に行政処分を消滅させるので、対世効を生じさせるというものであった——Laferrière, op. cit. (本章 note (274)), p. 573 et suiv.——。

(279) 伊藤(洋)教授の分析によれば、その場合、①取消判決をだれが下すのか、②なにについて下すのか、③なんのために下すのか、が問題であったとされる。同・前掲(本章注(273))七一頁以下。

①については、ラフェリエールのように、コンセイユ・デタの沿革から説明するもの——Laferrière, op. cit. (本章 note (274)), tome I, p. 463 et suiv. ——もあれば、ジャックランのように、そもそも越権訴訟は、行政作用と裁判作用の行政権内部における混同を利して、コンセイユ・デタが発展させてきたものであるとした「越権訴訟の非裁判性」から説明するもの——Jacquelin, René, Les principes dominants du contentieux administratif, 1899, p. 232 et suiv. ——もあれば、カレ・ド・マルベールのように、取消判決を下す主体が、行政庁ではなく裁判所であるとしつつ、それが、司法裁判所ではなく、行政裁判所であると説明するもの——Carré de Malberg, contribution à la théorie générale de l'Etat, tome I, 1920, p. 812——もあったようである。

②については、デュギの客観訴訟論が、のちの学説・判例に、きわめておおきな影響を、与えたようである。

③については、越権訴訟は、よき行政のために組織された客観的無効の手段であるとする、オーリゥの越権訴訟観にたつ、ルナールの越権訴訟と刑事訴訟の対比論——Renard, Georges, Notions très sommaires de droit public français, 1920, p. 86 et suiv. ——が重要であるとされる。

(280) 伊藤(洋)・前掲(本章注(273))八七頁。

(281) このデュギの見解とは、法の問題について下される決定は、「形式のみの裁判行為」であって、その場合の決定の本質は、行政処分である。したがって、越権訴訟は、法律侵害の有無を争点とする客観訴訟の典型例である。形式的には、裁判所への訴えであるが、実質的には、下級庁の処分を違法として取り消す上級庁の決定とおなじである、というもの—— Duguit, Léon, L'Etat, les gouvernant et les agents (Étude de droit public II), 1903, p. 533. ——のようである。伊藤(洋)・前掲(本章注(273))八八頁。

ここに見られるように、訴訟の対象が法の問題であるときが、客観訴訟と考えられていたようである。同書九一頁。

(282) 伊藤(洋)・前掲(本章注(273))八九頁。

(283) フランス法史において一時期となえられた「平行訴訟論」とは、ひとことでいえば、他の救済手段がある場合には、越権訴訟の提起は許されないというもの——伊藤(洋)・前掲(本章注(273))二四頁——で、一九世紀なかば以降の越権訴訟の拡大にともない、批判の対象となり、やがて、消滅していったようである。同書二八頁以下。

(284) 伊藤(洋)・前掲（本章注(273)）一一五頁。

(285) 伊藤(洋)・前掲（本章注(273)）一一六頁。

(286) 伊藤(洋)・前掲では、冒頭に、このような定義を示されている——伊藤(洋)・前掲（本章注(273)）八頁——が、これは、ヴェイユが、それまでの行政法学説が、ばくぜんと「対世効」という用語を用いていることを批判して、「絶対効」と「対世効」の峻別の必要性を強調したこと——Weil, op. cit.（本章 note (274)), p. 88.——によるものであるとされている。同書一六六頁。

ヴェイユによれば、「狭義の絶対効」とは、取消判決は、すべての裁判所をすべての裁判において拘束するもので、いかなる裁判官も、当該行為の違法性を、あらためて、問題にすることはできないというものである。伊藤(洋)教授の評価によれば、これは、「違法性判断の確定効」といえるものであって、「既判力の第三者への拡張」であるとされる。同書一六六頁。

これに対して、ヴェイユのいう「狭義の対世効」とは、裁判に関与しなかった者の判決援用を許すこと、および、判決をその者に対抗できること、取消判決は、当該行為に対する訴えをその行為の名あて人が提起しなかった場合でも、その名あて人を拘束し、また、その名あて人によって援用されうるということであり、伊藤(洋)教授の評価によれば、これは、「判決による取消しの対抗力」の問題であるとされる。同書一六五頁以下。

(287) 伊藤(洋)・前掲（本章注(273)）一三三頁以下。

(288) フランスの民事訴訟理論で、このような見解をとなえたのは、ボワイエであるようで、伊藤(洋)・前掲では、その所説が詳細に分析されている。伊藤(洋)・前掲（本章注(273)）一四二頁以下。

なお、ここに上げられているボワイエの論文—— Boyer, Louis, Les effects des jugements à l'égard des tiers, R. T. D. C. (Revue trimestrielle de droit civil), 1951. ——は、ざんねんながら、入手できず、参照することはできなかった。したがって、以下のボワイエの所説とするところは、伊藤(洋)・前掲の要約である。

すなわち、法関係を創造する行為としての判決には、「絶対的効力」があるが、認定の証明力に関しては、訴訟当事者しか拘束しない。「既判力」は、判決においてなされた認定の訴訟当事者に対する拘束力をさすもので、このような効力は訴訟当事者が裁判において自己のいい分を主張できたことにより正当化される。既判力と判決の効果は区別されなければならない。既判力の相対性原理は、判決の効果が対世的であることを妨げるものではない、というものである。

また、ボワイエは、いっぽう、判決が、第三者の権利・利益を侵害する場合があるが、第三者は、訴訟当事者とちがって、自己のいい分を訴訟において主張する機会を与えられていないのであるから、その判決を争うことが許されなければならないともしているが、この自己のいい分を訴訟において主張する手続として、フランス法に特徴的な「第三者再審」の制度があるのである。

伊藤(洋)教授は、この民事訴訟法学者の理論を重視されているようで、この民事訴訟法理論を前提としたら、越権訴訟の取消判決の対世効はかように説明されるという、つぎのような独自の論証まで展開されているのである。同書一四六頁以下。

「取消判決には、対抗力があるので、第三者はその取消判決を対抗される。しかし、訴訟当事者でない第三者には、主張の機会を与えることなく既判力を及ぼすことはできない。越権訴訟における取消判決といえども、この点は同様である。したがって、権利を侵害される第三者は、第三者再審によって当該判決を攻撃することができる。取消判決の対世効とは、第三者による攻撃を完全に封殺することのできる、第三者に対する既判力の拡張ではなく、判決の対抗力にほかならない。第三者は、第三者再審によって取消判決を攻撃しておかないかぎり、その取消判決を対抗されるというシステムになっているわけである」

(289)　伊藤(洋)・前掲(本章注(273))一七九頁。

(290)　越権訴訟の取消判決に絶対効が認められるという指摘は、伊藤(洋)・前掲よりまえに、筆者がかつて読んだ小早川教授の論文――同「取消判決の拘束力」(同『行政訴訟の構造分析』(一九八三年)所収、初出は、法学協会雑誌九三巻四号(一九七六年)四二九頁以下)二四二頁――のなかで、つぎのように、すでになされていた。

「フランスでは、取消訴訟が対世効(effet erga omnes)をもつことが、いわゆる越権訴訟の客観訴訟性を示すものとして強調され、論議される。わがくにの通説的見解からすれば、形成判決が対世効をもつことは性質上当然とされ、右の点がとくに強調されることは一見奇異な印象を抱かせるが、フランスでは、実は、形成力の対世性ではなく、違法判断についての既判力の対世性まで肯定されているのである」

ただ、小早川教授は、この指摘について、これ以上の論証をされたものではなく、伊藤(洋)教授が、フランス法のぼうだいな文献・資料を分析され、その歴史的発展過程と、その背後にある思想・理論をあきらかにされたのである。

(291)　伊藤(洋)・前掲(本章注(273))一八四頁。

(292)　今世紀はじめまでは、取消判決の対世効と第三者再審の肯定は、理論的には整合性を欠くのではないかという見解もあったが、一八八二年のカンヌ市判決――C. E. (Conseil d'Etat) 28. 4. 1882, Ville de Cannes, Rec. 387. ――、一九一二年のブスュージュ判決――C. E. 29. 11. 1912, Boussuge, Rec. 1128. ――で、越権訴訟にも第三者再審が認められることが、確定したようである。伊藤(洋)・前掲(本章注(273))一二三頁以下。

学説では、ギィヤンが、絶対効があるからこそ、第三者再審があるのだとし――Guillien, Reymond, L'acte juridictionnel et l'autorité de la chose jugée, 1931, p. 441. ――、ヴェイユが、既判力が相対的である事項については、第三者再審はまったく無用である。第三者が自己に対する判決の執行に対抗するには、判決の相対効を援用すれば足りるからである。第三者再審は、対世効のコロラリーにほかならないと論理を展開したところ――Weil, op. cit.(本章 note (274)), p. 121 et suiv.――が、オービィ=ドラゴーの支持を得て――Auby=Drago, op. cit.(本章 note

(896))，p. 635.――、現在の行政訴訟理論の有力説になっているとされている。伊藤(洋)・前掲（本章注(273)）一二八頁以下。

(293) Code de procédure civile.

(294) Vedel＝Delvolvé, op. cit.（本章 note(274)），p. 823.

また、第三者再審と第三者の訴訟参加の密接な関係から、ぎゃくに、第三者の訴訟参加は、「事前の第三者再審」とも考えられているようである。伊藤(洋)・前掲（本章注(273)）三四頁。

(295) 伊藤(洋)・前掲（本章注(273)）一頁以下。

(296) Vedel＝Delvolvé, op. cit.（本章 note（274)），p. 821 et suiv.

(297) 伊藤(洋)・前掲（本章注(273)）三四七頁以下。

(298) 伊藤(洋)・前掲（本章注(273)）三五四頁。

(299) 伊藤(洋)・前掲（本章注(273)）三九八頁によれば、C. E. 8. 4. 1961, Conseil national de l'Ordre des médecins c/Dame Le Bourhis, Rec. 221. によって、判例理論が確立したとされている。

(300) 伊藤(洋)・前掲（本章注(273)）三九八頁。

(301) 伊藤(洋)・前掲（本章注(273)）三九九頁によれば、フランスの民事訴訟の通説的理解によれば、第三者再審において下された判決は、原則として、係争判決の原当事者には及ばず、第三者再審で勝訴した原告のみが、原判決の拘束を免れることができるとされているようである。

民事訴訟の通説的見解については、同書三九九頁以下の注に、おおくの参照文献が上げられているが、ざんねんながら、筆者は、Croze, Hervé＝Morel, Christian, Procédure civile, P.U.F., 1988, n° 113. しか参照できなかった。

(302) 伊藤(洋)・前掲（本章注(273)）四〇一頁。Weil, op. cit.（本章 note(274)），p. 124.

(303) 伊藤(洋)・前掲（本章注(273)）三四八頁。

(304) 筆者は、かつて、「訴訟参加と行政事件の解決」（一章注(1)）一三四頁で、行訴法二二条に規定された第三者の訴訟参加については、「申立てによる訴訟参加」が基調になるとした。それは、同条による第三者の訴訟参加の性格が、基本的に、民訴法の補助参加と同質であるとみられることと、裁判所が職権を発動して第三者を訴訟に参加させた例が、ほとんど見られないことを考慮したものであった。

しかし、あらためて、三法の条文をとおして見てみると、そこには、職権主義を基調とするという、一貫した思想がうかがえるのである。たしかに、それが、民事訴訟の補助参加とはべつに、取消訴訟に固有の訴訟参加を定めた理由なのであろう。

したがって、立法の趣旨から判断して考えなおしたということで、一般の解釈――杉本・前掲（一章注(4)）八〇頁、並木・前掲（一章注(14)）一七一頁など――とおなじく、行訴法二二条に規定された第三者の訴訟参加については、「職権による訴訟参加」が基調になるとしたい。

(305) 本文二一〇頁以下を、参照のこと。

(306) これは、訴訟参加の趣旨・目的から、とうぜんに、このように考えるべきである。行訴法では、第三者の訴訟参加の目的は、第一次的に、第三者の権利保護にあると考えられているが、これは、判決の結果により権利を害される第三者の権利保護ということであるので、その第三者につき、判決の結果により権利を害されることがあると判断されれば、裁判所には、もはや、その第三者を訴訟参加させないとする裁量の余地はないのである。

(307) 判決で取り消される処分による直接の既得の権利でなければならないということは、原告の取消しの訴えを認容する判決によって直接に侵害される権利でなければならないということを意味する。たとえば、第三者が、原告から、すでに権利を得ていた場合に、原告に対する処分であるが、その第三者の権利を剝奪することになるような処分の取消しを求める、原告の訴えを棄却する判決によって侵害される第三者の権利は、ここでいう直接の既得の権利には該当しない。また、原告の取消しの訴えを認容する判決であっても、それにより侵害される第三者の権利を転得していた者の権利も、ここでいう（処分による）直接の既得の権利には該当しない。

(308) たんなる事実上の利益や経済上の利益は、ここでいう権利にふくまれないと解されている――南編『注釈行政事件訴訟法』（一章注(4)）二二〇五頁〔上原〕、南編『条解行政事件訴訟法〔初版〕』（一章注(4)）五八〇頁〔松沢〕、山村＝阿部・前掲（一章注(4)）二二〇頁〔小林〕、雄川ほか『行政事件訴訟特例法逐条研究』（本章注(65)）三二二頁の三ケ月発言など――。とうぜんであろう。
ただ、訴訟の結果により「害される権利」とは、厳格な意味における権利にかぎらず、法律で保護された利益もふくまれるという見解――杉本・前掲（一章注(4)）八〇頁、南編『条解行政事件訴訟法』（一章注(4)）五八〇頁〔松沢〕――もある。これは、訴訟参加人の訴訟参加の利益との対称概念である原告の訴えの利益について、厳格な意味における権利よりもひろい概念が基礎とされていることとの対比で、訴訟参加の利益についてだけ、権利というせまい概念に限定することは、衡平を欠くということを理由とするものである。筆者も、これに同調したい。

(309) 佐佐木「行政判決ノ参加人ニ對スル拘束力(一)」（本章注(4)）八四八頁。ただ、この行政裁判法三一条二項の解釈については、異論があり、大審院昭和一五年六月一九日判決――本文二一九頁以下参照――は、訴訟参加した第三者のみならず、一般第三者にも、判決の効力が及ぶと判示していた。

(310) たとえば、本章注(81)を、参照されたい。

(311) これに関して、つねに問題となるのは、医療費値上げの告示の取消判決は相対的効力しかもたないと判断した判例の存在である。
厚生大臣のした医療費値上げの職権告示に対して、支払い者がわの健康保険組合が提起した取消訴訟に付随して、申し立てられた執行停止の申立ての東京地決昭和四〇年四月二二日行集一六巻四号七〇八頁では、行訴法三二条一項の第三者効の範囲について、つぎのような、注目すべき判断が示された。

「取消訴訟において取り消されるのは、立法行為たる性質を有する行政庁の行為のうち、当該行為の取消しを求めている原告に対する関係における処分のみであって、行為一般が取り消されるのではないと解すべきである」

この判断は、東京地裁の執行停止を取り消した東京高決昭和四〇年五月三一日行集一六巻六号一〇九九頁でも、維持された。しかし、学説は、概して、反対の立場をとっている――原田尚彦「取消判決の第三者効について」時の法令五四二号（一九六五年）三九頁、町田顕「行政処分の執行停止決定（取消判決）の対世的効力」判例タイムズ一七八号七一頁、南編『注釈行政事件訴訟法』（一章注(4)）二八三頁以下〔阿部〕、南編『条解行政事件訴訟法』（一章注(4)）七三二頁以下〔岡光民雄〕、兼子(仁)「取消判決の第三者効」ジュリスト九二五号（一九八九年）二〇七頁など――。その理由の根本は、一般処分の取消しの効果が区々にわかれることは、このましくないということにあるが、そのてまえの理由づけとして、一般処分の不可分性、処分の違法性が一般的に確認されたということ、このような訴訟は処分の法適合性審査を求める市民の代表訴訟的性格をもつ客観訴訟であるということなど、説得力のある見解がだされている。

そのなかでは、筆者は、兼子(仁)博士の、「法治主義下の一般処分に対する取消訴訟的救済を全うさせる意味から、取消判決はやはり一般処分を一般的に失効させる形成効を有し訴外第三者国民に及ぶものと解される。この場合、そう解さなくても、行政庁は取消判決の拘束力によって当該一般処分を取り消さなければならないのである」という、素朴ではあるが、「つぼをはずさない」説明――同・前掲（本注）二〇七頁――に、いたく感銘をうけた。また、兼子(仁)博士は、この場合の一般処分により利益をうけていた第三者があるときは、「訴訟参加ないしは再審の訴えの余地があろう」とも、されている。

(312)　行訴法二三条の行政庁の訴訟参加の、現在のふつうの理解によれば、それは、処分庁に対する監督行政庁、当該処分に関係を有する行政庁を訴訟に引き込んで訴訟資料を豊富にし、適正な審理裁判が実現することを期待するもので、その趣旨からすると、民事訴訟にみられるその他の訴訟参加とは異質の制度であるとされる。塩野『行政法Ⅱ〔第四版〕』（二〇〇五年）一四一頁。

(313)　南編『注釈行政事件訴訟法』（一章注(4)）二〇一頁〔上原〕、南編『条解行政事件訴訟法〔初版〕』（一章注(4)）五七五頁〔松沢〕など。

(314)　佐佐木博士が、行政訴訟には既判力は認められないとされていたことについては、本文二〇八頁を、参照のこと。

(315)　佐佐木『日本行政法論』（本章注(3)）六六〇頁。

(316)　佐佐木「行政判決ノ参加人ニ對スル拘束力(一)」（本章注(4)）八四八頁。

木村教授は、この佐佐木博士の説明について、判決の第三者効（行政裁判法三一条二項）と第三者の訴訟参加（同条一項）とのあいだに相互依存関係を肯定されたのであると分析しておられる――木村「判決――第三者効を中心として」（本章注(2)）二四八頁――ように、それは、同条の一項と二項のあいだの関連をあきらかにされたにとどまり、既判力の拡張をもって第三者の訴訟参加の目的とする認識までは、なかったと思われる。

(317) 美濃部『行政裁判法』（本章注(16)）二一一頁以下。

(318) 美濃部『行政裁判法』（本章注(16)）二一〇頁以下。

(319) 田中(二)「行政争訟の法理」（本章注(79)）八二頁以下。

(320) 田中(二)「行政訴訟の判決と第三者」（本章注(38)）一二六頁。

(321) 木村教授は、このような田中博士の態度を、「形成力概念に関する田中説の曖昧さ」と評されている。木村「判決――第三者効を中心として」（本章注(2)）二五九頁。

(322) 雄川『行政争訟法』（一章注(8)）一七八頁。

(323) 雄川『行政争訟法』（一章注(8)）一八〇頁。

(324) 行訴法三二条一項は、形成判決としての取消判決の対世効を承認した規定であると、一般に理解されている。

たとえば、阿部教授は、同項の前提には、処分または裁決は、その取消判決が確定したときに遡及的に効力を失い、当初から処分がなされなかったとおなじ状態を現出するということが、暗黙の了解として、あるとされている――南編『注釈行政事件訴訟法』（一章注(4)）二七五頁〔阿部〕――。これと同様の説明をするものとして、南編『条解行政事件訴訟法〔初版〕』（一章注(4)）七一一頁〔岡光〕、園部編・前掲（一章注(4)）三八七頁〔村上〕など。

また、そこまでいわずに、訴訟当事者と第三者のあいだで、判決の効力が区々になることは、行政法上の法律関係画一性の要請から、適当でないとする説明――渡部＝園部編『行政事件訴訟法体系』（一章注(4)）四〇二頁〔竹田穣〕――もある。

(325) 杉本・前掲（一章注(4)）七七頁以下。

これ以降の、学説の理解も、これに従うものである。たとえば、塩野『行政法II〔第四版〕』（本章注(312)）一二八頁は、第三者の訴訟参加は、取消訴訟の結果により権利を害される第三者に、「なんらの手続的権利を与えることなく訴訟の結果だけを甘受させることは、適切ではないことから設けられた制度である」としている。

(326) 佐佐木『日本行政法論』（本章注(3)）六一八頁、美濃部『行政裁判法』（本章注(16)）二一四頁。

(327) 佐佐木『日本行政法論』（本章注(3)）六一八頁、美濃部『行政裁判法』（本章注(16)）二一四頁。

(328) 美濃部『行政裁判法』（本章注(16)）二一四頁。

(329) 田中(二)「行政争訟の法理」（本章注(79)）八二頁以下、同『行政法講義案上巻』（本章注(65)）二九九頁以下。

(330) 雄川『行政争訟法』（一章注(8)）一八一頁以下。

しかし、ここで注意しておかなければならないのは、補助参加の利益は、かなりひろく認められており、判決の効力により直接に権利を侵害されない者もふくまれるということと、補助参加の場合は、訴訟当事者から異議がでなければ、補助参加申出人は、そのまま訴訟参加できるというしくみになっているので、実際に、判決の効力をうけない第三者も、補助参加の申出をすることにより、取消訴訟に参加してくるということである。これらの者は、とうぜん、共同訴訟的補助参加の前提を欠くことになる。

雄川博士は、さすがに、そのあたりのことは、わかっておられて、「多くの場合は補助参加しかなし得ないが、判決によって直接自己の法律上の地位に影響を受ける者……が法律上当事者適格を与えられていないために、補助参加しかなし得ない場合は、この参加人に共同訴訟人に準じた訴訟追行権能を与えるべきで、いわゆる共同訴訟的補助参加……として扱うべきである」とされていた。

(331)　雄川「行政事件訴訟特例法」（本章注(36)）九四頁。

(332)　このことは、かつて、阿部教授によって、するどく指摘されていた。南編『注釈行政事件訴訟法』（一章注(4)）二八一頁〔阿部〕。また、瀧川判事が、おなじ論理を展開されていたことは、すでに見たとおりである――本文二五九頁以下参照――。

(333)　ドイツの行政訴訟の通説が、取消判決も訴訟当事者のあいだでのみ効力（既判力）をもつということを前提とし、第三者を訴訟参加させることで、判決の効力（既判力）の拡張ということで解決をはかろうとしていることを、民事訴訟学者のシュローサーやマロチュケが批判し、形成効を前提とした解決をはかるべきだとした論理――本文一七四頁以下参照――を、正当とするということでもある。

(334)　行政処分の取消訴訟は、三ケ月博士がいわれた、「正に対世的形成が必要であるからこそ形成訴訟とされるに至ったもの」――同『民事訴訟法〔法律学全集35〕』（本章注(261)）四四頁――にあたると考えられる。

第二節　問題の再分析と再構成

第一項　問題の見なおし

(a)　これまでの考察で得られたことの確認

一　これまでに行った、わが国の、第三者の訴訟参加の条文の変遷、および、それについての理論の歴史的分析をとおして、ほぼ、その基本的問題状況の全容が、あきらかにされたと思われるが、それを、ここで、もういちど確認しておくと、つぎのとおりである――これを、以下、〔基本的問題状況〕とよぶ――。

〔原告が、違法な行政処分によって自己の権利を侵害されたと主張して、その行政処分の取消しを求める訴えを認容する取消判決の効力は、対世効をもつ。その結果、原告の権利救済の目的は、後訴をまたず、取消訴訟のみによって達成される。しかし、それにより、係争処分によって、すでに既得の権利を得ていた第三者は、その権利を失う。これは、その第三者が、当該訴訟に参加していたかどうかということに関わりない。

このような第三者には、当事者または第三者の申立てにより訴訟参加する途が開かれているし、それ以外に、裁判所が職権で訴訟参加させることもあるとされる。また、訴訟参加の機会を得なかった第三者で、訴訟参加して独自の主張・証明をつくしていれば、べつの判決を得られた可能性をもつ者については、第三者再審の途も開かれている。

しかし、第三者の申立てによる訴訟参加の前提には、そのような訴訟が係属していることを、第三者に認知させるという事実がなければならないが、右のような、判決の効力に密接な関わりのある第三者にも、訴訟告知しなければならないという規定は、行訴法にも、民訴法にも存在していない。また、裁判所が職権で第三者を訴訟参加させることについても、基本的に、それは、自由裁量であるとされており、じっさいにも、この職権は、ほとんど行使されていない。」

二

第三者の訴訟参加について、これまで、くりかえしいわれてきたのは、ひとつは、訴訟の目的について真の当事者とみるべき者を、訴訟に引き入れ、「事件の適正な審理裁判を実現する」ということであり[335]、もうひとつは、取消判決により権利を害される第三者があるときに、この者になんらの手続上の権利を与えることなく、判決を甘受させることは適切ではないということであった[336]。

しかし、これらのことは、第三者の訴訟参加の趣旨・目的としていわれていることであって、それじたいが、前述の〔基本的問題状況〕の解決策を提示するものではない。いかにして、第三者を訴訟参加させ、訴訟手続上の権利保障として、主張・証明の機会を与え、それをとおして、事件の適正な審理裁判を実現していくかは、また、べつの論理によるものであろう。その論理をさぐることが、本書の以下の考察の主たる目的となる。

その論理を探究する前提として、ここで、あらためて、なにを問題としなければならないのかということから、考えなおす必要があるであろう。それをさぐる、ひとつの「てがかり」として、職権訴訟参加が問題となったと考えられる、ふたつの判例のなかにあらわれた事実・法律関係を分析してみよう。わが国の行政訴訟の判例で、裁判所が、職権を行使して、判決の結果により権利を害されたと考えられる第三者を、訴訟参加させるべきではなかったのかということが問題とされたのは、その第三者からの「第三者の再審の訴え」が提起されたふたつの事例においてである[337]。このふたつの事例は、かなり性格のことなったものであり、それぞれにおいて、職権訴訟参加の本質的問題と考えられる、いくつかの問題点を提示しているので、事実・法律関係を中心に、くわしく見ていこう。

(b) 大阪高裁昭和四四年一月三〇日判決[338]の事例の分析

一　行訴法三四条に規定された「第三者の再審の訴え」というのは、取消訴訟の対象となった行政処分にふかい関わりをもっていたが、「自己の責めに帰することができない理由により訴訟に参加できなかつた」まま、取消判決により権利を害された第三者のための非常救済手段である。したがって、その「訴訟に参加できなかつた」という事情が問題になるので、そこからさぐってみよう。

本件の、再審の訴えの対象となった取消訴訟というのは、被告（＝再審被告Y_2）農地委員会より自己所有の土地につき買収計画を定められた原告（＝再審被告Y_1）が、当該計画の取消しを求めたもの[339]である。ところで、本件土地は、すでに、当該買収計画にもとづいて国が所有権を取得したうえで、再審原告X_1へ強制譲渡され、それから、同者から再審原告X_2および再審原告X_3へと転売され、移転登記もされていたが、再審原告X_1、X_2、X_3の訴訟参加がないままに、原告の請求を認容する判決[340]が下され、そのあと、判決は確定した[341]。

取消しの確定判決を得た原告は、再審原告X_1、X_2、X_3および国を相手に、本件土地の明渡等を求める訴え[342]を提起した。そこで、再審原告X_1、X_2、X_3が、前訴取消訴訟の原告（＝再審被告Y_1）および被告（＝再審被告Y_2）を相手に、本件第三者の再審の訴えを、大阪高裁に提起した[343]。

二　さて、第三者の再審の訴えでは、とうぜんのことながら、つぎの三つのことが問題となる。①「再審原告らは、取消判決により権利を害される第三者にあたるか」、②「前訴取消訴訟に訴訟参加できなかったのは、自己の責めに帰することができなかった理由によるのか」、③「再審原告らが主張する攻撃または防御方法は、判決に影響をおよぼすべきものであったのか」である。

本件第三者の再審の訴えでも、この三つの問題について争われているが、③の問題は、第三者の再審の訴え固有の問題であるので、のちに論ずるとして、かような第三者を訴訟参加させるべきであったかどうかの、①、②の問題について見ていこう。

三　①の問題については、同大阪高裁判決は、買収計画の取消判決（の形成効）により、買収計画が有効であることを前提として、再審原告らが順次取得していた所有権がくつがえることになるという事実をもって、再審原告らは、行訴法三四条にいう「権利を害された第三者」に該当すると判示した[344]。

ところで、最終的に、同条の再審の利益は、同法二二条一項の訴訟参加の利益よりはせまいと見るべきであるが[345]、三四条の構造から、そのベースになる、同条にいう「権利を害された第三者」の範囲じたいは、二二条一項にいう「訴訟の結果により権利を害される第三者」の範囲と、ことなるところはないと考えられる[346]。

そこで、同項の訴訟参加の利益を基準に考えるが、筆者は、次節において論証するごとく[347]、同項にいう、訴訟の結果により害される「権利」とは、取消訴訟においては、訴訟の対象となる処分による「直接の」既得の権利でなければならないと考えている。その立場からは、買収計画により直接に所有権を取得したのは、国であって、買収計画の取消しにより権利を害されるのは、国であり、国から所有権を転得していた再審原告らは、「訴訟の結果により権利を害される第三者」とはいえない。したがって、再審原告らは、いずれも、訴訟参加の利益を欠くので、とうぜん、三四条にいう「権利を害された第三者」にもあたらないと考えるべきである[348]。

四　ただ、ここで問題としているのは、なぜ、第三者が訴訟参加できなかったのかという事情であるので、一歩さがって、いちおう、かような第三者にも訴訟参加の利益があったものと仮定して、事実関係をくわしく見てみよう。

再審原告らの主張するところによれば、昭和二三年に、再審被告Y_1（＝取消訴訟の原告）が、自己所有の土地に対する買収計画の取消しを求める訴訟を提起し、同三七年に、原告勝訴の判決が言い渡され、同年に、再審被告Y_2

（＝取消訴訟の被告）農地委員会が控訴し、同三八年四月六日に、控訴棄却の判決が言い渡され、そのまま上告されずに判決が確定したが、再審原告らには、同三九年五月三日に、Y_1から再審原告ら（および国）に対する土地明渡等請求の訴えの訴状が送達されるまでは、右のような訴訟係属の推移について、いっさい知らされなかった。ただ、再審被告Y_1が主張したところによれば、再審原告らは、さらに、べつの訴訟の訴状の一部に問題の取消訴訟の係属について記載があったという事情により、訴訟係属を知りうべきであった[349]、とした。そして、同大阪高裁判決も、右のような事情により、再審原告らは、「従前の訴訟の係属を知り得たものと推認されるから、……（再審）原告が従前の訴訟に参加しなかつたのは、同人の自由な意思によつたものであつて、その責めに帰することのできない理由があつたためと認めることができない」と判示した。

本判決の評釈を書かれた宮崎教授も、再審被告からの訴状の送達という客観的事実をもって、取消訴訟が係属していることを知っていたかどうかの、いちおうの基準としていることは、ただしいとされた[350]。

しかし、これは、第三者の再審の訴えが、あくまで、非常救済手段であり、再審事由がきびしく限定されるのか、あるいは、訴訟参加が認められなかった第三者の訴訟手続上の事後救済として、ひろく認められるのかという観点からの、第三者の再審の訴えについての考察である。われわれが、さぐろうとしているのは、第三者の再審の訴えの事例をとおして、どの範囲で訴訟当事者は第三者に訴訟告知をすべきであるのか、いかなる場合に、裁判所は職権を行使して第三者を訴訟参加させなければならないのか、ということである。そうすると、われわれの観点からは、そのような事情が、たまたま、存在したとしても、裁判所が職権を行使して第三者を訴訟参加させなかった、あるいは、訴訟当事者から第三者への訴訟告知がなかったという事実上の瑕疵が、払拭されるものであろうか、ということが問題にされなければならない。そして、これは、訴訟告知の本質的な問題につながると思われる。

さらに、再審被告Y_1は、不動産取引においては、対象物件が係争中のものであるのかどうかを、取引をする者が、みずから、調査するのは常識であり、それを怠ったことには過失が認められ、同条にいう「自己の責めに帰することのできない理由により訴訟に参加することができなかつた」とはいえないと主張した。しかし、判決により権利を害された、あるいは、害される第三者に、訴訟手続上の権利保障として、主張・証明の機会を与えることの前提として、訴訟告知がされたかどうか、あるいは、裁判所が職権により訴訟参加を命じたかどうかが問題となっているときに、取引慣行上の常識をもって抗弁とすることはできないと考えるべきである[351]。

以上のことをまとめると、訴訟当事者から第三者に対する訴訟告知、あるいは、裁判所が職権を行使して第三者を訴訟参加させるということは、もちろん、その第三者に、訴訟手続上の権利保障として、主張・証明の機会を与えることの前提となるものであるが、それ以上に、まさに、自己の法的地位を覆滅することを目的とする訴訟が、現在、係属中であるという事実を、その第三者に認知せしめるという、より重要な意味があるのである。

五　もうひとつ、再審原告らが主張したのは、（かりに、再審原告らが、取消訴訟が係属していることを、事実上、知っていたとしても）行政訴訟は国もしくは公共団体が被告であり、しかも、行政処分には公定力があるから、一般私人がその公定力を信じ、かつ、公の機関が遂行している訴訟に、わざわざ、訴訟参加する必要はないと思料するのは、とうぜんである、ということであった。

これに対して、同大阪高裁判決では、「行政事件訴訟法三四条の規定は、処分取消訴訟に参加することができなかつた第三者の利益を保護するためのものであつて、同原告主張のように、その訴訟が公の機関である行政庁によつて遂行されるので一私人がわざわざ参加する必要がないと思料して参加しないでおきながら、行政庁が敗訴したら自らがやろうというような者までも保護するためのものではない」と判示した。

宮崎教授も、本判決の評釈として、そのような内心の事情は、取消訴訟に訴訟参加しえなかった理由とすることはできないであろうとされた[352]。

しかし、ここで、再審原告らが吐露している、（訴訟係属の事実を認知しており、訴訟参加しうる状態にありながら）取消訴訟に訴訟参加することを「ためらつた」内心の動機、すなわち、「その訴訟が公の機関である行政庁によって遂行されるので一私人がわざわざ参加する必要がないと思料した」ということが、取消訴訟というか、行政訴訟において、私人たる第三者が、行政庁のがわに訴訟参加するさいの、訴訟参加人と主たる当事者たる行政庁のあいだの、主張・証明の面での、なんともいえない関係を示しているのである。そして、これは、行政法の基本構造に関わるふかい問題であるが、じつは、行政訴訟への私人たる第三者の訴訟参加を、根底において、はばんでいる重大な問題であると考えられるのである。

六　けっきょく、同大阪高裁判決の事例では、ふたつの深刻な問題が提示されていると総括することができよう。ひとつは、訴訟当事者より第三者に訴訟告知をしないかぎり、あるいは、裁判所が職権を行使して第三者を訴訟参加させないかぎり、判決により権利を害される第三者は、そのような訴訟が係属しているという事実さえ知らないで、自己に対する判決にもとづく執行が行われるときに、はじめて、そのような訴訟が推移していたということを知るということが、右事例にあるような特別の事情でもないかぎり、一般であるということである。

もうひとつは、私人たる第三者は、被告国（行政庁）のがわに訴訟参加すること以外には考えられない取消訴訟において、被告国（行政庁）が提示する攻撃防御の方法以上のものを提示し、被告国（行政庁）がする以上の、主張・証明をすることができるのか、ということである。

(c) 東京地裁平成一〇年七月一六日判決(353)の事例の分析

一　行訴法三四条に規定された第三者の再審の訴えの二番めの事件である本件は、右の大阪高裁判決の事例とは、また、べつの論点を提供しているので、事実関係から、くわしく見てみよう。

第三者の再審の訴えの対象となった取消訴訟というのは、合資会社である再審原告Xが、Xの有限責任社員Y_1（＝再審被告）の退社の決議をし、法務局登記官Y_2（＝再審被告）にその旨の変更登記の申請をし、それにもとづいて、Y_2がした変更登記処分の取消しを求めて、Y_1が、東京地裁に提起したものである――東京地裁平成九年一〇月一三日判決(354)――。取消訴訟においては、「社員は他の社員の過半数の決議により退社す」と定めたXの定款、および、これにもとづく本件退社決議が、無効であるという認定のもとに、本件登記申請書には、登記すべき事項につき無効原因があったことになるので、これにもとづいてなされた本件登記処分も違法であるとして、Y_1の請求が認容された。Y_2から控訴されなかったので、そのまま、取消判決が確定した。

そこで、再審被告Y_2から、再審原告へ、原判決が確定したことにより、本件登記処分が取り消されるべきことが通知され、再審原告は、その時点ではじめて、そのような取消訴訟が係属していたことを知った。つまり、それまでには、訴訟当事者から訴訟告知されることもなく、裁判所からなんの連絡もなかったのである。この問題については、右に見た大阪高裁昭和四四年一月三〇日判決の事例とおなじである。

二

本事例で特徴的なのは、当該取消訴訟の基礎となっている法律関係である。

取消訴訟を提起したY_1は、合資会社Xの無限社員であったが、Xの退社決議をうけ、退社を余儀なくされた。ところが、そのY_1が争ったのは、同決議にもとづいてXがした申請に対して、Y_2がなした変更登記処分であった。しかし、考えてみると、Y_1の訴えどおり、登記処分が取り消されても、それで、Y_1の地位が回復するわけではない。べつないいかたをすれば、登記処分取消訴訟では、XとY_1のあいだの法律紛争は解決しないということである。ほんらいならば、XとY_1のあいだの、（社員たる）地位確認訴訟のような民事訴訟が提起されるべき事案であったといえよう。

しかし、純粋に民事上の紛争であっても、あいだに、たまたま、行政処分が介在し、この処分が、（ある程度）紛争当事者の法律関係を形成し、あるいは、確認、公証した場合には、それに不満をもついっぽうの当事者が、その処分の取消しを求める訴えを提起し、それにより、もともとの紛争の解決をはかろうとすることは、じゅうぶんに考えられるところである。

三　そこで、本件の場合はどうであったのかを、もうすこし具体的な事実関係にそくして見てみよう。

合資会社Xは、社員の退社事由につき、定款で、「社員は他の社員の過半数の決議により退社す」と規定していた。Y_1の退社決議は、この規定にもとづいて下されたものであるが、同決議にあたり、Y_1から退社を申し出たり、あるいは、Y_1が退社に同意したという事実はない。

Xが、定款の規定にもとづいて同決議がされたことを原因として、原告の退社の登記を申請する旨を、登記申請書に記載し、Xの定款書と退社決議がされた旨の決議書を添付して、法務局登記官Y_2に対して、Y_1の退社を登記事項とする合資会社変更登記の申請をしたところ、Y_2は、申請を受理し、登記原因を「退社」とするY_1の退社の登記（処分）をした。なお、登記申請書、および、その添付書類には、Y_1から退社を申し出たり、あるいは、Y_1が退社に同意したという記載は、いっさい、なかった。

この変更登記処分の取消しを求めて、Y_1が取消訴訟を提起したわけであるが、その場合の被告は、いうまでもなく、Y_2であり、Xではなかった。しかし、当該取消訴訟におけるY_1の主張を、よくよく、吟味してみると、XがY_1に対してした退社決議は違法であり、Y_1の不当な退社が撤回されることを求めるということに、真の目的があったようである。(355)

Y_1は、本件変更登記は、違法な退社決議にもとづくものであり、実体を欠く登記であるので、無効であるという論理を展開し、東京地裁平成九年一〇月一三日判決でも、登記申請の形式的適法性についてのみ審査する権限しか有しない登記官であっても、本件退社決議の根拠となった本件定款規定の内容が、商法一四七条、八六条一項に違反し、無効とならないかどうかは、論理必然的に判断できる事項であったとして、申請を却下すべきであったのに却下せずに行われた変更登記処分は、商業登記法二四条一〇号に違反し、取消しを免れないとされた[357]。

そのかぎりで、Y_1の当面の目標は達成されたわけであるが、Y_1の真の目的である自己の法的地位の保全からみると、これは、不十分な解決といわざるをえない。なぜならば、合資会社もふくめ、会社が種々の事項についてする登記は、それらの情報を取引関係者に提供するための、公示制度、もしくは、開示制度にすぎず[358]、Y_1が退社しているという情報を公示または開示しているだけの登記を取り消しても、それで、Y_1の地位が回復するものではない。いずれにせよ、Y_1は、登記の取消判決をうけたあとも、Xを相手に、（社員たる）地位確認訴訟[359]を提起し、認容判決を得ないかぎり、もとの社員の身分を回復することはできない。なぜならば、Y_1の退社を原因とする変更登記を取り消す判決が下されても、そのことによっては、退社決議は効力を失わないからである。

四　この関係は、その意味で、民事事件の行政法的解決の、ひとつの限界を示すものである。かりに、変更登記の取消訴訟に、Xの訴訟参加が認められたとすると――このときは、Y_2のがわへの訴訟参加ということになる――、それにより、変更登記が無効であることの論拠となる、Y_1を退社させる（＝除名する）決議の適法性をめぐって、Y_1とXのあいだの、より実質的な審理が期待できるが、いくら、決議の違法性が確認され、そのことにもとづいて、変更登記が取り消されたとしても、その判決理由中の決議が違法であるという判断には、法的な拘束力がないので、決議の効力には影響がなく、このような訴訟によっては、Y_1の権利の救済ははたされないことになる。

また、Xの訴訟参加という観点から考えてみると、Xは、そもそも、このような取消訴訟の取消判決によっては、なんら、権利を害されることはない。つまり、訴訟参加の利益をもっていなかったのである[360]。それにもかかわらず、Xが、当該取消訴訟に訴訟参加しなければならない理由があるのであろうか。

ひとつ考えられるのは、変更登記の取消判決を得たが、それだけでは自己の権利の救済の実を得ないY_1が、ひきつづき、Xを相手に、Xの決議無効確認訴訟、あるいは、地位確認訴訟を提起してくることが、たかい確率で予測される場合には、あらかじめ、変更登記の取消訴訟に、実質的当事者であるXを訴訟参加させておいて、Y_1とXに、そのあいだの紛争について、主張・証明をつくさせ、この段階で、決議が無効かどうかという紛争の「おおもと」について、決着をつけてしまうことができるのではないかという配慮である。もちろん、この決着が、事実上の決着にとどまるものであって、法的な最終決着でないことは、すでに述べたとおりである。

ただ、取消訴訟において、Y_1とXに主張・証明をつくさせ、決議が無効であると判断された場合は、Y_1のXに対する後訴において、その判断が、事実上、尊重されるであろうし、後訴の裁判所がそれを尊重することは不当ではないということも、考慮されなければならない。また、それ以上に、Xがその判断をうけ、あっさりと、みずから、決議を取り消すということも、考えられるところである。

五　これを要約すると、かかる取消しの訴えをうけた裁判所は、事案から容易に認知できる実質的当事者であるXと原告Y_1のしょうらいの争いをにらんで、当該取消訴訟にXを訴訟参加させ、審理を実質化させることにより、しょうらいの争いの芽をつみ、この段階で、いっきに、はばひろい解決をはかるため、Xを訴訟参加させるという職権を行使することがあるか、ということである。これは、その第三者に訴訟参加の利益があるかどうか、その第三者を訴訟参加させることが必要的かどうかという問題の外がわにあるもので、べつの論理を要する問題であるが、これこそ、わが国で、むかしからいわれてきた、訴訟外にいる実質的当事者を訴訟参加させ、審理の実質化をはかるという、職権訴訟参加の理念につうじるものではないかと思われるのである。

第二項　問題の再構成

一　これまでの本書の考察は、いかなる場合に、いかなる第三者を、訴訟参加させなければならないかという問題設定のもとに、この問題については、判決の効力が密接に関連していることがあきらかにされてから、もっぱら、判決の効力をうける第三者の訴訟手続上の保護をいかにはかるかという見地——純粋訴訟論理——からすすめられてきた。しかし、現実に第三者の訴訟参加が問題になった事例を分析して、わかったことは、そういう純粋訴訟論的考察だけでは、みのがされてしまう、より根源的な問題があることである。

二　ひとつは、第三者および訴訟当事者のメンタリティーの問題である。

第三者についていえば、大阪高裁昭和四四年一月三〇日判決の事例で、自己の法的地位があやうくなることが、まさに、争点となっている取消訴訟が係属していることを認知しながら、自己の法的地位を保持することとイーコルである、係争行政処分の適法性の維持のために、公の機関である行政庁が、じっさいの訴訟当事者としての地位において、原告と争ってくれているので、なにも、一私人である自分が、訴訟参加するまでもないという心情である。これは、さらに推察すると、自分が訴訟参加して、行政庁の「じゃま」をすることにならないかという遠慮であったろうし、また、自分がする範囲の主張・証明ぐらいは、すべて、行政庁がしてくれるはずだという信頼でもあったと考えられる。

しかし、まさに、私人である第三者が、被告国（行政庁）のがわに訴訟参加することを、かように、ためらうということのなかに、じつは、行政訴訟の深刻な問題がひそんでいるように、筆者には、思われるのである。このことを、つきつめて考えてみると、問題の根源は、行政処分に関わる事実・法律関係は、行政庁が、第一次的に、職権により調査し、判断しているという、行政手続と行政訴訟の構造と密接に関連しているということにあると考えられるのである。これは、民事訴訟における補助参加にはみられない、行政法固有の問題である。そうすると、訴訟参加しうる地位にある第三者が、一私人である自分が訴訟参加するまでもなく、行政庁にまかせておけばよいという心情をいだくのは、大阪高裁判決の事例の第三者にかぎったことではなく、取消訴訟に訴訟参加しうる第三者一般にいえることと考えるべきである。

そして、行政手続と密接に関連する行政訴訟の特殊性は、被告国（行政庁）のメンタリティーにも影響すると考えられる。それは、私人たる第三者が、自分のがわに訴訟参加し、へたな主張・証明をされるとめいわくだという心情を、行政庁が、いだくということよりも、その第三者が訴訟参加しても、行政庁がする主張・証明以上のことはなしえないはずであるという心情を、いだくであろうということである。その根底にあるのは、行政庁は、その者について職権により調査したうえで、その第三者に法的地位を与える行政処分を行ったのであり、、行政庁が、訴訟において、処分の適法性を証明することは、その第三者の法的地位を保持してやることを意味するのだという、行政庁の絶対的な自負である。

こうして考えてみると、そもそも、取消訴訟において、私人たる第三者が、被告国（行政庁）のがわに訴訟参加し、国（行政庁）とはべつに、行政処分の適法性を証明するために、攻撃防御の方法をつくす「必要があるのか」という、根本的な疑問が生じてくるのである。職権訴訟参加の法理を構築することをめざす本書においては、やはり、ここから考察をはじめるべきであろう。

三　訴訟のそとにいながら、訴訟の結果により自己の権利に影響をうける第三者の、最低限の権利保護として、なんらかのかたちで、そのような訴訟が係属しているという事実を告知することが、きわめて重要であると思われる。

しかし、民訴法に規定された訴訟告知は、当事者からの任意の訴訟告知である。右に述べたような心情をいだく行政庁から、第三者を訴訟に誘引するような訴訟告知を、わざわざ、するとは考えにくい。また、ほんらい、第三者と実体法的に対立しているはずの原告が、あえて、第三者を訴訟参加させるように訴訟告知し、第三者と徹底的に争おうとするとは、考えにくい。なぜなら、原告が求める紛争解決は、当面は、処分を取り消せば達成されることが、ふつうであるからである。

このような状況のもとで、だれかをして、なんとか、第三者に訴訟告知せしめる法理を打ちたてることは、きわめて難題である。

四　行訴法二二条一項は、「裁判所は、訴訟の結果により権利を害される第三者があるときは、……職権で、……訴訟に参加させることができる」と規定しているが、裁判所が、いかなる目的で、いかなる場合に、いかなる第三者に対して、職権を行使するのかという問題――「職権訴訟参加の法理」――については、これまでのわが国の理論は、ほとんど、なにも解明していない。

ただ、その目的についてだけ、むかしから一貫して、実質的当事者を訴訟に引き入れることにより、審理の実質化をはかり、適正な審理裁判を実現することができるということを上げてきた。これは、行政訴訟のいっぽうの目的とされる、適正な行政の確保[361]という理念につうじるものであるが、あまりに抽象的な理念であり、ここから、いかなる場合に、いかなる第三者に対して、（裁判所が第三者を訴訟参加させる）職権を行使するのかという基準を導きだすことはできない。

ここで欠落しているのは、訴訟参加すべき第三者の権利保護の見地であろうと思われる。職権訴訟参加の法理の理念としては、右のような、適正な審理裁判の実現ということだけではたりず、第三者の権利保護ということも「かみ合わせる」ことが必要であろう。それによってはじめて、いかなる場合に、いかなる第三者に対して、職権を行使するのかを定めることができるであろう。

そこで示唆的なのが、右東京地裁判決である。この事例では、取消訴訟については第三者の地位にある合資会社は、変更登記を取り消す判決によっては、直接に自己の権利を害される関係になく、行訴法二二条一項の訴訟参加の利益を有しない者であった。ただ、その訴訟参加の利益の問題は度外視して、はなしをすすめると、当該取消訴訟の背後に、原告と第三者の真の実体的紛争がよういに認知でき、しかも、その紛争が係争行政処分の取消しの訴えの直接の動機となっているような事例が想定できるならば、そのような第三者を、「職権訴訟参加」という手法によって訴訟に引き込むことは、適正な審理裁判の実現のためというよりは、むしろ、実質的紛争当事者のあいだの紛争解決のため[362]とみるべきであろう。

このような観点を導入することにより、職権訴訟参加の理念が、抽象的で空虚なものから、実りのあるものになり、これまで提示された、さまざまな困難な問題の解決の指標となるのではないかと考えられる。

第三項　考察の方向の確定

一　問題解決の出発点として、まず、「取消訴訟において、第三者が訴訟参加することは、ほんとうに必要なのか」ということを検討するにあたっては、ざんねんながら、わが国の行政訴訟理論のなかには、その分析対象とするものはなかったようである。第三者および行政庁の訴訟参加の目的として、むかしから、「事件の適正な審理裁判を実現する」ということが上げられてきたが、これは、いかにも、大上段からの公法的要請であって、右に述べた、底辺的で実質的な問いに、対応しきれるものではない。

そこで、訴訟参加という制度じたいが、民事訴訟のなかで発達してきたものであるので、民事訴訟の一般理論にまでたち戻って、考察しなおす必要があるのではないかと考えられる。その理由として、わが国の行訴法二二条の第三者の訴訟参加は、ドイツ行政裁判所法（VwGO）六五条所定の訴訟参加のふたつの類型と比較した場合、やはり、基本的には、同条一項の「通常訴訟参加」に、ほぼ一致するものと思われ、そうすると、その内容は民事訴訟の補助参加であり、補助参加の理論[363]を、あらためて、見なおすところから出発すべきであるとも考えられるからである。それをふまえて、行訴法二二条の第三者の訴訟参加との比較・分析が行われる。

補助参加との比較を行う場合には、行政訴訟では、行訴法二二条の第三者の訴訟参加とならんで、ひろく、補助参加による第三者の訴訟参加も認められているという事情も考慮されなければならない。補助参加は、第三者の申出によるということはもちろんであるが、相手方からの異議がなければ、そのまま訴訟参加が認められるというものである。かかる形態の訴訟参加と区別され、どこに、行訴法二二条の第三者の訴訟参加の存在意義があるのか、そして、どこに、それらのあいだの整合性があるのかも、その考察において、同時に、あきらかにされなければならないであろう。

それにくわえて、さらに検討しておきたいことは、右東京地裁判決の事例にみられるように、行訴法二二条の第三者の訴訟参加の利益を欠くような場合に、なんとか、補助参加の手続によって、第三者を訴訟に引き込む方策はないかということである。そのさいには、これにも、裁判所の職権を加味することができないかということも、とうぜん検討される。

二　民事訴訟の理論を参考にしても、やはり、民事訴訟と取消訴訟の構造上の相違が、問題解決の前提となる。というよりは、むしろ、その相違点を、重要なファクターとすることで、いろいろなことが浮かび上がってきて、それらを総合することにより、「取消訴訟において、第三者が訴訟参加することは、ほんとうに必要なのか」という問いに対する答えが、見つかるのではないかと考えられる。

その場合には、司法審の対象となる行政処分に関わる事実・法律関係を、行政庁が、第一次的に、職権により、調査し、判断しているという、行政手続と行政訴訟が密接に関連する行政法の特殊性から考慮されなければならない。

三　憲法のうちに、取消訴訟に第三者を訴訟参加させることの根拠をさぐることも重要であろう。

ドイツの行政訴訟理論においても、わが国の行政訴訟理論においても、判決の効力をうけ、既得の権利・利益を害される第三者を、訴訟参加させ、訴訟において主張・証明の機会を与えることを、その第三者に対する訴訟手続上の権利保護としてとらえられていることは、これまでの考察で、すでに見たとおりである。ただ、ドイツの行政訴訟理論では、その根拠を基本法（GG）に求める論証が、つねに、なされているが[364]、わが国の行政訴訟理論では、憲法の特定の条文を根拠に、第三者の訴訟参加、および、訴訟における主張・証明の機会の保障が論じられたことはない。

四　いっぽうで、わが国の民事訴訟理論では、かかる第三者の訴訟手続上の権利保護が、近年、つよく論じられている。最近のすすんだ（民事訴訟の）手続保障理論では、すでに、不利益な判決の効果を及ぼすためには、いちおう、主張・証明の機会を与えておかなければならないというような形式的手続保障の段階から、真の紛争解決のためには、どのような手続保障が与えられなければならないのか、という実質的手続保障の段階へと移行しているようである。

筆者も、このような考えにふかく感銘をうける者であって、本書の考察も、可能なかぎり、このような方向へとすすめたいと思っている。

(335)　これが、わが国の行政訴訟理論において、特例法までの職権訴訟参加もしくは強制訴訟参加で、美濃部博士いらい雄川博士まで、第一の、中心的な目的とされてきたことについては、本文二八八頁以下を、参照のこと。
(336)　これが、現行行訴法の職権訴訟参加の第一の、中心的な目的とされたことについては、本文二九一頁を、参照のこと。
(337)　裁判所の職権による訴訟参加が問題となるのは、第三者の再審の訴えにおいてである。第三者もしくは当事者の申立てによる第三者の訴訟参加の事例では、裁判所の職権による訴訟参加の当否が問題となることはないが、第三者の再審の訴えにおいては、「自己の責めに帰することができない理由により訴訟に参加することができなかつた」という要件の認定にあたって、裁判所が、そのような第三者を、職権で訴訟参加させるべきではなかったのかということが、つねに問題となるのである。
(338)　大阪高判昭和四四年一月三〇日行集二〇巻一号一一五頁。なお、本件については、宮崎良夫教授の評釈——自治研究四七巻一号（一九七一年）一八六頁——がある。

(339)　大阪地裁昭和二三年(行)第一四〇号の二八農地買収処分取消事件。
(340)　大阪地判昭和三七年五月一一日、判例集には登載されていない。
(341)　敗訴した被告から控訴された（大阪高裁昭和三七年(ネ)第六三一号の農地買収処分取消事件）が、大阪高裁は、これを棄却した（大阪高判昭和三八年四月六日、判例集には登載されていない）。
(342)　大阪地裁昭和三九年(ワ)第一、四〇五号の土地明渡等請求事件。
(343)　旧民訴法――本章注(26)――四二二条一項により、再審の訴えは、不服を申し立てる確定判決をした裁判所の専属管轄に属する。なお、現行民訴法――平成八年法一〇九――では、三四〇条一項に規定されている。
(344)　その判旨は、「買収計画を取消した本件確定判決により本件土地の所有権が当然再審被告Y_1に復帰することになるため、再審原告らは、右買収計画が有効であることを前提として順次取得していた所有権を有しなかったこととされ、それぞれ後者に対する売主としての法律上の利益を害される結果となる（既に取得した売買代金を不当利得として返還すべき義務を生ずる）から、行訴法三四条にいう『権利を害された第三者』に該当するものというべきである」というものである。
　宮崎教授も、判旨正当とされている。法律上の利益を害されることになることの論証として、取消判決によって本件土地の所有権は、遡及的に、再審被告Y_1に復帰することとなり、そのけっか、再審原告らは、いずれも、本件土地の所有権を取得しなかったことになり、にもかかわらず、それを売却したという契約上の責任をおうことになる、とされている。宮崎・前掲（本章注(338)）一九二頁。
(345)　行訴法三四条の再審の利益に対する筆者の考えは、すでに述べたように――本文三頁参照――、同条の第三者の再審の訴えも、あくまで、非常の場合にのみ認められる救済手段であると考えられるということと、同条のトータルな解釈として、「権利を害された第三者」という基本的な要件から、さらに、「(前訴で主張されなかったもので）判決に（それを変更しうるべく）影響を及ぼすべき攻撃又は防御の方法を提出することができ」る第三者でなければならないという「しぼり」がかけられていることから、同法二二条一項の訴訟参加の利益よりはせまいと見るべきである、というものである。
(346)　三四条の再審の利益が認められるための要件としては、「処分又は裁決を取り消す判決により権利を害された第三者で、自己の責めに帰することができない理由により訴訟に参加することができなかつたため判決に影響を及ぼすべき攻撃又は防御の方法を提出することができなかつたもの」であることであるが、すなおに読めば、「処分又は裁決を取り消す判決により権利を害された第三者」であるという基本要件に、「自己の責めに帰することができない理由により訴訟に参加することができなかつた」ということと、「判決に影響を及ぼすべき攻撃又は防御の方法を提出することが（いまならば）でき」ることが、それを制限する要件として「かぶっている」とみることができる。そうすると、基本要件としての第三者の範囲は、ほんらいならば、当該訴訟に訴訟参加できるはずであった者の範囲であり、これについては、当該訴訟の訴訟参加の利益を定めた二二条一項により規定される。

(347) 本文三九一頁を、参照のこと。

(348) 新山「訴訟参加と行政事件の解決」(一章注(1)) 一三五頁、および、一四五頁——注(7)——、南＝高橋滋編『条解行政事件訴訟法〔第二版〕』(二〇〇三年) 三六七頁以下〔新山執筆〕。

なお、かような第三者も、民訴法四二条の補助参加により訴訟参加することは、可能であると考える。ただ、その場合は、取消判決の効力を直接にうける関係にないので、共同訴訟的補助参加人の地位は認められない。

(349) 取消訴訟係属中の昭和三三年三月九日に、再審被告Y_1ほか一八名が、再審原告X_1ほか三六名に対して、強制譲渡処分等無効確認等を求める訴えを提起し、再審原告らにも送達された訴状の請求原因のなかに、「原告Y_1は、所定の異議訴願を経て適法にY_2を被告とする裁決の取消または買収計画の取消を求める訴訟を提起し、目下大阪地方裁判所において審理中である。因に、右訴訟事件の番号は昭和二三年(行)第一四〇号である」と記載されていた。

(350) 宮崎・前掲(本章注(338)) 一九三頁。

(351) 宮崎教授も、かような取引社会の常識から逆算して、当該取引物件についての訴訟係属の有無まで調査しなければ、法律上不利益を課されてもやむをえないとすることはできないとされた。また、教授は、従前の訴訟が行政事件の場合には、民事訴訟の場合とことなり、訴えの提起があっても、旧不動産登記法三条にいう予告登記がなされるわけではないので、訴訟係属の事実を調査するのは、じっさいには困難であるという指摘もされている。宮崎・前掲(本章注(338)) 一九二頁以下。

旧不動産登記法——明治三二年二月二四日法二四——三条本文には、「予告登記ハ登記原因ノ無効又ハ取消ニ因ル登記ノ抹消又ハ回復ノ訴ノ提起アリタル場合ニ於テ之ヲ為ス」と規定されている。

(352) 宮崎・前掲(本章注(338)) 一九二頁。

(353) 東京地判平成一〇年七月一六日判例時報一六五四号四一頁。

本判決の基本的枠組みは、以下のとおりである。

再審原告Xが、そもそも、当該取消訴訟に訴訟参加する利益を有していたかどうかについては、判決は、なにもふれていない。おそらく、訴訟参加の利益を、暗黙で認めたうえで、そのような訴訟参加の利益が認められる第三者に対しても、第三者の再審の訴えは、制限的にしかゆるされないという論理が展開されている——「法三四条一項は、取消判決が確定した場合において、いたずらに再審事由を広げることは、法的安定性を害するのみならず、現実的問題として、取消判決によって利益を受ける者の迅速な権利回復を妨げることにもなりかねないから、再審事由を……限定しているものであ」る——。

そして、その趣旨からして、同項の「判決に影響を及ぼすべき攻撃又は防御の方法」とは、「攻撃又は防御の方法が従前の訴訟で提起されていたならば、当該訴訟の判決が第三者に有利に変更されていたであろうと認められる攻撃又は防御の方法をいい、従前の訴訟で既に判断されているものや、従前の訴訟で提出したとしても判決の結果が変わらないものは、これに当たらない」とされ、この見地から、再審原告が主張する事実は、いずれも、判決に影響をおよぼすべき攻撃又は防御の方法とは認められないと判示された。

また、裁判所が、訴訟参加の利益が認められる者を、訴訟参加させるという職権を行使しなかったことについて、「法二二条一項は、……第三者を訴訟に参加させるか否かについて裁判所の裁量を認めているのであって、かかる第三者に対し、訴訟係属を通知すべき義務を明文で定めている規定は存在しない。また、法三四条一項は、取消判決により権利を害された第三者で、自己の責めに帰することができない理由により訴訟に参加することができなかったため判決に影響を及ぼすべき攻撃又は防御の方法を提出することができなかったものは、これを理由として、再審の訴えを提起することができる旨定めているのであって、自己の責めに帰すべき事由もなくして訴訟に関与する機会を持たなかった者については救済の途が開かれているのである」とされ、したがって、「右のような法の仕組みに照らせば、裁判所において、訴訟の結果により権利を害される第三者に対し、訴訟係属を通知する義務がないことは明らかというべきであり、このように解して憲法三二条に反するものではない」と判示された。

(354)　東京地判平成九年一〇月一三日判例時報一六五四号一三七頁。

(355)　同取消訴訟——東京地裁平成九年一〇月一三日判決——で、Y_1が主張したところを、判例集——本章注(354)参照——に記載されているところを、要約すると、以下のとおりである。

旧商法——平成六年法六六——八六条一項は、強行法規であり、除名事由を定款で追加したり、裁判所の関与をへずに除名できるように定款で定めることはできないと解すべきところ、「社員は、他の社員の過半数の決議により退社す」と定める本件定款規定は、同項各号の除名事由の存在を要件とせず、裁判所の関与もなく、社員の過半数の決議のみによって特定の社員から社員たる地位を剥奪することができるとするものであり、同項に違反し無効であり、したがって、これにもとづく本件退社決議も無効である。また、定款への同意は、具体的に特定の社員の退社という事態を認識したうえでのものではないので、かかる定款への同意をもって、現実にその意思に反して会社から排除される社員が、みずからの退社に同意したものとみなすことはできない、というものであった。

(356)　旧商法——本章注(355)——一四七条は準用規定で、合資会社には、合名会社の規定が準用されると規定されている。そして、合名会社についての規定である、同法八六条一項には、「社員ニ付左ノ事由アリタルトキハ会社ハ他ノ社員ノ過半数ノ決議ヲ以テ其ノ社員ノ除名又ハ業務執行権若ハ代表権ノ喪失ノ宣告ヲ裁判所ニ請求スルコトヲ得。一　出資ノ義務ヲ履行セザルコト　二　第七四条第一項（社員の競業禁止）ノ規定ニ違反シタルコト　三　業務ヲ執行スルニ当リ不正ノ行為ヲ為シ又ハ権利ナクシテ業務ノ執行ニ干与シタルコト　四　会社ヲ代表スルニ当リ不正ノ行為ヲ為シ又ハ権利ナクシテ会社ヲ代表シタルコト　五　其ノ他重要ナル義務ヲ尽サザルコト」と規定されている。その内容は、同項一号ないし五号という限定された義務違反の事由に該当する場合に、所定の手続をへて行われる、他の社員による除名である――龍田節『会社法〔第八版〕』（二〇〇一年）九頁――。規定の性格から、もちろん、強行法規で、同項に反する除名手続を定款で定めても、無効である。

同東京地裁平成九年一〇月一三日判決でも、「除名は、当該社員の意思に反してその社員たる地位を剝奪する行為であり、当該社員の権利利益に重大な影響を及ぼすものであるから、一部の社員が理由なく他の社員の意思に反してその社員たる地位を剝奪することができないように歯止めをかける必要がある。そこで、法八六条一項は、会社の自律的経営・私的自治と除名の対象となる社員の権利利益の保護とを調和させるべく、法定の事由がある場合に、他の社員の過半数の決議をもってする会社の請求により、裁判所の判決をもってのみ除名することを認めたものであり、右規定は、その趣旨に照らし、強行法規と解するのが相当である。したがって、法八六条一項各号が除名事由を限定している趣旨に反して定款で退社事由を追加したり、除名の手続を軽減したりすることは許されないというべきである」と判示された。

(357)　旧商業登記法――昭和三八年法一二五――二四条一〇号には、「登記官は、次の場合には、理由を附した決定で、申請を却下しなければならない。ただし、申請の不備が補正することができるものである場合において、申請人が即日にこれを補正したときは、この限りでない。　十　登記すべき事項につき無効又は取消しの原因があるとき」と規定されていた。

同東京地裁平成九年一〇月一三日判決では、「登記官は、登記簿、申請書及びその添付書類のみに基づいて、登記申請の形式的適法性についてのみ審査する権限しか有しないが、商業登記法二四条一〇号によれば、登記官は、『登記すべき事項につき無効又は取消しの原因があるとき。』には、登記申請を却下すべき旨定めているのであるから、登記官は、右各書類の記載の外形から登記すべき事項に無効又は取消しの原因があると論理必然的に判断できる場合には、その点に関し判例や行政先例がないとか、学説が対立しているとかいう理由だけで右判断を回避することは許されないものであり、右各書類に基づき自らの責任において一定の判断をし、登記申請に基づき登記を実行するかどうかの決定を行うべきものと解される」と判示された。

(358)　龍田・前掲（本章注(356)）三八頁以下の解説によると、会社は、登記・公告その他の手段により、種々の情報を関係者に提供することを強制され、これを「開示制度」というとされている。これは、商法の原則のひとつである公示主義によるもので、取引の安全を対等な当事者のあいだの問題としてとらえず、情報ギャップのある当事者のあいだで、取引の内容をより公平なものにするとともに、企業の活動を公正にすることも目的とするものであるとされている。

そして、開示制度は、つぎのような機能をもつとされている――①必要な事項を、関係者に知らせる（情報の提供）、②権利行使の機会を知らせるだけでなく、合理的な判断にもとづく行使ができるようにする（権利の実質化）、③情報ギャップをうめ、当事者の地位を対等にちかづける（地位の平準化）、④あかるみのなかで悪事は働きにくく、関係者の姿勢をただす（不正の抑止）――。

(359)　合資会社の社員の退社決議は、行政機関の決定とは性格がことなるもので、かならずしも、それを取り消す訴えや、それの無効を前提とした訴えを提起しなければならないものではなく、たんに、（社員たる）地位確認訴訟を提起しさえすれば、そのなかで、社員たる地位の確認の前提となる退社決議の無効が確認されることになる。

(360)　東京地裁平成一〇年七月一六日判決では、行訴法三四条の「判決により権利を害された第三者」の要件に該当するかどうかの判断はされていない。その点で、大阪高裁昭和四四年一月三〇日判決が、同法二二条一項の訴訟参加の利益とおなじ範囲であると考えられるこの要件について、まず判断したうえで、「自己の責めに帰することができない理由により訴訟に参加することができなかつたため判決に影響を及ぼすべき攻撃又は防御の方法を提出することができなかつた」者にあたるかどうかを検討していたのとはことなり、右東京地裁判決は、いきなり、「自己の責めに帰する……提出することができなかつた」者にあたるかどうかについての検討から入っている。

しかし、この事例では、そもそも、再審原告Xは、同法二二条一項の訴訟参加の利益を欠いていたのである。

(361)　たとえば、田中(二)『新版行政法上巻〔全訂第二版〕』（本章注(198)）二九三頁では、「行政事件訴訟の全般に通じていえば、行政事件訴訟は、行政法規の正しい適用を確保するための訴訟、すなわち、行政法上の違法状態を除去し、行政法秩序を正すことを目的とする訴訟であるということができる」とされていた。田中(二)博士に代表される、このような訴訟観が、わが国の行政訴訟理論の底流をなしてきたことは、疑いがない。その、理論史的検証は、後日、あらためて行いたい。

(362)　わが国の民事訴訟理論において、かつて、民事訴訟の目的がなにであるのかについて、争いがあったようであるが――くわしくは、新堂『新民事訴訟法〔第三版〕』（本章注(103)）一頁以下参照――、兼子(一)博士が、前法律的な要請である紛争の解決こそが、その目的であるとする、いわゆる紛争解決説をとなえられてから、この立場が通説となったようである。兼子(一)「民事訴訟の出発点に立返って」（同『民事法研究第Ⅰ巻』（一九五〇年）所収、初出は、法学協会雑誌六五巻二号（一九四七年））四七五頁以下。

なお、近時、紛争の当事者が、訴訟手続に実質的に平等に参加するためのルールの実現が、民事訴訟の目的であるとする、いわゆる手続保障説なるものが、となえられている。井上治典「手続保障の第三の波」（同『民事手続論』（一九九三年）所収、初出は、法学教室二八号、二九号（一九八三年））二九頁以下。この内容は、本書の考察にとって、きわめて示唆にとむと思われるので、次節において、重要な分析対象としたい。

(363)　本書で、ドイツの補助参加（Nebenintervention, Streithilfe）、および、共同訴訟的補助参加（streitgenössische Nebenintervention）について、すでに行った、本文五〇頁以下の分析は、このような根本的な問いに対応しきれる、ふかい分析ではない。

わが国の制度である取消訴訟の問題の理論的解明の基礎として、民事訴訟の理論を参考とする場合は、やはり、わが国の民事訴訟の理論の分析を第一とすべきであろう。ただ、わが国の民事訴訟の理論の基礎には、母国法であるドイツの民事訴訟の理論があり、とうぜん、そのかぎりで、それらも見ておく必要があるであろう。その場合には、本書のドイツの民事訴訟の理論分析で用いた文献を、あらためて読みなおし、さらなる分析をすすめることにしよう。

(364)　本文三〇頁以下を、参照のこと。

第三節　第三者の訴訟参加の必要性の理論

第一項　一般民事訴訟の論理

(a) 補助参加することの必要性——主たる当事者の勝訴——

一　ここでの考察は、なぜ、第三者が、他人のあいだに係属する訴訟に補助参加しなければならないかという必要性を、法論理的、および、事実的にさぐることである。したがって、それは、補助参加の利益論とは、すこしことなったものであり、補助参加の目的論が、この場合には、てがかりになると思われる。

現行民訴法[365]四二条で、「訴訟の結果について利害関係を有する第三者は、当事者の一方を補助するため、その訴訟に参加することができる」と規定されている補助参加の性格については、一般に、他人のあいだに係属する訴訟の結果について利害関係を有する第三者が、「当事者の一方を勝訴させることによって自己の利益をまもるために」訴訟に参加する形態であるとされている。[366]この、第三者が補助参加するがわの「主たる当事者の勝訴」が、第三者が補助参加することの直接の目的、ないしは、動機ということであるが、それは、ぎゃくにいうと、主たる当事者の敗訴によって、第三者が深刻な事態におちいるという実体法上の関係にあるということでもある。

二　この関係をさぐるには、民事訴訟で、補助参加が認められるとされている第三者の具体例にそくして検討するべきであると思われるので、どのようなものが上げられているのか、民訴法の教科書のなかから、ひろってみよう。

〔事例①〕債権者が主たる債務者に対して提起した（主債務）支払請求訴訟に、保証人が（主たる債務者のがわに）補助参加する場合。(367)

〔事例②〕債権者が保証人に対して提起した（保証債務）支払請求訴訟に、主たる債務者が（保証人のがわに）補助参加する場合。(368)

〔事例③〕買主が売買目的物について提起された追奪訴訟に、売主が（買主のがわに）補助参加する場合。(369)

〔事例④〕Xの土地に不法に家屋をたて占拠するYに対して、Xが提起した（家屋を収去したうえでの）土地明渡請求訴訟に、その土地のうえの家屋をYから賃借するAが、（Yのがわに）補助参加する場合。(370)

〔事例⑤〕Aが運転するY会社のトラックにはねられたXが、Yに対して提起した損害賠償請求訴訟に、Aが（Yのがわに）補助参加する場合。(371)

〔事例⑥〕AがXの委任状を偽造し、X所有の土地をYに売却し移転登記までしたので、XがYに対して提起した所有権確認・（抹消）登記請求訴訟に、Aが（Yのがわに）補助参加する場合。(372)

〔事例⑦〕Aが特定物をYに売却したところ、その物の真の所有者であると主張するXが、Yに対して提起した引渡請求訴訟に、Aが（Yのがわに）補助参加する場合。(373)

〔事例⑧〕主債務者の債権者に対する抵当権設定登記抹消請求訴訟に、保証人が（主債務者のがわに）補助参加する場合。(374)

〔事例⑨〕飛行機事故をおこした航空会社に対して、被害者の遺族が提起した損害賠償請求訴訟に、機体の製造者や設計者が（航空会社のがわに）補助参加する場合。(375)


右に上げた例では、補助参加しようとする者が、どのように、主たる当事者の勝訴に利害関係をもっているか、民事の法律関係に固有の事情があって、わかりにくいものもある。まず、わかりやすいものから見ていこう。

これらのなかでは、〔事例②〕が、もっともわかりやすい。保証債務請求訴訟で保証人が敗訴すると、とうぜん、ただちに、主たる債務者は保証人からの求償請求をうける。ぎゃくに、保証人が勝訴すれば、債権者からの請求がしりぞけられるので、主たる債務者は、保証人から求償請求をうけることはない。つまり、主たる債務者は、保証人の勝訴に、切実な利害関係を有しているといえる。

〔事例③〕、〔事例⑥〕、〔事例⑦〕も、わかりやすいケースである。

〔事例③〕では、追奪訴訟で買主が敗訴すると、とうぜん、ただちに、売主は、買主から、民法五六三条の瑕疵担保責任にもとづく損害賠償請求をうける。ぎゃくに、買主が勝訴すれば、追奪請求がしりぞけられるので、売主は、買主からの損害賠償請求をうけることはない。つまり、売主は、買主の勝訴に、切実な利害関係を有しているといえる。

〔事例⑥〕では、所有権確認・（抹消）登記請求訴訟でYが敗訴すれば、Aは、Yから、損害賠償請求をうける。ぎゃくに、Yが勝訴すれば、Aは、Yからの損害賠償請求をうけることはない。つまり、Aは、Yの勝訴に、切実な利害関係を有しているといえる。

〔事例⑦〕では、引渡請求訴訟でYが敗訴すると、とうぜん、ただちに、AはYから、瑕疵担保責任により、損害賠償請求をうける。ぎゃくに、Yが勝訴すれば、引渡請求がしりぞけられるので、Aは、Yから、損害賠償請求をうけることはない。Aは、Yの勝訴に、切実な利害関係を有しているといえる。

〔事例④〕は、すこし、わかりにくい例であるが、いちおう、これも、主たる当事者の勝訴に「切実な」利害関係を有する例であるといえる。土地明渡請求訴訟でYが勝訴すれば、Aは、いままでどおり、家屋に住みつづけることができる。ぎゃくに、Yが敗訴したときは、Yは、（おそらく更地にして）土地を明け渡せという判決に拘束され、あくまで居すわるAに対しては、契約終了による建物退去請求訴訟を提起せざるをえないであろう[376]。そういう意味で、Aは、Yの勝訴に切実な利害関係を有しているといえよう。

わかりにくい事例は、つぎのふたつである。

〔事例①〕は、〔事例②〕と反対のケースである。（主債務）支払請求訴訟で主たる債務者が勝訴すれば、保証債務の附従性から、保証人は、債権者から（保証債務）支払請求をうけることはない。しかし、主たる債務者が敗訴しても、主たる債務者が判決に服し、主たる債務を弁済すれば、保証債務は消滅する。そういう意味で、保証人は、主たる債務者の勝訴に、（勝訴しなければどうしようもないという意味で）切実な利害関係を有しているとは、かならずしも、いえないであろう。

〔事例⑤〕は、損害賠償請求訴訟でYが勝訴すると、Aは、Yから求償請求をうけることはない。ぎゃくに、Yが敗訴したときの求償関係がわかりにくいが、民法七一五条三項の解釈では、使用者が損害賠償したときは、使用者は、被用者に求償請求しうることを、原則とすると解されているようである。そういう意味で、Aは、Yの勝訴に、切実な利害関係を有しているといえよう。

最後の〔事例⑧〕と〔事例⑨〕は、かなり、補助参加の利益が拡大された例で、補助参加の利益を実質的にみて、訴訟物の前提をなす問題についての利害関係でたりるとする立場によるものである。とくに〔事例⑨〕は、近時の理論として、判決理由中の判断について利害関係を有するとされているようである。

〔事例⑧〕は、抵当権設定登記抹消請求訴訟で（債務の消滅を理由として）主債務者が勝訴すれば、しょうらい、保証人に類が及ぶことはなく、保証人は安泰である。しかし、主債務者が敗訴しても、登記が抹消されないというだけであって、そのことから、ただちに、保証人が不利益をうけるわけではない。そういう意味で、保証人は、主たる債務者の勝訴に、切実な利害関係を有しているとまでは、いえないであろう。

〔事例⑨〕は、すこしわかりにくい例であるが、これは、損害賠償請求訴訟において、航空機の構造上の欠陥が問題とされている場合に限られ、操縦士の操縦ミスが問題となっている場合には、補助参加の利益はないのである。そのような損害賠償請求訴訟では、航空機に構造的欠陥があると判断されたうえで、航空会社が敗訴すると、とうぜん、ただちに、機体の製造者や設計者は、航空会社から、〔売買契約の瑕疵担保責任にもとづく〕損害賠償請求をうけることになろう。ぎゃくにいえば、航空会社に対する損害賠償請求訴訟で、航空機の構造上の欠陥が問題とされていない場合は、機体の製造者や設計者は、利害関係を有していないのである。

三　これらの例をとおしていえることは、それらが、補助参加人と主たる当事者のあいだの、民事に特有の法律関係を前提としているということである。すなわち、第三者が補助参加する場合には、つねに、主たる当事者が敗訴すれば、主たる当事者から補助参加人に対して後訴が提起されるという法律関係が前提となっているのである。(379) たとえば、〔事例②〕では、保証人が敗訴し、保証債務を弁済したときは、保証人は、主債務者に対する求償請求訴訟が提起されることになるのである。

とうぜん、補助参加の必要性も、このような法律関係を前提とした補助参加の理論により、論証されることになる。それは、とりもなおさず、しょうらいの自己に対する請求への不安、すなわち、後訴の憂いから、いま係属している訴訟に参加し、主たる当事者を補助して、みずからの訴訟行為により、主たる当事者を勝訴させることにより、しょうらいの自己に対する請求を未然に防止しようということにおける、必要性である。

そこで、もうすこし、これらの事例について、実体的法律関係にふみこんで、さらに分析してみよう。

四　補助参加の必要性の基礎が、主たる当事者から第三者への後訴にあるとして、その後訴の対象となる主たる当事者と第三者のあいだの実体的法律関係は、前訴の訴訟物である、主たる当事者と相手方のあいだの実体的法律関係とは、ことなっている。にもかかわらず、そのことなった法律関係へ、第三者が、訴訟参加していくことが認められ、あるいは、必要であるのは、とりもなおさず、ふたつの法律関係のあいだに、密接な関連性——前訴の法律関係が、後訴の法律関係の論理的前提となっていること——があるからである。

このふたつの法律関係を考えた場合、その接点にいるのは、主たる当事者である。そこで、この主たる当事者を、補助参加の必要性の問題を考える場合のキー・パーソンとみて、その主たる当事者の法的地位というか、法的な性格のうちに、第三者が補助参加することの必要性が秘められていると、考えることはできないであろうか。

いちばんわかりやすい〔事例②〕で考えてみよう。[380] この場合の主たる当事者である「保証人」とは、ほんらい、債権者に対して債務をおう者ではない。しかし、この場合の第三者たる主債務者との「関係」において、主債務者が債務を履行できないときに、債務を肩代わりしなければならない地位の者である。したがって、順番からいえば、まず、主債務者に債務支払いの請求があり、しかるのちに、同支払い請求をうけるはず[381]の者でもある。それが、順番がぎゃくになり、さきに、保証人に対する保証債務支払請求訴訟が提起された場合は、主たる当事者である保証人が敗訴すれば、とうぜん、「肩代わり」した金額の求償請求が、保証人から第三者たる主債務者にむけられることは、主たる当事者が「保証」人であることの性格から、あるいは、その基礎にある主たる当事者と第三者のあいだの「関係」から、自明の理である。

そのような保証債務支払請求訴訟のあとの道筋が明白である場合は、同訴訟において争われているものの半分以上は、じつは、第三者たる主債務者の法的地位であるとみることもできよう。かように解すれば、同訴訟で、第三者たる主債務者の法的地位が話題になっており、訴訟のゆくえによっては、窮地においこまれることが必定であるという、まさに、そのことのうちに、第三者たる主債務者の訴訟参加の必要性が認められよう。

これと比較すると、〔事例①〕は、主たる当事者が、主たる債務者であるケースである。主債務者は、いうまでもなく、みずからの債務について（第一次的に）弁済義務をおう者である。そして、その主債務者との「関係」において、第三者が、主債務の弁済を、債権者に対して「保証」する。保証債務の主債務への附従性[382]から、主債務者が、債権者からの主債務支払請求訴訟で勝訴し、支払義務をまぬがれれば、保証人が保証債務を支払うことはなくなる。そのかぎりで、保証人の地位が、主たる債務者の勝訴に密接に関連しているようであるが、いっぽう、主債務者が敗訴しても、主債務者が、すなおに判決に服し、主債務を弁済してしまえば、保証債務は自動的に消滅するので、保証人の地位は、主債務者が勝訴しなければ、あやうくなるというものでは、かならずしも、ないようである。

しかし、民法の法律関係は、さほど単純ではない。問題は、主たる債務者の資質、もしくは、性格にあるのであって、たとえば、主たる債務者が無資力であるような場合(383)である。このときには、主債務支払請求訴訟で主債務者が敗訴しても、主債務者には主債務を弁済できないので、とうぜん、債権者は、保証人に保証債務支払請求をすることになろう。このように、主債務支払請求訴訟のあとの道筋が明白である場合も、そのかぎりで、しょうらいの保証債務支払請求をまぬがれるために、主たる当事者である主債務者を勝訴させるために、保証人が補助参加する必要性が生じてくるのである。つまり、主たる当事者がどのような者であるのかにより、保証人が補助参加する必要性が、増減してくるのである。

以上のふたつの事例は、主たる当事者の「法的な」性格によって、第三者の訴訟参加の必要性が生ずるケースであったといえる。

五　しかし、民事訴訟理論で補助参加の利益があるとされる事例のうちには、「法的な」性格というよりは、主たる当事者の「事実上の」性格によって、第三者の補助参加の必要性が生じるとみられるものがある。

〔事例⑤〕の主たる当事者は、事故をおこした運転者を使用する会社である。使用者であるという法的地位において、民法七一五条一項により、会社は、被害者に対して（第一次的な）損害賠償責任をおい、しかるのちに、原則として、運転者に求償請求される(384)。そこに、第三者の補助参加の必要性が、ひとつ、生じるのであるが、それにくわえて、事故については状況を直接には知覚していないという、会社の事実上の性格によっても、運転者が補助参加する必要性が生じるのではないかと考えられる。つまり、当該損害賠償請求訴訟では、運転者が行った不法行為が問題となっているのに、事故の原因——責任の減殺事由もふくめて——、状況を十分には把握していない主たる当事者である会社にのみ、訴訟の命運をゆだねるのは適当ではないということのうちに、第三者たる運転者が訴訟参加することの必要性が生じるということなのである。

六　この訴訟における主張・証明の問題について、さらに考察をすすめると、主たる当事者の不知、不熱心な訴訟追行によって敗訴が濃厚であるときに、その訴訟の帰趨に重大な関心をいだいている第三者が、拱手傍観せざるをえないということも、補助参加の必要性を生じさせよう。たとえば、〔事例①〕や〔事例②〕で、主たる当事者が、勝訴の決め手となる、消滅時効を援用しなかったり、債務が詐欺・強迫によるものであることを主張しなかったりする場合[385]が、これにあたろう。

右の論理を、一般理論に敷衍すると、補助参加人の訴訟行為が、訴訟に影響を与え、主たる当事者を勝訴に導く可能性をもつものである場合に、補助参加の必要性が、つよく、認められる[386]といえよう。これをぎゃくにいえば、そのような可能性のないときは、（第三者の補助参加がなければ、主たる当事者を勝訴に導くことはできないという意味での）補助参加の必要性は、認められないということになろう。

(b)　補助参加させることの必要性——参加的効力と訴訟告知——

一　なぜ、補助参加が必要なのかについて、こんどは、訴訟当事者のがわから、どうしても、ある法律関係にある第三者を訴訟に引き込まなければならない——補助参加させなければならない——という事情について、分析してみよう。

このような事情については、わが国の行政訴訟理論では、論じられたことも、そもそも、意識されたこともない。しかし、民事訴訟の理論のなかでは、むかしから、補助参加の理論の重要な側面をなすものと認識されており、じじつ、「参加的効力」や「訴訟告知」という、補助参加を促進するために考案されたと思われる制度の導入によって、この問題の解決がはかられているのである。そこで、訴訟当事者のがわから、どうしても第三者を補助参加させなければならないという事情を、「参加的効力」や「訴訟告知」の理論の分析をつうじて、さぐることにしよう。

二　はなしは、ぎゃくになるが、「参加的効力」というものが観念される基礎には、当該訴訟にひきつづいて、当該訴訟で判断されたことを前提とする、後訴との関係があるようである。

たとえば、保証人に対する保証債務支払請求訴訟で、保証人が敗訴した場合は、保証人から、主たる債務者に対する求償請求訴訟というものが考えられる。ところで、保証債務は主債務に附従するものであるので、保証債務が争われるときは、とうぜん、主債務の存在が前提となり、当該訴訟では、それについて判断されざるをえない。つまり、前訴で判断されたことが、後訴の重要な判断事項となるのである。そして、この関係を理由として、保証債務支払請求訴訟では第三者である主債務者を、当該訴訟に（保証人のがわに）補助参加させることにより[387]、当該訴訟で判断されたことを、後訴の主債務者に対する求償請求訴訟で効力をもたせようとする参加的効力の理論[388]へとつながるのである。

前訴で判断されたことが、後訴において、補助参加人を拘束する効力、とされる参加的効力[389]は、まさに、前訴にひきつづいて、後訴が提起されることを前提とするものであるが、その本質は、主たる当事者が敗訴した場合の、補助参加人と主たる当事者のあいだの公平な責任分担の考え方にもとづくものである[390]。つまり、前訴において、補助参加人が、主たる当事者とならんで、訴訟物について争った以上、主たる当事者の敗訴ののちの、主たる当事者から補助参加人に対する後訴において、補助参加人が、主たる当事者に対して、前訴の訴訟物について下された判断とことなる主張をすることは、信義則から、主たる当事者に対して公平ではない、ということなのである[391]。

このような参加的効力の性質・内容を、よくよく考えてみると、主たる当事者が、当該訴訟において、ともに相手方と戦っている補助参加人に対して、いずれ提訴する後訴において、当該訴訟で判断されたことと、ことなる主張をさせないための布石を打っておくということである。それは、とりもなおさず、主たる当事者の論理にほかならない。そして、そのような参加的効力を生じさせるためには、かかる関係にある第三者を補助参加させなければならないが、それも、主たる当事者においての必要性である。

三　このような参加的効力と密接に関連するのが、「訴訟告知」の制度[392]である。訴訟告知の目的については、第三者に訴訟参加の機会を与えるということと、第三者に参加的効力を及ぼせるということが上げられるが、このうちでは、後者に重点がおかれている。

すなわち、なぜ、告知者が訴訟告知をするかというと、それによって、被告知者に対し、その判決の参加的効力を及ぼすことができるという実益があるからであるという説明が、一般に、されているのである[393]。そのことを、もうすこし、くわしくいうと、訴訟参加の利益を有する第三者[394]に対して、訴訟当事者など[395]から、裁判所を経由して[396]、訴訟が係属している旨を通知していることにより、その第三者が訴訟参加するしないにかかわらず、実定法の根拠——民訴法五三条四項[397]——をもって、第三者に判決の参加的効力が及ぶとされている、ということなのである。

図式的に示すと、「訴訟告知（→補助参加）＝参加的効力」となる。

四　この参加的効力と訴訟告知の理論の基礎にあるのは、前訴と後訴の関係であり、それは、とりもなおさず、主たる当事者の法律関係と、それに従属する関係にある、補助参加人じしんの法律関係の、実体法上の関係にほかならない。参加的効力と訴訟告知の理論の眼目も、補助参加人を、先決問題となる法律関係に引き込むことにより、補助参加人に、前訴で判断されたことを承服させることで、既判事項についての蒸しかえしをなくし、前訴と後訴の統一的解決を保障するということにあるのである。

さらに、井上教授によれば、訴訟告知により補助参加をうながすことで、当該訴訟で下された判決が、告知者

（主たる当事者）と被告知者（補助参加人）とのあいだで、自主的紛争解決規範として作用し、後訴にもちこまれるまでもなく、紛争が未然に落着・予防されることも多いであろうと推察される、とされている[398]。

したがって、「補助参加させることの必要性」も、まさに、右の論理の裏がえしのうちにあるわけである。すなわち、前訴で敗訴した主たる当事者が、その結果として、第三者に提起した後訴において、あらためて、前訴で判断された事項について、あらためて判断されなおすこと、あるいは、それにより、前訴と後訴で、ことなった判決が下されることを避ける[399]ために、前訴に補助参加人を引き込み、補助参加人に、前訴で判断されたことを承服させる必要があるということにおいて、「補助参加させることの必要性」が認められるのである。

このことを、さらに考えてみると、その必要性というのは、さきほども述べたように、主たる当事者においての必要性である――民訴法でいわれる「参加的効力」は、主たる当事者と補助参加人とのあいだに生ずるものであって、相手方と補助参加人のあいだには生じないことに、注意しなければならない――。その内容は、現在、目のまえで行われている訴訟の結果しだいで、（実体法上の関係から）とうぜんに予想される後訴を意識し、後訴の相手方となる第三者に、現在の訴訟で判断される事柄を甘受させ、後訴で、それとことなる主張をさせないという、主たる当事者のつよい意欲である。

したがって、「補助参加させることの必要性」というのは、民事上の法律関係において生ずるものであって、「事件の適正な審理裁判を実現する」ためとか、訴訟の結果に利害関係を有する者に、手続上の権利を保障するためとかではないのである。

(c) 補助参加の強制と「第三者の引き込み」論――井上(治)理論の分析――

一　民事訴訟で一般的に認められる訴訟参加形態としての補助参加は、もちろん、補助参加しようとする者の申立てによるものであって、これ以外に、直接に、他からの強制によって補助参加させられるということはない。

しかし、かねてより、民事訴訟理論の一部で、当該訴訟につづいて、とうぜんに、第三者に対する後訴——訴訟当事者の敗訴にもとづく第三者への求償請求訴訟——が予想される場合に、その請求についても、当該訴訟で、統一的に審判されることを求めるため、民事訴訟のテクニックを駆使して、なんとか第三者を訴訟に引き込めないか[400]という、本書の考察にとってきわめて興味ある試みが行われている。

それは、井上(治)教授の「被告による第三者の追加」の理論[401]である。この理論は、被告が敗訴した場合は、第三者に対して、ただちに、求償請求訴訟が予想されるという、民事上の法律関係[402]を前提とするものであって、「第一の訴訟手続で、被告がかかる第三者を自己の被告（当事者）として引っぱりこみ、自己が原告に敗訴したならば第三者に求償できるであろうその請求についても、その手続のなかで一挙に統一的な審判を求める併合形態を認めることはできないか[403]」ということを、めざすものである。

そのようにすることの意義については、教授は、前訴と後訴のあいだの裁判の不統一を避けることができるということ以外に、被告において、別訴を提起するわずらわしさから解放されるし、「被告への」手続保障の要請を達成することができるとされている[404]。

二　手法的には、それは、訴訟告知制度を、さらに一歩すすめた、「訴えの主観的追加的併合[405]」である。教授のいわれる併合形態は、原告と被告のあいだの訴訟と、被告（追加原告）と第三者（追加被告）の訴訟の併合であり、被告（追加原告）から第三者（追加被告）に対する請求（追加請求）は、本訴請求を認容する判決が下されることを停止条件とする、被告から第三者への求償請求であり[406]、ふたつの請求は、ひとつの訴訟のなかで審理され[407]、それぞれについて判決が下される[408]。

ただ、被告と第三者は、かならずしも、対立的関係にあるわけではない。というよりは、この理論は、被告と第三者が、本訴では、同一の利害関係において、ともに原告に対峙するというシチュエーションを、第一に、前提としている。追加被告となる第三者は、自己に対する求償請求の根源となる本訴請求を、被告とともに、つぶしておけば、求償請求を免れることができる。その関係は、基本的に、補助参加の場合と、ことなるところはない。[409]そういう意味では、この手法は、補助参加の強制という性格をもつと評価することもできるわけで、そうだとすると、われわれの考察にも関連してくる。そこで、もうすこし、この理論を追究してみよう。

三　教授によれば、「訴えの主観的追加的併合」が認められれば、訴訟告知制度によって、第三者の補助参加をうながすという手法よりも、直截的に第三者を訴訟に引き込むことができるとされるわけだが、[410]この論理を検討してみると、それは、「訴訟告知（→補助参加）＝参加的効力」の限界論によって論証されている。[411]

訴訟告知によって参加的効力を及ぼすといっても、後訴において、被告知者に、前訴判決内容と矛盾する主張を封ずるものにとどまるので、被告知者が、敗訴した告知者からの請求におうじない場合は、告知者は、後訴を提起して債務名義をとるしかない。しかし、参加的効力には、さまざまな除外例が認められているので、[412]それにより、けっきょくは、争いの蒸しかえしもある。

また、かりに、訴訟告知が行われなかったとしても、前訴判決は、後訴において、すでに、事実上、証拠としておおきなウェイトをもつと考えられるので、「訴訟告知（→補助参加）＝参加的効力」のシステムの機能は、いわれるほど不可欠なものではない。また、このシステムは、前訴と後訴の関係を前提としているが、被告知者には、どうせなら、一回の訴訟で決着をつけられたほうがよい。

また、告知者と被告知者の利害が対立する場合には、訴訟告知により補助参加をうながすということでは、うまくいかないこともある、[413]というものである。

この「訴訟参加（→補助参加）＝参加的効力」の限界論からうかがえる教授の思想は、ようするに、一回的解決の重視である。これは、うらがえせば、「訴訟告知（→補助参加）＝参加的効力」というシステムへの不信である。このシステムが前提とするのは、前訴において、補助参加人が、主たる当事者とともに――この時点で対立関係はない――、相手方に対して同一の法律関係を争って敗訴したのち、こんどは一転して、主たる当事者からの敗訴にともなう求償請求等におうじず、主たる当事者が前訴補助参加人に対して提起した後訴において、前訴補助参加人が、前訴判決の内容とことなる主張をするという、考えてみれば、きわめて「まれな」事例である。

このような場合は、教授も右に指摘されているように、むしろ、補助参加をうながす第三者と主たる当事者は、最初から対立関係にあるとみるのが、しぜんで、そもそも、このような第三者が、前訴において、主たる当事者のがわに補助参加し、同じ法律関係を、ともに協力し争うと擬制するのは、現実的ではない。なぜなら、この場合は、このような第三者は、補助参加の動機となる主たる当事者の勝訴ということに、最初から、関心を有していないと考えられるからである。

それならば、発想を転換し、補助参加をうながすべき第三者を、最初から、（追加）被告とし、原告からの請求と先決関係にあるしょうらいの求償請求等を、追加請求として、本訴請求と併合して審理すれば、原告、被告、第三者とのあいだの争いを、いっきょに解決できるという論理[414]がうまれてくるのである。

四　しかし、このような「訴えの主観的追加的併合」の理論にも、難点はおおい。そのことは、教授も、みずから認められるところであって、自己の理論に対する反論として予想されるところを、客観的に分析されている。[415]そのなかには、本書のこれからの考察のヒントとなるものも、ふくまれているように思われるので、行政訴訟にもつうじる問題点だけを取りだして、[416]検討してみよう

そのひとつは、本訴請求をしている原告の不利益（迷惑）の問題である。これは、本書の考察にとっても、示唆的であると思われる。主な不利益（迷惑）は、（原告のあずかり知らない）追加請求に対する審理も併合して行われる

ため、本訴請求に対する審理・判決が遅延するということであるとされている。[417]

この問題を、理論的レベルで検討すれば、訴訟に対して第一次的に処分権を有する原告の意思に反して、訴訟形態が変更されるのは、不つごうではないかという考えが、とうぜん、でてくる。それに対しては、教授は、「訴訟は原告の支配に服する」というような厳格な訴訟観で律することは適当ではない[418]し、訴訟技術的に、いちじるしく訴訟を遅延させないような配慮をすることは可能であるとされている。[419]

もうひとつは、追加被告が、かなり不安定・不利益な立場にたたされるという問題である。これも、本書の考察にとって、示唆的である。その不安定・不利益というのは、追加被告に対する追加請求が併合された訴訟では、いつ追加請求の審理に入るのか、わからないので、追加被告たる第三者は、つねに弁論に関与していなければならないが、そうかといって、被告に対する本訴請求の審理中は、なにもできない[420]ということである。また、追加請求に対する審理において、追加被告たる第三者が、攻撃・防御の手段をつくして、主張・証明につとめたとしても、本訴請求の棄却判決が確定した場合は、徒労におわるという不安定・不利益であるとされている。[421]

第二項　行政訴訟の論理

(a)　兼子(一)博士の疑問と考察の命題

一　行政処分を取り消し、または、変更する判決により、訴訟のそとにいる第三者が、直接に自己の権利を侵害されるという場合に、そのような第三者にも判決の効力を及ぼさせることが、はたして妥当であろうか、という疑問を、兼子(一)博士が、かつて、いだかれた[422]こと、そして、その疑問から出発して、取消判決の効力がかような第三者には及ばないようにすることをめざされた博士の理論が、けっきょくは、行政処分の取消しを求める原告の権利保護を優先することにより、採用されなかったということは、前節の考察においてあきらかにされたところである。[423]

しかし、この博士の疑問は、切実で、深刻であり、本書の論考の根底に、なお、脈々と流れているものであって、この疑問にこたえることが、本書の最終的な目標であるといってもよいであろう。博士の疑問は、民事訴訟で一般に、補助参加の必要性などについていわれている、第三者に訴訟において主張・証明の機会を与えればたりるというような、たんなる訴訟手続上の権利保障という以上の、もっとふかい意味をもつものである。[424]

二　ただ、いっぽうで、博士の疑問が、取消訴訟の特殊性もじゅうぶんに考慮されたうえでのものであったかについては、問題がある。そのことは、本項での取消訴訟における第三者の訴訟参加の必要性の考察にも関係する。訴訟の結果について利害関係を有する第三者の補助参加の必要性は、その実体的法律関係にあることが、前項であきらかにされたが、それが、取消訴訟にも妥当するのかについては、やはり、取消訴訟の特殊性、とりわけ、取消訴訟と民事訴訟の構造的相違をみきわめたうえで、第三者が訴訟参加することの必要性に、どのように影響するかを考察することによって、はじめて、判定しうるであろう。

その判定作業においては、兼子(一)博士の疑問に対応して、また、民事訴訟理論で一般にいわれているところと比較して、取消訴訟の特殊性とつき合わせて、いくつかの命題をたて、考察の視座としたうえで、ひとつずつ、解答をだしていこう。

その命題のひとつは、「『行政処分を取り消し、または、変更する判決により、自己の権利を害される第三者がある』とする場合の実体的法律関係とは、どのようなものであるのか」ということである。

いかなる第三者を、いかなる場合に訴訟参加させるべきであるのかということは、基本的には、実体法上の法律関係により定まる。このことは、本書のこれまでの考察において、あきらかにされたところであり、このことじたいは、民事訴訟における補助参加と、なんら、ことなるところはないが、行政訴訟における第三者の訴訟参加では、その場合の実体的法律関係とは、行政法上のそれである。また、民事の法律関係とはことなる行政法上の法律関係の特殊性は、取消訴訟の構造とも、ふかく関わっている。これらを加味した考察が必要である。そのうえで、いかなる実体的法律関係において、いかなる第三者を取消訴訟に訴訟参加させる必要性があるのか、最終的に結論をだそう。

　もうひとつの命題は、「取消訴訟で、（判決の効力に服する）第三者が、訴訟参加し、訴訟において自己の権利を主張することが、ほんとうに必要であろうか」ということである。

　これは、民事訴訟理論で、補助参加の必要性などについて、一般にいわれている訴訟手続上の権利保護論[425]からすると、はなはだ、逆説的であるが、取消訴訟というものの特質を考えた場合には、かように冷やかな立場にたった考察というものが不可欠ではないかと思われるのである。それは、およそ、私人のあいだでのみ行われる民事訴訟で、主たる当事者も私人であるのとことなり、第三者が訴訟参加するがわの主たる当事者は、つねに、国（行政庁）であるということにもとづくものである。つまり、いったん、基礎となる行政事件について、みずから、職権により事実関係をしらみつぶしに調査し、法的評価を下したことについて、訴訟において、じっさいには、行政庁が被告となり、その判断（行政処分）の適法性の維持につとめる以上、第三者が、さらに訴訟参加して、（たんなる補助ではなく）行政庁とことなる主張をする余地があるのかということである。

　以上のふたつの命題は、いずれも、取消訴訟の構造に密接に関連しているので、まず、取消訴訟の構造と、第三者の訴訟参加に関わる実体的法律関係の分析から行うことにしよう。

(b)　取消訴訟の構造と第三者――塩野解説の分析につづけて――

一　現行行訴法の制定以降に書かれた取消訴訟制度の解説のなかで、同制度の構造と、訴訟当事者のあいだの実体的法律関係との関係の本質を、端的に示されたのは、塩野教授である。[426]教授も、基本的に、兼子(一)博士や雄川博士の立場[427]を踏襲され、取消訴訟を形成訴訟と理解しておられ、[428]そのうえで、取消訴訟には、原状回復機能と適法性維持機能[429]という重要な機能があるとされている。[430]このうち、ここでの分析に示唆を与えるのは、前者についての説明である。

教授のいわれる「原状回復機能」とは、原告の行政処分の取消しの訴えを認容する判決により、行政処分のなかった状態に復帰するということであり、[431]すべての取消訴訟に共通する、もっとも重要な機能であるとされている。これには、さらに、説明がほどこされており、「行政行為の場合には一度行政行為により法律関係は変動するという見方をするので、判決によりその変動した法律関係がもう一度変動する、つまり、もと（原状）に帰るということな」のであるとして、それが、取消判決による「原状回復」の意味であるとされている。[432]

上記の見解について注意しなければならないのは、教授は、取消訴訟の基礎にある行政事件（法律関係）を、取消訴訟の枠を超えて、行政過程論的にとらえられているということである。[433]そのことは、まさに、本書の考察に対して、本質的なところで示唆を与えるものである。すなわち、「一度行政行為により法律関係は変動する」とされるのは、われわれが考察の対象としている第三者に関わる法律関係について、筆者のことばに引きなおせば、（取消訴訟の）原告と第三者のあいだの（紛争につながる）実体的法律関係について、すでに、行政庁が公権的に判断し裁定を下し、第三者に権利・利益を付与したということであり、「取消判決は、その変動した法律関係を、もういちど、変動させる」とされるのは、その第三者に付与された権利・利益を、はく奪し消滅させるということなのである。

このような流れのなかで見てみると、第三者の権利・利益は、行政庁の公権的な判断・裁定にかかっているということがわかり、まさに、その命運は、取消訴訟における行政庁の公権的な判断・裁定の適法性審査いかんに関わっているということもわかる。そして、この行政庁が、みずから下した公権的な判断・裁定の適法性維持のために、取消訴訟で、被告として主張・証明にあたり、そのことが結果的に、第三者の権利・利益を防衛することになるわけである。このような行政庁と第三者の関係は、民事の法律関係、および、それを基礎とする民事訴訟の手続関係とは、異質のものである。(434)

二　われわれが考察の対象としている訴訟参加すべき第三者に関わる法律関係と取消訴訟の構造との関係を、こんどは、原告のがわから見てみよう。

いうまでもなく、この場合の第三者と原告は、実体法的には、問題の行政処分をはさんで、対立的地位にある。このことをよく頭において、塩野教授が示唆されるように、行政過程論的に、原告と（訴訟参加すべき）第三者の関係を見ていくと、そもそも、行政処分の名あて人は、（訴訟参加すべき）第三者である。したがって、（訴訟参加すべき）第三者が、行政処分については、直接の当事者であるといえる。これに対して、原告は、行政処分については、第三者である。それが、原告が、行政処分の第三者でありながら、行政処分によってみずからの権利を侵害されたと主張して、（訴訟参加すべき）第三者に与えられた行政処分の取消しを求めて出訴するのである。この場合は、国（行政庁）が被告となるので、（訴訟参加すべき）第三者は訴訟外の第三者である。

右の関係を、さらに、よく考えてみると、そもそもの問題として、行政処分が介在する以前に、根本的に、原告と（訴訟参加すべき）第三者のあいだに対立的な実体法関係が存在している、もしくは、潜在的に存在しているということがわかるであろう。そして、ほとんどの場合に行政処分は中立的ではありえないので、行政庁が、行政法規にてらして、（訴訟参加すべき）第三者に授益的な行政処分を与えると、必然的に、原告は、いちじるしく不利な状況におちいることになる。もともとの争いの根は、原告と第三者のあいだの実体的法律関係にあるので、原告の救済については、ほかの方途も考えられることもあるわけだが、このような場合には、原告が取消訴訟を提起し、

（訴訟参加すべき）第三者に対する行政処分を取り消すことが、原告の救済としては、直截的で有効であるので、おおくの場合、原告は、当該処分の取消しを求めて、取消訴訟を提起することになるのである。

ただ、その場合には、行政訴訟の問題として、行政処分の名あて人でない第三者が、当該行政処分の取消しを求めて出訴することができるかという、原告適格の問題がでてくる。(435) 原告適格の理論じたいには、ここで、ふかくたち入る余裕はないが、取消訴訟の構造をとおして原告と（訴訟参加すべき）第三者との実体的法律関係をさぐるという本項の目的から、そのような法律関係により、どのように原告の原告適格が根拠づけられるのか、見ておこう。

ところで、原告の実体法上の地位から、原告の原告適格を論証することは、けっして、ようぃな作業ではない。(436) それは、まさに、行政法全体のしくみに由来するものであって、塩野教授が、端的に、つぎのように説明されている。(437)

すなわち、（処分）取消訴訟という制度がおかれている（行政法上の）趣旨は、行政決定のある種のものを行政処分としてとり上げ、その効果を取り消すためには、取消訴訟によるべしというルールを定めたことによるものである。そのため、実体法で、特定の者にあらかじめ当該違法行為の取消請求権があり、これを形成訴訟で実現させるという（民事法的な）実体法的構成(438)が先行することがないままに、取消訴訟制度の整備がはかられてきたという歴史的事情があり、けっきょく、取消訴訟の原告適格を何人に認めるかは、立法政策の問題とされた、というものである。

塩野教授がいわれるように、取消訴訟の原告適格をどの範囲で認めるかは、立法政策の問題であるとして、わが国の行政訴訟法規のなかで、どのように原告適格が規定されていたか、ふり返って見ると、たしかに、ひとつの拡大傾向がうかがえる。(439) しかし、他人に与えられた行政処分を、その処分の名あて人でない者に、なぜ、原告適格が認められるのかという問題については、立法的に解決されたというよりは、原告適格の拡大をめざす解釈論の展開のなかで、あきらかにされてきたといえる。(440)

そして、いっぽうで、（第三者に授益的な）行政処分の取消しを求める原告適格が拡大されるということは、理論的に、その処分の名あて人である第三者の（訴訟参加人としての）訴訟上の地位に、なんらかの影響があると考えなければならないであろう。

三　右の問題を検討する「てがかり」として、高木教授が、原告適格拡大論に関連して、行政処分の名あて人でない者の原告適格の基礎となる、原告と第三者――処分の名あて人で、訴訟参加すべき者――のあいだの実体的法律関係について、取消訴訟の構造をとおして、興味ぶかい類型分析を行っておられるので、これを参考にしよう[441]。

高木教授の分析においても、（行政処分についての）第三者の原告適格[442]が問題となる場合は、やはり、二重効果的行政処分[443]の例が基本におかれている[444]。すなわち、「競願のモデル」、「距離制限のモデル」、「隣人訴訟のモデル」である。

これら三つの類型については、わが国の行政訴訟理論でも、（行政処分についての）第三者の原告適格が認められる典型的事例として、それぞれ、ことなった考察のもとに原告適格が認められてきた[445]。しかし、高木教授の卓越した分析によると、行政処分により自己の権利もしくは法律上保護された利益が「侵害されるおそれがある」という、まさに、その点を、さらにくわしく検討する必要があるとされる[446]。

まず、「競願のモデル」と「距離制限のモデル」についての、高木教授の分析を見てみよう。

「競願のモデル」や「距離制限のモデル」においては、授益された者に対する民事訴訟による救済は不可能であるとされる。そこで、その者に授益する行政処分の取消しを、（行政処分についての）第三者が求める取消訴訟が提起されるわけだが、このような類型にあっては、もっぱら行政法上の法的地位の配分をめぐる私人間の争いとみるべきであり、前者と後者の相違は、前者においては、競願者が対等の立場で争い、敗者となった競願者が、復活をねらって取消訴訟を提起しているのに対して、後者では、いったん勝者となった既存の業者が、その地位を脅かさ

れ、確保のために取消訴訟を提起している点にある、と分析されている。(447)

ここで述べられていることは、行政法上の法律関係と取消訴訟の関係の本質を、するどくつかれているものと思われるので、すこし「かみくだいて」理解してみよう。

高木教授が提示された「競願のモデル」においても、「距離制限のモデル」においても、行政処分が行われるまでは、処分の授益者となる者と処分により権利を侵害されることになる者のあいだには、潜在的な対立関係はあるものの、民事法的な権利・義務関係が、顕在的に存在しているわけではない。それが、いったん、高木教授の言葉をかりれば、「行政法上の法的地位の配分」としての行政処分が行われたのちは、行政処分をはさんだ法的な利害対立関係が、いっきに現出してくるわけである。

すなわち、処分をうけた者については、のぞんだ権利の獲得であるが、他の競願者については、のぞんだ権利が得られないということの確定であり、既存の業者については、既得の権利・利益への侵害である。処分により不利益をうけるがわについて、高木教授は、「観念的な地位の喪失か、実体的な被害かという観点からみれば、両者とも、拒否処分により近い構造ということができよう」と評価されている。(448)

そこで、他の競願者や既存の業者は、のぞんでいる権利の獲得のため、あるいは、既存の権利・利益の防衛のため、この行政処分の取消しを求める訴えを提起するしかない(449)――そこに、原告適格の論拠が存在するわけであろう――。これは、行政法上の法律関係と取消訴訟のしくみから、必然的にでてくる結論である。(450)

また、高木教授はそこまで述べられておられない――原告適格の理論であるので、とうぜんだが――が、反対に、この関係を、行政処分の名あて人で行政処分が授益する者の立場から考えてみると、つぎのように分析できよう。

他の競願者や既存の業者による、自己へ与えられた行政処分の取消しを求める訴えの提起は、まさに、自己の法的地位の覆滅をはかるものである。その訴えが認容されれば、取消判決の（第三者にも効力が及ぶという内容をもつ）

形成効により、処分により得られた自己の権利は、自動的に失われる。ただ、その訴訟において争われるのは、もっぱら、その行政処分が行政法規にてらして適法に行われたものであるのか、ということである。したがって、自己の法的地位の命運は、ひとえに、被告国（行政庁）の主張・証明によって、その行政処分の適法性が証明されるかということにかかっている。訴訟当事者でない者としては、せいぜい、被告国（行政庁）のがわに訴訟参加して、その主張・証明を補助し、場合によっては、被告国（行政庁）がなしえない、あるいは、その意に反した主張・証明をするしかないのである。

四　つぎに、「隣人訴訟のモデル」についての、高木教授の分析を見てみよう。

このモデルでは、民事訴訟による救済が可能であるとされる。[451] なぜなら、行政処分をうけた者による利用行為＝事実行為が、民法上、違法であるからである。[452] にもかかわらず、取消訴訟の途を認めるのは、他の類型とはことなる考慮によるとされる。[453]

それは、この場合には、行政処分の法的効果により隣人の権利・利益が侵害されるという側面もあり――いっぽうで、事実的侵害も存在する――、このときは、隣人は、実質的には、行政処分の相手方であるからである。[454] これには、すこし、説明がくわえられており、民法上いまだ違法といえないレベルでも「危険」であるとして行政規制の対象とされている場合には、（行政処分の）第三者による（名あて人への）授益処分の取消訴訟は、「行政法上の地位の獲得」をめざすものであるとされている。[455]

すこし、難解な論理であるが、これも、「かみくだいて」理解してみよう。

建築許可のような例を念頭において考えてみると、許可処分をうけた者は、その法的効果として、申請した建築物を建築することができる。この場合の関係建築法規は、主として、隣人に危険が生じることを防止することを、目的とするものであるので、これら法令に違反して与えられた建築許可処分は、処分の効果により、直接に隣人の権利・利益を侵害することになる。そこで、隣人は、違法な行政処分によって自己に危険が及ぶことを回避しうるという「行政法上の地位の獲得」をめざして、当該処分の取消しを求める訴えを提起することになるのであろう。そのかぎりでは、「競願のモデル」や「距離制限のモデル」と、ことならない。(456)

しかし、いっぽうで、建築許可処分が適法であった場合を考えてみても、許可により建築した建築物そのもの、あるいは、その利用行為など――形態は事実行為であるが、権利侵害という法的効果に密接に関連する――が、民法により違法と評価される隣人の権利侵害行為を形成することもある。建築許可処分は、処分の名あて人に、なにをしても、どのように利用しても、違法となることはないという免罪符を与えるわけではないからである。この場合は、とうぜん、民事の相隣関係や不法行為訴訟によることになる、ということであろう。

この類型についても、行政処分の名あて人で行政処分が授益する者の立場から考えてみると、つぎのように分析できよう。

建築主からみると、そもそも、隣人は、自己の建築に不満をいだく対立者であり、自己の建築＝利用行為に対しては、つねに、妨害排除や差止めなどの請求をしてくる危険な存在である。それが、たまたま、当該建築物については建築許可を要するため、建築を阻止する直截的で有効な手段として、隣人が、許可処分の取消しを求める訴えを、提起したのである。それは、処分の名あて人からすると、まさに、自己の法的地位の覆滅をはかるものである。取消判決により、処分により得られた自己の権利が、自動的に失われるということ、自己の法的地位の命運は、ひとえに、被告国（行政庁）の主張・証明によって、その行政処分の適法性が証明されるかということに、かかっているということは、「競願のモデル」や「距離制限のモデル」の場合とおなじである。

五　取消訴訟は、いうまでもなく、原告の権利の保護・救済のための制度である。(457)このことを否定する者はいないし、現代の行政訴訟理論は、すべて、ここから出発している。そして、国民が、原告として、取消訴訟という制度に、自己の（侵害された）権利の保護・救済を求めることの連結点となるのが、原告適格である。行訴法は、九条で、原告適格について規定しており、その意義をめぐって、というよりは、いかにして原告適格の範囲を拡大するかということに、わが国の戦後の行政訴訟理論の関心のほとんどが集中していたといってよいであろう。

いっぽうで、その原告の権利の保護・救済とうらがえしの関係にたつ、行政処分の取消しによって自己の法的地位が覆滅される処分の名あて人＝取消訴訟の第三者の権利の保護・救済については、同法二二条の「第三者の訴訟参加」と同三四条の「第三者の再審の訴え」があるが、訴訟参加の利益についても、再審の利益についても、とくに、その拡大が論じられたことはない。ただ、ここで注意しておかなければならないのは、行政処分を取り消す判決により、処分の名あて人＝取消訴訟の第三者は、決定的に、みずからの法的地位が覆滅されるのに対して、処分の取消しを求める原告については、処分の存続によって被るものは、実体的被害であって、自己の法的地位の覆滅ではない。このあいだの法的評価としてのバランスをどう考えるかは、本書の考察にとって本質的な問題であるので、次節で、あらためて論ずることにする。

とりあえず、条文に規定された第三者の訴訟参加と第三者の再審の訴えに、はなしをもどすと、いかなる第三者に訴訟参加が認められるのか、いかなる第三者に再審の訴えが認められるのかということは、基本的には、これらの条文の解釈として定まるわけだが、その根本にある問題として、いっぽうで、その処分の取消しを求める原告の範囲が拡大するということは、考えてみれば、その反面として、必然的に、自己の法的地位が覆滅される処分の名あて人＝取消訴訟の第三者の範囲の拡大を意味するのである。それについて、もうすこしくわしくいえば、つぎのとおりである。

すなわち、処分の取消訴訟の原告適格を拡大するということは、どのような行政処分による利益侵害について、権利の侵害と認めるかという範囲の拡大であるので、ようするに、訴えの対象となる行政処分の範囲の拡大である。

ところで、第三者の訴訟参加が問題となるような場合では、この場合の第三者で処分の名あて人である者と原告は、実体法的に、問題の行政処分をはさんで、対立的地位にある。したがって、原告適格が拡大され、取消訴訟の対象となる行政処分の範囲が拡大すればするだけ、訴訟参加すべき第三者の範囲も、自動的に拡大していくということなのである。

そうすると、取消訴訟について、いかなる場合に、いかなる第三者に訴訟参加させる必要性があるかは、かなりの程度、（処分についての）第三者の原告適格が拡大された範囲の事例が参考になるし、また、しなければならないであろう。

(c) 訴訟参加の必要性があると考えられる第三者の範囲

一　取消訴訟において、いかなる第三者が、いかなる場合に、「訴訟参加する必要性がある」[458]と考えられるのか。その基礎は、これまでの考察から、取消判決により、まさに、自己の実体法的地位が覆滅されるという、実体法上の関係にあることがわかっている[459]。そこで、逆算して、その実体法上の関係をさぐることにより、いかなる第三者を、いかなる場合に、訴訟参加させる必要性があるのかを、ここで考察する。そして、あわせて、それらを類型的に整理することも、目標とする。

二　第三者が訴訟参加する必要性があることの基礎が、取消判決により、（直接的に）その者の実体法的地位が喪失されるということにあるのであれば、やはり、基本は、二重効果的行政処分により規律される法律関係であろう。その二重効果的行政処分の理論により、わが国の法律問題の解釈論の分析をすすめていくというのであれば、論理の前提として、まず、わが国における「二重効果的行政処分」の理論の内容を、確認しておくべきであろう。

ドイツにおいて発展した「二重効果的行政行為」の理論[460]を、わが国に紹介された方々のなかに、兼子（仁）博士がある。[461] 博士は、外国の理論のたんなる紹介にとどまらず、もともと、訴訟理論において発展した[462]二重効果的行政行為の理論を、実体法的に再構成し、不利益的行政行為、利益的行政行為とならぶ、第三の類型として位置づけるあたらしい行政行為論[463]を展開された。そして、興味ぶかいのは、その二重効果的行政処分の類型的分析が、第三者の訴訟参加、原告適格といった訴訟的観点からの考察を論拠としつつ、行われていることである。[464]

博士が、伝統的な行政行為の二分法にくわえて、第三のものとして、二重効果的行政処分に目をつけられたのは、基本的には、その処分に関しては、行政処分を行う行政庁と処分の名あて人以外に、その処分により直接に不利益をうける者が生じるという、三当事者間の法律関係になるということにあったように思われる。この見方は、まだ、そのかぎりで、実体法レベルのとらえかたであるが、博士は、さらに、訴訟法的にこれを見なおされ、処分で不利益をうけた者が、処分の取消しを求める原告適格を有するということと、処分の受益者である名あて人が訴訟参加しうるということが、二重効果的行政処分に不可欠の重要なファクターである、と考えられたようである。

このことは、博士も、第三者が「訴訟参加する必要性がある」と考えられるような場合の基礎に、二重効果的行政処分によって規定される法律関係があることを、認識しておられたということを意味するものであろう。[465]

三　しかし、右に分析した、兼子(仁)博士の二重効果的行政処分の理論からだけでは、いかなる第三者を、いかなる場合に、訴訟参加させる必要性があるのか、の判定はできない。

その場合に有力な「てがかり」となると思われるのは、やはり、ドイツの判例理論が、第三者の訴訟参加が必要的であるかどうかの判定基準として用いている、「法律関係関与性」であろう。これを、ここで用いる理由は、ひとつは、真に第三者の訴訟参加が必要的である場合を、可視的に、あきらかにすることができるということである。[466] また、もうひとつの理由は、ドイツのような必要的訴訟参加の制度がなく、また、第三者が訴訟参加しようが、しまいが、取消判決の効力が第三者にも及ぶということが、制度的に認められているという、わが国の制度の前提のもとで、このような第三者の保護を（実体的に）はかっていくうえでも、それは、真に第三者の訴訟参加が「必要的である」場合を中心としたものになるであろうと考えられるからである。

ただ、ここで、はっきり確認しておかなければならないのは、この「法律関係関与性」の理論によって示される、ドイツの必要的訴訟参加と認められる場合の範囲は、かなり厳格に制限されているので、われわれのめざす「第三者が訴訟参加する必要性がある」場合というのは、それより、「ややひろい」ものになるであろうということである。

四　すでにくわしく分析した、ドイツの判例理論により発展せしめられ、コンラッドにより、さらに明確化・整理された「法律関係関与性」の理論は、第三者が訴訟参加することが必要的と認められるのは、訴訟において争われている法律関係に、第三者が関与しているとみられる場合だけであって、その関与性は、その関与が「消極的なもの」であって、「直接的なもの」である場合にのみ、認められるというものであった。(467)

「消極的なもの」という判定基準の意義は、（処分を取り消す）判決が、第三者に消極的な効力を及ぼす場合、すなわち、第三者の（処分による既得の）法的利益を侵害する場合であるということである。(468) ぎゃくにいえば、法律関係関与性が積極的な場合、すなわち、原告の求める判決の内容が、第三者にとって有利になる――法的地位を向上させる――場合には、第三者の訴訟参加は必要的でないということである。(469) このあとのことを敷衍すれば、取消訴訟においては、原告のがわへの必要的訴訟参加はありえないということになろう。(470)

「直接的なもの」という判定基準の意義は、端的に、原告によって要求される（取消）判決の名あて人になるということである。(471) 取消訴訟では、さらに、判決の名あて人であることは、訴訟の対象となっている処分の名あて人であることも意味する。(472) したがって、訴訟参加することが必要的な第三者は、処分に客観的に表示されるということになる。(473)

五　行政処分をめぐって対立する関係にある者のいっぽうが、その処分の取消しを求める訴えを提起した場合に、他方が、その取消訴訟に訴訟参加する必要性があるかどうかを、さまざまな事例[474]について、法律関係関与性が「消極的なもの」であるか、「直接的なもの」であるかという判定基準を用いて評価し、類型的に整理してみよう。

①第三者の法律関係関与性が、「消極的なもの」で、かつ、「直接的なもの」と認められ、第三者が訴訟参加する必要性があると認められる場合。

すなわち、処分をうけた者――名あて人として処分に表示された者――が、それにより権利を付与され、あるいは、権利を形成され、あるいは、権利を追完されたが、その処分の取消訴訟を提起されたことにより、しょうらい下されるかもしれない取消判決――実質的に処分をうけた者を名あて人とする――により、それらが覆滅するかもしれないという意味で、自己の法的地位が危機にひんしているという実体的関係のゆえに、処分をうけた者を（第三者として）訴訟参加させる必要性が、「つよく」認められるという事例である。これを、さらに法律関係の性質によって分類すると、以下のようになる。

(i)　警察許可的処分により規定される法律関係

「建築許可処分の取消訴訟を隣人が提起した場合の、建築許可をうけた者[475]」、「距離制限がある営業の新規参入業者に対する営業許可処分の取消訴訟を、同業の既存業者が提起した場合の、営業許可をうけた新規参入業者[476]」、「保安林の指定解除処分の取消訴訟を周辺住民が提起した場合の、指定解除処分をうけた者[477]」など

(ii)　競願者の法律関係

「競願者のひとりに与えられた免許処分の取消訴訟を、他の競願者が提起した場合の、免許をうけた者[478]」、「先願主義のもとで、先願者とみなされた者に与えられた許可処分の取消訴訟を、先願者とみなされなかった者が提起した場合の、先願者とみなされ許可をうけた者[479]」、「当選の効力に関する不服の訴訟を、当選しなかった者が提起した場合の、当選者[480]」

(iii)　処分により権利が設定されたり、権利が追完された法律関係

「公有水面埋立免許処分の取消訴訟を、漁業権者が提起した場合の、埋立免許をうけた者[481]」、「河川占用許可処分の取消訴訟を、漁業権者が提起した場合の、占用許可をうけた者[482]」、「農地の賃貸借の解除に対する許可処分の取消訴訟を、賃借人が提起した場合の、解除の許可をうけた賃貸人[483]」、「起業者に対する事業認定の取消訴訟を、当該土地の所有者が提起した場合の、起業者[484]」

②第三者の法律関係関与性が、「消極的なもの」であるが、「直接的なもの」であるかについては、疑いのある場合。

これには、いくつかの場合があり、個別的に検討しよう。

(i)　一般処分により受益する者がある法律関係

特定多数の者を規制する一般処分にも、受益者が認められる場合がある。たとえば、「医療費値上げの職権告示[485]」、「大学構内におけるマイク使用禁止[486]」、「禁猟区の設定[487]」などであるが、かかる処分は、一般を規制する不利益処分であって、これらの受益者を名あて人として授益する処分ではない。したがって、これらの受益者の法律関係関与性は、「直接的なもの」とはいえず、その意味では、ドイツ行政訴訟でいうような「訴訟参加させることが必要的な場合」であるとはいえない。ただ、処分によって受益しているということも事実であって、そのことから、訴訟参加する必要性がまったくないともいえず、訴訟参加する「よわい」必要性がある場合と、いちおう規定することができよう。

(ii)　対立する当事者のあいだを裁定する処分により規定される法律関係

「土地収用委員会の裁決の取消訴訟を、土地所有者が提起する場合の、起業者」、「市町村の境界の争いに関する知事の裁定の取消訴訟を、いっぽうの市町村が提起する場合の、他の市町村」などのように、処分の名あて人のひとりであり、(取消判決により、処分による既得の権利を喪失するという意味で) 判決の名あて人でもあるが、処分の取消しを求める訴えを提起する原告も、もうひとりの処分の名あて人であるということで、①の場合とは、すこし事情を異にする。ただ、裁決や裁定により、自己に他より有利に認められた法的地位が、取消判決により覆滅され、ゼロにもどるという実体的関係のゆえに、これらの者を訴訟参加させる必要性が認められるであろう。

(iii)　処分により権利を得た者から権利を転得した者がある法律関係

「農地買収処分の取消訴訟を、被買収者が提起する場合の、売渡しをうけた者」[488]、「国税滞納処分につづく不動産の公売処分の取消訴訟を、滞納処分をうけた者が提起した場合の、競売の落札人」[489]のように、処分の名あて人で処分の取消しにより権利を喪失する者から、（当該処分を前提とする）べつの処分[490]やべつの法律行為[491]により権利を取得した者は、訴訟において争われている法律関係に「消極的に」は関与しているといえるが、「直接的に」関与しているとはいえない。ただ、かかる者を、まったく訴訟参加させる必要性がないかというと、自己が権利を得た処分の前提が係争処分である、ということのゆえに、「よわい」必要性が認められるといえよう。

③第三者の法律関係関与性が、「消極的なもの」とはいえず、「直接的なもの」ともいえない場合。

これは、不利益的行政処分をうけた者から、すでに（処分により剝奪される）権利を取得している者がある場合で、この場合は、不利益処分を取り消す判決が棄却されるときに、当該権利を取得している者は、権利を喪失するという関係にある。いいかえれば、不利益処分の取消判決が下されるときに、当該権利を取得している者に有利になるので、この者の法律関係関与性は、「積極的なもの」[492]である。

また、不利益的行政処分をうけた者から、すでに（処分により剝奪される）権利を取得している者は、その不利益処分の名あて人ではないし、また処分の取消判決の名あて人でもないので、その者の法律関係関与性は、「直接的なもの」ではない。

したがって、その者については、もちろん、ドイツでいう必要的訴訟参加にはあてはまらない場合であるが、不利益処分をうけた者から、もうひとつさきの法律関係にあるもので、処分が取り消されるか取り消されないかということに、直接の実体的関係がないという意味で、本書でいう「訴訟参加させる必要性」もないといえよう。

六　右に類型化したところから、すくなくとも、①の類型については、そのような第三者が訴訟参加する「必要性がつよく認められる」場合であり、なんらかのかたちで、その者の訴訟参加をうながす措置が講じられるべきであると思われるのである。

(d) 被告国（行政庁）と第三者――行政手続における職権探知原則――

一　ここでの考察は、本項の冒頭で提示した命題のひとつ、すなわち、「取消訴訟で、（判決の効力に服する）第三者が訴訟参加し、訴訟において自己の権利を主張することが、ほんとうに必要であろうか」ということに関連する。

まえに見たように、「第三者が訴訟参加する必要性がある」場合というのは、すべて、行政処分を取り消す判決により自己の権利が覆滅されるという法的地位にある第三者が、被告国（行政庁）のがわに訴訟参加する場合であった。第三者が、訴訟参加し、法廷において、自己の法的地位を防衛するためには、処分が違法であると主張する原告に対抗し、処分が適法であることを証明しなければならない。(493)

ただ、この場合、考えなければならないのは、係争行政処分については、いちど、行政庁が、事実関係を認定し、法的評価をしたうえで、（取消訴訟についての）第三者に授益的な内容の処分を行うことが妥当であるという判断をしているということである。被告国（行政庁）は、訴訟においては、とうぜん、自己の判断がただしいことを、くりかえし主張することになる。そのような場合に、行政庁のがわに訴訟参加する第三者は、国（行政庁）が主張すること以外に、なにか、自己固有の主張として、法廷に提示することがあるのかということが、ここでの考察のテーマである。

これに対する答えをだすには、そもそもの、行政処分が行われるまでの行政手続における、行政庁と、処分の名あて人であり、取消訴訟についての第三者である者の関係から、見なおす必要があるであろう。

二　行政処分の基礎となる、事実関係の認定、法的評価などについては、もっぱら、行政庁のイニシアティブで行われるものであるということを、わが国で、原理的レベルで、明確に説明されたのは、田中二郎博士である。博士は、「第一次判断」という概念を用いられて、現行行政事件訴訟法が「抗告訴訟」として定めているものは、行政に関して権限を有する行政庁の「第一次判断」（権）の存在することを前提として、その判断の違法を主張する訴えの提起をまって、裁判所が、これを再審査し、行政庁の第一次判断を媒介として生じた違法状態を排除することにより、国民の権利利益の保護救済を与えることを目的とする訴訟であると、理論的に、[494] 行政手続から抗告訴訟へいたる関係の構造分析をされた。[495]

それでは、行政手続において、行政庁が、どのように「第一次判断」を行い、それが、どのような内容をもち、どのような意味をもつのかということについては、わが国の行政手続法は、なにも規定していない。[496] それに対して、ドイツの行政手続法[497]では、行政庁の行う事実関係の職権調査手続について、かなりくわしい規定をおいており、また、ドイツの行政法理論では、これについての理論的展開があったので、[498] これを、われわれの考察の第一の「てがかり」としよう。

三　ドイツ行政手続法（VwVfG）二四条では、行政手続一般について、職権探知原則が妥当することを、明確に宣言している。その一項では、「行政庁は、職権により事実関係を調査する。行政庁は、調査の態様および範囲を決定し、関係人の申立てや証明に拘束されない」とし、[499] 二項では、「行政庁は、個々の事件にとって重要な事情を、すべて考慮し、関係人にとって有利な事情についても、同様とする」とし、さらに、三項は、「行政庁は、その管轄に属する釈明や申立てについては、その事案が却下もしくは棄却すべきものと考えられる場合であっても、受理することを拒むことはできない」としている。[500]

職権探知原則は、ドイツの行政訴訟で、当事者主義がつよく支配する民事訴訟では異質の、行政訴訟固有の原則として、[501] 行政裁判所法[502]（VwGO）八六条に明記されていたものであるが、行政手続においても、職権探知原則が支配することが、行政手続法（VwVfG）二四条に規定されたのである。[503]

ところで、ドイツの行政法理論では、行政手続に職権探知原則が定められたのは、行政手続においては、もともと、行政庁に、真実の事実関係の探知義務があり、そのことの確認にすぎないと、一般に説明されている。[504]それでは、どの範囲で、どの程度の事実関係の探知＝調査義務が、行政庁にあるのかというと、基本的には、たぶんに理念的な説明であるが、決定にとって重要な、すべての事実が包含されるとされている。[505]

もともと、行政手続については、行政庁と関係人——申請人など——の二当事者システムとは考えられておらず、もっぱら、行政庁のイニシアティブですすめられていくものと観念されているので、[506]関係人が手続に関与するのは、限定された申立義務だけであって、関係人は、みずからの申立ての正当性について証明する必要はなく、それを証明するのは、行政庁の義務なのである。[507]ぎゃくにいえば、行政庁は、関係人の申立てに拘束されない。このことは、事実関係の調査のみならず、証拠の評価についてもいえる。すなわち、自由心証主義の原則も、職権探知原則から、必然的に導きだされると理解されているのである。[508]

四　このようにみてみると、職権探知原則は、また、証明責任の問題としてとらえることもできよう。そこで、注意しなければならないのは、ドイツでは、一般に、職権探知原則が妥当するところでは、証明責任の問題は生じないととかれているということである。[509]なぜなら、行政決定の基礎となる事実関係の存否の認定、および、それに対する評価は、もっぱら、行政庁の責任と考えられ、関係人と証明責任を分配しあうという観念が、はじめから、ないからである。

しかし、行政決定の多様性から見た場合、右のような考えで、すべての場合をおしきることは、現実的に困難である。行政決定を、国民の権利を制限する処分と、国民に権利を付与する処分にわけて考えてみると、前者については、たしかに、行政庁に全面的に証明責任があると考えられ、行政庁は、すべてを自己に対して証明しないかぎり、処分は行えないはずであるが、後者については、行政庁に全面的に証明責任があり、権利を求める国民のがわにまったく証明責任がないとするのは、現実的ではないし、論理的にもおかしい。なぜなら、この場合、行政決定の基礎となる事実関係を証明する資料・書類等のおおくが、処分を求める国民のがわにあると考えられるからである。(510)

五　ドイツの行政法理論では、このあたりの問題については、すでに、巧妙な解決がはかられている。それは、職権探知原則が妥当するとされる領域では、その相関関係にある、「関係人の協力義務（Mitwirkungspflicht der Beteiligte)」という概念を、もちだすという解決策である。

行政手続法（VwVfG）では、二六条二項に規定があり、「関係人は、事実関係の調査に協力するものとする。関係人は、とくに、みずからの知る事実や証拠を申し立てるものとする。それ以外の事実関係の調査における協力すべき義務、とくに、出頭義務ないし証言義務は、他に法令の規定のある場合にのみ認められる」としている。

この概念は、職権探知原則との関係で、行政庁や裁判所などの職権探知義務の限界を示すものと理解されている。つまり、関係人が協力義務をはたさない場合には、行政庁がただしい事実関係を確定する可能性が、制限されることがあるということが、理論的に強調されてきたし、(511)行政手続法（VwVfG）に明記されたということは、(512)法も、そのことを前提にしているといえよう。

これを、もうすこし具体的に、さきほどの、国民に権利を付与する処分の例にそくして説明すると、処分の基礎となる事実関係を証明する資料・書類等のおおくが、処分を求める国民のがわにあり、それがなければ、処分の要件の存在を証明することができないという場合に、処分をうけようとする国民が、それを行政庁に提出しないときは、それにより、行政庁の職権調査は、事実関係が解明されないままに、終了せざるをえないこともある。そして、そのことは、けっきょくは、処分をうけようとする国民に不利益にはたらく。つまり、関係人が非協力的であれば、

たいていの場合、処分は行われないということである。(513)

六　右記の「関係人の協力義務」という概念は、われわれがいま問題にしている、処分の名あて人である訴訟参加人が、取消訴訟において、行政庁とはべつに主張・証明しうることがあるのかということの解明に、直接的な「てがかり」を与えてくれるものと思われる。なぜなら、それが問題となるのは、たいていの場合、国民に権利・利益を付与する授益処分についてであり、(514)そのときは、処分の名あて人が訴訟参加する必要性があると考えられる場合であることが、おおいからである。

そこで、この概念を用いて考えると、国民に権利・利益を付与する授益処分では、処分の名あて人が、(手続)関係人として、処分の要件である事実関係を証明する資料・書類等を、行政庁に提出しないかぎり、ふつうは、その者に処分は行われない。(515)したがって、処分を得ようとする者は、それを証明するために、手もとにあるあらゆる資料・書類等、さらには、入手しうる他にある資料・書類等のすべてを、行政庁に提出するはずである。(516)そして、それらの資料・書類等は、おおくの場合、行政庁が保有するところになるのである。

そのように考えると、論理的にも、実際的にも、訴訟において当該授益処分の適法性が問題になったときに、処分の要件がみたされていたということを証明するための資料・書類等は、行政庁のみが法廷に提出することができ、それ以外のものを処分の名あて人が提出することは、あまり考えられないということになる。

また、関係人から提出された資料・書類等の法的評価についても、自由心証主義により、行政庁が、関係人に相談することなく、自己の心証において行うものであるので、その妥当性が訴訟で問題になったときは、関係人には、それが妥当であることの証明を、よくなし得るところではない。

また、そもそもの根本的状況を考えると、その者に権利・利益を付与する処分が行われたということじたいが、その者と行政庁のあいだで、処分の要件のすべてが充足されるということが、事実的にも、法的にも解明されたということを意味するのである。そうすると、その事実的・法的解明が、訴訟において否定されようという事態におちいったときに、その者において、さらに、処分の要件の充足の、べつの事実的あるいは法的証明の可能性を提示しうるとは、まず考えにくい(517)。

七　わが国の理論のなかで、行政庁の「調査義務」というものを観念し、そこから取消訴訟における主張・証明責任の問題の考察を試みられたのは、小早川教授である(518)。

小早川教授がいわれる「行政庁の調査義務」とは、行政処分を行う場合には、基本的に、行政庁には、処分の法定要件に対応する事実を認定し、それを当該規定にあてはめなければならないという義務があることを前提としたうえで、さらに、「事案処理の基礎とされるべき事実に疑いが存するときは、それについて調査検討し、その結果にもとづいて事実を認定することが必要となる。そして、とりわけ、立法の趣旨に反して関係人の利益が害なわれる結果となるのを回避するために十分な調査検討を行うべきことは、行政庁が、立法を誠実に執行すべき……任務の一環として当該関係人に対して負う義務である」とされるものである(519)。

しかし、具体的に、どの程度の調査が行われれば、その調査義務がはたされたといえるのかについては、法律の条文にはっきりと定められるべきことではない。小早川教授も、そのことは認識しておられて、処分の基礎とされるべき事実に関して、行政庁がどの程度までの調査を行えば、たりるかということには、かならずしも、一律の基準が存在するわけではなく、関係法規の趣旨におうじて、ことなりうるとされている(520)。そして、そのような考察からの帰結として、小早川教授は、「行政庁は、法の趣旨にてらし必要な範囲で調査を行い、その結果にもとづいて処分をすべき義務を、関係人に対して負う」というテーゼを、提示されておられる(521)。

そして、小早川教授のふかい洞察が示されるのは、調査義務から導きだされる取消訴訟におけるじっさいの被告となる行政庁の役割の論理である。

「行政庁は、ここでは訴訟当事者として、みずからの処分が擁護されるべきものであるかぎりはそれを擁護するという立場に立つ。しかし、当該処分に関する立法の趣旨の実現に努めるべき行政庁の本来の任務が、右のような訴訟上の立場にてらして失われるわけではなく、行政庁はここでも、立法の趣旨に適った裁判がされるために必要な資料を、その調査検討にもとづいて提出すべき任務を負っている(522)」。

ここで述べられている論理は、じっさいの訴訟当事者たる行政庁の二面性である。すなわち、原告たる国民から、行政処分の適法性を否定する訴えが提示された、被告としての行政庁は、とりあえずは、処分の適法性を維持・擁護することに専念するしかない。しかし、いっぽうで、行政庁には、行政処分をとおして、立法を誠実に執行し、その趣旨を実現するという、ほんらいの任務があり(523)、それを、裁判においても貫徹すべきであるというものである。

このあとの「本来の任務」のほうは、すこしわかりにくい論理であるが、これは、ようするに、小早川教授が、職権探知原則につながる「調査義務」の観念が、行政手続から裁判手続まで、一貫して行政庁を支配していると、考えておられるということであろう。なぜなら、行政庁が、「立法の趣旨に適った裁判がされるために必要な資料」を、裁判で、「提出すべき任務を負っている」という論理の前提には、まず、行政庁が、行政手続において、立法の趣旨にそった実体的真実の究明のための調査をつくす義務があるということがあり、つぎに、裁判手続においても、実体的真実の究明のための主張・証明をすべきであるということがなければならないからである(524)。

このような小早川教授の論理は、われわれの「行政庁のがわに訴訟参加する第三者は、行政庁が主張すること以外に、なにか、自己固有の主張として、法廷に提示することがあるのか」ということの考察に、直接的に、ひとつの解答を与えるものであると思われる。すなわち、それは、実体的真実の究明を指標とする職権探知原則につうずる「調査義務」を、行政庁がつくせばつくすだけ、じっさいの被告となる行政庁のがわに訴訟参加する第三者は、行政庁が主張・証明すること以外に主張・証明することは、なにもなくなるということである。

(e) 被告国（行政庁）と第三者——行政庁の迷惑と第三者の遠慮——

一　右の考察をもとに、あらためて、本項の最初に提示した第二命題[525]、すなわち、「取消訴訟で、（判決の効力に服する）第三者が、訴訟参加し、訴訟において自己の権利を主張することが、ほんとうに必要であろうか」ということについて、こんどは、じっさいの被告となる第三者のメンタリティーの面から、考えてみよう。

その場合の考察の前提として、くりかえしになるが、訴訟参加すべき（取消訴訟の）第三者のシチュエーションを、論理的に整理しておこう。

第一に、第三者が訴訟参加する必要性があると考えられる場合の、基礎となる実体法関係は、その者に授益的な処分により規律される関係である。

第二に、まさに、自己に授益的な処分の取消しが求められている訴訟では、その者は、必然的に、被告行政庁のがわに訴訟参加することになる。

第三に、その訴訟で取消しが求められている処分については、被告行政庁には、その適法性を維持するという任務がある。

第四に、訴訟参加した第三者も、自己の既得の権利を覆滅されないために、処分が取り消されないようにするという目的で、その適法性を証明することに努めざるをえない[526]。

このように考えてみると、じっさいの被告となる行政庁と、訴訟参加した第三者は、処分の取消しが求められた訴訟では、けっきょく処分の適法性の証明という、まったくおなじ方向に向かう訴訟行為を行うということになる。

二　それでは、その処分の適法性の証明という、おなじ訴訟行為を行う両者の関係について、もうすこし、考察をすすめてみよう。

そもそも、「行政処分が適法である」ということの意味は、法規に定められた処分の要件について、行政庁が行った、事実認定、および、その法的評価――要件へのあてはめ――が、ただしいということである。そして、行政処分が適法であることの証明は、基本的には、訴訟資料の提出により行われる。つまり、じっさいの被告となる行政庁が行う訴訟資料の提出というのは、自己の判断がただしいということの、訴訟における証明行為ということである。

そして、処分の名あて人である第三者との関係でいうと、その者に授益的な処分が行われたということは、その者のなしうるかぎりの（要件証明上の）協力により、処分の要件の充足を証明する（と考えられた）資料が、行政庁の手に確保されたということを意味する。しからば、論理的に、訴訟参加した第三者においては、それ以外に、処分の適法性を証明する手段は、ほとんどないはずで、[527]もし、（行政手続において行政庁に提出されなかった）そういうものが存在し、第三者がそれを訴訟の場に提出すると、それは、行政庁からすると、一種の「うらぎり」行為といってもよいであろう。

この訴訟資料の提出ということについて、さらに、訴訟行為という面から、考えてみよう。

訴訟手続における訴訟資料の提出については、いわゆる「随時提出主義」が妥当し、訴訟当事者は、その攻撃・防御の方法を、口頭弁論終結時までは、いつでも提出できる。これによれば、訴訟当事者は、審理の進行におうじ、その場その場の論点にあわせて、適時に、効果的に、てもちの資料を提出し、主張・証明を行うことができるのである。[528]そうであればこそ、訴訟戦術的に、いつ、いかなるかたちで、どのような資料を提出し、どう弁論を組み立てるかについて、綿密に計画をたてることが、勝敗の予測が難しい訴訟であればあるほど、重要になってくることは、よういに想像できる。[529]

いっぽう、授益処分の名あて人で、国（行政庁）のがわに訴訟参加してくる第三者について考えてみると、その者は取消判決の効力を直接うける――判決の名あて人になるという意味で――者であるので、共同訴訟的補助参加人の地位が認められ[530]、その理論[531]によれば、訴訟参加するがわの主たる当事者の意思に反する訴訟行為も行うことができる[532]ということに注意しなければならない。つまり、訴訟参加した第三者は、じっさいの被告となる行政庁が、審理の進行におうじて綿密にたてた、訴訟資料の提出計画と不連絡に、独自の訴訟資料を提出することもあるということである。そのけっか、第三者が、不用の資料を提出したり、場合によっては、(不適切な時期に)行政庁の計画を「だいなしにする」ような資料を提出したり、さらには、行政庁のする証明じたいに疑いをいだかせるような資料を提出するということもありうるのである。

三　また、一般の民事訴訟で考えた場合、訴訟資料の提出以外に、訴訟参加した第三者が、主体的に訴訟手続に影響を及ぼしうるのは、手続の中断・中止、訴訟行為の追完、上訴の提起であるが、これらについても、被告国(行政庁)の訴訟行為と訴訟参加した第三者の訴訟行為が交差しうる。

まず、訴訟当事者について死亡など法定の事由が生じたときに認められる「訴訟手続の中断・中止[533]」が、「共同訴訟的補助参加」の理論のひとつとして、その地位を有する第三者に同様の事由が生じた場合にも、認められるとすることについては、民事訴訟理論では争いがあるようだが[534]、取消訴訟では、訴訟参加した第三者の死亡は、行政法固有の問題を生ぜしめうる。すなわち、この場合の第三者は、係争行政処分の名あて人であるということから、名あて人の死亡により、処分が効力を失うことがあるのである。この場合は、それにより、原告の訴えの利益が失われ、訴訟は終了ということになる。

このことは、被告国(行政庁)との関係でいうと、訴訟参加した第三者の死亡によって、訴訟がうち切りになるというよりは、被告国(行政庁)に訴えを提起していた原告の不服の種――行政処分――が消滅し、原告と第三者と行政庁のあいだの行政事件がしぜんに解決したということを意味するので、けっして、被告国(行政庁)の迷惑にはならない。

当事者が自己の責めに帰すことのできない事由によって、訴訟手続上の期間を遵守できなかった場合の救済制度である「追完」[535]も、訴訟参加した第三者についても、認められる。[536]ただ、追完は、特殊なケースに対する特別の救済制度で、それが認められても、原則として、障害がやんでから一週間以内にしなければならないとされているので、これによる国（行政庁）の迷惑は、さほどでもないと考えられる。

むしろ、被告国（行政庁）と訴訟参加した第三者の思惑がくいちがうことにより深刻な事態になるのは、上訴についてである。「共同訴訟的補助参加」の理論のひとつとして、共同訴訟的補助参加人の地位が認められる第三者は、主たる当事者とは独立に、上訴することが認められ、また、上訴期間も、第三者について独立に起算される。

そこで、取消訴訟において、訴訟参加した第三者が、被告国（行政庁）とは独立に——その意思に反して——上訴するということは、どういうことなのか論理的に考えてみよう。

第一に、訴訟参加した第三者が上訴するのは、自己に授益的な処分を取り消す判決に対してである。

第二に、上訴されたことにより、とりあえず、判決は確定しないので、自己に授益的な処分の取消しという効果は発生しない——このことは、とうぜん訴訟参加した第三者に有利で、処分の取消しによる権利の救済を求める原告には不利である——。

第三に、被告国（行政庁）の意思に反して上訴されたということは、被告国（行政庁）は、第一審判決をうけて、これ以上上訴しても勝つみこみはないという判断にたっているというわけだが、訴訟参加した第三者が上訴した場合には、被告国（行政庁）も、それに拘束され、控訴審、場合によっては、上告審までつきあわなければならないということになる。[537]

このように、上訴については、訴訟参加する第三者と被告国（行政庁）では、かなり思惑がくいちがうことも考えられる——右のような場合は、第三者の無謀なエゴイズムと行政庁の迷惑の図式である——が、いっぽうで、第

三者の上訴の利益というものも、かなり保護されなければならないのだろう。(538)

四　行政庁の行った行政処分により権利を毀損されたと主張する者が、その行政処分の取消しを求めて、国（行政庁）を相手に取消訴訟を提起する。これが、取消訴訟の基本的な「しくみ」であるが、そこでは、原告と被告のあいだで、もっぱら、処分の適法性、すなわち、処分のかたちで下した行政庁の判断の正当性が争われている。それを、その訴訟のなりゆきによっては自己の（処分による）既得の権利が危うくなる第三者が、見まもっていて、さて、第三者はなにをなすべきかという問題になったとき、第三者は、深刻なディレンマにおちいることになろう。それは、察するに、つぎのような心情である。

〔たしかに、その訴訟の結果によっては、自己の権利・利益が根底からくつがえる。それでは、自分がその訴訟にわって入って、訴訟のなりゆきを左右するようなことができるのか。もっかのところ、自分に権利・利益を与えた行政処分を維持するために、じっさいの被告である行政庁が、原告のきびしい主張に対抗して、被告の立場で、攻撃・防御の手段をつくして戦ってくれている。その弁論をうかがうに、用意周到な準備のもとに、適切で効果的な資料が適時に提出され、法律論的にも高度な主張・証明を行っている行政庁のがわ（国）に、自分が訴訟参加し、なにか、それを補助し、それにつけ加えるようなことがあるのか。むしろ、自分が訴訟でべつに主張・証明することは、じっさいに、せっかく自分のために戦ってくれている行政庁の足を引っぱることになるのではなかろうか。もし、自分のほうに、被告国（行政庁）の主張・証明にやくだつような資料が出てくるようなことがあれば、処分を行った行政庁に提出すればよいことで、わざわざ、訴訟の場に出ていくこともあるまい。〕

右に見られるものは、国（行政庁）の主張・証明能力に対する自己の限界の認識と、それにもとづく、国（行政庁）への信頼、裏をかえせば、国（行政庁）への遠慮の図式である。(539)

いっぽう、それに対応するじっさいの被告である行政庁の心情を察すると、つぎのようなものであろうと思われる。

〔係争行政処分の基礎となる事実関係については、処分の申請があったのちから、申請者の協力のもとに、職権で徹底的に調査して、処分の要件が充足されたことを証明するにたりる資料は、すべて保有されている。認定された事実の要件へのあてはめについては、おおくの先例にてらして、（法律）専門的な識見にもとづく慎重な判断がされている。あとは、訴訟において、原告が主張・証明しようとするものを見て、それに対抗して、適時に、適切な資料を提出して、しかるべき弁論を行うだけである。しかるに、処分の名あて人なる者が、自分のがわに訴訟参加し、自分と並んで、独自に、処分の適法性について弁論を展開しようとしている。しかし、論理的に、その者が、自分のなしうる以上の弁論をなしうるとは考えられない。迂遠で稚拙な弁論を展開されても、迷惑なだけだ。かりに、もし、その者が、自分が提出する資料以外の、処分の適法性の証明にさらにやくだつ資料を保有しているのであれば、なぜ、行政手続の段階で、自分に提示しなかったのか。処分をうけたのちに、訴訟の段階でそれに気づいたのであれば、訴訟外で、自分に提出すればたりるのではないか。〕

これは、いうまでもなく、行政庁の迷惑の図式である。

(f)　原告と第三者——形成効のパラドックスと既判力の拡張——

一　わが国の行政訴訟理論についての本書の考察では、これまで、行政処分の取消判決は「対世効」もしくは「第三者効」[540]をもち、それにより、処分の名あて人で、処分により既得の権利を有する（訴訟外の）第三者は、（訴訟に参加していなくとも、）権利を失うということを前提としてきた。[541]

ただ、たしかに、取消判決が第三者効をもつということは、行訴法三二条により制度的に保障されており、その論理的コロラリーとして、第三者が遡及的に権利を失う[542]——つまり、最初から処分がなかったという原状にもどる

——というのはそのとおりなのだが、現実問題として、それで、なにごともなく、つねに、行政処分がなかった原状に回復するのであろうか。

筆者の疑問[543]というのは、こうである——これを、以下、〔第三者効への疑問〕とよぶ——。

〔行政庁が、土地所有者Xに対して土地買収処分を行い、その土地をAに売り渡したところ、Xは、買収処分の取消しを求める訴えを提起して、認容された。[544]そこで、Xは、Aに対して土地の明渡しを求めたところ、Aがこれに応じない場合には、Xは、さらに、Aに対する土地明渡請求訴訟を提起しなければならないのか。そうだとすると、わざわざ第三者効を規定したことの意味が、なくなってしまうのではなかろうか。〕

これを、行政法の問題として純粋（抽象？）論理的に考えるかぎりは、いかようにも解決がつけられるであろう。まず、形成判決である取消判決には第三者効があるという前提からは、買収処分に後続する売渡処分[545]をうけたAにも、判決の効力がおよび、Aは、自己への売渡処分の基礎となっている買収処分は効力を失った、すなわち、当該土地の所有権はXに復帰する、という事実を承認しなければならない。いっぽう、敗訴した国（行政庁）は、行訴法三三条により、判決の趣旨に従い、職権でAへの売渡処分を取り消さなければならない[546]ので、法律論的に、Aが当該土地を保有しつづける理由は、なにもなくなる。

これが、行政法の「しくみ」であり、それにより、論理的には問題は解決しており、当該土地はXの手にもどることになる。

しかし、この問題設定において、X、A、行政庁の思惑を、できるだけ現実的にいろいろ想像して考えてみると、事態が、つねに、行政法の「しくみ」が予定するとおりに、収束するとはかぎらないようである。

まず、Xであるが、Xは、自己に対する違法な行政処分により土地の所有権が奪われたと主張して、自己の権利の回復には、当該処分の取消しを求めるしかなく、それでたりると信じて、取消訴訟を提起し、その訴えが認容されたのであるから、とうぜん、それにより、ただちに、自分のもとに土地所有権が復帰し、土地もAから明渡しをうけると思っていたことは疑いがない。

つぎに、処分を行った行政庁であるが、被告がわとして敗訴したからには、判決に服し、Xに買収処分を行うのは、「まちがい」であると認めるしかない。しかし、そこで、行政庁が考えなければならないのは、買収処分につづけて行ったAへの売渡処分である。買収処分が判決により取り消されたからには、売渡処分は、その前提を失っている。ただ、売渡処分の効力は、まだ、失われていないので、取消判決の趣旨を実現するために、職権で、売渡処分を取り消すしかない。そこまでやっておけば、あとは、XとAのあいだで、土地の明渡し、抹消・回復登記などの原状回復が行われるであろうと、[547]行政庁は考えるにちがいない。

さて、問題のAについて考えてみよう。土地の売渡しをうけ、土地のうえに居住していたところ、とつぜん、行政庁から、売渡処分を取り消す旨の通知がきた。そして、おっかけるように、Xから、土地の明渡しと登記の抹消の請求をうけた。事情を聞けば、当該土地は、そもそも、Xより買収されたものであったが、Xが、その買収処分の取消訴訟を提起し、勝訴したので、行政庁が、それをうけて、自分に対する売渡処分を取り消したということである。しかし、これは、自分のあずかり知らぬところであって、自分としては、売渡処分を取り消す処分に対して、不服を申し立てるだけである。したがって、Xの請求におうじるつもりはない、という考えをいだく可能性は、おおいにありうる。

二　このような場合にも、なお、取消判決の第三者効には、じゅうぶん意味があるとする立場を維持することは、不可能ではない。つまり、このような場合、Aの売渡処分取消処分の取消しの訴えは、その前提となる買収処分の取消判決に拘束されて、ただちに棄却されるし、XのAに対する土地明渡請求訴訟も、おなじく、取消判決に拘束されて、ただちに認容されるという考えかたである。

しかし、それでは、取消判決に第三者効を規定したほんらいの趣旨に反するのではないかという、とうぜんの疑問が生じてくる。取消判決に第三者効を規定した趣旨は、まさに、取消しの対象となった処分の名あて人であって受益者である者、または、処分を基礎に権利を得た者に、判決の結果――処分は取り消され、自己の権利は消滅するということ――を承服させるということである。[548] そのことのうちには、右記のように、訴訟外にいた処分の名あて人が判決の結果を承服せず、取消訴訟に勝訴した原告が、その者から、別訴で権利を奪いとらなければならないというようなことは予想されていなかったのではなかろうか。[549]

そうだとすると、現行行訴法三二条に規定された「取消判決の第三者効」というのは、抽象的な理屈だけを定めたものであって、（原告が取消訴訟という手段をつうじて求めた）実効的な解決機能をはたすものではないという、きびしい評価もうけそうである。[550] つまり、形成判決のパラドックスである。[551]

このような問題については、わが国では、かつて、阿部教授により問題提起され、阿部教授による、いちおうの解決策が提示されている。[552] ただ、本書で試みるのは、あくまで、第三者の訴訟参加というテーマとの関連での、現行法の可能なかぎりの解釈論において、第三者に判決の結果を承服させる論理を、さぐることである。

三　そこで、取消判決の第三者効に、かような問題点があるということを、本書の目的である第三者の訴訟参加という観点から、よくよく考えてみると、取消判決により既得の権利を失う第三者を、訴訟参加させることで、なんとかなるのではないかという解決策が、頭にうかんでくるのである。そして、このことのうちに、なぜ、第三者が訴訟参加するのか、もしくは、第三者を訴訟参加させる必要性があるのかということの、ひとつの答えがあるのではないか、という気もするのである。その必要性とは、はなはだ逆説的であるが、第三者効が、そのように抽象理論的なものにすぎない、ということのゆえの、処分の取消しを求めた原告における必要性である。それをくわしく述べると、つぎのとおりである。

原告の立場から考えて、取消訴訟を提起した原告の直接の目的は、行政処分の取消しであるが、究極の目的は、係争処分の名あて人に、処分により与えられていた権利を、奪うことである。しかし、右に考察してきたように、原告が勝訴して、判決により処分が取り消されることが宣言されても、そのことが、処分の名あて人や現在の権利者から、現実に、既得の権利を奪うことにつながらないのであれば、原告の取消訴訟での苦労が、ほとんど報われないということになろう。

かかる事態におちいらないためには、なんとか、訴訟外にある処分の名あて人に、判決に服させることである。そのためには、あらかじめ、取消訴訟に、その者を訴訟参加させておいて、ともに訴訟のなりゆきを見まもらせ、ともに判決の言渡しをうけさせたらどうであろうかということは、考えられるところである。

しかし、これには、取消判決には第三者効があるという現行行訴法の前提が、けっきょくは、ネックになり――第三者が訴訟参加しようが、しまいが、判決の効力は第三者に及ぶ――、処分によって権利を得た者で、取消訴訟では第三者である者を、その者が訴訟参加したということにより、判決に服させることができるという論理は、形成効＝第三者効についてだけ考えるかぎり、でてこない。

四　そこで、考えられるのが、既判力である。形成効＝第三者効によってはうまくいかないことが、既判力によってであれば、なぜ、うまくいくのかは、なかなかの難問であるが、突破口をそこに求めるという意味で、考えてみる実益はあると思われる。

これについて、ひとつ、参考になると考えられるのは、ドイツの必要的訴訟参加の理論である。これを、もういちど見なおして、整理してみよう――これを、以下、〔ドイツの解決方式〕とよぶ――。

〔ドイツ行政裁判所法(553)（VwGO）のしくみによれば、わが国の行訴法三二条の（取消判決の）第三者効のような規定はおかれず、判決の既判力(554)の規定(555)だけが、おかれている(556)。行政訴訟の理論でも、行政処分の取消判決には、第三者効があることは前提とされず、ただ、既判力を前提とした考察のみが行われている。そのうえで、二重効果的行政処分の取消しのように、原告の求める処分の取消しにより（処分による既得の）権利を覆滅される（処分の名あて人で、取消訴訟の）第三者に、取消しの効果をおよぼす――その者と合一的に確定する――という意味で、その者を訴訟参加させることが必要的であるとされるのである。この場合、同法（VwGO）のしくみでは、取消判決の既判力は、関係人におよぶとされているが[557]、その「関係人」は、訴訟当事者および訴訟参加人とされるので[558]、第三者が訴訟参加することで、第三者に既判力が拡張されるのである。〕

この〔ドイツの解決方式〕は、ようするに、第三者についても合一的に確定する必要がある場合に、第三者を既判力のおよぶ範囲に取り込むために、第三者を訴訟参加させるというものである。いま、われわれが問題にしている、取消判決の形成効を無視しようとする第三者に、いかにして取消判決の趣旨を納得させるかということの解決策として、〔ドイツの解決方式〕を、現行行訴法のしくみにおいて活用するためには[559]、前提として、三つのことをクリアーしなければならないであろう。

ひとつは、「わが国の一般民事訴訟のしくみとして、訴訟参加人にも、訴訟当事者とならんで、既判力がおよぶとされているのか」、

ふたつめは、「わが国の取消訴訟において、原告の処分の取消しを求める訴えを認容する判決に、既判力があるといえるのか」、

三つめは、「取消判決の形成効を無視しようとする第三者が、既判力には服するという理論的根拠があるのか」、ということである。

しかし、まず、大前提ともいうべき、ひとつめの前提問題で、つまずく。既判力の宣言的性格[560]から、その主観的範囲の原則は、民訴法一一五条一項一号に規定されており、既判力は、訴訟当事者のみにおよぶとされている[561]。これによれば、第三者が訴訟参加しても、第三者には既判力がおよぶことはない[562]。ただ、同項は、いっぽうで、既判

力が拡張される場合についても規定しており、[563]その二号に、「当事者が他人のために原告又は被告となった場合のその他人」にも既判力がおよぶと規定している。筆者は、これを「てがかり」に、訴訟参加させる必要性がある第三者に既判力を拡張することができるのではないかと考えている。ただ、その論証は、いちおう、ふたつめ、三つめの前提問題について検討したあとで、行うことにする。

ふたつめの前提については、わが国の取消訴訟の理論として、処分取消しの訴えを認容する判決に、既判力を認める実益がないとする見解[564]もあるが、一般には、認められている。[565]そもそも、「取消判決に既判力が認められるのか」という問題提起は、出訴期間の制限から、行政処分が判決により取り消されたのちに、ふたたび、同一処分の取消しを求める訴えが提起されることはありえない、という取消訴訟の特質からくるもので、そのことを重視するのであれば、たしかに、取消判決に既判力を認める実益は、ないといえるかもしれない。しかし、右に指摘したように、取り消された処分の受益者である第三者に、「処分は違法であると認定し、よって、処分を取り消す」ということを承服させるという意味で、既判力を拡張することが、論理的に可能であれば、そこにも、ひとつ、取消判決に既判力を認める実益がでてくるといえるのではなかろうか。

三つめの前提は、難問である。これに対する答えかたとしては、まず、形成効とはどのようなものなのか、つぎに、そのような形成効によっては、なぜ、第三者を承服させることができないのか、そして、既判力とはどのようなものなのか、最後に、既判力ならば、なぜ、第三者は承服するのかを、順ぐりにあきらかにしていくべきであろう。

形成訴訟の判決の効力である「形成効」については、一般に、実体法上の法律関係を変更する——それによって、形成権が実現される——もので、判決が確定することにより、はじめて生じ、それは、すべての者に対しておよぶとされている。[566]ただ、考えてみると、この、判決による行政処分の取消しというのは、訴訟当事者に対しては、宣言的に言い渡されるのであるが、対世的に第三者に対しても言い渡されるわけではなく、第三者については、実体法論理的に、取消しの効果がおよぶ、と観念されるにすぎない。このあたりに、訴訟外にあった第三者が、(自己に対して授益的であった)処分は取り消されたという訴訟の結果を甘受せよと(いきなり)告げられても、承服できないとする契機がありそうである。

既判力がどのようなものであるのかについては、民事訴訟理論において、むかしから、いろいろと議論されてきた大問題であるが[567]、行政訴訟理論では、既判力については、いちおう、「訴訟の当事者および裁判所が、後訴の裁判において、同一事項について、判決の内容と矛盾する主張や判断を行うことを拒む力であ」り、「したがって、それは、当事者および裁判所に対する効力である」[568]という理解を前提としている。

さて、そのような既判力により、形成効には服さない第三者に判決の結果を甘受させることができるかということだが、そのてがかりとなる理論を、既判力の根拠論のなかからさがしてみよう[569]。

既判力は、右記のように、後訴との関係で論じられる効力であるが、最近の民事訴訟理論には、当事者が訴訟手続において主張・証明の機会が与えられたということに、既判力の根拠をおこうとする、われわれのもっかの考察に示唆的な見解がみられる[570]。

新堂教授によれば、「当事者が既判力を不利益に受けることを正当化する根拠は、当事者の地位につくことによって手続上対等にその訴訟物たる権利関係の存否について弁論し、訴訟追行をする権能と機会を保障されることに求めることができる」とされている[571]。また、上田教授によれば、確定判決の既判力に内在するのは、「法的安定要求」と「勝訴判決を得た相手方当事者の地位の安定を確保すべき要求」にほかならないが、前者については、「両当事者に弁論権をはじめとする当事者権が保障され、あらゆる攻撃防御を展開する機会が保障されたこと」が前提となり、後者については、「当事者平等の原則の下で敗訴当事者と平等の地位で争ったこと」が前提となるとされている(572)。

この論理からすると、訴訟当事者とならんで訴訟手続に参加し、まさに自己の法律関係について、自己の法的地位を防衛するために、攻撃・防御の方法をつくした第三者には、既判力がおよぶとする論理的根拠はあるといえるし、また、第三者が、既判力ならば、すなおに服すると考えられるのは、第三者が、そのような手続保障をうけたことに対する、自己責任(573)の観念を、つよくいだくと考えられるからである。

五　さて、さきほどからもちこしになっていた、訴訟参加した第三者にも既判力が拡張されることがあるのか、ということについて検討しよう。

民訴法一一五条一項二号には、「当事者が他人のために原告又は被告となった場合のその他人」にも、既判力が及ぶ、と規定されているが、この場合の当事者は、訴訟物についてのほんらいの当事者適格者である他人に「代って」、訴訟追行をなす当事者適格を認められる者、すなわち、「訴訟担当者」であるとされている(574)。既判力が、当事者として訴訟を担当した者以外の者へ、拡張されるのは、訴訟担当者が、他人の権利について、訴訟当事者として、訴訟追行権を有していたにすぎないからである。

その関係と、それにもとづいて既判力が拡張される実質的根拠について、伊藤(眞)教授は、つぎのように明快に説明されている(575)。すなわち、訴訟物についてのほんらいの当事者――同号にいう「他人」――に、既判力が拡張されるのは、「訴訟物たる権利関係についての判断の前提となる手続保障」が、すでに、(他人のために)正当な訴訟追行権を認められる当事者(576)に与えられたということを、実質的根拠とする、というものである。よって、訴訟外にあった訴訟物についてのほんらいの当事者も、訴訟の結果を承認しなければならないのである。

問題は、この規定の適用可能範囲である。もともと、この規定が予定している、「訴訟担当者」と「他人」の関係は、訴訟代理関係ではなく、訴訟代位関係であり、実体法上、そのような代位関係を基礎づけるものがあり、また、「訴訟担当者」に当事者適格があることが、前提となる。[577]それでは、具体的にどのようなものが、この既判力の拡張の類型とされているのであろうか。[578]

ひとつは、実定法の制度の性格から、一定の者が、他人の財産についての訴訟を担当せざるをえないものである。破産財団に関する訴訟において、破産管財人が訴訟追行し、判決の効力が破産者に及ぶ場合、[579]債権者が、債権者代位権にもとづき、債務者の権利を請求する訴訟において、債権者が訴訟追行し、判決の効力が債務者に及ぶ場合[580]である。これらは、いずれも、実定法に根拠をおくものであって、私法における重要な制度として、破産者の財産の管理、債権者のための債務者の一般財産の保全の必要性から、とくに、破産管財人・債権者に、管理処分権・代位行使権が認められ、その一環として、破産財団・債務者の財産についての「訴訟担当」があるのである。

もうひとつは、「法律上ある職務にある者が、その職務権限のひとつとして、じぶんと関係のない訴訟の追行権を認められている場合[581]」である。この例として、婚姻取消訴訟において、相手方とすべき者が死亡しているときは、検察官を相手方とすべきことが法定されており、既判力が死亡した者に拡張されるというもの[582]がある。そして、この類型にあたるものとして、（平成一六年行訴法改正前の）行政訴訟の例がある。それは、国または地方公共団体の機関としての処分庁が、抗告訴訟の当事者としてうけた判決の効力が、国または地方公共団体におよぶ場合[583]である。

それでは、授益的行政処分の取消訴訟における被告国（行政庁）を、受益者たる名あて人のための「訴訟担当者」とみなすことができるかどうか、について検討してみよう。民事訴訟の理論は、基本的に、既判力の拡張は、民訴法一一五条一項の二号ないし四号所定の場合についてのみ認め、さらに、それも制限的に解しているという状況である。そのなかで、取消訴訟の第三者に既判力が拡張されるという解釈論をうちたてることは、かなりきびしいと思われるが、けっして、暴論とはいえないようである。

この解釈が認められるための前提としては、いちおう、訴訟において争われているのが、この第三者の法律関係であるということと、国（行政庁）と第三者のあいだに代位関係があるということであろう。これらふたつの問題については、個別に検討する必要があると思われるが、じつは、いずれも、取消訴訟の構造にふかく関わっているのである。

それでは、まず、取消訴訟において争われている法律関係はなにか、ということの分析から始めよう。行政処分の取消訴訟において行われるのが、もっぱら、行政処分の適法性審査であるということは、筆者も否定するものではない。そのことじたいについていえば、それは、被告国（行政庁）がみずから行った行政処分が適法か違法かの審査が行われるということで、国（行政庁）じしんの法律関係といえそうである。しかし、法律の世界で、だれの法律関係かという場合には、その内容が、法律関係の主体の権利・義務の関係であることを要する。(584)

そこで、係争行政処分について考えてみた場合、それは、第三者に権利を付与するものであり、第三者の権原となっているものである。ぎゃくにいえば、原告の訴えどおり当該処分が取り消されれば、第三者は、ただちに権利を失うという関係にある。そうすると、表面的には、取消訴訟で争われるのは、行政処分が適法か違法かということであるが、その実質的な内容は、処分の名あて人である第三者に、（処分によって与えられる）権利を認めることが妥当かどうかということであると考えられよう。(585)

右に確認されたことには、じつは、取消訴訟の構造というか、それをふくめた行政法ぜんたいの「しくみ」が、ふかく関わっているのである。この取消訴訟のベースになっている行政法上の争いは、原告と第三者の（潜在的な）対立関係である。ほんらいは、この両者のあいだの権利・義務関係の争いとして行われるべきものが、たまたま、ある行政目的から、問題の権利を得るには、行政処分によるべしという行政法のしくみが存在していた――このしくみのもとでは、第三者に行政処分が与えられないかぎりで、原告の権利は侵害されない――ときには、第三者が処分をうけ、権利を得たことで、いっきに紛争が顕在化するわけである。

この場合には、これまた、行政法のしくみにより、原告は、国（行政庁）を相手に当該行政処分の取消しの訴えを提起しないかぎり、自己の権利の救済は、はかれないということになる。これをいいなおすと、原告の真のねらいは、第三者の権利を奪うことであり、原告は、そのための便法として、当該処分の取消訴訟を提起し、処分が違法であると主張するしかないということなのである。

それでは、つぎに、被告国（行政庁）と処分の受益者である第三者のあいだに、（訴訟上の）代位関係があるかどうか、について分析しよう。

原告と第三者の権利・義務関係の争いが根幹にあるにしても、取消訴訟をとおして問題の解決をはかろうとする以上、原告は、国（行政庁）を被告とするしかない。そして、原告と被告国（行政庁）のあいだでは、もっぱら、行政処分が適法か違法かをめぐって、主張・証明がつくされる。

しかし、これを、被告国（行政庁）について考えると、たしかに、国（行政庁）は、訴訟において、とにかく、じぶんの行った行政処分の適法性の維持につとめるわけであるが、そのことは、結果的に、処分の受益者である第三者の権利を保持することでもある。

また、それを、第三者について考えると、取消訴訟には、当事者として加わることはできないわけで、じぶんの権利が保持されるように、訴訟の追行を、行政庁に託し、せいぜい、「訴訟の結果により権利を害される」ことのないように、被告国（行政庁）のがわに訴訟参加するしかない。

このような、被告国（行政庁）と第三者の（実質的な）関係から、取消訴訟の被告国（行政庁）は、係争行政処分の受益者である第三者の権利をめぐる争いの、第三者のための「訴訟担当者」であると認めることができると思われる。[586] そうすると、第三者のための「訴訟担当者」である国（行政庁）について、「弁論権をはじめとする当事者権が保障され、あらゆる攻撃防御を展開する機会が保障された[587]」ことにより、実質的に、第三者についても手続保障がされたといえよう。それにより、第三者に権利を与えた処分を取り消す判決の既判力が、第三者にまで拡張されるとする論理的根拠が認められるといえよう。

たしかに、国（行政庁）を（処分の名あて人である）第三者のための「訴訟担当者」と構成することには、違和感があるかもしれないが、第三者に与えられた処分の適法性もしくは有効性が、訴訟において徹底的に争われ、それについて下された裁判所の判断が、処分の直接の当事者である第三者に、まったく意味をもたない――既判力がおよばないというのは、そういうことである――とするほうが、よほど違和感があるといえるのではなかろうか。

以上の考察から、係争処分により権利を得た（訴訟参加すべき）第三者は、民訴法一一五条一項二号により、取消判決の既判力の拡張をうけると考えられる。(588)

六　右記のように、なんとか、訴訟参加すべき第三者に既判力が及ぶというところまでは、論証できたと思われるが、けっきょくのところは、〔ドイツの解決方式〕を、わが国の法制に応用することはできない。それは、わが国の右のような既判力の拡張の図式では、第三者の訴訟参加は、まったく、既判力拡張の要件とはされないので、この点で、訴訟参加させることにより既判力を拡張するというドイツの解決方式とは、前提がことなっているからである。

それでは、第三者の訴訟参加は、第三者が既判力をうけることについては、無意味であるかというと、筆者には、そうは思われない。

もともと、既判力の基本にあるのは、その訴訟に「参加」した当事者は、自己の係争法律関係（訴訟物）について、力のかぎり主張・証明をつくし、その結果として、裁判所が公の権威をもった判断を下すのであるから、当事者のあいだの、この訴訟物に関する争いは、もはや、決着したのであって、その当事者のあいだで、争いが蒸しかえされることはありえないという理屈である――この点で、実体法上、自動的、論理的に生ずる形成効＝第三者効とは、ことなる――。したがって、ほんらい、訴訟手続に「参加」していない者や、その訴訟物に直接の関わりのない者には、既判力はおよばないはずであるが、その訴訟物が他人の法律関係であるという特殊な事情のもとでは、その訴訟物についての判断は、その他人がしょいこまなければならないという論理は、法が認めた、右記の理屈の延長であるが、それにくわえて、その他人が訴訟手続に「参加」していれば、なおのこと、その判断をしょいこまなければならないというのも、右記の理屈の延長であろう。[589]

それでも、なお、第三者が訴訟参加したかどうかということは、論理的に、形成効はもとより、（第三者にまで拡張された）既判力についても、問題になるものではないという反論に対しては、訴訟参加したことが、第三者のメンタリティーには、かなり影響を与えると考えられると答えるしかない。つまり、みずから訴訟に参加し、じしんの法律関係について主張・証明をつくし、それに対する裁判所の判断を、当事者とならんで、直接に言い渡されることは、第三者がその結果に納得し、それに従おうという心況になる契機となりうると、じゅうぶんに、考えられるからである。[590][591]

(g)　原告と第三者――新堂理論の取消訴訟への援用――

一　原告についての、第三者を訴訟参加させることの必要性の事情を考える場合には、「参加的効力」にまで、考察をすすめておくべきであろう。もちろん、民事訴訟理論で一般にいわれている参加的効力は、主たる当事者と（補助参加した）第三者とのあいだにのみ生ずる効力で、原告と第三者のあいだには生じないものであるが、近時の理論で、原告と第三者のあいだにも、認めるべきであるというものがあり、そのなかに、本書の考察において、無視できない論点があるからである。

その理論を検討するまえに、民事訴訟における補助参加と判決の効力（既判力、参加的効力）の関係を、もういちど、整理しておこう――以下、これを、〔既判力と参加的効力の図式〕とよぶ――。

〔民事訴訟の既判力は、訴訟当事者のみに及び、補助参加人にはおよばない。これは、民事訴訟の大原則である。これに対して、第三者が補助参加したということにより、この者におよぶ効力は、参加的効力とよばれるものである。これは、一般に、既判力とはことなる、べつの効力で、補助参加人と（補助参加したがわの）主たる当事者のあいだにのみ生じ、補助参加人と相手方当事者のあいだには生じないとされている。その内容は、補助参加人と主たる当事者が、ともに、主張・証明をつくした争点についての裁判所の判断――判決主文および判決理由――は、（主たる当事者から補助参加人に対する）後訴において、（主たる当事者に対して）これとことなる主張をすることができないという意味で、補助参加人を拘束する。〕

二　右の〔既判力と参加的効力の図式〕は、参加的効力は、既判力とはことなるということを、前提とするものであるが、これに対する反省をせまられたのが、新堂教授である。教授は、「参加的効力の拡張と補助参加人の従属性」と題する論文[592]のなかで、「第三者が現実に補助参加し被参加人とともに訴訟追行をした場合には、参加的効力に類する拘束力を参加人と相手方当事者との間にも生じさせる必要はないであろうか」という命題を、提示された。[593]これは、まさに、いま、われわれが取消訴訟の原告と訴訟参加の関係において行っている考察につうじるものであると考えられるので、以下、教授の理論の分析とつき合わせるかたちで、取消訴訟における原告と訴訟参加人のあいだに、教授の主張されるような判決の効力を認めることができるのか、検討してみよう。

教授の分析によると、参加的効力説[594]が問題としていたのは、もっぱら、主たる当事者が敗訴した場合の、補助参加人に対する求償・賠償関係――後訴――で、その意味では、相手方と補助参加人とのあいだの拘束力をはじめから否定した、「射程距離の狭い理論」と評価せざるをえないとされる。[595]

たしかに、主たる当事者が敗訴した場合の、主たる当事者から補助参加人への後訴においてのみ生じるとされるだけの参加的効力であるならば、取消訴訟においては、参加的効力が生じる余地は、ほとんど、ない。なぜなら、取消訴訟では、第三者は、かならず被告国（行政庁）のがわに訴訟参加することになるが、被告国（行政庁）が敗訴したのちに、被告国（行政庁）から第三者への後訴というものは、ほとんど、考えられないからである。

そして、教授は、「〈判決の基礎を作るのに自分も加わっていながら、その結果は自分のせいではないとはいわせない〉という信義則は、本来味方同士で働くよりは、相手方との間にこそ強く要請される筈のものであり、参加人と相手方――参加人の訴訟行為が向けられている者――との間にこそ、よりぴったりと当てはまるといわなければならない」とされる(596)。

この論理は、第三者に授益的な行政処分の取消訴訟においては、よりつよく妥当するもののように思われる。取消訴訟において争われるのは、訴訟参加した第三者に権利・利益を与える行政処分の適法性であり、第三者が、被告国（行政庁）のがわに訴訟参加し、ともに処分の適法性維持のために主張・証明をつくしたが、敗訴したという場合には、行政処分の取消原因となる、なんらかの違法性が認定されたということであり、それは、第三者についていえば、第三者が処分をうけるための要件に欠けるところがあったということである。そのことが明確に判決理由のなかに示された取消判決の言渡しを、第三者が、被告国（行政庁）とならんで、うけておきながら、なお、じぶんに対しては、処分は取り消されておらず、有効であると主張することは、信義則に反するといえるのではあるまいか。

三　参加的効力は、民事訴訟において生成・発展した概念であるので、あたりまえのことであるが、前訴にひきつづいて、後訴が提起されるという、きわめて民事法的な法律関係が前提とされており、そのかぎりでは、これを、取消訴訟に援用する有用性は、すくないといえよう。しかし、新堂教授は、前訴に第三者を補助参加させ、前訴において、主たる当事者、相手方当事者、補助参加人の三者のあいだでエネルギーを費やすことで、後訴をまつまで

もなく、問題の解決がはかられることを期待しうる、という論理も展開されている。概要、以下のとおりである。(597)

すなわち、相手方と補助参加人のあいだに、第二の訴訟が留保され、しかも、相手方と主たる当事者のあいだの判決の既判力は、この第二の訴訟にはおよばないといっても、じっさいには、主たる当事者敗訴の判決は、第二の訴訟に決定的な影響をもつことは、避けられないので、補助参加の利益をもつ第三者は、第一の訴訟に、重大な関心をもたざるをえない。そこで、この者は、第一の訴訟に補助参加し、主たる当事者とともに、相手方当事者と争うことになるが、補助参加人にしても、両当事者にしても、ひとたび相当なエネルギーを消費して、たがいに争うからには、自分が勝ったときには、第三者に共通の争点については、その判決の判断を基準として、第二の訴訟を介するまでもなく、三者のあいだの法律関係が自主的に規律されていくことを、のぞむであろう。そして、この後日の紛争の回避という期待は、きわめて健全なものである。それは、自分が負けたときは例外だと主張することは、むしがよすぎるという公平感覚を媒介にして、その争点に関する紛争の集約的解決をはかるという、訴訟制度の目的にまで昇華すべき制度利用者の健全な期待というべきである、というものである。

この論理の背後にあるのは、「争点効」の観念である。参加的効力は、一般に、判決理由中の判断に生じるとされているが、(598)それこそが、参加的効力をして、補助参加人を（前訴）判決に服せしめるという機能的効力であらしめるもので、したがって、参加的効力の原理こそ、「争点効」を生みだす基盤であったとされる。(599)ただ、教授は、この「争点効」と参加的効力には、微妙なちがいがあると考えておられるようである。すなわち、争点効の基礎にあるのは、現実に、訴訟で主張・証明をつくしたうえで、敗訴した場合には、自分でも、その争点を現実に争った結果には、（信義則から）従うべきであるということであるが、参加的効力は、これだけにかぎらず、補助参加はしたが、主張・証明をつくさなかったという場合にも、生じるという点で、争点効とは、発生の根拠を異にするというべきである、というものである。(600)

この論理は、取消訴訟には、きわめて有用である。まえに分析したように、第三者が、かならず、被告国（行政庁）のがわに訴訟参加する取消訴訟では、被告国（行政庁）がした行政処分の適法性審査において、そもそも、第三者は、被告国（行政庁）がする主張・証明以上のこと、あるいは、それ以外のことをなしうるのか、という根本的疑問がある。この論理によれば、それでも、参加的効力が生じるということになりそうである。

そのことを、教授の理論をふまえて、行政訴訟の論理において、論証してみよう。

たしかに、第三者は、被告国（行政庁）のがわに訴訟参加しても、被告国（行政庁）がする主張・証明以上のこと、あるいは、それ以外のことは、現実に、ほとんどの場合、なしえないであろう。それでも、取消訴訟において争われている（第三者に授益的な）行政処分の適法性審査というものの内容は、その第三者に処分を与えることが妥当かどうか、つまり、その第三者が処分をうける要件をみたしているかどうか、ということにほかならない。すると、その要件の充足については、ほんらいならば、それを否定する原告に正面から対峙して、第三者が、みずから、主張・証明しなければならないことである。しかし、取消訴訟においては、その特殊構造から、いったん処分の適法性について認定した行政庁が、じっさいの被告となり、第三者のための「訴訟担当者」として、もっぱら、主張・証明を行うのである。

この、処分行政庁が、第三者のための「訴訟担当者」として、訴訟において、もっぱら、主張・証明を行うということのゆえに、まえに分析したように、第三者に既判力が拡張することが考えられるのであるが、それ以外に、論理的には、（第三者に対する）参加的効力も生ずると考えられる。(601) すなわち、第三者が訴訟参加し、みずからの（処分をうけられるための）要件が、じつは充足されていなかったということが、じぶんの守護神ともいえる被告国（行政庁）の努力にもかかわらず、そして、じぶんも、それを補うことができずに、目のまえで、認定されてしまった場合には、（処分の取消判決が確定した）あとになって、その処分の有効性、および、それにもとづく現在の自己の権利を主張することは、信義に反し、許されないと考えることも、できるからである。

四　ここで、くりかえし確認しておかなければならないのは、取消訴訟で、第三者が訴訟参加したことにより、第三者に対して参加的効力が生じるとしても、それが意味をもつのは、原告と第三者のあいだにおいてであって、被告国（行政庁）から第三者への後訴というものが考えられないからには、被告国（行政庁）と第三者のあいだには、参加的効力が生じる余地はないのである。そして、この、原告と第三者のあいだに生じる参加的効力というものを、よくよく考えてみると、それは、原告が、（第三者に対する処分の取消しという）勝訴判決を得た場合に、そこで判断された、第三者が処分をうけるための特定の要件が具体的に充足されていないという事実と、それにより処分が取り消されたという結果を、第三者に「うむをいわせずに」納得させるという、機能的効力にほかならないといえよう。

それは、実体的形成効理論において、実体法論理的に、第三者の不知・不参加のあいだに行われた訴訟における取消判決が、第三者にも及ぶと構成され、第三者からしてみれば、とつぜん、ぬきうち的に、その訴訟の結果だけを甘受せよと迫られるのよりは、はるかに納得しうるものである。

つまり、このように現実的で、機能的な参加的効力を原告が利用しうるということのうちに、原告にとって、訴訟参加することが必要であると考えられる第三者を、訴訟参加させる必要性が認められるのである。もちろん、これには、参加的効力が、原告と第三者のあいだにも生じるということが、前提となる。民事訴訟理論では、この立場は、なお、一般に承認されたものとはいえないようであるが、行政訴訟においては、きわめて魅力のある、有用な論理であるといえるし、それが、なによりも、処分の取消判決をかち得た原告の保護になるということのゆえに、行政訴訟のほうが、このような論理はうけいれられやすいと思われる。そのことを論証すれば、以下のとおりである。

民事訴訟の通説が、参加的効力は、補助参加人と相手方当事者のあいだには生じない、とする根拠をせんじつめれば、訴訟で争われている法律関係は、補助参加人にとって、基本的には、他人の法律関係であるので、それに対する既判力を補助参加人に強いるのは、不当であるということであろう(602)が、行政処分の取消訴訟では、その根本的なところで相違がある。つまり、そこで争われる法律関係というのは、まさに、訴訟参加する第三者じしんの法律関係であり、それに対する既判力を第三者に強いても、それは、けっして、不当ではないということである。

第三項　総　括

一　この節のテーマである、(取消訴訟において)「なぜ、第三者が訴訟参加する必要性があるのか」ということを、論理的に解明するには、(取消訴訟では)「どのような第三者について、訴訟参加する必要性があるのか」を、まず、認識することが、前提となる。

そもそも、他人のあいだで争われている訴訟に、第三者が、訴訟参加していくことの契機になるのは、訴訟当事者のあいだで争われている実体的法律関係と、第三者の、実体的関わりであるということが、一般民事訴訟の理論分析により、あきらかになった。そして、その実体的関わりの「どあい」――それは、訴訟の結果により、どれだけ、第三者が深刻な事態におちいるかということでもある――により、第三者が訴訟参加することの必要性が増大してくるということも、あきらかにされた。

行政処分の取消訴訟においては、「どのような第三者について、訴訟参加する必要性があるのか」ということは、複雑な民事の法律関係を前提とする民事訴訟にくらべて、わりとかんたんに、客観的に、判明される。もっぱら、行政処分の取消しを任務とする訴訟においては、まさに、取消しの対象となる処分との、第三者の実体法的な関わり――法律関係関与性――の「どあい」により、第三者が訴訟参加することの必要性の強弱が示される。

その場合の基準となるのは、第三者の処分との法律関係関与性が、「消極的なもの」であるということと、「直接的なもの」であるということである。前者については、ようするに、処分が取り消されることにより、ただちに、（処分により与えられた）自己の法的地位が覆滅されるという深刻な事態におちいる関係にあるということである。後者については、端的に、処分の名あて人であり、（処分の）取消判決の名あて人にもなるということである。このいずれの基準にも欠ける第三者については、訴訟参加する必要性は認められない。

ぎゃくに、両方の基準をみたす第三者には、つよく、訴訟参加する必要性が認められるが、そのような第三者は、まさに、二重効果的行政処分によって規律される法律関係において、生じる。なぜなら、行政法上の法律関係と、取消訴訟の構造を考えてみるならば、このような第三者が認められるのは、ある行政処分が、名あて人にとっては、権利・利益を付与するものであるが、その反面として、一定の者の権利・利益を侵害するものであって、その処分の取消しを、権利・利益を侵害された者が、求める訴訟において、権利・利益を付与されたものが、訴訟のそとにおかれるという場合であるからである。

したがって、行政処分の取消訴訟において、訴訟のそとにいる第三者を、なんとか訴訟参加させようとする法理を構築するにあたっては、このような第三者を、おもに、念頭におき、そして、すくなくとも、このような第三者についてだけでも、訴訟参加させるという法理をうちたてなければならないであろう。

二　しかし、取消訴訟では、第三者が訴訟参加する必要性は、第三者じしんにおいては、さほどつよく認められない。

取消訴訟の基礎となる行政法上の法律関係においては、名あて人の申請に対して行政処分を行うときは、基本的に、行政庁が、職権で、事実関係を徹底的に調査しなければならないという、「調査義務」とも「職権探知原則」ともいえる構造的義務がある。もちろん、名あて人に授益的な処分では、処分の要件を証明するおおくの情報・資料を、名あて人が保有するのが通例であるが、なんとか処分を得たいと思う申請者（名あて人）は、処分に関わる情報・資料は、すべて、行政庁に提出するはずであるし、また、ここに、条理上、申請者（名あて人）には、処分に関わる情報・資料は、処分の要件の証明に必要なかぎりにおいて、行政庁に提出しなければならないという、「協力義務」が生じると考えられる。

したがって、理屈のうえでは、処分の要件の証明に必要なかぎりの情報・資料は、訴訟の段階においては、すべて、行政庁が保持していることになり、それ以外に、べつの情報・資料――ある事実上の要件についての行政庁の証明が否定された場合に、おなじ要件を証明するもの――が、（処分の名あて人であり、訴訟参加した）第三者から、法廷に提出されるとは、考えにくいといえよう。もし、そういうことがあれば、それは、まさしく、申請者（名あて人）の、協力義務に違反する「うらぎり」行為である。

また、そのように認定された事実関係の法的評価と、要件への「あてはめ」の正当性の主張についても、たかい法律的識見を有する行政官が、豊富な行政先例にもとづいて下した判断を、さらに一段たかいところから、法的に論証することが、（処分の名あて人であり、訴訟参加した）第三者の、よくなしうるところであるとは、考えにくい。

第三者が他人のあいだの訴訟に訴訟参加する意味が、ほんとうにあるのは、主たる当事者が主張しえない、あるいは、気づかない事実や論点を、第三者が主張しうる場合だけである[603]ということを考えるならば、取消訴訟において、第三者が行政庁のがわに訴訟参加する必要性は、あまり認められないといえよう。

また、そのことは、とうぜん、被告国（行政庁）にとっても、自分のがわに、（処分の名あて人である）第三者が訴訟参加してくる必要性が、あまり認められないということを意味する。

三　取消訴訟において、第三者が訴訟参加することの必要性が、真に認められるのは、行政処分の取消しを求める原告においてである。

現行行訴法のしくみでは、行政処分を取り消す判決の効力は、(処分の名あて人である)第三者が訴訟参加していなくても、第三者に及び、第三者は、遡及的に、処分による既得の権利・利益を失うことになる。これは、「取消し」という形成行為の一般実体法理論に適合するもので、それにより、原告の権利の救済は、論理的には、はかられることになる。行訴法三二条の、取消判決には第三者効があるという宣言は、取消訴訟による原告の権利の救済を徹底することを明確化するものであったが、よく考えると、それは、あまりにも、形成効を過信するものであったといえよう。

行政処分の名あて人にとっては、その処分の取消しを求める訴えを、自分の知らないところで、第三者が提起し、そのまま訴訟が推移し、処分を取り消す判決が下されたのちに、とつぜん、その旨を知らされ、行訴法三二条を示されて、処分は最初からなかったことになり、あなたの権利・利益は失われたので、(処分がなかった)原状に回復するようにつとめてくださいと告げられても、にわかには承服しかねるというのが「ほんね」であろう。これは、形成効が、けっきょくは、実体法に根拠をおく効力であり[604]、実体法の抽象的論理だけによっては、形成効がおよぶとする者を承服させる力が、よわいということにほかならない。

そこで、その者を承服させるということで、実体法に根拠をおく形成効では希薄な部分を、訴訟手続に根拠をおく、絶対的な効力であるという信奉のある「既判力」によって補おうと考えるのは、けっして、荒唐無けいなことではないであろう。

四　ひとつの考えは、取消判決により自己の法的地位が覆滅される、という関係にある第三者に、既判力を拡張できないかというものである。

民訴法一一五条一項二号では、「当事者が他人のために原告又は被告となった場合のその他人」にも、既判力が拡張されることが規定されている。その「他人」と法定代位関係にある、いわゆる「訴訟担当官」による訴訟追行があったときに、実質的な訴訟当事者である「他人」に、とうぜんに既判力がおよぶ、というよりは、既判力がおよばなければ論理的におかしい、というものである。

この前提には、わが国の一般民事訴訟の大原則として、既判力は、訴訟当事者のあいだにのみ、生じるということがあるが、それは、訴訟手続に参加して主張・証明をつくさなかった者に、判決の結果を承服させることはできない、という観念にもとづくものである。しかし、その原則にもかかわらず、右のような関係にある第三者については、きわめて限定的な例外として、既判力の拡張が認められるのである。それが認められる基礎としては、ひとつは、訴訟で争われているのが、第三者の法律関係であるということ、もうひとつは、第三者に代わって、「訴訟担当官」たる者が訴訟追行をなしうる法的根拠があることである。

取消訴訟について、これらの点を検証してみると、（処分の名あて人である）第三者に権利・利益を付与する行政処分の取消しが求められている訴訟では、一次的には、その処分の適法性審査が行われるわけであるが、実体は、第三者の法律関係が争われているとみることができる。また、このような訴訟の根底にあるのは、原告と第三者の対立的な法律関係であるが、行政法のしくみとして、処分が介在しているときは、原告と第三者のあいだの権利・義務関係に関する訴訟とはされず、原告は、国（行政庁）を被告として、行政処分の取消しを求めるという訴訟形式をとるしかない。

そして、このときの、行政庁と第三者の関係をみてみると、行政庁は、まさに、処分により第三者に権利・利益を付与した者であり、訴訟において、じっさいに、その処分の適法性の維持につとめるということから、一種の第三者の「保護者」的地位にたつ者でもある。

また、取消訴訟の構造上、第三者は、被告の地位にたつことはできないので、自己の法律関係をまもるための訴訟追行は、行政庁に託するしかないのである。

以上のような考察から、第三者には、「あなたに権利・利益を付与した処分を行った行政庁が、あなたのために、処分の適法性を主張して戦いましたが、敗訴しましたので、処分が取り消されたことを承服してください」という意味の、既判力が拡張されるとみることができる。

しかし、右のような既判力の拡張による解決方式では、なお、第三者を承服させる力はよわいという見方もできる。それは、右の解決方式では、第三者が訴訟参加することは、既判力拡張の要件とはされない――第三者が訴訟参加しなくとも、既判力は、第三者に拡張される――ことから、第三者が、けっきょく、訴訟参加しなかった場合は、第三者がともに主張・証明をつくし、ともに判決の言渡しをうけるということがないため、ほんらい、既判力をうける者が、判決に納得し、判決に服するということの根拠を欠くことになるということなのである。

五　そこで、もうひとつの考えとして、第三者が訴訟参加することによって生じる「参加的効力」を、なんとか、活用できないかということが、うかんでくる。

ただ、民事訴訟理論において発展させられてきた参加的効力は、（補助参加人が補助参加するがわの）主たる当事者からの、補助参加人に対する後訴において、補助参加人と主たる当事者のあいだにのみ生じる効力であるとされており、そのかぎりでは、これを、取消訴訟に援用する余地は、ほとんどない。

しかし、一部の有力な主張として、参加的効力は、ほんらい、補助参加人と相手方当事者とのあいだで、意義を有するものであるとされている。この論理の基礎は、補助参加人が、主たる当事者とならんで、主要な争点について、主張・証明をつくしたということにあり、それが「信義則」に結びつけられ、補助参加人は、判決の内容に反する主張を、もはや、相手方当事者に対してすることができないというもので、「争点効」の理論[605]と根を一にするものである。

この理論は、民事訴訟においては、なお、一般に承認されていないようであるが、むしろ、取消訴訟においては、じゅうぶんに認めうる土台があると考えられる。それは、まさに、取消訴訟の構造によるものであるが、それにくわえて、行政法上の争いは、もっぱら、取消訴訟によって解決されるという、行政法のしくみがある。

行政法の法律関係でも、取消訴訟へ第三者の訴訟参加が問題となるような法律関係においては、もともと、原告と第三者のあいだの顕在的もしくは潜在的な対立関係が、基本にある。それの解決が、ほんらいならば、原告と第三者のあいだの訴訟ではかられるべきものが、行政法のしくみでは、第三者に権利・利益を与え、原告の権利・利益を侵害した行政処分の適法性を、原告と被告行政庁のあいだで争うという形式により、はかられるのである。

このような取消訴訟のなかで、原告が、もし、原告と第三者のあいだの法律関係の、真の、抜本的な解決(606)というものをのぞむならば、第三者を訴訟に引き込み、第三者とも、処分の基礎にある法律関係について徹底的に争い、それに対する裁判所の判断をともにうけ、第三者には、その判断に反する主張を、もはや、させないという法理が保障されていなければならない。この最後の部分において、第三者が、訴訟参加し、(被告国（行政庁）とともに)主要な争点について主張・証明をつくしたという事実を根拠に、それに対する裁判所の判断に反する主張を、第三者がすることは、もはや、できないという「参加的効力」を、原告とのあいだで認める理論を援用しなければならないという必要性が、認められる。そして、それが、また、筆者が、取消訴訟においては、かかる理論を認める余地がおおいにあるとすることの論拠でもある(607)。

六　取消訴訟が、公権力の行使により権利を毀損されたとする原告の救済を第一に考える制度であるとするならば、原告が苦心のすえに獲得した、処分を取り消すという勝訴判決の趣旨を貫徹する――現実に実現する――ところまで「くふう」してやるべきであろう。

その判決の「あとしまつ」ということについては、これまでの行政法の一般的理解では、(処分の名あて人である)第三者に対しても、第三者効を定めた行訴法三二条により、すべて解決すると考えられてきた。ただ、その実体は、実体法的論理にもとづく「形成効」であり、第三者を納得させる力がよわいものであることは、すでに述べたとおりである。しからば、訴訟上の絶対的効力である「既判力」を、（訴訟のそとにいる）第三者に拡張するということが、じゅうぶんに考えられるということも、右に見たとおりであるが、これも、第三者が、じっさいに訴訟参加したうえで、直接に判決の言渡しをうけるという事実がなければ、形成効との差は、観念的なものにすぎないということになろう。

そこで、第三者が訴訟参加し、みずからの法律関係に関わる争点について主張・証明をつくしたということにより、それに対する裁判所の判断を承服し、そのあと、それに反する主張をすることができないという効力(608)を導入する必要があると思われ、そこに、（原告の立場からの）第三者が訴訟参加する必要性が認められる、と思われるのである。

(365)　平成八年六月二六日法一〇九。

(366)　中野貞一郎＝松浦馨＝鈴木正裕編『新民事訴訟法講義〔補訂版〕』（二〇〇〇年）四六〇頁〔井上(治)〕、新堂『新民事訴訟法〔第三版〕』（本章注(103)）七三三頁、伊藤眞『民事訴訟法〔補訂第2版〕』（二〇〇二年）五七六頁、松本博之＝上野泰男『民事訴訟法』（一九九八年）四七四頁〔上野〕など。

なお、平成八年法——本章注(365)——による法改正よりまえの旧民訴法六四条に規定された補助参加についても、三ケ月『民事訴訟法〔第三版〕（法律学講座双書）』（一九九二年）二七八頁、木川統一郎＝中村英郎『民事訴訟法』（一九九四年）八八頁〔小松良正〕などで、同様の説明がされていた。

ドイツ民事訴訟法（ZPO）六六条一項では、補助参加（Nebenintervention, Streithilfe）について、「他人間に係属する訴訟において、当事者のいっぽうが勝訴する場合に法律上の利益を有する者は、その当事者を補助するため、訴訟に参加することができる」と規定されているが、それに対しては、ヴァッハ—— Wach, a. a. O. (二章 Anm. (425)), S. 613.——いらい、その訴訟で主たる当事者が勝訴することに利害関係を有するがゆえに、主たる当事者を補助するために、訴訟参加することが許されるという趣旨の説明が、くりかえされている。So; Seuffert, a. a. O. (二章 Anm. (108)), S. 107. Hellwig, a. a. O. (二章 Anm. (108)), S. 219. Nikisch, a. a. O. (二章 Anm. (108)), S. 444. Blomeyer, a. a. O.

(二章 Anm. (108)), S. 642. Lent, Zivilprozeßrecht, (二章 Anm. (426)), S. 231. Rosenberg=Schwab=Gottwald, a. a. O. (二章 Anm. (16)), S. 260. Jauernig, a. a. O. (二章 Anm. (410)), S. 318. usw..

わが国の補助参加の本質論としては、井上(治)教授のすぐれた研究――同「補助参加人の訴訟上の地位について」(『多数当事者訴訟の法理』(一九八一年)所収、初出は、民商法雑誌五八巻一号、二号(一九六八年))三頁以下――がある。

同論文では、一九世紀のドイツ普通法学以降の民事訴訟理論において、補助参加の「従属性」の理論が形成されていく過程が、ていねいに分析されているが、補助参加するがわの主たる当事者の訴訟行為に比して制限された訴訟行為しか、補助参加には認められないとする「従属性」の理論、および、これに対する批判論こそ、補助参加の本質論であるとされている。

同論文の分析をとおして見てみると、問題の基本的認識は、訴訟においては、なにびとも、自己の訴訟追行権を、自己の意思に反して、他人によって行使されることはないのに、なぜ、(主たる当事者の意思に反しても)第三者が訴訟参加し、自己の名で訴訟行為を行いうるのか、ということにあるようである。それについては、ドイツでも、補助参加人の権利義務が、主たる当事者の勝訴に条件づけられているからである――Brauer, W. (=Assessor im Justiz-Ministerium zu Karlsruhe), Ueber die Grundlage und Umfang der Nebenintervention, AcP (Archiv für die civilistische Praxis) Bd. 24, 1841, S. 432.――とか、補助参加人の訴訟行為が訴訟の結果に影響を与えうるからである――Walsmann, a. a. O. (二章 Anm. (108)), S. 80. Hellwig, a. a. O. (二章 Anm. (108)), S. 510. ――というような説明がされている。

また、補助参加の本質については、補助参加の性格に由来する、以下のような制度的「しばり」――井上教授が、同論文三頁以下に整理されている――があることも、忘れてはならないであろう。

①補助参加人は、補助参加の時点での訴訟の状態(程度)を承認しなければならない、②補助参加人の訴訟行為が、主たる当事者の訴訟行為と抵触するときは、補助参加人の訴訟行為は、効力を生じない、③訴訟じたいの変動・消滅をもたらす行為――訴えの取下げ、反訴、訴えの変更、請求の拡張・縮減など――はできない、④主たる当事者に不利益な行為はできない、⑤主たる当事者の私法上の権利(形成権)――取消し、解除、相殺、時効の援用など――を、直接、訴訟で行使・主張することはできない。

(367) 中野=松浦=鈴木・前掲(本章注(366))四六二頁〔井上(治)〕、新堂『新民事訴訟法〔第三版〕』(本章注(103))七三六頁に上げられた例である。

(368) 中野=松浦=鈴木・前掲(本章注(366))四六二頁〔井上(治)〕、松本=上野・前掲(本章注(366))四七四頁〔上野〕、中村(英)『民事訴訟法』(一九八七年)一四〇頁に上げられた例である。

(369) 中野=松浦=鈴木・前掲(本章注(366))四六二頁〔井上(治)〕に上げられた例である。

(370) 中野=松浦=鈴木・前掲(本章注(366))四六二頁〔井上(治)〕に上げられた例である。

(371)　中野＝松浦＝鈴木・前掲（本章注(366)）四六二頁〔井上(治)〕に上げられた例である。
(372)　中野＝松浦＝鈴木・前掲（本章注(366)）四六二頁〔井上(治)〕に上げられた例である。
(373)　松本＝上野・前掲（本章注(366)）四七四頁〔上野〕に上げられた例である。
(374)　中野＝松浦＝鈴木・前掲（本章注(366)）四六二頁〔井上(治)〕に上げられた例である。
(375)　中野＝松浦＝鈴木・前掲（本章注(366)）四六三頁〔井上(治)〕に上げられた例である。
(376)　この場合に、敗訴したYが、わざわざ訴訟を提起してまで、敗訴判決の内容を実現しようとつとめると考えることは、現実的ではないかもしれない。そのときは、Xが、勝訴判決により得た（土地）明渡請求権を根拠に、債権者代位権を行使して、Yがすべき建物退去請求を代わってすることになろう。
(377)　現行民法――平成一六年法一四七――七一五条は、使用者の責任について、一項本文で、「ある事業のために他人を使用する者は、被用者がその事業の執行について第三者に加えた損害を賠償する責任を負う」としたうえで、三項で、「前二項の規定は、使用者又は監督者から被用者に対する求償権の行使を妨げない」と規定している。
(378)　現行民法七一五条一項本文および同三項の規定内容――本章注(377)――から、民法の原則としては、第一次に損害を賠償した使用者は、つねに、被用者に対して求償請求できると解されている。この事情について、平井宜雄『債権各論Ⅱ・不法行為』（一九九二年）では、つぎのように解説されている。

もともと、被用者のくわえた損害につき、使用者が賠償責任をおうとすることの根拠が、立法趣旨のなかで、あきらかにされていなかった――同書二二二頁以下――。しかし、学説の発展により、報償責任または危険責任の考えから、その本質は使用者の代位責任であるという立場が、通説となった――同書二二三頁以下――。問題は、そのあとの、使用者から被用者への求償関係であるが、使用者の代位責任を前提とするかぎり、被用者はつねに不法行為責任をおい、負担部分ゼロとは考えられず、「使用者又は監督者から被用者に対する求償権の行使を妨げない」とする同三項は、使用者から被用者への求償権を、つねに許す作用をいとなむ――同書二三九頁――。ただ、この原則をつらぬきすぎると、報償責任などの考えかたからは、公平をかき、不当ということになるので、制限されるべきである――同書二三九頁――。最高裁もこの理を認め、信義則から、使用者の求償権を制限する法理をあきらかにする判決――最判昭和五一年七月八日民集三〇巻七号六八九頁――をだし、これが、現在までのリーディング・ケースになっているようである。同判決については、別冊ジュリスト一六〇号『民法判例百選・債権〔第五版〕』（二〇〇一年）一七六頁以下〔田上富信〕の評釈がある。
(379)　その他の例について見てみると、〔事例①〕では、主債務請求訴訟につづいて、債権者から保証人に対する保証債務請求訴訟が、〔事例③〕では、追奪訴訟につづいて、買主から売主に対する求償請求訴訟が、〔事例④〕では、土地明渡請求訴訟につづいて、YからAに対する建物退去請求訴訟が、〔事例⑤〕では、損害賠償請求訴訟につづいて、YからAに対する求償請求訴訟が、〔事例⑥〕では、所有権確認・（抹消）登記請求訴訟につづいて、YからAに対する損害賠償請求訴訟が、〔事例⑦〕では、引渡請求訴訟につづいて、YからAに対する損害賠償請求訴訟が、〔事例⑨〕では、損害賠償請求訴訟につづいて、航空会社から機体の製造者や設計者に対する求償請求訴訟が、いちおう、考えられる。〔事例⑧〕で、抵当権設定登記抹消請求訴訟につづいて、だれから、保証人に対して、どのような訴訟が提起されるのか、筆者には不明である。

(380)　まえに上げた事例のうち、本文でとり上げなかったものについて、ここで、主たる当事者の（法的）性格により、第三者の補助参加の必要性が、どのように生ずるのか、分析しておこう。

〔事例③〕の主たる当事者である「買主」は、係争物件を売主から買い受けたという地位により、売主に対して、売買契約上の瑕疵担保責任を追及しうる者である。したがって、買主が追奪訴訟で敗訴したときには、とうぜんに、売主に瑕疵担保責任が追及されることになるということのゆえに、売主の追奪訴訟への補助参加の必要性が生ずるのである。

〔事例④〕の主たる当事者は、所有家屋を第三者に賃貸する者であるが、他人の土地に不法に家屋をたて占拠する者であり、そのことのゆえに、（建物を撤去したうえで）土地を明け渡すように判決をうけたのである。したがって、主たる当事者が判決に服し、まじめに、判決の趣旨を貫徹しようとするならば、あくまで家屋に居すわる賃借人に対しては、建物退去請求訴訟を提起しなければならない、ということが、法論理的には考えられるので、そこに、賃借人が、とうぜんに予想されるかかる事態を免れるために、前訴の土地明渡請求訴訟で、主たる当事者を勝訴させるべく、補助参加することの必要性が生じるのである。

〔事例⑤〕の主たる当事者は、事故をおこした運転者（被用者）を使用する会社であり、まさに使用者であるという法的地位において、被害者たる原告から、第一次的に、損害賠償の請求をうけ、損害賠償責任が確定したのちは、ただちに、原則的に、被用者に求償請求しうる者である。したがって、そこに、被用者が、とうぜんに予想される求償請求を免れるために、損害賠償請求訴訟で、主たる当事者を勝訴させるべく、補助参加することの必要性が生じるのである。

〔事例⑥〕の主たる当事者は、偽造した原告の委任状を示した第三者から、原告の土地を買い受けた「買主」であり、売主に対して、売買契約上の瑕疵担保責任を追及しうる者である。買主が所有権確認・（抹消）登記請求訴訟で敗訴したときには、とうぜんに、売主に瑕疵担保責任が追及されることになるということのゆえに、売主の当該訴訟への補助参加の必要性が生ずるのである。

〔事例⑦〕の主たる当事者である「買主」は、係争物件を売主から買い受けたという地位により、売主に対して、売買契約上の瑕疵担保責任を追及しうる者である。したがって、買主が引渡請求訴訟で敗訴したときには、とうぜんに、売主に瑕疵担保責任が追及されることになるということのゆえに、売主の当該訴訟への補助参加の必要性が生ずるのである。

〔事例⑧〕の主たる当事者は、原告の立場にたつ者で、債権者を相手に、主債務につき設定していた抵当権の登記抹消請求訴訟を提起した主債務者である。この場合も、主たる当事者の性格、資力が問題となるのであって、主たる債務を弁済するのに、当該不動産が不可決のものであるならば、抵当権設定登記がそのまま残存することは、保証人にとっても、きわめて危険な状態であり、そのかぎりにおいて、主たる債務者のがわに補助参加する必要性が生じるといえよう。

(381)　現行民法――本章注(377)――四五三条には、「債権者が前条の規定に従い主たる債務者に催告をした後であっても、保証人が主たる債務者に弁済をする資力があり、かつ、執行が容易であることを証明したときは、債権者は、まず主たる債務者の財産について執行をしなければならない」と規定されている。いわゆる「検索の抗弁権」であるが、保証債務の補充性にもとづくもので、保証人にとって強力な保護手段である。奥田昌道『債権総論〔増補版〕』（一九九二年）三九九頁。

ただ、保証人が検索の抗弁権を行使するには、「主たる債務者に弁済をする資力があ」ることを証明しなければならないが、判例は、かならずしも、主債務の全額を完済する資力があることを要せず、執行容易な若干の財産を有することを証明すればたりるとしている。大判昭和八年六月一三日民集一二巻一四七二頁。

(382)　主たる債務に附従するという、保証債務の附従性については、民法では、保証債務が、もっぱら、主たる債務を担保することを目的とするものであることから、とうぜんの帰結であるとして、厳格に解されているようで、主たる債務が、弁済、時効、その他の事由により消滅するときは、保証債務も、絶対的に消滅するとされている。奥田・前掲（本章注(381)）三八一頁以下、前田達明『口述債権総論〔第三版〕』（口述法律学シリーズ）』（一九九三年）三五二頁以下、潮見佳男『債権総論』（一九九四年）二八七頁、平井宜雄『債権総論〔第二版〕』（一九九四年）三〇三頁および三一一頁、内田貴『民法Ⅲ』（一九九六年）三一九頁以下など。

(383)　主たる債務者が未成年である場合は、問題が複雑である。現行民法――本章注(377)――四四九条は、「行為能力の制限によって取り消すことができる債務を保証した者は、保証契約の時においてその取消しの原因を知っていたときは、主たる債務の不履行の場合又はその債務の取消しの場合においてこれと同一の目的を有する債務を負担したものと推定する」と規定している。

未成年者の法律行為については、民法四条により、法定代理人の同意を要し、それを得ないでした行為については取り消すことができるが、そのことを知りつつ、それにつき、保証債務者が保証債務を負担したときは、主債務者たる未成年者が主債務を弁済しないかぎり、保証債務の支払請求をうけることになる。つまり、主債務者が、主債務支払請求訴訟で、未成年を理由に主債務の取消しを主張し、勝訴した場合も、保証人は、そのこととはかかわりなく、債権者から保証債務支払請求をうけるのである。

(384)　本章の注(377)および注(378)を、参照のこと。

(385)　しかし、民法においては、主たる債務についての取消原因を、取消権者である主たる債務者が主張していないのに、保証人がこれを主張できるかについては、争いがあるようである――この学説の対立については、淡路剛久『債権総論』（二〇〇二年）三九一頁以下に、くわしく分析されている――。今日の通説は、保証人も、主たる債務が取り消されるかどうかが確定するまでのあいだは、（主たる債務に取消原因があることを抗弁として）履行を拒絶することができるとしているようである――平井『債権総論（第二版）』（本章注(382)）三一一頁、淡路・前掲（本注）三九二頁など――。

しかし、右の通説の立場でいえば、主たる債務者が、主債務支払請求訴訟で取消原因を主張しないで敗訴して、判決が確定してしまえば、保証人は、訴訟外で、債権者に対して、もはや、主たる債務に取消原因があることを主張することはできなくなる。そこに、保証人が、当該訴訟に補助参加する必要性が生じるのである。

(386) このことは、ふるく、ヴァルスマンによっても、指摘されていた。すなわち、「訴訟当事者は、可能な合目的的な訴訟行為を、みずから、すべて、行うであろうから、訴訟参加人の協力は、ふつう、つぎの場合にかぎり重要となる。すなわち、訴訟当事者が、その者の権利の認識に欠けるところがあったり、ある行為の目的適合性を認識していなかったり――たとえば、訴訟参加人が知っている証拠方法を知らない場合――する場合だけである。」というものである。Walsmann, a. a. O.（二章 Anm. (108)), S. 80.

なお、ヴァルスマンの、この指摘については、井上(治)「補助参加人の訴訟上の地位について」（本章注(366)）二二頁にも、とり上げられている。

(387) 基本的には、それは、一回的解決という訴訟経済上の要請である。これについては、「補助参加というのは、後訴の負担をなくすという要請、および、後訴で矛盾する判決が生じることを避けるという要請にこたえるものである」というヴァッハの古典的説明がある。Wach, a. a. O.（二章 Anm. (425)), S. 613.

(388) 現行民訴法四六条では、「補助参加に係る訴訟の裁判は、次に掲げる場合を除き、補助参加人に対してもその効力を有する。　一　前条第一項ただし書の規定により補助参加人が訴訟行為をすることができなかったとき。　二　前条第二項の規定により補助参加人の訴訟行為が効力を有しなかったとき。　三　被参加人が補助参加人の訴訟行為を妨げたとき。　四　被参加人が補助参加人のすることができない訴訟行為を故意又は過失によってしなかったとき」と、参加的効力について、規定している。ちなみに、一号にいう、四五条一項ただし書とは、補助参加のときの訴訟の程度により、訴訟行為ができなかったということであり、二号にいう、同条二項とは、補助参加人の訴訟行為が、被参加人の訴訟行為と抵触し、効力を有しなかったということである。これらは、三号、四号所定の場合とともに、訴訟追行の可能性がなかったことによる、参加的効力の除外事由である。

ドイツ民訴法（ZPO）六八条にも、同様に、参加的効力（Interventionswirkung）の規定があり、「補助参加人は、みずからが訴訟において主張・証明をつくしたときは、主たる当事者との関係において、判決が不当であると主張することはできない。ただし、補助参加人は、参加のときの訴訟の程度により、もしくは、主たる当事者の陳述および行為により、攻撃または防御の方法を主張することを妨げられたとき、または、補助参加人の不知の攻撃または防御の方法を、主たる当事者が、故意または過失により主張しなかったときにかぎり、主たる当事者が、訴訟をじゅうぶんに追行しなかったと主張することができる」とされている。これについては、本文四一頁以下を、参照されたい。

(389)　わが国の民事訴訟法に、むかしから規定されている参加的効力が、既判力の拡張であるのか、それともべつの効力であるのかという論争は、ふるくからあった。その経緯については、新堂『新民事訴訟法〔第三版〕』（本章注(103)）七四二頁以下――注(1)――に、くわしい。

ただ、旧民訴法七〇条――現行民訴法四六条――に規定された参加的効力が、既判力とはことなる特殊の効力であることを、兼子(一)博士が精緻に論証されていらい、その立場が、ずっと支配的であったようである。その兼子(一)博士の論証とは、つぎのとおりである――兼子(一)『新修民事訴訟法体系〔増訂版〕』（一九六五年）四〇四頁以下、同「既判力と参加的効力」（同『民事法研究第Ⅱ巻』所収、初出は、法律時報一四巻三號（一九四二年））六〇頁以下――。

すなわち、既判力は、当事者間の紛争の蒸しかえしを禁ずるものであるので、訴訟の勝敗の結果いかんにかかわらず、当事者双方を拘束するものである。参加的効力は、補助参加人は、被参加人と共同して訴訟を追行した以上、被参加人の敗訴の場合に、その責任を被参加人にだけおわせて、補助参加人は知らない顔をするというのは公平に反するということを基礎とするものであるので、被参加人が勝訴すれば問題にならず、敗訴の場合にだけ生ずるというものである。したがって、両者は、その趣旨および内容において、ことなるというものである。

そして、それを敷衍して、参加的効力は、被参加人の敗訴の場合に、補助参加人と被参加人のあいだにのみ生ずる効力であるとされ、また、既判力が、判決主文についてのみ生ずるのに対して、参加的効力は、判決理由のなかの敗訴の理由となった事実の認定や法律効果の判断について生じるともされた。

兼子(一)博士のかかる見解は、三ケ月博士――同『民事訴訟法〔第三版〕』（本章注(366)）二八三頁以下――、中村(英)博士――同・前掲（本章注(368)）一四三頁――、伊藤(眞)教授――同・前掲（本章注(366)）五七六頁以下――らによって、支持された。

しかし、そのいっぽうで、この効力を既判力の拡張であるとみる見方も、有力に存在していた。たとえば、新堂教授は、参加的効力とされるものは、被参加人とのあいだのみならず、相手方との関係でも認められるとされる。その理由は、たしかに、前訴では、補助参加人と相手方のあいだの紛争はないが、補助参加人は、被参加人とならんで、相手方と争いうる地位を与えられたのであるから、訴訟の結果について自分のせいではないといわせるのは、信義則から、相手方に対して公平ではないということである――新堂『新民事訴訟法〔第三版〕』（本章注(103)）七四三頁――。

新堂教授は、さらに、（既判力とことなる効力であるとする）参加的効力説では、判決理由における判断について参加的効力を認める論理として、不十分であるとされ、それを説明するには、補助参加人に対する拘束力を、既判力の拡張と認めたうえで、判決理由における判断については、さらに、争点効がはたらくとすべきであるとされた――同「参加的効力の拡張と補助参加人の従属性」（同『訴訟物と争点効(上)』（一九八八年）所収、初出は、『兼子博士還暦記念・裁判法の諸問題(中)』（一九六九年））二三二頁――。

このような新堂教授の見解と同じ立場にたつものとして、鈴木重勝「参加的効力の主観的範囲限定の根拠」（『(中村宗雄先生古稀記念祝賀論集）民事訴訟の法理』（一九八〇年）所収）四〇九頁以下、井上(治)「民事訴訟法七〇条の判決の効力の性質およびその客観的範囲」（同『多数当事者訴訟の法理』（一九八一年）所収、初出は、甲南法学一一巻四号（一九七一年））三八〇頁以下、高橋宏志「補助参加について(四)」法学教室一九七号（一九九七年）一〇九頁、松本＝上野・前掲（本章注(366)）四八〇頁〔上野〕など。

(390)　伊藤(眞)・前掲（本章注(366)）五七六頁。

(391)　伊藤(眞)・前掲（本章注(366)）五七六頁に上げられている例により、具体的に説明すると、保証債務請求訴訟において、主債務者が、保証人のがわに補助参加して、保証債務の前提となる主債務の存在を争ったときは、（主債務が存在するとの判断のもとで）保証人が敗訴したのち、保証人が主債務者に対して提起した求償請求訴訟においては、主債務者は、主債務が存在しないと主張することはできないということなのである。

(392)　現行民訴法五三条一項では、「当事者は、訴訟の係属中、参加することができる第三者にその訴訟の告知をすることができる。」と規定され、同条四項では、「訴訟告知を受けた者が参加しなかった場合においても、第四六条の規定の適用については、参加することができた時に参加したものとみなす」と規定されている。なお、同法四六条は、参加的効力に関する規定――本章注(388)参照――である。

ドイツ民事訴訟法（ZPO）七二条にも、同様に、訴訟告知（Streitverkündigung）の規定があり、一項で、「当事者が、訴訟の結果が自己に不利益となるときは、第三者に、担保または賠償請求をなすことができると信じ、あるいは、第三者からの請求のおそれがあると信ずるときは、当該争訟の確定判決があるまでは、第三者に、裁判上の告知をすることができる」と規定され、二項で、「第三者は、くわしい訴訟告知をうける権利を有する」と規定されている。これについては本文四二頁以下を参照されたい。

(393)　新堂『新民事訴訟法〔第三版〕』（本章注(103)）七四九頁以下、中野＝松浦＝鈴木・前掲（本章注(366)）四六九頁〔井上(治)〕、三ケ月『民事訴訟法〔第三版〕』（本章注(366)）二八七頁、伊藤(眞)・前掲（本章注(366)）五八〇頁、松本＝上野・前掲（本章注(366)）四八一頁〔上野〕、木川＝中村・前掲（本章注(366)）九三頁〔小松〕、佐野裕志「第三者に対する訴訟の告知」（『講座民事訴訟③』（一九八四年）所収）二七八頁以下など。

このような、訴訟告知と参加的効力を結びつけるとらえかたは、現在では支配的であるが、これも、兼子(一)博士が、同『民事訴訟法概論』（一九三八年）一三二頁以下で、「告知者にとつては當該訴訟の判決の參加的效力を被告知者に及ぼさせ後日自己の敗訴に付て文句を云はせぬようにする效果」があり、「此の後の作用を有する點で特に當事者は訴訟告知を爲す實益を有する」とされ、はじめて唱えられた。

(394) 新堂『新民事訴訟法〔第三版〕』(本章注(103)) 七五〇頁以下の解説によると、訴訟告知をうける者は、訴訟参加の利害関係を有する者で、当事者参加の利益をもつ者もはいるが、ふつうは、告知者に補助参加する利益をもつ者であるとされ、また、訴訟の相手方に訴訟告知することはできないが、相手方の補助参加人に対しては可能であるともされている。

(395) 新堂『新民事訴訟法〔第三版〕』(本章注(103)) 七五〇頁の解説によると、告知できる者は、訴訟当事者、補助参加人、および、これらの者から訴訟告知をうけた第三者であるとされる。また、民訴法五三条二項から、訴訟告知をうけた者は、訴訟参加しなくても、さらに、訴訟告知できる。

(396) 訴訟告知は、告知者から、訴訟告知の理由と訴訟の程度を記載した書面を、受訴裁判所に提出して行い (民訴法五三条三項)、裁判所は、これを、被告知者に送達する (民訴法規則二二条一項、二項)。

(397) 民訴法五三条四項では、「訴訟告知を受けた者が参加しなかった場合においても、第四六条の規定の適用については、参加することができた時に参加したものとみなす」と規定されているが、この趣旨は、告知者が敗訴すれば告知者から権利行使をうける立場にある被告知者は、訴訟告知をうけて、遅滞なく訴訟参加することができたときに、(訴訟参加しなくても) 訴訟参加した者と同じに扱われる、すなわち、参加的効力をうけるということなのである。新堂『新民事訴訟法〔第三版〕』(本章注(103)) 七五二頁。

(398) 井上(治)「被告による第三者の追加」(同『多数当事者訴訟の法理』所収、初出は、甲南法学一一巻二・三号 (一九七一年)) 一七二頁。そして、井上(治)教授は、このような事情が一因して、実務で、参加的効力が援用される例がすくないのであろうとされている。

(399) 第三者を訴訟参加させ、参加的効力を及ぼさせるということ以前に、訴訟参加しなかった第三者にも、訴訟当事者のあいだの判決の効力が及ぶという理論がある。既判力の拡張、もしくは、「反射効」の理論である。両者の区別は、民事訴訟理論において、なお、あいまいである――三ケ月『民事訴訟法〔第三版〕』(本章注(366)) 四〇頁以下は、あいまいな概念であるがゆえに、かかる概念の導入に、反対している――。だいじな相違点は、前者は実定法上の根拠 (民訴法一一五条一項) があるが、後者にはないということである。そこで、判決の効力のひとつとして、反射効を認めるかについては、争いがある。

反射効の概念については、本書のドイツの民事訴訟理論の考察において、すでに見たところ――二章注(234)参照――であるが、ある一定の実体法上の法律関係を前提とするものである。

反射効について、むかしから、民事訴訟理論で上げられる例は、つぎのようなものである。債権者が主債務者に対して提起した主債務請求訴訟で、債権者が敗訴したのちに、こんどは、債権者が保証人に対して提起した保証債務請求訴訟において、保証人が前訴の判決の効力を援用できるかというものである。

反射効を認める立場は、(実体法上の関係である) 民法四四八条の保証債務の附従性を根拠とするものであって、主債務の存否が判断された前訴の判決の効力は、とうぜん、主債務に附従する保証債務を訴訟物とする後訴において、援用できる（反射効をもつ）というものである。山木戸教授は、判決の効力として、反射効なるものがあることを認められ、「第三者が當事者の一方と特別の關係にあるために、當事者の受けた判決が反射的に當然にその第三者の法律關係に影響をおよぼすことがある。これを反射的効果という」と、明確に定義されていた。そして、その例として、保証人が、主債務者の債権者に対する主債務不存在の確定判決を援用できること、確定判決を有する債権者の債権を、他の債権者が承認しなければならないこと、を上げておられた。山木戸克己『民事訴訟法講義』（一九五四年）二一二頁。

なお、反射効を認める立場にあっても、このような附従性だけを根拠とする説明では、不じゅうぶんであるとして、債権者は、前訴で、主債務の存在をつくすべき手段をつくして争ったうえで、敗訴したのであるから、後訴で、相手方を保証人にかえて再審理を求めることは、蒸しかえしと評価できるという訴訟論で補強するものもある。新堂『新民事訴訟法〔第三版〕』（本章注(103)）六七一頁以下、高橋（宏）『重点講義民事訴訟法〔新版〕』（第一六講・反射効）六四二頁以下。なお、反射効を認める場合には、論理的に、判決主文だけではなく、判決理由中の判断についても、反射効を認めなければ意味はない。

反射効を否定する立場は、前訴と後訴で、主債務と保証債務という、実体法上、別個の権利関係が訴訟物となるときは、たとえ同一の事実が争点となる場合でも、それぞれについて手続保障を与えなければならないということなどを理由とするものである。そして、この立場によれば、主債務請求訴訟で債権者が敗訴したのち、債権者が保証人に対して保証債務請求訴訟を提起し、（反射効が認められないことから）こんどは勝訴するということもありうるわけで、そのときは、主債務者は、前訴で勝訴したにもかかわらず、保証人から求償請求訴訟を提起され、これに敗訴すれば、保証人からの求償に応じなければならないが、それは、自己が保証人に敗訴したことの結果であり、けっして、矛盾する解決ではないとされる。中野＝松浦＝鈴木・前掲（本章注(366)）四一七頁以下〔伊藤（眞）〕。

判例も、一貫して、反射効を否定している——最判昭和三一年七月二〇日民集一〇巻八号九六五頁、最判昭和五一年一〇月二一日民集三〇巻九号九〇三頁、最判昭和五三年三月二三日判例時報八八六号三五頁——ことから、本書の以下の考察では、いちおう、反射効は度外視することにする。

(400)　原告または被告による「第三者の引込み」は、民訴法で制度的に保障された手続として規定されているわけでも、民事訴訟で一般に認められる概念として民訴法の教科書に書かれているわけでもない。ただ、民事訴訟学説の一部で、（主観的）追加的併合というテクニックを用いることにより、訴訟外の第三者を訴訟に引き込むことができるということ、そして、そのことの必要性が、つよく主張されているのである。山木戸克己「追加的共同訴訟」（同『民事訴訟理論の基礎的研究』（一九六一年）所収、初出は、神戸法学雑誌六巻一＝二号（一九五六年））七三頁以下、井上「被告による第三者の追加」（本章注(398)）一五三頁以下、霜島甲一「当事者引込みの理論」判例タイムズ二六一号（一九七一年）一八頁以下、福永有利「損害賠償請求訴訟の被告による求償訴訟等の追加的併合」判例タイムズ四一〇号（一九八〇年）三七頁以下、伊藤（眞）

「第三者の訴訟引込み」（鈴木忠一＝三ケ月監修『新・実務民事訴訟講座3』（一九八二年）所収）一四三頁以下、高橋(宏)「統一的紛争解決と弁論の併合」（『(新堂幸司先生古稀祝賀）民事訴訟法理論の新たな構築下巻』（二〇〇一年）五三頁以下など。

また、井上(治)『多数当事者の訴訟』（本章注(138)）の第五章「第三者の訴訟引込み」（初出は、小山昇＝中野＝松浦＝竹下守夫編『演習民事訴訟法』（一九八六年））一一六頁以下では、すでに当事者となっている者が、イニシアティブをとって第三者を訴訟に引き込んで、併合審理を求める形態としては、三つ考えられるとしている。すなわち、原告による被告の追加、被告による求償等のための第三者の追加、被告によるもうひとり権利主張する第三者の追加である。

訴訟外にいる第三者を、訴訟当事者が引き込むという理論は、井上(治)教授以前にも、山木戸教授が提示されていた――山木戸「追加的共同訴訟」（本注）――。しかし、山木戸教授の理論は、引き込まれる第三者が、原告または被告のいずれかのみと対立し、その他方と共同訴訟人の関係になる場合のみを想定したもので、引き込まれる第三者に、共同訴訟の要件がなければならないという限定的なものであった。それに対して、井上(治)教授の理論は、かならずしも、この要件をみたす第三者の範囲にとどまるものではなく、補助参加が認められる第三者も対象とするものであるので、本書の考察からは、井上(治)教授の理論が有益であると考えられるのである。

(401)　井上(治)「被告による第三者の追加」（本章注(398)）一五三頁以下、同『多数当事者の訴訟』（本章注(138)）一一五頁以下、中野＝松浦＝鈴木・前掲（本章注(366)）四五七頁以下〔井上(治)〕。わが国の民事訴訟理論において、この形態の訴えの併合の必要性を力説されたのは、井上(治)教授が、最初であろうと思われる。ただ、いままでのところ、学説の一般的承認を得るところまではいっておらず、判例は無視しているようである。

なお、原告と被告以外の者を訴訟に引き込む形態は、被告による第三者の引込みにとどまらないことについては、本章注(400)を、参照されたい。

その「被告による第三者の追加」が許容される要件は、基本的には、原告から被告に対する本訴請求と、被告から第三者に対する追加請求が、先決関係にあることと、両請求の基礎となる訴訟資料の大部分が共通であることである。そのほかに、それにより、本訴請求に対する審理がいちじるしく遅滞しないことなども、要件として上げられている。

(402)　井上(治)「被告による第三者の追加」（本章注(398)）一五三頁以下では、その例として、①売買目的物について真の権利者と称する者によって追奪訴訟を提起された買主が、これに敗訴すれば、売主に対して担保責任を追及（損害賠償請求）できる場合、②償還請求訴訟を提起された手形の裏書人が、これに敗訴すれば、手形上の前者に求償請求できる場合、③保証債務請求訴訟を提起された保証人が、これに敗訴すれば、主たる債務者に求償請求できる場合、④損害賠償請求訴訟を提起された加害者が、これに敗訴すれば、責任保険会社に塡補請求できる場合、⑤損害賠償請求訴訟を提起された共同不法行為者のひとりが、（共同の）免責をうけ、他の不法行為者に過失の割合におうじた負担部分を請求しうる場合などが上げられている。

(403) 井上(治)「被告による第三者の追加」(本章注(398)) 一五四頁。福永・前掲（本章注(400)）三七頁によれば、被告による求償義務者などに対する訴えの追加的併合を認めようとする趣旨は、「別訴提起のわずらわしさから被告を解放することになるだけではなく、裁判の不統一が避けられ、紛争の一回的解決や訴訟経済の要請にも合致する」ことにあるとされている。

(404) 井上(治)「被告による第三者の追加」(本章注(398)) 一五四頁。

(405) 「訴えの主観的追加的併合」とは、ひろい意味では、訴訟係属中に、原告または被告からの申立てにより、原告または被告から、場合によっては、原告と被告の双方から、第三者に対する追加請求がされ、原告と被告のあいだの本訴請求と併合審判が行われるというものである。なお、これには、第三者からの申立てにより、右のような追加請求がされ、本訴請求と併合審判が行われる場合もふくまれる。

(406) これについて、井上(治)教授が例に上げられているのは、共同不法行為者のひとりに対する損害賠償請求訴訟で、被告が、(共同の) 免責をうける場合である。このとき、被告は、追加的原告として、他の共同不法行為者（追加的被告）に、(共同の) 免責をうけることを (停止) 条件として、過失の割合におうじた負担部分の履行を請求する。追加請求を認容する判決が下される場合は、判決主文に、この条件が明示されなければならない。つまり、追加原告の免責を条件として、追加被告の追加原告に対する給付義務の履行を命じることが、判決主文に記載されなければならないということなのである。その趣旨は、追加原告が、(共同の) 免責を得ていないうちに、追加被告に対する求償権の満足を享受してしまうという不合理な事態を防止するためであるとされている。同「被告による第三者の追加」(本章注(398)) 一五八頁以下。

(407) 井上(治)教授によれば、追加請求についての当事者の弁論ならびに裁判所の審理を停止させて、まず、本訴請求の審判を行わなければならない必然性はなく、この場合は、併行審理方式によるのが、ほんらいの姿であり、かかる併合形態の趣旨にもそうとされる。同「被告による第三者の追加」(本章注(398)) 一六〇頁。

(408) 井上(治)教授によれば、本訴請求と追加請求は、主観的予備的併合の関係にあるわけでないことが、強調され、それぞれの請求について、別個の判決が下されなければならないとされる。たとえば、本訴請求について棄却判決が確定しても、追加請求に対する訴訟は、主観的予備的併合の場合のように遡及的に訴訟係属を失うわけではなく、追加請求についても、べつに、請求棄却判決が下されなければならないということである。同「被告による第三者の追加」(本章注(398)) 一五九頁。

(409) 井上(治)「被告による第三者の追加」(本章注(398)) 一六〇頁では、「本訴訟において被告（追加被告）の側の補助参加人として関与できることに異論はない」ともされている。

(410) 井上(治)「被告による第三者の追加」(本章注(398)) 一五四頁。

(411) 井上(治)「被告による第三者の追加」(本章注(398)) 一七二頁以下。

(412)　現行民訴法四六条では、補助参加にかかる訴訟の裁判が、補助参加人に対して参加的効力をもたない場合を上げている。すなわち、①補助参加のときの訴訟の程度により、補助参加人が、訴訟行為をすることができなかったとき（一項）、②主たる当事者の訴訟行為に抵触して、補助参加人の訴訟行為が効力をもたなかったとき（二項）、③主たる当事者が、補助参加人の訴訟行為を妨げたとき（三項）、④補助参加することのできない訴訟行為を、主たる当事者が、故意または過失により、しなかったとき（四項）、である。

(413)　井上教授が上げられる例は、ホテル(Y)のエレベーターの急降下によって重傷をおった泊り客(X)が、Yに、損害賠償の訴えを提起し、被告Yが、エレベーター製造会社または管理会社(Z)に対し、求償請求に備えて訴訟告知をしたというケースである。井上教授は、この場合に、Zが、エレベーターじたい、または、その整備点検にはなんの欠陥や手落ちもなく、右事故は、もっぱらホテルがわの責任であると主張すると、告知者と被告知者のあいだに深刻な利害の対立関係を生み、現行法上の訴訟告知＝補助参加のシステムでまかなうには、困難な問題を生ぜしめるとされている。同「被告による第三者の追加」（本章注(398)）一七三頁。

(414)　井上(治)教授のいわゆる「多数当事者訴訟の法理」の基本的観点である。直接的には、同「被告による第三者の追加」（本章注(398)）一五四頁に、端的に示されているが、そのふかい意図については、同「多数当事者訴訟の課題と展望」（同『多数当事者訴訟の法理』所収、初出は、ジュリスト七三一号（一九八一年）三三五頁以下の論述に、うかがうことができる。

(415)　井上(治)「被告による第三者の追加」（本章注(398)）一六一頁以下。

(416)　本文ではとり上げなかった問題点として、井上(治)教授は、被告の第三者に対する請求権は、被告の原告に対する給付義務の履行によって、はじめて、権利として成立するものであるので、被告が第三者を追加被告とする追加請求を併合審理することは、いまだ権利として実現していないものの裁判をすることになり、債権法の基本原理に反するという、実体法上のパラドックスにおちいることになるとされている。たとえば、保証人の求償権については、委託をうけた保証人（民法四六〇条）をのぞいて、求償権の事前の行使はできないということ、自動車事故における共同不法行為者のあいだの求償関係については、一般に、共同不法行為者それぞれの賠償義務は不真正連帯の関係にあり、ひとりが共同の免責を得たときにはじめて、他の不法行為者に対する求償権が発生すると解されているということを上げられている。同「被告による第三者の追加」（本章注(398)）一六一頁以下。

　これは、あまりにも民事法的な法律関係を前提とするものであるが、このように予想される反論に対しては、教授は、求償権といっても、請求権といっても、ほんらい観念的なものであり、それが、いつ発生したかというような議論にあまり拘泥する必要はない、また、原告の被告に対する訴訟と被告の第三者に対する訴訟が、併合審理される場合には、求償権の事前行使を禁止すべき実質的理由はないという反論が、可能ではなかろうかとされている。たしかに、傾聴に値する見解ではあると思われる。

(417)　井上(治)「被告による第三者の追加」（本章注(398)）一六五頁以下。

併合審理によって、原告の被告に対する本訴請求の解決が、不当に遅延せしめられることには、井上教授も憂慮されており、「訴えの変更」とおなじく、「これにより著しく訴訟手続を遅延させ」ないこと――現行民訴法一四三条一項ただし書――を要件とすることによって、訴訟完結についての原告の期待を保護すべきであるとされている。

(418)　井上(治)「被告による第三者の追加」(本章注(398))一六五頁。

この問題については、かつて、山木戸教授が、その追加的共同訴訟の理論――本章注(400)参照――をとかれるなかで、「元来、共同訴訟として訴を提起するかどうかは、固有必要的共同訴訟の場合を除けば、もちろん訴を提起する原告において自由に決定し得るところである。しかしこれは国家ないし裁判所に対する関係における自由であって、紛争の関係者である訴訟外の第三者や被告との関係では、訴訟形態がこれらの者により原告の意思にかかわらず変更せられ得ることも認めるべきである。すなわち被告およびその他の紛争関係者もまた、原告の訴提起によって生じた機会に、その訴訟手続を利用して紛争の一挙的かつ統一的な解決を求めることができるとするのが公平であ」るとして、その理論的基礎を与えられていた。山木戸「追加的共同訴訟」(本章注(400))八〇頁。

(419)　井上(治)「被告による第三者の追加」(本章注(398))一六五頁以下。

(420)　井上(治)教授は、この問題については、「かの、いわゆる訴えの主観的予備的併合における予備的被告の立場にやや似かよった様相を呈するようにも思われ」るとされ、かつて、三ケ月博士が、主観的予備的併合について、なによりも問題であるのは、予備的被告の訴訟上の地位が、はなはだ不安定であることであると指摘されたことを、かなり意識されているようである。なんとなれば、三ケ月博士が、そのことについて、さらに具体的に、「何時自分に対する請求の審判に入るのかについて何等保障はないから終始弁論に関与していなければならぬし、主たる被告に対する請求が認められれば審理関与は結局なかったことになってしまう」――三ケ月『民事訴訟法(法律学全集35)』(本章注(261))二一一頁――とされていることを、とくに引用されているからである。井上(治)「被告による第三者の追加」(本章注(398))一六七頁。

(421)　井上(治)「被告による第三者の追加」(本章注(398))一六六頁以下。このように予想される反論に対しては、井上教授は、本訴請求が棄却されることは、追加被告としては歓迎すべき現象であって、その訴訟追行の成果でもあり、併合訴訟においては、追加被告も自己に対する請求棄却判決をうけるのであるから、あながち、徒労に帰したともいえないという反論が、可能ではなかろうかとされている。

(422)　兼子(一)「行政処分の取消判決の効力」(本章注(142))一〇三頁以下。なお、これについては、本文二四五頁以下を、参照されたい。

(423)　本文二六五頁、および、二六九頁を、参照のこと。

(424)　このことじたいが、筆者の結論とする論理に密接に関連してくるわけだが、取消訴訟における、取消判決により権利を侵害される第三者を訴訟参加させる必要性と、民事訴訟における、判決の結果に利害関係を有する第三者を補助参加させる必要性とは、質的にことなっているように思われる。民事訴訟でいわれる第三者を補助参加させる必要性とは、訴訟手続上の権利保障といった観点からのものであり、他人間の訴訟の結果が、第三者の法律上の地位に、直接的に、間接的に、影響を及ぼす場合に、かような第三者を、ただ、拱手傍観させ、その結果だけを甘受させるのは適切ではないという、もっぱら、訴訟手続の論理において生ずるものである――斎藤編・前掲（一章注(13)）三六二頁――。兼子(一)博士の疑問は、この範囲を超えるものであって、実体的に、かような第三者に判決の効力を及ぼさせることが妥当であるかを、問題とされているのである。

本書で、これから論証しようとする筆者の考えも、まさに、取消判決により覆滅させられる第三者の実体法上の地位のうちに、かような第三者を訴訟参加させる必要性があるということなのである。

(425)　本章注(424)を、参照のこと。

(426)　塩野『行政法II〔第四版〕』（本章注(312)）の第三編「行政救済論」第一部「行政争訟論」第二章「行政事件訴訟」第四節「取消訴訟――基本構造」（七八頁以下）では、取消訴訟の本質的な分析が、多角度から行われている。

おなじく、取消訴訟の構造分析を行われたものとしては、浜川清「行政訴訟の諸形式とその選択基準」（杉村敏正『行政救済法1』（一九九〇年）所収）六四頁以下、小早川「抗告訴訟の本質と体系」（雄川＝塩野＝園部『現代行政法大系4』（一九八三年）所収）一四六頁以下、同「先決問題と行政行為――いわゆる公定力の範囲をめぐる一考察――」（『田中二郎先生古稀記念・公法の理論上』（一九七八年）所収）三一七頁以下などがあるが、これらは、いずれも、取消訴訟の排他性と公定力の関係を中心に論じられており、本稿のここでの考察には直接には関連しない。

(427)　雄川博士や兼子(一)博士が、取消訴訟を形成訴訟と観念しておられたことについては、本文二三八頁、および、本章注(141)を、参照されたい。

(428)　塩野『行政法II〔第四版〕』（本章注(312)）八三頁。

(429)　塩野教授のいわれる、取消訴訟の「適法性維持機能」とは、取消訴訟では、もっぱら、当該行政処分の適法・違法の審査が中心となるものであって、違法であると認定されれば、処分が取り消されるわけだが、それは、見方によれば、違法状態が排除されるということでもあり、それを、取消訴訟のひとつの機能――客観的な法秩序の維持――として強調されたものである。ただ、これは、原告の主観的権利利益の保護ということとならんで、取消訴訟の目的として、むかしからいわれてきた、適正な行政の確保ということにつながるものであって、ここでの分析には、とくに示唆を与えるものではない。同『行政法II〔第四版〕』（本章注(312)）八〇頁。

(430)　塩野『行政法II〔第四版〕』（本章注(312)）七九頁以下。

それ以外にも、塩野教授は、取消訴訟には、取消判決に第三者効が認められたことにともなう「法律関係合一確定機能」、処分の取消しにより、それにつづく執行が阻止されるという「差止機能」、取消判決の行政庁への拘束力による「再度考慮機能」、行政庁が取り消された処分をくりかえすことへの「反復防止機能」があるとされている。このように一覧的に総合されると、取消訴訟というのは、多面的な機能をもった訴訟類型であることがわかる。

(431)　これとの比較で、塩野教授が上げられている民事の例——同『行政法Ⅱ〔第四版〕』(本章注(312))八〇頁——が、興味ぶかい。すなわち、私人のあいだの雇用契約において解雇がなされた場合は、解雇に不満のある者は、解雇はもともと無効であると主張して地位確認を求めることになるというものである。行政法的なものの考えかたをすれば、解雇行為の取消し、あるいは、その無効の確認を、まず、求めるということになりそうだが、民事では、そういう考えかたはされない。使用者と被用者のあいだの実体的法律関係として、なお雇用契約が有効であるかの判断が先行し、それに付随して、解雇行為が無効であるということが確定するのである。そのことを、塩野教授は、例示によって、暗に示されているのである。

(432)　塩野『行政法Ⅱ〔第四版〕』(本章注(312))八〇頁。

(433)　塩野『行政法Ⅱ〔第四版〕』(本章注(312))八一頁以下では、「取消訴訟の機能は、つまるところ行政行為が展開する行政過程の一段階としての地位を占めているところに基礎をもっているということができる。そして、このような取消訴訟の機能をも考慮して取消訴訟の利用を図っていくことが重要である」とされている。まったく、同感である。

(434)　民事上の法律関係で、第三者が主たる当事者のがわに補助参加する場合には、第三者の権利・利益の論理的前提となっている主たる当事者じしんの法律関係の防衛に、主たる当事者がつとめることは、そのかぎりでは、第三者の権利・利益を防衛することにもなるが、主たる当事者敗訴ののちは、主たる当事者と第三者のあいだの法律関係により、主たる当事者から第三者への後訴が想定されるという関係が背景にあり、第三者が補助参加する契機が、第三者のがわにあるのはもちろんだが、主たる当事者のがわにも、第三者を補助参加させる契機があるのである。

それに対して、取消訴訟に訴訟参加することの契機は、第三者のがわにはあるが、被告行政庁のがわには、第三者を訴訟参加させることの契機はないのである。

(435)　現行行訴法九条の「法律上の利益」の意義については、解釈上の疑義が存在してきたことは、いうまでもないが、原告適格の認定において、その「法律上の利益」の有無が問題とされてきたのは、芝池義一教授が、端的に指摘されるとおり、原告が行政処分の第三者である場合と、行政処分が不特定多数を対象とする一般処分である場合であった。つまり、相手方が特定された行政処分では、その相手方の原告適格が否定されることは、まず、ありえないのである。同『行政救済法講義〔第2版補訂増補版〕』(二〇〇四年)三七頁。

(436)　わが国で、最初に、本格的に原告適格(訴えの利益)拡大論を展開されたのが、原田尚彦教授であったことは衆目の一致するところであるが、原田教授の最初の論文である「行政行為の取消訴訟制度と原告適格(訴えの利益)——ドイツにおける判例の動向を中心にして——」(同『訴えの利益』(一九七三年)所収、二四五頁以下、初出は、国家学会雑誌七七巻(一九六三年)三＝四号、九＝一〇号)では、ドイツの学説・

判例における公権論の展開をおおきくとり上げ、さらに、それが取消訴訟の原告適格の理論にどのように影響してきたかということの分析をされている。原田教授は、そのあと、さらに、「行政法における公権論の再検討――公権論を論ずる意義に関連して――」（同『訴えの利益』所収、初出は、民商法雑誌五八巻二号（一九六八年））という論文を書かれ、とくに、ビューラーの公権論の分析がなされている。

原田教授が、ドイツの公権論の分析から得られた論理というのは、取消訴訟における原告適格が認められるためには、係争行政処分による被侵害法規が、原告の利益保護――私益保護であって、公益保護であってはならない――に資するものであること、いいかえれば、原告の主張利益は「客観法の意図せる利益」でなければならないということ――同「行政行為の取消訴訟制度と原告適格（訴えの利益）」（本注）三二三頁――、国民は、国家権力が、違法に自己に直接的な不利益を課する場合であれ、違法に第三者にはたらきかけることにより、間接的に自己に不利益を及ぼす場合であれ、この違法な国家行為を、ほんらい、尊重するいわれはなく、かえって、その行為の結果の除去を請求し得べき地位にあるということ――同論文三四二頁――などである。

そして、原田教授は、このような理論分析のうえにたって、独自の理論を構築された。すなわち、処分の名あて人以外の第三者が提起する処分取消訴訟は、行政権力の抑制を求めるのではなく、国民の安全・快適な生活をまもるために、行政庁が、処分の名あて人に対して適切に監督権を発動してくれることを求める訴えであり、さらにいえば、（侵害排除請求権にもとづいて権力の抑止を求めるのではなく）行政上の監督権の発動を求める――つまり「行政介入請求権」の実現をめざす――義務づけ訴訟に類した機能をもつもので、通常の取消訴訟とは、機能・目的を異にする異質な性格の訴えである、というものである――同『行政法要論〔全訂第五版〕』（二〇〇四年）三六六頁以下――。

かように、行政法の理論においては、取消訴訟の原告適格の要件とされる「権利侵害」の基礎となる（主観的）権利については、公権論にまでさかのぼって論証されてきたわけである。この方向で、ドイツの原告適格の理論に、さらに、すぐれた分析をくわえられたのが、小早川教授である。小早川教授の最初の論文である「取消訴訟と実体法の観念」（同『取消訴訟の構造分析』（一九八三年）所収、初出は、国家学会雑誌八六巻三＝四号、七＝八号、九＝一〇号、一一＝一二号（一九七三年）で、「取消訴訟における実体法の観念」と題されていた）の一二四頁以下に、原告適格の実体法的構成を、するどく分析されている。小早川教授は、取消訴訟の原告の地位を、実体的請求権規範の解釈論的構成にもとづいて把握しようとしたドイツの学説の努力をうながしたもののひとつは、民事訴訟におけると同様の実体法なる観念そのものを確立し、取消訴訟を訴訟の一般理論に包摂しようとする体系的志向であったと評価されている――同論文一三四頁――。そして、行政処分の名あて人以外の第三者の原告適格については、けっきょくのところ、私人の法的地位から出発して、行政処分の結果として生じた不利益のレヴァンスを、そのような法的地位との関連において評価するという方法がとられたとされている――同論文一三一頁――。

(437)　塩野『行政法Ⅱ〔第四版〕』（本章注(312)）一一四頁。

(438)　民事訴訟における形成訴訟の理論では、実体法上の特定の形成権（要件）ないしは形成を求めうる法的地位が基準とされるので、とうぜん、原告適格は、それを有する者に限定される。

(439)　行政裁判法——明治二三年六月三〇日法四八——には、直接、原告適格について定めた規定はなく、ただ、二七条一項で、「行政裁判所ハ原告ノ訴状ニ就テ審査シ若シ法律勅令ニ依リ行政訴訟ヲ提起スヘカラサルモノナル……トキハ其理由ヲ付シタル裁決書ヲ以テ之ヲ却下スヘシ」としたうえで、「行政廳ノ違法處分ニ關スル行政裁判ノ件ヲ裁可」する法律——明治二三年一〇月九日法律第一〇六號——で、つぎのように規定されていた。

「法律勅令ニ別段ノ規程アルモノヲ除ク外左ニ掲クル事件ニ付行政廳ノ違法處分ニ由リ權利ヲ毀損セラレタリトスル者ハ行政裁判所ニ出訴スルコトヲ得

一　海關税ヲ除く外租税及手数料ノ賦課ニ關スル事件

二　租税滞納處分ニ關スル事件

三　營業免許ノ拒否又ハ取消ニ關スル事件

四　水利及土木ニ關スル事件

五　土地ノ官民有區分ノ査定ニ關スル事件」

行政事件訴訟特例法——昭和二三年七月一日法八一——には、原告適格に関する規定は、いっさい、なく、民訴法の訴えの利益の一般論をベースに、いかなる取消訴訟固有の訴えの利益論が成立するかは、もっぱら、理論の進展に委ねられていた。それが、行政事件訴訟法の制定により、はじめて、原告適格について、直接的に規定されたのであるが、その要件が、「権利の毀損」とはせずに、「(取消を求めるについての)法律上の利益」とされたことだけでも、行政裁判法とのあいだに、原告適格のかなりの拡充があることがうかがえる。

また、原告適格の拡大の背景には、訴えの対象の、列記主義から一般概括主義への変遷があったことは、いうまでもない。

(440)　「行政庁ノ違法処分ニ由リ権利ヲ毀損セラレタリトスル者」に原告適格を認めていた——本章注(439)参照——行政裁判所時代の解釈論としても、行政処分の名あて人以外の第三者の原告適格について、論じられていなかったわけではない。美濃部『行政裁判法』(本章注(16))一九八頁では、「或る河川に付き水利権を有する者が、同じ河川に付き更に第三者に対し水利権が特許せられた爲に、従来自分の有つて居る水利権が毀損せられたとすれば、其の第三者に對する特許処分を違法なりとして出訴し得ることは當然である」とされていた。おなじく、行政裁判所の判例でも、かような第三者の原告適格を認めたものとして、行裁(行政裁判所)判明治四一年七月四日行録(行政裁判所判決録)八三六頁、行裁判大正二年九月二七日行録七七八頁、行裁判昭和九年四月一九日行録二三三頁などがあった。

特例法時代も、この、美濃部博士が、行政処分により自己の権利を毀損される第三者が「出訴し得ることは当然である」とされた説明が、そのまま承継された。田中(二)「行政争訟の法理」(本章注(79))七三頁、同『行政法講義案上巻〔行政法総論〕』(本章注(65))二九四頁、雄川

一郎『行政争訟法』（一章注(8)）一六九頁以下。

かような第三者が原告適格をもつことの理論的説明がくわえられるようになったのは、行訴法制定以後である。同法九条で、はじめて、原告適格（訴えの利益）が直接的に規定され、処分または裁決の取消しを求めるにつき「法律上の利益を有する者」とされたことに、すでに、原告適格拡大の方向が示されていた。参照、塩野『日本立法資料全集5・行政事件訴訟法(1)』（本章注(206)参照）五二八頁以下に記録された、第一八回法制審議会行政訴訟部会小委員会（一九五六年一二月七日）会議録の審議内容。

行政裁判法が権利の毀損を要件としていたことから、行訴法が右のように改めたことの立法趣旨について、杉本・前掲（一章注(4)）三六頁以下では、「法的に保護されている権利、利益を行政庁の行為によって侵害され、または法律上の不利益を課された者（相手方たると第三者たるとを問わず）にしてはじめてその行為の取消しが、その権利、利益の救済に役立つわけであるから、その取消しを求めるにつき法律上の利益をもつといえる」と、明快な説明がされていた。ここでは、処分の名あて人の原告適格と第三者の原告適格が、まったくおなじレベルで論じられており、行政処分に関わる法律関係において、法的に保護されている権利・利益で、処分が行われることで侵害され、処分が取り消されることで回復されるものであるのかということだけが、問題とされており、その権利・利益が、処分の名あて人に属するのか、第三者に属するのかということは、問題にしないということであったようである。それ以上に、なぜ、処分の名あて人以外の第三者についても、原告適格を認めるのかという、理論的解明はされていなかった。

第三者の原告適格について、わが国の行政訴訟理論で問題にされたのは、どの範囲の第三者にまで（法的な）訴えの利益があるか、ということであったようである。すなわち、「反射的利益」対「法的利益」の区別論である。その範囲の拡大への、おおきな転換点となったのは、いうまでもなく、公衆浴場の営業許可を競業者が争うことを認めた、最高裁昭和三七年一月一九日判決――民集一六巻一号五七頁――である。この立場は、学説も一般に承認するところで、たとえば、田中(二)『新版行政法上巻〔全訂第二版〕』（本章注(198)）三二〇頁では、右判決を上げ、「最近は、従来の見解では、単なる反射的利益の侵害にすぎないと解された場合にまで拡張して、かなり広く訴えの利益を認める傾向にあるといえよう……。人民の権利利益の保護を全うする見地からいえば、この一般的傾向は是認されるべきであ」るとされた。そして、同時に、田中(二)博士は、取消訴訟における原告適格の拡大をつよく主張する原田教授の立場――本章注(436)参照――を支持すると表明された。

(441)　高木光「処分性、原告適格拡大論の再検討」（同『事実行為と行政訴訟』（一九八八年）所収、初出は、「訴えの利益論の再検討――事実行為論の立場から」神戸法学雑誌三五巻二号（一九八五年））三三一頁以下。

高木教授のこの考察は、同「行政上の事実行為と行政の行為形式論」（『事実行為と行政訴訟』所収、初出は、国家学会雑誌九五巻五＝六号、九＝一〇号（一九八二年）、九六巻三＝四号（一九八三年）、九八巻五＝六号（一九八五年））、同「行政訴訟による差止に関する一考察」（『事実行為と行政訴訟』所収、初出は、神戸法学雑誌三二巻一号（一九八二年））で、ドイツの事実行為をめぐる理論にいちはやく着目され、そのレベルのたかい分析によって到達された理論をふまえて、（行政処分の）第三者の原告適格を、処分の名あて人と原告のあいだの実体的法律関係の分析によって論証されたものである。

なお、高木教授は、論考の出発点として、行政処分として、行政庁により判断された、行政主体と相手方の法律関係は、両当事者および国家機関のみならず、すべての者が尊重しなければならないという行政法的論理——行政処分はすべて「第三者効」をもつ——があるとされている——同「処分性、原告適格拡大論の再検討」（本注）三五五頁——。この論拠として、田中(二)『新版行政法上巻〔全訂第二版〕』（本章注(198)）一〇五頁の、「行政行為は、……、権限のある行政庁が職権によってこれを取り消すか、一定の争訟手続によって争った結果、それが取り消されるまでは、その相手方はもちろん、裁判所・行政庁その他第三者も一応、これを有効な行為として尊重しなければならないものとされる」という説明を上げておられるが、これは、いうまでもなく、公定力の説明であり、公定力は第三者にも及ぶ——対世的である——ということが重要なのだと、高木教授は、強調しておられるのである——同論文三五五頁——。

この場合、（行政処分の）第三者との関係では、行政処分の相手方の「行政法上の地位」についての判断を尊重・認容しなければならないという意味での「受忍義務」が、対世的であるということである——同論文三四八頁——。

法律関係論としては、近年のすぐれた研究として、山本隆司教授のものがある——同『行政上の主観法と法関係』（二〇〇〇年）——。中世いらいのドイツの公権論、および、その周辺のあらゆる理論について、法思想史的、（法）哲学的、法理論的に、深遠でスケールのおきい、なおかつ、精緻で本質をついた、きわめてレベルのたかい分析をへて到達された「法関係論」——同書第四章以下（二六一頁以下）——のなかでも、取消訴訟の原告適格の基礎となる、実体的法律関係の類型的考察が、行われている。

(442)　高木教授は、一般にいわれている（ひろい意味での）第三者の原告適格は、行政処分の形式上の名あて人以外の者が取消訴訟を提起する場合であるが、そのなかには、その者が行政処分の法的効果が及ぶ者（実質上の相手方）である場合と、そうでない（厳密な意味での第三者）場合があるとされる。「競願のモデル」と「距離制限のモデル」が前者のケースで、「隣人訴訟のモデル」が後者のケースである。高木「処分性、原告適格拡大論の再検討」（本章注(441)）三五七頁。

(443)　わが国における「二重効果的行政処分」の研究については、遠藤博也「複数当事者の行政行為(1)」北大法学論集二〇巻一号（一九六九年）一頁以下、兼子仁「現代行政法における行政行為の三区分——西ドイツ行政行為論との比較において——」（同編著『西ドイツの行政行為論』（一九八七年）所収、初出は、『〔田中二郎先生古稀記念〕公法の理論上』（一九七六年））二九一頁以下、石崎・前掲（二章注(249)）二二一頁以下がある。

これらは、ドイツにおいて展開された「二重効果的行政処分（Verwaltungsakt mit Doppelwirkung）」の理論を、いちはやく、わが国に紹介したものであるが、それにとどまらず、わが国の行政法理論に整合させつつ、独自の論理を発展させたものである。なお、この論理については、次節における第三者の訴訟参加の必要性があると考えられる類型分析において、重要な「てがかり」として、くわしく検討する予定である。

(444)　すなわち、行政処分の相手方に受益的な行政処分であるが、第三者がこの取消しを求める原告適格を有するのは、高木教授によれば、「行政行為の法的効果によってカバーされているのではないが、行政行為と密接な関係を有する『事実的侵害』を受けるからである」とされる――同「処分性、原告適格拡大論の再検討」(本章注(441)) 三五七頁――。教授は、「いわゆる第三者効を有する行政行為の特徴は、さしあたり『事実的侵害』にある」と断言されている――同論文三四七頁――。そして、この侵害(不利益)の排除については、かならずしも行政処分の法的効果を消滅させなければならないわけではないが、「行政行為の法的効果のX(行政行為の相手方)による利用行為=事実行為による『事実的侵害』と行政行為の結びつきがつよいことから、行政行為をめぐる訴訟によって紛争を解決することが、合目的的」であるとされている――同論文三五七頁――。この場合は、「事実的侵害」のみをうけるものであっても、行政処分をめぐる訴訟によって救済を得られるということになる――同論文三四七頁――。

(445)　「競願のモデル」では、テレビ放送局の開設免許をめぐる競願関係の事例についての最高裁昭和四三年一二月二四日判決――民集二二巻一三号三二五四頁――が、先例的地位をしめているようであるが、ここでは、自己に対する拒否処分の取消しの訴えも、他人に対する免許処分の取消しの訴えも、「いずれの訴えも、自己の申請が優れていることを理由とする場合には、申請の優劣に関し再審査を求める点においてその目的を同一にする」というような法律関係論的な考察が、前提となっている。

「距離制限のモデル」では、公衆浴場法の距離制限の事例についての、最高裁昭和三七年一月一九日判決――民集一六巻一号五七頁――が、先例的地位をしめているようであるが、ここでは、公衆浴場法が許可制を採用したのは、「被許可者を濫立による経営の不合理化から守ろうとする意図をも有するものであることは否定し得ないところであつて、適正な許可制度の運用によつて保護せらるべき業者の営業上の利益は、単なる事実上の反射的利益というにとどまらず公衆浴場法によつて保護せられる法的利益と解するを相当とする」として、法の趣旨・目的を、問題解決の「きめて」とする考察方法がとられているが、その根底にあるのは、反射的利益とみて原告の救済を拒絶するか、法的利益とみて原告に救済の途を開くかの、価値判断である。

「隣人訴訟のモデル」では、保安林の指定解除処分を周辺住民が争った事例についての最高裁昭和五七年九月九日判決――民集三六巻九号一六七九頁――が、先例的地位をしめているようであるが、ここでも、旧森林法――明治四〇年法四三号――「の存続によつて不特定多数者の受ける生活利益のうち一定範囲のものを公益と並んで保護すべき個人の個人的利益としてとらえ、かかる利益の帰属者に対し保安林の指定につき『直接の利害関係を有する者』としてその利益主張をすることができる地位を法律上付与しているものと解するのが相当である」として、法の趣旨・目的を、問題解決の「きめて」とする考察方法がとられている。

(446)　高木教授は、判例上の「当該処分により自己の権利若しくは法律上保護された利益を侵害され又は必然的に侵害されるおそれのある者」という定式の「侵害されるおそれ」に分析が必要であるとされる。その場合の視点として、その「権利利益の侵害」は、かならずしも、処分の法的効果によるものではなく、事実的侵害のみをうける者であるにもかかわらず、行政処分をめぐる訴訟によって救済を得られる点に特徴がある、ということが重要なのだとされている。同「処分性、原告適格拡大論の再検討」（本章注(441)）三四七頁。

(447)　高木「処分性、原告適格拡大論の再検討」（本章注(441)）三五八頁。

(448)　高木「処分性、原告適格拡大論の再検討」（本章注(441)）三五八頁。

(449)　これについて、高木教授は、「競願のモデル」で、競願者が他の競願者への行政処分の取消しを求めるのは、「行政法上の地位の獲得」であり、「距離制限のモデル」で、既存の業者が新規参入業者への行政処分の取消しを求めるのは、「行政法上の地位の回復」であると表現されている。同「処分性、原告適格拡大論の再検討」（注(441)）三五八頁。

(450)　高木教授の類型分析においては、取消訴訟以外の救済として、民事訴訟が考えうる場合であるのかということが、重要なファクターとなっているようである。これによると、「隣人訴訟のモデル」が、民事訴訟による救済も考えられる場合で、「競願のモデル」と「距離制限のモデル」が、考えられない場合であるとされている。同「処分性、原告適格拡大論の再検討」（本章注(441)）三五七頁以下。

(451)　高木「処分性、原告適格拡大論の再検討」（本章注(441)）三五八頁。

(452)　高木「処分性、原告適格拡大論の再検討」（本章注(441)）三五八頁。

(453)　高木「処分性、原告適格拡大論の再検討」（本章注(441)）三五八頁。

(454)　高木「処分性、原告適格拡大論の再検討」（本章注(441)）三四八頁以下。

(455)　高木「処分性、原告適格拡大論の再検討」（本章注(441)）三四八頁。

(456)　このことは、高木教授も認めておられ、その意味では、『隣人訴訟』も『競願者訴訟』及び『消費者訴訟』と同じ構造をもつ」とされている。同「処分性、原告適格拡大論の再検討」（本章注(441)）三四八頁。

(457)　現行行訴法における取消訴訟制度が、国民――この場合は必然的に、原告である――の権利・利益の救済のための制度であることについては、わが国では、もっぱら、取消訴訟もしくは抗告訴訟の目的論のなかで論じられてきた――田中(二)「抗告訴訟の本質」（同『司法権の限界』（一九七六年）所収、初出は、『菊井先生献呈論集・裁判と法下巻』（一九六七年））七七頁、同『新版行政法上巻〔全訂第二版〕』（本章注(198)）二九三頁以下、塩野『行政法II〔第四版〕』（本章注(312)）八〇頁など――。その目的も、つねに、適正な行政の確保という行政訴訟に特有の目的と対比して、論じられてきた――そのひとつのあらわれが、行政不服審査法一条に、それらの目的が併記されたことであろう――が、今日では、国民の権利・利益の救済という目的が、適正な行政の確保という目的より上位にみられることについては、異論がないであろう。

(458)　現行行訴法二二条に規定された、わが国の「第三者の訴訟参加」は、ドイツの行政裁判所法（VwGO）六五条一項の「通常訴訟参加（einfache Beiladung)」に相当すると考えられるので、合一的確定を基礎とする「必要的訴訟参加（notwendige Beiladung)」の意味での「必要的」ということばを避け、あえて、「訴訟参加する必要性がある」ということばを用いた。

つまり、その意味は、ドイツの必要的訴訟参加の理論のように、第三者を訴訟参加させなければ、判決の効力を第三者におよぼすことができないという前提のもとに、第三者とのあいだでも合一的に確定しなければならないという法律関係において、第三者を訴訟参加させておかなければ、けっきょくは、判決は効力をもたないという意味で、第三者を訴訟参加させることが「必要的」というのではない。そうではなくて、第三者が訴訟参加しても、しなくても、判決の効力は第三者にもおよぶという前提のもとでも、判決の効力により、第三者の法的地位が、直接的に覆滅されるという関係において、第三者を訴訟参加させておく必要性がある——その理由および趣旨については、これから解明するが——という意味なのである。

ただ、注意しなければならないのは、ドイツ行政裁判所法（VwGO）六五条二項（必要的訴訟参加）の意味において「必要的」と判断される事例についても、わが国では、必要的訴訟参加という制度はないので、第三者が「訴訟参加する必要性がある」という概念でくるしかないということである。

なお、ドイツ行政裁判所法（VwGO）六五条一項、二項の内容および趣旨については、本文一一頁を、参照されたい。

(459)　このことが、本書のこれまでの考察であきらかにされてきた過程を、ここに整理・要約すると、以下のとおりである。

ひとつのヒントは、ドイツ行政訴訟の必要的訴訟参加の理論の分析によって、得られたものである。とくに、ドイツの行政裁判所の判例により発展させられてきた「法律関係関与性」の理論が重要である。判例では、第三者の訴訟参加が必要的であるかどうかの判定基準として、この概念がひろく用いられてきた——本文一三七頁以下を参照——。その内容は、原告の訴えの対象となる行政処分によって規定される法律関係への第三者の関与性が、取消判決により（行政処分による）既得の権利が侵害されるという意味で、「消極的なもの」でなければならないということと、取消判決の名あて人が第三者であるという意味で、「直接的なもの」でなければならないということであった。それらの判例理論を分析した結論として、筆者は、「取消訴訟において、いかなる場合に第三者の訴訟参加が必要的となるかは、第三者の実体法上の地位——係争行政処分と第三者の関わり——によって、示される」というテーゼを提示した。本文一八五頁を、参照のこと。

もうひとつのヒントは、ドイツ民事訴訟の判決の効力、すなわち、既判力の拡張と第三者効の理論の分析によって、得られたものである。基本的に、判決の効力を、訴訟当事者の範囲にせまく限定しようという、力学がはたらく民事訴訟理論が、これらの効力を認めることに消極的であることは、筆者も理解しているが、筆者の興味をひいたのは、これらの効力の理論の基礎に実体法関係がおかれていることであった。なぜに、訴訟外の第三者に判決の効力がおよぶかは、ひとつは、当事者のあいだで争われている法律関係が、第三者と当事者のあいだの法律関係と先決関係にあるということを、、もうひとつは、当事者のあいだで争われている法律関係が、まさに第三者の法律関係であるということを、論拠とするものであった。これは、取消訴訟の理論に、かなり示唆的であるように思われる。なぜなら、取消訴訟への第三者の訴訟参加が問題となる事例のおおくは、第三者を名あて人とする行政処分の取消しが求められたものであるからである——本文一六頁以下を、参照のこと——。

さて、これらのヒントをふまえて、わが国の行政訴訟理論についていうと、前提として、取消判決に第三者効が制度的に認められており、第三者が訴訟参加しようがしまいが、第三者に判決の効力はおよぶ。通説は、そのことのうちに、第三者の訴訟手続上の権利保護として、第三者を訴訟参加させることの意義を、みいだそうとしている——本文二六七頁以下を参照のこと——。しかし、これは、よく考えてみると、第三者が「訴訟参加する必要性がある」ことの理由にはなるが、このことだけからは、いかなる場合に、「訴訟参加する必要性がある」のかを、あきらかにすることはできない。第三者に判決の効力がおよぶということを、第三者が「訴訟参加する必要性がある」ことの理由とするのであれば、とうぜん、第三者に判決の効力がおよぶ根拠となる「実体的法関係」が、いかなる第三者が、いかなる場合に、「訴訟参加する必要性がある」のかを定める基準とされるべきである。

(460)　ドイツにおける「二重効果的行政処分（行為）」の理論の発展史、および、その内容の本格的研究については、二章注(249)に上げた文献を、参照のこと。また、それ以外に、遠藤・前掲（本章注(443)）、阿部泰隆「抗告訴訟における仮救済制度の問題点(三)」判例時報六九七号（一九七三年）一〇八頁以下、萩野聡「複合的行政行為の特色」ジュリスト増刊『行政法の争点』（一九八〇年）八〇頁以下などがある。

(461)　兼子(仁)博士は、フランス行政法理論の研究から出発されて、わが国の行政実体法、行政争訟法、教育法、地方自治法などの分野で、つねに卓越した解釈論を展開してこられたが、ポイント、ポイントで、ドイツの注目すべき理論を参照された。二重効果的行政行為の理論も、そのひとつである。同「現代行政法における行政行為の三区分」（本章注(443)）二九一頁以下。

(462)　もともと、ドイツで、二重効果的行政行為の理論が注目をあつめたのは、取消訴訟の原告適格の拡大論や仮救済論など、訴訟理論においてであった。この事情については、石崎・前掲（二章注(249)）二二二頁以下にくわしい。

(463)　兼子(仁)博士が、「利益処分」と「不利益処分」にならんで、「二重効果的行政処分」を、第三の行政処分の区分と位置づけられようとしているのは、それが、「利益処分」と「不利益処分」の両方の性質をあわせもつからであるという、もっともな理由によるものである——「現代行政法における行政行為の三区分」（本章注(443)）二九一頁——。ただ、このことをよく考えてみれば、「利益処分」と「不利益処分」という区分は、いずれも、処分の名あて人にとってのものである。それが、「二重効果的行政処分」は、反面が処分の名あて人に対する効果に着目したもので、反面が（処分の）第三者に対する効果に着目したものである。そういう意味で、従来の区分法からはみだすものであるが、このように、処分のそとの第三者にまで目を向けた区分法は、行政行為論から行政救済論へとひろがる幅ひろい考察に、きわめて有益であったと思われる。

(464)　兼子(仁)博士が、二重効果的行政処分の第一の類型として上げておられるのは、「問題なく二重効果的行政処分と見られるもの」である。それは、「法的に利害対立する複数の相手方を持つ行政処分」であるとされ、その例として、「公売処分」、「収用裁決」、「当選人決定」、「競願免許」を上げておられる。そして、博士は、これらの処分が、「問題なく」、二重効果的行政処分であるとする論拠として、「不利益をうけた相手方が提起した取消訴訟に対して、係争処分によって受益している相手方がいかに訴訟参加しうるか」ということを上げておられる。つまり、それが、「二重効果的行政処分であることの争訟上のあらわれ」であるとされるのである。このことは、博士も、第三者が「訴訟参加する必要性がある」と考えられるような場合の基礎に、二重効果的行政処分によって規定される法律関係があることを、認識しておられたことを意味するものであろう。

博士が、二重効果的行政処分のもうひとつの類型として上げておられるのは、「建築許可」や「営業許可」などの警察許可処分である。これらの処分の二重効果性についても、訴訟論的考察により論証されている。すなわち、処分の名あて人に授益的な行政処分により、一定の者が不利益をうけるというケースで、その「不利益」が、それらの者の（当該処分の取消しを求めるについての）原告適格を基礎づける程度の、法的利益もしくは権利として認められるときに、その処分が、二重効果的行政処分といえるとするものである。

博士が上げられる、もうひとつの、二重効果的行政処分の興味ぶかい類型は、「行政処分第三者の訴えの利益が、特定個人の法益を超えて、不特定多数の地域住民の共通的生活利益に関しても問われるよう」な行政処分である。このような処分が二重効果的行政処分であることの論証も、また、不特定多数の者に拡大された原告適格を、ベースにするものである。もちろん、このような範囲にまで原告適格が拡大されうるものであるのかは、なお、疑問があるが、博士の論理では、この範囲まで、原告適格が拡大されることが可能であるということが前提とされている。

以上について、同「現代行政法における行政行為の三区分」（本章注(443)）三〇一頁以下。

(465)　本章注(464)を、参照のこと。

(466)　本章注(459)を、参照のこと。

(467)　本文一六一頁以下を、参照のこと。

(468)　Konrad, a. a. O., BayVBl. 1982（二章 Anm. (83)）。本文一六一頁を、参照のこと。

(469)　Konrad, a. a. O., BayVBl. 1982（二章 Anm. (83)）, S. 483. 本文一六一頁を、参照のこと。

(470)　このことについては、本文一六一頁以下を、参照のこと。

(471)　Konrad, a. a. O., BayVBl. 1982（二章 Anm. (83)）, S. 486. 本文一六三頁を、参照のこと。

(472)　Konrad, a. a. O., BayVBl. 1982（二章 Anm. (83)）, S. 486. 本文一六四頁を、参照のこと。

(473)　Konrad, a. a. O., BayVBl. 1982（二章 Anm. (83)）, S. 486. 本文一六四頁を、参照のこと。

(474)　これについては、むかし、阿部教授が、第三者に取消判決の効力が及ぶ場合の例を、多数上げられ整理しておられ――南編『注釈行政事件訴訟法』（一章注(4)）二七六頁以下〔阿部〕――、これを参考にさせていただいた。それから、本書でしばしばとり上げている兼子(一)博士の論文の冒頭に提示された三つの例も、検討した。同「行政處分の取消判決の効力」(本章注(142)) 一〇一頁以下。これについては、本文二四五頁以下に記されている。

(475) 建築許可処分をうけた者は、それにより、個別に、建築禁止の状態を解除され、建造物を建築しうることになったという法的地位が、処分を取り消すという判決が下されることにより、覆滅されることになるので、その取消訴訟に「消極的に」関与しているといえる。また、建築許可処分を取り消すという判決の実質的な名あて人は、いうまでもなく、建築許可処分に表示されている名あて人であるので、建築許可処分をうけた者は、その取消訴訟に「直接的に」関与しているといえる。

(476) 営業許可処分をうけた者が、許可処分の取消しという法律関係に、「消極的に」かつ「直接的に」関与している図式は、本章注(475)と、まったくおなじである。

(477) 指定解除処分をうけた者が、解除処分の取消しという法律関係に、「消極的に」かつ「直接的に」関与している図式は、本章注(475)と、まったくおなじである。

(478) 免許処分をうけた者は、それにより、特定の事業をしうることになったという法的地位が、処分を取り消すという判決が下されることにより、覆滅されることになるので、その取消訴訟に「消極的に」関与しているといえる。また、免許処分を取り消すという判決の実質的な名あて人は、いうまでもなく、免許処分に表示されている名あて人であるので、免許処分をうけた者は、その取消訴訟に「直接的に」関与しているといえる。

(479) これは、兼子(一)博士が、本書でくりかえし取り上げた論文――同「行政處分の取消判決の効力」(本章注(142)) 一〇一頁以下――のなかで提示された事例であるが、これについては、本章注(478)と、おなじことがいえると思われる。

(480) 選挙に当選した者が、当選の取消しという法律関係に、「消極的に」かつ「直接的に」関与している図式は、本章注(478)と、まったくおなじである。

(481) 埋立免許処分をうけた者は、それにより、特定の事業をしうることになったという法的地位が、処分を取り消すという判決が下されることにより、覆滅されることになるので、その取消訴訟に「消極的に」関与しているといえる。また、埋立免許処分を取り消すという判決の実質的な名あて人は、いうまでもなく、埋立免許処分に表示されている名あて人であるので、埋立免許処分をうけた者は、その取消訴訟に「直接的に」関与しているといえる。

(482) 占用許可処分をうけた者が、許可処分の取消しという法律関係に、「消極的に」かつ「直接的に」関与している図式は、本章注(481)と、まったくおなじである。

(483) 解除許可処分をうけた者が、許可処分の取消しという法律関係に、「消極的に」かつ「直接的に」関与している図式は、本章注(481)と、まったくおなじである。

(484) 事業認定をうけた者が、事業認定の取消しという法律関係に、「消極的に」かつ「直接的に」関与している図式は、本章注(481)と、まったくおなじである。

(485) 厚生労働大臣のする医療費値上げの職権告示は、本質的に、医療費負担者への不利益処分であり、医療関係者を名あて人とする授益処分ではない。つまり、医療費負担者の権利が侵害される分だけ、医療関係者が受益するということである。処分が取り消されれば、医療費負担者の権利は回復されるが、医療関係者の受益分は失われる。そのかぎりで、医療関係者が取消訴訟に訴訟参加する必要性が、まったくないとはいえない。ただ、問題は、あまりにも受益者の数がおおいことで、どの範囲で訴訟参加を認めるかという、むずかしい問題が残される。

(486) 本質的にマイク使用者に対する不利益処分であるものに、受益者がいるという関係は、本章注(485)とおなじである。ただ、いちおう大学構内にある者という範囲で限られる受益者も、いろいろな種類の者――研究者、学生、職員等々――がおり、どのような者について、どの範囲で訴訟参加を認めるかという、むずかしい問題が残される。

(487) 本質的に狩猟者に対する不利益処分であるものに、受益者がいるという関係は、いちおう、本章注(485)とおなじに考えることができよう。ただ、実際に、どのような者が（法的利益として）受益しているのかは、疑問である。

(488) これは、兼子(一)博士が、本書でくりかえし取り上げた論文――同「行政處分の取消判決の効力」(本章注(142)) 一〇一頁以下――のなかで、提示された事例である。

(489) これは、兼子(一)博士が、本書でくりかえし取り上げた論文――同「行政處分の取消判決の効力」(本章注(142)) 一〇一頁以下――のなかで、提示された事例である。

(490) 自作農創設特別措置法――昭和二一年一〇月一九日法四三――のしくみによれば、同三条に規定する「農地」を、市町村農地委員会が定める「農地買収計画」にもとづき（六条）、政府が買収するとされる（三条一項）が、処分としては、地方長官が、当該農地の所有者に対して「買収令書」を交付するというかたちで行われる（九条）。これが、買収処分である。

そして、買収した農地を、政府は、市町村農地委員会の定める「農地売渡計画」により（一八条）、一定の資格のある小作農に売り渡す（一六条）が、処分としては、地方長官が、売渡しの相手方に対して「売渡通知書」を交付するというかたちで行われる（二〇条）。これが、売渡処分である。

国税徴収法――昭和三四年四月二〇日法一四七――のしくみによれば、国税の滞納者に対しては、その財産が差し押えられる（四七条）。これが、滞納処分である。そして、差押財産を換価するためには、公売に付さなければならない（九四条）が、これは、公売に付するという公告によって行われる（五条）。これが、公売処分である。

そして、入札、せり売り等で決定した「最高価申込者」に対して、売却決定が行われる（一一一条、一一三条）のである。

(491) 国税の滞納者に対して滞納処分が行われた——本章注(490)参照——ときは、差押財産を換価しなければならないが、これには、国税徴収法一〇九条で、公売に付する以外に、随意契約によることも認められている。

(492) したがって、この場合の第三者は、当該不利益処分の取消訴訟において、処分の取消しを求める原告のがわに訴訟参加することになろうが、処分による既得の権利が取消判決により害される者にのみ、訴訟参加の利益を認めていると考えられる行訴法二二条による訴訟参加はできない。この解釈論については、南＝高橋(滋)『条解行政事件訴訟法〔第二版〕』（本章注(348)）三六七頁〔新山〕を、参照のこと。

(493) 行政処分の取消しを求める原告のがわにおいて、処分の違法性を証明すべきであるのか、それとも、行政処分を維持しようとする被告のがわにおいて、処分の適法性を証明すべきであるのかという、取消訴訟における証明責任の問題については、筆者は、つぎのように考えている。すなわち、取消訴訟における証明責任の一元的な原則をたてることは困難で、その基礎となっている実体法の目的論的解釈によって、そのつど、主張責任および証明責任の分配を考えるべきであるが、基本は、処分を行った被告のがわに、はばひろい証明責任があると考えている。なぜなら、処分を行うにさいしての行政手続において、行政庁には、職権探知義務があるはずだが、これは、処分の基礎となる事実関係および法律関係を、包括的に解明する義務にほかならないからである。参照、新山「行政訴訟、民事訴訟、税務訴訟」〔『金子宏先生古稀祝賀・公法学の法と政策下巻』（二〇〇〇年）所収〕九〇頁以下。

(494) 田中(二)博士の、この論理の基礎となっているものは、いうまでもなく、行政行為の「公定力」の理論である。博士は、行政庁の第一次判断に公定力があることが、抗告訴訟の前提となっているとされている。同「司法権の限界——特に行政権との関係——」（同『司法権の限界』（一九七六年）所収、初出は、『杉村章三郎先生古稀記念・公法学研究下』（一九七四年））三一頁。

(495) 田中(二)「司法権の限界」（本章注(494)）三一頁。

ただ、田中(二)博士が、行政庁の「第一次判断」という概念をもちだされて、この論文を書かれた主旨は、当時たかまっていた、無名抗告訴訟のひとつとして、「義務づけ訴訟」を認めるべきであるという論議に対抗して、原理的に、行政処分を行うかどうか、どのような行政処分を行うかは、第一次的に、行政庁が決めることであるということを強調されることにあった。

(496) わが国における行政手続法の生成過程においては、はじめから、「聴聞」・「告知」が、もっとも重要な原則であると考えられ、そのあとの理論の発展により、「(処分)理由の付記」も、おなじく、重要であるとされるにいたったが、いっぽうで、行政庁の調査の領域にまでふみこんで手続規制するという試みは、ついに、行われなかった。たとえば、現行行政手続法——平成五年一一月一二日法八八——制定のはるかまえに書かれ、そののちの同法の制定にも影響を与えたと考えられる、杉村敏正『行政手続〔現代法学全集11〕』（一九七三年）でも、もっぱら、「聴聞」・「告知」のみが論じられ、「職権調査」あるいは「職権探知」といった用語は、いっさい、でてこない。

(497) Verwaltungsverfahrensgesetz (VwVfG) vom 25. 5. 1976, BGBl. I S. 1253.

(498) ドイツ行政手続法（VwVfG）における職権探知原則の研究については、新山「ドイツ行政手続法における職権探知原則(一)」自治研究六八巻（一九九二年）九號三二頁以下、「同(二)」六八巻一二號一六頁以下、「同(三)」六九巻（一九九三年）二號一六頁以下、「同(四)」六九巻三號二〇頁以下、「同(五)」六九巻四號一七頁以下、「同(六)」六九巻五號四六頁以下、「同(七)」六九巻九號三四頁以下、「同(八)」六九巻一二號六二頁以下があるので、参照いただければ、さいわいである。

(499) 二四条一項の原則をうけて、同法二六条一項に、かなり具体的な内容が規定されている。すなわち、「行政庁は、裁量により（nach pflichtgemäßem Ermessen）、事実関係の調査に必要と思われる証拠を、採用する。(1)行政庁は、とくに、あらゆる態様の情報を収集することができる。(2)行政庁は、とくに、関係人から事情聴取し、証人や鑑定人をたて、あるいは、関係人、鑑定人および証人の書面による陳述を収集することができる。(3)行政庁は、とくに、文書および書類の提出を求めることができる。(4)行政庁は、とくに、実地検証を行うことができる」というものである。

(500) 同条の立法理由については、ドイツ連邦共和国政府草案――Gesetzentwurf der Bundesregierung/Entwurf eines Verwaltungsverfahrensgesetzes (VwVfG), BT-Dr. (Bundestags-Drucksache) 7/910, S. 48f.――では、「職権探知原則によれば、民事訴訟で支配的な当事者主義や処分権主義とことなり、行政庁は、みずから、調査の態様および範囲を定めることができる。職権探知原則は、真実の事実関係の確定という公益が、関係人の私的利益に優先するということに根拠をおいているが、それ以上に、行政手続では、職権探知原則が、法治国の要請にもっとも適合するということが根拠になる。なぜなら、ただしい決定が行われるためには、事実関係の完全で適切な解明が、不可欠であるからである。職権探知原則は、他の法律で、手続の関係人に、協力義務が課せられることにより、制限されることがある。たとえば、職権主義にもとづく事実関係の調査は、効果との関係で、行政庁に、それ以上の労力を期待できないときに、限界が生じる。行政庁が、事実の解明について期待される、あらゆる努力をしたにもかかわらず、なお、疑いが除去されない場合に、どうなるかについては、二〇条および二二条は、なにも規定していない」と説明していた。

なお、右の趣旨説明にある二〇条および二二条は、そのあと制定されたドイツ行政手続法（VwVfG）――本章注(497)参照――では、職権探知原則を定めた二四条、関係人の協力義務を定めた二六条に、対応している。

(501) ドイツ行政裁判所法（VwGO）に規定された職権探知原則の性格、内容、これをめぐる学説・判例の理論展開については、新山「西ドイツにおける職権探知原則」（二章注(42)）二四二頁以下を、参照されたい。

(502) Verwaltungsgerichtsordnung (VwGO) vom 21. 1. 1960, BGBl. I S. 17.

(503) ドイツ行政裁判所法（VwGO）八六条一項は、「裁判所は、職権により事実関係を調査し、その場合には、関係人を立ち会わせなければならない。裁判所は、関係人の主張および証拠の申し出に拘束されない」と規定しているが、その一文前段および二文に、行政手続法（VwVfG）二四条一項が、対応して規定されたのである。

(504)　このような、行政庁の真実の事実関係の探知義務の根拠は、法治国原理であり、行政手続法（VwVfG）二四条一項の規定内容は、「法治国原理の表現であり、とりわけ、行政の法適合性の原則の表現である」とされている。Kopp, Ferdinand O. = Ramsauer, Ulrich, Verwaltungsverfahrensgesetz, 8 Aufl., 2003, Rdn. 1 zu Art. 24.

また、行政作用の、法への一致は、とりわけ、正当で完全な事実関係の解明にかかっているからであるという説明もされている。Meyer, Hans = Borgs-Maciejewski, Hermann (Meyer = Borgs), Verwaltungsverfahrensgesetz, 2 Aufl., 1982, Rdn. 1 zu Art. 24. Obermayer, Klaus, Kommentar zum Verwaltungsverfahrensgesetz, 3 Aufl., 1999, Rdn. 8 zu Art. 24.

このことについては、新山「ドイツ行政手続法における職権探知原則(二)」（本章注(498)）二七頁以下——注(1)——を、参照されたい。

(505)　職権探知原則じたいが、ひとつの理念を定めた原則であるので、このような内容を第一に掲げることは、とうぜんである。しかし、その、あまりに理念的で抽象的な内容のゆえに、ドイツの行政法理論のなかでは、これに、批判的分析がくりかえされてきた。

ふるくは、ルーマンによる問題提起で、「行政庁は、つねに、〝不完全な〟情報しか入手できず、一部の事実を把握できないまま、決定しなければならない。それは、それ以上の情報を、行政が入手していないというだけではなく、それ以上の情報を入手するには、あるいは、そもそも、それ以上の情報が存在しているのかを、あきらかにするには、とてつもない労力を要するという理由によるものである」というものである。Luhmann, Niklas, Legitimation durch Verfahren, 1969, S. 213.

かかるルーマンの見解に対して、そのような情報入手のコストを理由とした調査労力の軽減化はゆるされないと、反対するウレの立場——Ule, Carl Hermann, Verwaltungsverfahren und Verwaltungsprozeß, VwArch. (Verwaltungsarchiv) Bd. 62 (1971), S. 126.——、行政庁の行う事実関係の調査は、「必要性（Erforderlichkeit）と相応性（Angemessenheit）」の要請にのみ拘束されると、賛成するヴォルフ＝シュトーバーの立場——Wolff, Hans J. = Stober, Rolf, Verwaltungsrecht III, 11. Aufl., 1999, S. 284.——などについて、くわしくは、新山「ドイツ行政手続法における職権探知原則(二)」（本章注(498)）二五頁以下を、参照されたい。

また、ドイツの行政法理論で、行政手続における行政庁の職権探知義務の限界については、ペスタロッツァとベルクの、熟考に熟考をかさねた緻密な分析があり、筆者は、ふかく感銘をうけた。Pestalozza, Christian, Der Untersuchungsgrundsatz, in Festschrift zum 50 jährigen Bestehen des Richard Boorberg Verlags, 1977, S. 185ff. Berg, Wilfrid, Zur Untersuchungsmaxime im Verwaltungsverfahren, DV (Die Verwaltung) 1976, S. 161ff. これらの論文のくわしい内容分析については、新山「ドイツ行政手続法における職権探知原則(五)」（本章注(498)一七頁以下、「同(六)」四六頁以下、「同(七)」三四頁以下、「同(八)」六二頁以下を、参照されたい。

(506)「行政手続は、行政庁が主宰する」。この、いわば、自明の行政手続原則については、とくに、わが国の現行行政手続法には、規定されていない。しかし、同法制定以前の議論において、この原則に論及されたことがある。

たとえば、田中舘照橘『セミナー行政法〔全訂版〕』（一九八二年）二七六頁以下では、現行法を分析すると、行政手続を主宰する主宰官を、行政庁とするもの、指名（行政庁）職員とするもの、審理官とするものがあるが、行政庁とするものが、もっともおおいとされた。

また、青木康『行政手続法指針〔新版〕』（一九九一年）二九四頁では、行政庁が、処分手続の主体となることはいうまでもなく、行政庁は、当事者として、手続に参与することもあるが、おおくの場合は、手続の主宰者としての、主体たる地位にたつとされていた。

ドイツ行政手続法では、とくに、行政庁が行政手続を主宰するとか、もっぱら、行政庁のイニシアティブで手続がすすめられるというような規定はおいていない。しかし、行政手続法草案——本章注(500)参照——の立法趣旨説明で、二六条二項に関連して、「行政庁が意思決定のために行う調査手続では、関係人は手続の当事者ではない」と明言している。BT-Drucks 7/910, S. 50. これについて、くわしくは、新山「ドイツ行政手続法における職権探知原則(二)」（本章注(498)）一九頁を、参照されたい。

(507) Meyer=Borgs, a. a. O.（本章 Anm. (504)）, Rdn. 1 zu Art. 24.

(508) 行政手続法（VwVfG）二四条には、行政手続で自由心証主義が妥当するとは規定していないが、コップ＝ラムザウアによれば、自由心証主義の原則は、職権探知原則から導きだされる必然的な結論であるとされる。つまり、行政庁は、決定にとって重要な事実関係の確定に要求される事実や推論の評価・検討において——証拠採用の結果の評価・検討のみならず、書類の内容、関係人の申立て、個人的な印象、もちこまれた情報、職務上の知識の評価・検討も——、自由でなければならないということである。Kopp=Ramsauer, a. a. O.（本章 Anm. (504)）, Rdn. 30ff. zu Art. 24.

なお、これについては、新山「ドイツ行政手続法における職権探知原則(二)」（本章注(498)）二二頁を、参照されたい。

(509) このことは、とくに、ドイツの行政訴訟理論において、強調されているところである。すなわち、訴訟関係人は、証明が不備であることによって、あるいは、怠惰であることによって、行政訴訟でただちに不利益をうけるものではない。なぜなら、公益に関わる行政訴訟では、裁判所にのみ、実体的真実を解明する単独責任があるからである、というような説明が一般にされている——Baur, Fritz, Einige Bemerkungen zur Beweislastverteilung im Verwaltungsprozeß, in, Festschrift für Otto Bachof, 1984, S. 287.——。これについて、くわしくは、新山「西ドイツにおける職権探知原則」（二章注(42)）二四八頁以下を、参照されたい。

(510) 行政手続における証明責任については、ドイツの理論では、つぎのように理解されている——Kopp=Ramsauer, a. a. O.（本章 Anm. (504)）, Rdn. 46ff. zu Art. 24. Ule=Laubinger, a. a. O.（二章 Anm. (250)）, S. 201f. Meyer=Borgs, a. a. O.（本章 Anm. (504)）, Rdn. 2 zu Art. 24. Obermayer, a. a. O.（本章 Anm. (504)）, Rdn. 83f. zu Art. 24. Stelkens, Paul=Bonk, Heinz Joachim=Sachs, Joachim, Verwaltungsver-

fahrensgesetz, 6. Aufl., 2001, Rdn. 5 zu Art. 24.——。

①　授益的行政処分の基礎となる事実が証明されなかったことは、原則として、申請人など手続関係人の負担にきする。

②　侵害的行政処分の基礎となる事実が証明されなかったことは、原則として、行政の負担に帰する。それが、行政庁の裁量に属する行政処分であっても同様である。

③　権利や権限を主張する者は、請求権の基礎となる事実について証明責任をおい、権利や権限を否認する者は、請求権の成立を妨げる事実について証明責任をおう。

④　授益的行政処分の取消手続においては、その授益的行政処分の違法性に関する事実の証明について、行政庁が責任をおう。

⑤　申請人に授益的行政処分の申請手続において、請求権が認められるための要件が、行政庁の確信にいたる程度までに確定されなかった場合は、そのことは、申請人の負担にきする。

(511)　Meyer = Borgs, a. a. O.（本章 Anm. (504)), Rdn. 4 zu Art. 24.

ただ、証明責任との関係でいえば、関係人が協力義務をはたさないということで、行政庁の証明責任が免じられるわけではない。

一般にいわれているのは、事実関係の解明に対する手続関係人の協力が可能であり、期待しうる場合に、協力しない場合の効果について、行政庁から示唆されたにもかかわらず、関係人が協力義務をはたさなかったときは、そのことは、証拠の評価において考慮されるが、そのことによって証明責任の転換が生じるわけではないということ。また、事実関係の解明に対する手続関係人の協力義務が期待できない場合でも、証拠の評価において、関係人が協力しなかったということが、関係人の負担に帰せられるわけではないということ。また、関係人の過失により事実関係の解明が不可能になった場合でも、証拠の評価において、関係人が協力しなかったということが、関係人の負担に帰せられるわけではないということである。Kopp = Ramsauer, a. a. O.（本章 Anm. (504)), Rdn. 46ff. zu Art. 24. Ule = Laubinger, a. a. O.（11章 Anm. (250)), S. 201f. Meyer = Borgs, a. a. O.（本章 Anm. (504)), Rdn. 2 zu Art. 24. Obermayer, a. a. O.（本章 Anm. (504)), Rdn. 83f. zu Art. 24. Stelkens = Bonk = Sachs, a. a. O.（本章 Anm. (510)), Rdn. 5 zu Art. 24. くわしくは、新山「ドイツ行政手続法における職権探知原則(四)」（本章注(498)）二三頁以下を、参照されたい。

なお、ドイツの税務訴訟および税務手続における証明責任の研究で、関係人が協力義務をはたさなかった場合の行政庁の証明責任の問題について、きわめてレベルのたかい緻密な分析が、行われているものとして、木村『租税証拠法の研究』（二章注(42)）二〇一頁以下、および、二五五頁以下がある。

(512)　行政手続法（VwVfG）二六条二項の立法趣旨については、同法草案——（本章注(500)）参照——で、つぎのように述べられている——BT Drucks. 7/10, S. 49f. ——。「行政庁は、関係人の協力なしには、完全に事実関係を解明することが困難な状態に、しばしば、おかれるので、関係人は、ただしい決定を得るという利益のために、事実関係の解明に協力するものとする。ただ、協力の一般的強制は規定されていない。というのは、関係人には、行政手続において、みずからの立場をわるくしたり、その他、負担を被ることになるような事情の釈明を、強制することはできないからである。しかし、二項一文および二文は、行政庁が、関係人の協力がなかったことを、証拠の評価のさいに考慮することができるとしているので、意味のないものではない。さらに、協力がなされないでいるということは、民法二五四条の枠内の職務違背にもとづく損害賠償請求や、行政行為の取消しにもとづく損失補償——行政手続法四四条二項および三項、四五条三項——、行政裁判所法（VwGO）五五条五項による訴訟費用の決定においても、意味をもつ。」

なお、右の草案で、行政手続法四四条、四五条とされているのは、現行行政手続法（VwVfG）では、四八条、四九条に相当する。

(513)　しかし、ペスタロッツァは、行政庁の調査義務は、関係人の協力義務が始まるところで、停止するものでは、けっして、ないということを強調する。その論理は、事実関係は公益において解明されなければならないのであって、それは、法適合性の原則から導きだされる、職権探知原則の要請によるものである、というものである。Pestalozza, a. a. O.（本章 Anm. (505)）, S. 192f.

また、ベルクは、関係人の協力義務は、行政手続においては、相対的、段階的であるとしている。すなわち、それは、行政手続法（VwVfG）に規定されている記帳義務、保存義務、標記義務、報告もしくは情報提供義務、文書提出義務、個人の出頭義務、実地検証・捜索の受忍義務、身体検査をうける義務等であるが、これらの義務が、国民にとって段階的であるということは、行政庁にとっても、調査する権利もしくは義務が可変的であるということを意味するというものである。Berg, a. a. O.（本章 Anm. (505)）, S. 172.

なお、ペスタロッツァ、ベルクのこの論理、および、その分析については、新山「ドイツ行政手続法における職権探知原則(六)」（本章注(498)）四六頁以下を、参照されたい。

(514)　授益的行政処分では、処分を求める国民のがわに、処分の基礎となる事実関係を証明する文書、資料等が存在するのが、ふつうであるので、よりつよく協力義務が求められる。そこで、ドイツでは、個別法で、より厳格な協力義務の規定がおかれている。たとえば、社会給付の一般法である、第一社会法典——Sozialgesetzbuch (SGB) I 〈Allgemeiner Teil〉 vom 11. 12. 1975, BGBl. I S. 3015.——は、六〇条ないし六五条で、詳細で具体的な「関係人の協力義務」の内容が、規定されたうえで、六六条一項で、「社会給付の受給を申請する者あるいは社会給付を受給している者が、六〇条ないし六二条、六五条に規定された協力義務をはたさず、そのために、事実関係の解明が、いちじるしく困難となった場合には、給付行政庁は、ただちに調査をうちきり、おって、協力義務がはたされるまでのあいだ、給付の要件が証明されなかった範囲で、給付の全部または一部を、拒否ないしは停止することができる。このことは、社会給付の受給を申請する者、あるいは、社会給付を受給している者が、その他の方法により、事実関係の解明を、いちじるしく困難ならしめた場合にも、準用する」と規定している。

また、これとはべつに、社会給付の一般行政手続法である、第一〇社会法典——SGB X 〈Verwaltungsverfahren〉 vom 18. 8. 1980, BGBl. I

S. 1469.——二一条二項に、行政手続法（VwVfG）二六条二項とほぼ同内容の「関係人の協力義務」の、一般抽象的な規定がおかれている。

これらの法典のくわしい内容、および、その分析については、新山「ドイツ社会行政手続法における関係人の協力義務」（『〔成田頼明先生横浜国立大学退官記念〕国際化時代の行政と法』（一九九三年）所収）三一一頁以下を、参照されたい。

(515)　これについて、ドイツ社会（行政）法では、理念的には、ブライの、つぎのような説明が、一般的である。

すなわち、社会給付法律関係では、社会給付受給申請者等の申請に対して給付が行われるが、申請による給付については、より厳格な、行政の法への拘束が認められ、これに給付名あて人のつよい法的地位が対応しているが、ぎゃくに、法の指定する要件が証明されない部分には、行政は、給付することができないし、してはならない、というものである。Bley, Helmar, Sozialrecht, 6. Aufl., 1989, S. 54.

ただ、この場合、関係人の協力義務との関係で、ドイツ社会法理論でいわれていることは、社会給付受給申請者等が協力義務をはたさなかったことにより、けっきょく、受給要件が証明できなくなったという、因果関係が証明されなければないということである——Meydell, Bernd von = Ruland, Franz, Sozialrechtshandbuch, 1988, S. 275.——。そして、給付されないという、サンクション的効果は重大であるので、手続的正義の見地から、行政庁が、関係人に協力義務を求める場合には、あらかじめ、その協力の趣旨、および、その協力義務がはたされない場合の効果について、関係人に通知しておかなければならないということも、一般に、いわれている——Jahn, Kurt, Sozialgesetzbuch <SGB> für die Praxis, Rdn. 7 zu Art. 66——。

なお、これらの見解について、くわしくは、新山「ドイツ社会行政手続法における関係人の協力義務」（本章注(514)）三五六頁を、参照されたい。

(516)　これについては、現実的で興味ぶかい、マルテンスのつぎのような指摘がある。

すなわち、社会給付のように、大量に発生する似たような事件にあっては、行政が、個々の事件の特殊性を追求していくには、おのずと限界があり、社会給付行政手続が、あるていど規格化されてもやむをえず、したがって、行政は、社会給付受給申請者等から申告された事実だけを、唯一の情報源として、それにより断片的に知った事実関係についてのみ、給付決定を行う傾向にある、というものである。Martens, Joachim, Übereinstimmung, Unterschiede und Wechselwirkung zwischen Verwaltungs und Gerichtsverfahrensrecht, SGb. (Die Sozialgerichtsbarkeit) 1990, Heft 6, S. 220.

なお、この見解について、くわしくは、新山「ドイツ社会行政手続法における関係人の協力義務」（本章注(514)）三五六頁を、参照されたい。

(517)　たとえば、ある特殊な営業を行おうとする者は営業許可をうけなければならない、という行政法規が存在し、その要件として、一定の設備・施設をそなえていること（物的要件）と、一定の資格をもった者を雇っていること（人的要件）が規定されているという場合に、その営業主に与えられた営業許可処分の取消訴訟が提起され、その人的要件の認定の違法性が主張されたという事例について、考えてみよう。

行政庁は、申請にさいしての、営業主からの、法定の資格を有するAという者を雇っているという申告にしたがって、職権で調査したところ、たしかに、Aについては法定の資格があることが確認されたということで、営業許可処分を行った。ところが、原告からの証明により、Aには、その営業主に雇われているという実態がないということが、あきらかになった。このときに、とつぜん、(訴訟参加していた）営業主が、じつは、自分のところには、(処分申請のときから）べつに、Bという資格を備えた者が雇われている、というような主張をすることが、現実にありうるであろうか。

かかる主張を、もし、営業主が、訴訟においてしたとしても、それは、かなり「あやしい」はなしである。現実に、営業許可処分をうけようと必死の者が、いっぽうにおいて、Aからの名義貸しという違法行為までしておいて、もういっぽうで、適法にBという資格を備えた者を雇いながら、それを、営業許可処分の申請で、申告しなかったというようなことは、常識では理解できないというほかはない。

通常は、なんとか、自己に授益的な行政処分をうけようとする者は、その要件の充足を証明する事実は、すべて、行政庁に提示するはずである。

(518)　小早川「調査・処分・証明」(『雄川一郎先生献呈論集・行政法の諸問題中』(一九九〇年）所収）二四九頁以下。

(519)　小早川「調査・処分・証明」(本章注(518)）二六七頁。この論理には、ドイツの行政手続理論では、ペスタロッツァの論理が対応している。すなわち、行政手続において、どこまで、行政庁の職権探知義務があるかという考察において、ペスタロッツァは、行政庁の「疑念」という概念を「きめて」としている。ようするに、行政庁は、基本的に、手続に関わる行政事件において、法に当てはめられるべき事実関係のすべての本質的要素が認定されているかについて、疑いがあるときに、調査を行うものである。職権探知原則との関係でいうと、行政庁が疑念をいだくかぎりでのみ、行政庁は探知する必要があるというものである。Pestalozza, a. a. O. (本章 Anm. (505)), S. 193f.

なお、ペスタロッツァのこの論理、および、その分析については、新山「ドイツ行政手続法における職権探知原則(六)」(本章注(498)）四九頁以下を、参照されたい。

(520)　小早川「調査・処分・証明」(本章注(518)）二六八頁。

(521)　小早川「調査・処分・証明」(本章注(518)）二六八頁。行政庁のこのような義務は、行政処分が発布されるまでの行政手続で終了するものとは、小早川教授は考えておられない。すなわち、処分段階での行政庁による事案の調査検討が、不じゅうぶんであれば、行政不服審査段階での行政庁の事案の再調査検討によって、補われるべきである、とされている——同論文二六九頁——のである。

処分の基礎となる事実関係の解明について職権で探知する義務をおう行政庁が、行政処分の適法性が問題とされる取消訴訟においては、基本的に、処分の適法性について証明責任をおうという立場にたつ筆者は、小早川教授の、このような、行政不服審査段階まで、行政庁の調査義務が延長される、という考えを支持したい。

(522)　小早川「調査・処分・証明」(本章注(518))二六九頁。この論理の背景には、わが国の行政訴訟では、裁判所の職権探知というものがなく、もっぱら、当事者主義的な訴訟運営が行われていることがあるということも指摘されている。

(523)　小早川教授にあっては、行政処分じたいが、一般に、立法を誠実に執行するもので、その趣旨を、個々の事案において実現すべき、行政庁の任務の遂行として行われる、と観念されている。小早川「調査・処分・証明」(本章注(518))二六六頁。

(524)　小早川教授の取消訴訟における証明責任論の基本は、「取消訴訟においては、行政庁の当該関係人に対する調査義務の範囲で、処分を適法ならしめる事実が合理的に認定可能であることが説明されなければならず、この説明がないかまたは不十分であるときは、その処分は適法とされてはならない」というテーゼのなかに、示されている。小早川「調査・処分・証明」(本章注(518))二七一頁以下。

(525)　本文三八〇頁を、参照のこと。

(526)　これは、あたりまえのことであるが、取消訴訟では、第三者の実体法上の地位が直接に問題とされるわけではなく、処分の適法性審査をとおして、処分を取り消すべきかどうかが問題とされるので、処分を存続させることで自己の既得の権利が覆滅されることを免れようとする第三者は、処分の適法性を証明することに、つとめなければならない。

(527)　本章注(517)を、参照のこと。

(528)　旧民訴法――昭和五四年法四――一三七条では、「攻撃又ハ防禦ノ方法ハ別段ノ規定アル場合ヲ除ク外口頭弁論ノ終結ニ至ル迄之ヲ提出スルコトヲ得」として、いわゆる「随時提出主義」の原則を規定していた。それが、新民訴法――平成八年法――一五六条では、「攻撃又は防御の方法は、訴訟の進行状況に応じ適切な時期に提出しなければならない」と、改められるにいたった。

その改正の趣旨について、新堂『新民事訴訟法〔第三版〕』(本章注(103))四二三頁では、随時提出主義を純粋なかたちで実施すると、争点がいつまでも定まらず、証明すべき事実をあきらかにしないまま、証人尋問に入るなど、散漫な審理にながれるおそれがあるので、争点・証拠の整理段階と、証人・当事者本人の尋問の段階とを、区分けし、当事者が、攻撃防御の方法の提出を、前段階においてつくすことを期待したものである、とされている。そして、新堂教授は、新法の立場を「適時提出主義」と称されている。

(529)　現行民訴法一五六条の「適時提出主義」の原則――本章注(528)参照――のもとでは、さらに、被告行政庁は、適切な時期に、効果的な資料を提出できるように、争点・証拠の整理をつくした計画を、たてなければならない、ということになる。

このあたらしい「適時提出主義」の原則で、行政処分の取消訴訟を見なおしてみると、ますます、被告行政庁は、行政処分の適法性の証明のために、はやめに、適切な時期に、効果的な資料をまとめて提出し、争点・証拠の整理につくさなければならないということになる。

(530)　取消判決の効力をうける者が、取消訴訟に訴訟参加するときは、(民事訴訟でいえば、)共同訴訟的補助参加人となるということを、理論的にあきらかにされたのは、雄川博士である。同『行政争訟法』(一章注(8))一八一頁以下。なお、このことについての分析は、本文二四二頁以下を、参照のこと。

(531)　ドイツ民事訴訟法学において発展した「共同訴訟的補助参加」の理論については、本文五〇頁以下を、参照されたい。

なお、わが国の民訴法では、いまだに、共同訴訟的補助参加の規定はないが、ドイツ民事訴訟法（ZPO）では、六九条に規定されている――「主訴訟の判決の確定力が、補助参加人と相手方のあいだの法律関係に、民法の規定により有効に及ぶ場合は、補助参加人は、六一条の意味において、主たる当事者の共同訴訟人と、みなされる」――。

(532)　わが国の民訴法には、共同訴訟的補助参加の規定はなかったが、むかしから、解釈上これを認める必要性が、学説において強調されてきた。そのさいには、①共同訴訟的補助参加人は、主たる当事者の意思に反する訴訟行為もなしうる、②共同訴訟的補助参加人に中断・中止の原因があれば、訴訟手続は中断・中止される、③共同訴訟的補助参加人は、独立に上訴しうるし、上訴期間も独立に起算される、の三点が、共同訴訟的補助参加の重要なメルクマールであるとされてきた。細野・前掲（本章注(26)）三二一頁以下、加藤・前掲（本章注(128)）一五六頁以下、兼子(一)『新修民事訴訟法体系〔増訂版〕』（本章注(389)）四〇七頁、菊井維大＝村松俊夫『全訂民事訴訟法Ⅰ〔補訂版〕』（一九九三年）四二六頁以下。

ただ、ドイツ民事訴訟において、「共同訴訟的補助参加」の理論の基礎をきずいたのが、ヴァルスマンであったこと、そして、通常の補助参加との根本的相違を、訴訟において、通常の補助参加人は、主たる当事者の権利を行使するが、共同訴訟的補助参加人は、自己の権利を行使すると、ヴァルスマンがみていた―― Walsmann, a. a. O. (1章 Anm. (124)), S. 80f., S. 142f. ――ことについては、本書の考察でも指摘したところである――本文五一頁以下を参照――が、このヴァルスマンの基本的認識に対して、井上(治)教授が、疑問をなげかけておられる。

その主旨は、「参加人は主たる当事者の権利を行使する」という通常の補助参加人に与えられた認識が、補助参加人は主たる当事者がなしうる行為しか行えないという法理につながったが、通常の補助参加人も、主たる当事者を勝訴させ、それによって、自己の利益をまもるために、自己の名で訴訟行為をする点においては、共同訴訟的補助参加人となんら本質的差異はなく、法は、通常の補助参加人にも、他人間の訴訟に影響を及ぼしうる独自の権限を認めているとみるほうが、すなおな見かたである、というものである。井上(治)「共同訴訟的補助参加論の形成と展開」（同『多数当事者訴訟の法理』（一九八一年）所収、初出は、甲南法学九巻（一九六八年）一＝二号）一四四頁以下。

しかし、右のような認識論は、行政処分の取消訴訟では、あまり意味がない。そこで問題となるのは、もっぱら、処分の要件がみたされているかどうかという、処分の適法性である――個人の権利が問題となるのは、原告適格という訴訟要件においてである――。ただ、第三者に授益的な処分が、訴訟において取り消されるかどうかということからは、第三者の（処分による）既得の権利に関わるわけで、その意味では、取消訴訟で争われているのは、じつは、第三者の実体法上の地位であるともいえよう。すくなくとも、被告国（行政庁）には、訴訟参加する第三者の権利に対応するような権利は存在していない。このことが、民事訴訟の補助参加が予定する法律関係と、決定的にことなっているのである。

(533)　訴訟手続の進行が停止する「中断」は、民訴法一二四条一項一号ないし六号の事由が、当事者につき生じたときに、とうぜんに発生する。また、民訴法一三一条は、当事者に不定期間の故障があって、訴訟手続を続行できないときは、裁判所は、決定により、訴訟手続を中止すると規定している。

(534)　訴訟手続の中断・中止を、共同訴訟的補助参加人についても認めることには、かねてより、疑問が呈されている。三ケ月章『民事訴訟法〔法律学全集35〕』（本章注(261)）二四二頁以下では、わが国の民訴法は、当事者適格のある共同訴訟的補助参加人というものは認めていないので、判決の効力をうける補助参加人であっても、その者に中断事由が生じたからといって、ただちに全訴訟が中断するのは、「参加人の利益を重視する余り不当に相手方・被参加人の訴訟追行に制約を加えるものといわねばならない」とされ、通説が、補助参加人の死亡が、本訴訟の中断事由になるとしているのは、適当でないとされている。同旨、新堂『新民事訴訟法〔第三版〕』（本章注(103)）七四九頁。

このあたりの議論は、訴訟当事者の（訴訟追行上の）利益と補助参加人の利益のあいだの、民事訴訟法学者のバランス感覚がうかがえて、興味ぶかい。

(535)　民訴法九七条一項は、「当事者がその責めに帰することができない事由により不変期間を遵守することができなかった場合には、その事由が消滅した後一週間以内に限り、不変期間にすべき訴訟行為の追完をすることができる。ただし、外国に在る当事者については、この期間は、二月とする」と規定している。

(536)　共同訴訟的補助参加人の地位の認められる第三者は、共同訴訟人に準じた扱いがされるので、とうぜんである。

(537)　現行行訴法二二条によって訴訟参加した者が、被告国（行政庁）の意思に反して上訴しうるのか、また、そのときには、被告国（行政庁）は上訴人の地位につかなければならないのかということについてまでは、行訴法の解説書は、あきらかにしていない――ただ、訴訟参加人についても上訴期間が経過したときに、取消判決は確定するということまでは、明言されている。南編『注釈行政事件訴訟法』（一章注(4)）二〇七頁〔上原〕など――。そこで、この問題については、民事訴訟の理論にまでたちかえって検討する必要がある。

通常の補助参加の理論では、補助参加の従属性の理論から、主たる当事者が、積極的に上訴権を放棄しているときは、補助参加人による上訴の効果も生じないとされている――伊藤(眞)・前掲（本章注(366)）五八二頁――。しかし、主たる当事者が、積極的に上訴権を放棄していないかぎりは、補助参加人は適法に上訴しうるとされている――新堂『新民事訴訟法〔第三版〕』（本章注(103)）七四〇頁以下――。つまり、補助参加人は、主たる当事者の明示の意思に反しないかぎり、独立の上訴権をもつということであろう。

取消訴訟に訴訟参加した第三者は、通常の補助参加人ではなく、民事訴訟理論において認められた「共同訴訟的補助参加人」と同等の地位を有することの理論的解明は、すでに、雄川博士によってなされている。同『行政争訟法』（一章注(8)）一八一頁以下。なお、本文二四二頁以下を、参照のこと。

その共同訴訟的補助参加の理論では、むかしから、共同訴訟的補助参加人については、主たる当事者とは独立に上訴期間が起算されるとされてきた――加藤・前掲（本章注(128)）一五六頁、兼子(一)『新修民事訴訟法体系〔増訂版〕』（本章注(389)）四〇七頁など――。ただ、そこでも、それ以上、共同訴訟的補助参加人の上訴と主たる当事者の関係については、述べられてはいない。

そこで、この共同訴訟的補助参加の理論というのが、ようするに、共同訴訟的補助参加人を共同訴訟に準じて扱おうというものであるので、共同訴訟の理論のなかで、共同訴訟人のひとりの上訴が、他の共同訴訟人にどのような効果を与えるとされているのかということから、さぐってみよう。

民事訴訟でいう「共同訴訟」には、「通常共同訴訟」と「必要的共同訴訟」があり、共同訴訟人の上訴も、これらのあいだでことなった扱いがされるようである。共同訴訟人のあいだで判決が区々になってもかまわないという「通常共同訴訟」では、共同訴訟人独立の原則により、各共同訴訟人は独立に上訴しうるが、共同訴訟人のひとりが上訴したことは、他の共同訴訟人に影響を与えないとされる――新堂『新民事訴訟法〔第三版〕』（本章注(103)）七一九頁など――。それに対して、判決の合一的確定を前提とする「必要的共同訴訟」では、共同訴訟人のひとりが上訴したときは、「訴訟の目的が共同訴訟人の全員について合一にのみ確定すべき場合には、その一人の訴訟行為は、全員の利益においてのみその効力を生ずる」とする民訴法四〇条一項から、共同訴訟人の全員に上訴の効果が生じ、全員に確定遮断および移審の効果が生じ、全員が上訴人としての地位を取得すると解されている――伊藤(眞)・前掲（本章注(366)）五七二頁など――。

右のような民事訴訟の理論にもとづいて考えてみると、取消訴訟――判決が合一的に確定しなければならない場合――では、被告国（行政庁）――主たる当事者――の意思に反しても上訴することができ、その上訴の効果は被告国（行政庁）におよび、いやがおうでも、被告国（行政庁）は、上訴人の地位につかざるをえないということになろう。

ただ、これについては、共同訴訟の理論のなかに、上訴に不同意の共同訴訟人を「訴訟脱退者」と認めるべきであるという議論もある――新堂「共同訴訟人の孤立化に対する反省」（同『訴訟物と争点効(下)』（一九九一年）所収、初出は、法学協会雑誌八八巻一一＝一二号（一九七一年））七三頁、井上「多数当事者訴訟における一部の者のみの上訴」（同『多数当事者訴訟の法理』（一九八一年）所収、初出は、甲南法学一五巻一＝二号（一九七五年））二〇四頁以下――が、取消訴訟は、行政処分を行った行政庁をじっさいの相手に処分の取消しを求める訴えであるということを、基本的な枠組みとしているので、その行政庁が上訴人の地位から脱落し、私人である第三者のみが上訴を追行するということは、考えられないので、訴訟参加した第三者が上訴したからには、被告国（行政庁）には、訴訟から脱退することはゆるされないといえよう。

(538)　訴訟参加人の上訴の利益については、上訴権が制限された――主たる当事者の意思に反する上訴はできない――補助参加人について、争点かぎりで独自の上訴を認めようとする、注目すべき見解がある。新堂教授は、主たる当事者の上訴権の放棄があっても、補助参加人は、みずからの地位に関する争点についての原判決の判断に対して、独自に上訴して、その終局判断を、相手方および主たる当事者とのあいだで、既判力をもって確定せしめる利益を認めるべきであると主張されている。同「参加的効力の拡張と補助参加人の従属性」(本章注(389)) 二五八頁、同『新民事訴訟法〔第三版〕』(本章注(103)) 六九九頁。

思うに、被告国（行政庁）は、みずからの行った行政処分の適法性維持ということにおいて、公の責任があり、そのことのゆえに、上訴の利益をもつが、訴訟参加する第三者は、処分の名あて人として、みずからの地位が争点になっているという事実において、いっぽうで、独自の上訴の利益を有しているのである。

(539) 行政訴訟では、かねてより、被告国（行政庁）と原告たる国民のあいだの証明能力の違いが問題にされてきた。しかし、この問題は、かかるかたちで、訴訟参加する国民と訴訟参加されるがわの被告国（行政庁）とのあいだでも、みられるのである。

(540) 形成判決である取消判決の形成効が、訴訟当事者以外の者にも及ぶという趣旨のことを、民事訴訟理論では、一般に、「対世効」といっているようだが、行政訴訟理論では、行訴法三二条の規定もあって、一般に、「第三者効」といっているので、本書でも、以下、「第三者効」という用語のみを使用する。

(541) 本文三四一頁以下の〔基本的問題状況〕を、参照のこと。

(542) 「取消し」という概念の、民事法的、というよりは、一般法的意味については、すでに論じた――本章注(235)を参照――が、その行政法的意味について、わが国では、つぎのような理論展開があった。

すなわち、わが国の伝統的行政法理論においては、公権力の行使である行政行為（行政処分）には、「違法の行政行為も、当然無効の場合は別として、正当な権限を有する機関による取消のあるまでは、一応、適法の推定を受け、相手方はもちろん、他の国家機関もその行政行為の効力を無視することができない」――田中(二)『新版行政法上巻〔全訂第二版〕』(本章注(198)) 一三三頁――という「公定力」があることが、理論の中核にすえられ、それに、取消訴訟と無効確認訴訟の二本だての制度が対応して、「重大かつ明白な瑕疵」という基準により、「取り消しうべき行政行為」と「無効な行政行為」をしゅん別する、行政実体法理論――「行政行為の瑕疵」論――のなかで、行政処分の「取消し」の意味が、論じられてきた。

そのことの意義・内容を、もっぱら、行政実体法レベルで、ドイツの行政法理論、および、フランスの行政法理論の緻密な分析をとおして、あきらかにされたのが、遠藤博也博士の『行政行為の無効と取消――機能論的見地からする瑕疵論の再検討――』(一九六八年) である。また、公定力、および、行政処分の取消しを、行政訴訟法レベルで分析されたものとして、兼子(仁)博士の古典的名著、『行政行為の公定力の理論――その学説史的研究――〔第三版〕』(一九七一年) がある。

(543) これは、筆者のいだいた疑問というよりは、芝池義一教授より筆者によせられた疑問である。芝池教授が指摘されたのは、行訴法では取消判決が第三者効をもつと規定しているが、本文のような事例において、Xが勝訴しても、Aが土地の明渡しにおうじなければ、けっきょくは、

Xは A に後訴を提起しなければならず、それでは、第三者効を規定している意味がないのではないのか、ということであった。

(544) この事例は、これまで、本書で、第三者を訴訟参加させる必要性がある場合の中心的事例としてきた、二重効果的行政処分によって規律される法律関係とは、すこしことなることに注意しなければならない。すなわち、取消訴訟の対象となっているのは、買収処分であって、買収処分が取り消されたことにより、直接に権利を失う者は、国である。Aは、買収処分につづく売渡処分によって土地所有権を取得した者であって、買収処分が取り消されたからといって、(買収処分による) 既得の権利が覆滅されるという関係にある者ではない。したがって、そもそも、Aは、買収処分の取消訴訟における行訴法二二条の訴訟参加の利益を有しない者である。

しかし、本文でも分析されているように、論理的に、買収処分が取り消されたのちは、売渡処分も取り消されるという「すじみち」がはっきりしている場合は、Aには、判決の結果に利害関係があると認めることができ、すくなくとも、民訴法四二条の補助参加の利益はあると考えられる。

(545) 自作農創設特別措置法で、買収処分に後続して、売渡処分が行われるしくみについては、本章注(490)を、参照のこと。

(546) これは、訴訟当事者である国 (行政庁) への取消判決の効力の問題であるので、行訴法三二条の第三者効ではなく、同法三三条の拘束力である。この拘束力の本質は、取消判決がだされたのちの「あとしまつ」であると考えられるが、本事例について考えてみよう。ただ、これについては、行政実体法と行政訴訟法の両面からの考察が、いちおう、必要ではないかと、筆者は考えている。

行政実体法における「職権による取消し」の理論の現在の通説的説明――小早川『行政法上』(一九九九年) 三〇〇頁――によれば、たしかに、瑕疵ある処分は、ほんらい、取り消されてしかるべきものであるが、いっぽうでは、利益的処分 (または二重効果的処分) における関係者の保護の問題があり、そのような瑕疵ある処分が行われたことにつき当該関係者の責めに帰すべき事情――申請者が虚偽の事実を述べ、それにもとづいて申請認容の処分がされたなど――がある場合はともかく、また、処分を取り消すべき公益上の必要性がある場合はべつにして、関係者の信頼が保護されなければならないとされている。

この公式により、本事例を実体法的に検討してみると、もとの土地所有者であるXに対する買収処分が取り消されたということは、それを前提とする売渡処分の適法性根拠が失われたということを意味する。そこで、行政庁は、みずからが行った違法 (になった) 処分を、職権で取り消さなければならないのかという問題になるが、これについては、法定の要件に違反して行われた農地買収処分は、行政庁が職権により取り消すべきであるとした、最高裁昭和四三年一一月七日判決 (民集二二巻一二号二四二一頁) が参考になる。それは、「自作農創設特別措置法の規定に基づく農地買収処分は、個人の所有権に対する重大な制約であるところ、かかる重大な制約は、その目的が自作農を創設して農業生産力の発展と農業経営の民主化を図ることにあるという理由によつて是認され得る強制措置であるから、かかる処分が、本件におけるごとく、法定の要件に違反して行われ、買収すべからざる者より農地を買収したような場合には、他に特段の事情の認められない以上、(行政庁が職権で) その処分を取り消して該農地を旧所有者に復帰させることが、公共の福祉の要請に沿う所以である」という論理である。

これによれば、本件は、「買収すべからざる者より農地を買収したような場合」にあたるわけであるので、すでに売渡処分が行われ、Aの手に土地所有権が渡っていても、Aの信頼を犠牲にしても、「(売渡) 処分を取り消すべき公益上の必要性がある場合」にあたると考えられる。

また、行政訴訟法の観点からも、Xから強制的に土地を取り上げることはあやまりであるという認定のもとに、Xに対する買収処分が、判決により取り消されたのであるから、その判決の趣旨を、行政庁が尊重するというのであれば、みずからが買収処分につづいて行った売渡処分は、みずからが、職権で取り消すべきであろう。すくなくとも、ここまでは、行訴法三三条の拘束力の範囲内であると考えられる。

(547)　ここまでは、行訴法三三条の拘束力は及ばないと考えられる。本事例でいうと、行政庁が、Xに対する買収処分を行い、それにつづいて、Aに対する売渡処分を行ったところ、買収処分の取消判決が下されたのであるから、その判決の趣旨を尊重して、行政庁は、職権でAに対する売渡処分を取り消すことまでは拘束されよう——本章注(546)参照——。しかし、それにより、観念的に、土地所有権はAからXへ戻るので、そこで、行政庁の「あとしまつ」の義務は終了すると考えてよいのではなかろうか。なぜなら、そのあとの登記抹消請求、土地明渡請求などは、XからAへの民事訴訟によってなしうるからである。

(548)　この、第三者も (取消) 判決の結果を承認するという意味での、第三者効を、行政処分の取消判決が有するということは、取消訴訟が形成訴訟であって、取消判決が形成判決であるということから、ただちに導きだされる結論ではない。むしろ、わが国の理論では、取消訴訟の判決については、既判力とことなる形成力があって、第三者にも効力が及ぶとすることに、ねづよい抵抗があった——本文二四四頁以下参照——。しかし、けっきょくは、「行政上の法律関係の統一的規律の要請」から、行政処分の取消判決による取消の効果は、第三者にもおよぶものと解すべきであるとする雄川博士の見解——同『行政争訟法』(一章注(8)) 二二二頁——が優勢をしめ、それが、現行行訴法の立場につながったのである。本文二六九頁を、参照のこと。

すなわち、同法三二条の趣旨について、杉本・前掲 (一章注(4)) 一〇八頁は、「判決によって処分または裁決を取り消した場合の効果……が当事者と第三者の間で区々になることは、法律秩序の安定のために適当ではなく、行政上の法律関係は画一的に規制されることが望ましいとする見地」が採用されたものである、と説明していた。

(549)　わが国の行政訴訟理論において、取消判決の形成効について、ここまで「ふみこんで」考察されたことは、かつてない。杉本・前掲 (一章注(4)) 一〇七頁の、「係争処分を取り消す判決が確定したときは、その処分は遡って有効な処分としての存在を失い、当初から処分がなされなかったのと同じ状態を現出する効果を生ずる」という説明に代表されるように、その形成効を、法律行為の「取消し」をイメージして、観念的に説明するにとどまり、それ以上、いかなるかたちで、訴訟当事者以外の第三者を承服させるかということまでは、考えられていない。

(550)　そこから、芝池教授から筆者に寄せられた疑問——本章注(543)参照——のなかにあった、「そうすると、けっきょく、取消判決に第三者効を規定する意味はないのではないか」というような、本質的な疑いもでてこよう。

もともと、現行行訴法に第三者効の規定がおかれたのは、同法制定まえに、形成判決である取消判決には、第三者効があるのか、あるいは、第三者効を認めるべきであるのか、という理論上の争いがあり、取消判決の効力がおよぶ範囲は、既判力のそれに限定されるべきである、という見解も優勢であったのを、たち切るためのものであった、という事情があった——本文二六八頁以下参照——。そのことからすると、第三者効の規定をはずすと、ふたたび、取消判決の効力を制限すべきであるという議論が復活するのではないかという危惧も生ずるかもしれないが、筆者は、もはや、そのようなことにはならないであろうと考えている。

それは、行訴法の「わくぐみ」と基本的な「しせい」によるものである。取消訴訟制度は、公権力の行使により権利を毀損されたと主張する原告の救済のための制度であるという観念が、行訴法に一貫しており、原告を救済する取消判決の趣旨を貫徹するために、被告国（行政庁）をターゲットに、三三条の拘束力が規定されたこととならんで、訴訟外の（処分の受益者である）第三者をターゲットに、三二条の第三者効が規定されたと考えることができる。そして、行訴法施行後は、若干の異論——木村「判決——第三者効を中心として」（本章注（2））二四七頁以下など——をのぞいて、取消判決に第三者効を認めることに反対する者は、いなかった。

もちろん、制度論的に、取消判決の効力がおよぶ範囲は既判力のそれに限定されるということを前提とすることも可能である。ドイツの行政裁判所法（VwGO）が、そうであり、この場合は、第三者を訴訟参加させることで、既判力が第三者まで拡張されるという解決がはかられている。そして、（訴訟参加することが必要的な）第三者の訴訟参加がないときは、そもそも、判決は効力をもたないということで、その既判力の拡張を実効あるものにしようとしていることは、本書で、すでに、くわしく分析した——本文一六頁以下、および、二八頁以下参照——ところである。しかし、このようなドイツ行政訴訟理論の考え方に対して、これは、取消判決の形成効をまったく考慮しないものであるという、民事訴訟法学者の批判があったことも、本書で分析した——本文一七五頁以下参照——ところである。筆者は、のちに、くわしく論ずるが、ドイツより、わが国のほうが、正当な途を歩んだと思っている。

(551)　これは、もちろん、行政法的感覚におけるパラドックスである。民事法的感覚からすると、実体法理論的に権利が認められる者、あるいは、民事訴訟で勝訴判決を得た者が、それだけで、ただちに、「のうがき」どおりの権利の実現が得られるというようには考えられていない。そのために、現実的実現の手段である民事執行法が、十全に整備されているのであろう。

(552)　阿部「取消判決・執行停止決定等の事後措置——実態からみた制度と理論の検討」（同『行政救済の実効性』（一九八五年）所収、初出は、民商法雑誌八三巻四号（一九八一年））二六二頁以下では、「行政処分が取り消されたり、無効確認された……場合、原告（申請人）はそれだけで直ちに目的を達するであろうか」、「行政処分取消・無効確認訴訟で請求が認容された場合、行政処分がなかったとすればあったであろう状態を現出しなければならず、……それを担保する規定は判決の拘束力（行訴法三三条）だけであるため、判決・決定後に適切な措置を講ずるように行政庁に強制するシステムとしては不十分の感を免れない」という問題提起がされていた。

そして、阿部教授は、その解決策として、（西）ドイツの「結果除去請求権（Folgenbeseitigungsanspruch）」を理想モデルとして、行政処分がすでに執行されているときは、行政庁が執行を原状回復しなければならないことを、「判決・決定文中に一つの解決策を明示するのが有効である」という提言をされていた。また、いっぽうで、「農地買収・公売処分の取消判決後の土地・物件の返還については現行法は民事訴訟を関連請求（行訴法一三・一六条）として提起することを認めているから、実務家がこれを利用することを前提とするかぎりは問題は少な」く、「現行制度は案外うまく運用されてい」る、という指摘もされていた。

(553) Verwaltungsgerichtsordnung (VwGO) vom 21. 1. 1960, BGBl. (Bundesgesetzblatt) I S. 17.

(554) 本書では、わが国の行政訴訟および民事訴訟理論の分析においては、「既判力」ということばを用いたが、ドイツの行政訴訟および民事訴訟理論の分析においては、(materielle) Rechtskraft の伝統的訳語である「(実質的) 確定力」ということばを用いている。

(555) ドイツ行政裁判所法（VwGO）一二一条では、「判決の確定力は、訴訟物について判断された範囲で、以下の者を拘束する。(1)関係人およびその承継人、ならびに、(2)六五条三項に掲げられた者で、訴訟参加の申立てをしなかったか、もしくは、期間内に申立てをしなかった者」と規定されている。

(556) ドイツ行政訴訟理論が、取消判決の形成効を、ほとんど考慮していないこと、および、そのことを、民事訴訟学者のシュローサーやマロチュケが批判したことについては、本文一七五頁以下を、参照されたい。

(557) 本章注(555)を、参照のこと。

(558) ドイツ行政裁判所法（VwGO）六三条では、「手続の関係人は、以下の者である。一　原告、二　被告、三　訴訟参加人、四　連邦公益弁護人または公益代理人。ただし、手続関与権を行使する場合にかぎる」と規定されている。

(559) 現行行訴法には、既判力の規定も、第三者が訴訟参加したことにより第三者に既判力が拡張されるというような規定はなかったが、行政裁判法――明治二三年六月三〇日法四八――では、三一条に、訴訟参加した第三者に既判力が拡張されると規定されていた。すなわち、同条一項で、「行政裁判所ハ訴訟審問中其事件ノ利害ニ關係アル第三者ヲ訴訟ニ加ハラシメ又ハ第三者ノ願ニ依リ訴訟ニ加ハルコトヲ許可スルヲ得」としたうえで、同二項で、「前項ノ場合ニ於テハ行政裁判所ノ判決ハ第三者ニ對シテモ亦其効力ヲ有ス」と規定していた。

この場合の判決の効力が、形成効が第三者に及ぶという意味の「第三者効」ではなく、「既判力の拡張」であることは、本文二〇八頁以下の分析を、参照されたい。

(560) 本章注(550)を、参照のこと。

(561) 現行民訴法一一五条一項は、「確定判決は、次に掲げる者に対してその効力を有する。一　当事者、二　当事者が他人のために原告又は被告となった場合のその他人、三　前二号に掲げる者の口頭弁論集結後の承継人、四　前三号に掲げる者のために請求の目的物を所持する者。」と規定している。このうち、一号が原則であり、二号ないし四号は、既判力が拡張される場合である。

(562)　民事訴訟理論のなかに、補助参加した者に既判力が拡張されるという見解がなかったわけではない。それは、補助参加人にも裁判の効力が及ぶと規定した旧民訴法七〇条にいう効力が、既判力であるとする、いわゆる「既判力説」である――細野・前掲（本章注(26)）三〇二頁以下、加藤・前掲（本章注(128)）一五三頁など――。その論拠は、補助参加し、じっさいに訴訟に関与した者に、（訴訟の勝敗に関わりなく）既判力を拡張しても、その利益を無視されるおそれがないからというものである。

しかし、かかる見解は、そのあと、同条の効力は、既判力とはことなる効力であるとする、いわゆる「参加的効力説」によって、完全に否定された。その論拠はいろいろある――本章注(389)参照――が、右の既判力説の論拠に対しては、補助参加人は、（主たる当事者と相手方の）他人の争いに関与する者で、自己の利益を当面の訴訟の目的とする者ではないので、他人の争いに対する判決を、この者に強いるのは不当であるという、「補助参加人の従属性」を強調した論拠がぶつけられた。兼子（一）「既判力と参加的効力」（本章注(389)）五九頁以下、三ケ月『民事訴訟法〔法律学全集35〕』（本章注(261)）二四〇頁。

(563)　本章注(561)を、参照のこと。

(564)　南編『条解行政事件訴訟法〔初版〕』（一章注(4)）七四八頁〔岡光民雄執筆〕、園部・前掲（一章注(4)）八九頁〔春日偉知郎執筆〕。

(565)　行政裁判法には、三一条二項に、第三者が訴訟参加したときは、第三者に既判力が拡張される旨が規定されていた――本章注(559)参照――。しかし、同法には、それ以上、既判力そのものについての規定はなく、行政訴訟の判決にも既判力があるかは、もっぱら、理論によって決せられていた。美濃部博士は、行政訴訟の判決には、「判決に依つて定められた内容が實質的に確定し、同一の事件に付いては何人も再び之を争ふことを得ない」、ないしは、「判決に依つて決定せられた事件が再び審理の目的となり得ない」という意味で、「實質的の確定力」を有するとされていた。美濃部『行政裁判法』（本章注(16)）二八七頁。おなじく、宮沢・前掲（本章注(88)）一三九頁も、既判力のあることを認めていた。しかし、佐佐木博士は、判断の対象となる「生活関係」が、民事訴訟と行政訴訟ではことなるということを理由に、既判力を否定しておられた。佐佐木『日本行政法論〔改版〕・総論』（本章注(3)）六五八頁。なお、この興味ぶかい佐佐木理論の分析については、本文二〇八頁を、参照されたい。

特例法には、まったく、既判力に関する規定はなかったが、理論上、行政訴訟の判決に既判力を認めることに、異論はなかったようである。田中(二)博士は、「行政事件訴訟も裁判たることの本質からいつて、當然に、實體的確定力を生ずるものと解すべきであろう」とされ、「一旦裁判が確定したときは、同一事物（eadem res）については、もはや訴訟を提起することをえず、もしこれを提起しても、相手方はこれに對し既判事項の抗辯をなしうるとともに、裁判所も一事不再理の原則によつてこれを却下すべきであろう」とされていた。田中(二)『行政法講義案上

巻』（本章注(65)）三二九頁。同旨、雄川『行政争訟法』（一章注(8)）二二〇頁以下。

現行行訴法にも、まったく、既判力に関する規定はおかれなかったが、いっぽうで、（取消判決が形成判決であるということを前提に）取消判決の形成効が第三者にも及ぶとする規定がおかれたことにより、形成訴訟の判決に既判力が認められないという民事訴訟理論にも影響され、行政処分の取消判決に、なお、既判力を認める余地があるかが問われることになった——本文二六九頁以下を参照——。それにくわえて、取消訴訟の特質から、行政処分が違法であるという認定のもとに取り消された場合には、同一の処分が、ふたたび、訴訟において争われる余地はないという指摘——南編『注釈行政事件訴訟法』（一章注(4)）二八八頁〔阿部〕——や、取消訴訟では、最初から、行政処分の違法性が争われることが決まっているので、取消訴訟で、訴訟物、さらには、既判力の概念を論じても、あまり実益がないという指摘——原田『行政法要論〔全訂第五版〕』（本章注(436)）三七二頁——もされた。しかし、学説の大部分は、処分を取り消す判決にも既判力があることを認めている。南編『注釈行政事件訴訟法』（一章注(4)）二八八頁〔阿部〕を、参照のこと。

ここで、筆者の考えを述べさせていただくと、現行行訴法の理論においても、原告の訴えを棄却する判決には、既判力が生ずるとされている——塩野宏『行政法Ⅱ〔第四版〕』（本章注(312)）一七五頁など——こととのバランスから、また、形成判決には既判力がないとする、民事訴訟の歴史的理論がすでに否定されている——本文一七二頁以下を参照——こと、また、行訴法に、民事訴訟の一般原則を積極的に排除する規定のないことから、原告の処分取消しの訴えを認容する判決にも、既判力を認めるべきである。南＝高橋(滋)編『条解行政事件訴訟法〔第二版〕』（本章注(348)）四六二頁〔東亜由美執筆〕は、「実益がないからといって既判力を否定する必要もないのではないか」としているが、けだし、同感である。

(566)　これが、ドイツ民事訴訟において確立している「形成効」の一般的理解であることについては、本文一七〇頁以下、を参照のこと。そのような説明が、わが国にもちこまれた過程については、二章注(425)を、参照のこと。そのあと、わが国において、「形成効」の理解におおきな影響を与えられたのは、やはり、兼子(一)博士で、その本質は、形成権もしくは形成要件が存在しているということが、既判力で確定することであるとされた——同『新修民事訴訟法体系〔増訂版〕』（本章注(389)）三五一頁以下——。この博士の考えでは、形成効の及ぶ範囲は既判力に規定されるので、訴訟当事者の範囲に限定され、第三者には及ばないというものであった。しかし、現在の民事訴訟理論では、形成判決にも既判力があることは否定しないものの、形成効は、既判力とはべつに考えられている。すなわち、形成訴訟においては、形成要件の存在を主張する原告の訴えに対して、その存在を認めたうえで、判決で、法律関係の変動が宣言され、判決が確定することにより、はじめて、変動の効果が発生するというものである。新堂『新民事訴訟法〔第三版〕』（本章注(103)）一八八頁、伊藤(眞)・前掲（本章注(366)）一二六頁など。

また、形成判決が対世効をもつことの意味について、松本＝上野・前掲（本章注(366)）三四七頁は、形成効も、形成要件を定めた実体法規にもとづき発生するものであるから、実体法上の法律効果たる権利変動は、すべての者によって顧慮されなければならないという点に、形成判決の対世効の根拠を求めることができるとしている。

なお、取消訴訟の取消判決の形成効についての、現在の行政訴訟理論の一般的理解と考えられるものは、塩野教授が「原状回復機能」と称されるものの説明のうちに、端的に示されている。すなわち、「行政行為の場合には一度行政行為により法律関係は変動するという見方をするので、判決によりその変動した法律関係がもう一度変動する、つまり、もと（原状）に帰るということなのであ」るというものである――塩野『行政法Ⅱ〔第四版〕』（本章注(312)）八〇頁以下――。

取消判決の第三者効については、行訴法三二条に規定されてしまっているが、この規定がなくとも、右の塩野教授の説明のような実体法的理解によれば、とうぜん、第三者効はあるということであろう。

(567)　ドイツ民事訴訟理論では、「実質的確定力（materielle Rechtskraft）」の本質について、ながらく、実体法説と訴訟法説の対立があった――二章注(16)参照――が、わが国の既判力論も、ここから出発していたようである。このあたりの解説もふくめ、既判力の本質の解説としては、高橋(宏)『重点講義民事訴訟法〔新版〕』（本章注(399)）四九九頁以下が、もっともわかりやすい。

(568)　芝池『行政救済法講義〔第2版・補訂増補版〕』（本章注(435)）八六頁。同旨、塩野『行政法Ⅱ〔第四版〕』（本章注(312)）一六五頁。

(569)　高橋(宏)『重点講義民事訴訟法〔新版〕』（本章注(399)）五〇二頁によれば、当事者はなぜ既判力に拘束されるかを、どのように考えるのかというのが、既判力の根拠論であるとされている。

(570)　これら、あたらしい既判力根拠論は、高橋(宏)『重点講義民事訴訟法〔新版〕』（本章注(399)）五〇二頁以下に、わかりやすく整理・解説されているので、参照されたい。

高橋(宏)教授によれば、つぎにとり上げる新堂教授の説――後掲本章注(571)参照――および上田教授の説――後掲本章注(572)参照――は、既判力の根拠を、手続保障・自己責任のみにおくのではなく、それにくわえて、紛争解決という民事訴訟の制度目的にもおくものであるとされている。べつに、手続保障・自己責任ということだけに、既判力の根拠をおく説もあるようである。同書五〇三頁以下。

(571)　新堂『新民事訴訟法〔第三版〕』（本章注(103)）六一八頁。新堂教授は、その意味について、さらに、民訴法が、当事者双方に弁論の機会が実質的に保障されるしくみを用意しているのは、当事者がこの地位と機会をフルに利用して自分の実体的地位を主張し防御することを期待しているからで、この地位と機会をいかに利用するかは、当事者の問題で、その結果には、みずから責任をおうべきであると説明されている。

(572)　上田徹一郎「遮断効と提出責任」（同『判決効の範囲』（一九八五年）所収、初出は、民商法雑誌第七八巻臨時増刊号(3)――末川博先生追悼論集『法と権利3』――（一九七八年））二三五頁以下。

(573)　この「自己責任」の意味については、本章注(571)を参照のこと。

(574)　伊藤(眞)・前掲（本章注(366)）四九三頁。

(575)　伊藤(眞)・前掲（本章注(366)）四九三頁。

(576)　伊藤(眞)教授によれば、民訴法一一五条一項二号にいう「当事者」と「他人」は、かならずしも、利害関係が共通である必要はなく、同号は、当事者が、その「他人」の訴訟追行権を行使する場合一般をカバーしているとされる——伊藤(眞)・前掲（本章注(366)）四九三頁——。たとえば、債権者代位訴訟は、詐害行為を行おうとしている債務者に代わって、代位債権者が、みずからの権利保全のため、債務者に帰属する権利を行使しようとするものであるので、代位債権者と債務者は利害が対立しているといえるが、このような場合も、「当事者が他人のために原告又は被告となった場合」にあたるとされている。

(577)　斎藤編著『注解民事訴訟法(3)』（一九七三年）三七二頁以下（小室直人執筆）。したがって、法定訴訟担当が原則であり、任意的訴訟担当は、弁護士代理の原則（民訴法五四条）に反するので、一般には認められない。

(578)　斎藤『注解民事訴訟法(3)』（本章注(577)）三七三頁以下（小室）に、上げられた事例である。

(579)　この場合は、斎藤『注解民事訴訟法(3)』（本章注(577)）三七三頁（小室）の解説によれば、破産宣告により、破産者は、破産財団に属する財産の管理処分権を奪われ、それは、破産管財人に専属することになる——破産法七条——ので、破産財団に関する訴訟の当事者適格を有するのは、破産管財人だけである——同法一六二条——。しかし、いぜん、破産財団についての所有権は破産者にあるので、破産財団についての判決の効力は、破産者がうける。また、そうであるので、破産者は、とうぜん、共同訴訟的補助参加人として、破産管財人のがわに補助参加することができる。

(580)　この場合は、斎藤『注解民事訴訟法(3)』（本章注(577)）三七三頁以下（小室）の解説によれば、通説は、債権者が、民法四二三条により、代位権を行使すれば、差押えに類似する効力が生じると考えており、したがって、債権者が代位訴訟を提起すれば、債務者は、独自の取立権能を制限され、判決に服することになるとしている。

しかし、小室教授じしんは、債務者と対立関係にある債権者が、かってに提起した代位訴訟の敗訴判決にまで、債務者が服さなければならないとするは、不合理であるとする三ケ月教授の見解——「わが国の代位訴訟・取立訴訟の特異性とその判決の効力の主観的範囲」（同『民事訴訟法研究第六巻』（一九七二年）所収、初出は、『(兼子博士還暦記念)『裁判法の諸問題(中)』（一九六九年））五〇頁以下——を支持するとされ、（債務者が知らないあいだの）債権者の代位権行使によって債務者の訴訟追行権が制限するとは解されず、訴訟告知したときだけ、既判力は債務者に拡張され、債務者が訴訟参加すれば、それは、類似必要的共同訴訟になると解すべきである、とされている。

(581)　斎藤『注解民事訴訟法(3)』（本章注(577)）三七四頁（小室）。

(582)　人事訴訟手続法——明治三一年六月二一日法一三——二条三項は、婚姻の無効、または、取消しの訴えにおいて、「相手方トスヘキ者カ死亡シタル後ハ検察官ヲ以テ相手方トス」と規定している。

(583)　東京高判昭和三九年九月二九日行集一五巻九号一六七二頁、大阪高判昭和四一年四月二八日行集一七巻四号四五七頁、山口地判昭和四二年一月一八日下級民集一八巻一＝二号一一頁、東京地判昭和四三年二月二八日行集一九巻一＝二号三三五頁。しかし平成一六年の行訴法の改正により、状況がかわった。改正法一一条一項によれば、取消訴訟の被告は、原則として、国または公共団体となった。

(584)　法律関係論の分析としては、山本教授のすぐれた研究――同・前掲（本章注(441)）――があり、ドイツにおける公権論の生成・発展、そこから法関係論への潮流を、たんねんに分析されたうえで、「実体法関係の基本類型」と題された第四章（二六一頁以下）で、行政上の実体法関係とは、「行政機関が法的に衡量・相互調整すべき諸利益のあいだの関係」である――同書五頁――という認識のもとに、類型的に、対立する利害関係にある私人のあいだに、どのような「権利」主張が認められるかという、興味ぶかい分析が行われている。

　また、まえにとり上げた高木教授の類型分析――同「処分性、原告適格拡大論の再検討」（本章注(441)）三三一頁以下――でも、対立する利害関係にある私人のあいだの権利関係に、着目されていた。

(585)　これは、まさに、三ケ月博士の抗告訴訟に対する理解――本文二七七頁以下参照――である。

(586)　三ケ月博士は、この代位関係により既判力の拡張が認められる場合には、代位する者と代位される者とのあいだに、利害の対立のない場合――これを「吸収的訴訟担当」とされる――と、利害の対立のある場合――これを「対立型訴訟担当」とされる――にわけることができ、既判力の拡張において、これらを同列に論ずることはできないとされた。三ケ月「わが国の代位訴訟・取立訴訟の特異性とその判決の効力の主観的範囲」（本章注(580)）一一頁以下。

　行政処分により権利・利益を得た者と、この者にかかる処分を行った行政庁のあいだには、まず、利害の対立というものは考えられず、「吸収的訴訟担当」の場合にあたると考えられ、三ケ月博士の理論においても、ようい既判力の拡張が認められると思われる。

(587)　上田・前掲（本章注(572)）二三五頁以下。

(588)　このように、訴訟外にありながら取消判決の効力をうける第三者に、なんとか、既判力を拡張させようとする筆者のこころみは、取消判決の形成効を既判力の範囲に限定し、この者に取消判決の効力が及ばないようにしようとされた兼子(一)博士の努力――本文二四四頁以下、および、本文二五一頁以下を参照――に、あきらかに反するものである。ただ、このことは、くりかえし述べたところであるが、博士の視点が、あまりにも、このような第三者の保護にのみおかれていたことに問題がある。取消訴訟の枠のなかで考えるのであれば、取消訴訟制度が公権力の行使により権利を毀損された者（原告）の救済のために発展してきたものであるという基本認識のもとに、原告の救済を第一義におき、そのうえで、かような第三者の救済も、あわせて考えるというものでなければならないのである。そのような観点から、筆者は、せっかく原告が得た（原告を救済する趣旨の）取消判決を、なんとか、現実的にも貫徹させようということで、訴訟法の世界では絶対的効力という信奉のある「既判力」によることはできないのかと考えたのである。

(589)　新堂教授の見解――同『新民事訴訟法〔第三版〕』(本章注(103))五七四頁、本章注(571)を参照――によれば、「当事者の地位につくことによって手続上対等にその訴訟物たる権利関係の存否について弁論し、訴訟追行をする機会と権能を保障されること」が、既判力の正当化根拠であるとされるが、これは、同時に、(当事者に準じて、かかる手続保障を与えられた者にとっても)既判力に服することへの納得根拠でもあろう。

(590)　井上(治)教授は、訴訟告知の理論において、訴訟告知により補助参加をうながすことで、当該訴訟で下された判決が、告知者(主たる当事者)と被告知者(補助参加人)とのあいだで、自主紛争解決規範として作用し、後訴にもちこまれるまでもなく、紛争が未然に落着・予防されることも多いであろうと推察される、とされている――同「被告による第三者の追加」(本章注(398))一七二頁――が、もちろん、これは、訴訟参加する第三者と原告との関係においても、いえることである。

(591)　これについては、本章注(543)を、参照のこと。

(592)　新堂「参加的効力の拡張と補助参加人の従属性」(本章注(389))二二七頁以下。

この論文は、参加的効力を補助参加人と相手方とのあいだに拡張することを、最初に試みられた鈴木(重)教授の論文――同「参加的効力の主観的範囲限定の根拠」(本章注(389))四〇九頁以下――に触発されて、書かれたものである。鈴木(重)教授の緻密な論理には、つよい説得力があり、傾聴に値するものがあるが、きわめて民事法的な、限定された法律関係――主たる当事者の地位が、補助参加人のなんらかの法的地位に依存し、それが主たる当事者の敗訴の原因となる場合――を前提として論考がすすめられているので、本書の考察の基礎とするには、難点があった。

それに比べて、新堂教授の論考は、かような限定をつけずに、一般に、補助参加人が、訴訟において、主たる当事者とならんで、相手方に対峙して、主要な争点について主張・証明をつくしたというところに、相手方とのあいだにも参加的効力が生じるとする根拠をみいだそうとされているので、これを、本書の考察の基礎としたのである。

(593)　新堂「参加的効力の拡張と補助参加人の従属性」(本章注(389))二二七頁。

(594)　現行民訴法四六条に規定された、いわゆる「参加的効力」が既判力とはことなる効力であるとする学説――参加的効力説――と、その内容については、本章注(389)を、参照されたい。

(595)　新堂「参加的効力の拡張と補助参加人の従属性」(本章注(389))二三三頁。

(596)　新堂「参加的効力の拡張と補助参加人の従属性」(本章注(389))二三八頁。教授は、このことの論拠として、ふたつの事例を用意されている。

ひとつは、〔所有者甲の買主丙に対する追奪訴訟に、売主乙が、(丙のがわに)補助参加した〕というケースである。丙が敗訴したときは、丙は甲に対して所有権を主張することができないのとおなじく、甲が、そのあと、乙に対して所有権侵害にもとづく損害賠償を求めた場合は、乙が甲の所有権を争うことは禁じられるべきであるとされる。

もうひとつは、〔債権者甲が保証人丙を訴え、主たる債務者乙が丙に補助参加して争ったが、債権者甲の勝訴となったので、丙は保証債務を履行し、さらに、乙が丙にこれを償還したのち、こんどは、乙が甲に対して、主たる債務の不存在であったことを主張して、甲が丙から受けた弁済金額を不当利得として返還請求することができるか〕というケースである――同論文二三八頁以下――。これについて、教授は、乙のこの請求じたいは既判力によって遮断されるものではないが、とされたうえで、「前訴に補助参加してその判決の基礎に加功している主たる債務者乙が、その判決の判断に反して主たる債務の存在していたことを否定する主張をすることが許されるだろうか。これを許すとすれば、前訴における丙の敗訴の結果をまわりまわって相手方甲に押しつけることになりかねない。債権者甲にすれば、補助参加人乙をも交えて、なんのために丙と前の訴訟をしたのか意味をなさなくなってくる」と、本質的な問題点を指摘されている。

教授は、この場合は、「甲にとっては、丙と乙は一心同体とみるのが当然であるし、主債務の存否に関する限りでは、被告保証人丙よりも、主債務者乙の方が実質上の敵とみるのが実態に即していると思われる」ので、丙が主債務の存在をもはや主張できなくなったからには、「丙に代わって乙が不当利得の返還請求をしても駄目だといわなければおかしい」と分析される。

そして、結論的に、教授は、参加的効力により、補助参加人が主たる当事者に対して、後訴で、前訴の主たる争点として判断されたことを争えないというのであれば、補助参加人は、相手方に対しても同様の拘束力をうけると考えなければおかしい、とされるのである。

(597)　新堂「参加的効力の拡張と補助参加人の従属性」（本章注(389)）二五三頁以下。

(598)　新堂教授は、通説が、参加的効力は、判決理由のなかの判断に生じるということ、しかも、主たる当事者と補助参加人のあいだに生じるということが、ぜひ必要であるとし――その内容については、本章注(389)を、参照のこと――、これをア・プリオリに前提としているが、既判力の絶対的性格のうえに確立されてきた通説の体系において、判決理由のなかの判断に生じる拘束力という観念は、きわめて異質の考えであると、その論理矛盾を指摘されている。新堂「参加的効力の拡張と補助参加人の従属性」（本章注(389)）二三二頁。

(599)　新堂「参加的効力の拡張と補助参加人の従属性」（本章注(389)）二四四頁。

(600)　新堂『新民事訴訟法〔第三版〕』（本章注(103)）七四五頁。参加的効力が争点効とことなる点として、新堂教授は、これ以外に、たんに訴訟告知をうけたにとどまり、補助参加をしなかったとしても、訴訟告知をうけて遅滞なく補助参加することができたときに、補助参加したのとおなじく、参加的効力は生じるということを上げられている。

そして、けっきょく、参加的効力は、争点効とおなじく、信義則を根拠としているといっても、参加的効力とは、「当事者（被参加人または告知者）を保護すべき実体法上の地位にあり、かつ、そのための訴訟追行の機会をもったこと自体に基づいて当事者敗訴の責任を分担すべきである」という内容のものであると分析されている。

(601)　参加的効力が、既判力とはべつの効力であるのかどうかは、筆者には、不明である。

(602)　本章注(562)を、参照のこと。

(603)　このヴァルスマンの指摘については、本章注(386)を、参照されたい。

(604)　形成効が実体法に根拠をおく効力であるということについて、わが国の行政訴訟理論では、瀧川判事が、実体法上の効力である「法律要件的効力」という概念を用いてされた説明、すなわち、実体法が、(行政処分の取消しという) 法律関係の変動に、取消判決の存在を、法律要件として結びつけたものであるので、取消判決の形成効は、実体法にもとづくものであるという説明が、もっとも説得的であるように思われる。これについては、本文二五八頁、および、本章注(186)を、参照されたい。

(605)　「争点効」の理論は、民事訴訟理論において、なお、一般には承認されていないようであるが、行政訴訟の理論には、ぞんがい、「すわりのいい」もののように思われる。

たとえば、行政処分の取消判決が下されたのちの、行政庁に対する拘束力を定めた行訴法三三条の説明において、ある理由で処分が取り消されたときは、行政庁は、そのおなじ理由で処分をくりかえすことはできないということについては、同条二項の「判決の趣旨に従い」という文言をとおして、抽象的に、くるしい説明が行われているが、「争点効」の概念を用いれば、説得力のある説明ができる。すなわち、行政庁と原告のあいだで、(処分の) ある違法事由について、主張・証明がつくされ、けっきょく、その違法性が認定され、処分が取り消されたという場合は、行政庁は、その判決に服すべきで、さらに、(その違法とされた) おなじ理由にもとづいて処分を行うことができないというのは、信義則によりとうぜんである、という理屈である。

(606)　これは、筆者がかねてより観念している「行政事件の解決」ということにつうじるものである。

たとえば、前節の冒頭で上げた東京地裁平成一〇年七月一六日判決——本文三四七頁以下を参照——の事例では、合資会社の違法な決議により除名された社員が、その決議にもとづいてされた変更の登記処分の取消しを求める訴えを提起したが、この場合、登記官を相手とする登記処分の取消しだけでは、ほんらいの「行政事件」——合資会社と当該社員のあいだの法律関係——の抜本的「解決」がはかれないのは、自明である。

そこで、一歩ふみこんで、原告である当該社員の真の相手方である合資会社を、形式的には登記処分の取消訴訟にすぎないものに引き込み、登記処分の基礎となっている除名決議の適法性＝違法性について徹底的に争わせ、それについて裁判所が下した当該決議は違法であるという、判決理由のなかの判断を承服させ、そのあと、とうぜん予想される原告の社員たる地位の回復の請求に対して、合資会社には、これを認めないという主張は、もはや、できないとすることで、いっきに、かかる行政事件の解決がはかられると思われるのである。

そうでなければ、この事例では、取消訴訟の第三者となった合資会社の不知のあいだに、登記処分の取消判決が下されたということで、合資会社から「第三者再審の訴え」が提起されたということから、当該社員は、せっかく、登記処分の取消判決を獲得したのであるが、それをもとに、合資会社に社員たる地位の回復の請求をしても、合資会社は、よういには、それに応じないであろう。つまり、合資会社の訴訟参加がなければ、けっきょく、登記処分の取消訴訟は、なんの意味ももたないということになってしまうのである。

(607) このように、実益を論拠とする論証は、民事では一般であるかもしれないが、公法の世界では、論理の逆行という「そしり」をまぬがれえないであろう――かつて、筆者の恩師である雄川博士は、無効確認の利益に関して、「執行停止の必要があるから無効確認の訴訟が許されるというのは実体的には逆の論理ではないか」とされたことがある。雄川一郎「行政行為の無効確認訴訟に関する若干の問題」(同『行政争訟の理論』(一九八六年)、初出は、『菊井先生献呈論集・裁判と法上巻』(一九六七年))八頁――。

しかし、公法の原理や公益から出発する、上から下への公法的論証によっても、このことの論証は可能であるように思われる。すなわち、「法律による行政」の原理という公法の大前提から、違法になされた行政処分は取り消されなければならないし、そのような処分により権利を毀損された者は、終局的に救済されなければならない。行政法のしくみとして、そのような救済を絶対的に保障するものとして、取消訴訟がおかれている。ならば、そのような期待のある取消訴訟において、解釈上の操作により、原告の権利を救済するという趣旨の取消判決に、原告と対立関係にある第三者に承服させるつよい効力を付与することが可能であるならば、そのような方途をとるべきである、というものである。

(608) 筆者には、なお、これが、既判力であるのか、それとも、既判力とはべつの効力であるのか、不明である。

第四節　第三者の手続保障の理論

第一項　第三者の手続保障論の状況

一　行政処分を取り消し、または、変更する判決により、訴訟のそとにいる第三者が、直接に自己の権利を侵害されるという場合に、そのような第三者にも判決の効力を及ぼさせることが、はたして妥当であろうか、という疑問を、兼子(一)博士が、かつて、いだかれたこと、その場合の解決策として、博士が、取消判決の効力がかような第三者にはおよばないとする途を選択されたことは、これまでくりかえし指摘したところであるが[609]、博士は、いっぽうで、このままでは、処分の取消しの効果が、原告と(処分の名あて人である)第三者とのあいだで区々になることも憂慮され、第三者を(職権で)訴訟参加させることにより、判決の効力を第三者におよぼすということも考えておられたことは、すでに指摘したとおりである[610]。

この考えの根底にあるのは、第三者に「訴訟参加」という手続保障があれば[611]、博士が原則として否定された、取消判決の効力を第三者におよぼすことも、許されるという考慮であろう[612]。しかし、そこで、とうぜんにうかぶ疑問は、ひとつの訴訟手続である「訴訟参加」が保障されたか、保障されなかったかということで、実体法上の地位が左右される――判決の効力がおよぶかどうか――ことがあってよいものであろうか、ということである。へんないかたをすれば、「訴訟参加の手続の保障が、それほどのものであるのか」ということである。このことは、いまいいちど、根本から考えなおす必要があるように思われる。

二　ただ、取消訴訟の理論においては、行政処分を取り消す判決の効力は、原則として、訴訟のそとにいる(処分の名あて人である）第三者にはおよばないとする、兼子(一)博士の理論は、本書の考察では、すでに、採用できないという結論をだしているので、[613]第三者に判決の効力を及ぼすために、どのくらいの手続保障をすればよいのかというようなことは、考える必要がないといえば、ないのであるが、処分による自己の既得の権利が、判決により覆滅されるという実体法上の効果とのバランスで、手続として、訴訟参加する機会を保障するということが、どれだけの意味があるのかということは、やはり、考えておくべきであろう。

三　その場合には、手続保障そのものの本質を考えなおすことと、それに判決の効力論を関連させて考えることが求められようが、さすがに、そのような考察は、民事訴訟理論において、すでに行われており、現在の手続保障論は、「判決あるいは不利益な効果を及ぼすことを正当化するための手続保障とはなにか」[614]という段階から、「訴訟の本質的要請としての、あるいは手続過程そのものに普遍的価値をおく手続保障とはなにか」[615]という段階にまで、到達しているようである。

それと比較して、行政訴訟の理論には、ざんねんながら、このような本格的な手続保障本質論はない。[616]いや、それどころか、（実質的な当事者である）第三者が訴訟参加することの、憲法上の根拠についてさえ、まったく論じられていない[617]という公法の状況である。ほんらいならば、まず、第三者に訴訟参加の機会が与えられることの憲法上の根拠をあきらかにしたうえで、それをうけて、行政訴訟もしくは行政法の理論のなかに、いかなる手続保障論があるのかを分析するというのが、「すじ」であろうが、[618]このような考察が不可能であることは、右に述べたとおりである。

そこで、やむをえず、民事訴訟で展開された手続保障本質論の教えるところを吟味したうえで、そのような理論が、行政訴訟においても妥当するのかを検討する、という考察方法をとることにする。

第二項　第三者の訴訟参加の手続保障

(a)　民事訴訟のあたらしい手続保障論——「第三の波」理論と新堂理論の分析——

一　いま、民事訴訟では、訴訟における「手続保障」の意味を根本から見なおし、そのあたらしい「手続保障」の観念を中心にすえた民事訴訟理論を構築しようとする動きがある。その基本的な思想は、当事者への主体的で実質的な手続の保障ということにあり、そして、それが保障されたことによる、自己責任を当事者に求めるということでもある。

その塙矢となったのが、新堂教授の「民事訴訟法理論はだれのためにあるか」[619]という論文であるとされるが、新堂理論をさらに発展させた、いわゆる「第三の波」[620]と評される最新の手続保障理論もある。その代表格と目されている井上(治)教授の理論[621]から、まず、見ていこう。

二　井上(治)教授のあたらしい手続保障論は、裁判所が判決を下すための手続法という観点から構築された民事訴訟法を根本から見なおす[622]という、スケールのおおきい、深遠なもので、その性格を、「手続内における当事者相互間の主体的な行動の積み重ねによって当事者間に共通のものが形成され、次第にもつれた糸がときほぐれて紛争解決の端緒が切り開かれるという発展的な訴訟観が前提にされる」と、みずから、性格規定されている。[623]そのうえで、訴訟における手続保障とは、「当事者を対等に引き上げるための手続ルールにもとづいて当事者間に筋の通った論争の場を保障する」こととされ、それが、また、民事訴訟の主要な目的ともされるのである。[624]

しかし、これだけでは、あまりにも抽象的でわかりにくいので、もうすこし、くわしい説明をひろってみよう。その保障されるべき「手続」のイメージ——「当事者のあいだの論争または対話」——とは、ルールにもとづく訴訟における論争または対話であり、そのルールは、当事者のあいだの実質的平等を確保したうえでの、当事者のあいだの行為責任分配ルールとでもいうべきものであるとされる。(625) したがって、訴訟における手続保障の主要な役割というのは、あるべき当事者のあいだに、対等な立場の対話を実現することということであろうと思われる。

しかし、そこでうかぶ疑問は、なぜ、このような対話を訴訟において実現することが、それほど重要なのであろうか、ということである。(626) そのことについて、井上(治)教授は要約すると、つぎのように説明される。(627)

すなわち、紛争が訴訟にまでもちこまれた原因が、相手方が訴訟まえの交渉過程・紛争過程でつくすべき説明義務をつくしていないことにあるとすれば、一連の周到な相互作用的な手続上の配慮と、不履行に対するサンクションを背景にしながら、説明をせざるをえない状態にもちこんでいくことのできる手続は、訴訟をおいてほかになく、そこで、「当事者双方が共通の方向を目指して相互の意志疎通をはかりながら論争を展開し対話を積み上げていくからこそ、訴訟事件の大部分は和解や訴え取下げで落着することになるのであり、そして判決もまた、当事者双方がこのような手続過程のなかからみずからつくり出したひとつの帰結であるということができる」というものである。

三　井上(治)教授は、このような手続保障を基本にすえ、そこから出発する民事訴訟理論の構築をめざされているわけだが、(628) ここでは、われわれの考察に直接に関連する判決効——既判力——の理論をとりだして見てみよう。

井上(治)教授のいわれる「第三の波」の考えでは、判決効が及ぶ根拠は、当事者のあいだであれ、対第三者とのあいだであれ、その者の行為規範の帰結としての自己責任に求められ、判決効としての遮断の根拠は人間の行動規範そのものに求められる。(629) その意味は、じゅうぶんに争ったことによる、あるいは争うべくして争わなかったことによる自己責任ということであって、その自己責任の範囲が、判決効としての遮断の範囲ということなのである。

ただ、自己責任といっても、訴訟においては、相手方との関係が問題になるので、この自己責任ということには、相手方との責任分配のルールをとりこんだ手続保障があることが前提となり、それが、また、既判力の正当化になるとされる。[630]

いずれにせよ、じゅうぶんに争ったことによる、あるいは、争うべくして争わなかったことによる自己責任が、既判力の根拠となるので、ここでいう遮断効は、包括的に訴訟物の範囲で生じるというイメージよりも、具体的に個々の主張について、じゅうぶんに争われたということによって、それぞれが「一事不再理」として遮断されるというイメージであるようである。[631]

四　井上(治)教授によって、手続保障の「第二の波」と位置づけられた、新堂教授の手続保障理論[632]では、当事者が既判力をうけることを正当化する根拠は、「当事者の地位につくことによって手続上対等にその訴訟物たる権利関係の存否について弁論し、訴訟追行をする権能と機会とを保障されることに求めることができ」、したがって、「当事者がこの地位と機会を現実にどのように利用するかまた事実上利用しないかは、その意思にまかすが、その結果には、自ら責任を負うべき」であるとされる。[633] これは、また、新堂教授の手続保障理論の基本テーゼにもなるので、これをくわしく検討することにより、新堂教授の手続保障理論をあきらかにしよう。

このテーゼにおいては、とにかく、「当事者の地位につくことによって手続上対等に」ということが重要なのである。なぜなら、新堂教授の手続保障理論では、当事者の双方に、実質的に対等に、弁論の地位と機会が与えられるということが、既判力の正当化の前提となるからである。ただ、新堂教授は、わが国の民事訴訟法には、そのような地位と機会が保障される「しくみ」が、すでに、用意されているとされる。[634]

そして、そのような、相手方と対等の弁論の地位と機会が与えられ、「その訴訟物たる権利関係の存否について弁論し、訴訟追行をする権能と機会」が与えられたからには、その結果——裁判所の判断である判決——については、みずから責任をおうべきであるという、新堂教授の「自己責任」論[635]につながるが、その根底にあるのは、公平の観念である。

これについての、新堂教授のもっとわかりやすい説明を、要約して、ひろってみよう。

すなわち、当事者が、相手方に対する関係で、不利益な既判力の効果をうけることを正当化する根拠は、当事者の双方に対等に弁論の地位と機会が与えられたからには、敗訴の結果に服せず、ふたたび争うのは、公平の観念に反するという理屈である、というものである。(636) そして、教授の考えでは、このような説明で、じゅうぶんに、国家権力による強制力を正当化し、近代人たる私人を説得し納得させることができる、とされる。(637)

さて、このように正当化される既判力にあっては、その既判力の主観的範囲も、この手続保障の延長において考えられる。いいかえれば、既判力の主観的範囲も、手続保障理論のうちということになる。すなわち、新堂教授の立場からは、手続保障の及ぶ範囲の者に、既判力が及ぶということになる。(638) 民事訴訟の大原則では、既判力は当事者のあいだでのみ生じるということであるが、右記の新堂教授のテーゼでも、「当事者の地位につくことによって」、かような手続保障をうけられるということが前提になっており、当事者の範囲に限定されるということになる。

五　右記の新堂教授のテーゼで、もうひとつのポイントは、当事者が、弁論と訴訟追行の地位と機会を「利用するかまた事実上利用しないかは、その意思にまかすが、その結果には、自ら責任を負うべき」であるということにある。これは、ようするに、手続保障をうけた当事者は、じっさいに弁論・訴訟追行を行わなくても、それは、みずからの意思で行わなかったということであるので、訴訟の結果について承認するほかはない、という論理である。

そして、まさに、この点が、「第三の波」の手続保障理論と、決定的にことなるのである。井上(治)教授が、新堂教授の手続保障理論を非難される点は、それでは、手続保障されたところを利用しなかった者にも、判決効により遮断される、つまり、はばひろく失権する、ということを正当化する論理に、手続保障が、使われかねないということである。(639) ぎゃくにいえば、井上(治)教授らの立場にあっては、現実に、主体的な（その当事者の）対話・論争が行われなかったときには、（その当事者に対する）手続保障がされなかったことになり、（その当事者には）判決効による遮断は認められない、ということになるのである。(640)

六　さて、これまでくわしく分析した井上（治）教授、新堂教授の理論も、ここまでは、訴訟当事者に対する手続保障の範囲のものであり、そのかぎりでは、第三者が補助参加することの手続保障について述べたものではない。しかし、新堂教授に関していえば、新堂教授の手続保障論がもっとも威力を発揮するのは、補助参加の理論においてである。

新堂教授が、「参加的効力の拡張と補助参加人の従属性」という論文(641)において、第三者が現実に補助参加し、主たる当事者とともに訴訟追行をした場合には、参加的効力に類する拘束力——おそらく、既判力——を、補助参加人と相手方当事者とのあいだにも、生じさせるべきであるという論理を展開されたことは、本書において、すでに、くわしく分析したところである。(642)

その論旨は、概要、以下のとおりである。

すなわち、他人の法律関係の争いであっても、特定の争点が補助参加人の権利義務に関するものであるときは、その争点について、補助参加人および両当事者が、そうとうのエネルギーを費やして争った場合には、その争点に関する裁判所の判断は、主たる当事者と補助参加人のあいだを拘束する——「参加的効力」によって——のみならず、相手方当事者と補助参加人のあいだも拘束する——教授のいわゆる「参加的効力に類する拘束力」によって——としなければ、「補助参加」の制度は、「投入量に比べて出力の低い効率の悪い制度」(643)となる、というものである。

しかし、そのような理論を構築するためには、どうしても、わが国およびドイツの民事訴訟の通説により、補助参加の本質的特徴とされてきた「補助参加人の従属性」を打破しなければならない。(644)新堂教授は、補助参加人の権利義務に関する特定の争点については(645)、主たる当事者の意思に反する訴訟行為もなしうる、訴訟当事者と同等の訴訟上の地位が、補助参加人にも保障されなければならないと主張される。(646)そして、この論理のうちに、かように、主体的に訴訟行為がなしうるという手続保障がされることを前提にして、補助参加人は、その争点についての裁判所の判断に、主たる当事者との関係のみならず、相手方当事者との関係においても、拘束されることになるという、新堂教授の思想がうかがえるのである。(647)

(b)　取消訴訟における手続保障の意義と必要範囲

一　行政訴訟理論においても、むかしから、手続保障論として、取消判決の効力を（直接に）うける第三者を訴訟に参加させることの必要性が強調されてきた。(648)しかし、そこでいわれる訴訟参加の手続保障の内容は、第三者を訴訟手続に参加させ、自己の法的地位を防衛するために、主張・証明の機会を与えるべきであるというものであって、それ以上のものではなかったといえる。

その意味は、ひとつには、民事訴訟のあたらしい手続保障理論でいわれているような、現実に、主体的・能動的に、個々の争点について、相手方と対等に、対話や弁論をつくす機会が保障されなければならないという、実質的な手続保障と比較してみれば、それは、とりあえず、第三者に訴訟参加の機会を与えればよいという、形式的な手続保障にすぎないということである。

また、もうひとつは、もし、取消判決により直接に自己の法的地位が覆滅される第三者に、訴訟参加する機会が与えられなかった場合に、そのことが、取消判決の効力に影響することがあるかどうかは、ほとんど論じられていなかったということでもある。(649)

二　取消訴訟における、第三者に対する訴訟参加の手続保障の意義がかようなものであったとして、それでは、現実に、その第三者の訴訟参加の手続保障の意義とされるところまで、手続保障がつくされてきたかどうかについて、つぎに、検討してみよう。

まず、制度的には、わが国では、行政裁判法のときから、行政訴訟（取消訴訟）において、その事件（取消判決）に利害関係がある第三者を、訴訟参加させる手続を規定していた。[650]そのかぎりでは、訴訟参加の手続保障の「おおわく」はあったといえる。

そして、このわが国の行政訴訟における訴訟参加の制度について、さらにいうと、第三者の申立てによるほか、裁判所が職権で第三者を訴訟参加させることができるとされたところに、民事訴訟の補助参加にはみられない固有性が、付与された。その理念は、当初は、「これらの利害關係を有する第三者を強制的に訴訟に參加せしめることは、訴訟審理の上に必要な材料を供せしめ、公共の利益に密接な關係のある行政事件訴訟の適切な解決を期する上に必要であ」るとされていたが、[651]行訴法制定以降では、第三者に攻撃・防御の機会を付与することによる、権利保護の意味あいもあることが、強調されてきた。[652]

しかし、実務において、裁判所が、訴訟の結果までを見通し、訴訟のそとにいながら、その法的地位が覆滅されることのある第三者の権利保護まで配慮し、その第三者を訴訟参加させる職権を、じっさいに行使したという事例は、ほとんど見られなかったようである。[653]

ただ、訴訟参加には、このほか、第三者からの申立てというルートもあったので、第三者みずからが、訴訟の結果を予見し、自己の法的地位が覆滅されるかもしれないという事態を重大にとらえ、訴訟参加し、独立の攻撃・防御の機会が付与されるという、手続保障をうけることを求めるということが、もし、十全に行われていたのであれば、それはそれで、第三者の訴訟参加の手続保障の意義とされるものの実質は、つくされてきたといえるかもしれない。

三　しかし、取消訴訟の構造、特質を、さらに、よく考えてみると、そのように楽観視することはできない、本質的な問題点があるようである。

それは、その第三者に授益的な行政処分の取消しを、その第三者以外の者が求めるという取消訴訟の構造を考えた場合には、その第三者の知らないあいだに、処分取消しの訴えが提起され、訴訟が進行し、処分を取り消す判決が下されてしまうということがありうる、というよりは、このような事態におちいることを防止する制度的措置が、行政事件訴訟法のなかにも[654]、民事訴訟法のなかにも、なんら講じられていないということである。たしかに、民事訴訟法には、「訴訟告知」が規定されているが、それは、訴訟当事者からの任意的なものにすぎない[655]。もし、そのように、自己の法的地位の覆滅がはかられている、第三者にとって深刻な取消訴訟の係属が、だれからもその第三者に告げられず、訴訟参加の機会を失するということがあるのであれば、それで、制度的に、第三者にじゅうぶんな訴訟参加の手続保障がされているということができるのであろうか。この点が、これからの考察の中心となる。

四　さて、それでは、民事訴訟の理論を参考に、どのような内容の手続保障が、かかる第三者にとって必要かということを検討していくが、その前提として問題になるのは、かかる第三者に対する手続保障を論ずる場合に、民事訴訟の最新の手続保障理論――いわゆる「第三の波」理論――でいわれているような、たかいレベルの手続保障を基準とすべきか、である[656]。これについては、検討をすすめていく過程で考えるとして、とりあえず、われわれの考察の基礎とするのに、よりふさわしいと考えられる新堂教授の手続保障理論を、参考にしよう。

教授の基本テーゼと考えられるものの前提には[657]、手続保障をうける者が「当事者の地位につくこと」により、当事者としての訴訟行為を行うということがあるが、取消訴訟に訴訟参加する必要性が認められる第三者についていえば、まさに、取消判決の効力をうけるということのゆえに、いわゆる「共同訴訟的補助参加人」としての地位が認められ、訴訟参加したがわの主たる当事者の意思に反する訴訟行為も行いうるという意味で、当事者に匹敵する訴訟上の地位についているといえよう。

教授は、また、通常の補助参加人についても、補助参加人の権利義務に関する特定の争点については、主たる当事者の意思に反する訴訟行為もなしうる、訴訟当事者と同等の地位が保障されなければならないと主張されている(658)が、取消判決の効力をうける第三者は、すでに、訴訟物ぜんたい――「行政処分の違法性一般」という通説の立場で――のすべての争点について、この地位についているのである。

そのように考えると、取消判決の効力をうける第三者は、取消訴訟に訴訟参加しさえすれば、教授が観念されるような、利用しようと思えば利用できる、訴訟当事者と対等の訴訟行為をなしうるという、実質的な手続保障を、かならず、うけることになっているといってよいであろう。

しかし、ここで注意しなければならないのは、教授のいわれている手続保障というのは、民事訴訟の制度にすでに内在している手続保障とはべつの、なにかあたらしい手続保障をつけ加えようというものではない。教授も指摘されているように(659)、もともと、民事訴訟の制度のなかに、訴訟当事者が、手続上対等にその訴訟物たる権利関係の存否について弁論し、訴訟追行をする権能と機会とを保障する、個々の規定がおかれているのである。つまり、民事訴訟のあたらしい手続保障論というのも、現象的には、すでに存在している手続について、手続保障論としての意味づけをたかめ、それによって、当事者が主体的に手続をすすめていくというイメージを、うえつけようというものであった、といえよう。

手続保障がイメージにとどまるかぎりにおいては、取消訴訟に訴訟参加した第三者に対する手続保障として、過剰にはならない。しかし、井上(治)教授らが主張される手続保障論のように、イメージにとどまらず、現実に、かように主体的な訴訟手続を当事者がとらないかぎり、手続保障があったとは認めないものは、取消訴訟の訴訟参加には、過剰な手続保障といわざるをえない。

それは、すでに前節で分析したように、行政処分の取消訴訟に第三者が訴訟参加する場合は、第三者は、被告国（行政庁）のがわに訴訟参加し、国（行政庁）とともに、処分の適法性維持のために主張・証明をつくすことになるが、理論的にも、現実にも、国（行政庁）がなす主張・証明以外のものは、なかなか、なしえないので、現実に主体的に訴訟行為を行われたことを前提とする立場では、取消訴訟に訴訟参加する第三者には、手続保障がされていないということになってしまうからである。もちろん、あくまで、取消訴訟に訴訟参加する第三者についても、かようにたかいレベルの手続保障が必要であると主張することは可能であるが、はたして、そこまでの手続保障が、ほんとうに必要であろうかということは、考えてみるべきである。

五　そのために、取消訴訟における手続保障を段階的に分析してみよう。

まず、第一の段階の、基本的な手続保障として、第三者の実体法的地位の根拠となっている処分の取消しを求める訴えが提起された、あるいは、すでに、そのような訴訟が係属しているという事実が、第三者に「告知」されるということがなければならない。しかし、この「告知」の手続は、行訴法には規定されていないし、また、民訴法に規定されたものでは、不じゅうぶんである。(661)

つぎに第二の段階の手続保障として、取消訴訟に訴訟参加する必要性があると認められる第三者に、訴訟参加しようと思えば、訴訟参加しうることが、制度的に保障されているかどうかである。これについては、一定の訴訟参加（補助参加）の利益が認められる者に、申立てによる訴訟参加、および、補助参加が許されているということで、十全に保障されているといえる。(662)

つぎに、第三の段階の手続保障として、訴訟において、行政処分の適法性維持のために、主たる当事者である被告国（行政庁）とは独立に主張・証明を——国（行政庁）の意思に反する主張・証明もふくむ——なしうるということが保障されていなければならない。これについては、取消訴訟に訴訟参加する第三者は、「共同訴訟的補助参加人」としての地位が認められているので、保障されているといえる。[663]

こうしてみると、第二、第三の段階の手続保障、つまり、第三者が、訴訟参加する意思をかため、訴訟参加の申立てをする以降の訴訟手続については、わが国の民訴法および行訴法は、じゅうぶんにその機会を提供しているといえよう。あとは、第三者が、そのような機会を利用するかしないか、どのように利用するかの問題であって、手続保障論として、現実に第三者が訴訟参加し、実質的に、被告国（行政庁）とならんで、原告と対等に、処分の適法性維持のため、主張・証明をつくしたという事実があることまでを要求する必要はないように思われる。[664]なぜならば、取消訴訟で問題となるのは、第三者の権利ではなく、処分の適法性であるので、第三者がじっさいに主張・証明の機会を利用せず、処分の違法を主張する原告に対抗して、処分の適法性維持のため、もっぱら主張・証明をつくすのが、被告国（行政庁）にかぎられたとしても、そのことにより、第三者の権利主張の機会が奪われ、第三者の手続保障に欠けることになるとはいえないからである。この点で、第三者が補助参加することにより、訴訟の帰すうが、おおいに左右されうる民事の争いとは、ことなるのである。

そうすると、右に示した手続保障の段階で、問題となるのは、けっきょく、第一の段階の手続保障である。第二、第三の段階の手続保障も、第三者が、自己の法的地位の覆滅につながる判決が下される可能性がおおいにある訴訟が提起されたということ、あるいは、係属しているということを、認知することが、前提となるが、この第三者に認知せしめる手続については、行訴法は、なにも規定していないし、民訴法の規定では、不じゅうぶんである。そして、第三者が不知のあいだに訴訟手続が進行し、第三者の法的地位を覆滅する判決が下され、その結果を、とつぜん、承服せよと告げられることの第三者の不利益について、なにも論じられていない[665]し、すくなくとも、その救済について、法は、直接には、なにも規定していない。

ただ、その場合に考えられるのは、そのような不備に対して、「第三者の再審の訴え」が、事後的な救済にもなりえないのかということである。これは、手続保障の問題として、かなり重要であると思われるので、項をあらためて論ずることにしよう。

第三項　第三者の再審の訴え

(a)　問題の再確認——伊藤(洋)研究が示唆したもの——

一　「第三者の再審の訴え」は、わが国の行政事件訴訟法で、第三者の訴訟参加と密接な関連をもつ制度として規定された。この制度についてここで考察する論点は、訴訟参加する必要性があると考えられた第三者が、訴訟参加しないままに、第三者に授益的であった処分を取り消す判決が確定してしまったという場合に、この制度が、その第三者に対する手続保障の欠缺を補う「てだて」として活用しうるものであるのかということである。

その考察の重要な「てがかり」となると思われるのが、伊藤(洋)教授の研究[666]のなかに示された、フランスにおけるひとつの解決策である。すでにくわしく分析したところであるが、それは、フランスの行政訴訟で、取消判決の効力をうける第三者が訴訟参加していなかったということへの救済策として、「第三者再審（tierce-Opposition）」がひろく活用されているというものである。そして、教授は、これが、閉塞したわが国の訴訟参加の理論状況を打破する突破口になりうるのではないか、という示唆をされていることも、すでに指摘したとおりである[667]。しかし、本書では、まだ、このような解決策が、そのまま、わが国の制度の解釈論としてなりたつかどうか、検討していなかった。

そこで、あらためて、それを検討するにさいして、教授があきらかにされたフランスの解決策を、ここに概括しておこう——これを、以下、〔フランスの第三者再審の活用策〕とよぶ——。

〔フランスの越権訴訟では、取消判決の効力をうける第三者には、あらかじめ訴訟参加し、自己の権利を防衛するため、主張・証明の機会を与えられることが、きわめて重要であると考えられ、訴訟参加の利益を有しながら、訴訟参加できなかった第三者は、すべて、事後的訴訟参加として、「第三者再審」が保障されている。そのけっか、訴訟参加しなかった第三者に判決の効力をおよぼすことが、妥当かどうかという深刻な問題に直面することはない。〕

右の要約からわかるように、ここでは、「第三者再審」の制度が、第三者の訴訟参加と、密接な関連をもち、事後的な訴訟参加と位置づけられているが、これには、だいじな前提がいくつかあることが、教授により指摘されていたので、それを再確認しておこう。(668)

ひとつは、フランスでは、「第三者再審」の利益と第三者の訴訟参加の利益は、「ほぼ」同一と考えられている、ということである。(669)

ひとつは、フランスでは、「第三者再審」において、第三者は、当事者が訴訟でした攻撃・防御方法を、「かさねて」することができ、裁判所も、これに対して判断する義務があるという運用がされている、ということである。

ひとつは、フランスでは、第三者再審の訴えを認容する判決は、第三者が訴訟参加しないまま下された判決を取り消す効力をもつが、これには対世効もあるとされている、ということである。

右記のような、三つの前提が確立している場合には、「第三者再審」が、訴訟のそとにいる第三者にとって、ほぼ完全な意味で、事後的な訴訟参加となりうる。つまり、第三者が訴訟参加しないままに、第三者の法的地位を覆滅する判決が下されたとしても、第三者は、そのあとで、「第三者再審」を提起し、訴訟参加していればしたであろう主張・証明をする機会が、あらためて与えられるということで、第三者に対する手続保障としては、万全の配慮がされたものといえよう。

二　右に見た〔フランスの第三者再審の活用策〕のように、「第三者再審」を事後的な訴訟参加として活用する解決策は、きわめて魅力的であるが、そのような解決策を、わが国においても採用しうるためには、とうぜんのことながら、右記の前提が、わが国の制度のもとでの解釈として認められなければならない。それぞれについて、検討していくべきであるが、そのまえに、もうひとつの問題の再確認として、わが国の「第三者の再審の訴え」の意義と、その再審の利益について論じた東京地裁平成一〇年七月一六日判決(670)の論理をみておこう。

(b) 問題の再確認——東京地裁平成一〇年七月一六日判決の論理——

一　行訴法三四条に規定された「第三者の再審の訴え」では、再審の利益として、「自己の責めに帰することができない理由により訴訟に参加することができなかった」ということが、要件のひとつとして上げられている。本件で、訴訟の第三者であった再審原告は、裁判所より原取消訴訟の係属の通知がされなかったので、訴訟参加できないままに取消判決が確定してしまったとして、再審の訴えを提起したのである。

これに対する東京地裁平成一〇年七月一六日判決の論理——以下、〔東京地判の論理〕——を、すこしくわしく、段落に区切って、分析してみよう。

二　「第三者の再審の訴えについて規定する法三四条一項は、取消判決が確定した場合において、いたずらに再審事由を広げることは、法的安定性を害するのみならず、現実問題として、取消判決によって利益を受ける者の迅速な権利回復を妨げることにもなりかねないことから、再審事由を『自己の責めに帰することができない理由により訴訟に参加することができなかったため判決に影響を及ぼすべき攻撃又は防御の方法を提出することができなかった』ことに限定しているものであり、その趣旨及び文理からすれば、『判決に影響を及ぼすべき攻撃又は防御の方法』とは、攻撃又は防御の方法が従前の訴訟で提起されていたならば、当該訴訟の判決が第三者に有利に変更されていたであろうと認められる攻撃又は防御の方法をいい、従前の訴訟で既に判断されているものや、従前の訴訟で提出したとしても判決の結果が変わらないものは、これに当たらないと解するのが相当である。」

ここでいわれているのは、行訴法二二条の第三者の訴訟参加の利益の範囲と、同三四条の第三者の再審の訴えの利益の範囲は、ことなるということである。再審の訴えを提起することができる第三者は、基本的には、訴訟参加の利益を有していなければならないとされている――両条で、判決により「権利を害される」という（基本）要件がオーバーラップしている――が、それに、判決に影響を及ぼすべき攻撃又は防御の方法を提出することができる者であること、という「しぼりこみ」がされると強調されているのである。それは、それが提出されていれば、当該訴訟の判決が第三者に有利に変更されていたであろうと認められるものということであるが、さらに、シビアに、「従前の訴訟で既に判断されているもの」や、「従前の訴訟で提出したとしても判決の結果が変わらないもの」は排除されると、「だめ」をおされているのである。

この判決文を書いた裁判官の基本思想は、「いたずらに再審事由を広げることは、法的安定性を害する」というところに、端的に表されている。このような考えを前提とするならば、法は、第三者の再審の訴えの利益をしぼりこんでいるという見方をとるのは、むしろ、とうぜんといえよう。なお、ここで注意しておかなければならないのは、この場合の「法的安定性」ということの内容を、「取消判決によって利益を受ける者の迅速な権利回復」と、はっきり規定していることである。このとらえかたじたいは、具体的で、そして、ただしい。

ただ、ここで考えなければならないのは、そのしぼりこみの要件とされている、「従前の訴訟で提起されていたならば、当該訴訟の判決が第三者に有利に変更されていたであろうと認められる」ものや、「従前の訴訟で提出したとしても判決の結果が変わらないもの」というのは、それが、訴訟の終局判決の実体判断において、処分が、違法ではなく、適法であると証明される根拠となりうるか否かということである。そうすると、訴訟要件としての再審の利益において、再審が始まったのちの実体判断の要件とされるべきことが、混入しているのではないかという気がしないでもない。この問題については、すこし、民事訴訟の再審の理論にさかのぼって、検討する必要があると思われる。

三　もともと、民事訴訟理論では、なぜ、再審事由という瑕疵が存在すれば、判決が確定しているにもかかわらず、法は、再審理できるとしているのかという、いわゆる「再審原理」の問題というものがあるようである。(671) これは、また、再審が、前訴確定判決の取消しという面と、前訴確定判決の内容の本案の再審理を行うという面をもつことと、再審事由についても、歴史的に、無効もしくは取消事由としての性格をもつものと、原状回復事由としての性格をもつものが認められていたことに関連して、複雑な理論状況になっているようである。(672) ただ、いま本書で問題にしていることとの関連で整理すると、つぎのとおりである。

前訴の判決はすでに確定しているので、再審を開始するにあたっては、確定判決をどうするかということが、まず、問題になる。確定判決を取り消したうえでなければ再審が開始しないというのであれば、再審が認められるための再審事由というのは、前訴確定判決の取消事由でなければならないということになる。(673) 取消訴訟の、処分を取り消す判決の取消事由ということになれば、たしかに、同判決でいうような、「従前の訴訟で提起されていたならば、当該訴訟の判決が第三者に有利に変更されていたであろうと認められる」ような事由になろう。(674)

しかし、現行民訴法は、三四六条一項で、裁判所は、再審の事由があると認めるときは、「再審開始の決定をしなければならない」と明記した。(675) そして、前訴確定判決が取り消されるのは、三四八条三項により、前訴確定判決の内容を再審理したうえで、(676) 判決が不当であると判断されたときである。(677) これらの規定内容を総合すると、どうも、再審事由というのは、再審を開始しうるかどうかだけを決するもの――原状回復事由――と考えられているようである。そうすると、同判決でいわれているような、「従前の訴訟で提起されていたならば、当該訴訟の判決が第三者に有利に変更されていたであろうと認められる」ような事由であることまで、再審事由として要求することは、現行民訴法の主旨に反するといえよう。

ただ、民事訴訟の理論のなかには、現行民訴法がそのように改正されたことにかぶせて、当事者への手続保障が欠けたというだけで、再審を認めようとする考えかた(678)があるが、これによれば、再審の利益が、いたずらにひろがり、取消訴訟についていえば、第三者の訴訟参加の利益とほぼ一致してしまうことにもなろう。再審が、法的安定性の要請を一時的にやむをえず損なう「非常救済手段」であるということを考えるならば、ここまで、再審が認められる範囲をひろげることには、問題がある――とくに、取消訴訟では、原告の権利救済とのバランスで――。

そこで、筆者の考えとしては、行訴法三四条一項の、「判決に影響を及ぼすべき」攻撃又は防御の方法を提出することができなかった、という「しぼり」の要件について、「当該訴訟の判決が第三者に有利に変更されていたであろうと認められる」というところまでは読みこまないが、「判決に影響を与える可能性がある」というところまでは要求しておく必要があるのではないかと考えている。

四　「そして、右の再審事由の有無は、原則として、当該第三者（再審原告）の提出する攻撃又は防御の方法が判決に影響をおよぼすことになるのか否か、その主張が論理的正当性を有するか否かによって判断すべきである。」

ここでいわれていることは、じっくり検討しなければならない。行政処分を取り消す判決が下された訴訟の再審を、第三者が求めるという場合には、「判決に影響を及ぼす」ということは、行政処分が違法であるという認定に影響をおよぼす攻撃または防御の方法を、第三者が保有しているということを意味する。しかし、国（行政庁）が、取消訴訟で提示することのできなかった攻撃または防御の方法で、行政処分が適法であることを証明するものを、第三者がべつに保有する可能性が、きわめてひくいということは、前節で論証したとおり(679)である。これによれば、再審の利益は、きわめてせまくなる。

また、ここで、すこし検討しなければならないのは、その攻撃または防御の方法が、「論理的正当性を有する」

ものでなければならない、とされていることである。それがどういうことを意味するか考えてみると、行政処分が違法であるという認定に影響をおよぼす攻撃または防御の方法が、論理的正当性を有しなければならないということは、それが、訴訟の終局判決の実体判断において、処分が、違法ではなく、適法であると証明される根拠となりうるものでなければならないということである。これについては、すでに検討したように、訴訟要件としての再審の利益において、再審が始まったのちの実体判断の要件とされるべきことが混入しており、問題であるといわざるをえない。

五　「法二二条一項は、裁判所は、訴訟の結果により権利を害される第三者があるときは、当事者若しくはその第三者の申立てによりまたは職権で、決定をもって、その第三者を訴訟に参加させることができる旨規定しており、右の第三者を訴訟に参加させるか否かについて裁判所の裁量を認めているのであって、かかる第三者に対し、訴訟係属を通知すべき義務を明文で定めている規定は存在しない。」

これは、行訴法二二条一項の、ごくすなおな文理解釈を述べているのであって、そのとおりである。また、裁判所が、かかる第三者に対し、訴訟係属を通知すべき義務を定めた規定が、行訴法にも、民訴法にも、存在しないと述べていることも、そのとおりである。

六　「また、法三四条一項は、取消判決により権利を害された第三者で、自己の責めに帰することができない理由により訴訟に参加することができなかったため判決に影響をおよぼすべき攻撃又は防御の方法を提出することができなかったものは、これを理由として、再審の訴えを提起することができる旨を定めているのであって、自己の責めに帰すべき事由もなくして訴訟に関与する機会を持たなかった者については救済の途が開かれているのである。」

ここに述べられていることは、「第三者の再審の訴え」が、訴訟参加できなかった第三者に対する、「事後的訴訟参加」の制度として位置づけられるかのようなニュアンスである。しかし、これには、二重の意味で問題がある。

ひとつは、この段落の前半で、再審の利益は、訴訟参加の利益よりも制限されるという趣旨のことを、くりかえし述べ、ようするに、第三者の再審の訴えというのは、よういには認められない救済手段であるということを確認しておきながら、それをもって、訴訟参加できなかった第三者に対する（一般的な）事後的な救済の保障であるとするのは、論理的におかしい。この点は、さらに追究する必要がある。

また、もうひとつは、〔フランスの第三者再審の活用策〕との比較でいうと、このように、「第三者の再審の訴え」を、事後的訴訟参加と位置づけるためには、論理的に、フランスの制度の運用に見られる三つの前提が認められるということを、まずあきらかにしてからでなければならない。そのことが、ここでは示されていない。

(c)　再審の理論と現行法の解釈からの結論

一　それでは、〔フランスの第三者再審の活用策〕の三つの前提について、検討していこう。

第一の前提である、「『第三者再審』の利益と第三者の訴訟参加の利益は、『ほぼ』同一でなければならない」ということであるが、これは、現行行訴法の二二条と三四条の解釈から判断されるが、それには、制度の立法趣旨というものも、勘案すべきであろう。

「第三者の訴訟参加」の二二条一項では、「訴訟の結果により権利を害される」ということをもって、訴訟参加の利益としている。それに対して、「第三者の再審の訴え」の三四条一項では、「処分又は裁決を取り消す判決により権利を害された第三者で、自己の責めに帰することができない理由により訴訟に参加することができなかつたため判決に影響を及ぼすべき攻撃又は防御の方法を提出することができなかつた」ということをもって、再審の利益としている。

このふたつの要件をくらべてみると、訴訟の結果（判決）により「権利を害される」第三者であるという基本要件については、共通である。そのうえで、三四条のほうでは、さらに、べつの要件が付加されているとみられる。すなわち、「自己の責めに帰することができない理由により訴訟に参加することができなかった」ということと、「判決に影響を及ぼすべき攻撃又は防御の方法を提出することができなかった」ということである。

この付加されたふたつのものでは、前者のほうが、より重要である。その理由は、この要件のうちに、第三者の再審の訴えは、第三者の訴訟参加と対置される特別の再審の制度であるという、制度の立法目的が、[680]示されていると考えられるからである。つまり、訴訟参加の理由を有する第三者のうち、「自己の責めに帰することができない」という特殊な事情がある場合にかぎり、再審を認めようということなのである。

その特殊な事情というのは、天変地異のようなものを除けば、「訴訟係属の事実を知ることができなかった」ということが中心になろう。[681]このことは、うらがえせば、(訴訟が係属しているということを知り) 訴訟参加の申立てをしようと思えばできたが、けっきょく、申立てをしなかったという第三者は、「自己の責めに帰する」理由により訴訟参加できなかったということで、再審の利益はないということになる。

後者については、これも、再審の利益を限定する要件とみるべきであろう。これには、いちおう、前者の「自己の責めに帰することができない理由により訴訟に参加することができなかったため」ということがかかるが、これを、ただ、訴訟参加できなかったため、攻撃又は防御の方法を提出することができなかったと、あたりまえのことがいわれていると考えることはできず、「判決に影響を及ぼす」というところに重点がおかれているとみるしかない。そうすると、けっきょく、ここでいわれているのは、再審においては、判決に影響を及ぼしうる攻撃又は防御の方法を提出しなければならないということである。[682]この制度の立法趣旨でも、そのように説明されている。[683]

こうして見てくると、二二条の第三者の訴訟参加と三四条の第三者の再審の訴えでは、その申立て、訴えが認められるための基本的要件は同一であっても、第三者の再審の訴えでは、そこから要件がしぼりこまれており、ト－

タルでみると、第三者の再審の訴えの利益は、極端にせまくなっているといえよう。[684] したがって、〔フランスの第三者再審の活用策〕の第一の前提は、欠けることになる。

二　この第一の前提が欠けていることは、第二の前提の、「『第三者再審』において、第三者は、『かさねて』、当事者が訴訟でした攻撃・防御方法をすることができ、裁判所も、これに対して判断する義務があるという運用がされる」ということにも、直接に影響する。

わが国のじっさいの運用として、「従前の訴訟で提起されていたならば、当該訴訟の判決が第三者に有利に変更されていたであろうと認められる」攻撃または防御の方法を有する第三者のみに、訴訟参加の利益を認め、「従前の訴訟で既に判断されているもの」や、「従前の訴訟で提出したとしても判決の結果が変わらないもの」を、再審において主張することは許さないとされていることは、〔東京地判の論理〕の分析において、見たとおりである。そして、この判決の論理の基礎には、三四条の立法趣旨を勘案した常識的な文理解釈があることも、あきらかである。したがって、〔フランスの第三者再審の活用策〕の第二の前提は、欠けることになる。

三　第三の前提である、「第三者再審の訴えを認容する判決は、第三者が訴訟参加しないまま下された判決を取り消す効力をもつが、これには対世効もあるとされる」ということについては、じつは、わが国の三四条の解釈論としては、あまり論じられたことはない。したがって、第三者からの再審の訴えが許され、再審が行われるときの、その再審の性格、および、再審の訴えを認容する判決の性格がどのようなものであるのかは、一般民事訴訟の理論によりつつ、行訴法の解釈から、ここで決するほかない。

再審の手続と原訴訟の手続との関係は、民事訴訟では、再審事由が認められると、[685]（すでに確定している）原訴訟が復活すると理解されている。[686] その意味は、原訴訟の弁論の再開続行で、再審裁判所が事実審であれば、再審当事者は、あらたな攻撃・防御の方法を提出することができるということである。[687] ただ、本案の審理は、「不服申立ての限度で」行われ、[688]審理の結果、原判決が不当とされれば、不服の主張——再審原告の申立て——の限度で、原判決は取り消され、これに代わる裁判が行われる。[689]その意味は、原判決を取り消したうえで、再審原告の申立てについての判決が下されるということである。[690]

これを、第三者の再審の訴えの場合にそくして、考えてみよう。ところで、第三者に授益的な処分を取り消す判決に対して、第三者から提起された再審の訴えでは、その不服の主張とはどのようなものであろうか。それは、いうまでもなく、当該処分を取り消した判決は、適法な処分を違法と誤認し、不当に処分を取り消したというものである。そうすると、再審が開始されると、処分が適法か違法かが争われた原訴訟の手続に、もどることになる。そして、最終的に、再審の訴えを認容されることになれば、その判決は、当該処分を取り消した判決を取り消すものであるので、処分の効力は復活することになる。つまり、この判決は、形成判決である。[691]

その場合に、原判決が取り消され、処分の効力が復活したということが、第三者効をもつかどうか、ということは、民訴法ではなく、行訴法によって決まることになろうが、処分を取り消す判決は第三者に対しても効力を有する、とする行訴法三二条一項から、その処分を取り消す判決を取り消し、処分の効力を復活させる判決の効力も、第三者に及ぶと、しぜんに解釈できよう。なぜなら、いっぽうで、処分の効力を失わせる判決については、第三者効を認め、いっぽうで、処分の効力を復活させる判決については、第三者効を認めないのは、ふしぜんであるからである。

ただ、第三者効については、この場合、あまり意味がない。なぜなら、第三者効がいちばん問題となる「(訴訟参加すべきであった)第三者」が、第三者の再審の訴えでは、再審原告となっており、[692]判決の効力を直接に受けるからである。

こうして見ると、第三の前提については、わが国の制度のもとにおいても、認められるといえよう。

四　〔フランスの第三者再審の活用策〕を利用しうるための三つの前提のうち、第一と第二のものが、わが国の制度において認められない以上、訴訟参加する必要性が認められる第三者に、欠けた手続保障を追完する便法——事後的な訴訟参加——として、第三者の再審の訴えを用いることは、断念せざるをえない。また、それ以外に、「再審」という制度のもつ特別の意義からも、第三者の再審の訴えを、訴訟参加できなかった第三者に対する一般的な手続保障の制度とすることはできないようである。

訴訟における「再審」とは、およそ、通常の訴訟ルートとかけはなれた、非常救済手段という特殊な性格をもつものである。民事訴訟での説明は、「確定した終局判決に対して、その訴訟手続に重大な瑕疵があったことやその判決の基礎たる資料に異常な欠点があったことを理由として、当事者がその判決の取消しと事件の再審判を求める非常の不服申立方法」であるというものである(693)。また、刑事訴訟での説明は、判決が確定したのちに、各種の再審事由の存在にもとづいて開かれる再審の途は、「『確定』して不動となった判決を動かそうとするものだけに、『非常』の救済なのである」というものである(694)。このように、再審を通常は認められない非常救済手段と位置づける、わが国の訴訟制度の基礎にあるのは、いうまでもなく、法的安定性の要請、もっと具体的にいうと、判決の早期確定の要請である(695)。

ところで、行訴法における第三者の再審の訴えについては、通常の再審とはことなる特殊の再審であるというのが、行政訴訟理論の一般的理解であるが、しかし、そのことの説明は、再審事由、原告となりうべき者、再審の手続などが、一般の再審とことなるというものである(696)。それは、もっぱら、取消訴訟の特殊な構造に由来する相違を強調するにすぎないもので、再審を通常の訴訟ルートと対置してどのように位置づけるかという、本質的なところでの問題ではないのである。そうすると、行訴法における第三者の再審の訴えも、基本は、通常の訴訟制度で非常救済手段として観念される「再審」とおなじであるといえよう。

五　以上のように、〔フランスの第三者再審の活用策〕のような解決策をとることは、わが国の法制度の解釈および法感情から、いかように考えても不可能であることがわかったにもかかわらず、筆者が、なお、このような解決策に「みれん」を残したのは、つぎのような理由からである。それは、わが国の制度に、処分を取り消す判決により、処分による既得の権利を覆滅される関係にある第三者の手続保障において、本質的に欠けるところ――かかる第三者の不知のままに訴訟が係属し、取消判決が確定することに対する措置が講じられていない――があり、それを、この解決策をとることにより、なんとか補うことができるのではないか、と考えたからである。

しかし、さらにふかく考えてみると、〔フランスの第三者再審の活用策〕のような解決策をとったとしても、かならずしも、問題が解決するとはかぎらないようである。それを論証してみよう。

〔フランスの第三者再審の活用策〕は、訴訟参加の利益を有した第三者が訴訟参加できなかった場合に、第三者に対する事後的救済として、おって訴訟参加させ、審理を最初からやりなおすというものである。これは、一見して、第三者の手続保障として欠けるところがあったものを補う「てだて」として、もっとも、このましいものであるようであるが、取消訴訟の基礎にある行政事件というものを考えた場合に、はたして、それが、第三者の権利をすこしでも保護することにつながるような手続保障たりうるかは、疑問である。

たとえば、Ａに建築許可処分が与えられ、それを周辺住民が争うというような行政事件を考えると、いったん、処分の取消判決が確定したのちに、（原訴訟の第三者であった）処分の名あて人を（再審原告として）くわえ、審理をやりなおしたとしても、これまでの本書の考察であきらかにしたごとく、Ａが、原訴訟の被告行政庁がした以上の主張・証明をなしえ、判決がくつがえるという可能性は、きわめてひくい。しかし、それはそれで、手続保障の欠缺を補うという意味で、それなりの意義があるといわれるかもしれないが、問題は、これだと、Ａに処分が下されたときから、かなりの時間が経過してしまっているということである。つまり、そのあいだに、Ａは工事をどんどん進め、ぬきさしならない状態になってしまう。このことは、Aにとって、深刻な事態をまねくと思われるが、この分析については、次節で行う。

　このように考えてくると、取消訴訟における第三者に対する手続保障の本質は、訴訟において主張・証明の機会を与えるということにあるのではなくて、「はやめに」訴訟係属の事実を認知させ、権利の覆滅という結果の予測を可能にしてやり、それに備えさせることにあるといえよう。このことは、本書の結論部分に直結するので、節をあらためて論ずることにする。

　かような考察から、〔フランスの第三者再審の活用策〕も、けっきょくのところは、取消判決が下されたのちの事後的な救済策であって、自己に権利・利益を付与した行政処分の取消訴訟が提起され、自己の法的地位が覆滅されようとしている（訴訟外の）第三者の実体的損害を防止しようとする手続保障――「実体的権利を保護するための手続保障[697]」――という見地からは、けっして、有益なものとはいえないと断ずることができよう。

(609)　兼子(一)「行政處分の取消判決の效力」（本章注(142)）一〇三頁以下。本文二四四頁以下、二五七頁以下、三七八頁以下を、参照のこと。

(610)　兼子(一)「行政處分の取消判決の效力」（本章注(142)）一一七頁。本文二四九頁以下を、参照のこと。

　なお、近時の私法理論において、判決の対世効による統一的解決に注目するとともに、その場合は、対世効をうける第三者の手続保障が重要であると主張する見解が見られてきた。小林秀之＝角紀代恵『手続法から見た民法』（一九九三年）二二〇頁以下では、「紛争の統一的解決をはかるための最もドラスティックな方法は、判決に対世効を与えあらゆる第三者に判決の効果を及ぼして拘束してしまう方法である」として、民法関係では、人事事件で対世効が認められるとしている。そして、かかる場合には、対世効により「直接に影響を受ける第三者には、対世効を覆す訴えを提起できる機会を保障せざるをえないと思われる」とされている。

(611)　民事訴訟で一般にいわれてきた訴訟参加の手続保障というのは、他人のあいだの訴訟の結果が、第三者の訴訟上の地位に、直接的に間接的に影響を及ぼす場合に、かような第三者を拱手傍観させ、その結果だけを甘受させるのは適切ではない――斎藤秀夫編『注解民事訴訟法(1)』（一章注(13)）三六二頁――という観点からの手続保障であって、それは、ひとつの手続上の権利を保障するという意味の手続保障である。兼子(一)博士の考えておられた、手続保障としての「訴訟参加」の保障というのも、基本的には、これとおなじ性格のものであったと思われる。

しかし、このようにいってみれば、古典的な手続保障論に対しては、あたらしい手続保障論――後掲本章注(615)参照――にたつ井上(治)教授のきびしい批判がある。すなわち、その内実をあいまいにしたままで用いられる「手続保障はその概念だけですべてを正当化してしまうような響きをもつマジック・ワードになりつつあり、それじたいがスローガン化」するおそれがある、というものである。井上(治)「手続保障の第三の波」(本章注(362))三〇頁。

(612) 兼子(一)博士が考えておられた、判決の効力を第三者に及ぼす方途は、筆者が考えていた、現行民訴法一一五条一項二号の規定による既判力の拡張――本文四一五頁以下を参照――とはことなるものである。すなわち、「處分の取消によって直接その法律上の地位を害される者がいる場合は、原告は最初からこれを行政廳と共同被告にするか、或は訴訟開始後に裁判所へこれに對する參加命令を申立て、これを當事者として參加させることによつて、これに對しても判決の効力を及ぼさせ」る、というものである。同「行政處分の取消判決の効力」(本章注(142))一一六頁以下。

博士のかかる見解が、そのあとの、行訴法制定のときの「改正要綱試案(第一次案)」第二二のB案とされたことについては、本章注(215)を、参照されたい。

(613) 本文二六〇頁以下を、参照のこと。

(614) 井上(治)「手続保障の第三の波」(本章注(362))四三頁。

井上(治)教授によると、古典的な手続保障の考えというのは、〈判決効を及ぼすためには、あるいは不意打ちを防止するためには、どのような手続保障がなされなければならないか〉というような、「もっぱら判決を念頭に置き、不利益な効果を及ぼす関係でのみ持ち出される低次元の手続保障」――同論文三五頁――であったとされる。その意味では、ドイツ基本法の審問請求権(Anspruch auf rechtliches Gehör)や、英米法の在廷法則(His Day in Court)も、そのようなニュアンスがつよいとされる――同論文三〇頁――。

(615) 井上(治)「手続保障の第三の波」(本章注(362))三二頁以下。井上(治)教授によると、わが国の(民事訴訟理論における)手続保障論には、三つの節(波)があったとされる。

その第一の節(波)は、山木戸教授の「当事者権」の理論――山木戸「訴訟における当事者権」(同『民事訴訟理論の基礎的研究』(一九六一年)所収、初出は、民商法雑誌三九巻四＝五＝六号)五九頁以下――で、訴訟における当事者の権能をうきぼりにしたもので、当事者の手続における主体的地位の確立のための第一歩を固めたものである、と評される。

第二の節(波)は、新堂教授の「民事訴訟法理論はだれのためにあるか」――判例タイムズ二二一号(一九六八年)一七頁以下――という有名な論文により口火をきられたもので、「当事者(利用者)のための訴訟法理論」という認識のもとに、具体的な問題の解釈論を展開したものであり、井上(治)教授の分析によれば、このときに、〈判決効を及ぼすためにはどれだけの手続保障が必要か〉という考えかたから、〈どのような手続保障がなされれば判決効が及ぶか〉という発想への転換があった、とされる。

第三の節(波)は、この第二の波を、さらに発展させたもので、当事者による主体的な手続形成そのものに、訴訟の普遍的価値を求めようとするもので、これは、民事訴訟の目的にまで昇華し、訴訟で当事者を対等にひき上げるための手続ルールにもとづいて、当事者のあいだに、すじのとおった論争の場を保障することが、民事訴訟の主要な目的となるとされる。

この「第三の波」の手続保障論というのは、井上(治)教授がはじめて唱えられたというのではなく、いろいろな論文のなかに、すでにその思想があらわれていたのを、教授が、整理され、民事訴訟のあたらしい手続保障論の潮流と性格規定され、自己の、手続保障に立脚するあらたな民事訴訟理論の構築の論拠とされたものなのである。なお、これらの論文については、井上(治)「手続保障の第三の波」(本章注(362))三一頁以下(注(3))に列挙されている。筆者は、このうち、井上正三「訴訟内における紛争当事者の役割分担」民事訴訟雑誌二七号(一九八一年)一八五頁、新堂「民事訴訟の目的論からなにを学ぶか」法学教室一～七号(一九八〇年～八二年)、吉村徳重「判決効の拡張と手続権保障——身分訴訟を中心として」(『山木戸克己教授還暦記念・実体法と手続法の交錯下』(一九七八年)所収)一一八頁以下、同「判決の遮断効と争点効の交錯」『新実務民事訴訟法講座2』(一九八一年)三五五頁以下、佐上善和「非訟事件における手続権保障と関係人の事案解明義務」(『吉川大二郎博士追悼論集・手続法の理論と実践下』(一九八一年)所収)二二頁以下を熟読し、いたく感銘をうけ、感化された。

筆者が思うに、このような手続保障論は、行政訴訟というよりは、むしろ、行政手続の理論に有用であるようである。これについては、後日の研究において、論証したい。

(616)　現行訴法二二条の立法趣旨の説明としては、「取消判決の効力が及ぶ結果その法律上の地位に影響を被る第三者が存することは、自身関与しない訴訟の結果を甘受させるものとして好ましくないから、かような地位にある第三者をこの制度によって訴訟に引き入れ、その不都合を解消すること」を目的としたとして——杉本・前掲(一章注(4))七七頁以下、本文二六八頁を参照——、いちおう、判決の効力と手続保障をむすびつける考慮が基礎になっていることが、強調された。そして、そのあとの解釈論でも、ほぼ、このような説明がくりかえされた。南編『注釈行政事件訴訟法』(一章注(4))一九八頁以下〔上原〕、山村＝阿部編・前掲(一章注(4))二二〇頁〔小林〕、渡部＝園部編・前掲(一章注(4))三五七頁以下〔濱〕、南編『条解行政事件訴訟法〔初版〕』(一章注(4))五七二頁〔松沢〕、園部編・前掲(一章注(4))三二二頁以下〔中込〕、遠藤＝阿部編『講義行政法II〔行政救済法〕』(一九八二年)二三三頁〔浜川清執筆〕、芝池『行政救済法講義〔第2版補訂増補版〕』(本章注(435))七四頁、塩野『行政法II〔第四版〕』(本章注(312))一四〇頁など。

しかし、このような説明は、けっきょくは、抽象的に手続上の権利を保障すれ——訴訟参加し、主張・証明の機会を与える——ば、たりるということであって、それ以上に、判決の効力がおよぶこととのバランスで、どのていどの手続保障があればよいのか、また、そもそも、そのような手続保障をしなければならないことの理由は、判決の効力がおよぶということ以外には、ないのかなどについて、ふみこんだ考察をするものではなかったといえよう。

そのような行政訴訟の理論のなかで、田中(二)博士が、「訴訟では局外にある第三者……を訴訟関係に引き入れることは、……取消判決の形成力をこれに及ぼすことから生ずる摩擦を未然に防止するうえにも役立つ」とされておられた——同『新版行政法上巻〔全訂第二版〕』(本章注(198))三二二頁——のは、第三者の訴訟参加を、たんなる第三者に対する手続上の権利保障とみずに、訴訟のあとになお予想される紛争を見とおして、その解決のための便法と考えておられたのであろう。

(617)「何人も、裁判所において裁判を受ける権利を奪はれない」と宣言する憲法三二条の保障のうちに、行政処分を取り消す判決によりみずからの法的地位が覆滅する(実質的当事者である)第三者を訴訟手続に参加させなければならないということまで視野にいれた解釈論は、わが国の憲法理論において、かつて、展開されたことはない。

「裁判をうける権利」論で、もっとも進んだ理論を展開されている、松井茂記『裁判を受ける権利』(一九九三年)、笹田栄司『実効的基本権保障論』(一九九三年)でも、かかる記述は見あたらない。英米法のデュー・プロセスに基礎をおかれる松井教授はともかく、ドイツの(法的)聴聞請求権の本格的な分析を行われ、それを自己の理論の基礎とされている笹田教授は、とうぜん、判決に直接に関わる(実質的当事者である)第三者にも聴聞請求権が保障されるべきであるという、ドイツの通説的見解を目にされたのであろうが、独自の、裁判所が与える公正手続保障に視点をおかれた「実効的手続保障」論を展開するにあたっては、それらを考慮されなかったのであろう。

しかし、第三者の(訴訟上の)手続権の根拠を憲法三二条に求めようとするこころみは、民事訴訟理論において、すでに、行われている。吉村「判決効の拡張と手続権保障」(本章注(615))一一九九頁以下では、かような第三者の手続関与権も基本法一〇三条一項(もしくは一九条四項)の適正手続の保障のもとにあるというドイツの憲法理論を援用して、「判決効をうける第三者の手続権は、その法的地位の性質に即した裁判手続に関与する機会を保障されるべきであるという意味において、憲法上の適正手続の一環としての『裁判をうける権利』によって裏打ちされたものと解される」という論証がされている——この、吉村教授の手続保障論によると、第三者への手続保障は、判決の効力が当事者に限定されるという前提のもとで、もっともよく保障されるとされる。同論文一二〇頁——。

もとより、わが国の憲法三二条の保障が、具体的に、どのような者におよぶかは、理論の発展にまつほかはない。それでは、それは、すべて憲法に携わる者のみの責任かというと、筆者が思うに、それは、むしろ、訴訟法に携わる者が、訴訟の基礎となる実体法関係をみすえて、適正手続の保障として、どの範囲の者に裁判をうける権利を保障しなければならないかを精査し、しかるのちに、かような者に裁判をうける権利を保障することの、憲法的根拠を与えることの必要性を論ずることで、憲法学者へメッセージを送るべきである。

ドイツで、訴訟参加することが必要的な第三者に、基本法上の聴聞請求権が保障されるということまで、ドイツの憲法の教科書やコンメンタールに書きこまれているのは、このフィード・バックがうまくいっているからであろう——もちろん、ドイツの公法学では、憲法と行政法の両方を専門とする学者がおおいことにもよる――。民事訴訟のほうで、かような論議が、すでに行われているからには、行政訴訟のほうでも、憲法に根拠をおく理論を、早急にうちたてるべきであると思われる。あとは、憲法学者のほうで、それらの底辺からの論議をうけとめて、憲法の教科書やコンメンタールの解説のなかに、書きこんでいただくことが重要であると考える。なぜなら、本書でとり上げた第三者の再審の訴えのふたつの事例では、原告は、かような憲法上の解釈論を展開していたのであるが、それが、裁判所に無視されたのは、ようするに、憲法の理論のなかで、そのようなことが、まったく論じられていなかったからであろう。

(618) ドイツの必要的訴訟参加の理論は、まず、訴訟参加することが必要的な第三者のように「実質的な当事者」にも、基本法（GG）一〇三条の「裁判をうける権利」が保障されるということを確認したうえで、それを、第三者が訴訟参加することが必要的であることの、ひとつの根拠としているのである。これについては、本文三〇頁以下を参照されたい。

(619) 新堂「民事訴訟法理論はだれのためにあるか」（本章注(615)）一頁以下。

(620) 本章注(615)を、参照のこと。

(621) 本章注(615)を、参照のこと。

(622) 井上(治)教授は、これまでの民事訴訟法は、裁判官が判決を下すために訴訟手続があるという認識のもとに、裁判所が判決を下すさいのルールを中心にくみたてられたものであり、そこでは、判決による紛争解決を起点にして、そこから回顧的に手続保障が考えられるという、「紛争解決（判決効）→手続保障という思考」がとられていたが、「手続保障→紛争解決という思考」がとられるとされる――同「手続保障の第三の波」（本章注(362)）三五頁――。これらの矢印（→）の意味がわかりにくいが、おそらく、まえの矢印は、紛争解決「を前提とした」手続保障ということで、あとの矢印は、手続保障「による」紛争解決ということであろう。

(623) 井上(治)「手続保障の第三の波」（本章注(362)）三五頁。

(624) 井上(治)「手続保障の第三の波」（本章注(362)）三五頁。

井上(治)理論では、このような手続保障をすることじたいが、民事訴訟の目的そのものに昇華される。新堂『新民事訴訟法〔第三版〕』（本章注(103)）一頁以下の「民事訴訟制度の目的」の解説においては、ながらく通説的地位をしめてきた「紛争解決説」――本章注(362)参照――を凌駕しうるあたらしい目的論として、これを位置づけられ、新堂教授も、これを支持するとされている。

それでは、このような手続保障の考えが、じゅうらいの古典的な手続保障論と、どこがちがうかというと、井上(治)教授によれば、じゅうらいのものが、〈判決あるいは不利益な効果を及ぼすことを正当化するための手続保障〉であったのが、あたらしいものは、〈訴訟の本質的要請としての、あるいは手続過程そのものに普遍的価値を置く手続保障〉であるとされる――井上(治)同論文四三頁――。

(625) 井上(治)「手続保障の第三の波」（本章注(362)）四六頁。

（626）　井上（治）「手続保障の第三の波」（本章注（362））四六頁以下。

（627）　井上（治）「手続保障の第三の波」（本章注（362））四七頁。

そして、井上（治）教授は、このように論争を展開し、対話を積み上げていくことが、訴訟の本質的な要請である「弁論主義」につうじるものであり、そのような手続過程そのものに普遍的価値があり、判決内容はそのことの、ひとつの、とうぜんの帰結にすぎないとして、じゅうらいの判決を中心に組み立てられた民事訴訟理論に、もうれつな反省を迫られているのである――同論文四九頁――。

（628）　井上（治）「手続保障の第三の波」（本章注（362））四六頁以下に整理されている、「第三の波」の手続保障理論が展開しようとしている具体的な訴訟法理論とは、概要、以下のとおりである。

①弁論主義について、じゅうらいの考えかたとは、微妙なちがいが生じるとされる。すなわち、じゅうらいの考えかたでは欠けていた、当事者のいずれのがわが資料を提出していかなければならないかの、当事者のあいだの役割分担という視点が、当事者のあいだの対話のルールづくりということから、強調され、そこから、証明責任についても、ことなる見解が示される。

②違法収集証拠の証拠能力についても、当事者のあいだの対話のルールづくりということから解決される。すなわち、そのような証拠も、当事者のあいだで妥当すべき論争ルールからみて、許容されるかどうかという見地から、検討されるのである。

③既判力の根拠と作用も、当事者のあいだであれ、第三者とのあいだであれ、その者が、十分に争ったこと、あるいは、争うべくして争わなかったことによる自己責任に求められる。

（629）　井上（治）「手続保障の第三の波」（本章注（362））五四頁。

（630）　これについて、井上（治）教授は、「一部請求」の例を上げて説明しておられ――井上（治）「手続保障の第三の波」（本章注（362））五四頁――、これがわかりやすい。ただ、この説明は、井上（治）教授の称される「第三の波」にたつ井上（正）教授の説明――同「『一部請求』の許否をめぐる利益考量と理論構成」法学教室八号（一九七五年）七九頁以下――を引用されたものである。

これによれば、債権の全部ではなく、一部だけを請求するときは、既判力の遮断が問題となるが、井上（治）教授のいわれる「第三の波」の考えでは、原告としては、（前訴の交渉過程または訴訟まえの交渉過程において）当面請求している部分が全体の一部であることを相手方に認識させておけば、原告としての行為責任は、ひとまずはたされたとみて、残部請求は遮断されないということになる。そして、もし、被告のがわで残部の存否をはっきりさせたいというのであれば、むしろ、被告がイニシアティブをとって、債務不存在確認の反訴を提起すべきであって、これが、「当事者間の責任分配として妥当である」ということになる。

（631）　井上（治）「手続保障の第三の波」（本章注（362））五四頁以下。井上（治）教授は、「その意味では、争点効のようなものが、判決効による遮断作用の本体であり中核であるともいえる」と認めておられる。

(632)　井上(治)教授により、わが国の民事訴訟理論における、「第二の波」と称される手続保障論は、新堂教授の「民事訴訟法理論はだれのためにあるか」(本章注(615))という論文によって、始まったとされるが、同論文には、とくにはっきりとした新堂教授の手続保障理論が述べられているわけではない——わが国の民事訴訟では、訴訟の合理的運営という公益性が過度に強調され、訴訟の画一性や形式的処理にのみ注意がはらわれることにより、利用者(訴訟当事者)の立場が無視されてきた傾向があるということを、六つの判例により論証され、利用者の立場にたった民事訴訟法理論の構築の必要性を唱えられたものである——。しかし、そこに示された「利用者の立場にたった民事訴訟法理論」という観念じたいが、それまでの民事訴訟理論にはないもので、たしかに、そのあとの手続保障理論の発展に、ひとつの方向性を与えるものであったといえよう。

新堂教授じしんも、じぶんの右記論文が、井上(治)教授により、「第二の波」の手続保障理論の嚆矢と評されたことを、のちに意識され、たしかに、それは、裁判所と当事者との関係で手続保障というものをいかに考えていくべきか、という面が念頭にあった議論であったとされている。新堂「『手続保障論』の生成と発展——民事訴訟法学の最近の動向——」(同『民事訴訟制度の役割』所収、初出は、『市民社会と法をめぐる今日的課題』〈日本司法書士連合会研修叢書・平成三年版〉(一九九一年))三三七頁以下。

新堂教授の手続保障論というのは、民事訴訟の個別的問題の解釈論を展開するにあたり、右に述べたような手続保障があることを前提とする教授の理論のなかから、それが、どのような手続保障でなければならないかという教授の思想を抽出したものである。したがって、教授の手続保障理論は、個別の解釈論をつうじて、うかがうことができるが、筆者の見るところ、既判力の根拠論において、とくに明確である。

(633)　新堂『新民事訴訟法〔第三版〕』(本章注(103))六一八頁。

(634)　すなわち、民事訴訟法では、原告が、訴えにより、訴訟物たる権利関係の存否について、裁判所の終局的判断を求め、裁判所もこれについてのみ判断するというたてまえを確立することによって、被告に、防御目標を明確にして不意打ちを防止していること、そして、訴状の送達、一定の場合の手続の中断・中止の制度がおかれていることである。新堂『新民事訴訟法〔第三版〕』(本章注(103))六一八頁。

この新堂教授の指摘は、行政法、とくに、行政手続の研究にとって参考になるところであって、民事訴訟において実質的な当事者対等の原則を実現するしくみが「用意されている」というところを、われわれの手で綿密に分析し、それを、行政手続における手続関係人の手続保障の実質化をはかる「よすが」とすべきであろう。

(635)　新堂教授の「自己責任」の意味は、同「『手続保障論』の生成と発展」(本章注(632))三四〇頁に、つぎのとおりくわしく書かれている。

「訴えにより、訴訟物が提示されると、その訴訟物に関して両当事者はそれぞれ主張、立証を展開しなさいというわけで、手続的にはまず口頭弁論が開かれ、それに当事者は呼び出される。また、準備書面を提出して、口頭弁論では互いに言いたいことをいわせるという機会を保障して、証拠も出させる、証拠調べもする、そういう形でいろいろ訴訟資料を出していく、そういうプロセスで両当事者は判決の基礎を自分たちで作っていく、裁判所は、勝手に職権で調べた結果に基づくのでなく、当事者双方の訴訟活動の結果でき上がった裁判の資料に基づいて判決をする仕組みをとる。そうだとすれば、判決で負けたとしても、その責任は自分にあるわけであるから、その判決の結論に従うのが、相手方との間で、あるいは裁判所との間で信義則上当然のことじゃないか、一種の自己責任の問題としてそれは正当化されるのではないか、それこそ正義のしからしむるところではないかという、そういう理屈を考えたわけです。」

(636) 新堂『新民事訴訟法〔第三版〕』(本章注(103)) 六一八頁以下。

(637) 新堂『新民事訴訟法〔第三版〕』(本章注(103)) 六一八頁以下。

(638) 新堂『新民事訴訟法〔第三版〕』(本章注(103)) 六一九頁。

(639) 井上(治)「手続保障の第三の波」(本章注(362)) 三四頁。

(640) 井上(治)「手続保障の第三の波」(本章注(362)) 三八頁。井上(治)教授によれば、訴訟関与の機会があったというだけでは、なお、たりないということである。

(641) 新堂「参加的効力の拡張と補助参加人の従属性」(本章注(389)) 二二七頁以下。

(642) 本文四二〇頁以下を、参照のこと。

(643) 新堂「参加的効力の拡張と補助参加人の従属性」(本章注(389)) 二五四頁。

(644) 井上(治)教授の研究によれば、補助参加の本質的特徴とされる「補助参加人の主たる当事者への従属性」ということは、一九世紀いらい、ドイツ普通法で、(通常) 補助参加と共同訴訟的補助参加を厳格に区別していこうとする過程において、両者の差異を体系的に説明する論理として、「補助参加人の従属性」という概念が強調されるにいたったもので、それが、最初から、補助参加の本質的なものとして認められていたわけではないということである――同「補助参加人の訴訟上の地位について」(本章注(366)) 六頁以下――。

このような井上(治)教授の分析を、新堂教授は、たかく評価したうえで、他人の法律関係の争いに加わる補助参加人についても、その特定の争点の帰すうが、主たる当事者とのあいだに想定される後訴において、重要な意味をもつと考えられる場合には、その争点に関しては、「補助参加人の従属性」を否定し、補助参加人に、訴訟当事者としての地位を認め、主たる当事者の意思に反する訴訟行為も認めるべきであるとされるのである。新堂「参加的効力の拡張と補助参加人の従属性」(本章注(389)) 二五二頁以下。

(645) 新堂教授によれば、つねに申立てによる補助参加においては、補助参加人は、だれにいわれることなく、自発的に補助参加してくるのであり、補助参加によって自己の利益を擁護するという補助参加人の目標は、じっさいに、後訴で自分が当事者になって自己の利益を擁護する場合と同ていどか、それ以上に「しんけん」な目標といわなければならず、主たる当事者の勝訴のために全力を傾けるであろうとされる――同「参加的効力の拡張と補助参加人の従属性」(本章注(389)) 二五三頁以下――が、かように、補助参加人が主たる当事者の勝訴のために全力を傾けるのは、そのうちに、補助参加人の権利義務に直接に関わる争点がふくまれているからである。

(646) 新堂教授によれば、補助参加人が、補助参加して、訴訟追行に注ぎこむ実質的な費用・時間・労力、わずらわしさは、訴訟当事者となる場合以下とは考えられない。それにもかかわらず、補助参加人は、補助参加したがわの主たる当事者の意思に反する訴訟行為をすることができないというのであれば、訴訟の特定の争点が、実質的には、補助参加人の権利義務に関わるものであって、補助参加人が、この争点について、しんけんに相手方とわたり合おうとし、相手方もこれに応じようとしているときに、ふとした主たる当事者の気まぐれで、補助参加人の訴訟追行が妨げられることがありうる、とされる――同「参加的効力の拡張と補助参加人の従属性」（本章注(389)）二五四頁以下――。

そこで、このような争点かぎりにおいて、補助参加人に、主たる当事者の意思に反する訴訟行為もなしうる、訴訟当事者と同等の訴訟上の地位が保障されるべきであるという同論文のひとつの結論へとつながるのである。

(647) 新堂教授が、「参加的効力の拡張と補助参加人の従属性」（本章注(389)）を書かれたのは、「民事訴訟法理論はだれのためにあるか」（本章注(615)）を書かれた翌年（一九六九年）であり、訴訟における手続保障とは、訴訟当事者が主体的に訴訟行為をなしうることを保障するものでなければならないという思想を、そのなかにうかがうことができる。

ただ、ことばの問題として、「当事者の地位につくことによって手続上対等にその訴訟物たる権利関係の存否について弁論し、訴訟追行する権能と機会を保障される」とか、「その結果には、みずから責任を負うべき」であると、明確に述べられるようになるのは、同『民事訴訟法〔現代法学全集30〕』（一九七四年）四〇六頁からで、「参加的効力の拡張と補助参加人の従属性」では、まだ、そのようにはっきりした表現はされていない。

(648) 第三者の権利保護論として、取消判決の効力が及ぶ第三者には、訴訟参加の機会が保障されなければならない、と論じられるようになったのは、雄川博士からである――雄川『行政争訟法』（一章注(8)）一七八頁以下、本文二三七頁を参照――。このあとの教科書、コンメンタールでは、いちように、訴訟参加の目的として、第三者の権利保護ということを、第一位に上げるようになった。

なお、田中(二)博士の訴訟参加の理論において、第三者の権利保護の目的が希薄であったことについては、本文二三二頁以下を、参照されたい。

(649) 行政法理論において、かような問題関心がもたれなかったことに、兼子(一)博士が疑問を呈されたのである。これについては、本文二四四頁以下を、参照されたい。

(650) 行政裁判法三一条、特例法八条、行訴法二二条の内容、および、その分析については、本文二〇六頁、二一八頁、二六一頁以下を、参照されたい。

(651) 田中(二)「行政争訟の法理」（本章注(79)）八二頁以下、同『行政法講義案上巻』（本章注(65)）二九九頁。なお、この分析については、本文二二九頁以下を、参照されたい。

(652) 塩野『行政法II〔第四版〕』(本章注(312))一二八頁は、「これはかかる者になんらの手続的権利を与えることなく訴訟の結果だけを甘受させることは、適切でないことから設けられた制度である」として、第三者に訴訟参加の手続保障をすることじたいが、二二条が規定された制度目的であるかのような説明がされている。

また、芝池・前掲(本章注(435))七四頁では、遠藤＝阿部・前掲(本章注(616))二三三頁以下〔浜川〕の「第三者の訴訟参加が認められるのは、第三者の権利保護および第三者の参加(すなわち攻撃防御の機会の付与)による適正な審理の実現のためである」という説明を引用したうえで、二二条で「権利を害される」ことが要件となっているところからすると、前者のモメントがつよいようである、という指摘もされている。

(653) 法曹会『行政事件訴訟十年史(自昭和二十二年至昭和三十二年)』(一九六一年)一八二頁、同『続行政事件訴訟十年史(自昭和三十三年至昭和四十二年)』(一九七二年)二六八頁によれば、職権による訴訟参加だけが規定されていた特例法八条が、同法が制定されてからの二〇年間で、ほとんど利用されず、その裁判例も皆無にひとしいとされていた。また、同『続々行政事件訴訟十年史(自昭和四十三年至昭和五十二年)』(一九八一年)二三二頁以下には、職権による訴訟参加の例については、なにも記されていない。

それ以上の判例集――行政事件裁判例集、判例時報など――による検索は不可能である。なぜならば、(職権で)訴訟参加をさせる旨の裁判所の決定に対する訴訟当事者からの抗告というのは、行政事件訴訟法二二条三項の解釈から認められない――参照、南＝高橋(滋)編『条解行政事件訴訟法〔第二版〕』(本章注(348))三六九頁〔新山〕――ので、裁判例をつうじて、裁判所が職権で訴訟参加を命じたことがあるかどうかを、うかがい知ることはできないからである。それができるのは、同法三四条の「第三者の再審の訴え」の裁判例をつうじてだけである――ただ、これは、職権が発動されなかったことに対する不服の事例である――が、この訴えが提起されたのは、これまで、わずか二件にすぎないことは、さいさん指摘したとおりである。

(654) 判例――東京地裁平成一〇年七月一六日判決――では、訴訟の結果により権利を害される第三者に対しても、「訴訟係属を通知すべき義務を明文で定めている規定は存在しない」と、断じられている。

(655) 民訴法五三条に規定された「訴訟告知」の、くわしい内容については、本文三七三頁以下参照。また、この「訴訟告知」は、本書の結論に密接に関連するので、その問題点、および、その解決策については、次節で、徹底的に検討される。

(656) 井上(治)教授に代表される「第三の波」の手続保障理論を、行政処分の取消訴訟に援用するには、本質的な難点がある。(処分の名あて人で)訴訟においては第三者である者の法的地位の覆滅が求められる取消訴訟においては、第三者は、必然的に、処分の適法性維持につとめる被告国(行政庁)のがわに訴訟参加することになるが、第三者が、主体的・能動的に、個々の争点について、被告国(行政庁)とならんで、相手方原告と対等に、対話や弁論をつくすということは、現実に、おおくの場合、よくなしうるところではない。しかるに、井上(治)教授らが意図されるのは、そのような現実があること——これを「手続保障」と称されるわけであるが——を前提とするもので、このようなハイレベルの手続保障を、取消訴訟における「第三者の訴訟参加」についても、論理の前提とすることは、あまりにも現実とかけはなれることになろう。それに対して、新堂教授の手続保障理論では、現実に、主体的・能動的に、個々の争点について、相手方と対等に、対話や弁論をつくしたという事実があることまで求めるものではなく、その「てまえ」の、そのようなことをなしうる機会が与えられたということを重視するものである。

(657) 本文四九〇頁を、参照のこと。

(658) 本章注(646)を、参照のこと。

(659) 本章注(634)を、参照のこと。

(660) これこそが、新堂教授の「民事訴訟法理論はだれのためにあるのか」(本章注(615)) という論文の、中心理念である。

(661) 民訴法五三条の「訴訟告知」は、すでにくわしく分析したように——本文三七三頁以下を参照——、訴訟当事者からの任意の告知である。そして、当事者から訴訟告知がなされるのは、被告知者とのあいだで予想される後訴を見すえて、被告知者に、前訴で判断されたことと、ことなる主張をさせないという、参加的効力をおよぼすためにのみである。

(662) 訴訟参加する必要性があると認められる第三者については、行訴法二二条の訴訟参加の利益も、民訴法四二条の補助参加の利益も有していると考えられる——本文三八九頁以下を参照——ので、わが国の制度のもとで、訴訟参加する必要性があると認められる第三者には、訴訟参加(補助参加) の途が開かれているといえる。

(663) 雄川『行政争訟法』(二章注(8)) 一八一頁以下、杉本・前掲 (二章注(4)) 七八頁。これらについては、本文二四二頁以下、二七〇頁以下を、参照されたい。

(664) かように、手続に参加 (関与) する者に対する実質的手続保障が、行政法において論議されなければならないのは、むしろ、行政手続においてであろう。このことは、今後の研究において、あきらかにしたい。

(665) 民事訴訟の理論においても、訴訟の結果に利害関係を有する第三者に、制度として補助参加の機会を保障することの必要性が論じられる前提として、第三者に訴訟係属の事実がいかにして知らしめられるかということが、論じられるべきであるが、それが論じられていないということは、奇異なことである。

察するに、民事訴訟では、裁判所から、かような第三者に訴訟係属の旨を告知することは、ひっきょう、第三者を、いずれかの当事者のがわに、その当事者を勝訴させるべく、補助参加するようにうながすことになり、当事者主義に反すると考えられたのであろうか。それと、第三者の補助参加が問題となるような民事の争いでは、当事者と第三者はちかい関係にあり、当事者のあいだの法律関係と第三者の法律関係も、緊密な関連性をもっているのが一般であるので、当事者のあいだで訴訟がおこったことは、とうぜん、第三者の知るところとなると考えられたのであろうか。しかし、民事訴訟においても、第三者に申立てによる補助参加の機会を制度的に保障する以上、その大前提として、第三者に、いかにして自己に利害関係のある訴訟が係属しているという事実を知らしめるかということは、論じられるべきではなかろうか。

行政訴訟においては、さらに、事情は深刻である。行政訴訟では、第三者の申立てによる訴訟参加以外に、裁判所が職権により第三者を訴訟参加させることがある旨が規定されているにもかかわらず、裁判所から第三者に訴訟係属を告知することの必要性が、まったく論じられてこなかった。この問題は、本書の結論の重要な部分を構成するので、次節において論じられる。

(666)　伊藤(洋)・前掲（本章注(273)）。

(667)　本文二八二頁以下を、参照のこと。

(668)　本文二八二頁を、参照のこと。

(669)　フランスの行政訴訟理論において、訴訟参加の利益と第三者再審の利益を「まったく」同一のものとすることについては、若干の留保をつけなければならないという指摘を、伊藤洋一教授よりうけた。

(670)　東京地判平成一〇年七月一六日判例時報一六五四号四一頁。この判例の事実関係の分析については、本文三四七頁以下を、参照されたい。

(671)　加波眞一『再審原理の研究』（一九九七年）六頁。

民事訴訟における再審の研究については、このほか、三谷忠之『民事再審の法理』（一九八八年）という労作があるが、本書では、再審原理に焦点をしぼった加波教授の分析を、もっぱら、参照した。

(672)　加波・前掲（本章注(671)）二〇二頁。

なお、加波教授のローマ法からドイツ民訴法、さらに、わが国の民訴法にわたる緻密な研究によれば、再審は、ふるくは、「無効の訴え」と「原状回復の訴え」にわけて規定されていたようである。その「無効の訴え」というのは、形式的には有効に成立しているように見えても、内容的には無効な判決なので、それを取り消して再審理するというもので、「原状回復の訴え」というのは、内容的にも有効に成立している判決であるが、それを認めることが公正に反し、是認しがたいがゆえに、それを取り消して再審理するものである。同書一八頁以下。

(673)　民事訴訟において、ながらく、再審についての通説的理解とされてきたのは、「再審は、確定判決の取消と、事件についてこれに代わる判決を申立てる複合的な目的をもつているから、その審判手續も理論上は、再審の許否と再審が許されるようになつた上での本案の審判の二段階を成すのであるが、手續上は両者は截然と區別されずに一本の訴訟手續によつて行われる」というものである。兼子一『新修民事訴訟法体系〔增訂版〕』（本章注(389)）四八七頁以下。

この説明によると、再審が認められるための再審事由というのは、基本的には、前訴確定判決の取消事由ということになろう。

(674)　しかし、本章注(673)のような通説的見解においても、旧民訴法四二八条の規定により、再審事由が認められる場合でも、一部判決で、ただちに、前訴確定判決を取り消すことはできず、そのまま、再審の手続が開始されるとされていた。兼子(一)『新修民事訴訟法体系〔増訂版〕』(本章注(389))四八八頁以下。

なお、旧民訴法四二八条は、「再審ノ事由アル場合ニ於テモ判決ヲ正当トスルトキハ裁判所ハ再審ノ訴ヲ却下スルコトヲ要ス」と規定していた。

(675)　再審の審理をどのように開始するかは、新民事訴訟法――平成八年六月二六日法一〇九――において、根本的な改正があったようである。以下、中野『解説民事訴訟法』(一九九七年)八三頁の解説による。

旧民訴法のもとで、再審は、「再審事由の存否」の審理と、それが肯定された場合の本案の再審理のふたつの局面に分解されると分析されたうえで、ふたつの局面に対応する手続段階の区別が設けられていないという議論があった。そこで、新民訴法は、再審の手続につき、刑事訴訟法の再審――同法四四六条ないし四四八条、四五〇条、四五一条――と同様に、まず、再審の訴えの適否と「再審事由の存否」に関する判断を「確定」させたうえで、再審としての本案の審理をして判決する、という二段階の手続構造に改められた。

つまり、裁判所は、再審の訴えがあったときは、その適否を審査し、不適法と認めるときは、決定で、再審の訴えを却下しなければならない(新民訴法三四五条一項)。訴えが適法であっても、再審事由が認められない場合には、決定で棄却する(同条二項)が、再審事由が認められる場合は、あらかじめ相手方を審尋したうえで、再審開始決定をする(同法三四六条一項、二項)。これらの決定に対しては、即時抗告ができる(同法三四七条)。そして、開始決定が「確定」すると、裁判所は、不服申立ての限度で、本案の審理および裁判をする(同法三四八条一項)。

これは、対象となっている前訴の復活と観念される。中野＝松浦＝鈴木・前掲(本章注(366))五三六頁〔三谷〕。

(676)　民訴法三四八条一項では、再審開始の決定が確定した場合には、「不服申立ての限度で、本案の審理及び裁判をする」と規定されている。

(677)　民訴法三四八条二項では、再審理して、前訴確定判決とおなじ結論に達すれば、再審請求を棄却すればよいと規定されている。なぜならば、新民訴法では、前訴確定判決は、再審が開始されたといっても、取り消されていないからである。本章注(675)を、参照のこと。

(678)　加波教授は、既判力の正当化根拠を、訴訟当事者への手続保障におくという、民事訴訟のあたらしい手続保障理論にたたれて、そのような実質的手続保障を欠くような瑕疵がある場合が、再審事由であり、それゆえ、確定判決といえども再審理が認められるのであると説かれている。同・前掲(本章注(671))二二二頁。

(679)　その論証については、本文三九五頁以下を、参照されたい。

(680)　三四条の立法目的について、杉本・前掲(一章注(4))一一四頁は、「本条は、本法が第三二条において、取消判決の形成力を広く訴訟外に立つ第三者に対しても及ぶものとしたことに関連して、自己の責めに帰すべからざる事由で、その訴訟に参加することができなかった第三者の利益を保護するために、再審の途を拓いた規定である」として、とくに、自己の責めに帰すべからざる事由のあった者に対する救済制度であることを、強調していた。

(681)　この点では、わが国の行政訴訟理論の理解は、一致している。たとえば、南＝高橋(滋)編・前掲（本章注(348)）四九七頁〔小高剛執筆〕では、「自己の責めに帰することができない理由」とは、「その第三者が、社会通念上、自己の責めに帰することができない理由で、二二条により訴訟に参加することができなかった場合をいう。要するに、個々の事案ごとに、当該行政事件の係属を知らず、または特段の事情のために訴訟参加をすることができなかったことが、一般人の常識をもってしてもやむを得なかったと判断される場合に当たるかにより決することになる」とされている。同旨、南編『注釈行政事件訴訟法』（一章注(4)）三二〇頁〔上原〕、園部編・前掲（一章注(4)）四三六頁〔太田幸夫執筆〕。

なお、山村＝阿部・前掲（一章注(4)）三五六頁〔細川俊彦執筆〕は、三四条にいう「自己の責めに帰することができない理由」は、（補助参加の申立てなど訴訟行為についての）不変期間の追完を認めた旧民訴法一五九条（現行民訴法九七条）前段の「当事者カ其ノ責メニ帰スヘカラサル事由」とおなじに解すること――民事訴訟では、訴訟係属の不知などがこれにあたると解されている――ができるとしている。

(682)　このことは、敷衍すると、原訴訟において（訴訟当事者により）すでに提出された攻撃・防御の方法以外のもので、判決に影響を及ぼすものということになろう。

なぜなら、すでに訴訟当事者により提出されたものは、裁判所が、判決の基礎としたか、あるいは、考慮しないという判断を下したものであるので、ふたたび、それが提出されたとしても、論理的に、判決に影響を及ぼすことはないからである。

(683)　杉本・前掲（一章注(4)）一一六頁では、ここにいう「攻撃又は防御の方法」は、「確定した判決の口頭弁論終結時までに訴訟参加によって提出しうべきものにかぎり、その判決後の事由によるものを含まない。けだし、その攻撃防御の方法が従前の訴訟において提出されていたならば、第三者の利益に判決の結果が変更されていたろうと考えられる場合にのみ、再審を認める趣旨であるからである」とされていた。この理論は、第三者の再審の訴えの制度の立法目的――本章注(680)参照――と、一貫している。

(684)　行訴法三四条の再審の利益の解釈をめぐって、それが、同法二二条の訴訟参加の利益の範囲と同一か、それとも、それよりせまいのかという議論があるのは、周知のとおりである。ただ、両利益の範囲は同一であるとする説――南＝高橋(滋)編・前掲（本章注(348)）四九六頁〔小高〕、南編『条解行政事件訴訟法〔初版〕』（一章注(4)）七八二頁〔松沢〕、山村＝阿部編・前掲（一章注(4)）三五四頁〔細川〕、渡部＝園部編・前掲（一章注(4)）四一五頁〔竹田穣執筆〕、並木・前掲（一章注(14)）一七〇頁、室井力編『基本法コンメンタール行政救済法〔別冊法学セミナー〕』（一九八六年）三三二頁〔磯野弥生執筆〕など――は、三四条の「判決により権利を害された第三者」ということのみをもって、再審の利益として、これが、二二条の「訴訟の結果により権利を害される第三者」の範囲と同一であるとする。しかし、かかる説にあっても、厳格な再審事由の存在によって、訴訟参加の利益を有する第三者が、結果的に、再審を制限されることは認めている。

また、三四条の再審の利益は、二二条の訴訟参加の利益の範囲よりもせまいとする説――高林・前掲（一章注(6)）二〇九頁、南編『注釈行政事件訴訟法』（一章注(4)）三二〇頁〔上原〕――は、はなから、三四条の「判決により権利を害された第三者」の解釈において、確定の終局判決の効力を左右しうべき者の範囲を、二二条の訴訟参加の利益の範囲のようにひろく解することは、法的安定の要請に反するとしている。

思うに、三四条の「判決により権利を害された第三者」じたいの解釈としては、前者の解釈が、ただしいといえる。ただ、このような、再審の利益論は、あまり意味をもたないどころか、むしろ、有害である。つまり、そのように解することにより、なにか、「第三者の訴訟参加」と「第三者の再審の訴え」が、二審制の保障であるかのような誤解をまねきやすいということなのである。第三者の再審の制度と第三者の訴訟参加の制度の、第三者に対する手続保障という見地からの関連を考えるならば、結果として、訴訟参加の利益を有した第三者が、すべて、再審を認められるわけではないという制度連関を強調すべきである。

(685)　現行民事訴訟法三三八条一項一号ないし一〇号に、具体的で詳細な「再審事由」が掲げられている。
(686)　本章注(675)を、参照のこと。
(687)　新堂『新民事訴訟法〔第三版〕』（本章注(103)）八六七頁。
(688)　民訴法三四八条一項。
(689)　民訴法三四八条三項。
(690)　伊藤(眞)・前掲（本章注(366)）六六七頁。
(691)　中野＝松浦＝鈴木・前掲（本章注(366)）五三六頁〔三谷〕。
(692)　判決の効力が第三者におよぶ場合に、判決の固有の利益を有する第三者にも、再審適格が認められることは、民事訴訟においても論じられているが、この場合は、「独立参加」の形式により、原訴訟の両当事者を被告とすべきであるとされてきた。兼子(一)『新修民事訴訟法体系〔増訂版〕』（本章注(389)）四八五頁、新堂『新民事訴訟法〔第三版〕』（本章注(103)）八六四頁。

この論理をうけて、取消訴訟においては、取消判決の効力をうける第三者が、「再審原告」となり、原取消訴訟における原告と被告国（行政庁）が、そろって「再審被告」となることについては、本文三四三頁以下にとり上げたふたつの事例の事実関係を、参照されたい。
(693)　新堂『新民事訴訟法〔第三版〕』（本章注(103)）八五八頁。
(694)　松尾浩也『刑事訴訟法下〔新版補正版〕』（一九九七年）二六一頁。
(695)　行政法の理論一般で、とくに、行政法上の法律関係の早期確定の要請があることが強調されてきた。公権力の行使により権利を毀損された者を救済するための訴訟と観念される取消訴訟にあっては、判決の早期確定は、原告のためでもあり、また、行政（公益）のためでもある。
(696)　わが国のコンメンタールの同条の説明は、すべて、杉本・前掲（一章注(4)）一一五頁の「第三者の再審の訴え」の制度趣旨の説明を踏襲している。そこでは、「この再審の訴えは、その事由、原告となりうべき者（一般の再審においては、確定の終局判決のあった訴訟の当事者であるのが原則である。）および再審の事由があると認められた場合における再審の手続等が一般の再審とは異なる」とされていた。

しかし、同説明では、そのいっぽうで、「しかし、確定判決に対し、その判決の効力を受ける者が、その手続上の欠缺があることを理由として、その判決の取消しと事件の再審判を求める不服申立方法である点において、一般の再審とその性質を異にするものではない」としていた。

(697)　民事の法律関係を前提にする民事訴訟のあたらしい手続保障理論は、訴訟における当事者への主体的で実質的な手続を保障するということを、めざすものであるが、行政上の法律関係を前提にする取消訴訟の手続保障理論としては、判決の効力により権利・利益を害される者の実体的権利を考慮し、それが害されることを回避できるように配慮された手続保障でなければならないと思われるのである。

第五節　真に第三者に必要な手続保障の理論——訴訟係属の「告知」——

第一項　取消判決による第三者の損害と国家の責任

(a)　取消訴訟の第三者に固有の手続保障論の必要性

一　処分を取り消す判決により、権利・利益を取得していた者の法的地位が、覆滅される関係にある場合を、これまで、取消訴訟に第三者が訴訟参加する必要性がある場合の基本としてきたが、このような者にとって、取消訴訟が提起され、訴訟が開始し、判決が下され、判決の効力をうけるという過程において、ほんとうのところ、どのような手続保障が必要なのであろうか。

このような考察が必要であると筆者が考えたのは、つぎのような理由からである。

本書がとりくんできた第三者の訴訟参加の問題は、ふつうに見れば、第三者に視点をおき、判決の効力をうける第三者については、訴訟参加という手続保障を行うべきであるという、まったく、訴訟手続の範囲での手続保障の問題と、とらえられるであろう。しかし、本書の考察が、第三者が訴訟参加する必要性があると考えられる場合の実体的法律関係、それから、取消しの訴えの対象となっている処分の適法性の証明に関しての行政庁と第三者の関係、および、取消判決の第三者効の解決能力への疑いなどにおよんだことにより、(698) 取消訴訟における第三者の手続保障については、「訴訟参加」という特殊訴訟手続にとらわれず——訴訟参加させれば十分であるという考えをあらため——、行政事件の特質を考慮して、いったい、どのような配慮をしてやれば、(訴訟参加する必要性があると認められる範囲の）第三者の救済としてじゅうぶんなのか、という問題の根本に「たちもどる」ことの必要性を痛感したのである。それにより、第三者の「救済」として、ほんとうのところ、どのような内容の、どのていどの救済が急務であるのかが、あきらかにされるのではないかと考えたのである。

二　右のような問題認識にたち、本書の結論として、かような第三者にどのような手続保障をすればよいかということを解明するために、つぎのような分析を行うことにする。

まず、このような考察をすすめる、そもそもの前提として、第三者のおかれている実体的法律関係を再確認し、それにもとづいて考察をすすめていくことで、問題を具体化し、問題点をわかりやすくする。ただ、この分析において、法律関係論に根ざした「行政事件の解決」という筆者の独自の考えが、加味される。その主旨は、取消訴訟のうちに訴訟外にある第三者をとりこんだ解決をはかるというのであれば、取消訴訟のわくを超えた、事件の実質的当事者のすべてをふくむ、はばひろい考察が必要であると考えられるということなのである。

そして、第三者に取消判決の効力が及ぶことにより、第三者がどのように深刻な事態におちいるかを、できるだけ具体的に分析する。そのうえで、かかる事態におちいることを防止するためには、どのような手続保障が最小限求められるのかを考察する。

これらの分析においては、本書でこれまで行ってきた、もろもろの考察が、総動員される。

三　そのまえに、すこし、民事訴訟理論において見られるあたらしい手続保障論と比較して、取消訴訟固有の手続保障論を展開することの必要性について、論じておきたい。

私人のあいだの私的な紛争を解決する「きめて」としての民事訴訟においては、紛争の当事者であり、訴訟の当事者である者に、主体的で実質的な訴訟行為をなしうるような手続保障を整備し、それにより、当事者が納得して判決に服するようにしようとする、民事訴訟のあたらしい手続保障論には、それなりの説得力があり、筆者も感銘をうけた。このように実質的な手続保障は、被告国（行政庁）と原告国民のあいだで、極端な証明能力の差が認められる取消訴訟においても、原告国民が被告国（行政庁）と対等に「わたりあえる」ような真の「当事者平等」を実現していくうえで、重要であると考えられる。

しかし、取消訴訟における、訴訟参加する必要性が認められる第三者に対する手続保障として、かようなレベルの手続保障まで援用することが、必要不可欠であるかというと、おおいに疑問がある。そのことを順ぐりに説明すると、以下のとおりである。

取消訴訟が直接に対象とするのは、行政処分そのものであるが、そこで考えなければならないのは、その行政処分によって、いったん、ある者に権利・利益が付与され、他の者の権利・利益が制限されたという、ひとつの行政庁による「解決」が行われているということである。そうすると、その「解決」に納得しない原告の請求を認容し、当該行政処分を取り消すということは、権利の既得者から権利を奪うということである。そこで、なにが問題であるのかというと、この者については、行政処分という国家行為により、自己に確定的に権利・利益が与えられたと確信しうるものがあり、それにもとづいて、さまざまな法律行為をかさねていくことは、通常予想しうるところで、それが、とつぜん、自己の法的地位の基礎になっている処分が取り消されたというのであれば、その者が国家を信頼したことによって、ばくだいな損害をこうむることもありうる、ということなのである。

かような関係にある第三者の保護を考えるというのであれば、終局的には、当該処分が取り消されないような配慮をしてやるということであろう。そのために、訴訟参加し、自己の法的地位の防衛につとめさせるという手続保障が、ただちに考えられるのであろう。ただ、これは、あまりにも民事訴訟的な発想であって、行政処分を行った行政庁が、実質的に被告の地位につき、処分の適法性維持につとめ、第三者は、それに命運を託するしかないという取消訴訟の構造において、第三者の法的地位の防衛ということについていうならば、第三者を訴訟参加させ、みずから処分の適法性に関する主張・証明をさせることまでの必要性は、相対的にすくないといえよう。[699]

それはどういうことかというと、第三者に訴訟参加させ、処分の適法性に関する主張・証明をさせるまでの、緊急の必要性はないが、訴訟参加という手続保障のなかの一部の訴訟係属の「告知」に、第三者の法的地位の防衛ということとは、すこしずれた、権利保護への重要なポイントがあると考えられる、ということなのである。

(b) 行政事件の解決と第三者の地位

一　取消訴訟において、第三者が訴訟参加する必要性があると考えられる場合は、二重効果的行政処分によって規律される法律関係であることは、すでに、くわしく分析したとおりである。[700] それは、①「建築許可処分の取消訴訟を隣人が提起した場合の、建築許可をうけた者」[701]、②「競願者のひとりに与えられた免許処分の取消訴訟を他の競願者が提起した場合の、免許をうけた者」[702]、③「河川占用許可処分の取消訴訟を漁業権者が提起した場合の、占用許可をうけた者」[703] などであった。

①のケースについて考えてみると、行政処分が行われるよりまえに、そもそも、建築物を建築しようとする者と、建築物が建築されることにより自己の生活が侵害されるという危機感をいだく隣人のあいだに、利害の対立関係が潜在していたと見ることができる。それが、紛争というかたちをとったときは、ひとつの「事件」が発生したと観念することができる。そして、それの民事法による解決をとろうとするときは、それは、「民事事件」と観念される。

しかし、そのような建築物の建築が、たまたま、ある行政目的により、一般的な警察禁止の状態におかれているときは、それにより、「事件」は「行政事件」となり、そこで、ひとつの行政的解決がはかられる、とみるべきである。つまり、そのような建築物の建築を規制する行政法規が存在しているということは、周辺住民の生活上の利益との調整をはかる必要があり、場合によっては、紛争が生じることもあることが、あらかじめ想定されており、それを、個別に行政庁の決定——建築許可もしくは建築不許可——により解決しようという（立法者の）意思の表明である。そして、行政決定により「行政事件の解決」がはかられたと観念することができよう。

ただ、この行政庁による「行政事件の解決」によっては、紛争が終息しないこともある。行政庁が、建築主に対して建築を許可する決定を下したときに、それを隣人が承服しなかった場合は、さらに、裁判所に「行政事件の解決」が求められることになる。ここで、考えなければならないのは、この場合、裁判所の判決により、いちおう、「行政事件の解決」がはかられるが、判決は、「行政事件の解決」そのものではないということである。つまり、判決により「行政事件」が「解決」することもあるが、なお、「解決」しないこともある——たとえば、第三者が取消判決の効力に服しない場合——のである。「行政事件の解決」とは、ようするに、建築物を建築しようとする者と隣人とのあいだの紛争が、終息することにほかならないのである。(704)

ここで誤解してならないのは、裁判所は、任務として、原告の請求に対する判断を示さなければならないが、かならずしも、そのように訴訟の基礎にひろがる「行政事件」全体について、抜本的な「解決」をしなければならないわけではない、ということである。行政訴訟を、「行政事件」を「解決」する手段として、どのように利用するかは、当事者の問題である。たしかに、行政訴訟によることは、「解決」のためのひとつの有力な手段たりうるが、万全の手段ではないのである。(705)

二　このことを、こんどは、第三者の立場から見てみよう。

さきほど見たように、①のケースでは、第三者は、隣人と利害が対立する者で、「行政事件」の中心的当事者である。そして、処分の名あて人である。その者に権利・利益を付与するという行政決定が行われたことにより、いちおうの「行政事件の解決」がつけられるのである。しかし、そのような「解決」に納得できない隣人が、こんどは、その行政決定（処分）の取消しを求める訴訟を提起したということで、「行政事件」が再燃したのである。

その場合に、注意しなければならないのは、第三者は、その取消訴訟からは外れるが、「行政事件」というひろがりにおいては、なお、中心的地位を占めているということである。そこで、取消訴訟において、訴訟外にありながら、取消判決があれば法的地位が覆滅されるという関係にある第三者の救済まで、取消訴訟において配慮するとはどういうことかを考えてみよう。かような第三者を視野にいれた「解決」が求められるということは、とりもなおさず、「行政事件の解決」が求められるということである。そのような解決を取消訴訟がはたすというのであれば、その前提として、取消訴訟の任務・目的のなかに、「行政事件の解決」というようなことがあることが、一般に承認されていなければならない。

しかし、ざんねんながら、わが国の取消訴訟についていえば、そのように訴訟のそとにある者の法的地位に目をむけるというような思考形式は、とられたことがない。違法な行政処分の取消しを任務とする取消訴訟においては、もっぱら、行政処分の適法性審査のみが行われると観念されている(706)ので、訴訟の審理は、とうぜんのことながら、原告の処分の取消しの訴えに対応して、その請求原因たる処分の客観的な違法事由の存否に集中する。そうすると、そこでは、処分の名あて人がどのような者で、処分が取り消されることでどのような実体的損害をこうむるかというような主観的事情は、話題にのぼることはあっても、行政処分の適法性審査に影響を与える事項ではない。したがって、裁判所は、取消訴訟では、当面は処分の適法性審査のみを行い、(処分を取り消すにたる)違法事由が認定されれば、そのまま処分を取り消す判決を下す――判決の効力をうける第三者の事情はふつうは考慮せずに――ことで、裁判所の任務は終了することになる。

(c)　処分の取消しによる第三者の損害と国の配慮

一　それでは、取消判決により自己の法的地位が覆滅されることになる第三者の実体的損害について、まえに上げた、①ないし③の事例に即して、分析してみよう。

〔①のケースで、建築許可処分をうけた建築主は、とうぜんのことながら、資金を調達し、建築会社と建築請負契約を締結し、入居募集などの広告をうつ。その過程で、隣人より許可処分の取消訴訟が提起されたとしても、裁判所からも、当事者からも、かかる訴訟が提起され、現在係属中であることの「告知」さえないというのであれば、そのまま工事は続行し、入居希望者とは、売買契約や賃貸借契約を締結することになろう。場合によっては、さらに追加資金の調達を要するかもしれない。そのはてに、許可処分の取消判決が下されたというのであれば、取消訴訟の第三者でありながら、その判決に服することが求められる建築主は、工事開始まえの原状への回復につとめ、すでに建築された建物を撤去し、ばくだいな損害を賠償したうえで、入居者との契約をすべて解除しなければならない。もちろん、銀行等からの借入金については、かなり長期の利子をつけて返済しなければならないことになるであろう。〕――これを、〔建築許可処分が取り消されることによる損害の事例〕とよぶ――

〔②のケースで、免許処分をうけた競願者は、とうぜんのことながら、免許処分にかかる事業に着手する。資金を調達し、施設の設置、人員の募集などに尽力するが、その投下資本は、いっかいの建築物の建築の比ではない。さらに、施設が完成すると、施設が運営され、さらに運転資金が投入される。それら、すべての投下資本が回収されるには、ながい年月を要する。それが、施設が完成し、その運営が軌道にのるかのらないかというところに、とつぜん、免許処分の取消判決が下されたということになれば、免許なく事業を継続することはできず、投下された巨額の資金は、もはや回収できないということになる。〕――これを、〔免許処分が取り消されたことによる損害の事例〕とよぶ――

〔③のケースで、河川占用許可処分をうける者は、たいていの場合、一定の施設を設置する目的で占用しようとするのであるから、占用許可をうければ、資金を調達し、施設の設置、人員の募集などを行う。それが、施設が完成したところに、とつぜん、免許処分の取消判決が下されたということになれば、もはや河川を占用することはできず、施設建設まえの原状に回復することにつとめ、施設を撤去し、もろもろの損害を賠償しなければならなくなる。〕――これを、

〔河川占用許可処分が取り消されたことによる損害の事例〕とよぶ――

右に分析した、取消判決が下されたことによる処分の名あて人（＝取消訴訟の第三者）の実体的損害については、ほんらい、その者は処分をうけうる地位になかったということから考えれば、処分が取り消されたことによる「やむをえない」損害であるので、受忍しなければならないということなのかもしれない。

ただ、ここで、ひとつ考えなければならないのは、処分の名あて人が、客観的にみて、ほんらい処分を与えられるべき地位になかった者であったとしても、行政庁が、その者に、あやまって処分を与えたことにより、その者は、（あとから考えれば）すべきではなかった資本投下を行ったことによって、損害をこうむったということなのである。そこに、かかる実体的損害に対して、国家の責任として、なんらかの配慮をしてやる義務はないのかという、いわば、とうぜんの疑問がわいてくるのである。

二　行政法理論において、行政処分が取り消されることによる、処分の名あて人のかような損害について、まったく考慮されてこなかったわけではない。それに類似した例を、いわゆる「職権による行政処分の取消し」の理論のなかにみることができるので、すこし、参考的に分析してみよう。

行政庁があやまって行った授益的処分を、行政庁が職権で（自由に）取り消すことができるかということは、行政法の難問のひとつである。問題の本質は、「法による行政」の原理により、あやまった行政は是正しなければならないという要請と、いったん処分の名あて人に権利・利益を与えた以上、相手方の名あて人の信頼を保護すべきで、かんたんに処分を取り消すことはできないという要請を、いかに調整すべきかということである。[707] そして、この信頼保護という考慮のうちに、行政処分が取り消されることによる処分の名あて人の損害への配慮があるのである。

そして、行政実体法理論においては、そのような授益処分の名あて人へ配慮した「職権取消しの法理」というものが、確立しているのである。[708] わが国のこれまでの「職権取消し」の説明のなかでは、小早川教授の説明が、「職権取消し」と「争訟取消し」を比較して、そのあいだにみられる相違点と、その理由について、示唆にとむ考察をされているので、これを分析対象としよう。

教授によれば、かかる問題の基本認識として、瑕疵ある行政処分が行われた場合、そのような処分によって法律関係が規律されるのは正常な事態ではなく、ほんらい、取り消されてしかるべきであるということが、まず、あるとされる。そのうえで、「利益的処分（または二重効果的処分）における関係者の保護の問題」があるとされる。それにより、行政庁が、処分を、その瑕疵を理由として職権で取り消すことは、「関係者に帰責事由のある場合か、そうでなければ、処分を取り消すべき公益上の必要性が……具体的にみて関係者の信頼を覆してもやむをえないほどのものである場合」にのみ認められる、とされる(709)。

しかし、教授によれば、このような法理は、「争訟取消し」においては通用しないとされる。すなわち、「処分によって利益を受ける者の保護という観点は、争訟取消しに関しては妥当しない。この点が問題となりうるのは、主に、二重効果的処分につき、処分によって不利益を受ける者がその取消しを求める場合があるが、この場合に行政庁または裁判所が、当該処分の瑕疵を認定しつつ、その処分によって利益を受けている第三者のために敢えて処分の取消しを差し控えることは、取消しを求めている者の権利を無視するものであって許されない」というものである(710)。

ふたつの説明のあいだには、あきらかにギャップがある。行政庁が職権で処分を取り消す場合は、処分の名あて人の保護が問題とされるが、処分の第三者で処分により権利・利益を侵害されたとする者が、争訟手続による取消しを求める場合は、処分の名あて人の保護は問題とされない。この相違は、ようするに、前者では、直接に行政庁と処分の名あて人の関係になるのに対して、後者では、直接には行政庁と処分の第三者の関係になり、その争訟手続の視界から処分の名あて人が消失してしまうことに起因するものと思われる。

このことを、また、筆者の「行政事件の解決」という観点から分析すると、行政争訟手続においては、処分の取消しの基礎にある、処分の名あて人と処分の第三者のあいだの「行政事件」までを視野にいれ、処分を取り消すいっぽうで、処分の名あて人の保護までを考慮するというようなことは、いっさい行われないということを意味するものである。

たしかに、筆者も、公権力の行使により権利を毀損された者を救済するという取消訴訟制度の趣旨から、処分の名あて人の保護のため、「敢えて（違法な）処分の取消しを差し控える」べきではないと思う。しかし、筆者がここで問題にしたいのは、第三者の保護についての、「職権取消し」と「争訟取消し」のあいだの、あまりにもおおきいギャップである。それをうめるために、後者について、「処分の取消しを差し控える」という実体的にラジカルな保護をというのではなく、もっとべつな訴訟手続――実体的な損害の予防に実質的に資するもの――による保護を（裁判所が）はかるべきではないか、と考えるのである。

三　ただ、右のような筆者の考えには、基本において、弱点がある。それは、行政庁がまちがった処分をしたことにより、ほんらい与えられるべきではなかった法的地位をうけた第三者の保護を、なぜ、裁判所が考えなければならないのかということである。つまり、行政庁の「おちど」による責任は、行政庁がみずから職権で処分を取り消すときには、問題にされなければならないであろうが、裁判所が適法性審査ののちに処分を取り消すときに、そのようなことまで考慮しなければならない義務があるのであろうか、ということなのである。このことも、おそらく、小早川教授の説明にみられる、「職権取消し」と「争訟取消し」の相違のひとつの暗黙の根拠となっていることなのであろう。

にもかかわらず、取消訴訟の手続において、裁判所が、訴訟外にある第三者の処分の取消しによる損害まで考慮する職権を発動しなければならないとする根拠は、つぎのとおりである。それは、すこし視点をかえて、国民に対する国家の責任として、国家のいち機関である行政庁が、国民に対して「ふしまつ」をした場合に、その国民が訴訟のそとに置かれながら、訴訟の結果により重大な損害を被ろうとしているのがわかっていながら、おなじ国家の機関である裁判所が、まったく、これに関知しないということに、なんの問題もないのであろうか、ということである。

たしかに、取消訴訟における裁判所の任務は、原告の処分の取消しの訴えをうけ、処分の適法性審査を行い、違法と認定されれば、処分を取り消すことで完了する。その過程で、当事者または第三者から、訴訟参加の申立てでもなければ、基本的に、訴訟のそとの者について考慮する義務はない。しかし、取消しの訴えの対象となっている処分の名あて人として表示されている者は、訴訟のそとにいても、裁判所には認知できるはずであり、また、訴訟の結果により、その者がどれだけの損害を被ることになるかは、あらかた推測できるはずである。それにもかかわらず、わが国の裁判所が、そのような者にまったく関知しないというのは、処分の取消しにより権利を侵害される第三者の訴訟参加がなければ、処分を取り消す判決は効力をもたない、という判例をつみ重ねてきたドイツ行政裁判所(71)と比較して、おなじ国家の裁判所として、あまりにも冷淡であると、筆者には思われるのである。

それでは、裁判所は、かような第三者に対して、職権で、どの範囲でなにをすればよいのであろうか。そのことを、最後に、項をあらためて考察することにしよう。

第二項　取消訴訟における訴訟係属の「告知」の意義と機能

(a)　訴訟係属の「告知」による第三者の損害の予防

一　本書の最終結論として、いかなる手続保障をすることで、取消判決により直接に法的地位が覆滅される関係にある第三者——訴訟参加する必要性が認められる第三者——の実体的損害を防止することができるのかを、これからあきらかにしよう。

それについては、いまいちど、〔建築許可処分が取り消されたことによる損害の事例〕を参考に、授益的処分をうけた者が、もし、取消判決が下されるまえに、そのような訴訟が係属したということを知っていれば、どのような行動をして、処分が取り消されることによる損害を、どの範囲で予防できるのか、考えてみよう。

この事例では、建築主が許可処分をうけたのち、ただちに、隣人から処分の取消訴訟が提起されたのであるが、その段階で、訴訟が提起されたという事実を、建築主が知れば、そのあとの入居希望者との売買契約や賃貸借契約の締結、追加資金の調達などを控えることになり、損害の拡大を防止することになろう。あるいは、訴訟が提起されたということを知れば、そのあとの訴訟の経緯を見まもり、その状況しだいで、これらの法律行為を控え、さらなる損害の拡大の防止につとめることができよう。

もちろん、建築主のパーソナリティーとして、そのような訴訟が隣人から提起され、現在、係属中であるということを知っていたとしても、それを無視して、資本投下を継続し、（処分が取り消されるときの）損害の範囲をどんどん拡大していくということも、考えられるわけである。しかし、その場合に考えなければならないのは、その者には、自己の法的地位の基礎になっている処分が取り消されることがありうるということ、また、訴訟のなりゆきによっては、さらにその可能性がおおきくなっているということを知っていながら、資本投下を継続していったということである。

このような者と、かかる取消訴訟が継続していたということをまったく知らずに、とつぜん、建築許可処分が取り消されたと知らされ、原状に復することを求められる者とでは、その者になんらかの保護が与えられるべきかどうかということで、おおきな差があるといわざるをえないであろう。

いうまでもなく、保護されるべきは、後者である。そして、この両者の差が、後者について真に必要な権利保護の内容となるのである。それは、ようするに、処分の名あて人に、その者のあずかり知らぬところで処分の取消訴訟が提起されたということを知らせてやるという権利保護であり、それは、その者の実体的損害を考慮した手続保障であるということができよう。(712)

二　しかし、ざんねんながら、実定法上、このような内容の手続保障――訴訟係属の「告知」――が、訴訟外にある第三者に対して保障されなければならないという規定は、どこにも存在していない。

民訴法五三条の「訴訟告知」は、すでに分析したように、(713)訴訟の当事者が、訴訟外にある第三者に参加的効力を及ぼさせるために、第三者を訴訟参加させるという、まさに、その目的だけのために、訴訟の当事者から行われる「告知」である。その基礎には、訴訟の対象となっている法律関係が、訴訟当事者と第三者の法律関係の前提となっており、訴訟当事者敗訴ののちは、その当事者から第三者への後訴が、とうぜんに想定されるという、きわめて民事法的な法律関係があり、それが、「訴訟告知」が行われる根拠となっているのである。ぎゃくに、このような関係がないところでは、訴訟当事者からの「訴訟告知」が行われることはないのである。したがって、それは、ここで考えているような、第三者の保護を目的とした手続保障とは、とうていいえない。

もちろん、第三者が、だれからの告知がなくとも、みずから、自己に利害関係のある訴訟が提起され係属しているという事実を知り、訴訟参加を申し立てるということはありうる。しかし、われわれの考察においては、このように、いわば、偶発的に第三者が訴訟係属の事実を知りえたということは問題にならない。この第三者が、かかる訴訟が係属していたということを知らないままに、取消判決の効力に服することを強要されるというところに、なにか重要な手続保障の欠如がないかということが、問題なのである。

ただ、ここで、あらためて、民訴法に規定された「訴訟告知」の構造を見なおしてみると、ひとつわかるのは、第三者への「訴訟告知」の制度は、第三者の「訴訟参加」の制度と密接不可分の関係にあることである。

民事訴訟では、すべて、第三者のがわからの「申出」により、訴訟参加が許されるのであるから、第三者が、その結果に利害関係があると考えられる訴訟が提起され、係属しているということが認知できなければ、訴訟参加を申し出ることはない。したがって、第三者の訴訟参加の前提には、第三者にかかる事実を認知せしめる手続——「告知」——が、不可欠であると思われるが、すでに分析したように、民訴法には、かかる手続は規定されていない。

そこで、本書の最後の考察として、行訴法の「職権訴訟参加」のなかに、かかる第三者への訴訟係属の「告知」の根拠をみいだすことができないかということの検討を行うこととする。

(b)　職権訴訟参加と訴訟係属の「告知」

一　ここで、あらためて、手続保障としての「第三者の訴訟参加」を定めた行訴法二二条について考えてみよう。現在の行政訴訟理論では、訴訟外にありながら取消判決の効力をうける第三者に、訴訟参加の機会が与えられるのは、とうぜんの手続保障であるという理解が一般であるが[714]、利害関係を有する第三者に、当事者のあいだの訴訟に参加する機会を与えるという手続保障——「補助参加」——は、民事訴訟においても行われている。取消訴訟固有の第三者に対する配慮としては、裁判所が「職権で」第三者を訴訟参加させるということであろう。

しかし、この職権訴訟参加は、第三者への手続保障というよりは、適正な裁判を実現するという目的のためのものであると説明されてきたことについては、これまでの考察であきらかにした[715]。そして、このような目的からの職権訴訟参加は、じつは、あまり意味がないこと[716]、ために、じっさいには、ほとんどまったくといってよいほど活用されてこなかったということも[717]、これまでの考察であきらかにした。

二　そこで、裁判所が職権で第三者を訴訟参加させることを「ためらう」ことの理由を、行訴法二二条一項の規定をもういちど見なおしながら、考えてみよう。同項には、裁判所は、「訴訟の結果により権利を害される第三者」について、「職権で、決定をもつて、その第三者を訴訟に参加させることができる」と規定されており、当事者、第三者からの申立てがなくとも、裁判所の裁量で、第三者を訴訟参加「させる」決定を下すことが「できる」のである。これについては、訴訟参加の利益を有する第三者であるという要件以外の要件は、なんら規定されておらず、ただ、「職権で……訴訟参加させることができる」とされているだけである。

このなかでは、「決定をもつて」、その第三者を訴訟に参加させることができるというところに、すこし問題があることに気づく。つまり、職権訴訟参加は、判決に準ずる裁判所の決定という形式で行われるということである。この決定にさいしては、同条二項により、「あらかじめ、当事者及び第三者の意見をきかなければならない」とされている。ようするに、決定が慎重に行われるべきことが求められているのであって、それにより、裁判所のがわからすると、かなりの重大決意のもとに、よほどの必然性があるときにかぎり、この職権を行使するということにならざるをえない。

このように裁判所がかかる職権行使を「ためらう」ことには、また、行政訴訟の基調でもある、当事者主義の原則からの自制もあると考えられる。つまり、第三者や当事者の申立てがないのに、裁判所が職権で第三者を訴訟参加させるというのは、裁判所が訴訟参加されるがわの主たる当事者のほうに「かたいれ」することを意味し、そのかぎりで、当事者主義に反することになるという考慮もあるのではなかろうか。それでも、なお、裁判所に職権行使をせまる理由づけとして、裁判所がみずから認めるのは、おそらく、「適正な裁判」の実現のためということで、けっして、第三者の権利保護のためということではないのであろう。[718]

三　それでは、この職権訴訟参加の目的に、判決により直接に権利・利益を侵害される第三者への手続保障ということを読みこむことで、裁判所が、つねに処分の名あて人の立場を考慮し、ひんぱんに、訴訟参加する必要性があると考えられる第三者を、訴訟参加させるという、職権を行使することになるであろうか。この問いに対しては、ざんねんながら、否定的な返答をするしかない。

その理由のひとつは、行政訴訟がきわめて民事訴訟的な運営をされているという、わが国の司法状況にある。理論的には、職権主義こそが、行政訴訟を民事訴訟からわかつ重要な指標であると強調されてきた。[719] その中心的な規定として、行訴法二四条がおかれたことは、いうをまたないが、じっさいには、この規定もほとんど活用されてこなかったことは、周知の事実である。[720]

また、もうひとつの理由は、すでに本書の考察であきらかにしたごとく、第三者を被告行政庁のがわに訴訟参加させたとしても、行政処分の適法性の証明において、被告行政庁以上の主張・証明をなしうるとは考えにくいという、取消訴訟の特殊性にある。[721] このことは、とうぜん、裁判所も基本的に認識していることであって、ならば、わざわざ第三者を訴訟参加させてもしかたない、という考えをいだくことになるであろう。

四　以上のような考察からは、行訴法二二条に規定された第三者の訴訟参加においては、裁判所による職権訴訟参加は、ほとんど意味をなさないものであって、取消訴訟でも、もっぱら、第三者からの申立てによる訴訟参加しか活用されないということになろう。

しかし、いまわれわれが問題にしている、第三者への訴訟係属の「告知」ということについては、現行法規を見まわしたところ、根拠としうるのは、この職権訴訟参加の定めだけである。同条一項の、裁判所は、「職権で……訴訟参加させることができる」という文言のうちには、とうぜんのことながら、まず、訴訟外にある第三者に対して、その結果により、第三者の権利・利益に重大な影響を及ぼすことがある訴訟が、原告なにがしより提起され、現在、係属中であるということの「告知」をすることが、ふくまれるはずである。

同条二項では、第三者を職権で訴訟参加させる決定をする場合も、「あらかじめ、当事者及び第三者の意見をきかなければならない」とされているが、この「第三者の意見をきかなければならない」ということには、その前提として、第三者にかような訴訟が係属しているということを「告知」することがなければ、第三者の意見もきけないはずである。

したがって、裁判所は、職権で第三者を訴訟参加させることができるということを根拠に、第三者に訴訟係属を「告知」するということができるのである。(722)

(698)　第三者が訴訟参加する必要性がある、と考えられる場合の分析については、本文三八九頁以下を、処分の適法性の証明に関しての国（行政庁）と第三者の関係の分析については、本文三九五頁以下を、取消判決の第三者効への疑いに関する考察については、本文四〇七頁以下を、参照されたい。

(699)　そのことの論証については、本文三九九頁以下を、参照されたい。

(700)　本文三八九頁以下を、参照のこと。

(701)　本書の考察の基本としてきた、二重効果的行政処分により規律される法律関係で、第三者が訴訟参加する必要性が「つよく」認められるものであり、いちおう、「警察許可的処分により規律される法律関係」と分類した。これについては、本文三九二頁を、参照されたい。

(702)　本書の考察の基本としてきた、二重効果的行政処分により規律される法律関係で、第三者が訴訟参加する必要性が「つよく」認められるものであり、いちおう、「競願者の法律関係」と分類した。これについては、本文三九二頁以下を、参照されたい。

(703)　本書の考察の基本としてきた、二重効果的行政処分により規律される法律関係で、第三者が訴訟参加する必要性が「つよく」認められるものであり、いちおう、「処分により権利が設定されたり、権利が追完された法律関係」と分類した。これについては、本文三九三頁を、参照されたい。

(704)　これは、民事訴訟の目的として論じられる「私的紛争の解決」につうじる概念である。行政法理論で、このような概念が意識されたことも、論じられたこともないことは、あらためて、くわしく（歴史的な）分析をするつもりである。

(705)　伝統的行政法理論においては、「法律による行政」の原理のもとで、がっちりした「行政行為」論ができあがり、その対局として、取消訴訟が位置づけられ、まさに「法律による行政」の原理をまもる担い手として、また、国民の権利をまもる最後の砦として、絶対的な信頼がおかれていた。ぎゃくにいえば、取消訴訟によって、違法な公権力の行使はすべて排除され、それにより、国民の権利救済がつねにはかられるという、取消訴訟に対する過剰な期待のうえに、伝統的行政法理論ができあがっていたともいえよう。

しかし、このような期待とはうらはらに、現実には、この取消訴訟によって解決されうる範囲は、かなりせまいということ、また、取消判決を得た場合であっても、なお、それによっては問題が解決しないことがあるということが、わかってきた。それを、ここでいう「行政事件の解決」という観念を用いていいなおすと、現実に生じる「行政事件」は種々多様であって、処分性が認められる行政決定が、たまたま絡んでいて、それをつかまえて取消訴訟を提起することができるという事例が、かならずしも、おおくないこと、また、取消訴訟を提起できたとして、その行政決定を取り消しても、「行政事件」の抜本的解決にはつながらないこともあるのである。そのことは、取消訴訟から一歩さがって、「行政事件」全体を見わたし、その解決にとって、はたして、取消訴訟によることが、どのていど有効であるのかということを考えてみれば、はっきりしてくるのである。

(706)　わが国、および、大陸法系の諸国における取消訴訟制度においては、「法律（または法）による行政の原理を基礎として裁判所が行なう行政活動の法律（法）適合性審査、これが取消訴訟制度の主要な機能であることは一応自明なことがらである」と、小早川「取消訴訟と実体法の観念」（本章注(436)）三頁に、分析されている。

(707)　ドイツでは、「違法の行政行為の取消自由の原則」を出発点として、それが、第二次世界大戦後、しだいに、信頼保護などのために制限されてきたようである。その学説・判例理論の緻密な分析は、遠藤『行政行為の無効と取消』（本章注(542)）四三頁以下で行われている。

わが国の行政法理論では、ふるくから、違法に行われた行政処分といえども、行政庁が職権で取り消す場合には、一定の制限があるという論理をたてていた。たとえば、佐佐木『日本行政法論〔改版〕・総論』（本章注(3)）五〇三頁では、「行政處分ノ理論ニ依リ取消ノ行政處分モ亦取消スコトカ公益ニ適スルモノナルヲ要ス」とされ、また、美濃部『日本行政法上巻』（本章注(19)）三〇六頁以下では、すでに、緻密な論理が構成されていた。すなわち、行政行為の内容を、侵害的なものと授益的なものにわけ、後者について、「行政官廳は一方には其の法律的瑕疵の重大さの程度及び其の結果としてこれを取消すべきことの公益上の必要性竝にこれを取消さないことに依つて當事者に及ぼすべき不利益を考察して、兩者の間に公正な比例を保たしむることを要する。これを取消し得る爲めには、これを取消すことの公益上の必要が、當事者をして其の取消に依つて受くる不利益を忍ばしめねばならぬ程度に重大であることを要する」というものであった。

その論理が、そのまま、田中(二)博士にうけつがれ――田中(二)『新版行政法上巻〔全訂第二版〕』（本章注(198)）一五一頁以下――、それが、また、現代の行政法理論にうけつがれているのである。遠藤『実定行政法』（一九八九年）一四〇頁、小早川『行政法上』（本章注(546)）三〇〇頁以下、塩野『行政法Ⅰ〔第四版〕』（二〇〇五年）一五六頁、大橋洋一『行政法〔第2版〕』（二〇〇四年）三三二頁など。

しかし、芝池教授は、このように、原則的に職権取消しを制限することに疑問をなげかけておられる――芝池『行政法総論講義〔第四版〕』

（二〇〇一年）一六八頁以下――。すなわち、じゅうらいの考えかたは、利益保護の要請を強調することにより、取消しの可能性よりは、むしろ、その不可能性を原則とするものであって、法治主義の形式的要請を適切に考慮していないきらいがある、というものである。そして、例として、違法な社会保障給付を、相手方に対する打撃回避の名目で、いつまでも打ち切ることができないのは不合理であるということを上げておられる。

(708)　遠藤『行政行為の無効と取消』（本章注(542)）四三頁以下参照。

(709)　小早川『行政法上』（本章注(546)）三〇〇頁以下。

なお、大橋・前掲（本章注(707)）三三二頁は、これを、「法治主義原則と信頼保護原則との緊張関係の中で論じられてきたのが、違法な行政行為の取消制限の法理である」と表現しているが、小早川教授に代表される通説的見解では、その取消し制限の原則を破る基準を、処分を取り消すについての「公益上の必要性」においている。

これに対して、芝池教授は、職権取消しが相手方に与える「打撃ないし不利益」を基準に考えておられ、注目に値する。芝池教授は、基本的に、通説が職権取消しの制限に傾きすぎていることに、疑問をもたれているが――本章注(707)参照――、職権取消しが相手方に与える「打撃ないし不利益のていど」によっては、職権取消しが制限されると認めておられる。そして、この「打撃ないし不利益」は個々の事案にそくして判断しなければならないとされている。同『行政法総論講義〔第四版〕』（注(707)）一六九頁以下。

このような芝池教授の立場は、じつは、本書が、本節で行っている考察にも、重大なてがかりを与えるものである。それは、授益的処分が取り消されることによる処分の名あて人の実体的損害を基準に考えるという視点である。そして、また、芝池教授は、実体的損害ないしは「打撃ないし不利益」が重大であって、職権取消しが制限されるような場合であっても、「事前の告知」や「補償」といった手続保障がとられることにより、職権取消しが認められる余地がある――同書一七〇頁――と、本節の第三者に真に必要な手続保障の考察の、「急所をつく」ような指摘、までされているのである。

(710)　小早川『行政法上』（本章注(546)）三〇一頁。

(711)　このドイツ行政裁判所の判例理論については、連邦行政裁判所一九六四年三月一〇日判決の判示しているところが、わかりやすい。これについては、本文九二頁以下を、参照されたい。

(712)　この理屈は、「職権取消し」についての芝池教授の考え――同『行政法総論講義〔第四版〕』（本章注(707)）一七〇頁――につうじる。すなわち、授益的処分の職権取消しにより、処分の名あて人がうける打撃ないしは不利益は、補償などの代償措置とおなじく、「事前の告知」によっても緩和されるというものである。

(713)　本文三七三頁以下を、参照のこと。

(714)　本文二六八頁および二九一頁を、参照のこと。
(715)　本文二三九頁以下を、参照のこと。
(716)　本文四九四頁以下を、参照のこと。
(717)　本章注(653)を、参照のこと。
(718)　筆者の察するところ、それは、取消訴訟の特質と、それにもとづく紛争解決の限界によるものであると思われる。すくなくとも、現行行訴法では、いちおう、取消訴訟は、公権力の行使により権利を毀損されたと主張する原告のための制度であると理解されている。しかし、その審理は、もっぱら、訴訟物たる行政処分の適法性審査に終始する。べつのいいかたをすれば、裁判所は、当該処分が違法でありその取消しを求める、という原告の請求に対応して、処分の適法性審査のみを行い、それが違法であると認定されれば、処分を取り消す判決を下すことで、取消訴訟についてのあらかたの任務は終了すると考えている。そこでは、原告の権利がどのようなもので、その裏側にある訴訟外の（原告の権利が認められることにより権利を喪失する関係にある）第三者の権利がどのようなものであるのかといった考慮は、いっさいされない。これを、筆者の「行政事件の解決」という観念を用いて説明すると、裁判所には、行政処分の取消しということの根底にある、原告と訴訟外の第三者のあいだの法的紛争を解決しようという考えは、まったくなく、ただ、（原告が紛争解決の一手段と考えた）「行政処分の取消し」の求めに対応すればたりるという考えしかないということなのである。

それを示す端的な例は、本書ですでにとり上げた、東京地裁平成一〇年七月一六日判決――本文三四七頁以下を参照――の事例であろう。この事件では、合資会社の社員の退社決議にもとづいてされた変更登記処分の取消しが求められたが、その基本にあるのは、退社決議を行った会社と、決議に不満な社員との争いであり、ほんらい、決議無効、あるいは、地位確認が求められるものであった。しかし、退社決議をうけた社員は、登記処分の取消しを求める訴えを提起してしまった。かりに、請求どおり、登記処分が取り消されたとしても、それによって、この「行政事件」は「解決」されない。そういう意味では、首をかしげる無意味な訴えであったが、もし、裁判所に、この訴えをみのりのあるものに変え、真に「行政事件」の抜本的「解決」をはかろうという意図があったならば、訴訟外にあった当該合資会社を、職権で訴訟参加させ、（登記処分、および、その基礎にある退社決議が無効であるという）判決に服させる「てだて」をとることを、すこしは検討したはずである。しかし、当判決には、そのような考慮の「かけら」もうかがえない。

かような取消訴訟の特質のなかから、すこしでも、職権で第三者を訴訟参加させることが考慮される余地がみいだせるとすれば、それは、行政処分の適法性審査ということにおいてであろう。なぜなら、取消訴訟においては、もっぱら、行政処分の適法性審査に終始する裁判所には、その審査を適正に行うことに、第三者を訴訟参加させることが不可欠であると判断される事例においては、第三者を訴訟参加させる職権を行使する可能性があると考えられるからである。しかし、そのような職権が、ほとんどまったく行使されなかったということは、第三者の訴訟参加がなければ適正な処分の適法性審査が行えない、というような事例が存在しなかったということであろう。

(719)　わが国の行政訴訟理論のなかで、このことをつよく主張されたのは、雄川博士である。雄川『行政争訟法』(一章注(8))一五三頁以下——第六節「行政事件訴訟と民事訴訟法」第二款「行政事件訴訟における民事訴訟原理の妥当範囲とその限界」——では、特例法の基本原理の基礎的考察として、ドイツ行政裁判所法(VwGO)による行政訴訟手続では、弁論主義(Verhandlungsmaxime)および当事者主義(Dispositionsmaxime)が基礎となる民事訴訟と区別する指標として、職権主義(Untersuchungsmaxime, Offizialmaxime)が基礎となっていると指摘されたうえで、「従来の行政裁判制度においては、行政訴訟手続について、或る程度において職権主義の原則を採用するのが通例であった。わが旧行政裁判制度もその例外ではない」と分析された。

そして、その根源的理由については、行政訴訟の目的が、「単に当事者の紛争の解決のみには存せず、紛争の解決を通して国民の権利の保護と行政の客観的適正の保障をはかることに存」し、「従って、少くとも相対的には、民事訴訟に比して実体的真実の探求により多くの重点が置かれるべきであ」るということに求められた。

ここまでは、原理・原則の抽象的理念の論議であるが、雄川博士は、さらに、それが、つまり、職権主義の原則がとられることが、実際の解釈の問題として、「実定法上どこまでの意味をもつのか」という考察まで行っておられ、「実定行政訴訟法規がその原則を認めている限りで、これと抵触する民事訴訟法の規定の適用ないし準用が排除されることは当然である」とまで、断じておられたのである。

しかし、行訴法制定以後の理論において、とくに、民事訴訟との対比において、「職権主義」を行政訴訟の指標として強調する論者はいない。

(720)　田中(二)『新版行政法上巻〔全訂第二版〕』(本章注(198))三四三頁では、行訴法において職権主義の規定がおかれた主旨について、「取消訴訟は、行政庁の処分又は裁決の取消しを求める訴訟であって、その結果は、公共の福祉に影響するところが大きいために、当事者の主張・立証のみに捉われず、できるだけ客観的に公正妥当な解決を期することが望ましい。行政事件訴訟法は、この見地から職権証拠調べ、職権による第三者又は行政庁の訴訟参加を認める……など、職権主義の要素を加えている」と説明されていた。しかし、「実際上には、これらの規定は殆ど活用されていないようである」ともされていた。

(721)　このことについては、本文三九五頁以下に、論証したとおりである。

(722)　裁判所が、職権で、第三者を訴訟参加させるということのなかに、訴訟係属の「告知」がふくまれることは、つぎのように論証できよう。裁判所が、第三者に訴訟参加することを求める場合には、とうぜん、どのような者——原告——から、どのような内容——第三者に権利・利益を与えた処分の取消し——の訴訟が提起され、現在、当裁判所に係属している旨の事実が告げられなければならない。そうでなければ、ただ、訴訟参加しろというだけの命令になり、第三者としては、にわかには承服できないものである。もともと、訴訟参加については、訴訟上の手続保障としての権利を保護するという性格のもので、それを強制するということには、なじまないものである。したがって、まず、どのような訴訟が係属しているということの「告知」は、職権訴訟参加の最低限の要件なのである。
わが国の理論のなかでは、そこまで述べられたことはないが、ドイツの必要的訴訟参加の理論においては、行政裁判所法（VwGO）六五条の訴訟参加の制度の内容は、民事訴訟法（ZPO）の主参加、補助参加、訴訟告知を補充するものであると説明されている。Kopp=Schenke, a. a.O.（二章 Anm.(21)）, Rdn. 2 zu Art. 65.
これについては、本文六三頁を、参照されたい。

第六節　結　論

一　取消判決に第三者効があることが規定され、それにより、取消訴訟の対象となった処分により法的地位を得た者が、訴訟外にありながら、取消判決によりその法的地位を覆滅されることが明確にされた、というわが国の取消訴訟のシステムにおいて、そのような訴訟外の第三者の保護を、訴訟手続のなかで、いかにはかっていくかというのが、本書の主要な目的であった。

かかる第三者については、訴訟参加させ、その法的地位の防衛のため、みずから主張・証明をつくす機会を与えるという手続保障が、ただちに想起されるところであるが、しかし、このような手続保障は、かかる第三者に真に必要な手続保障というものの本質から、すこし「ずれる」ものである。また、このようなレベルの手続保障が、かような第三者に不可欠なものであるという前提にたつならば、行政訴訟においても、きわめて民事訴訟的運営を行っている、今日のわが国の裁判所にあっては、当事者主義的自制から、第三者を訴訟参加させる職権の行使は、けっきょくは当事者のいっぽうに「くみする」ことになるので、つねに「ためらわれる」という現実のまえに、行訴法二二条一項の「職権訴訟参加」の規定は空文化してしまっていると慨嘆するしかないであろう。

第三者を訴訟参加させ、みずから主張・証明をつくす機会を与えるという手続保障が、ある意味で、過剰な保障であるといわざるをえないのは、行政処分の取消しを任務とする取消訴訟の特質、もしくは、しくみからである。それは、取消訴訟において行われるのは、もっぱら、行政処分の適法性審査であって、行政処分の適法性の証明については、第一次的に、処分を行った行政庁に責任があると考えられる(723)し、また、そのための資料は、ほとんど行政庁が保有するところであると考えられるので、かりに、第三者が訴訟参加したとしても、行政庁とは独立に、行政処分の適法性の証明について主張しうるところは、あまりないと考えられる。したがって、第三者の訴訟参加は、第三者の法的地位の防衛にとって、不可欠であるとはいえないということなのである。

二　それでは、取消訴訟においては、処分による既得の法的地位が覆滅される第三者にも、なんらの手続保障をはかる必要はないのかというと、けっして、そのようなことはないといえる。

問題は、取消訴訟のしくみにおいて、行政処分の取消しの訴えが裁判所に提起される場合は、処分に不服な国民が原告となり、処分を行った行政庁がじっさいの被告となり、そのあいだで争われることになるので、処分の名あて人であって、処分により権利・利益をうけている者であっても、訴訟の第三者にとどまり、そのままであれば、訴訟係属の事実すら知らないということにあるのである。(処分の名あて人でありながら、訴訟の)第三者からすれば、自分の知らぬところで訴訟が推移しているあいだ、処分により得た法的地位にもとづいて、さまざまな法律行為——資本投下——をくり返したところ、とつぜん、(訴訟において)処分は取り消されたので、事業を停止し、施設を撤去し、原状に回復しなさいといわれても、そのために、ばくだいな損害を被ることになり、にわかには承服しがたいことである。

かような第三者の(よういに想像しうる)実体的損害を防止するために、すくなくとも、(その結果により、第三者の法的地位が覆滅されるかもしれない)訴訟が提起され係属していることの「告知」が、ただちに、第三者にされるべきである。

三　取消訴訟において、かような第三者に、取消訴訟の係属が「告知」されるという手続保障の根拠を、現行規定のなかに求めるとすれば、行訴法二二条一項の「職権訴訟参加」の定めしかない。そこでは、裁判所は、職権で、訴訟参加の利益を有し、訴訟参加する必要性があると考えられる第三者を訴訟参加させる決定をすることができるとされている。しかし、さきほども述べたように、第三者の訴訟参加は、第三者の法的地位の防衛にとって、かならずしも必要不可欠のものではない。裁判所は、この行使しうる職権のなかの、真に第三者の権利保護となりうるような手続保障の中心部分を、はっきりと認識すべきである。それは、第三者に訴訟係属を「告知」するという、ただそれだけのことであって、第三者を訴訟参加させるという、いわば、ラディカルな決定までする必要はない。そして、ここが重要なことであるが、第三者に訴訟係属を「告知」しさえすれば、あえて訴訟参加するかどうかは、第三者に決めさせればよいことである。第三者にとっては、かかる「告知」をうけたことにより、そのような訴訟の係属を認知したということが重要なのである。それによって、かりに訴訟参加しなくとも、訴訟のそとにあって、訴訟の推移をみまもることができ、訴訟の「なりゆき」によっては、追加投資を控え、契約を解除するなどの、損害防止の方策をとりうるであろう。訴訟継続を認知しながら、そのような損害拡大防止策をとらないというのであれば、それは、その者の責任である。

四　それでは、取消訴訟において、つねに、かかる第三者に対する、裁判所からの「告知」を期待することができるのであろうか。

同項の「職権訴訟参加」の定めをそのまま読めば、それは裁判所の裁量であって、処分の名あて人として表示されている者が、処分が取り消されることにより、重大な損害をこうむることが予測される場合であっても、裁判所には、かかる者を訴訟参加させなければならない義務はないということになろう。それでは、職権で訴訟参加させる義務はないのに、その前提である訴訟係属の「告知」を、なぜ、裁判所が、職権でしなければならないのか。

問題のポイントをはっきりさせるために、ものごとを客観的に考えると、取消訴訟において取消判決が下されるという状況では、そもそも、この者は処分をうけうる地位にはなかったということである。にもかかわらず、行政庁が、あやまって、この者に法的地位を授けるような処分をしたことにより、その者は、その法的地位によりなしうるさまざまな法律行為をしたのである。もちろん、そのことによる責任は、第一次的には、行政庁にとわれるべきことであろうが、行政庁は、（結果的にあやまったものであったが）職務上の信念にもとづいて判断を下したので、そこに過失を認定することは困難であるから、けっきょく、処分を行ったことが違法であると認定され、処分が取り消され、ために、処分の名あて人が損害をこうむったとしても、じっさいには、行政庁の賠償責任をとうことはむずかしい。

しかし、処分の名あて人がおかれている、かかる客観的な状況と、訴訟の推移によって名あて人がおちいるであろう困難な状況は、裁判所にも、よういに認知しうるところである。なぜならば、当該処分の取消しにより直接に法的地位を覆滅される者――訴訟参加する必要性がもっともつよく認められる者、すなわち、訴訟係属をまっさきに「告知」されるべき者――の氏名は、処分に表示されており、また、訴訟における原告の主張のなかには、つねに処分の名あて人のことがふくまれているからである。そして、当該処分は、名あて人について要件をみたしているという行政庁の認定のもとに行われたものであるから、処分が違法であるという原告の主張は、ようするに、名あて人についての要件認定がまちがっているという主張だからである。また、当該処分により原告の権利が侵害されたり、あるいは、されるという場合には、処分そのものによりというよりは、名あて人が処分を得たことにより行うさまざまな行為によることがおおく[724]、そのことが、かならず、原告の主張にでてくるからである。

そして、もうひとつ、裁判所がぜひとも考えなければならないのは、取消判決の名あて人は、その第三者であるということである。

かように、つねに、訴訟外にある第三者――処分の名あて人――の存在を意識しながらすすめられる取消訴訟において、しかし、わが国の裁判所は、ただ、ただ、目前の原告の主張に対してのみ応答するという姿勢をとり、かような第三者になんらの配慮もしないままに、訴訟を終結させ、第三者の法的地位を覆滅させることになる（処分の）取消判決を下し、その結果のみを第三者におしつけているのである。これが、問題であると思われるのは、つぎのような理由からである。

ひとつは、行訴法においては、いっぽうで、かような第三者が存在する場合には、取消訴訟において無視できないという理屈を認めて、民訴法とはべつに、わざわざ、「第三者の訴訟参加」の制度をおいているということである。このような制度がありながら、裁判所が、かような第三者になんらの配慮もしないのは、おそらく、「第三者の訴訟参加」が第三者からの申立てによってもなしうるものであるので、わざわざ、裁判所が職権で訴訟参加させるまでのことはなかろうという思わくによるものであろう。

しかし、第三者が訴訟参加の申立てをする前提には、第三者が、かかる取消訴訟が提起され、係属中であるということを認知していなければならないが、その者に対する訴訟係属の告知の規定がないので、なにか特別な事情でもなければ、取消訴訟の構造から、授益的処分の名あて人は、つねに訴訟のそとにあり、属の事実を知らないままで、訴訟参加の申立てをする機会を失ってしまうというのが、ふつうである。かかる第三者は、訴訟係

これは、いうなれば、制度的な不備といえようが、考えようによっては、じゅうぶんにこの不備は補えるのである。それは、裁判所の職権訴訟参加の権限のうちにおいて、処分を取り消す判決により直接に法的地位が覆滅される者で、訴訟参加する必要性があると認められる第三者に、裁判所は、職権で訴訟係属を「告知」することができるし、また、しなければならない、ということである。この「しなければならない」という根拠は、裁判所には、

訴訟法に定められた諸制度を円滑に、有効・有機的に、相互活用していかなければならない、「訴訟指揮者」もしくは「訴訟運営者」としての責任がある、ということである。

もうひとつは、（名あて人に与えるべきではなかった）違法な行政処分を与えてしまった行政庁とおなじ国家の一機関であるという地位から、また、違法な公権力の行使により権利を毀損された（そして、されようとしている）者を救済しなければならない、という職責から、裁判所に、名あて人に対する、なんらかの手続保障を配慮する義務はないのか、ということである。

たしかに、三権分立という公法の基本原理からすると、「司法」の領域に属する裁判所の職務は、「行政」の領域に属する行政庁の職務とは厳然と区別され、行政庁の職務について、なんら責任をおうものではない。しかし、いち私人である国民の立場からすると、かような制度論だけでは納得のいかないものがあるように思われる。処分の名あて人にとっては、ほんらい自由に行為しうることがらについて、たまたま、公法上の規制があったため、「国の機関」である行政庁の決定によらざるをえないが、そのことがらについて自由に行為してよいという認定であったので、ほんらい行為するとおりに行為しただけであるが、とつぜん、「国の機関」である裁判所から、「あの決定はまちがいであったので、行為のあとしまつをしなさい」といわれても当惑するばかりである。

ただ、問題の状況として、行政庁の決定に対して裁判が行われ、裁判所がそれを違法と認定して取り消すことがありうるということは、国民にも、理解できないわけではなく、納得しうるであろう。しかし、それだったら、なぜ、そのような裁判が行われているということを、いってくれなかったのかと、「国」に対して不信の念を抱くのが、国民感情であろう。

この場合、それは、行政庁が、その者に対して伝えるべきであったのか、それとも、裁判所が伝えるべきであったのか、という問題があろう。「責任」ということからすると、それは、行政庁が伝えるべきであったと、筆者は考える。しかし、「義務」ということであれば、それは、やはり、裁判所の義務であると考えざるをえない。なぜならば、法治国家においては、国民の権利をまもる最後の砦は裁判所であるという、ぬきがたい信奉があり、公権力の行使に対する取消訴訟における裁判所の任務についていえば、それは、たんなる行政処分の適法性審査にとどまらず、公権力の行使により権利を侵害されたと主張する者の救済ということが、基本に考えられなければならないが、この場合には、その背後にある、処分を取り消すことにより権利が侵害される者——これも、「実質的当事者」である——の救済も、同時に考えられなければならないと思われるからである。[725]

五　それでは、裁判所は、いかなる場合に、いかなる第三者に対して、いかにして、訴訟係属を「告知」すべきであろうか。

基本的には、原告以外の者に対する授益的処分の取消しが求められている場合に、当該処分に表示された名あて人に対して、当該処分の取消しを求める訴えが提起され、当裁判所に、現在、係属中であるという客観的事実の通知をするだけであって、これについては、決定によることも、あらかじめ当事者の意見をきく必要もないと思われる。[726]

訴訟係属の「告知」は、第三者が、それにより、訴訟参加の申立てをすることの基礎となることなので、「告知」されるべき者は、訴訟参加する必要性があると認められる第三者である。その必要性が認められるのは、どの範囲の者かという考察はすでに行ったところであるが、[727] 筆者は、そのうち、すくなくとも、「第三者の法律関係関与性が、消極的なもので、かつ、直接的なものと認められ、第三者が訴訟参加する必要性が『つよく』認められる場合」、すなわち、授益的処分の名あて人について、「告知」すべきであると考えている。なぜなら、これらの者が、判決により処分が取り消されることで、直接に実体的損害をこうむる者で、そのような訴訟の係属の「告知」をうけることで、訴訟参加の申立てをすることも、(訴訟のなりゆきを見まもることで) 損害の拡大を予防することもできるということから、もっとも、かような手続保障を要する者であるからである。

六　取消判決の形成効をあえて無視し、訴訟当事者のあいだにのみはたらく既判力を、訴訟参加した第三者に拡張する反面で、訴訟参加が必要的な第三者が訴訟参加しないまま下された取消判決は、いっさい効力をもたないとする〔ドイツの解決方式〕(728)は、それなりに論理完結的で、取消判決の効力をうける第三者の権利保護としては、おそらく、完璧なものであろう。しかし、公権力の行使により権利を毀損されたと主張する原告の救済を第一義とする取消訴訟制度の主旨からすると、これは、本末転倒ではないかと、筆者には思われる。

それが、権利の救済を求める原告が、訴訟において力のかぎりをつくして、処分を取り消す判決をかちとったにもかかわらず、たまたま、取消判決の効力をうけるとする第三者の訴訟参加がなかったという、途中の訴訟手続の欠缺のために、自己の勝訴が無にきしてしまうというのであれば、それは、訴訟当事者である原告の権利保護が、訴訟のそとにあった第三者の権利保護に劣るという、いささかバランス感覚のわるい解決といわざるをえない。

また、訴訟参加の利益を有しながら、訴訟参加できなかった第三者には、すべて、事後的訴訟参加として「第三者再審」が保障されるとする〔フランスの第三者再審の活用策〕は、たしかに、原告の勝訴を無効にすることなく、いっぽうで、訴訟参加できなかった第三者には、事後的にではあるが、できなかった訴訟参加の補いをつけるという、バランスのよい解決になっているように思われる。しかし、これにも致命的な欠陥がある。それは、事後的な訴訟参加ということでは、第三者の権利保護として、すでに「ておくれ」であるということである。処分によって権利・利益をうけた第三者にしてみれば、その結果によっては、自己の法的地位が覆滅されるかもしれない取消訴訟が提起されたということが、問題なのであるから、その時点で、訴訟係属の事実を認知することができ、訴訟の推移を見まもることができ、（訴訟の内外で）しかるべき対策をとることができるための手続保障こそが、必要不可欠なのである。

このように見てみると、取消判決に形成効を認め、「取消し」という実体的効果が第三者にも及ぶとする第三者効を前提とし、いっぽうで、取消判決の効力をうける第三者に、訴訟参加の申立ての機会を保障しているというわが国の制度のほうが、正当な途を歩んでいると、筆者には、思われるのである。なぜなら、その判決による処分の取消しの実体的効果が、（処分の名あて人である）第三者にも及ぶとされることは、取消訴訟制度の主たる目的が原告の権利保護であるということから、論理的にただしいし、また、第三者の権利保護についても、処分の取消しが求められた時点で、対抗的にはかられているからである。それからすると、「第三者の再審の訴え」が、訴訟参加できなかった第三者に、つねに保障される制度とされず、非常救済手段としてのみ認められる制度とされたのも、正当な途を歩んだといえよう。

しかし、その正当な途を歩んだはずのわが国の制度というのは、公権力の行使により権利を毀損されたと主張する原告に、ひろく、取消訴訟の途を開くいっぽうで、その訴訟の結果によって法的地位を覆滅される（訴訟外の）第三者が、みずからがおちいった苦境を自覚し、訴訟の推移を見まもり、場合によっては、訴訟参加を申し立てることができるということが、うまく循環していくものでなければならない。その循環の連結部分となるのが、訴訟外のかかる第三者に対する、訴訟係属の「告知」という手続である。もし、この手続が欠けることがあれば、第三者からの申立てによって行われている「訴訟参加」の制度が、うまく機能しないということになり、取消判決が第三者効をもつことと、その「みかえり」として考えられた第三者の権利保護のシステムのバランスがくずれ、ドイツやフランスのシステムに比較して、かくだんに第三者の保護が劣ることになろう。

ぎゃくに、もし、この第三者への訴訟係属の「告知」の手続さえ、きちんと行われれば、わが国の取消訴訟制度は、原告の権利保護と第三者の権利保護のバランスにおいて、どの国のシステムにも負けない、すばらしい制度であると胸をはることができるであろう。

七　最後に、第三者への訴訟係属の「告知」がきちんと行われる場合の、「第三者の再審の訴え」の存在意義について、ふれておこう。

この制度が、行政訴訟に特有のもので、第三者の訴訟参加の制度と密接不可分の関係にあることは、いまさらいうまでもない。ただ、「第三者の再審の訴え」が、事後的な訴訟参加でないことは、これまで、くりかえし述べてきたとおりである。したがって、「第三者の再審の訴え」の守備範囲は、通常の再審制度と同様か、あるいは、それ以上に、せまいと考えられる。しかし、それはそれで、法的安定性の要請をやむをえず破る非常救済手段であることから、とうぜんのことと思われる。

それでは、取消訴訟における「第三者の再審の訴え」の意義というのは、どのようなものであろうか。筆者は、それは、行訴法のなかに、第三者の訴訟参加と並べておいてあることじたいに、おおきな意義があると考える。「第三者の再審の訴え」も再審であるから、原訴訟に重大な手続の瑕疵がある場合に行われるのであるが、「第三者の訴訟参加」との密接な関連性から、とくに、訴訟参加の手続の欠缺が、問題にされるのである。

そこで、もし、取消判決により法的地位が覆滅される関係にある第三者への訴訟係属の「告知」が、きちんとというか、一般的に、裁判所の職権により行われるようになった場合を想定してみると、裁判所からの「告知」がなされずに、ために、第三者が訴訟参加できなかったということは、重大な手続違背であって、それだけで、行訴法三四条一項の「自己の責めに帰することができない理由により訴訟に参加することができなかつたため」という要件にあたるといえよう。

裁判所からの「告知」が一般に行われるようになった場合には、かかる第三者に訴訟係属が「告知」されなかったことにより、ただちに、再審が認められるかは、再審の利益が、訴訟参加の利益よりも制限されている――「判決に影響を及ぼすべき攻撃又は防御の方法を提出することができなかったもの」でなければならない――こととの関係から、解釈上、なお、問題があるが、(729) すくなくとも、〔東京地判の論理〕でいわれているような、「法二二条一項は、裁判所は、訴訟の結果により権利を害される第三者があるときは、当事者若しくはその第三者の申立てによりまたは職権で、決定をもって、その第三者を訴訟に参加させるか否かについて裁判所の裁量を認めているのであって、かかる第三者に対し、訴訟係属を通知すべき義務を明文で定めている規定は存在しない」という、木で鼻をくくったような見解は示されないはずである。

(723) 取消訴訟において行われるのが、行政処分の違法性審査であるとするならば、そこでは、行政処分が違法であることの証明が求められるということであり、処分の適法性審査であるとするならば、そこでは、行政処分が適法であることの証明が求められるということであるので、ようするに、それは、証明責任に関連している。

筆者は、取消訴訟における証明責任は、基本的に国（行政庁）にあると考えているので、取消訴訟の基本は、行政処分の適法性審査であるといいたい。ただ、取消訴訟における証明責任については、処分の種類によって、ことなる考慮も必要で——たとえば、社会給付の申請を拒否する処分に対する取消訴訟では、その処分の適否の基礎となる資料のおおくは、申請者のがわにあるという事情が考慮されるべきである——、こういうことの検討をへて、いずれ、筆者の証明責任に対する考えを、きちんとあきらかにしたい。

(724) たとえば、〔建築許可処分が取り消されることによる損害の事例〕について見てみると、周辺住民が不利益をうけるのは、建築許可処分をうけたことにより行われる建築行為、および、それに付随する行為によってである。また、〔河川占用許可処分が取り消されたことによる損害の事例〕では、占用許可処分をうけたことにより行われる施設の設置と運用によってである。

(725) このことの究極の根拠は、憲法三二条であろうと思われる。「何人も、裁判所において裁判を受ける権利を奪われない」ということのうちには、今日の訴訟法においては、訴訟当事者以外の第三者も、訴訟に利害関係を有する範囲で、訴訟参加することが通常に行われているので、法律上の争訟について、原告として、訴訟を提起するということだけでなく、〔利害関係を有する〕第三者が訴訟参加するということも保障されていると考えるべきである。そうすると、かような第三者が、訴訟参加という「裁判を受ける権利」を奪われないためには、とにかく、かかる訴訟が係属しているという「告知」が第三者に対して行われるという手続の保障がされなければならないのである。

(726) 行訴法二二条一項では、裁判所は、「決定をもつて、その第三者を訴訟に参加させることができる」と規定している。民事訴訟の補助参加では、相手方当事者が異議を申し立てないのであれば、決定を要せずに、補助参加できるとしているのに対して、取消訴訟では決定を要するのは、取消訴訟に訴訟参加する第三者には、最初から、必要的共同訴訟人の地位が保障されているからである。このことから考えると、第三者を被告国（行政庁）のがわに訴訟参加させることは、訴訟手続において、おもくとらえられており、そのために、「決定」という手続がとられ、個々の事例について、裁判所がしんちょうに判断しようとしているといえよう。であるならば、かように、個々の判断を要せずに、一律に、処分の名あて人に、かかる訴訟が係属しているという通知――「観念の通知」――を行うだけの手続については、「決定」によることは要求されえないと思われる。

(727)　本文三八九頁以下を、参照のこと。

(728)　本文四一一頁以下を、参照のこと。

(729)　かかる「告知」が、裁判所の義務であると認められ、一般に行われるようになったとしても、行訴法三四条一項の要件の構造からは、告知がなかったというだけで、第三者の再審の訴えが許されるとはされないようである。すなわち、同項では、「処分又は裁決を取り消す判決により権利を害された第三者で、自己の責めに帰することができない理由により訴訟に参加することができなかつたため判決に影響を及ぼすべき攻撃又は防御の方法を提出することができなかつた」という要件が定められているが、これは、同法二二条一項の訴訟参加の利益をベースにしながら、「自己の責めに帰することができない理由により訴訟に参加することができなかつた」というしぼりと、「判決に影響を及ぼすべき攻撃又は防御の方法を提出することができなかつた」というしぼりが、二重にかかっているので、告知がなかったということで、前者のしぼりをみたしても、なお、後者のしぼりが残るからである。

おわりに

(1) 兼子(一)博士の疑問に対する筆者の答え

一　兼子(一)博士は、かつて、「行政処分の取消判決の効力」と題する論文で、三つの具体例を上げられたうえ[730]で、つぎのような疑問を提示された[731]。

「これらの場合の第三者は、何れも行政處分に基き若はこれを前提として權利を取得している關係上、その取消によつてその權利を失うことになる點で、取消につき直接の利害關係を有する者である。民事訴訟法上判決の効力は原則として當事者間に限られ、法律が特別な定めによつてこれを擴張しない以上第三者に及ばないのに、このような直接の利害關係ある第三者が當然に判決に拘束されることは、甚だ異例でなければならないはずである。しかし、これについては二つの論據が考えられる。一は、行政事件が公法上の法律効果又は法律關係を對象としている關係上、私法上の權利關係を對象とする民事訴訟とは異つた原理が支配するかどうかの點である。二は、行政處分の取消判決に屬するものとして、形成判決の形成力は當然に一般第三者に及ぶことに基くとする考えである。」

兼子(一)博士の、行政処分の取消判決の形成効に対する根本的な疑問を示した、このテーゼが、行政法学者に強烈なインパクトを与え、これをめぐって、わが国の行政訴訟理論において、本格的な判決の効力論争がおこったことは、すでに分析したとおりである[732]。筆者も、本書の考察をすすめていく過程で、この論文を、一分析対象としてとり上げ、ふかい感銘をうけたが、くりかえし熟読し、考えに考えたけっか、本書の途中で、兼子(一)博士の考えられるように、取消判決の形成効を既判力の範囲にまで縮減することは、原告の権利救済をほんらいの目的とする取消訴訟の主旨にそぐわず、「兼子(一)博士が論文で示されたところは、けっきょくのところ、取消判決の効力を第三者にまで及ぼすことは、第三者の立場を侵害することにならないか、というかぎりの問題提起にとどまるものであって、原告と(訴訟参加すべき)第三者の双方の権利保護をはかるような整合的な解決をめざされたものではな」く、「それゆえ、博士の論理は、われわれの考察から、難点のおおいものであ」ると、断じてしまった。[733]

しかし、いったんはこのように切り捨ててしまった博士の論理が、そのあと、論考を重ねていくにつれ、しだいにおもく筆者の胸にのしかかってきた。それは、右記のテーゼに示された博士の疑問が、わが国の取消訴訟制度の核心をつく、深刻なもので、なお無視しがたいものであったからである。あらためて考えてみると、筆者が下した右のような結論は、博士の形成効に対する考察の不備だけをとらえたものであったことも、否定できない事実である。それにくらべて、博士は、いっぽうで、「裁判所もかかる利害關係人がいることが明白な場合には、職權を以てもこれに對し参加を命じ、取消の効果が不統一になることを避けるのを至當とする」とされて、[734]特例法八条の規定内容をよく熟知されたうえで、自己の論理の不備——「取消の効果が不統一になること」——を補う方策にまで、考察をすすめておられた。

そこで、筆者としても、職権訴訟参加の問題のすべての考察をおえた、いま、あらためて、博士がなげかけられた難問——右記の命題——を考えなおして、それに、正面から答えたいと思う。

二　兼子(一)博士のいわれるように、「行政處分に基き若はこれを前提として權利を取得している」第三者が、取消判決に拘束され、権利を失ってしまうことになるのは、たしかに、異例であり、ほんらい的ではないといえ、そのほんらい的ではないことを、第三者に納得させるには、それを正当化させる理屈が必要であろう。

その正当化根拠として考えられる可能性はふたつあると、博士が、みずから、提示された。すなわち、公法の原理において正当化する途と、判決の効力の理論において正当化する途である。そして、博士は、後者の途について検討され、すでに述べたような結論に到達されたのである。しかし、くりかえしになるが、この方向の考察では、けっきょくは、原告の保護を第一にするか、第三者の保護を第一にするか、の二者択一となり、けっして、両方の保護をはかる整合的な解決とは、なりえないのである。

そこで、あらためて、じっくり考えなおすと、博士がいちおう上げられた前者の途のほうに、じつは、ただしい答えがあったようである。つまり、「行政事件が公法上の法律効果又は法律關係を對象としている關係上、私法上の權利關係を對象とする民事訴訟とは異つた原理が支配する」ということから出発する考察こそ、取消訴訟において「あるべき」解決へと導くものであったのである。

その民事訴訟とはことなった原理というのは、端的に、「法律による行政」の原理である。これこそ、公法に特有の原理であり、行政訴訟をふくめて行政法の問題を考える場合の、すべての出発点となるものである。

違法な行政処分は、取り消されなければならない。この、行政法ではしごくとうぜんな命題から、行政法の理論は出発するのである。そして、それを保障する制度と目されているのが、取消訴訟なのである。さらに、取消訴訟についていえば、それは、公法の世界では、公権力の行使により権利を毀損されたと主張し、権利の救済を求める者（原告）のための制度であると観念されている。(735) そして、その救済は、行政処分——公権力の行使——の取消しによってはかられるというのが、行政法の「しくみ」である。

問題は、この「取消し」の根拠であるが、民事法においては、まったく、取消しという形成の要件の存否によることになろう。これを、もうすこし分析すると、私的自治の原則のもとでは、私人は自由に法律行為を行い、その取消しが問題となったときに、限定的な取消し（形成）の要件が法定されていなければならないということである。しかし、行政法においては、「法律による行政」の原理という絶対的なものがあり、そもそも、行政処分が行われることについて、かなり厳格な要件が法定されていなければならない。そして、その要件に違反して行われた行政処分が「取り消しうべき行政処分」であると、行政法理論において評価されるので、ここで注意しなければならないのは、行政処分の取消しじたいについては、とくに、取消し（形成）の要件は法定されないということである。違法な行政処分が「取り消しうべき行政処分」として取消訴訟で取り消されるということは、行政法では自明のことであるが、訴訟法上の根拠は、行訴法一〇条一項の、取消訴訟においては、（自己の法律上の利益に関係のある）違法を理由として（処分の）取消しを求めることができるとされていることにある。

かように見てくると、私法の世界では、Aが、Bに対して、（取消しという）形成要件の存在を主張する訴訟を提起し、判決によりBに「取消し」の効力がおよぶことを求めるということであるので、その場合には、形成効が既判力の範囲に限定される——AとBのあいだでのみ効力をもつ——ということも考えられてよい。[736]しかし、行政処分により法律上の利益（権利）を侵害された者が、行政庁を被告として、行政庁が行った処分の取消しを求める取消訴訟では、もっぱら、処分の適法性審査が行われ、違法であると認定されれば、判決で取り消されるが、この「処分の取消し」は、「法律による行政」の原理のもとでは、違法な処分は、行ってはならないし、行うべきではなかったという絶対的要請にもとづくもので、その「取消し」の意味するところは、処分が行われなかった原状に復するということである。[737]

行政法のしくみが、かようなものであるからには、行政処分の取消しは、対世効をもつと考えなければ、つじつまがあわない。たとえ、その処分が二重効果的行政処分であって、取消判決により（処分による既得の）法的地位が覆滅される第三者がいる場合であっても、その第三者にも判決の効力がおよぶとしなければ、原告の権利の救済というか、処分の取消判決が下された趣旨が貫徹されないのである。

かような考察から、博士のいわれる「直接の利害關係ある第三者が當然に判決に拘束される」異例なことも、「行政事件が公法上の法律効果又は法律關係を對象としている關係上、私法上の權利關係を對象とする民事訴訟とは異つた原理が支配する」ということによって、説明がつくのである。

三　右記のような公法論理的な決着のいっぽうでは、とうぜん、かかる第三者が困難な状況におちいることへの対応が問題となる。しかし、兼子(一)博士が、この論文を書かれたころまでの行政法理論は、かかる第三者の権利保護までは、ほとんど関心をはらっていなかったといえる。第三者の訴訟参加についていえば、その必要性は、第三者にも訴訟審理のための材料を提出させ、適正な審理をなすためということのみが強調されていた。そのことのゆえに、博士は、かかる論文を発表されたのである。しかし、現行行訴法においては、第三者の権利保護が、第三者の訴訟参加の第一の目的と考えられるまでにはなってきている。

博士は、取消判決の形成効を既判力の範囲に限定すべきであるとされるいっぽうで、それでは、第三者に対して、あらためて、取消しの効果について裁判をしなければならなくなるという事態におちいることを憂慮され、第三者を共同被告とする解決策、もしくは、第三者を独立当事者参加させる解決策も提示されていた。[738]しかし、これらの解決策は、処分を行った行政庁を被告とする二当事者システムとして構築された取消訴訟とは、あいいれないものであった。

第三者の権利保護を、いかに、はかるかという問題についても、おなじく、民事法とはことなる行政法のしくみから考えていくべきであると思われる。行政事件について、行政庁が、職権で調査を行い、ひとつの解決として下した決定――行政処分――の取消しを求めて、行政庁を被告として提起される取消訴訟では、もっぱら、行政処分の適法性審査のみが行われるため、処分の適法性維持のための主張・証明ということでは、第三者が訴訟参加することは、それほど、必要不可欠のことではない。

これは、民事の法律関係において補助参加が問題となる場合とは、ことなるのである。それは、訴訟当事者のあいだで争われる法律関係と、密接な関連性を有しているが、べつの法律関係を、補助参加人が、有する場合であって、このときは、補助参加人が補助参加することで、（補助参加されるがわの）主たる当事者のなしえない主張・証明、それから、主たる当事者が不熱心な訴訟追行しかしないときは、それに代わる主張・証明を行うことなどが考えられるのである。つまり、第三者の法的地位を防衛するためには、第三者が訴訟参加して、みずから、主張・証明をつくす機会を与えなければならないという発想じたいが、じつは、たぶんに民事訴訟的なのである。

四　したがって、取消訴訟において、処分を取り消す判決により自己の法的地位が覆滅される第三者の権利保護を、訴訟手続のレベルではかるというのであれば、つぎのように考えなければならない。

「法律による行政」の原理により、行政庁が行政処分を行う場合には、厳格な法律要件が存在し、それをみたしていなければならないという大前提があるので、取消訴訟において、行政処分が違法であると認定されれば、とにかく、取り消されなければならないという、つよい要請がある。その取消しの意味するところは、違法な行政処分は、最初から存在すべきではなかったということであるので、その処分により権利・利益を得ていた第三者に対しても、取消しの効果が及び、第三者が判決に服するというのでなければ、取消判決の趣旨が貫徹されない。

このような「わくぐみ」のなかで、第三者が真に必要とする権利保護は、とにかく訴訟参加させ、主張・証明の機会を与えればよいという、（形式的な）手続保障とは、すこしはなれたところにある。それは、その結果により自己の法的地位が覆滅されるという深刻な訴訟が提起され、係属しているということを、ただちに、第三者に「告知」するという手続保障である。第三者は、それにより、訴訟参加し、あるいは、訴訟のそとにあって訴訟の推移を見まもることで、損害の拡大を防止することができ、そして、なにより、処分が違法であったので取り消されるという訴訟の結果について、納得することができるのである。つまり、取消訴訟において重要なのは、訴訟参加するということなのではなくて、その前提である、訴訟係属の「告知」なのである。

——以上が、兼子（一）博士の疑問に対する、筆者の解答である。

五　筆者は、兼子(一)博士の示された疑問に対して、このような解答をすることで、いちおうの論理的決着をつけるつもりであるが、それでも、なお、筆者のこころのなかには、博士の疑問がおもく残っている。博士のストレートな疑問が、筆者をふくめ、おおくの行政訴訟研究者に衝撃を与えたのは、これまでの行政法理論のひとつの弱点を、するどくつかれたものであったからであろう。とかく、違法な公権力の行使によって権利を侵害された者の救済のみが念頭におかれる取消訴訟の理論では、その救済のかげで、処分が取り消されることにより重大な実体的損害をうける者のことは、ほとんど考えられていなかった。そういう行政法理論の「わきのあまさ」を、博士の疑問によって、ただ、ただ、実感させられたのである。

そして、なお、筆者の心に「うしろめたさ」のような感情がのこるのは、かような第三者に対する、いわば、最小限の権利保護であることをあきらかにした、訴訟係属の「告知」についても、じっさいに、どこまで実現されるのか、悲観的な気持ちにならざるをえないからである。

(2)　行政事件訴訟法のさらなる改正にむけた提言

一　本書は、現行行訴法二二条および三四条の解釈において、取消訴訟のそとにありながら、処分を取り消す判決により直接に法的地位を覆滅される関係にある第三者にとって、真にどのような権利保護が必要なのかを、あきらかにしようとするものであった。したがって、ドイツの必要的訴訟参加の理論やわが国の歴史的理論の分析も、ながながと行ったが、本書の中心は、二二条および三四条の解釈論であった。そして、筆者は、その「解釈」という土俵において、せいいっぱい努力し、かような第三者には、訴訟係属の「告知」がきわめて重要であることをあきらかにし、二二条の解釈において、かかる「告知」を裁判所の義務と認めることが可能であることを示した。

しかし、解釈において義務と認められることであっても、はっきりと、現実に、それを裁判所に義務づけるというのであれば、行訴法のなかに明記したほうがよい。そこで、さらなる行訴法の改正においては、以下のことが検討していただけるよう、提言するしだいである。

二　その趣旨、および、改正の要点は以下のとおりである。

〔趣旨〕

名あて人に権利・利益を付与した行政処分の取消しを求める訴えが、名あて人以外の者から提起されたときは、ただちに、その旨を、裁判所が、職権により名あて人に「告知」し、名あて人が、かような訴訟が係属したことを認知し、実体的な損害の拡大を防止するなどの措置をとることができるようにするとともに、訴訟参加の申立てをするかどうか考慮できるようにする。

〔改正の要点〕

1、行訴法二二条について

現行二二条一項に、「名あて人にとって授益的な処分の取消しを求める訴えが提起されたときは、裁判所は、ただちに、名あて人に、かかる訴えが提起され、係属しているということを通知しなければならない」ということを、そう入する。

これについては、訴訟当事者の意見をきく必要もなければ、決定による必要もない。

2、行訴法三四条について

現行三四条一項の、「自己の責めに帰することができない理由により訴訟に参加することができなかったため」のまえに、「裁判所からの訴訟係属の告知をうけなかったなど」を入れ、「裁判所からの訴訟係属の告知をうけなかったなど、自己の責めに帰することができない理由により訴訟に参加することができなかったため」とする。

(730) 兼子(一)「行政處分の取消判決の効力」(本章注(142))一〇三頁以下。これについては、本文二四五頁以下を、参照のこと。

(731) 兼子(一)「行政處分の取消判決の効力」(本章注(142))一〇四頁。

(732) 本文二五一頁以下を、参照のこと。

(733) 本文二六〇頁以下を、参照のこと。

(734) 兼子(一)「行政處分の取消判決の効力」(本章注(142))一一七頁。

(735) これが、今日のわが国やドイツの取消訴訟制度の基本的な考えかたであることは疑いがない。しかし、これが、取消訴訟制度の唯一無二のありかたというわけではない。たとえば、フランスの越権訴訟については、かなり「客観訴訟」化されているようである。伊藤(洋)・前掲(本章注(273))八七頁以下、これについては、本文二八〇頁を、参照されたい。また、山岸敬子『客観訴訟の法理』(二〇〇四年)は、わが国の取消訴訟の客観訴訟化の可能性について論じられており、興味ぶかい。

(736) こうして見ると、失礼ながら、取消判決の形成効を既判力の範囲に限定するという、兼子(一)博士の考えは、いかにも、民事訴訟的発想であったといえよう。

(737) 「行政処分(行政行為)の取消し」については、行政法のしくみのなかで、「行政行為の場合には一度行政行為により法律関係は変動するという見方をするので、判決によりその変動した法律関係がもう一度変動する、つまり、もと(原状)に帰るということな」のである、とされる塩野教授の理解が、けっきょく、正当である。同『行政法II〔第四版〕』(本章注(312))八〇頁。

(738) 本章注(612)を、参照のこと。

著者紹介

新山　一雄（しんやま　かずお）

1950年　山口県山口市に生まれる
1974年　東京大学法学部卒業
1980年　東京大学大学院博士課程中退
現　在　成城大学法学部教授（大学院教授兼務）
主要著書・論文
『ゼミナール行政法』（法学書院）
「ドイツ行政手続法における職権探知原則(一)～(八)」（自治研究68巻9号～69巻12号）
「訴訟参加と行政事件の解決」（成城大学法学部20周年記念号）など

本書は、成城大学法学部出版助成図書として刊行されました。

職権訴訟参加の法理　〔行政法研究双書　21〕

平成18年5月30日　初版1刷発行

著　者　新山　一雄
発行者　鯉渕　友南
発行所　株式会社　弘文堂　101-0062 東京都千代田区神田駿河台1の7
TEL 03(3294)4801　振替 00120-6-53909
http://www.koubundou.co.jp
編集協力　東弘社
印　刷　港北出版印刷
製　本　井上製本所

ISBN4-335-31208-3

法律学講座双書

法学入門	三ケ月　章
法哲学概論	碧海純一
憲法	鵜飼信成
憲法	伊藤正己
行政法(上・中・下)	田中二郎
行政法(上・＊下)	小早川光郎
租税法	金子　宏
民法総則	四宮和夫・能見善久
債権総論	平井宜雄
＊債権各論 I	平井宜雄
債権各論 II	平井宜雄
親族法・相続法	有泉　亨
商法総則	石井照久
商法総則	鴻　常夫
会社法	鈴木竹雄
会社法	神田秀樹
手形法・小切手法	石井照久
＊手形法・小切手法	岩原紳作
商行為法・保険法・海商法	鈴木竹雄
商取引法	江頭憲治郎
民事訴訟法	兼子一・竹下守夫
民事訴訟法	三ケ月　章
民事執行法	三ケ月　章
刑法	藤木英雄
刑法総論	西田典之
刑法各論	西田典之
刑事訴訟法(上・下)	松尾浩也
労働法	菅野和夫
＊社会保障法	岩村正彦
国際法概論(上・下)	高野雄一
国際私法	江川英文
工業所有権法(上)	中山信弘

＊印未刊

オンブズマン法〔新版〕《行政法研究双書 1》	園部逸夫 枝根茂
土地政策と法《行政法研究双書 2》	成田頼明
現代型訴訟と行政裁量《行政法研究双書 3》	高橋　滋
行政判例の役割《行政法研究双書 4》	原田尚彦
行政争訟と行政法学《行政法研究双書 5》	宮崎良夫
環境管理の制度と実態《行政法研究双書 6》	北村喜宣
現代行政の行為形式論《行政法研究双書 7》	大橋洋一
行政組織の法理論《行政法研究双書 8》	稲葉　馨
技術基準と行政手続《行政法研究双書 9》	高木　光
行政とマルチメディアの法理論《行政法研究双書10》	多賀谷一照
政策法学の基本指針《行政法研究双書11》	阿部泰隆
情報公開法制《行政法研究双書12》	藤原静雄
行政手続・情報公開《行政法研究双書13》	宇賀克也
対話型行政法学の創造《行政法研究双書14》	大橋洋一
日本銀行の法的性格《行政法研究双書15》	塩野宏監修
行政訴訟改革《行政法研究双書16》	橋本博之
公益と行政裁量《行政法研究双書17》	亘理　格
行政訴訟要件論《行政法研究双書18》	阿部泰隆
分権改革と条例《行政法研究双書19》	北村喜宣
行政紛争解決の現代的構造《行政法研究双書20》	大橋真由美
職権訴訟参加の法理《行政法研究双書21》	新山一雄
司法権の限界《行政争訟研究双書》	田中二郎
租税争訟の理論と実際〔増補版〕《行政争訟研究双書》	南　博方
行政救済の実効性《行政争訟研究双書》	阿部泰隆
現代行政と行政訴訟《行政争訟研究双書》	園部逸夫
条解 行政手続法	塩野　宏 高木　光
条解 行政事件訴訟法〔第2版〕	南　博方 高橋　滋 編
公共契約の法理論と実際	碓井光明
アメリカ行政法〔第2版〕	宇賀克也
アメリカ環境訴訟法	山本浩美
要説 個人情報保護法	多賀谷一照
テレビの憲法理論	長谷部恭男
現代型訴訟の日米比較	大沢秀介
日本の地方分権	村上　順
憲法裁判権の動態《憲法研究叢書》	宍戸常寿